대전환

대전환

초판 1쇄 발행 2024년 12월 30일

지은이 브루스 M. S. 캠벨
옮긴이 박홍식, 노의근

펴낸곳 서울대학교출판문화원
주소 08826 서울 관악구 관악로 1
도서주문 02-889-4424, 02-880-7995
홈페이지 www.snupress.com
페이스북 @snupress1947
인스타그램 @snupress
이메일 snubook@snu.ac.kr
출판등록 제15-3호

ISBN 978-89-521-3681-7 93920

이 번역서는 2021년 서울대학교 기초학문 저술지원사업으로 지원되는
연구비에 의하여 수행되었음.

중세 말 세계에서의 기후, 질병, 그리고 사회

Great Transition

대전환

브루스 M. S. 캠벨
박흥식, 노의근 옮김

서울대학교출판문화원

역자의 글

*

2019년 12월 발병한 코로나19는 단기간에 전 지구적 감염병으로 확대되면서 세상을 멈춰 세웠다. 세계 경제는 물론이고 개인과 사회를 포괄하는 전 영역을 위기로 몰아넣었기에 지구촌 국가들의 사회 및 거의 모든 분야에 걸쳐 본질적인 변화가 초래되었다. 사람들은 세계화의 전방위적 확대에 잠재해 있던 위험성을 비로소 인식하게 되었고, 인공위성을 수천 개 쏘아 올릴 정도로 과학이 발달했어도 상시적인 대비체제가 결여되었을 경우 감염력이 큰 역병에 얼마나 취약할 수 있는지 뼈저리게 경험하였다. 팬데믹 기간 동안 모든 나라의 경제 지표들은 크게 뒷걸음질 쳤고, 사회적 약자들의 고통은 더할 나위 없이 컸다. 세계 각국이 행정력을 총동원하고 백신의 개발과 보급에 전력을 다해 대처하며 노력한 덕분에 다행히 바이러스의 위험성은 현저히 낮아져 차츰 일상을 회복할 수 있었다. 세계보건기구는 발병 후 3년 6개월이 지난 2023년 5월 5일에서야 국제적 공중보건 비상사태PHEIC 종료를 공식적으로 발표했다. 그러나 코로나 바이러스는 지금도 여전히 활동 중이다.

코로나 팬데믹은 현대 사회에 많은 질문을 던졌다. 특히 이상기후의 징후들을 일상에서 겪고 있는 21세기에 전염병이 기후변화, 환경, 국제협력, 전 지구적 경제망 등과 깊이 연관되어 있음을 새삼 인식하게 만들었다. 현재 기후학자들은 기후변화의 속도가 가팔라지고 있는 점에 주목하며 지구촌의 장래에 대해 매우 비관적인 전망을 쏟아 내고 있다. 보건학자들도 기후 변화가 감염병 발병의 원인이 될 수 있음을 지적하며 활성화된 글로벌 네트워크로 인해 조만간 코로나19와 유사한 전염병들이 계속 발병할 수 있으리라는 점을 우려한다. 또 다른 팬데믹의 출현에 대한 전망은 세계화와 현대 사회, 좁게는 인간의 삶의 조건에 대한 성찰을 요구하고 있다.

코로나19는 과거를 보는 시각도 바꿔 놓았다. 인류의 역사에서 기후변화와 전염병이 어떤 방식으로 결합해 영향을 미쳐 왔는지 관심을 갖게 되면서 그 관련성에 대한 연구가 활기를 띠게 되었다. 역사상 최악의 전염병이라 평가되는 중세 페스트의 기원과 원인, 그리고 희생자들의 정확한 규모와 구체적인 파급 효과에 대해서도 새로운 연구를 자극하고 있다. 그런데 놀랍게도 팬데믹 발생 이전에 기후변화와 전염병 사이의 상호 작용에 천착해 탁월한 업적을 이룬 연구들이 있다. 그 대표적인 결실은 영국의 경제사학자 브루스 M. S. 캠벨Bruce M. S. Campbell이 2016년 영국 케임브리지대학출판부에서 출판한 『대전환: 중세 말 세계의 기후, 질병, 그리고 사회*The Great Transition: Climate, Disease and Society in the Late-Medieval World*』다. 이 책은 시의성은 물론이고, 주제, 학술적 깊이, 그리고 학제 간 연구의 성과라는 점에서 주변 학문에 지대한 영향을 끼칠 만한 문제작이다. 이 점이 역자들이 선뜻 번역하기로 결정할 수 있던 이유였다. 저자는 기후변화가 팬데믹의 발병과 인간 사회 및 경제에 미친 영향을 살펴보기 위해 13세기 말에서 15세기 사이 시기를 광범위하게 추적하였다. 기후변화와 인간 사회의 관계를 다룬 책이 지금까지 없었던 바는 아니지만, 이처럼 방대한 자료를 동원해 치밀하게 연구한 시도는 없었다. 이 저술이 지닌 학문적 독창성과 탁월성은 격년마다 수여하는 권위 있는 란키 상György Ranki Biennial Prize의 2017년(12회) 수상자로 결정된 사실에서도 확인된다.

캠벨의 저술은 자연과학과 역사학을 새로운 방식으로 융합해 이룬 성과이다. 저자는 장원 자료에 기반한 농촌 경제와 상업사 연구에서 걸출한 업적을 남긴 경제사가로 명성을 얻었지만, 이 책에서는 역사가들에게 매우 생소한 고기후학, 미생물학, 전염병 생태학 등 다양한 학문 분야를 망라하여 자료와 증거를 수집하고, 최신 연구 결과들을 분석해 통합적인 해석을 시도하였다. 중등학교 시절 지리학 공부로부터 시작하여 오랜 기간 환경과 생태에 대해 폭넓게 학습한 경험 및 문제의식을 발전시킨 결실이지만, 조기 은퇴를 선택하고 본인의 학문적 열정을 이 연구에 쏟아부은 저자의 집념과 성실성이 없었다면 이와 같이 탁월한 결과물로 완결 짓는 일은 상상하기도 어려웠을 것이다.

캠벨은 원고를 마무리할 때까지 학회 참석은 물론 기후사와 역병학에 대한 최신 자연과학적 자료 및 논문 검토를 중단하지 않았다. 그가 살펴본 자료들은 캄보디아 지역의 강수 패턴, 시베리아 낙엽송의 나이테 너비, 페루 연안 대륙붕의 퇴적 세립석질 층위, 볼리비아 빙하 코어에서 채취한 화산분출물 등 역사학자들에게 낯선 소재들로 가득하다. 그는 흑사병의 기원에 대한 논쟁을 해명하기 위해서 집단매장지 유해의 치수에서 추출한 aDNA 분석과 쥐, 벼룩, 세균의 생태에도 깊이 파고들었다. 덕분에 이 책에서는 페스트 연구의 최신 성과뿐 아니라, 기존 학설들에 대한 깊이 있는 검토와 아직 규명되지 않은 의혹들에 대한 평가를 접할 수 있다. 그런데 이런 방대한 자료들과 다양한 연구방법론이 각기 동떨어지지 않고 개별 주제의 설명에 유기적으로 연결되고 있다는 사실이 경탄을 자아낸다. 50쪽에 가까운 참고문헌에 열거한 천여 편의 책과 논문 중 상당수는 동물학, 유전학 등 역사가들이 거의 접할 기회가 없는 영역의 글들이다. 캠벨은 이것들을 역사학의 영역 안으로 끌어와 당대 사회와의 상호 관계와 영향을 종합적으로 검토하였다. 한 개인의 연구라고 생각하기 어려운 방대한 작업을 능숙한 대가의 안목으로 완결지어 새로운 이정표를 놓았다. 이와 같은 성취는 한편으로 근래 기후사에 대한 자연과학적 연구 성과에 크게 기대고 있다. 그리고 다른 한편으로 미국뿐 아니라 유럽 내에서의 엄청난 연구 지원, 새로운 방대한 자료의 접근 및 활용 기회, 학자들 사이의 거대한 국제적인 네트워크 등이 아니었다면 불가능하였을 것이다. 캠벨이 이 책에서 자연과 인간 사회의 상호 작용을 탁월하게 통찰한 결과는 다양한 피드백을 거치며 향후 더욱 치밀하고 완성도가 향상된 연구들의 출현에 기여하게 될 것이다.

**

제목에서 표현하였듯이 이 책은 중세 말기라고 지칭되는 1260년대에서 1470년대 사이 두 세기에 걸쳐 구세계에서 진행된 '대전환'을 해석하는 것을 목표로 한다. 대전환이 환경적 요소와 인간적 요소가 독특하게 결합하며 촉발된 과정이기에 캠벨은 책의 서두에서 중세 성기부터 진행된 환경과 인간, 자연과 사회 사이에 이루어진 상호 작용을 설명하는 데 공을 들인다. 저자는 우선 대전환 국면이 장기적인 호황 뒤에 찾아왔다는 점에 주목하고, 구세계가 중세 성기에 유례없는 번영과 팽창을 구가할 수 있던 것은 '이례적으로' 온화하고 안정적이었으며, 역병의 부담이 미미했던 '중세 온난기Medieval Climate Anomaly' 기후의 영향이었음을 강조한다(2장). 앞선 시기와 비교할 때 11세기에서 13세기 사이의 성장 속도는 매우 빨라서 농업 생산량의 꾸준한 증가에 힘입어 인구는 두세 배로 늘어났고, 교황을 정점으로 한 라틴 기독교 세계의 발전도 절정에 이르렀다. 도시의 수와 수공업 생산이 급증했고, 상업화를 뒷받침한 제도의 발전과 법체제의 정비도 뒤따랐다. 한편 중앙아시아를 본거지로 한 몽골 제국의 출현과 분열된 유라시아 내륙의 통합도 이 시기에 이루어진 중대한 변화였다. 그 결과는 아부-루고드가 '13세기 세계체제'라 명명한 세계적 교역체제의 구축으로 이어졌다.

대전환의 첫 단계에서 변화의 징후들이 나타나기 시작한 것은 1260-70년대였다(3장). 기후가 불안정해지면서 흉년이나 가축전염병 같은 농업에 부정적인 징후들이 나타났을 뿐 아니라, 당대인은 인지하기 어려웠던 미세한 자연환경의 변화도 촉발시켰다. 십자군 원정의 종결로 유럽 상인들은 레반트 시장을 상실했고, 맘루크와 일 칸국의 계속되는 전쟁 상태로 인해 교역 환경도 악화되었다. 교황은 권위를 상실하여 세속 국가들의 갈등을 중재할 수 없었을 뿐 아니라, 직접 세속 국가와 분쟁을 겪는 일이 잦아졌다. 그 결과 유럽 내부의 군사적 충돌이 빈번해지고 규모도 확대되었다. 이 무렵 동서양을 연결해 주던 중요한 교역망들은 닫히기 시작했고, 기존 특권을 상실한 제노바와 베네치아 상인들은 대안을 모색해야만 했다. 교역은 점차 더 위험해지고 거래 비용까지 상승하면서 유럽 경제는 불황에 빠져들었다. 제조업과 서비스 부문의 성장이 멈춤에 따라 농업이 인구 증가로 인한 부담을 모두 떠안아야만 했다. 빈곤층의 증가와 때마침 되풀이되던 기근은 농촌은 물론이고 성장하고 있던 도시에도 유례없이 충격을 주어 공동체들의 생존을 위태롭게 하였다.

결정적인 국면은 대전환의 두 번째 단계였던 1340년대에서 1370년대 사이였다(4장). 이 기간 중에 환경적·인간적 위기들이 가시화되었고, 기후의 재편도 가속화되었다. 이상기후는 곡물의 재배 환경을 악화시켜 유럽은 물론 중국과 동아시아까지 기근이 휩쓸었고, 이는 정치와 사회에 부정적 영향을 끼쳤다. 교역과 경제가 위축되던 상황에서 흑해에 도달한 페스트균이 팬데믹으로 발전하여 몇 년 사이에 소아시아, 중동, 북아프리카, 그리고 유럽 대부분을 황폐화시켰다. 흑사병으로 인한 인구 급감은 구세계 전역에 치명적 영향을 미쳤을 뿐 아니라, 전염병 유행이 장기간에 걸쳐 되풀이됨으로써 라틴 기독교 세계의 인구는 이미 1380년 무렵에 역병 발생 전의 절반까지 축소되었다. 이처럼 기후, 전염병, 전쟁은 구세계에 근본적이며 불가역적인 변화 즉 사회-생태 체제socio-ecological regime의 급격한 전환을 초래하였다.

대전환의 마지막 단계는 1370년대부터 약 100년에 걸친 장기간의 침체기다(5장). 유럽 사회는 이 시기에 변형된 환경적·경제적 상황에서 인구가 격감하고 사회의 많은 영역이 위축되어 부진을 벗어나지 못했을 뿐 아니라, 맘루크와 오스만 제국의 확장으로 대외적 환경이 더욱 악화되었다. 겨우 15세기 말에 이르러서야 당대인들은 서서히 질병과 공존할 수 있는 능력을 갖추게 되었고, 현저히 달라진 환경에서 사회들도 인구와 경제를 차츰 회복하며 성장을 재개하였다. 한편 유럽은 법 제도, 재산권, 상품시장 등의 개선을 위한 발판을 마련하였고, 선박 설계와 항해술의 핵심 부분에서 발전을 이루었으며, 아시아의 고가품에 대한 대체제를 개발하고 있었다. 일부 유럽인들은 위기의 타개를 모색하며 개선된 선박과 항해술을 이용해 먼바다로 항해를 시도하면서 새로운 사회-생태 시대의 주역들로 부상하였다. 캠벨은 대전환의 세 단계가 진전됨에 있어 미리 예정된 진로는 없었다고 강조한다. 인간적·환경적 요소의 미세한 변화와 조합에 따라 다양한 결과가 가능했다고 본다.

캠벨은 자연과 사회에서 발생하는 광범위한 변화와 그 역사적 전개에 내포된 복합적 상호 관계를 사회-생태 체제라는 독특한 모델로 설명한다. 기후와 사회, 생태계와 생물, 미생물과 인간으로 이루어진 이 체제의 여섯 가지 핵심 요소는 각기 독립적으로 변화하지만, 동시에 다른 요소들과 결합하여 상호 간에 영향을 주고받는다. 사회-생태 체제의 각 구성 요소는 자체의 역학에 의해 추동되지만, 환경적 요인과 인간적 요인 사이에 현저한 동시성은 상호 간의 의미 있는 영향 및 협력 작용이 이루어지고 있었음을 시사한다. 이 체제는 인간적 혹은 환경적 변화에 의해 전환이 일어날 수 있으며, 모든 변수들이 서로 연관되어 있기에 어떠한 영역도 결정론적인 시각으로 보는 것은 부적절하고, 전체로서 해명해야 한다고 주장한다.

저자에 따르면, '장기 14세기'에 구세계가 오랫동안 균형을 유지해 오던 사회-생태 체제에서 벗어나 일련의 심오하고 급격한 변화들이 발생했다. 태양복사량의 증감과 기후변화가 이러한 대전환을 이끌었으며, 기근, 경제적 불안정, 전쟁 등 농업을 기반으로 한 체제의 위기가 심화되던 상황에서 우역과 흑사병 등 더 큰 잠재력을 지닌 재난들까지 중첩되어 임계점tipping point을 넘어서게 되었다. 결정적인 타격을 가한 것은 흑사병이었으며, 기후가 유라시아의 모든 부분의 성장을 가로막았고, 생태계, 재배 환경, 항해 조건, 수송 능력, 생존 역량 등을 변화시켰다. 인간은 의도하지 않았지만 질병을 확산시키기도 했고, 기후의 불확실성에 대응해 해결책을 모색하기도 했다. 화석 연료의 활용도 여러 해법 중 하나였으나, 이는 이산화탄소 방출을 통하여 기후에 부정적인 영향을 미쳤다. 캠벨은 환경적·인간적 요인들의 결합으로 '초대형 복합위기perfect storm'와 '대전환'이라고 부르는 사회-생태 체제의 재편이 이루어졌다고 본다. 결국 중세 말의 역사를 이해하기 위해서는 기후, 질병, 사회 사이의 상호 작용에 대한 포괄적이며 심층적인 인식이 필요하다는 것이다.

장기적으로 볼 때 이러한 변화가 모든 것을 최악의 상황으로 몰아간 것만도 아니었다. 급격한 인구 감소는 자원에 비해 인구가 과다하여 저임금 상태에 빠질 위험이 농후했던 유럽 사회에 빈곤의 짐을 경감해 주어 인구와 가용 자원 사이의 균형을 현저히 개선하였으며, 경작지와 목축지 사이에 생태적 균형을 확립하고, 토지와 인구의 구조 개혁을 용이하게 했다. 결과적으로 개인의 영양 수준과 가구들 사이의 소득 분배도 한결 나아졌다. 이것이 대전환 이후 유럽이 근대적 성장을 재개할 수 있던 중요한 이유였다. 초대형 복합위기는 엄청난 충격을 초래했을 뿐 아니라, 그 충격이 비대칭적이었다는 점도 강조된다. 캠벨은 사회-생태 체제의 전환이 아시아보다는 기후변화에 더 잘 적응한 유럽에 유리하게 작용해 유럽이 세계 경제에서 가장 역동적인 공간으로 변모하였다고 본다. 즉 유라시아 대부분이 피해를 입었지만, 유럽과 아시아는 서로 다른 운명을 맞았고, 대전환이 대분기大分岐, Great Divergence를 초래해 유럽 세력이 아시아 국가들을 제치고 앞서 나가게 되었다는 것이다. 유럽 내에서는 이 과정에서 지중해 경제의 역동성이 기울어 북이탈리아의 번영이 차츰 둔화되었고, 브라반트, 홀란드 등 저지대 지역과 잉글랜드가 빠르게 성장하는 지역으로 급부상해, 이후 가장 부유한 곳이 되었다.

환경사/기후사와 전통적인 역사가 어떤 방식으로 서로 협력하거나 기여할 수 있을지 고심하는 연구자들에게 이 책은 하나의 성공적인 본보기로 제시될 수 있을 듯하다. 저자는 기후변화가 농업과 환경 영역에서 각종 재난을 초래했다는 사실을 단지 대략적인 자료나 막연한 영향 관계를 들먹이며 주장하지 않는다. 그와 달리 자연과학적 데이터와 역사적 사료를 풍부하게 동원하고 접붙여 기후와 각종 재난 사이를 인과 관계로 설명해 낸다. 캠벨은 이처럼 기근, 전쟁, 교역의 연결 및 단절, 인구변화 등이 기후변화와 독립적으로 발생하지 않았음을 적절한 근거를 통해 논증할 뿐 아니라, 개별 재난이 어떤 상황에서 발생했으며, 환경과 사회경제적 상황의 변화로 농촌의 소작농들과 도시의 수공업자들이 실제 어떤 난관에 봉착하게 되었는지 특히 잉글랜드의 사료들을 토대로 구체적으로 재구성한다. 14세기 전반 대기근이나 흑사병이 닥치기 직전 농촌 사회에서 진행되고 있던 변화들, 페스트 대유행 이후 농촌과 도시에서의 노동력 부족이 바꿔 놓은 사회현실을 촘촘하게 규명함으로써 기후변화와 전염병의 파급력이 대전환으로까지 귀결되는 과정을 다층적이고 치밀하게 복원한다. 캠벨이 이처럼 경제사로 대표되는 일반 역사와 환경사/기후사를 단지 병렬적으로 서술하는 데 그치지 않고 역사의 다차원적 구조를 염두에 두면서 인간과 자연 사이의 관계를 역동적으로 재구성할 수 있는 것은, 40년에 걸쳐 몰두했던 사회경제사 연구의 축적에 기후 및 생태에 대한 새로운 공부가 덧붙여지며 스스로 학제 간 융합을 구현할 수 있는 역량을 내재화했기 때문이고, 더 본질적으로는 그의 시선이 시종일관 대전환 시대를 살아

가던 당대인의 삶에 맞춰져 있기 때문일 것이다.

이 책은 새로운 시각이나 고찰을 담고 있는 만큼 논란이 될 주장들도 적잖게 포함하고 있다. 캠벨에 따르면 기후는 1000년 이후 서유럽 번영의 기본 조건이었고, 13세기 후반 위기 국면으로의 진입과 페스트가 팬데믹으로 확산되도록 만들었던 원동력이었다. 기후와 질병으로 대표되는 자연이 사실상 역사 변혁의 주역이었다. 한편 대전환 전개 과정의 복합성을 언급하며 인간적인 요인들이 그 과정에서 상당한 역할을 수행했다고 인정함으로써 역사를 환경결정론적으로 해석하는 입장에 대해서는 어느 정도 거리를 두는 다소 모순적으로 보이는 태도를 취한다. 또 흑사병 팬데믹이 유럽에 전례없는 피해를 끼쳤지만, 사회로부터 빈곤의 짐을 덜어주는 결과를 가져와 유럽과 비유럽 세계 사이의 우위를 역전시킨 대분기의 효시가 되었다고 결론짓는다. 그렇지만 흑사병과 대전환이 중국이나 이슬람 세계를 구조적으로 어떻게 바꾸어 놓았는지 상세히 다루고 있지는 않기 때문에 대분기의 시점이나 성격을 논하는 것이 섣부르게 보이기도 한다. 이러한 논란들에도 불구하고 이 책은 전 지구적 차원의 기후변화가 대전환으로 귀결되는 과정을 흥미롭게 분석하고 추적하면서 자연에 대한 역사가들의 관심을 일깨우고 있다는 한 가지 사실만으로도 충분한 가치를 갖는다.

***

이 책의 번역은 우연한 만남의 결과물이다. 2020년 5월, 노의근 교수께서 불쑥 연락을 해 오셔서 만나게 되었다. 그 만남에서 내가 진행하고 있던 흑사병 연구와 전근대 시대 유럽의 환경사에 대해 관심을 보이셔서 환담을 나눈 적이 있다. 알고 보니 노 교수님은 대기과학에 정통한 자연과학자로서 연세대에서 오랫동안 〈기후와 문명〉이라는 교양 강좌를 인기리에 강의하던 분이셨다. 그로부터 3개월이 지난 후 노 교수님이 연락을 주셔서 한 차례 더 만났을 때에는 공동 연구를 할 수 있으면 좋겠다고 하시면서, 우선 캠벨의 책을 함께 번역해 보자고 제안하셨다. 중세 유럽의 경제사학자로 명망을 얻고 있는 캠벨은 내가 2010년 영국 케임브리지에서 연구년을 보낼 때 존 해처John Hatcher 교수가 주관한 콜로키엄에서 두 차례 만난 적이 있었다. 하지만 그가 최근에 저술한 책의 존재는 모르고 있었다. 그 책이 관심이 많았던 주제를 다루고 있을 뿐 아니라, 역사학의 영역을 확장하는 매우 새로운 시도였기에 흥미가 생겼다. 하지만 당시 내게는 여러 가지 밀린 일이 있어 선뜻 수락할 수 없었다. 노 교수께서 열의를 갖고 요청하셨기에 일단 제 상황이 나아지는 대로 일을 시작하자는 미온적인 대답을 드렸다. 연구실에 돌아와서 책의 내용을 살펴보니 이 책의 번역이 역사학뿐 아니라, 통섭에 관심이 있는 독자들에게 크게 기여할 수 있으리라는 기대감이 생겼다. 마음을 정하고 나서 상업성이 담보되지 않는 책을 출판할 곳이 있을까 하고 찾던 중 서울대출판부를 먼저 떠올리게 되었다. 서울대학교출판문화원에 심의를 신청해 내부 승인을 받았지만, 또 다른 문제가 있었다. 저작권을 확인해 보니 이미 한 국내 출판사와 번역 계약을 논의 중이었던 것이다. 3개월 정도 기다려야 최종 결과를 알 수 있다고 했다. 부담을 덜어 오히려 잘 되었다는 생각이 들었지만, 아쉬운 마음도 컸다. 시간이 흘러 해당 출판사가 번역을 포기했다는 사실을 통보받았기에 결국 저작권 계약을 진행할 수 있었다. 그리고 몇 달 후에는 서울대의 번역지원사업에도 신청하였는데, 채택이 되어 2021년 9월부터 1년간 지원까지 받았다.

이 책은 의욕이 많은 한 학자의 학제적 연구의 결과물이라는 특징으로 인해 어느 분야의 학자라도 홀로 번역하기에는 전문 지식의 부족에 직면할 수밖에 없다. 그로 인해 대기과학을 전공한 노의근 교수와 유럽 중세의 흑사병 연구에 관심을 기울여 온 필자가 함께 논의하며 번역하는 것은 적절한 선택으로 판단되었다. 당시 노의근 교수께서 시간적으로 여력이 있었기에 먼저 장별로 초벌을 번역해 내게 건네주면, 나는 본문과 대조하여 다시 문장들을 수정하는 번거로운 과정을 진행했다. 그 후 노 교수께서 재차 검토한 후 재수정 의견을 주시면 필자가 최종적으로 취합해 정리했다. 중간에 몇 차례 만나 적절한 번역 용어와 내용상의 문제에 대해 협의하였고, 용어 설명이 필요한 부분에는 역자주를 채워 넣었다. 분량을 나눠 번역하는 것이 아니라, 같은 내용을 함께 여러 번 검토하며 번역하는 일이 얼마나 많은 공력을 필요로 하는지 새삼 경험하게 되었다. 노 교수님은 꽤 빠른 속도로 번역을 진행했지만, 최종 결과물이 늦어진 것은 거의 전적으로 나의 사정 때문이다. 본래 노 교수님이 정년을 맞던 2022년 8월에 맞춰 출판하는 것을 목표로 하였지만, 그로부터도 많이 늦어졌다. 인내를 갖고 긴 시간을 기다려 주신 노 교수님께 감사할 뿐이다.

책이 출판되기까지 여러 분의 도움을 받았지만, 특히 서울대학교출판문화원 이상인 씨의 이름은 언급하지 않을 수 없다. 그녀는 문장 하나하나를 원문과 세심하게 대조하며 오역을 바로잡았고 표현을 개선할 수 있도록 조언해 주었다. 이 자리를 빌려 깊은 감사의 마음을 표한다. 물론 아직도 남아 있는 오류들이 있다면 그것은 전적으로 역자들의 책임이다.

끝으로 21세기 초 지구촌은 상황은 다르지만 이 책에서 다루고 있는 문제들을 상당 부분 공유한다. 기후위기, 크고 작은 팬데믹의 발병, 지구촌 과밀화, 끊임없는 분쟁과 전쟁, 자원의 부족, 빈곤과 양극화, 국제 관계 및 국내 문제에서 갈등을 조정할 권위의 결여 등. 이 책의 독자들이 지나간 역사로부터 작은 부분이라도 지혜를 얻고 인간과 자연의 공존에 대해 성찰하는 기회가 될 수 있기를 소망해 본다.

2024년 7월

이상기후가 일상이 되어 가는 관악에서
박홍식

차례

그림 차례

표 차례

머리말

돌이켜 보면 이 책은 열여섯 살 때 리크맨스워드중등학교에서 당시 교감 겸 지리학 주임이었던 스토 선생Mr. Stow의 추천으로 지리학, 경제학, 순수 수학, 통계학 상급과정 등을 공부하기로 하면서 시작된 학문 여정의 마지막 단계라 할 수 있다. 가볍게 내린 이 결정에서 비롯된 이 책은 지리적으로 광범위한 영역에 걸친 경제적 진보 또는 곤궁, 사회-생태적 변화의 매개로서 기후와 전염병에 대한 관심, 그리고 이를 결정하는 핵심 변수들과 발전들에 대한 정량화와 그래프를 통한 구현 등에 초점을 맞추고 있다. 1960년대에 지지학地誌學은 지리학 교육과정의 필수 과목이었다. 따라서 대상 국가 또는 지역의 인문지리학을 공부하기 전에 항상 물리적 환경에 대해 배웠다. 이는 자명하게도 기온, 강수량, 토양, 지질, 식생, 생태계 등이 사람들이 생활할 장소와 그에 필요한 자원, 생존 방식과 운송 수단 및 노선, 그리고 직면하게 될 물리적·생물적 위험들의 성질을 결정하기 때문이다. 환경사도 같은 전제를 바탕으로 한다.

자연을 역사 변화의 주역들 중 하나로 포함할 경우 환경결정론이라는 오명을 뒤집어쓸 위험이 크다. 필자가 리버풀대학의 학부생으로 엘즈워스 헌팅턴Elsworth Huntington의 환경결정론을 배울 때 이는 기피해야 할 관점이라는 경고를 받았다. 대신 인간은 스스로 결정하고 제도와 기술을 창조할 수 있으므로, 환경적 조건이 인간 활동에 영향을 미치기는 하지만, 결정적인 역할을 한 적은 거의 없다고 배웠다. 자연과 사회 사이에 직간접적으로, 때로는 긍정적으로 때로는 부정적으로 중요한 상호 작용이 이루어진다는 사실은 자명한 것으로 받아들여졌기에, 자연의 변화는 인간 사회와 함께 진전되어 가니 그와 더불어 연구할 가치도 있다고 간주되었다. 당시 비교적 신생 교과목이었던 생태학은 한 지역으로부터 전 지구에 이르기까지 중첩된 규모의 위계 내에서 환경과 인간 사이의 상호 작용을 분석, 설명 및 이해하기 위한 아마도 가장 효과적이고 포괄적인 이론적 체계로서 소개되었다. 신고전주의, 제도 경제학 또는 마르크스주의 경제학보다 더 넓은 범위의 변수와 상호 관계를 수용하고 설명할 수 있는 이 총체적 접근 방식은 그 이후로 줄곧 나를 사로잡았다. 한편, 교육의 형성 단계였던 이 기간 동안 자연지리학의 하위 과목을 폭넓게 읽어야 한다는 요구사항이 없었다면, 나는 이 책에서 광범위하게 다루고 있는 페스트의 생물학과 고기후학같이 급속히 발전하고 있는 현대 과학의 문헌을 접할 기회가 없었을 것이다. 당시에는 종종 지루하고 힘들게 느껴졌던 이 경험이 수년 뒤 많은 도움을 주었다. 진정한 의미에서 나는 이 책을 통해 나의 학문적 뿌리로 돌아왔다.

1970년대 초 케임브리지대학의 대학원생으로서 앨런 베이커Alan Baker의 사려 깊은 지도를 받으며 중세 말 노퍽의 세 영지에 대한 구체적인 사례연구를 수행하던 중에 1315-22년 유럽 대기근과 1348-49년 흑사병의 엄청난 경제적·인구학적 영향을 처음 접했다. 경제적 측면에서는 마찬가지로 결정론적이었던 맬서스주의와 마르크스주의의 중세 경제사 해석이 당시 유행했으나, 내가 이해하는 한 경쟁적인 두 입장 중 어떤 것도 이들 재난을 만족스럽게 설명해 내지 못했다. 게다가 이 재난들을 섭리에 따른 외생적인 충격에 의한 것으로 무시해 버리면서, 어떤 이유에서 500년에 한 번 발생하기도 어려운 사건들이 한 세대 정도의 짧은 기간 내에 중첩되어 발생했는지에 대해 좀처럼 묻지 않는 태도는 그동안 받았던 지적 훈련에 비추어 볼 때 수용할 수 없었다. 그러나 고생태학 관련 연구가 일천한 당시 상황에서 이러한 재난들을 환경적 관점에서 깊게 탐구해 보기란 어려운 일이었다. 에마뉘엘 르 루아 라뒤리Emmanuel Le Roy Ladurie가 선구적인 저작 『축제의 시대와 기근의 시대*Times of Feast and Times of Famine*』에서 설득력 있게 주장했음에도 불구하고, 어차피 과거 기후변화에 대해 거의 알려진 것이 없었기에 역사학자들은 손쉽게 그 영향을 무시할 수 있었다.[1] 하지만 이 분야의 연구는 최근 '전 지구적 온난화'에 대한 우려로 인한 연구지원금의 증가, 휴대용 컴퓨터의 등장 및 인터넷의 도래 그리고 기술의 발달에 힘입어 나이테, 빙하 코어, 동굴 이차생성물, 호상점토(호수 연층), 해양 퇴적물 등으로부터 방대하고 풍부한 고기후 자료를 축적해 탐구하며 깊이 다가감으로써 비로소 진전을 보게 되었다. 특히 미국해양기상국National Oceanic and Atmospheric Administration, NOAA의 국립기후자료센터에서 운영하는 웹사이트에는 귀중한 자료들이 제공되고 있으므로, 역사가들이 좀 더 주목할 가치가 있다.[2] 내가 박사학위논문을 쓰던 시기에 이런 도움을 받을 수 있었더라면 좋았을 텐데 하는 아쉬움이 남는다.

나는 대학원생 시절 진정한 보고라 할 수 있는 13세기 중반부터 15세기 말에 이르는 장원 장부들을 발견해 곡물수확량 자료들을 수집하고 집계했다. 이 작업은 노퍽에서 시작되었고, 1983-84년에는 경제사회연구위원회Economic and Social Research Council, ESRC의 개인 연구비 지원을 받았다. 1988-94년에는 리버흄재단Leverhulme Trust과 ESRC의 재정 지원으로 데릭 킨, 짐 갤러웨이, 마가렛 머피와 공동으로 두 카운티에 대한 도시 급식 프로젝트Feeding the City Projects를 수행했으며, 뒤이어 런던 부근의 10개 카운티까지 과제를 확대했다. 이 과제는 이후 '1270-1430년 곡물수확량, 환경 조건 및 역사적 변환'이란 ESRC 자체 지원 프로젝트로 발전하여 2005년부터 2007년까지 수행했다. 영국학술원과 더불어 서식스고고학협회의 마거리 기금을 추가로 지원받았으며, 앤 드레웨리, 데이비드 하디, 마릴린 리빙스턴, 크리스토퍼 휘틱, 일레인 예이츠 등이 더할 수 없이 귀중한 도움을 제공해 주었다. 노퍽과 10개 카운티의 도시 급식 프로젝트에서 얻은 기존 수확량 자료에 윈체스터 주교구와 웨스트민스터 사원의 영지들이 추가되었고, 배틀 사원, 캔터베리 주교좌성당 수도원, 글래스턴베리Glastonbury 수도원에 속하는 새로운 영지들에 대해 얀 타이토와 데이빗 파머가 산출한 광범위한 수확량 통계도 덧붙여졌다. 이것들로부터 확보한 영지들 및 국가 단위의 집계 결과는 모두 온라인 사이트(www.cropyields.ac.uk)에서 확인할 수 있으며, 이 책에서도 앞으로 반복적으로 언급될 것이다.

이 곡물수확량 프로젝트에 대한 전반적인 아이디어는 퀸즈대학의 연륜年輪학자 마이크 베일리Mike G. L. Baillie와 대화를 나누던 중 나이테와 곡물수확량이 각각 과거의 재배 환경에 대해 상호 보완적이면서도 대조적인 척도를 제공한다는 사실을 깨달으면서 비로소 시작되었다. 자연환경연구위원회Natural Environment Research Council, NERC에 신청한 2건의 공동 과제는 성사되지 않았으나, 결국 ESRC로부터 그에 상응하는 225년 동안의 영국 농작물 수확량 자료를 산출하는 프로젝트의 지원을 받을 수 있었다. 그 연구 결과는 처음 기대했던 것 이상으로 흥미로웠다. 기후 조건이 농업생산량에 미치는 결정적 영향이 두드러졌으며, 극심한 흉년을 겪었던 1256-57년, 1292-95년, 1315-16년, 1436-37년과 수확이 좋았던 1325-27년, 1376-78년, 1386-88년을 보다 명료하게 환경적 요인과 관련지어 구분할 수 있었다. 특히 주목할 만한 사실은 곡물수확량과 참나무 나이테 자료가 세계 각국의 연륜연대학 자료들과 더불어 흑사병이 서아시아, 북아프리카, 유럽의 인구에 파괴적인 영향을 끼치던 1340년대 후반의 전반적인 쇠퇴에 대해 의심의 여지없는 증거를 제공했다는 점이다. 기상이변, 생태적 스트레스, 그리고 페스트의 창궐 사이에 명백한 연관성이 존재한다는 사실이 처음으로 분명해졌다. 마찬가지로 기후 불안정이 고조되던 시기에 유럽 대기근과 흑사병의 공통된 기원이 시작되었다는 사실도 명백해졌다. 이는 잘 알려져 있을 뿐 아니라 논쟁도 많은 이 시기에 대해 전적으로 새로운 관점을 제공했다. 마이크 베일리는 이 복합적인 역사적 사건에 대한 자신의 의견을 얇지만 도발적인 저서 『흑사병에 대한 새로운 시각*New Light on the Black Death*』에서 서술했다. 이 책에 제시된 수많은 아이디어와 증거는 나의 연구에 몇 가지 새로운 방향을 제공했다. 만약 베일리와의 생산적인 대화가 없었더라면, 그리고 그가 제공한 연륜연대학이 없었더라면, 이 책은 현재와 같은 모습으로 서술될 수 없었을 것이다.

곡물수확량 프로젝트에서 한 걸음 더 나아가 스티브 브로드베리, 마크 오버턴, 알렉스 클레인, 바스 판 레이우엔과 함께 1270-1700년 잉글랜드에 대해, 그리고 1700-1870년 영국 전체에 대해 국민소득을 재산출하는 야심찬 공동 프로젝트를 수행했다. 이 프로젝트는 2007년 리버흄재단의 지원으로 시작되었으며, 2014년 3월 케임브리지대학출판부에 『영국의 경제 성장, 1270-1870년』이라는 원고를 제출함으로써 마무리되었다. 이 프로젝트가 얼마나 많은 사람의 도움을 입었는지는 책에 있는 수많은 인용에서도 뚜렷하게 확인된다. 그 덕분에 이 글에서 지금까지의 그 어떤 자료보다도 인구의 정량적인 추정치, 농업·산업·서비스 부문의 산출, 국내총생산GDP 및 1인당 국내총생산 자료를 견실하게 제공한다. 그리고 나는 유럽연합 집행위원회의 제7차 연구 프로그램(계약 번호 SSH7-CT-2008-225342)에서 후원한 '역사적 발전 패턴HI-POD' 프로젝트에 관여하고 있던 스티브 브로드베리와 케빈 오루크가 주최한 회의들에 참석하면서, 파올로 말라니마, 레안드로 프라도스 데 라 에스코수라, 얀 루이텐 판 잔덴 등과 그 외 과거 국민소득 담당 회계사들의 작업에 대해 상세히 알게 되었다. 이들 모두는 관련 자료를 공유하는 것도 양해해 주었고, 그들이 산출한 추정치는 예외적으로 기록이 잘 보존된 잉글랜드의 중세 후기 경제 발전을 더욱 광범위한 맥락에서 비교하는 데 기여했다. 또한 존 먼로의 플랑드르 섬유 산업에 관한 풍부하고 상세한 저작들도 플랑드르를 전체 논지 내에 수용해 통합할 수 있도록 도와주었다. 아쉽게도 그는 이 책이 완성되기 전에 세상을 떠났지만, 그와 흥미로운 대화를 많이 나눈 덕분에

14세기 초의 전쟁, 늘어난 거래 비용, 상업적 쇠퇴 사이의 연관 관계를 파악할 수 있었다. 물론 이 부분에 대해서는 마찬가지로 고인이 된 래리 엡스타인의 공로도 언급하지 않을 수 없다. 통화론자였던 존은 이 책의 5장에서 흑사병 이후 장기간에 걸친 경제적·상업적 위축의 원인으로 금은의 부족을 강조하고 있는 점에 동의하리라 믿는다.

나는 16년간 중세 및 근대 초 영국과 아일랜드의 경제사를 가르친 후, 2004년 벨파스트의 퀸즈대학에 신설된 고고학-고생태학과 지리학 융합학과에 합류했다. 그곳에서 '재난, 인간 그리고 역사: 지난 1000년간 인간과 환경의 상호 작용'이라는 강의를 했는데, 졸업반 학생들에게 인기 있었다. 이 수업에서는 영국과 아일랜드를 참조하여 지난 1000년 동안 환경적인 위기와 재난이 인구, 사회 및 경제에 미치는 영향을 탐구했다. 한편에 기근, 가축전염병, 페스트 및 그 밖의 여러 재난 등 극단적인 사건들이 있고, 다른 한편에 성장 조건의 변화와 사망률 같은 환경과의 관계에서 미묘한 추이들이 나타난다고 하면, 학생들은 전자에 흥미를 보였다. 하지만, 나는 양편 모두에 관심을 기울이면서 학생들에게 왜 어떤 사회는 자연 재해에 취약하고, 다른 사회는 그렇지 않은지 숙고하도록 유도했다. 이 수업의 내용과 접근 방식에 대해서는 내가 케임브리지대학출판부에 제출한 저술 제안서(「위기의 분석: 영국과 아일랜드 1290년에서 1377년」)와 거의 비슷한 시기에 신청해 승인받은, Wiko란 이름으로 더 친숙한 베를린고등연구원 Wissenschaftskolleg zu Berlin 연구지원서에 서술해 두었다. 물론 동 시기에 이와 같은 제안들을 했다는 사실은 영국 국민소득 프로젝트의 기한이 종료한다면, 두 원고를(하나는 공저, 다른 하나는 단독 저술) 거의 같은 시기에 케임브리지대학출판부에 제출해야만 한다는 것을 의미했다. 두 권 가운데 후자의 출판은 지연되었지만, 실제로는 두 작업이 동 시기에 이루어졌기에 각 권이 서로 긴밀하게 영향을 주고받았다.

'대전환'에 대한 본격적인 저술 작업은 2010년 10월 베를린고등연구원이라는 매우 이상적인 환경에서 시작되었다. 그와 관련해서는 나를 추천한 그레고리 클라크, 기꺼이 받아준 원장과 이사회, 그리고 재정적 지원을 제공한 고등연구원에 감사한다. 학제적이며 상호 협력적인 분위기와 최고 수준의 도서관 지원 등에 힘입어 이곳에서 비로소 NOAA 웹사이트를 알았고, 1270년경에서 1420년경 사이 발생했던 기후 재편이 전 지구적 차원에서 전개되었음을 인지했다. 그 결과 영국으로 한정한 저술 제안서를 다시 구상하기에 이르렀다. 거의 비슷한 시기였던 2010년 10월, 저술 작업에 더욱 탄력을 받는 계기가 있었는데, 핸쉬와 그의 동료들이 작업한 획기적인 논문에서 흑사병을 발생시킨 병원균이 페스트균*Yersinia pestis*이었다는 사실이 최종적으로 확인되었다. 이는 내가 급속히 진전 중인 생물학 연구에 곧바로 착수해야만 한다는 점을 명백하게 해 주었다. 당시 마르세유, 마인츠, 그리고 오슬로의 페스트 연구팀들은 상호 경쟁하며 성과를 내고 있었다. 이것은 경제사학자인 내게 미지의 학문 영역에 새로 진입하는 것을 의미했다. 고등연구원에서 생물학자 재니스 안토노빅스와 마이크 부츠로부터 도움과 격려를 받기도 했다. 근래에는 미셸 지글러, 모니카 그린, 앤 카마이클 등 생물학에 관심이 많은 중세사가와 질병사학자들의 논평과 조언으로부터 작업의 진전에 큰 도움을 받았다. 특히 앤 카마이클이 흑사병을 서술한 부분의 초고에 대해 제시한 풍부한 지식과 건설적인 논평은 내게 결정적인 도움이 되었다. 그들의 의견이 반영되었다고 하더라도 이 책의 내용에 대한 최종적인 책임이 내게 있다는 사실에는 의문의 여지가 없다.

2013년 9월 레딩대학의 리차드 호일이 주관한 페스트 관련 워크숍에서 저명한 고생명체 유전정보ancient DNA, aDNA 학자 바바라 브라만티를 만나 의견을 듣는 즐거움을 누렸다. 그녀는 당시 마인츠 페스트 연구팀을 이끌었으며, 현재는 세 가지 페스트 모두에 대해 근본적으로 재고하고 있는 오슬로 연구팀으로 옮겨 활동하고 있다.[3] 노르웨이의 대표적인 페스트 역사가 올레 베네딕토우도 그 회의에 참석해 친절하게도 내 논문에 몇몇 의견을 주었다. 물론 그의 모든 권고를 수용하지는 않았지만, 그의 조언은 기존 증거들을 실제 의미하는 것 이상으로 해석하는 것을 피할 수 있게 해 주었다. 인도 페스트 위원회의 보고서와 제3차 팬데믹으로 인해 출현한 방대한 의학 문헌을 상세히 검토한 후 도달한 그의 견해는 흑사병의 지리적 기원, 활성화, 숙주와 매개생물, 전염 및 확산 기제, 치사율 등 흑사병에 관한 거의 모든 부분에 여전히 논쟁의 여지가 있다는 점을 깨우쳐 주었다. 즉 신중한 역사가라면 이 주제에 대해 교조적 주장을 내세울 수 없다.

새로운 자료와 논문이 시시각각으로 늘어나는 분야에서 관련 주제를 분석하고 종합한 최신 저작들을 추적하고 수집하여 자료들을 통찰하고픈 유혹을 뿌리치기란 쉽지 않다. 그런 의미에서 학회에 참석하고 논문을 발표하는 것은 내가 수집해 온 자료들의 의미를 파악하고, 또 내 입장에 대한 반응을 살펴볼 수 있는 더없이 좋은 기회를 제공했다. 나의 사고와 이해를 증진시키는 데 도움을 준 학회, 워크숍, 회의들은 다음과 같다. 멜론 재단 소여Sawyer 세미나의 일환으로 2010년 5월 케임브리지에서 개최한 '위기, 어떤 위기? 비교의 관점에서 본 붕괴와 암흑시대', 2011년 9월 파리의 독일 역사연구소에서 개최한 '역사 기후학: 과거와 미래', 2013년 뉴올리언스 미국 역사학회 학술대회에서 열린 '기후변화와 빅 히스토리' 토론회(이후 오하이오주 콜럼버스와 피츠버그에서의 후속 강연 및 세미나), 2014년 12월 베른대학의 역사연구소에서 개최한 '지난 1000년 중 가장 추웠던 10년? 스푀러 극소기, 1430년대 기후 그리고 그 경제·사회·문화적 영향', 그리고 2015년 2월 빌레펠트대학 학제 간 연구센터에서 개최한 '소빙하기 동안의 기근(1300-1800년): 전근대 사회들에서의 사회와 자연의 뒤얽힘'. 나는 이 여러 학회에서 발언할 기회를 제공해 준 존 해처, 프란츠 마우엘스하겐, 그레고리 케넷, 존 부르크, 패트릭 매닝, 챈탈 카메니시, 도미니크 콜렛 등과 학회에서 유익한 논평을 해준 다른 참가자들께 빚을 졌다. 그리고 괴팅엔대학, 그라이프스발트대학, 파리 7대학, 옥스퍼드대학, 런던 역사연구소, 마드리드 라몬 아레세스 재단 등의 강연에 초청해 준 베른트 헤어만, 마이클 노스, 매튜 아르누, 밥 알렌, 존 왓츠, 폴 슬랙, 네글리 하트, 레안드로 프라도스 데 라 에스코수라 등에게도 마찬가지로 감사를 표한다.

2009년 4월, 당시 내가 위원회의 위원으로 참여하고 있던 프라토의 다티니연구소에서는 41번째 연구 주간 주제를 '13-18세기 산업화 이전 유럽에서의 경제적·생물학적 상호 작용'으로 정했다. 빔 블록만스는 이 선구적인 모임을 지혜롭게 주재했으나, 한편 이 기획은 일부 역사가들이 기존 연구 방식에서 벗어나는 것에 대해 얼마나 저항하고 있는지도 잘 보여 주었다. 내게는 베른트 헤르만과 리처드 호프만으로부터 역사에 대한 환경적 접근을 옹호하는 명연설을 듣는 것이 큰 즐거움이었다. 호프만이 저술한 탁월한 입문서 『중세 유럽의 환경사*An Environmental History of Medieval Europe*』는 최근에야 출판되어 이 책을 수정하는 마지막 단계에서 참고할 수 있었다. 그보다 조금 일찍 출판된 존 브룩John Brooke의 『기후변화와 전 지구사의 과정: 험난한 여정*Climate Change and the Course of Global History: A Rough Journey*』과 제프리 파커Geoffrey Parker의 『전 지구적 위기: 17세기의 전쟁, 기후변화 그리고 파국*Global Crisis: War, Climate Change and Catastrophe in the Seventeenth Century*』은 책상머리에서 이보다 앞선 시기의 전 지구적 위기에 대해 나만의 독특한 해석을 완성하도록 나를 지속적으로 자극하고 압박했다. 한편, 내 책과 마찬가지로 두 책 모두 오랜 숙성 기간이 소요되었는데, 이는 제대로 된 환경사를 연구하고 저술하는 데 얼마나 많은 시간과 노력이 필요한지를 보여 준다.

2012/13년 케임브리지대학 엘렌 맥아더 강좌에서의 초청(2013년 2월 강연, www.econsoc.hist.cam.ac.uk/podcasts.html)은 그동안 내가 힘겹게 정리해 왔으나 그때까지도 나를 압도한 역사적·고기후학적·생물학적 증거들을 종합하는 촉매제가 되었다. 네 차례에 걸친 이 강연을 준비하면서 저술에서 환경적 측면과 인간적 측면을 통합하는 효과적인 체계를 구성할 수 있었다. 앞선 엘렌 맥아더 강좌들의 학문적 위상을 감안할 때, 강연을 수행하는 일 자체가 벅찬 작업이었다. 나는 밀 레인 강당에서 크리스 브릭스와 레이 쇼-테일러로부터 가치 있는 훌륭한 조언을 들었으며, 트리니티홀에

서 묵으면서 마틴과 클레어 던튼 부부로부터 환대를 받았다. 이 외에도 데이빗 아불라피아, 앨런 베이커, 주디스 베넷, 존 해처, 리처드 스미스 등으로부터 환대와 더불어 조언을 들을 수 있었다. 이때 만든 파워포인트 강의 자료를 저술 형식으로 전환하는 데 2년 반 중에 대부분이 소요되었다. 물론 이 기간에는 '영국의 경제 성장' 부분을 완성하는 것도 포함되어 있다. 이 책을 정독하기 전에 팟캐스트를 통해 미리 강연을 접한 독자들은 책의 내용이 강연에 비해 대폭 확대, 갱신, 수정되었음을 발견할 것이다. 또한 그 팟캐스트가 이 책에 대한 효과적인 입문의 역할을 한다는 점도 알게 될 것이다.

모든 학자는 앞서 그 길을 걸었던 다른 학자들의 어깨 위에 서 있다. 나는 수 세대에 걸쳐서 역사학자들이 문서고에서 어렵게 체계적 정보를 추출해 내는 인내를 경외하고, 과학자들이 해저에 퇴적된 조류藻類나 유골의 치아처럼 도저히 기대할 수 없고 다루기 힘든 자료들로부터 의미 있는 정보를 도출해 내는 독창성과 끈기에 아연하지 않을 수 없다. 독자적으로 혹은 팀을 이루어 연구하는 수많은 학자에게 진 빚은 수많은 인용을 통해 확인할 수 있을 것이다. 특히 그 많은 자료를 온라인으로 제공하고 논문을 오픈액세스로 개방해 준 모든 분께 감사한다. 역사서 중에는 전통적인 역사적 경계와 연대기를 초월한 재닛 아부-루고드Janet Abu-Lughod의 『유럽 패권 이전*Before European Hegemony*』에서 특별한 영감을 받았다. 프랭크 러들로우는 본문 대부분을 읽고 논평해 주었으며, 킬로토아와 쿠와에 화산 폭발의 연대 결정에 대한 최신 정보를 알려 주었다. 아이디어와 자료를 공유하거나 그 밖에 도움을 준 사람들로는 마틴 앨런, 로레인 배리, 켄 바틀리, 스티브 브로드베리, 존 브룩, 얀 에스퍼, 바스 판 레이우엔, 스콧 레비, 마릴린 리빙스턴, 팀 뉴필드, 코맥 오 그라다, 리처드 오램, 테리 핀커드, 래리 푸스, 레안드로 프라도스 데 라 에스코수라, 데이빗 레어, 스티브 릭비, 벤 사드, 필립 슬라빈, 야콥 바이스도르프, 팅 쉬 등이 있다. 나와 40년 이상 함께 일해 온 길 알렉산더는 지도 제작의 전문성을 살려 도표 1.2, 2.1, 2.9,

3.15, 3.19, 3.22, 3.25, 3.25, 3.27, 4.9, 4.10을 그렸고, 불평 없이 출판사에서 요구하는 대로 모두 CMYK TIF 형식으로 변환했다. 케임브리지대학출판부의 마이클 왓슨은 원고 마감 기한을 상기하는 이메일을 적시에 보낸 후에도 원고가 완성될 때까지 인내심을 갖고 기다려 주었다. 리처드 호프만은 원고 초안을 통독한 후 책의 초점을 부각하고 표현을 개선할 수 있도록 지혜롭고 건설적으로 조언한 잘 선정된 익명의 심사위원이었다. 출판본은 켄 목섬이 빈틈없이 교열을 보아 준 덕분에 한결 개선되었다. 케임브리지대학출판부는 함께 작업하기에 이상적이었으며, 편집부의 일 처리 능력은 더할 나위 없이 탁월했다.

내가 2010년 9월 당시 방치되어 있던 도네갈의 멀로이에 위치한 낡은 관리인 가옥과 오랫동안 절벽 꼭대기에서 비바람 속에 버려진 정원의 개조에 시간을 빼앗기지 않았더라면, 이 책의 출판은 좀 더 앞당겨질 수 있었을 것이다. 2012년 2월, 나는 38년 이상 근무했던 벨파스트 퀸즈대학에서 조기 은퇴함으로써 다행히도 정원 가꾸기와 글쓰기를 병행할 시간을 얻었다. 그 후 매일 두 번 조석으로 모습을 드러내는 멀로이 만이 내려다보이는 1층 서재에서 책의 최종적인 형태를 완성하고, 수없이 퇴고를 되풀이하는 집필의 마지막 단계를 마칠 수 있었다. 원고 마감에 대한 압박이 커지면서 마틴 맥그로디, 숀 보이즈, 윌리 콜드웰이 정원을 가꾸고 유지하는 부담을 떠안았고, 그 덕택에 나는 자유를 얻어 실내에 머무르며 컴퓨터 작업에 몰입했다. 푸르른 도네갈의 하늘, 신선한 공기, 그리고 눈부신 바다를 볼 때마다 하는 일을 서로 교환했으면 하는 마음이 생기기도 했지만, 곁에서 헌신적으로 격려해 준 다이애나 덕분에 키보드 앞에서 보낸 긴 시간이 덜 외로울 수 있었다. 애견 샘슨, 그리고 최근에는 프레이어까지 가세하여 조르는 바람에 나도 종종 휴식을 취하고, 그들과 함께 상쾌한 공기를 마시며 몸을 움직이게 되었다. 이런 일이 책을 완성하는 데 도움이 되었는지 아니면 지장을 초래했는지는 알 도리가 없다.

멀로이에서 대서양 조수의 강력한 변동, 해양의 온난함과 북극의 매서운 추위가 교체되는 겨울, 한동안 계속되는 비, 사나운 돌풍과 허리케인 같은 강풍이 교대로 몰아치는 바람, 끊임없이 발아하는 잡초들과 급속히 퍼져 나가는 호장근虎杖根, 짧은 겨울 낮에서 짧은 여름밤으로 이어지는 계절의 진전 등은 자연의 독자적이며 때로 가차없는 힘을 끊임없이 일깨워 주었다. 벨파스트로 돌아와 보니, 깃발, 행진 그리고 시위들이 여러 의제에 대한 인간의 결연한 추구를 입증하고 있었다. 그중 가장 용납할 수 없던 일부 사건들은 파커의 저술대로 17세기 '전 지구적 위기Global crisis'가 진행되던 시기에 이 유라시아의 외딴 북서쪽 변방에서 발생했다. 이곳 아일랜드 북부에서는 그 어느 지역보다도 현저하게 자연과 문화가 충돌하고 또 공존해 왔다. 다른 곳에서 암묵적인 것이 여기에서는 명백하다. 이 책도 마찬가지이기를 희망해 본다.

2015년 6월 7일

멀로이에서

주

1 Le Roy Ladurie(1971).

2 www.ncdc.noaa.gov/data-access/paleoclimatology-data

3 유럽연구위원회(European Research Council) 프로젝트 'MedPlag: 중세 페스트: 생태학, 전파 양상 및 감염 경로', 오슬로대학교 생태 및 진화 종합연구센터. 과학 컨퍼런스, '현대 분자 생명과학에 비추어 본 과거의 페스트 팬데믹(유스티니아누스, 흑사병, 제3차 팬데믹)', 2014년 11월 19-20일, 오슬로: http://english.dnva.no/kalender/vis.html?tid=63069.

1장 중세 말 세계에서 자연과 사회의 상호 작용

13세기 말부터 15세기 말 사이에 전개된 대전환Great Transition은 유럽의 팽창, 문화적 번영 그리고 유라시아 대륙을 관통하는 상업적 통합이라는 지속되던 국면을 종식시켰으며, 그로부터 다음 단계가 도약할 수 있는 기저선을 명확히 했다. 이 대전환의 시작과 그 전개 과정은 환경적 요소와 인간적 요소가 독특하게 결합하면서 촉발되었다. 환경적 요소로는 전 지구적 기후변화와 가축 및 인류에 대한 치명적인 역병의 재출현 등이 있었고, 인간적 요소로는 전쟁의 증가, 상업의 후퇴, 경제의 위축, 금은의 부족, 구세계 인구의 붕괴 등이 있었다. 대전환에 대한 연구는 전반적인 생태적·지리적 차원의 이해를 필요로 하는데, 고기후의 과학적 규명, 페스트균 *Yersinia pestis* 게놈의 생물학적 해독, 흑사병 매장지 유골의 aDNA 분석, 학문 연구의 중요한 분야로서 전 지구사의 출현, 그리고 14, 15세기까지 거슬러 올라가는 역사적 국민소득의 분석 등 최근 관련 분야에서의 진전 덕분에 이제야 조명을 받을 수 있게 되었다. 1270-1470년대에 일어난 역사적 궤적의 변화를 설명하려는 많은 시도가 있었지만, 이 책은 이러한 새로운 통찰력을 이용하고 물리적·생물적 과정과 발전의 역할을 역사 서술에 완전히 통합하려는 최초의 시도다.[1] 이를 위해서 지리적으로는 라틴 기독교 세계와 유라시아 전체를 적절히 포괄하고, 기후의 경우에는 북반구 또는 전 지구로 조사 범위를 확장하는 것이 필요하다.

대전환은 서유럽과 동아시아 모두에서 양호한 기후 조건, 주요 역병들로부터의 상대적 자유, 기술적 진보와 일련의 제도적 혁신 등에 힘입어, 지속적인 인구와 경제적 생산의 증가를 뒷받침하던 장기적 국면에 뒤이어 나타났다. 서양에서 라틴 기독교 세계의 부흥과 동양에서 중국의 송나라, 동남아시아의 참파, 대월, 앙코르, 파간 왕국, 남부 인도의 촐라 왕국 등의 융성은 동 시기에 진행되었다.[2] 이들 모든 나라에서는 국내 및 해외 교역이 번성했으며, 그로 인해 시장이 특화되어 발전하는 기회가 주어짐으로써 혜택을 누렸다. 이 시기에 이룩한 위대한 역사적 성과 중 하나는, 재닛 아부-루고드가 전거들을 통해 입증했듯이, 이들 독립적인 권역의 교역망들이 점진적으로 성장하고 확장되면서 궁극적으로 동양과 서양의 상업을 연결하는 하나의 통합된 세계교역체제로 합쳐졌다는 점이다.[3] 이 시기에 유럽의 엘리트들은 그들이 갈망하던 동양의 향신료, 비단, 도자기 등을 대부분 당시 유럽에서 호황을 누리던 은광에서 생산된 은으로 지불하고 획득했다. 이와 같은 발전이 제2장의 주제다(2장 번영: 양호한 환경과 라틴 기독교 세계의 성장). 이는 이 시기의 번영을 뒷받침했던 사회활동적·환경적 기반들을 갈아치우고 파괴해 버린 변화를 이해하는 데 근본적으로 중요하다. 이 번영기의 팽창과 성공이 장기적으로 지속가능할 수 있었을지는 논쟁의 여지가 있지만, 그 이후 뒤따랐던 침체에 강력하게 영향을 미쳤다는 점에서는 논란의 여지가 없다.[4]

변화가 임박했음을 보여 주는 첫 번째 징후는 1260년대와 1270년대에 명백해졌다. 그때부터 1340년대까지가 대전환의 첫 번째 단계다(3장 위태로운 균형: 기후 불안정이 고조되고 병원균이 재출현하는 시기에 커져 가는 경제적 취약성). 이 시기에 기후적·생물적·군사적·상업적 발전이 시작되었으며, 그로부터 마침내 주요한 사회-생태 체제socio-ecological regime의 변동이 나타났다. 결정적인 전환은 대전환의 두 번째이자 가장 극적인 단계였던 1340년대와 1370년대 사이에 일어났다(4장 임계점: 전쟁, 기후변화, 페스트가 무너뜨린 균형). 이 짧은 결정적 시기에 환경과 인간의 상황 모두에서 심대하며 되돌릴 수 없는 변화가 발생했다. 세 번째이자 마지막 단계인 이어지는 한 세기 동안에(5장 침체: 환경의 억제로 수축하는 중세 말 라틴 기독교 세계의 인구와 경제) 사회-생태적 과정은 결국 현저하게 달라진 환경 및 상업 상황과 확대되고 재정립된 세계 내에서 경제와 인구의 회복 및 재성장이 순차적으로 재개되던 15세기 4/4분기까지 계속되었다.[5]

대전환의 성격을 나타내는 자연과 사회 사이의 상호 작용의 특징(1장 3절)과 이를 주어진 증거에 입각하여 어떻게 분석하고 기술할지 실질적인 방안(1장 4절)을 고찰하기 전에, 대전환 세 단계 각각의 본질적인 특성에 대한 개요를 먼저 설명해 두는 것이 유용하리라 본다. 상황의 전개 과정을 설명하면, 무엇이 일어날지 미리 결정되어 있지 않았다는 사실이 명백해질 것이다. 어떤 시점에서든 인간적·환경적 요인들의 미세한 결합으로 인해 여러 상이한 결과가 가능했다. 그러므로 우발적 사태는 물론 자연적·인간적 과정의 우연적 결합도 중요한 역할을 했다. 대전환에서는 고유한 요소들이 너무나도 많았기 때문에 맺음말(이론, 우발성, 결합 그리고 대전환)에서는 그것이 거의 모든 측면에서 본래적으로 하나의 역사적 현상이었음을 주장할 것이다.

1. 대전환: 연대기적 개요

1) 1260/70년대에서 1330년대 사이: 대전환의 시작

1290년대 볼프 태양극소기Wolf Solar Minimum가 시작될 때까지 상대적으로 높은 수준의 태양복사량solar irradiance이 북반구와 전 지구에서 평균 이상의 기온을 유지시켰으며(그림 1.1A), 그에 따라 양쪽 반구에 걸쳐 안정된 대기의 순환이 정착했다.[6] 이 시기가 중세 온난기Medieval Climate Anomaly, MCA의 마지막 연장 국면이었다. 1250년경에 가장 뚜렷하게 발달한 그 특징은 특히

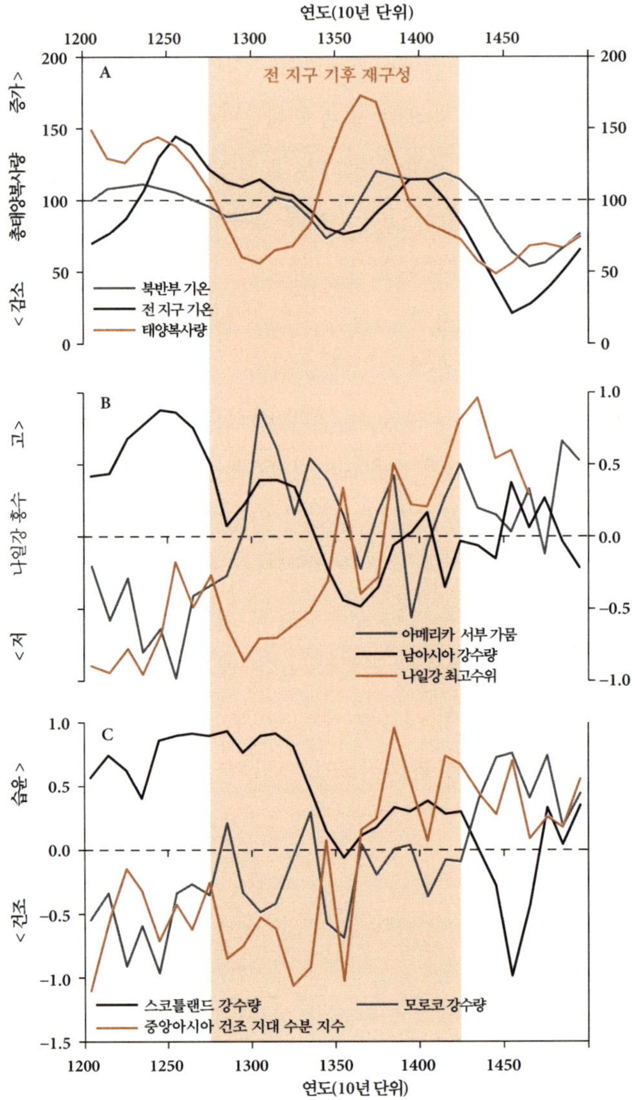

그림 1.1 | **(A) 태양복사량, 전 지구 기온 및 북반구 기온 지수, 1200-1500년. (B) 남북 아메리카의 서부와 남아시아의 강수량 및 나일강 최고 수위 지수, 1200-1500년. (C) 스코틀랜드와 모로코의 강수량 및 중앙아시아 건조 지대의 수분 지수, 1200-1500년.**

출처: (A) Delaygue and Bard(2010b); Vieira and others(2011); Loehle and McCulloch(2008); Mann and others(2008). 100=1250-1450년 평균. (B) Cook and others(2004c); Rein and others(2004); Rad and others(1999); Berkelhammer and others(2010b); Zhang and others(2008); Wang and others(2006); Popper(1951), 221-3. (C) Proctor and others(2002b); Esper and others(2009); Chen and others(2012).

그림 1.1B와 1.1C에 잘 표현되어 있다. 남아시아 전역의 강한 몬순 강우와 짝을 이루던 남북아메리카 서부의 대가뭄에 준하는 건조한 상황은 태평양에서의 강한 양의 엘니뇨 남방 진동El Niño Southern Oscillation, ENSO의 특징이다.[7] 이에 상응하는 인도양에서의 몬순 순환의 배치는 동아프리카보다는 인도와 파키스탄에 유리하게 작용했고, 그 결과 나일강의 카이로에서 몬순이 초래한 강수 유출은 평년치보다 훨씬 밑돌았다. 인도양, 태평양, 북대서양 사이의 장거리 원격상관teleconnection으로 인해 북대서양 진동North Atlantic Oscillation, NAO도 마찬가지로 양의 모드로 유지되었다.[8] 이에 따른 강한 편서풍의 영향으로 북서유럽에서는 겨울 동안 온화하고 습한 상태를 유지했으며, 스코틀랜드의 서부에는 정기적으로 폭우가 내린 반면, 지중해를 접하고 있는 유럽 지역 대부분과 북아프리카에서는 강수량이 감소했다(그림 1.1C).[9] 남유럽의 적은 겨울 강수량으로 인해 중앙아시아 건조 지대로 부는 편서풍도 마찬가지로 수분이 부족했고, 그 결과 유라시아 대륙의 내부는 지속적으로 가뭄 상태에서 벗어날 수 없었으며, 특히 1190년대와 1200년대 초기에는 유례없는 가뭄이 나타났다.[10] 이 광대한 메마른 지대에서는 강수량의 미미한 변동도 잠재적으로 커다란 생태적 결과를 초래했으며, 이는 인간과 생물체에 대전환에서 중요한 역할을 할 광범위한 영향을 미쳤다.[11]

태양복사량이 감소하고, 이에 따라 전 지구와 북반구의 기온이 하강한 것은 1270년대부터였다(그림 1.1A). 이때에 장기간 유지되던 순환 패턴이 변화하기 시작했고, 동태평양에서 따뜻한 물과 공기가 차가운 것을 대체하는 엘니뇨도 더 자주 발생하기 시작했다.• 그에 따라 남북아메리카 서부의 강수량이 증가했고, 특히 1300년경에 그 정점에 다다랐다.[12] 그 후

• 평년보다 태평양 동쪽의 해수면 온도가 높고 무역풍이 약한 상태를 엘니뇨, 그 반대 상태를 라니냐라 부른다. 엘니뇨는 음의 엘니뇨 남방 진동, 라니냐는 양의 엘니뇨 남방 진동에 해당한다. 이하 모든 각주는 역주.

에도 가뭄은 주기적으로 재발했지만, 1250년대처럼 극심하지는 않았다.[13] 이와 동시에 남아시아의 몬순이 약해지기 시작했으며(그림 1.1B), 1280년대에는 인도에서 몬순이 발생하지 않는 해도 있었다.[14] 한편, 시차를 두고 북대서양 진동이 약해지기 시작했다. 1320년대부터 스코틀랜드의 강수량이 감소했고, 북유럽에서는 북극의 고기압이 남쪽으로 밀려 내려왔고, 대서양 사이클론의 경로가 더욱 남쪽으로 치우치는 소위 '북극형' 겨울을 겪기 시작했다.[15] 후자는 남유럽과 북아프리카에 더 습한 날씨를 초래했으며, 습한 편서풍이 중앙아시아 건조 지대에 유입되어 이 지역 역시 습도가 일정치 않게 상승했다(그림 1.1C).[16] 확립된 순환 패턴이 거의 어디에서나 불안정했고, 그로 인한 기상이변과 연이은 흉년은 유라시아 전역에 경제적 혼란을 야기했다.[17]

기상이변으로 인한 위해危害가 농업을 기반으로 하던 경제에 심대한 결과를 초래했다면, 역병은 그보다 훨씬 더 심각한 피해를 줄 잠재력을 갖고 있었다. 예를 들면, 잉글랜드가 유럽 최고의 양모를 생산하던 1279년에 양 떼를 쇠약하게 만드는 면양옴sheep scab에 굴복해 국내 양모생산량이 일시에 절반으로 급감했다.[18] 면양옴을 일으키는 병원체病源體는 양의 피부에 서식하고, 그 배설물이 동물에게 급성 또는 만성 알레르기 피부염을 유발하는 면양옴 진드기*Psoroptes ovis*였다. 1279년의 발병으로 수많은 양이 시달리다 죽거나 도살되어 산출할 수 있는 양모의 양이 격감했고, 양모의 질도 떨어져 판매 단가가 폭락했다.[19] 한 나라의 양모생산량의 대규모 부족 사태는 경제 전반에 걸쳐 여러 파생 효과를 유발시켰다. 즉 농업소득이 줄어들었고, 원모 부족이 잉글랜드의 직물 생산 분야를 위축시켰으며, 수출에 의한 수익이 감소하여, 결과적으로 1인당 국내총생산에 직접 타격을 주었다. 또 양질의 잉글랜드산 양모에 의존하던 해외 의류 생산자들은 긴요한 원료의 부족으로 고통받았으며, 플랑드르의 산업 노동자들은 폭동을 일으켰다.[20]

잉글랜드 양모 생산의 상업적 특화, 전국적으로 방대한 양 떼의 규모,

양·양모피·양모와 연계된 광범위한 지리적 이동으로 인해 국내 1,500만 마리 양은 감염병에 속수무책이었으며, 감염병을 초기 단계에서 발견하기 어려웠던 만큼 매우 쉽게 확산됐다. 상업은 실제로 매개생물에 의해 확산되는 양의 감염병을 국가적 농업 재앙으로 증폭시켰다. 상업 교류가 이어진 이후 수십 년 동안 인간과 소 사이의 긴밀한 결합으로 말미암아 마찬가지로 우역牛疫, cattle plague과 페스트(인간 감염병)의 확산은 촉진되었고, 후자의 경우 수 세기 동안 전 유럽에서 그 영향을 경험하게 되었다.

우역이 마지막으로 유럽의 가축 사육자들을 심각하게 위협한 것은 10세기 중반이었다.[21] 이후 300년 이상 농부들은 분명 전염력이 유달리 강한 이 바이러스성 감염병에 대한 걱정 없이 살았다. 그러나 1290년대와 1300년대 초 몽골에 의해 유라시아 내륙이 통일되고 그에 따라 동서 방향의 이동이 증가한 후, 동부 및 중부 유럽의 연대기 작가들은 원인이 불분명한 소의 집단 폐사를 기록하기 시작했다.[22] 그리고 1316년과 1321년 사이 기상이변과 극심한 생태적 스트레스로 인해 보헤미아에서 우역이 발생했고, 그곳으로부터 신속하게 서쪽으로 퍼져 나가며 소 떼를 초토화시켰고 북유럽 전역과 대서양 연안의 아일랜드에 이르기까지 목축 지역에서 사역용 황소들을 몰살시켰다.[23] 오랫동안 유라시아 대륙 내부에서 실질적으로 휴면 상태로 있던 동물풍토병이 생태적 스트레스와 상업 교류의 결합에 의해 면역력이 거의 없던 서유럽의 가축으로 급속도로 퍼지는 치명적인 동물대역병으로 증폭되었다. 이때 서쪽에서 생활하던 생물학적으로 면역력이 전혀 없던 가축들은 거의 아무런 저항도 못했다.[24]

한편 미생물학자와 유전학자들은 1268년경 이후 어느 시점에선가 림프절 페스트bubonic plague(선페스트)의 병원체인 페스트균이 중앙아시아 건조지대의 병원소disease's reservoir• 보유지 내에서 활성기에 들어섰으리라고 추론한다.[25] 동물풍토병에서 동물유행병 상태로 페스트의 갑작스러운 발전

• 병원균이 본래 생활하고 있는 장소.

은 생물학적 '빅뱅big bang'으로 불리는 새로운 변종 또는 다분할polytomy 증식이 원인이었던 것으로 보인다.[26] 생물학자들은 이러한 현상들이 중국 서부의 티베트-칭하이 고원의 반건조 지역에서 발생했다고 생각한다. 페스트는 그 지역에서 오랫동안 땅속에 서식하는 게르빌루스쥐gerbil, *Rhombomys opinus*와 마멋marmot 사이에서 퍼져 있던 풍토병으로 지속되었다는 것이다.[27] 이는 부분적으로 습한 편서풍의 유입이 식물 성장을 자극하고 그로 인해 야생 들쥐가 증가했으며, 또 그에 기생하는 벼룩과 적재된 병원균에 의한 영양 연쇄반응trophic cascade이 작용한 것으로 보인다. 일단 양이 늘어나고 활동성이 증대되자, 이 병원균은 병원소 보유지에 연결된 교역로를 따라 이동하는 대상隊商에 의해 그 자체 또는 매개생물과 함께 비단길을 따라 서쪽으로 전파되어 1338년에는 헝가리 대평원까지 거의 단절 없이 이어져 대평원의 동쪽 끝 키르기스스탄의 이식쿨Issyk-Kul에 이르렀다.[28] 그전까지는 아니었을지라도 적어도 여기에서는 병원균이 교차해 인수공통전염병으로 인간에게 치명적인 피해를 가했던 것으로 보인다. 그러나 페스트의 진정한 파괴력은 카스피해 분지를 건너 킵차크 칸국의 영토에 도달하고, 거기서 더 나아가 제노바인의 통제하에 있던 흑해의 카파Kaffa(오늘날 페오도시아), 페라, 트라브존 등의 번화한 항구들과 지중해 및 그 너머까지 연결되어 있던 그들의 광범위한 해운 교역망에 도달할 때까지는 나타나지 않았다.[29]

페스트가 유라시아 대륙 내부를 가로지르는 대상들의 경로를 따라 이러저러한 방법으로 서서히 퍼져 나가면서 동서양 사이를 잇는 더 중요한 교역망은 닫히기 시작했다. 1258년 바그다드 약탈에서 시작되어 1291년 아크레 함락으로 끝난 몽골과 맘루크의 중동 정복은 한때 번성했던 동부 지중해와 페르시아만을 잇는 시리아 횡단노선을 통한 교역을 방해해 점차 단념하게 만들었다.[30] 십자군 제후국의 패배로 이탈리아의 두 해상 공화국 제노바와 베네치아는 기존에 누려 왔던 상업적 특권을 상실했다. 무슬림과의 교역을 지속하는 것에 대한 교황의 보복적인 금수 조치는 한때 번성했던 이탈리아 상업 공간과 수요가 많은 동방 사치품의 공급원을 더욱 위축시켰다. 동시에 무슬림 상인들로 구성된 카리미스Karimis 카르텔은 홍해를 거쳐 지중해로 연결되는 인도 향신료 교역에 대한 통제를 강화했고, 이들 상품에 대해 최대한의 관세를 부과했다.[31] 이와 같은 상황에서 베네치아, 그리고 특히 제노바의 관심이 흑해가 제공하는 대안적인 상업 기회들에 다시 집중된 것은 전혀 놀랄 일이 아니다. 흑해는 몽골 제국 아래서 번성한 베이징으로부터 칭하이를 거쳐 바투Sarai Batu와 타나에 이르는 아시아 횡단 대상교역로의 종착지였으며, 동시에 페르시아만으로부터 페르시아의 타브리즈를 거쳐 트라브존에 이를 수도 있는 곳이었다.[32] 그렇지만 이러한 변화가 아시아와의 교역에서 적자가 심화되던 유럽의 상황을 완화해 주거나, 금과 은의 유출을 멈추게 할 수는 없었다. 이와 같은 교역의 비대칭적 성격은 유럽 은광이 생산에 활기를 띠는 동안에는 감당할 수 있었으나, 1330년경부터는 그것마저 줄어들었다.[33]

한편, 이탈리아의 알프스 너머 북유럽과의 교역은 중립을 유지해 오던 당시 북유럽 상업의 허브 샹파뉴 정기시Champagne fairs의 운영에 대한 프랑스 국왕의 정치적 간섭 때문에 심각한 차질을 빚었다. 필리프 4세(재위 1285-1324)가 이탈리아와 플랑드르 상인들을 공공연히 차별한 이후 정기시의 교역 규모는 축소되기 시작했다.[34] 제노바인들은 바르바리(아프리카 북부) 연안 해적들 및 해적선의 위협에 대비하여 중무장한 갤리선의 호위를 받으며 지브롤터 해협을 거쳐 직접 브루게Bruges에 연결하는 해상 노선을 개발하는 방식으로 대응했다. 그러나 이 방안은 운송료를 최소 20% 이상 증가시키는 결과를 낳았다.[35] 산적과 강도는 물론이고 약탈적인 영주들도 기존 육상 노선을 왕래하던 상인들에게 점증하는 위협이 되었다. 그로 인해 교역은 점차 더 위험해지고, 더 많은 비용이 소요되었다. 상승하는 거래 비용은 특히 이윤이 적은 저가 상품의 대량 거래에 불리하게 작용하여, 제조업자와 상인들은 어쩔 수 없이 이와 같은 비용을 감당할 수 있는 고가 상품의 교역으로 전환해야만 했다.[36] 이는 플랑드르 생산자들이 값싸고 가벼운 견직물 '세이says'를 고급 모직물로 대체한 이유를 설명해 준다.[37] 북해와 지중해 두 교역권 모두에서 문제들이 심각해지고 있던 상황을 감안하면, 유럽이 1290년대부터 점차 회복의 기미가 보이지 않는 상업적 침체 속으로 빠져들게 된 것은 놀라운 일이 아니었다.[38]

제조와 서비스 부문의 성장이 멈춤에 따라 농업 부문이 인구 증가로 인한 부담을 모두 떠안게 되었다. 촌락은 한층 과밀해졌고, 그로 인해 소작지의 극단적인 세분화, 임대료의 창출을 위한 토지의 재분할 및 재임대, 그리고 한계지의 파편적인 개간과 식민화 등의 현상이 두드러졌다.[39] 갈수록 농촌의 빈곤층은 더욱 늘어났고, 토지가 없던 이주민들이 점점 더 도시로 몰려들면서 도시의 빈곤 문제를 악화시켰다.[40] 되풀이되는 흉년은 토지를 헐값에 내놓도록 압박하여 이와 같은 경향을 더욱 심화시켰으며, 그 결과 소작지의 감소를 촉진시켰다.[41] 14세기가 시작될 무렵 잉글랜드의 다섯 가구 중 두 가구는 최저생계 수준을 벗어나지 못했다.[42] 먹고살기가 어려웠던 경제적으로 소외된 가구들은 점점 더 심해지고 잦아졌을 뿐 아니라 국제적인 차원으로까지 확대되던 교역의 침체와 흉년에 비참하게 노출되었다. 이상기후와 가축 전염병이 점차 빈번해졌을 뿐 아니라 전쟁도 점점 더 위험해졌다. 앞선 시대의 번영은 물러가고, 위태로운 균형의 시기가 찾아왔다.

2) 1340년대에서 1370년대 사이: 사회-생태 체제의 변환

1340년대에 어렴풋하던 일련의 환경적·인간적 위기들이 마침내 가시화되었다. 전 지구적 기후의 재편이 가속화되어 극도로 불안정한 단계로 진입했고, 전쟁은 확대되었으며, 국제 교역과 경제적 생산은 심하게 위축되었다. 또한 흑사병은 흑해 연안에 도달하여 유럽의 교역체제를 통해 7년 내 사방으로 퍼져 나갔다. 이러한 세 가지 위기가 결합해 퍼펙트 스톰, 즉 초대형 복합위기the perfect storm로 응집되었으며, 각 요소는 다른 요소의 작용과 합쳐지고 나아가 서로를 증폭하는 데 기여했다. 이 복합적인 사태의 강도와 포괄성, 그리고 그 부수적 결과로 인해 사회-생태 체제의 급격한 전환이 이루어졌다. 이로 인해 1340년대부터 1370년대까지가 대전환의 중추적 부분을 구성한다.

높은 수준의 태양복사량에 의해 유지되던 대기 순환의 패턴은 60년 이상 태양복사량이 현저히 감소한 결과 다시 약화되어 도처에서 기후의 불안정화 징후가 뚜렷하게 나타났다. 전 지구적 냉각은 북반구의 기온을 8세기 만에 최저 수준으로 떨어뜨렸고(그림 1.1A), 이는 대기-해양 상호 작용, 기압 경사, 순환 패턴, 바람의 강도와 방향, 그리고 식생의 성장 환경을 크게 바꾸어 놓았다. 수목의 성장에 미친 기온의 부정적 영향은 1342년과 1354년 사이의 현저하게 좁아진 나이테 너비에서 확인되며, 특히 1348년에 가장 뚜렷했다.[43] 이러한 나이테 패턴이 남북반구의 수많은 독립적인 나이테 자료에서 그토록 뚜렷하게 확인된다는 사실은 전 지구적 규모의 강력한 기후 강제력climate forcing을 암시한다. 장기간 유지되어 오던 순환 패턴이 혼란에 빠졌고, 소빙하기를 특징짓는 변화된 기후 체제의 시작을 감지하게 만드는 극단적인 기상이변들이 교차하는 날씨를 나타냈다(그림 1.1B와 1.1C).[44]

아시아는 약화된 엘니뇨 남방 진동이 남아시아 몬순의 강도와 견고성을 저하시켰기 때문에 큰 타격을 입었다(그림 1.1B).[45] 남북아메리카에서 서부의 가뭄이 완화된 반면, 남아시아 전역의 강수량은 감소되었다. 그 결과 1342년과 1346년 사이 중국에서는 중세 온난기 동안에 겪어 본 적이 없는 극심한 가뭄이 발생했다.[46] 이는 아시아 다른 지역과 마찬가지로 습식 벼 재배에 전적으로 의존하는 이 지역 사회에 치명적인 재앙이었다. 특히 장마(몬순)가 여러 해에 걸쳐 없었기 때문에 그 충격은 더욱 컸다. 기후 원격상관의 뚜렷한 사례로 남아시아의 몬순이 약해지자 동아프리카의 몬순은 강해졌고, 이는 에티오피아에 더 많은 강수를 가져왔기에 청나일강Blue Nile과 앗바라강 방류의 확대로 이어졌다. 이것이 해마다 발생하던 나일강 홍수의 원인이었다. 1341/2년에 구 카이로의 수위계nilometer로 측정한 홍수 수위는 가장 큰 상승폭을 기록했다.[47] 1350년대에 기록된 홍수 수위는 그보다 더 높아졌고, 이전 700년 동안 10년 단위의 홍수 수위로는 최고였다(그림 1.1B).[48]

유럽에도 1342년에 기상이변이 찾아왔다. 희귀한 제노바의 저기압으로 인해 바람 방향이 북쪽으로 바뀌었고, 중부 유럽 대부분에 격렬한 여름비가 내렸다. 그리고 이로 인해 강 수위가 전례 없이 상승하고, 대규모 토양 침식이 발생했다.[49] 얼마 지나지 않아 폭풍해일로 북해 연안이 광범위하게 침수되었다.[50] 원인은 북대서양 진동의 급격한 약화에 따른 북대서양 순환 패턴의 재편에 있었다. 편서풍이 남쪽 경로와 북쪽 경로 사이를 불안정하게 왔다 갔다 하면서, 먼저는 1346-47년에 남부 유럽에서 그리고 1349-51년에는 북부 유럽에서 강수량이 과도해져 수확에 피해를 끼쳤다.[51] 후자는 잉글랜드 중세 기록에서 유일하게 연거푸 수확에 실패한 사례였기에 눈에 띈다.[52] 당대인들도 그들이 겪고 있던 날씨가 계절에 맞지 않고 불안정하다는 사실을 충분히 인지하고 있었다.[53] 그러나 그들은 그것이 변화의 정점에 있는 기후 시스템의 발현이라는 점을 결코 이해할 수 없었다. 이러한 발전은 생태계를 극심한 스트레스에 빠뜨렸고, 병원균이 재창궐하고 전쟁과 상업적 불황이 경제적 산출을 크게 압박하던 시기에 농업 생산을 위태롭게 했다.

1340년대에 국제적 차원의 정치 및 군사 상황은 더욱더 암울해졌고, 이는 유럽의 아시아와의 교역에 심각한 타격을 주었다.[54] 이탈리아는 당시 이슬람화되던 킵차크 칸국 및 일 칸국과의 관계가 급속히 악화되자 페르시아의 타브리즈와 돈강 어귀 타나에 있는 그들의 기지를 어쩔 수 없이 포기했고, 1343년에는 몽골군이 제노바의 중요한 항구 카파를 포위하기에 이르렀다.[55] 몽골 제국 내 경쟁 관계였던 킵차크 칸국과 일 칸국 사이의 분쟁으로 인해 그때까지 문제가 없던 중국과 흑해 사이를 잇는 대상들의 육상 교역로가 불안해졌다. 1347년에는 이집트의 맘루크가 킬리키아Cilicia의 아르메니아 소왕국을 정복하여, 유일하게 남은 지중해와 페르시아만 사이의 해상 교역로마저 차단시켰다. 흑해의 트라브존을 통해 소규모 교역이 지속적으로 이루어지기는 했지만, 이후 이집트의 술탄이 인도 향신료 교역을 실질적으로 통제했다. 그로 인해 유럽인들은 은광 채굴량이 줄어들어 지불할 여력이 감소하던 때에도 어쩔 수 없이 현저히 인상된 가격을 치러야 했다.[56] 게다가 기독교인의 무슬림 국가인 이집트와의 교역은 교황의 반대를 무릅쓰고 거행되었기에 벌금이나 몰수의 위험성을 안고 있었다. 결과적으로 아시아와 유럽 사이의 교역은 이전에 비해 큰 폭으로 감소했으며, 이탈리아인들이 동방 교역을 주도하고 있었기에 이탈리아 경제는 가장 심한 압박을 받았다.[57]

확대되던 전쟁도 라틴 기독교 세계의 내부 문제를 가중시켰다. 경쟁 관계에 있던 이탈리아의 도시국가들 사이의 분쟁은 이미 고질화되었으며, 이는 도시의 재정을 고갈시켰다. 잉글랜드와 프랑스 사이의 교전에는 스코틀랜드와 플랑드르까지 참여하면서 경제 상황을 더욱 악화시켰다.[58] 군사 행동 그 자체와 당연히 뒤따르는 반격, 그리고 이로 인해 야기된 산적질과 해적질 등은 막대한 자본을 소멸시켰으며, 그보다 더 중요한 문제는 상업 활동의 전제가 되는 평화와 질서를 무너뜨렸다는 사실이다.[59] 참전 세력에게는 감당하기 어려운 세금 부담이 지워졌다. 식량이 조달되어야 했고, 상선은 해전을 위해 징발되었다.[60] 교역을 수행하기에는 경제적 부담이 한층 가중되었으며, 정치적 목적을 위해 조종되기도 했다.[61] 국제 양모 교역도 혼란에 빠졌다.[62] 잉글랜드에서는 디플레이션, 프랑스에서는 화폐 가치의 하락으로 통화가 불안정해졌다. 교전 당사국의 이례적으로 과도한 신용 요구는 국제적인 금융 위기를 초래했고, 이는 피렌체의 거대한 금융 가문들마저 파산시켰다.[63] 군납업자들은 좋은 기회를 맞았고, 일부는 몸값, 약탈품, 전리품 등으로 횡재를 했으나, 참전하지 않은 대부분의 사람은 점점 더 생존하기조차 어려워졌다. 기후 불안정이 고조되던 시기에 다양한 부정적인 파생 효과를 동반한 전쟁은 수확 실패에 대한 사회의 회복력을 감퇴시키고 있었다.[64]

유럽의 경제적 전망은 어두웠다. 은 생산량이 급속히 감소했고, 수익성 좋은 해외 시장을 영구히 상실했다. 아시아와의 교역은 기울어서 단 하나의 노선만 남겨 놓고 있었다. 국제 신용거래는 약화되었으며, 나빠진 군사적·정치적 상황은 더욱 악화될 조짐을 보였다. 유럽 내에서 세금 및 통행료의 인상과 방위, 보호, 보증 비용의 증가는 상거래 비용을 상승시켰고, 수익을 감소시켰다. 유럽의 해외교역은 거의 예외 없이 쇠퇴했고, 지리적 활동 반경은 축소되었으며, 국제적인 교역에 종사하던 상인들은 대체로 사업에 대한 확신을 상실했다.[65] 게다가 전쟁으로 인한 강탈과 기후 악화의 부정적 영향으로 농업생산량마저 형편없이 저하되고 있었다.

흑사병이 인구밀도가 낮은 유라시아의 반건조 지대를 관통하는 긴 여행을 끝내고, 흑해 크림반도 연안에 도달하던 1346년에는 이와 같은 어려운 상황들이 지배적이었다. 기후변화가 야생 설치류의 동물풍토병으로 터를 잡고 있던 스텝 지역의 생태계에 영향을 주어 흑사병의 최종적인 노정路程을 재촉했을 것으로 짐작된다. 당시 기록에 의하면 흑사병은 1346년 제노바인이 지배하던 카파항을 포위한 몽골군 사이에서 발발하기 전에 이미 킵차크 칸국에서 죽음의 흔적을 남겼다.[66] 추측건대 병균은 매개생물에 의해 포위한 몽골군으로부터 성 내부의 사람들에게 전파되었고, 나아가 마을은 물론 항구에 정박한 선박에 서식하고 있던 쥐들에게 옮아갔을 것이다.[67] 흑사병 발병으로 인해 킵차크 칸국의 자니베크Janibeg 칸(재위 1342-57)은 어쩔 수 없이 포위를 풀었으나, 그때에는 이미 페스트균, 그 매개생물 그리고 숙주들이 콘스탄티노폴리스는 물론이고 흑해와 그 연안의 제노바인 거류지들로 떠날 예정이던 제노바 선박들에 올라탄 후였다. 일단 페스트균이 선박으로 연결되는 광범위한 해운망에 올라타서 유럽의 상업 중심지들에 접근한 이후로는 더 이상 그것의 확산을 막을 수가 없었다. 흑사병은 이후 7년 이상 전염성이 매우 높은 팬데믹의 양상을 보였고, 소아시아, 중동, 북아프리카 그리고 유럽의 서쪽 끝 아일랜드와 북쪽의 노르웨이에 이르기까지 전 유럽으로 퍼져 나가며 치명적인 피해를 입혔다.[68] 이 제1차 유행으로 대략 유럽 인구의 1/3 정도가 사망했고, 지역별

로는 인구의 45% 또는 그 이상의 사망률을 보인 곳도 드물지 않게 보고된다.[69]

흑사병의 출현 시점은 더할 나위 없이 결정적이었다. 이 역병은 기후, 전쟁, 상업과 결합하여 1315-22년 대기근을 훨씬 뛰어넘는 수준으로 인구에 대해 광범하고 지속적인 양성제어positive check로 작용했다.[70] 역병은 이후 350년에 걸쳐 반복적으로 되풀이되었으므로, 이 첫 번째 발병은 라틴 기독교 세계의 전염병 환경에서 대단히 중대한 전환점을 의미한다.[71] 흑사병이 인구에 드리운 그늘은 치명적이었을 뿐 아니라 장기적이었다. 1360-63년, 1369년, 1374-75년, 1382-83년의 전 유럽적인 흑사병 유행은 이후 출생률 증가에 의한 인구 회복의 전망을 기대할 수 없도록 만들었고, 오히려 역으로 약 다섯 세대에 걸쳐 사망률 증가에 따른 인구 감소를 고착시켰다.[72] 1380년대 무렵 유럽 인구는 역병 발생 전의 대략 절반으로 축소되었다.

흑사병은 소비자와 생산자 모두를 제거함으로써 수요와 공급을 동시에 감소시켰다. 그리고 그 결과로 생산 단가와 상품 가격에 변화를 초래했고, 인간과 천연자원 사이의 생태적 관계도 변환시켰다.[73] 이 시기에 모든 지역의 역사 기록에는 인구적·경제적·문화적·환경적 불연속성이 뚜렷하게 나타난다. 전체 인구의 감소가 각 개인에게 할당된 재화 공급의 양을 끌어올렸다는 측면에서는 긍정적인 효과도 있었다. 역병으로 인한 사망은 농촌 과밀화와 구조적 빈곤 같은 난제들에 대한 가혹한 해법이 되기도 했다. 생존자들은 나날의 실질임금에서 실질적 이득을 얻었고, 토지를 쉽게 획득했으며, 가구 소득의 상승을 누리는 등의 혜택을 보았다. 초기에 이러한 긍정적 요소들은 상업적 침체에 따른 극심한 피해를 완화시키는 데 도움이 되었으며, 잉글랜드처럼 인구가 많고 상업화된 경제체제에서는 1인당 국내총생산을 높이는 효과를 낳았다.[74] 그러나 그와 같은 붐은 일시적이었으며, 당시 전개되던 예외적인 인구적 환경 아래에서도 오랫동안 유지되지 못했다. 물론 이 사례가 일반적인 것도 아니었다. 이베리아와 같이 인구밀도가 낮은 지역이나 국가에서는 전문화와 생산성을 기존 수준으로 유지하기에는 인력이 너무 부족해졌기에 인구 감소에 따른 피해가 더욱 두드러졌다.[75] 생물적 충격은 모든 나라에서 공통적으로 발생했다. 하지만 이 범유럽적 재난에 대한 각국의 반응은 인구 위기의 사회-생태적 맥락에 따라 상이했다.

3) 1370년대에서 1470년대까지: 장기간의 침체

1370년대부터 1470년대까지는 한편으로 기후와 전염병, 다른 한편으로 상업 및 경제적 요인이 상호 결합하여 인구와 경제의 본격적인 회복을 억제했다. 제1차 페스트 대유행 직후 일부 국가에서 경제적 성장세가 나타나는 듯했으나 일시적으로 그쳤고, 1420년대까지 반세기 이상 대체로 정체 상태를 벗어나지 못했다.[76] 이 백 년의 기간은 대전환 시대 중 세 번째 단계이자 가장 길었던 시기로 기후 환경은 계속 악화되었으며, 역병은 때로 기후와 결합하여 사망률을 높게 유지시켰다. 그 결과 인구는 계속 감소했고, 시장 수요는 부진한 상태에서 벗어나지 못했다. 맘루크와 오스만 세력의 계속된 확장은 유럽과 아시아 사이의 직접 교역을 복원시키기 위한 모든 노력을 무위로 돌려놓았을 뿐만 아니라, 유럽의 기존 교역권까지 침식해 들어갔다. 게다가 동방과의 거래에서 발생하던 서방의 만성적인 무역적자는 은화 부족에 시달리는 상업체제를 꾸준히 고갈시켰다. 은을 제외하면 일인당 자원은 전에 비해 상대적으로 풍요로워졌으나, 개발을 유인하는 경제적 동기가 미약했으며, 인구와 농산물의 재생산에 대한 환경적 제약들이 여전히 강하게 작동하고 있었다.

15세기에 들어 소빙하기의 첫 번째 장기 한랭기가 찾아왔다.[77] 14세기 후반기에는 잠시 일사량이 많아졌고(초서 태양극대기Chaucerian Maximum), 얼마 후 전 지구와 북반구의 기온이 전반적으로 회복되었으나(그림 1.1A), 이전의 순환 패턴으로 되돌아가기에는 충분하지 않았다. 그 대신, 14세기 말부터 스푀러 태양극소기Spörer Solar Minimum가 시작되면서 변경된 소빙하기의 순환 패턴이 고정되었다(그림 1.1). 또한 태평양 내부의 환경에도 영향을 미쳐 엘니뇨가 좀 더 자주 나타났으며, 아메리카 서부는 극심한 가뭄에서 벗어났고, 남아시아의 몬순은 강도에서 많은 변동이 있었으나, 중세 온난기의 절정에는 미치지 못했고, 동아프리카 몬순이 강해짐에 따라 나일강 홍수의 수위와 변동성 모두가 증가했다(그림 1.1B).[78] 한편 시베리아 고기압은 그 강도를 회복했고, 북대서양 진동은 약해져 북유럽에서는 보다 춥고 건조한 겨울을 지내야 했으며, 남유럽과 북아프리카에서는 비가 더 많은 겨울을 보내야 했다. 편서풍이 좀 더 남쪽 경로를 따르게 됨에 따라 습한 바람은 정기적으로 중앙아시아 초원까지 침투했다(그림 1.1C).

스푀러 태양극소기 중 일사량이 최저점에 이르렀던 1450년대에 전 지구의 기후는 근본적으로 재편되었다. 소빙하기 중 아주 추웠던 시기에 속하는 이 기간의 기후 변수들이 중세 온난기의 순환 패턴이 여전히 확고했던 1250년대와 비교하여 얼마나 차이가 나는지는 그림 1.1에서 확인할 수 있다. 중세 태양극대기와 스푀러 태양극소기의 일사량 비교는 각 시기의 대조적인 특징을 나타낸다.[79] 스푀러 태양극소기가 끝날 무렵, 북반구와 전 지구의 기온은 0.4-0.8도 하강했으며, 북서유럽에서는 식물의 성장기간이 짧아지고 혹한의 빈도도 잦아졌다. 한편 남유럽에서는 이전보다 겨울이 더 습해지고 여름이 더 차가워졌으며, 중앙아시아에서는 건조한 기운이 줄어들고, 남아시아에서는 몬순이 약해지면서 좀 더 변덕스러워졌다.[80]

기후의 원격상관으로 인해 유라시아 대륙의 어떤 지역도 이와 같은 기온, 강수량 및 대기 순환의 변화를 피할 수 없었다. 어디에서나 기후는 훨씬 더 불안정해졌다. 기상이변이 더 빈번하게 발생함으로 인해 생태계에는 스트레스가 더욱 증가했고, 농업 생산도 훨씬 불확실해졌다. 10개의 북반구 나이테 자료와 3개의 남반구 나이테 자료는 1453년에서 1476년 사이 음의 기후 강제력이 특별히 강했음을 보여 준다. 특히 1460년에 최대치를 보이는데, 이는 1458년경 쿠와에산Mt. Kuwae의 화산 폭발로 인해 낮은 일사량의 영향을 더욱 보강해 주었기 때문으로 추정된다.[81] 이 사건은 기후적 측면에서 대전환 시대의 정점을 나타낸다.

이 장기간에 걸쳐 전염병도 줄곧 활성화된 상태를 유지했기에 높은 수준의 기본 사망률background mortality을 나타냈으며, 때때로 사망률이 치솟는 현상도 발생했다. 큰 항구 도시들이나 알프스 마멋의 야생 군집에서 반영구적인 병원소가 형성된 것이 아니라면, 중앙아시아의 병원소 보유지로부터 페스트균이 다시 유입되었으리라 추측된다. 아무튼 역병은 대체로 유럽의 촌락들과 도시들을 옮겨 다니며 지속되었다.[82] 병원체가 어디에 어떻게 잔존해 있었든지 역병은 이미 당대인에게 생활의 일부가 되었다. 기상이변이 수확을 어렵게 하고 빈곤을 유발하며 유사한 감염을 부채질할 때마다 일반적으로 지배적인 날씨와 생태적 조건에 반응하는 숙주와 매개생물로 인해 전염병의 발생 빈도도 증가했다.[83] 따라서 이 기간 동안 대체로 기후와 역병은 상호 협력하며 작동했고, 악화된 건강 상태, 예기치 않은 죽음, 사망률 증가 및 대체율 부족 등과 같은 부정적인 인구통계적 소용돌이가 전보다 나아진 영양, 의복, 주거 등의 긍정적 효과들을 능가하여 수 세대에 걸쳐 유럽인들에게 제동을 걸었다. 15세기 말이 되어서야 오랜 기간에 걸친 질병 대처법과 억제법이 성과를 거두기 시작했고, 유전적 선택의 누적된 효과가 생존자들에게 유리하게 작용했을 가능성 때문에 당대인들은 흑사병과 공존할 수 있는 능력을 서서히 지니게 되었다.[84] 역병은 여전히 파괴력을 가지고 있었으나, 출생률이 사망률을 넘어서면서 15세기 4/4분기에는 서유럽의 인구가 주춤거리며 증가하기 시작했다.[85]

유럽인의 경제 활동이 최저점을 찍은 것은 15세기 3/4분기였다. 인구의 부족은 내부 수요를 침체시켰고, 금은의 부족은 다자간의 교역을 방해했으며, 전쟁, 해적질, 노예 사냥은 지중해의 해상 교역을 황폐화시켰다. 오스만 제국은 콘스탄티노폴리스를 점령했고, 흑해를 통제 아래 두었으며, 발칸반도를 침략했다. 수 세기 동안 유럽이 이렇게까지 상업적으로 고립되었던 적은 없었다. 국제 교역은 지속되기는 했지만, 규모가 크게 감소했다. 위험 부담은 컸으며, 새로운 틈새시장이 열리지 않는 한 경기를 낙관할 여지는 거의 없었다. 예를 들면, 잉글랜드에서는 국민소득에서 수출이 차지하는 비중이 14세기 1/4분기에 비교하여 15세기 3/4분기에는 절반으로까지 줄어들었다.[86] 혹독한 날씨도 부분적으로 이에 기여했다. 극심한 강수와 혹한은 사람과 물자의 이동을 방해했으며, 주기적으로 곡물, 포도주, 양모와 같은 기본적인 상품의 생산을 감소시켰다.[87]

몇몇 진취적인 해양 지역을 제외하면, 이처럼 불리한 상황에서 경제 성장은 현상 유지에 그치거나 하락하기 일쑤였다.[88] 도시들은 살아남기 위해 고군분투했다. 결과적으로 경제적 활력을 나타내는 매우 명확한 지표 중 하나인 도시화율은 정체되거나 하락했다.[89] 노동력의 부족은 남성들의 1일 실질임금을 전례 없는 수준으로 향상시킬 수 있었지만, 시장 수요의 침체와 일자리의 결핍으로 많은 사람은 물자나 서비스를 소비하기보다는 어쩔 수 없이 시간을 때우며 보내는 것을 선택할 수밖에 없었다.[90] 더 많은 고용을 창출할 원동력이 결여되었으며, 축소되고 재조정되어 보다 내향적인 경제로의 전환이 이루어졌다. 흥미롭게도, 관련은 있지만 동일하지는 않은 이유에서 유사한 반전이 유라시아 대륙의 반대쪽 끝에서도 일어나고 있었다. 유럽 못지않게 동양도 13세기 세계 경제의 호황으로부터 후퇴했다.[91]

기독교 세계의 위축은 최종적이지 않았으며, 느리지만 서서히 회복 기미를 보이기 시작했다. 15세기의 마지막 몇십 년간 드디어 상황이 호전됨에 따라 12-13세기의 성장기에 확립되고, 이어지는 침체기에 여러모로 검증되고 개선된 법 제도, 재산권, 자원 및 상품 시장 등이 재도약하기 위한 견고한 발판이 되었다.[92] 기술도 대전환기 동안 발전했는데, 특히 선박 설계와 항해의 핵심 부분에서 많은 진전이 있었다.[93] 금은의 부족은 여전히 커다란 제약이었으나, 신용거래의 확대와 새로운 금융 수단들을 통하여 부분적으로 완화될 수 있었다.[94] 또한 진취적인 유럽인들은 비단, 면화,

설탕, 향신료, 도자기 등과 다른 아시아의 고가품에 대한 대체재를 가까운 곳에서 개발했다.[95]

틈새를 노리던 무슬림 중간 상인들은 기존 유라시아 횡단 육상 노선을 통제했고, 특히 1453년 이래 보스포루스 해협이 오스만 제국의 수중에 들어감에 따라, 유럽인들은 단가가 더 싼 공해公海로 시선을 돌렸다. 유럽인들은 흑해로부터 쫓겨났고 지중해 대부분에서는 오스만과 맘루크에게 종속된 지위로 추락했기 때문에, 발트해, 북해, 그리고 대서양의 남쪽과 북쪽에서 최대한 상업의 기회를 활용할 수밖에 없었다. 그들은 보다 크고 기동성이 뛰어난 선박과 개선된 항해술에 힘입어 점점 더 대서양의 먼 바다까지 항해하더니, 1490년대에는 드디어 아메리카 대륙을 발견하고 아프리카도 일주했다.[96] 13세기의 상황과는 대조적으로 유럽 상인들은 회복된 유라시아 교역로에서 두드러진 역할을 했다. 이는 신대륙에서 채굴된 풍부한 양의 은이 윤활 기능을 했을 뿐 아니라, 유럽에 유리하게 맺어진 계약 조건 덕분이었다.[97] 유럽 내에서 운명이 뒤바뀌어 이제는 이탈리아 상인들이 아니라, 북부 저지대 국가들의 상인들이 전면에 나섰다. 대전환 시대는 막을 내리고 새로운 번영의 시대가 시작되었다.

2. 대전환과 대분기

유럽이 상업혁명의 첫발을 내딛던 11세기에 중국의 송나라는 세계에서 경제적으로 가장 발전된 국가였다. 로마 제국으로부터 도로, 도시, 문해력과 같은 사회적 자본을 물려받은 이탈리아조차도 기술적 수준이나 경제적 발전에서 송나라와는 상대가 되지 못했다.[98] 거대하지만 통합된 중국은 정치적으로 파편화된 유럽과 비교하면 상거래에 훨씬 낮은 비용이 들었다. 그러나 1235-79년 사이 몽골이 북송과 남송을 차례로 정복함으로써 중국의 경제적 우위는 현저하게 낮아졌다. 그럼에도 불구하고, 원나라의 첫 번째 황제 쿠빌라이 칸(재위 1271-94)의 치세에 충분히 회복되어 상업적 번영이 절정에 다다랐다. 베네치아 출신으로 당시 칸의 궁정을 방문했던 폴로 가의 마르코, 니콜로, 마페오는 그곳에서 대단한 감명을 받았다.[99] 그러나 원나라의 번영은 쿠빌라이 칸의 사후에 그리 오래 지속되지 못했다. 14세기 동안 환경의 불안정성과 왕조의 붕괴가 결합되어, 중국과 그 주변 동남아시아의 경제는 연속적으로 큰 좌절을 겪었다.[100] 1인당 국내총생산의 측면에서 비교할 수 있듯이, 이 시기에 좀 더 역동적이었던 유럽의 경제는 현상을 유지하거나 어느 정도 수익을 거두었다.[101] 경제적으로 서방이 흥하고 중국과 동방이 기우는 중세 말에 이르러서야, 유럽에서 매우 선진적인 지역들이 아시아의 지역들과 어깨를 나란히 하게 되었다.

포르투갈인들이 아프리카를 일주하는 직항로를 발견한 1500년경부터는 경제적으로 역동적이었던 몇몇 유럽 국가들이 전면에서 세계교역에 주도적 역할을 자임했다. 북부 저지대 국가들이 이와 같은 개발에서 선도자였으며, 17세기에는 1인당 국내총생산에서 중국과 동등하거나 추월하였을 것으로 여겨진다.[102] 그 세기 후반에는 잉글랜드가 왕성하게 성장할 차례였고, 동양과 서양의 경제적 궤도는 더욱 격차가 벌어져 대분기大分岐, Great Divergence라고 알려진 단계에 들어섰다.[103] 이는 두 번째 천년기의 문턱에서 예견할 수 있던 결과가 아니었다. 당시에는 동양이 앞선 반면 서양은 뒤처져 있었고, 유럽보다는 아시아의 상인과 상품에 의해 유라시아 교역이 지배되고 있었다. 14-15세기의 다양한 반전이 북해 남부 지역의 상업과 제조업 모두에서 마찬가지로 비교 우위를 향상시키고, 이를 바탕으로 경제적으로 도약시킬 수 있으리라 예측할 수는 없었다. 그러나 이 핵심 지역에서 대분기를 초래한 근원은 대전환의 영향이었다. 그 후 브라반트, 홀란드Holland,• 잉글랜드는 연속해서 성장하여 오랜 기간 유럽 경제를 주도한 이탈리아, 다음으로는 당시 상업적으로 가장 발달한 중국을 추월했다.

• 현재 네덜란드의 중서부 지역 또는 저지대 국가들 중 북부 지역을 지칭한다.

3. 자연과 사회의 중대한 전환

대전환으로 사회-생태적 체제가 이전 상태로 복귀한 것은 아니기 때문에, 대전환은 순환이 아니라 전환을 의미했다. 대전환의 진전은 순탄하지 않았으며, 단일 방향으로 줄곧 나아간 것도 아니었다. 일시적으로 멈추거나 거슬러 되돌아가는 일들이 그 궤적의 고유한 속성이었다. 특히 14세기에 악명이 높았던 불안정성은 한편으로 흉년, 기근, 홍수, 가뭄 등에서 잘 드러났고, 다른 한편으로 동물과 인간 사망률의 급증과 소강, 반란과 전쟁, 왕조의 붕괴, 신용거래의 위기, 은행 파산과 상업적 혼란 등에서도 이어졌다.[104] 이 대전환의 각 구성 요소는 자체적 역학에 의해 추동되었지만, 환경적 요인과 인간적 요인의 발전 사이에 현저한 동시성은 상호 간의 중요한 협력 작용의 실상을 시사한다.

기후의 영향은 모든 것을 지배했다. 기후는 생태계, 성장 조건, 수송 능력, 한계적 환경에서의 생존력, 항해 조건, 기상이변 사건들의 위험성 등을 변화시켰다. 미생물 병원체, 그리고 그 숙주와 매개생물도 생태계의 변화에 민감하므로 달라진 기후 조건에 반응한다. 동물과 인간 팬데믹은 일단 발생하면 인구의 규모, 구조, 역학 등에 선택적으로 작용했고, 살아남은 인간과 동물의 유전적 유산을 걸러 냈다. 의도한 것은 아니었지만, 인간은 질병을 범대륙적으로 확산시키는 데 필요한 밀도와 분포상의 전제 조건을 형성했다. 인간은 역병으로 인한 건강, 자원 분배, 그리고 관련 생산단가의 변화들에 여러 다양한 방식으로 대응했다. 또한 식량, 유기물 원료, 그리고 생물 에너지원 등의 재생산에서 기후의 도전과 영향을 받았으며, 기후의 끝없는 불확실성에 대응해 기술적·제도적 해결책을 적극 모색하여 어느 정도 성과를 얻었다.[105] 화석 연료의 활용도 여러 해법 중 하나였으나, 이는 역으로 이산화탄소의 배출을 통해 기후에 상반되는 영향을 주었다.[106] 따라서 중세 말의 역사를 이해하고 설명하기 위해서는 기후, 질병, 그리고 사회 사이의 상호 작용에 대한 인식이 필요하다. 즉 사회와

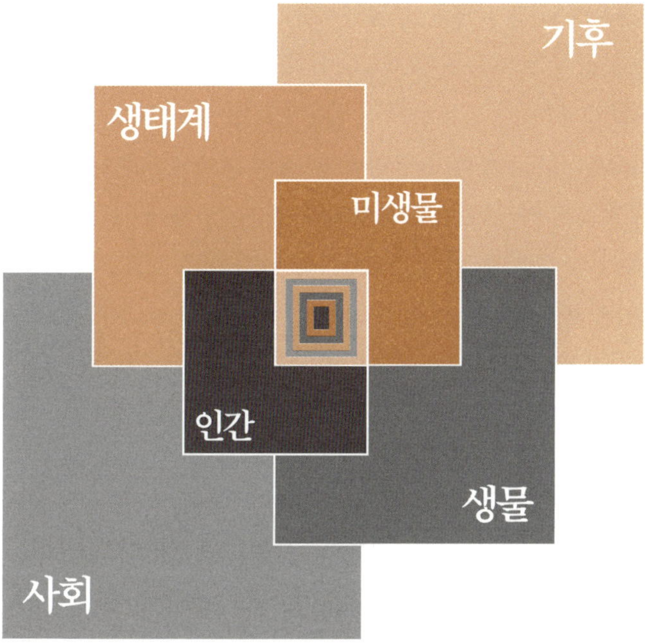

그림 1.2 | **역동적인 사회-생태 체제의 여섯 가지 핵심 요소**
출처: National Academy of Sciences(2008), figure SA-4, 14에 근거.

마찬가지로 자연도 역사 변화의 주역으로 인정해야만 한다.[107]

자연과 사회에서 일어나는 광범위한 과정들과 이 역사적 전개에 내포된 복합적 상호 관계는 소위 사회-생태 체제라고 칭할 수 있는 하나의 체제를 형성한다. 그리고 그 역학 체제의 핵심 요소를 구성하는 것은 기후와 사회, 생태계와 생물, 그리고 미생물과 인간 이 여섯 가지다(그림 1.2). 각 요소는 그 자체가 직간접적 되먹임(피드백) 작용으로 연결된 하위 요소들을 거느리고, 그로 인해 각기 독립적 역학 과정을 지니기 때문에 하나의 준자율적 하위 체제로 보아야 한다. 그러나 그 어떤 요소도 고립되어 존재하지 않으며, 따라서 여섯 가지 핵심 요소 중 어느 한 요소에서의 변화가 다른 하나 혹은 그 이상 요소들의 변화를 유발한다. 또 그 변화의 특성은 다른 요소들의 지배적 상태에 의해 매개된다. 이 체제가 균형 상태를 유지하고 있을 경우에도 그 균형은 동적인 것이지 결코 정적인 것이 아니다. 인간적 혹은 환경적 압박들과 잠재력에서의 어떠한 변화도 균형 상태를 교란시킬 수 있고, 하나의 경계 내에서 균형을 맞추고 조정하는 기존의 역동적인 사회-생태 체제로부터 상당히 다른 경계 내에서 변화하는 대안적 사회-생태 체제로의 체제 전환을 유발할 수 있다. 이렇게 대전환을 구성하는 인간과 환경의 상호 작용을 개념화하는 방식은 그 상호 작용의 복잡한 다면적 특성과 변화하는 본래적 성질을 강조한다. 환경·경제·기후·문화 등 어떤 단일한 영역을 결정론적 시각으로 보는 것은 적절하지 않다. 모든 변수가 어떤 식으로든 서로 연관되어 있고, 그로 인해 전체로서 사회-생태 체제를 해명하는 것이 적합하다고 간주되기 때문이다. 표면상 외생적인exogeneous 환경적 사건들보다 내생적인endogenous 인간적 과정에 특권을 부여하는 것도 잘못된 이분법적 오류다. 왜냐하면 이 모델에서는 전적으로 내생적 영역이 존재하지 않기 때문이다.

물론 오랫동안 중세 사회는 기후나 역병으로부터 고통 받지 않는 양호한 환경을 대체로 당연시할 수 있었다. 이 책의 2장에서 언급하겠지만, 이는 11세기 말의 오르트Oort 태양극소기와 13세기 말의 볼프 태양극소기 사이의 대략 200년에 해당하는 시기다. 중앙아시아를 덮쳤던 일련의 극심한 가뭄이라는 눈에 띄는 예외를 제외하고는, 꾸준히 태양복사량이 높았던 이 기간 동안 생물적 혹은 물리적 성격의 환경적 재앙이 사회의 발전과정에 개입한 적은 거의 없었다. 즉 사회의 발전은 주로 종교적·정치적·군사적 그리고 상업적 상호 작용에 의해 결정되었다.[108] 1257/8년의 대규모 화산 폭발과 같이 사회를 궤도에서 벗어나게 할 정도의 환경적 충격을 준 예외적 사건들이 있었으나, 오래 지속되지 않았고 얼마 지나지 않아 늘 이전 상태로 복귀했다.[109] 이런 관점에서 볼 때 당대 사회는 회복력이 강했다.[110] 중국 송나라나 라틴 기독교 세계와 같이 좀 더 역동적인 체제일수록 대체로 온화한 자연적 및 인간적 환경의 결합이 지속되는 혜택을 입었다. 그러나 그와 같은 행운이 영원하지는 않았다.

13세기 말에 이르러 점점 심해지는 기후의 불안정은 좀 더 직접적으로 인간 활동에 영향을 미치기 시작했다. 당시 인구 성장, 상업의 팽창, 그리고 자원 부족 등으로 사회가 취약해진 상태였기에 환경에 훨씬 민감하게 반응했다.[111] 14세기 초부터 정치경제적 긴장이 고조되고, 국가 간 갈등이 증폭되면서 기후로 인해 유발된 생태적 스트레스가 점차 표면화되었다. 기상 상태, 성장 조건, 곡물과 양모의 생산량 등에서 연간 변동 폭이 커지고 있었고, 일단 역행setback이 발생한 후에는 회복 시간이 점점 길어질 뿐 아니라 회복 자체도 점차 어려워졌다.[112] 극단적인 자연적·인간적 재난들의 반복은 위험들에 대처하는 체제의 역량을 감퇴시키고 있었다.[113] 이는 기존 체제가 중대한 전환에 접근해 가는 징후였으며, 이제 체제 내에서 발생하는 어떤 조그만 변화라도 점차 증폭되는 일련의 반응을 유발하여 기존 체제를 전복시키고 대안적인 새로운 체제로 전환하는 것이 가능해졌다.[114]

대전환의 임계점tipping point은 14세기 중반에 발생했다. 이 시점에 루비콘강을 건넜고, 변화의 탄력과 방향이 서로를 강화시키면서 돌이킬 수 없게 되었다. 이로써 중세 온난기는 마침내 막을 내렸고, 대기 순환 패턴이 확실하게 바뀌었다. 그리고 제2차 팬데믹은 죽음의 여정을 시작하여 기존에 확립된 국제적 교역 및 상업 방식은 파괴되었다. 그 결과 유럽 인구는 지난 천 년 중 가장 커다란 규모이자 가장 긴 기간에 걸쳐 반전을 보였고, 거의 모든 곳에서 기존의 권력 구조들과 생산 관계들이 도전을 받고 새로운 형태를 취하게 되었다.[115] 종종 이를 14세기의 '위기'라고 표현하지만, 이 진부한 용어는 이 시기에 진행되었던 변화들의 규모와 중요성을 나타내기에 타당한 용어라고 할 수 없다.[116] 그보다는 생태학적 개념인 '임계점'이 변화의 전환적 특성과 그것의 복합적 기원을 보다 효과적으로 표현한다.[117]

임계점은 인류 역사에서 드물게 나타나는 중요한 역사적 전환점을 의미한다.[118] 그것은 방대하고 복합적이며 다면적인 사건이기 때문에 새로운 사회-생태적 균형이 확립되기까지 오랜 시간이 소요될 수 있고, 그 때까지 여러 방면에서 고도의 불안정성이 지배한다. 대전환의 경우 14세기 중반의 임계점을 전후로 준비 시기부터 그 이후 결과가 나타나는 기간까지 거의 200년에 이르렀고, 그동안 기후와 사회, 생태 환경과 생물, 그리고 미생물과 인간은 점차 변했다(그림 1.2). 이 여섯 요소 모두에서 1450년경 우세했던 조건들은 1250년대를 특징짓던 것과 전혀 달랐다. 그와 같은 일이 어떻게 발생했는지 파악하기 위해서는 환경사와 경제사의 접근 방식을 결합시키고, 기후학, 미생물학, 유전학, 골骨고고학, 역사학의 연구 결과를 종합하여 증거, 방법, 패러다임의 연관된 차이들에 대해 논쟁하는 것이 필요하다.

4. 대전환의 추적: 규모, 초점 그리고 증거

대전환을 구성하는 기후, 질병, 사회의 3대 요소 중 기후가 가장 큰 규모의 외력에 의해 형성되고, 가장 광범위한 지리적 규모에 걸쳐 전개된다. 기후에 영향을 주는 요소로는 태양복사량, '코리올리 힘Coriolis force'이라고 불리는 지구의 전향력과 궤도, 해양과 대기의 상호작용, 대륙의 지형, 화산 폭발에 의한 에어로졸의 산발적 분출, 외계에서의 행성 충돌로 인한 낙진 등을 들 수 있다. 더 나아가 지리적으로 멀리 떨어진 두 지점의 기후 체계는 기상학자들이 원격상관이라고 부르는 것에 의해 상호 밀접하게 관련되어 있으므로, 한 지역의 기후가 다른 지역과 상관없이 독립적으로 변화하는 일은 거의 없다.[119] 예를 들면, 원격상관에 의해 태평양에서 발생한 엘니뇨와 라니냐에 의한 기후 효과가 전 지구에 걸쳐 나타나고, 열대 및 아열대 인도양의 기압의 변화가 수천 킬로 북쪽의 북대서양 온대 지역과 연관된다.[120] 중세에도 기후는 여전히 원격상관되어 있었으나, 인간 사회들은 그렇지 않았다. 이는 빅터 리버만Victor Lieberman이 각기 고립되어 존재하는 사회들의 역사적 발전에서 관찰할 수 있는 '기이한 평행들strange parallels'을 설명할 때 언급한 내용이기도 하다.[121]

중세 온난기의 순환 패턴이 전형적인 소빙하기의 패턴으로 이전되는 중세 말 기후 조건의 변화들을 제대로 이해하기 위해서는 아메리카 대륙과 유라시아 대륙, 북반구과 남반구, 그린란드와 남극의 빙하로부터 얻은 관련 시계열time series 자료를 들여다볼 필요가 있다. 상대적으로 신뢰할 수 있는 나이테, 북극과 고산 지역의 빙하 코어, 동굴 이차생성물speleothems,• 층화된 호수나 대륙붕의 퇴적물varve(연층),•• 산호초 등의 자료에서 추출한 대리 기후 측정에 의존하며, 가능하다면 최근 기후 측정값과 비교해 보정한다. 수백 년, 때로는 수천 년에 걸친 이러한 자료들의 양, 지리적 범위, 주기 해상도temporal resolution, 그리고 신뢰성은 계속 향상되고 있으며, 그중 상당 부분이 현재 공유되고 있다.[122] 그림 1.1에서 예시하듯이, 북반구 여러 지점의 평균 시계열을 통해, 1250-1450년 사이에 유럽에서 발생한 경제적·인구적 발전을 전 지구적 맥락에서 보다 뚜렷하게 이해할 수 있다.

전염병엔 국경이 따로 없다. 하지만 유럽 항해자들의 발견 전에는 태평양과 대서양이 신대륙을 구대륙의 병원체로부터 격리시키는 방역선 역할을 했으며, 그 반대로도 마찬가지로 작동했다.[123] 그러므로 14세기의 치명적인 전염병인 우역과 흑사병은 기본적으로 구대륙의 사건이었다. 하나는 바이러스, 다른 하나는 세균에 의해 전파된 이 역병들은 아시아 내륙 지역에서 기원해 서쪽으로 퍼져나가 유럽의 대서양 연안까지 다다랐다.[124] 제2차 페스트 팬데믹에 대한 최근 연구들은 중앙아시아 건조 지대의 식물 성장 조건과 강수량에 대해 대리 기후 자료로부터 얻은 정보를, 여러 지역에서 확보한 페스트균에 대한 현대 유전학적 정보, 서유럽 흑사병으로 사

• 석회동굴 내부에서 지하수에 용해된 탄산칼슘이 천장 또는 벽을 타고 흘러내리는 과정에서 집적 및 침전되어 형성되는 퇴적물이나 이차생성물.

•• 퇴적층에서 볼 수 있는 줄무늬 모양의 성층.

망한 희생자 매장지로부터 얻은 aDNA 증거, 그리고 당대 흑사병 창궐을 기술한 풍부한 기록 등과 결부시켜 살펴본다.[125] 잉글랜드에서의 흑사병 발생과 확산은 자료들의 상세함과 정확성으로 인해 많은 주목을 받았지만, 그 밖에 유럽과 중동에서도 역병에 관한 광범위한 자료들이 많이 남아 있다.[126] 이것들은 중앙아시아, 아프리카, 북아메리카에서 발생한 최근의 페스트에 관한 과학적 연구에 의해 보강될 수 있을 것이다.[127]

이 방대한 정보들은 범유라시아 규모의 분석을 필요로 하는 질병의 대륙적 차원과 결합되었다.[128] 사실 중앙아시아의 병원소 보유지, 특히 병원체의 기원지로 추정되는 중국 서부의 티베트-칭하이 고원 지역에서 역병의 활동을 이해하는 것은 왜, 언제 그리고 어떻게 페스트가 유럽에서 반복적으로 창궐하게 되었는지 이해하는 데 매우 중요하다.[129] 필연적으로 역사적인 페스트 발병에 대한 연구는 하나의 공동 협력 과제가 되었으며, 모든 선도적 연구팀은 이 역병에 대해 이미 알려진 세계에서의 양상은 물론이고, 아시아 내에서 이 역병의 출현과 확산에 대한 지식과 이해를 향상시킬 필요가 있다는 점에 대해 충분히 경각심을 갖고 있다.[130]

몽골 제국에 의해 통일된 유라시아의 광대한 영토는 상업적·정치적으로 연결되어 있었기 때문에 흑사병은 비교적 쉽게 아시아에서 유럽과 북아프리카로 전파되었다.[131] 이에 관해서는 중세사학자들이 주로 증거자료로 의존하는 기록물들의 단편적이고 체계적이지 못한 속성으로 인해 정량화보다는 단순한 서술이 더 적합하다. 기록물의 작성과 보존이 고르지 못할뿐더러 장기간에 걸쳐 초국가 수준에서 경제와 인구의 추세를 복원하기에는 자료가 현저히 부족하다. 유럽 전체의 인구, 도시화, 화폐 생산량 등에 대한 추정치가 있으나, 그 이외의 자료는 거의 없다.[132] 따라서 지방, 지역, 그리고 국가 단위의 사례연구를 신뢰할 수밖에 없으며, 이런 맥락에서 잉글랜드의 증거는 두드러진다.

잉글랜드에서 주요 상품의 가격은 12세기 후반부터 그리고 노동자의 일당과 실질임금은 13세기 초부터 파악할 수 있다. 1260년대까지 가격과 임금에 대한 자료가 간헐적으로 남아 있으나, 그 이후로는 연단위로 보존되어 있다.[133] 1270년대부터는 소작농의 수는 물론이고 곡물 수확, 수출 규모, 국가 재정, 농촌의 토지시장 등 일련의 농업 생산과 관련된 좋은 자료들이 남아 있다. 더불어 이 자료들은 최근에 인구, 산출량에 근거한 국가 수입, 그리고 1인당 국내총생산 등을 추산하기 위해 사용된 바 있다.[134] 이것들은 유럽 경제에 대해 활용할 수 있는 가장 오래되고 가장 확실한 시계열 자료다. 이로 인해 2장에서 다룰 1300년 이전의 경제와 인구 동향에 관한 논의는 불가피하게 잉글랜드에 편향되어 있다.[135] 비록 마르크스 이론이나 신고전주의 경제학 이론에 바탕을 둔 인간중심적 분석이 오랫동안 지배적이었으며, 환경의 역사적 역할에 대해서는 별로 관심이 없었지만, 잉글랜드는 이 시기에 대한 역사편찬이 가장 발달한 곳이다.[136]

다른 어떤 유럽 국가의 경제도 잉글랜드만큼 대전환의 모든 단계에 걸쳐 그토록 상세하게 계량화되고 지속적으로 관찰 대상이 되지 못했을 뿐더러 논의의 주제가 되지 못했으므로, 이후 장들에서는 잉글랜드를 기본으로 다룰 것이다. 잉글랜드는 중세 말 서유럽의 많은 지역에 비해 인구가 많고 도시화되었으며, 상업화되고 화폐 유통이 많았으나, 당시의 경제를 선도하던 이탈리아나 남부 저지대 국가들과 동일한 기준으로 비교하면 훨씬 뒤처져 있었다.[137] 그렇지만 이 나라는 17세기 후반부터 두 지역의 경제를 따라잡기 시작하여 결국 추월했을 뿐만 아니라 세계 최고의 경제 체제를 구축했으며, 최초로 공업화에 성공하여 근대적 경제 성장 방식으로 완전히 전환했다.[138] 비록 중세에는 잉글랜드가 이후 경제적으로 크게 성공하리라고 예측할 만한 징후가 없었을지라도, 후대에 얻은 성공으로 인해 초기 역사에 특별히 주목을 끌게 만드는 장점이 있다. 그렇지만 중세 말기 잉글랜드는 유럽의 경제에서 중간 정도의 지위를 차지했으며, 다른 나라들과 비교할 때 대체로 더 낫지도 더 나쁘지도 않았다.[139]

13세기와 14세기 초 잉글랜드와 비교하여 유럽 다른 나라의 기록들에는 경제를 진단하는 가장 중요한 척도인 연도별 밀 가격 자료가 부족하다. 남부 및 북부의 저지대 국가들에서는 흑사병이 종식되고 한참 지나서야 그와 같은 자료들이 등장했으며, 스웨덴과 에스파냐에서는 흑사병 이전 시기의 자료가 있기는 하나 단편적이다. 오늘날 토스카나 지역만 비교적 완전한 연도별 자료가 보관되어 있으나, 시기적으로도 조금 늦고 그 신뢰도나 대표성에서 잉글랜드만 못하다.[140] 그렇다 하더라도, 파올로 말라니마Paolo Malanima는 1310년부터 확보할 수 있는 중부 및 북부 이탈리아의 1일 실질임금과 도시화 추세를 바탕으로 이탈리아 국민소득 및 1인당 국내총생산을 산출했으며, 이 책 3장과 5장에서는 이 추정치를 충분히 활용하여 잉글랜드와 당시 유럽의 선도적인 경제를 비교한다.[141] 다른 나라의 경제에 관해서는 경제 발전에 대해 정성적인 설명은 존재하지만, 정량적인 정보는 기껏해야 파편적으로 남아 있을 뿐이다. 에스파냐에는 정량적 자료를 분석하면 여러 이베리아 왕국들의 경제 상황을 파악할 수 있는 방대한 기록들이 남아 있으나, 그와 같은 작업은 아직 제대로 착수되지 못했다.[142] 그렇지만 에스파냐의 도시화율 추정치와 더불어 불완전한 임금과 가격의 시계열 자료는 당시의 국민소득과 1인당 국내총생산에 대해 어느 정도 신뢰할 만한 추정을 제공한다.[143] 이 점에서 에스파냐는 그 경제적 중요성에도 불구하고 정량적 시계열 자료가 크게 부족한 남부 저지대 국가들보다는 나은 편이다. 한편 북부 저지대 국가인 작지만 조숙했던 홀란드 지역이 경제사학자들에게 주목을 받아 왔고, 1348년부터 이 지역의 1인당 국내총생산에 대한 잠정적 추정은 비교를 위한 기반을 제공한다. 대전환기에 출현한 홀란드가 유럽에서 가장 빠른 속도로 성장하여 한 세기 내에 세계에서 가장 성공적인 경제체제를 일구었다는 사실이 특히 관심을 끈다.[144] 잉글랜드, 이탈리아, 에스파냐, 그리고 저지대 국가들은 이 책에서 다루는 사회경제적 구성 요소의 초석들을 제공하고, 더불어 대전환의 분석과 그것이 시작되던 선행하였던 시기의 번영을 재구성한다.

주

1 이와 관련한 역사 서술에 대한 검토는 Hybel(1989); Hatcher and Bailey(2001) 참고. 이행 문제에 대해 거의 전적으로 인간중심적인 해석은 Aston and Philpin(1985), 환경에 기반한 관점은 Hoffmann(2014), 342-51 참고.

2 Lieberman(2009), 687-9; Lieberman and Buckley(2012), 1053-68; Tana(2014), 324-32; Abu-Lughod (1989), 263.

3 Abu-Lughod(1989); 아래 그림 2.1.

4 일정 정도 위기의 불가피성을 선호하는 입장에 대해서는 Aston and Philpin(1985) 참조.

5 포메런츠는 Pomeranz(2000)에서 선도적인 아시아 경제가 유럽에 의해 추월당한 시점을 설명하기 위해 '대분기(Great Divergence)'라는 용어를 만들어 냈다.

6 Delaygue and Bard(2010a); Vieira and others(2011). 2장 2절.

7 Cook and others(2004c); Rein and others(2004). 2장 2절 1항.

8 원격상관 패턴(ENSO와 NAO처럼 멀리 떨어진 기상현상이 상관관계를 가지는 경우를 의미-역자주)은 '광대한 지리적 영역에 걸친 대규모의 반복적이고 지속적인 압력 및 순환 이상 패턴'이다: United States National Weather Service, Climate Prediction Center, http://www.cpc.ncep.noaa.gov/data/teledoc/teleintro.shtml. 2장 2절 2항.

9 Proctor and others(2002a).

10 Chen and others(2010). 2장 2절 3항.

11 3장 3절 1항 b와 4장 2절 2항.

12 3장 2절; Magilligan and Goldstein(2001); Mohtadi and others(2007), 1062-3.

13 Rein and others(2004); Cook and others(2004c).

14 Cook and others(2004b).

15 Proctor and others(2002a); Trouet and others(2009a); 3장 2절.

16 2장 2절 3항.

17 3장 2절; 그림 3.3과 3.8B.

18 양의 개체 수는 약 30%, 양털의 무게는 약 20-25% 감소했다: 그림 3.4. Lloyd (1977), 63; Stephenson(1988), 372-3, 381, 385.

19 그림 3.4.

20 Broadberry and others(2015), 206-7, 227; 3장 1절 2항.

21 809-10년의 우역으로 추정되는 소 전염병의 발병은 오스트리아로부터 북잉글랜드와 아일랜드에 이르기까지 십여 개의 남아 있는 연대기들에 언급되어 있다: Newfield(2012). 939-42년 우역에 대해서도 Newfield(2012) 참조.

22 그림 3.25, 3.29, 3.30 그리고 3장 3절 1항 b; McNeill(1977), 134; Abu-Lughod(1989), 154-84.

23 Newfield(2009); 그림 3.25.

24 Spinage(2003), 51; 3장 3절 1항 b.

25 Bos and others(2011), 509; Cui and others(2013), 579-80; 4장 4절.

26 Cui and others(2013).

27 3장 3절 2항 c.

28 그림 4.9.

29 4장 3절 3항과 그림 4.9.

30 Abu-Lughod(1989); 2장 5절 1항.

31 Munro(1991), 122.

32 3장 1절과 그림 3.1.

33 3장 1절.
34 Edwards and Ogilvie(2012); 그림 3.1.
35 Munro(1991), 124-30.
36 Munro(1991), 111-14, 133-8.
37 3장 1절 2항; Munro(1991).
38 3장 1절.
39 3장 1절 3항 d.
40 3장 1절 3항 b와 d.
41 그림 3.16과 3.18.
42 표 3.2와 그림 3.10.
43 그림 4.2B.
44 Grove(2004); Wang and others(2005); Sinha and others(2011). 회의론자들은 소빙하기 동안 두드러지게 기온이 낮았는지 여부를 여전히 의심하고 있다. 하지만 이는 이 시대 기후가 앞선 중세 이상기후와 차별화되는 점이 연평균 기온이 낮은 것보다 대기 순환 패턴에 있다는 본질적인 사실을 놓치고 있는 것이다. Kelly and Ó Gráda(2014); Brooke(2014), 380-4; Mann and others(2009).
45 그림 2.4와 2.5 그리고 4장 2절.
46 Lieberman(2009), 554-9; Brook(2010), 72; Sinha and others(2011); Lieberman and Buckley(2012), 1073; Tana(2014), 335.
47 641년부터 1469년까지 나일강의 홍수 수위는 구 카이로의 나일강 삼각주 수원(水原)에 위치한 로다섬 나일강 수위계에서 매년 측정된 기록을 통해 추적할 수 있다: Popper(1951). 1341-42년의 다른 극적인 사건들에 대해서는 Fraedrich and others(1997); Hoffmann(2014), 325-6 참조.
48 그림 5.3.
49 Fraedrich and others(1997); Dotterweich(2008); Hoffmann(2014), 325-6.
50 Britton(1937), 139-41; Bailey(1991), 189-94.
51 그림 3.3과 3.8B.
52 Campbell(2011a), 144-7; Campbell and Ó Gráda(2011), 869.
53 4장 2절 1항.
54 4장 1절.
55 Lopez(1987), 387; Phillips(1988), 119; Wheelis(2002); Di Cosmo(2005), 403, 413-14, 418.
56 Spufford(1988), 419; Allen(2012), 344; 그림 5.11.
57 3장 1절 1항과 그림 3.2.
58 4장 1절.
59 Munro(1991), 124-6, 130; Bois(1984), 277-88.
60 Maddicott(1987).
61 Carus-Wilson and Coleman(1963), 194-6; Fryde(1988), 57, 59-60, 66-7.
62 Fryde(1988), 53-86; Nicholas(1987), 3, 48-52, 150-1.
63 Hunt and Murray(1999), 116-17
64 Campbell(1995b), 94-6; Sharp(2000).
65 Kedar(1976), 118-32.
66 3장 3절 2항 c.
67 Wheelis(2002).
68 4장 3절 3항과 그림 4.10.
69 4장 3절 4항.
70 3장 1절 3항 e; Jordan(1996); Campbell(2009b); Campbell(2010a).
71 그림 4.9.
72 4장 4절과 5장 3절 2항.
73 5장 4절 1항과 2항.
74 5장 5절.
75 Álvarez-Nogal and Prados de la Escosura(2013); Campbell(2013c).
76 그림 5.14B.
77 그림 2.2와 5장 2절 1항.
78 Hassan(2011).
79 그림 2.8과 2.9.
80 5장 2절 1항과 2항.

81 그림 5.13; Bauch(2016). 빙하 코어의 증거는 1453년경 열대성 분화, 1458년 남태평양 쿠와에의 폭발적인 분화, 1462년경 북반구 고위도 분화를 가리킨다: 프랭크 러들로우(Frank Ludlow)와의 사적 의견교환.

82 4장 4절 2항; Carmichael(2014); Schmid and others(2015).

83 5장 3절 1항.

84 4장 4절과 5장 3절 2항; Laayouni and others(2014).

85 5장 3절 2항과 그림 5.7.

86 나는 리버흄재단이 지원한 '1270/1500년경부터 1850년까지 영국과 네덜란드의 국민소득 재구성' 프로젝트의 결과(조회번호 F/00215AR)를 바탕으로 이러한 추정치를 제공해 준 바스 판 레이우엔(Bas van Leeuwen)에게 감사한다.

87 5장 2절 2항과 5장 4절 1항.

88 5장 4절 1항과 3항.

89 5장 4절 3항과 표 5.1.

90 Broadberry and others(2015), 283-5.

91 Abu-Lughod(1989), 361: "'동방의 쇠락'이 '서방의 흥기'에 앞서서 일어났다." Lieberman and Buckley(2012), 1068-77; Tana(2014), 332-7.

92 2장 4절.

93 Unger(1980); Hoffmann(2014), 359-64.

94 Bolton(2012), 270-95.

95 Phillips(1988), 227-53.

96 5장 6절.

97 O'Rourke and Williamson(2002), 143-364.

98 Broadberry and others(2015), 375, 384-7; Lo Cascio and Malanima(2009).

99 Yule(1875).

100 Brook(2010), 71-2; Lieberman(2009), 551-9; Lieberman and Buckley(2012).

101 5장 5절.

102 Broadberry and others(2015), 375-6, 386.

103 Broadberry and others(2015), 375-6, 384-7; Pomeranz(2000).

104 Scheffer(2009), 96-105, 282-95; Tuchman(1978).

105 Mokyr(1992).

106 Kander and others(2014).

107 Campbell(2010a); Hoffmann(2014), 1-20.

108 2장 1절.

109 2장 2절 5항과 그림 2.9.

110 이하 회복력이란 '교란에 대응하여 원래 상태로 회복하는 체제의 역량'을 의미한다: Scheffer(2009), 11.

111 3장 1절과 2절.

112 그림 4.4.

113 3장 1절 3항; Scheffer(2009), 282-95; Hoffmann(2014), 342-51.

114 체제 이론(systems theory)에서는 이를 분기점(bifurcation point)이라고 칭한다: Scheffer(2009), 18-22, 96-105.

115 Russell(1958); McEvedy and Jones(1978), 41-119; Biraben(1979).

116 Hybel(1989).

117 Scheffer(2009), 11-25. '임계점(tipping point)' 용어의 기원과 최근 기후변화 논쟁에서 이 용어의 사용에 대한 비평에 대해서는 Russill(2015) 참조.

118 Parker(2013)는 17세기 중반을 그와 같은 시기로 간주하는 입장을 제시한다.

119 위 후주 8 참조.

120 Wang and others(2005).

121 Lieberman(2009), 79-87, 687-91.

122 광범위한 고기후학 웹사이트는 미국해양기상국의 국립기후자료센터(National Climatic Data Center,

NCDC), http://www.ncdc.noaa.gov/data-access/paleoclimatology-data에서 관리하고 있다.

123 Diamond(1999), 210-14, 357-8.

124 그림 3.25, 4.9, 4.10.

125 관련 사례는 Schmid and others(2015); Green(2014) 참조.

126 Shrewsbury(1971); Hatcher(1977); Biraben(1975); Benedictow(2004); Dols(1977).

127 관련 사례는 Stenseth and others(2006); Kausrud and others(2010); Vogler and others(2011) 참조.

128 Green(2014).

129 3장 3절 2항. Kausrud and others(2010); Cui and others(2013); Schmid and others(2015).

130 주목할 만한 사례는 유럽연구위원회가 지원하고 오슬로대학에서 주관하는 MediPlag 프로젝트 참조: http://www.mn.uio.no/cees/english/research/projects/650125/.

131 McNeill(1977), 161-207; 그림 2.1.

132 Russell(1958); McEvedy and Jones(1978); Biraben(1979); Bairoch and others(1988); Spufford(1988), 419.

133 대부분은 Clark(2009): http://www.iisg.nl/hpw/data.php#united에서 손쉽게 이용할 수 있다.

134 Broadberry and others(2015).

135 Campbell(2013c).

136 브레너 논쟁(Brenner debate)에서 중세 말 위기에 대한 마르크스주의와 신고전주의 해석의 충돌에 대해서는 Aston and Philpin(1985) 참조. 그리고 관련 영문 문헌에 대한 포괄적인 비평은 Hatcher and Bailey(2001) 참조.

137 Campbell(2013c)

138 Broadberry and others(2015).

139 Campbell(2013c).

140 Malanima(no date b).

141 Malanima(2011).

142 포르투갈의 증거에 대한 선구적인 분석은 Henriques(2015) 참조.

143 Álvarez-Nogal and Prados de la Escosura(2013).

144 Zanden and Leeuwen(2012). 이하 본문에서 '홀란드'는 특정 지역을 지칭하며, 후에 네덜란드가 되는 국가를 의미하지 않는다.

2장 번영

양호한 환경과 라틴 기독교 세계의 성장

대전환기 이전 수 세기 동안 사회-생태적 환경은 비교적 안정되어 있었다. 중세 온난기 동안 대기 순환 패턴은 온대 유럽과 아시아 몬순 지역에서 모두 상대적으로 양호한 기후를 이끌었으며, 이는 중세 성기 동안 두 지역 모두에서 인구와 경제의 괄목할 성장을 가능케 한 환경적 조건을 제공했다. 고대 세계가 종말을 고한 이래 서양이 그와 같이 지속적으로 문화적·경제적 번영을 경험한 적은 없었다.[1] 발전을 위한 토대가 열악한 상황에서 시작되었더라도, 초창기 성장은 대체로 생산기술에서 획기적인 변화 없이 더 많은 토지에 단지 더 많은 노동력을 투입함으로써 넓은 지역에서 소출을 크게 거둘 수 있었다. 하지만 그와 같은 과정을 거듭하면서 개선된 농업기술을 광범위하게 채택했으며, 그로 인해 늘어난 인구는 지속적으로 식량과 원자재 산출량의 증대를 필요로 했다.[2] 그렇지만 이용 가능한 농업기술이 최대한으로 활용된 경우는 거의 없었다.[3] 그보다는 당대의 중요한 성취였던 경제적 관계 및 활동의 상업화와 연관된 제도적·구조적 혁신에 힘입은 바 컸다.

특히 중요했던 것은 해적질, 강탈, 채무 불이행 등의 위험이 상존하던 원거리 교역에 참여하는 상인들 및 교역체제를 육성하고 보호하는 제도들이었다. 지역에서 주요 상품을 거래하는 것에 비하면, 교환가치와 규모가 미미한 원거리 교역은 중세 상업 전체를 놓고 볼 때 매우 작은 부분이었으나 위험성은 가장 컸다. 하지만 그것은 경제를 빵이라고 비유할 때 효모와 같은 존재였다. 그 경제적 승수 효과뿐 아니라 거기에 참여하여 성공했을 때 얻을 수 있는 수익도 마찬가지로 규모에 비해 훨씬 컸다.[4] 복식 부기, 손익회계, 코멘다commenda 계약, 아라비아 숫자의 로마 숫자 대체 등과 같은 당대의 상업적 혁신 대부분은 원거리 교역에 종사하는 상인들에 의해서 선도되었다. 이들은 화폐 거래에 능통했을 뿐 아니라 막대한 자본을 지니고 있어 신용거래를 발전시키기에 최적의 조건을 갖추고 있었다. 그들의 활동은 화물 수송, 수출을 위한 원자재 생산, 그리고 해외 시장과 연결된 제조업 생산의 증대 등을 야기했다. 선도적인 상업 항구들과 금융 중심지들은 당대 최대 도시들로 성장했다. 대표적인 사례 도시로는 해상 공화국 제노바와 베네치아, 그리고 내륙의 대도시 피렌체와 밀라노 등이다.

제도적 및 구조적 혁신은 진정한 상업혁명으로 결실을 맺었고, 더 많은 사람이 생계를 위해 점차 활발해지는 상품, 토지, 노동 및 자본 시장에 더 적극적으로 참여하게 되었다.[5] 유럽 은광의 호황은 꾸준히 팽창하던 화폐의 공급을 보증해 주었으며, 이는 다시 다자 및 원거리 교역의 발전을 모두 용이하게 했다. 이탈리아는 다른 어떤 유럽 국가들보다도 이러한 발전 과정에 가장 적극적으로 관여했으며, 그로 인해 가장 큰 수혜를 누렸다. 그럼에도 불구하고 정도 차이가 있지만, 그 혜택은 라틴 기독교 세계 전체에 확산되었다. 13세기 중엽에 이르러서는 거의 대부분의 도시들이 성장했으며, 제조업은 팽창했고, 국제 교역은 호황을 이루었다. 유럽 북부와 남부의 내부 교역망은 병합되었으며, 신속하게 구세계 전체를 포괄하는 교역체제의 일부로 편입되었다(그림 2.1).[6] 상업적 기회들이 늘어나고, 이를 가능케 하는 양호한 환경적 조건이 지속적으로 동반되는 동안 라틴 기독교 세계의 전체적인 경제는 계속 낙관적으로 전망되었다.

2장에서 주로 다룰 내용은 이와 같이 전반적으로 긍정적인 사회-생

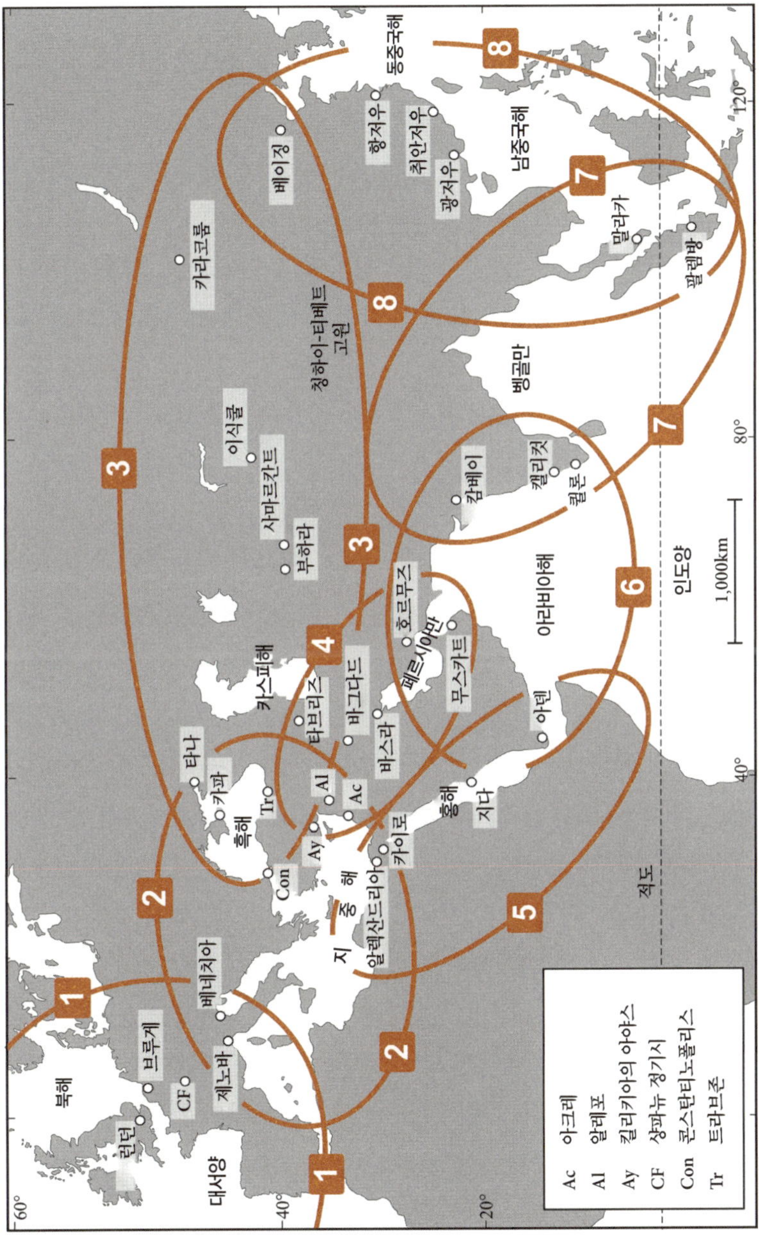

그림 2.1 | 13세기 말 세계교역체제

출처: Abu-Lughod(1989), 34.

태적 발전의 추세다. 1절에서는 경제적·상업적 활동이 부활하는 시점에 대해 살펴본다. 그리고 2절에서는 온대 유럽과 아시아 몬순 지역을 지배했던 상대적으로 온화한 기후 환경을 제공한 중세 온난기의 기후 패턴과 그와 같은 환경을 유지하는 데 기여했던 중세 태양극대기 및 다른 기후 강제력의 역할을 개관한다. 3절에서 보여 주듯이 중세 온난기 후반기 동안 구세계 거의 전 지역에서 인구가 증가했으며, 특히 유럽은 다른 어느 지역보다도 그 증가세가 두드러졌다. 이는 경제적 호황을 단정적으로 보여 준다. 개혁된 교회, 서양 법적 전통의 출현, 그리고 길드, 코뮌, 국제 정기시의 확립 등 그 제도적 토대들이 4절에서 다룰 주제들이다. 이 제도들은 다가올 수 세기 동안 유럽의 발전을 현실화했다. 5절에서 다루겠지만, 이들은 12-13세기에 이탈리아가 주도한 상업혁명에서 즉각적인 결실을 맺게 된다. 하지만 1장 4절에서 언급한 이유로 인해 잉글랜드가 이 시기에 상업, 통화, 농업에서의 진전을 보여 주는 가장 자세한 사례연구를 제공한다.

이탈리아와 잉글랜드 모두에서 시장의 확장과 교역의 증가에 기반한 스미스식 이익 추구에 의해 13세기에 이르기까지 생활 수준의 현저한 저하 없이 인구와 경제의 팽창이 나란히 진행되었다.[7] 5절 3항에서 보여 주듯이, 도시화 정도의 진전은 완만하지만, 실제적인 경제적 성장이 이루어졌음을 입증한다. 예상할 수 있듯이 도시화 비율이 가장 높은 지역은 상업과 제조업 부문의 발전을 선도하고 있던 이탈리아와 플랑드르였다. 다른 곳과 마찬가지로 여기에서도 인구 5만 명을 상회하던 대도시들은 한결같이 어떻게든 국제 교역에 적극적으로 참여했다. 이 주목할 만한 시기에 가장 인상적인 특징이었던 범유럽적이며 범유라시아적인 차원의 교역에 대해서는 5절 4항에서 다룬다. 끝으로 6절에서는 이러한 발전의 환경적·사회적 측면을 함께 다루고, 상당히 탄력적이었던 이 시기 사회-생태적 체제의 전반적 특징에 대해 성찰한다.

물론 중세 성기에 라틴 기독교 세계의 번영은 결코 유일한 것이 아니었다. 이 시기는 중국 송나라의 황금기였으며, 리버만이 일련의 '기이한 평행들'이라고 불렀던 9세기 중엽부터 13세기 말까지 동남아시아의 파간(버마), 앙코르(캄보디아), 참파와 대월(베트남), 그리고 남인도의 촐라 문명 등이 정치와 경제에서 발전한 시기이기도 하다.[8] 이 모든 국가에서 공통적이었던 특징은 영토의 합병, 행정의 중앙집권화, 문화적 통합 등이다. 인구 성장을 억제하는 전염병은 좀처럼 발생하지 않았으며, 반면 양의 엘니뇨 남방 진동에 따른 몬순 순환의 확장과 강화 그리고 그에 따른 가뭄의 빈도와 강도의 약화는 명백히 농업 생산에 도움을 주었다.[9] 보다 효율적인 용수 관리, 개선된 관개 시스템, 내성이 강한 조생 벼 품종의 채택 등은 지속적으로 농업생산량을 증가시켜서 보다 안정적인 식량 공급을 보장했다. 도시의 발달은 농산물의 잉여 생산을 자극하여 지역 단위는 물론이고 원거리 교역을 증대시키는 데 기여했다.

중세 성기 동안 시장의 확대와 심화는 유럽뿐만 아니라 아시아적 현상이기도 했으며, 따라서 아부-루고드가 설득력 있게 서술한 것처럼 이 상이한 두 교역권의 연결은 그 시대에 이룩한 성취 가운데 가장 두드러진 사안이었다.[10] 한편 리버만은 중국, 인도, 서아시아 및 러시아와 달리 서유럽과 동남아시아의 왕국들이 아시아 내부 유목민의 지속적인 정복으로부터 자유로웠다는 사실을 강조했다.[11] 기술적으로 높은 수준이었던 중국의 북송도, 교역에서 전략적 거점에 위치했고 바그다드에 수도를 두고 있던 아바스 칼리파국도 일단 몽골에 정복당한 후로는 이전의 영화를 되찾을 수 없었다. 1205년 이래 환경적으로 열악한 중앙아시아의 본거지로부터 반복된 무적의 몽골군의 침입은 당대에 가장 결정적인 변화를 초래한 충격적 사건이었다. 이 군사 원정은 많은 경우에 명백히 파괴적이었지만, 그럼에도 불구하고 유라시아 내부의 정치적·군사적 경계선을 재설정했다. 또한 그때까지 정치적으로 분열되어 있던 지역들을 일시적으로 통합시켰다. 이는 전통적인 해양 노선에 대한 대안으로 늘어난 물자와 인력을 육로를 통해 운송할 수 있는 가능성을 제공했다. 통상 해상으로는 상품을 페르시아만을 통해 바스라까지 운송했고, 그곳에서는 대상에 의해 시리아 사막을 가로질러 동지중해의 안티오키아, 트리폴리, 아크레 항구로 이송하거나, 홍해를 통해 이집트 지역으로 향하고 알렉산드리아까지 운송했다. 취약한 요소를 내포하고 있었지만, 이와 같은 교역망이 지탱해 주는 한 동양과 서양 양쪽의 상업 권역과 주요 화물 집산지들은 번영과 활력을 보장받았다. 물론 이는 그 무엇도 상업적 성공의 토대가 되는 사회-생태적 균형을 위험에 빠뜨리지 않는다는 것이 전제되어야만 가능했다.

1. 라틴 기독교 세계의 도약과 지속적 성장

라틴 기독교 세계는 만연한 국지적인 군사적 충돌, 정치적 균열, 통용화폐의 가치 상실, 교역의 붕괴, 도시의 쇠퇴, 인구밀도의 하락 등 로마 제국 이후 끝없이 이어지던 쇠락의 길에서 벗어나 중세 성기의 번영을 언제부터 시작할 수 있었을까?[12] 마이클 매코믹Michael McCormick은 8세기 말부터 경제 회복의 조짐을 간파했다. 그 무렵부터 무거운 발토판撥土板 쟁기, 편자와 마구, 공동 경작지 규제 등 핵심적인 농업 혁신들이 꾸준히 보급되었다. 린 화이트Lynn White Jr.는 이 혁신들이 농업생산량을 획기적으로 증가시켰다고 평가한다.[13] 북서유럽의 독특한 혼합농경체제는 중세 온난기의 시작과 함께 나타난 9세기 대부분과 10세기에 걸친 온난하고 습한 겨울, 더운 여름 그리고 대체적으로 안정되었던 기후 조건들의 혜택을 보았다.[14]

이와 같은 중세 온난기 첫 국면 동안 북대서양에서의 개선된 항해 조건은 노르만족, 즉 바이킹들이 그때까지 무인도였던 페로 제도, 아이슬란드, 그린란드 등을 각각 820년대, 870년대, 890년대부터 식민화하는 것을 용이하게 했으며, 그들이 아일랜드, 브리튼, 그리고 유럽 대륙의 남쪽에 이르기까지 연안 지역과 강가의 저지대 정착지들을 반복적으로 공격할 수 있도록 뒷받침했다.[15] 부분적으로는 북쪽에서의 바이킹의 위협, 남쪽에서의 무슬림의 팽창, 그리고 동쪽에서의 마자르족과 슬라브족의 침투 등으로 인해 이러한 양호한 기후 환경 아래에서도 전반적인 인구의 재증가와 정착지의 재확장은 일어나지 않았다. 반면, 나이테 기록에서 10-11세기 동안 아일랜드와 이러한 위협에 노출되어 있던 다른 유럽 지역에서 삼림지대의 재생이 두드러지게 관측되는 것은 아마도 농경지가 축소된 때문이었다고 추측할 수 있다.[16] 잉글랜드에서는 상대적으로 풍부한 토지로 인해 농촌 정주지가 상당히 재조정되었다.[17] 분명히 풍부한 자원, 양호한 기후 조건, 그리고 향상된 기술만으로는 여전히 정치적으로 혼란스럽던 세계에서 본격적으로 인구와 경제의 부활을 촉발하기에 충분하지 않았다.

로버트 로페즈Robert Lopez와 얀 루이텐 판 잔덴Jan Luiten van Zanden 모두 유럽이 활기를 띠기 시작하는 시기를 10세기 중반으로 본다.[18] 마이클 만Michael Mann은 이를 조금 더 늦추어 "일단 바이킹, 무슬림, 그리고 훈족 등 마지막 침략자들이 격퇴되는" 1000년경으로 본다.[19] 그렇다 하더라도, 중세 온난기가 두 번째이자 지속적인 국면에 진입한 것은 오르트 태양극소기를 지나 11세기 말에 이르러서였다. 이 시기에 전 유럽에 걸쳐 뒤늦게 인구와 정착지가 다시 한번 팽창하던 확실한 징후들이 있다. 이후 250년 동안 나이테, 고고학 그리고 역사 기록들은 모두 광범위한 삼림 벌채와 건축 활동의 현저한 증가를 통해 중세 성기 라틴 기독교 세계의 번영을 입증한다.[20] 인구와 경제가 활성화되는 징후들은 지역에 따라 달랐고, 성장의 속도와 패턴도 상당한 차이가 있었다. 확실히 가뭄이 빈번했던 남부보다는 북서부 유럽이 더 두드러졌으며, 기독교도와 무어인들이 권력을 쟁취하기 위해 싸우던 이베리아반도에서 가장 약했다. 그렇지만 변화의 궤도는 어디에서나 대동소이했다.[21] 라틴 교회의 부흥, 서양 법적 전통의 출현, 국가의 형성, 자율적인 도시의 코뮌, 길드, 공유지 공동체의 제도화, 지속적인 기술의 진보, 팽창하는 금은과 화폐 공급, 그리고 일반적으로 양호한 환경 조건 등이 결합해 11세기에서 13세기에는 뚜렷한 사회·경제적 활력을 뒷받침했다.[22] 일단 성장이 본격화되자, 14세기 초 전쟁, 상업의 위축, 극단적인 기상이변과 전염병 등의 가혹한 요인들이 결합되어 이를 멈춰 세울 때까지 거의 중단 없이 지속되었다.

2. 중세 온난기

9-13세기는 중세 온난기라고 부르는 독특한 대기 순환 패턴이 지배했다. 이 패턴은 매우 우세하여, 14세기까지도 종종 방해를 받거나 이탈했다가도 이 패턴으로 다시 복귀하곤 했다.[23] 그 이유에 대해서는 이 장 5절에서 제시하는 내용을 통해 사실상 어렵지 않게 이해할 수 있을 것이다. 이 패턴은 뚜렷한 기후 강제 조건의 산물이다. 기온 재구성 자료에 의하면 중세 온난기는 전 지구적으로 평균 기온이 올라간 시기였지만 기온의 상승은 지리적으로 균일하지 않았으며, 동태평양에서 가장 뚜렷하게 확인되듯이 복잡한 해양-대기 상호 작용이 일부 지역에서는 기온 하강을 초래하기도 했다. 9세기 중엽에 가장 높은 온도를 나타냈고, 10세기 말에서 11세기 초 사이에도 다시 기온이 높아졌다(그림 2.2). 이 두 예외적으로 따뜻했던 기간 동안 북대서양에서 상대적으로 해빙이 없는 항해 조건과 어류 자원의 북쪽으로의 이동, 그리고 지상에서의 양호한 성장 환경 등에 힘입어 바이킹은 아이슬란드와 그린란드에 식민지를 건설했고, 새천년이 시작될 무렵 뉴펀들랜드로 통용되는 빈란드Vinland를 발견했다.[24] 20세기 말 지구 온난화 시대 이전까지 이 고위도의 지역에서 이와 같은 환경 조건은 또다시 도래하지 않았다.

전 지구와 북반구의 기온이 오르트 태양극소기 후반(1010-1050년 무렵) 동안 현저하게 낮아졌으며, 12세기 대부분 동안 11세기 초의 최고 기온보다 낮은 상태였다(그림 2.2). 특히 1190년대에 기온이 급격하게 바닥으로 하강했으며, 이어 부분적으로 회복되다가 1230년대 북반구에서 1090년

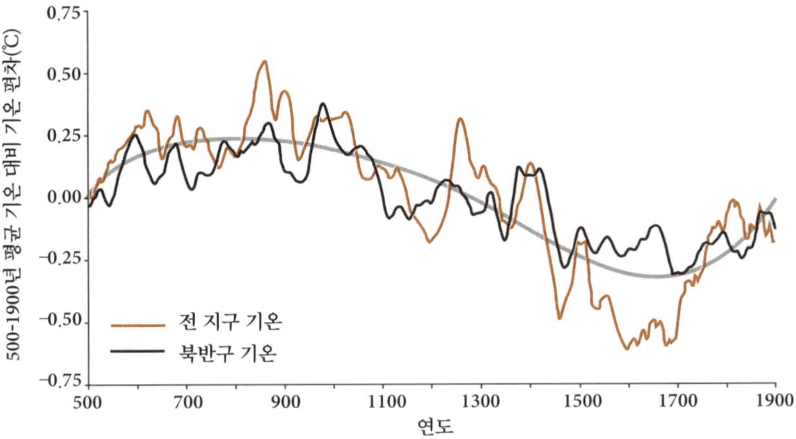

그림 2.2 | **복원한 전 지구 및 북반구 기온 편차, 500-1900년**
출처: 전 지구 – Loehle and McCulloch(2008). 북반구 – Mann and others(2008).

대 이후 볼 수 없던 정도까지 상승했다.[25] 이 따뜻한 시기는 대체로 중세 온난기의 지배적인 순환 패턴으로 되돌아갔음을 나타내며, 중국 송나라, 동남아시아, 그리고 라틴 기독교 세계의 경제적 번영기와 일치한다.

전 지구적으로 중세 온난기의 가장 따뜻했던 국면 동안 기온은 소빙하기 중 가장 추웠던 17세기 말과 비교하면 최소 1도가 높았으며, 북반구에서의 기온차는 그보다는 약간 작았다(그림 2.2). 이 온도차의 절대적 크기가 그렇게 커 보이지 않을 수 있지만, 작은 지리적 규모에서는 의심할 바 없이 훨씬 더 큰 차이를 의미했다. 이는 광범위한 지역에 걸쳐 기후와 기상의 패턴을 근본적으로 바꿀 뿐 아니라 식물군, 동물군, 미생물 그리고 인간에게 심대한 영향을 끼쳐서 그들 사이의 복합적인 생태적 상호 관계까지도 변화시키기에 충분하다.[26] 중세 온난기 동안의 순환 패턴에 관한 검토는 첫째, 엘니뇨 남방 진동, 둘째 북대서양 진동, 셋째 중앙아시아 건조 지대 순으로 살펴보고, 끝으로 구세계 기후를 전체적으로 요약할 것이다.

1) 엘니뇨 남방 진동

태평양 수온의 상승이나 하강은 그것이 소폭일지라도 기후에 지대한 영향을 끼친다. 태평양은 적도에 걸쳐 있는 엄청나게 넓고 깊은 바다로서 동쪽에서 서쪽으로 무역풍이 분다. 이 바람은 표층수를 적도를 따라 동에서 서로 이동시키는데, 해수는 그 과정에서 강한 태양열을 받아 수온이 상승한다. 결국 서쪽의 해수면 온도가 동쪽보다 높아짐으로써 적도에서 아메리카 대륙에 접한 태평양 동쪽과 호주 및 동남아시아에 접한 태평양 서쪽 사이에 강한 기압차를 유발한다. 동쪽의 해수면 온도가 낮아질수록 서쪽으로 해수를 더 강하게 밀어내기 때문에 따뜻한 표층수와 차가운 심층수 사이의 수온약층은 동쪽에서 서쪽으로 갈수록 더 깊어진다. 이는 아메리카 대륙 연안에서 차갑고 영양분이 많은 심층수가 표층으로 올라오는 용승을 더 강하게 하고, 차가운 동태평양의 수온과 따뜻한 서태평양의 수온 차이를 더욱 크게 만들어, 무역풍을 더욱 강화시킨다. 그러므로 태양열이 동태평양의 해수면 온도를 4도 가까이 낮게 만드는 역설적인 효과를 일으킬 수 있다. 연안의 차가운 해수로 인해 대부분의 강수는 육지보다 해양에서 발생하며, 결과적으로 남아메리카의 중위도 지역과 북아메리카의 서부에 건조한 기후가 나타난다. 반면 서태평양 적도 지역의 높은 해수면 온도는 호주 북부와 인도네시아에 많은 비를 초래한다. 이를 라니냐라고 부르는데, 이 현상이 전 지구의 기후에 미치는 영향은 결코 과소평가할 수 없다.[27] 예를 들면, 강한 라니냐 조건에서는 아시아와 인도의 강한 몬순, 남아메리카 북부 및 사헬 지역, 남아프리카의 강수량 증가, 그리고 동아프리카와 남부 유럽의 강수량 감소를 초래한다.

중세 온난기 동안 라니냐 조건은 이례적으로 강했던 것으로 보인다. 그로 인해 아메리카 대륙 서부 대부분은 지속적인 가뭄 상태에 있었다.[28] 연륜연대학은 넓은 지역에서 오랜 기간에 걸쳐 가뭄이 수목에 끼친 화재 피해와 강수로 인한 생육 조건의 변화들에 대한 정밀한 기록을 제시한다. 에드워드 R. 쿡과 그의 동료들(2004c)은 이 방대한 고생태학 자료를 이용하여 경도 95도 서부의 미국에서 지난 1200년 동안의 가뭄 심도 지수 Drought Severity Index, DSI를 작성했다(그림 2.3A). 여기에서 보면 대체로 중세 온난기와 일치하는 900-1300년 사이 400년간은 전체적으로 고도의 건조 상태가 두드러지는데, 1300년 이후에는 지속적으로 덜 건조한 조건으로 급격히 전환되었음을 알 수 있다.[29] 강한 라니냐의 특징인 장기간의 가뭄은 936년, 1034년, 1150년, 1253년에 집중되었으며, 특히 최후에 발생한 1253년의 가뭄은 가장 오래 지속된 초대형 가뭄이었다.

남아메리카의 고기후 자료에서도 동일한 시기에 건조 기후와 초대형 가뭄이 발생했음을 보여 준다. 강한 엘니뇨에 따른 하천 홍수로 침식되어 페루 연안 대륙붕에 퇴적된 세립석질의 층위stratigraphy of fine-grained lithics를 분석한 결과 940년대에서 1280년대까지는 강수량과 하천 유량이 최소 상태였던 홍수 부재 시기였음을 확인시켜 준다(그림 2.3B).[30] 그 이후에는 높아진 해양퇴적 속도에서 확인할 수 있듯이, 하천의 유량과 침식이 상당히 증가했다. 700년경에서 1250년경 사이에 해수면 온도가 낮아진 증거는 칠레 연안 대륙붕에서 채취된 퇴적물의 화학 및 광물 분석에서 드러났다.[31] 비슷한 기간 동안 페루 켈카야Quelccaya 만년설에서의 빙하 축적 속도의 감소도 낮아진 강수 수준을 입증한다. 이는 1250년경에 최솟값을 보이는데, 13세기 북아메리카 서부의 초대형 가뭄과 시기적으로 일치한다(그림 2.3A). 이 모든 자료는 예외적으로 강한 양의 엘니뇨 남방 진동이 발생했음을 증명한다.[32] 칠레 중부의 라구나 아쿨레오에서는 12세기 중반에서 14세기 중반까지 여름철에 높은 온도가 지배적이었으며, 특히 1240년경에 절정이었다.[33] 1300년경에 발생한 남부 페루의 대홍수는 이 남아메리카의 초대형 가뭄을 실질적으로 종식시켰다(그림 2.3B). 최근 볼리비아 빙하 코어에서 채취한 화산분출물tephra•의 고해상도 암모니아 기록을 바탕으로 복원한 남아메리카 열대 온도 자료는 가뭄이 끝난 시기가 어쩌면 조

• 화산이 분화할 때 방출되어 퇴적한 화산재.

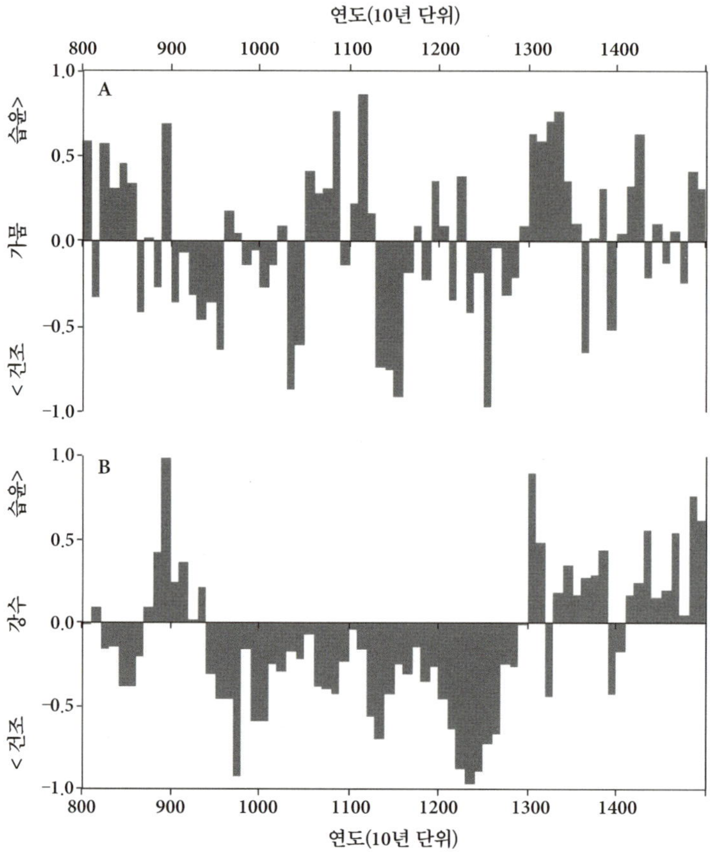

그림 2.3 | (A) 북아메리카 서부 나이테 측정으로 확보한 가뭄 지수, 800-1500년. (B) 남아메리카 태평양 페루 연안의 퇴적 세립석질에서 확보한 강수 지수, 800-1500년
출처: Cook and others(2004c), Rein and others(2004)를 근거로 작성.

금 더 일렀으리라는 사실을 시사한다.[34] 그때까지 남아메리카 태평양 연안의 건조한 중세 기후는 견고하게 유지되었다.

남북 아메리카의 서해안이 건조할수록 남아시아와 인도의 몬순 벨트에 강수량이 증가하는 것은 전형적인 패턴이었다. 쿡과 그의 동료들(2010)은 나이테 자료를 바탕으로 북아메리카에서의 가뭄 심도 지수를 구했던 비슷한 위도대에 위치한 이 광대한 지역에서 가뭄 심도 지수를 복원했다. 안타깝게도 열대 및 아열대 지역에서 자라는 수목들에 대한 장기간의 나이테 기록을 복원하는 것은 어렵기 때문에, 남아시아 및 동남아시아의 몬순이 지속적으로 약세를 보였던 14세기와 15세기 이전에 대한 가뭄 심도 지수는 얻을 수 없다. 이 기록에서 1351년에서 1368년 사이의 초대형 가뭄은 특히 뚜렷하게 나타난다.[35] 그보다 앞선 시기는 파키스탄으로부터 아라비아해로 흘러들어 간 고해상 연층 기록과 인도의 단닥Dandak 동굴, 중국 북부의 완상Wanxiang 동굴, 중국 남부의 동게Dongge 동굴에서 확보한 동굴 이차생성물의 연대가 확인되는 띠 두께로 추정한 강수량 등에 의존한다(그림 2.4A-2.5B). 개별적으로나 전체적으로나(그림 2.8B), 이러한 대리 강수 측정 자료들은 14세기에 극적인 몬순 강우의 감소를 보여 준다. 13세기 말까지는 연도 및 지역에 따른 변동이 있었으나 전반적으로 강수량이 많았다.

아라비아해 대륙붕의 연층 자료는 11세기에서 13세기 사이 대부분의 기간 동안에 최대량의 강물이 흘러나오는 근원지 파키스탄과 마찬가지로 상대적으로 강수량이 많았음을 보여 준다. 한편 이 기간 중 1190-1210년대와 1280년대에는 강수량이 감소했다. 연층의 퇴적 속도는 규칙적이고 강한 몬순의 패턴이 확실하게 자리잡고 있던 1130년대에 최대치를 기록했으며, 13세기에는 그 변동성이 커졌고, 1310년대 이후로는 현저하게 감소해 특히 1340년대에서 1400년대까지는 매우 적은 강수량을 보였다(그림 2.4A). 인도에서는 단닥 동굴의 이차생성물 자료로부터 정기적이고 강한 몬순이 930년대에서 1020년대까지와 1070년대에서 1250년대까지 지배적이었음을 알 수 있다. 1030년대에서 1070년대의 오르트 태양극소기 동안에는 몬순이 일시적으로 약화되었으며, 1260년대 이후 보다 뚜렷하고 지속적으로 약세를 보이더니 1340-70년대에는 극단적으로 약화되었다(그림 2.4B).[36] 그러므로 인도와 파키스탄의 이 두 독립적인 연대기 자료로부터 10세기 중엽부터 13세기 말까지는 강한 몬순이 일반적이었음을 알 수 있다.

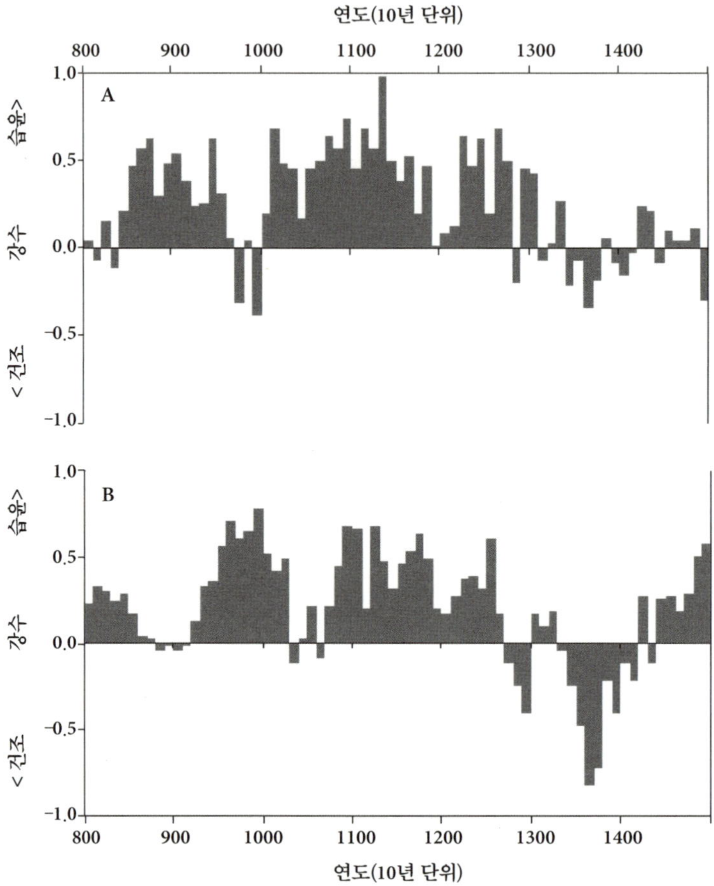

그림 2.4 | (A) 파키스탄 아라비아해 연층에서 확보한 강수 지수, 800-1500년. (B) 인도 단닥 동굴 이차생성물에서 확보한 강수 지수, 800-1500년

출처: Rad and others(1999); Berkelhammer and others(2010b).

북중국 동아시아 여름 몬순의 북방한계선에 가까운 완샹 동굴에서 동굴 이차생성물을 바탕으로 한 강수 지수는 10세기 중반부터 14세기 초까지 지속적으로 강한 몬순을 나타냈고, 그 중간에 오르트 태양극소기에 해당하는 1030-80년대에는 몬순이 약화되어 다른 지역과의 광범위한 동시성을 보여 주었다(그림 2.5A). 여기에서 강수량은 1100년대에 최고조에

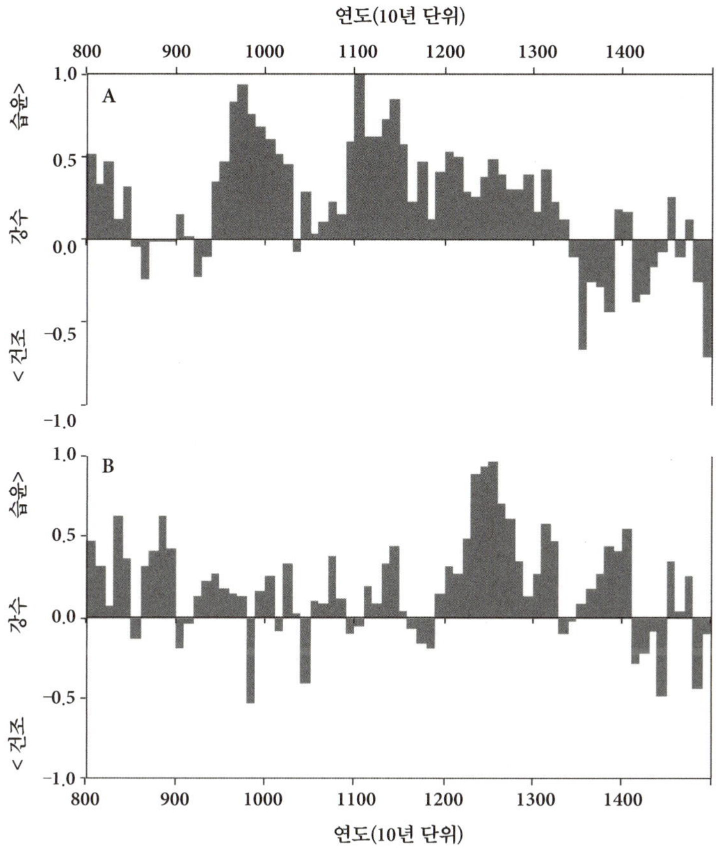

그림 2.5 | **(A) 북중국 완샹 동굴 이차생성물에서 확보한 강수 지수, 800-1500년. (B) 남중국 동게 동굴 이차생성물에서 확보한 강수 지수, 800-1500년**
출처: Zhang and others(2008), Wang and others(2006)을 근거로 작성.

달했고, 이후 50년 이상 지속적으로 많은 강수를 보였다. 13세기에는 강수가 어느 정도 완화되었지만, 결정적으로 몬순이 약해진 것은 1340년대에 이르러서였다. 이후 1350-80년대에는 현저히 약화되었으며, 중세가 끝날 때까지 크게 약해진 상태를 유지했다. 남중국의 동게 동굴 이차생성물 기록은 다소 상이한 내용을 나타낸다. 여기에서는 강수량이 13세기 전반 내내 현저히 증가하다가 1254년경에 중세 최고치에 이르렀는데, 가뭄

보다 홍수가 더 심각한 재해였다(그림 2.5B). 이 강한 몬순 조건은 다른 곳과 마찬가지로 14세기에도 지속되다가 1340년대, 1350년대, 1360년대에 극심한 가뭄이 시작되었다. 이후 일시적으로 회복세를 이어 가다가 15세기가 시작되며 강한 몬순 시대는 갑자기 막을 내렸다.

이 네 지역의 강수 지수를 하나로 결합하면 7세기 동안 남아시아 몬순의 상대적 강도의 전반적인 추이가 나타난다(그림 2.8B). 몬순 강우가 지속적으로 강한 두 기간으로는 940-1020년대의 짧은 시기와 1070-1270년대의 긴 시기가 있었다. 두 시기 사이의 50년간은 몬순이 약했고 지역적 변동성이 컸는데, 이는 오르트 태양극소기와 일치했다. 장기간 유지되던 중세 태양극대기에 이어 13세기 말에 볼프 태양극소기가 시작되면서 몬순은 점진적으로 약해지더니 거의 전 세계적으로 멈추면서 절정에 이르렀고, 그 결과 14세기 중반에는 초대형 가뭄이 발생했다. 그 후 단기간 동안 한정된 지역에서 예외를 보이기도 했으나, 14세기 후반에 태양복사량이 다시 강해졌음에도 불구하고 아시아의 몬순은 더 이상 이전의 강도를 회복하지 못했다. 이처럼 아시아에서 강한 몬순에서 약한 몬순으로의 전환은 남북 아메리카 서부에서 건조한 상태에서 습한 상태로 시기적으로 상응해 나타난 정반대의 추이와 대응 관계에 있었다. 둘 다 엘니뇨 남방진동이 전반적으로 약해지면서 비롯되었다.

2) 북대서양 진동

중세 온난기 동안 아시아에서 강한 몬순이 일반적이었다면, 북서유럽에서는 아이슬랜드와 아조레스의 기압 차이에 의해 발생하는 강한 겨울 편서풍이 특징이었다. 이는 온난하고 습한 해양의 대기를 유럽으로 전달했다.[37]• 이 시기 지배적인 저기압(사이클론)은 극지방의 차갑고 건조한 고기

• 평년보다 편서풍이 강해 온난하고 습한 대기를 유럽에 가져다주는 상태를 양의 북대서양 진동, 그 반대 상태를 음의 북대서양 진동이라 부른다.

압이 침투하지 못하도록 막아 온난하고 습한 겨울을 유지시켜 주었다. 가장 두드러진 예외는 11세기 중엽 오르트 태양극소기와 그 직후 북서 스코틀랜드의 크녹 난 우암Cnoc nan Uamh 동굴의 이차생성물 기록에 의하면, 편서풍이 현저하게 약해지고 극지방의 대기가 남쪽으로 밀려오면서 춥고 건조한 겨울이 나타난 경우였다(그림 2.6A). 그 밖에 일부 단기간의 교란을 제외하면 900년경부터 1300년경에 이르기까지 4세기 동안 대부분 강한 저기압과 온난하고 습한 대서양 편서풍 대기의 영향 아래 있었다.[38]

이 저기압 상태는 1240년대에 특히 잘 발달하여 북유럽은 당시 200여 년 중 가장 습한 날씨를 경험했다. 1246-47년에는 남부 잉글랜드의 윈체스터 영지에 일 년 내내 습한 저기압의 편서풍이 계속되어 곡물을 수확하기가 곤란해졌으며, 이로 인해 곡물과 소금의 가격이 상승했다.[39] 하지만 참나무는 이러한 기후 조건에서 잘 자라 1240-50년대에 가장 넓은 나이테를 형성했다. 이 역동적인 성장 국면에서 신세계와 구세계 수목의 나이테 너비는 양의 상관관계를 가졌으며(13세기 전체로서는 +0.46, 1230-55년에는 +0.85의 값을 기록했다), 이는 나무들이 전 세계 온대 지방에서 전 지구적 기온 변화에 반응했음을 의미한다.[40] 동일한 기후 조건은 북대서양의 해수면 온도를 상당히 높게 유지했으며, 아이슬란드 부근 해양에 해빙이 나타나지 않게 했고, 그린란드를 혹한으로부터 격리시켜 동부와 서부 바이킹들이 정착할 환경을 제공해 주었다.[41] 이처럼 대체로 온화한 기후 환경의 공통된 특징은 매우 강한 양의 북대서양 진동에 있었다. 이런 상황은 13세기 중반에 절정이었으나, 그 세기가 끝날 무렵 급격히 약화되었다.

양의 북대서양 진동 효과는 편서풍의 겨울철 폭풍우 궤적을 북쪽으로 끌어올려 지중해 주변 지역의 강수량을 감소시켰고, 온난하고 습한 북서유럽과 덥고 건조한 남부 유럽 및 북아프리카 사이에 대비되는 기후 패턴을 형성시켰다.[42] 예를 들면, 모로코에서는 대서양 삼나무의 연간 나이테 성장으로 재구성한 강수 지수를 보면 11세기 중반 오르트 태양극소기에 현저하게 습했던 이후 14세기 초반까지 매우 건조한 기후가 지배적이

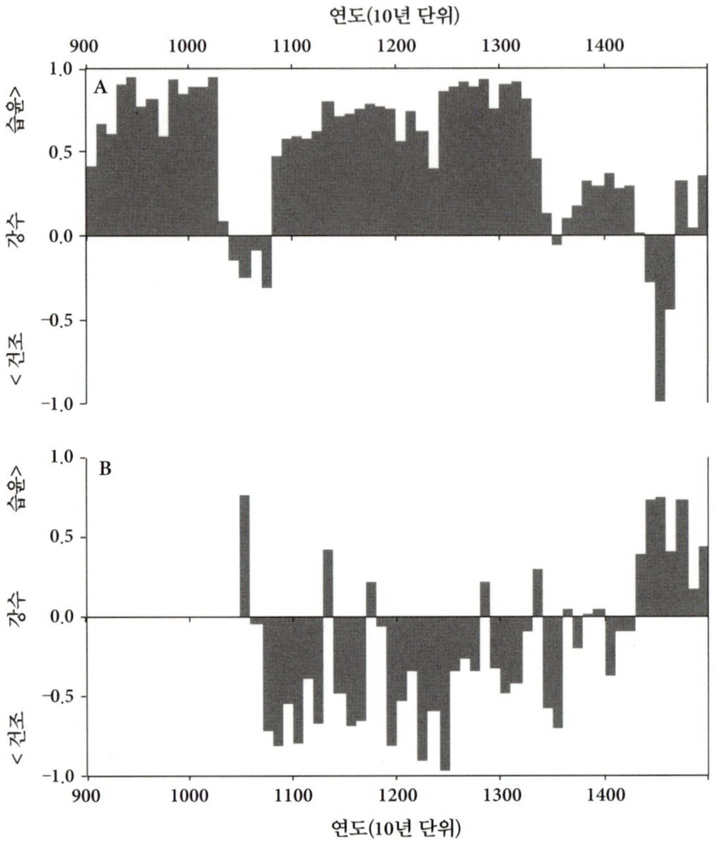

그림 2.6 | (A) 북서 스코틀랜드 크녹 난 우암 동굴 이차생성물의 띠 두께에 근거한 강수 지수, 900-1500년. (B) 모로코 대서양 삼나무 나이테 너비에 근거한 강수 지수, 1050-1500년

출처: Proctor and others(2002b); Esper and others(2009).

었으나, 1130년대, 1170년대, 1280년대, 1330년대에 예외적으로 습한 기간이 눈에 띈다(그림 2.6B). 이 나이테로 복원된 모로코의 가뭄 기록과 스코틀랜드의 동굴 이차생성물 대리 기후 자료에서 확보한 강수 기록을 비교하면 12-13세기에 두 대서양 가장자리 사이에 존재한 습도의 극심한 차이를 알 수 있다.[43] 특히 1240년대에 스코틀랜드는 극심하게 습한 반면 모로코는 건조했다(그림 2.6A와 B). 14세기 중엽에 이르러서야 북대서양 진동이 전반적이며 점차적으로 약화됨으로써 겨울 편서풍이 남쪽으로 밀려나고 강수도 더불어 밀려 내려갔다. 중세 온난기가 끝나고 엘니뇨 남방 진동과 아시아 몬순이 약해지기 이전에는 북대서양 진동이 약해져도 곧 회복되곤 했다.

3) 중앙아시아 건조 지대

중위도 편서풍의 강도와 궤적은 중앙아시아 건조 지대의 습기에 강한 영향을 미쳤다. 이 지대는 아시아 몬순의 영향권을 벗어나 있었기 때문에, 주로 편서풍에 의한 강수에 의존했다.[44] 따라서 남유럽과 북아프리카, 그리고 특히 지중해 동부 전역에서 나타나는 건조한 기후 조건은 유럽 대륙 내부에서도 마찬가지로 반복되는 경향을 띤다. 이와 같은 광범위한 상관관계는 대서양 삼나무의 나이테 성장으로 복원된 모로코의 강수량(그림 2.6B)과 중앙아시아 건조 지대의 10년 단위 수분 복합지수에 연대기적으로 일치하는 패턴에서 뚜렷하게 드러난다. 후자는 파후 첸Fa-Hu Chen과 그의 동료들(2010)이 아랄해(카자흐스탄/우즈베키스탄), 수간호(북서 중국), 보스텐호(신장, 북중국), 굴리야 만년설(티베트-칭하이 고원, 중국), 바다인 자란 사막(내몽골, 중국) 등에 속한 대리 고기후학 자료들로부터 복원했다(그림 2.7). 모로코에서와 마찬가지로 11세기 초부터 중엽에 이르기까지 중앙아시아 건조 지대를 지배했던 상대적으로 습한 기후 조건도 오르트 태양극소기보다 오래 지속되지는 못했다. 11세기의 마지막 10년부터는 습도가 꾸준히 감소하여 1190년대와 1200년대 초반에는 극심하게 건조했는데, 이는 일단 몽골에게 원정할 강한 동기를 부여했으며, 몽골은 1209년부터 북중국의 서하를 침공했다.[45] 1220년경에는 상황이 완화되어 심지어 1211-25년을 몽골 우기Mongol pluvial라고 불렀다. 그러나 13세기 중반부터 말기 사이에 다시 습도가 낮아져서 14세기 초에는 13세기 초보다 약간 덜 건조할 뿐이었다.[46] 이후 14세기로 접어들면서 북대서양 진동이 약화되자 대

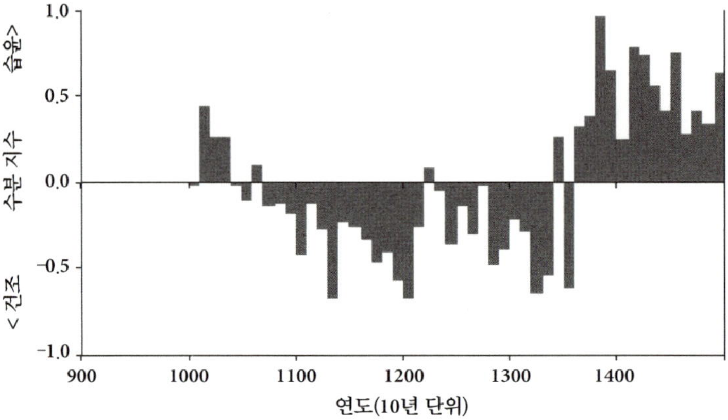

그림 2.7 | **중앙아시아 건조 지대 수분 지수, 1000-1500년**
출처: Chen and others(2010).

서양 편서풍의 궤적이 남쪽으로 이동했고, 북반구 기온이 내려가면서 증발량이 감소하여 단속적으로 중앙아시아 건조 지대의 습도는 다시 상승했다. 몽골, 북서 티베트, 톈산산맥에서 얻은 나이테 자료는 특히 1310년대에서 1340년까지의 습한 국면을 입증한다(하지만 그림 2.7에서는 이 양상이 뚜렷하지 않다).[47]

지리적으로 멀리 떨어진 스코틀랜드, 모로코, 중앙아시아 세 지역의 건조 지대에서 상호 독립된 연구팀이 동굴 이차생성물, 나이테, 호수퇴적물, 빙하층, 지하수 함양涵養, recharge 등 다양한 고기후 자료들로부터 복원한 강수량과 습도 자료들은 각기 상이한 수준의 주기 해상도에서 현저하게 일관된 연대기를 나타낸다(그림 2.8C와 2.8D). 오르트 태양극소기에 수반되는 북대서양 진동의 약화는 스코틀랜드의 강수량을 감소시켰고 겨울 편서풍을 남쪽으로 이동시켰는데, 이는 모로코에 강수량을 증가시켰으며 습한 대기를 유라시아 대륙 내부로 침투시켰다. 그러나 1070년대부터 북대서양 진동의 강도가 다시 회복하고 겨울 편서풍도 좀 더 북쪽의 경로로 지나면서 스코틀랜드의 강수량은 10세기의 값을 만회했고, 모로코와 중앙아시아 건조 지대는 거의 영속적인 건조 상태에 놓였다. 이처럼 온난하고 습한 북유럽과 덥고 건조한 남유럽, 북아프리카, 그리고 유라시아 내륙 사이의 기후 양분화는 강한 북대서양 진동이 약화되면서 현저히 다른 대기 순환 패턴이 출현하던 14세기 전반까지 큰 단절 없이 지속되었다.

4) 중세 온난기의 최종 국면 동안 구세계의 기후

11세기 말부터 14세기 초까지 200년 이상 세계 전역에 놀랍도록 안정적이고 탄력적인 기후 체제가 유지되었다. 중세 온난기의 마지막이자 가장 길었던 국면에는 세 가지 요소가 상호 연관되며 광범위한 동시성을 띠고 있었다. 첫째는 라니냐가 태평양을 지배함에 따라 강력한 양의 엘니뇨 남방 진동으로 인해 남북아메리카의 서쪽 태평양 연안에 건조한 기후를 이끌었고(그림 2.8A), 아시아와 인도 몬순이 안정적이게 비를 뿌리도록 만들었다(그림 2.8B). 둘째는 강한 양의 북대서양 진동으로 인해 북대서양의 해수면 온도가 상승하여 겨울에 차고 건조한 북극의 대기가 침입하는 것으로부터 북서유럽을 막아 주고, 북유럽과 남유럽 사이에 뚜렷한 강수량의 차이를 야기했다(그림 2.6A와 2.6B). 셋째는 강한 북대서양 진동과 이와 동시에 발생하는 중위도 편서풍 궤적의 북쪽으로의 이동에 따라 지속적이고 때로 극단적인 중앙아시아 건조 지대의 가뭄이 만연했다(그림 2.7).

기온과 강수량이 생물의 재생산에 미치는 영향으로 인해 이러한 대기 순환 패턴은 어떤 지역에서는 한계성을 심화시킨 반면 다른 지역에서는 완화시켰다. 특히 북대서양 노르웨이 공동체, 북서유럽 혼합농경사회, 몬순에 의존하는 중국, 동남아시아, 남아시아의 수수 및 벼를 재배하는 문명은 모두 양호한 환경 조건으로부터 혜택을 입었으며, 더불어 12세기 말과 13세기 초 주목할 만한 일련의 대규모 화산 폭발을 촉발한 경우를 포함해 종종 발생한 기후이변에 대해서도 놀라운 회복력을 입증했다(그림 2.8). 구세계의 다른 지역에서도 관개에 의해 농업 생산을 유지할 수 있는 지역을 제외하고는 강수의 부족으로 환경자원을 충분히 활용하는 데에

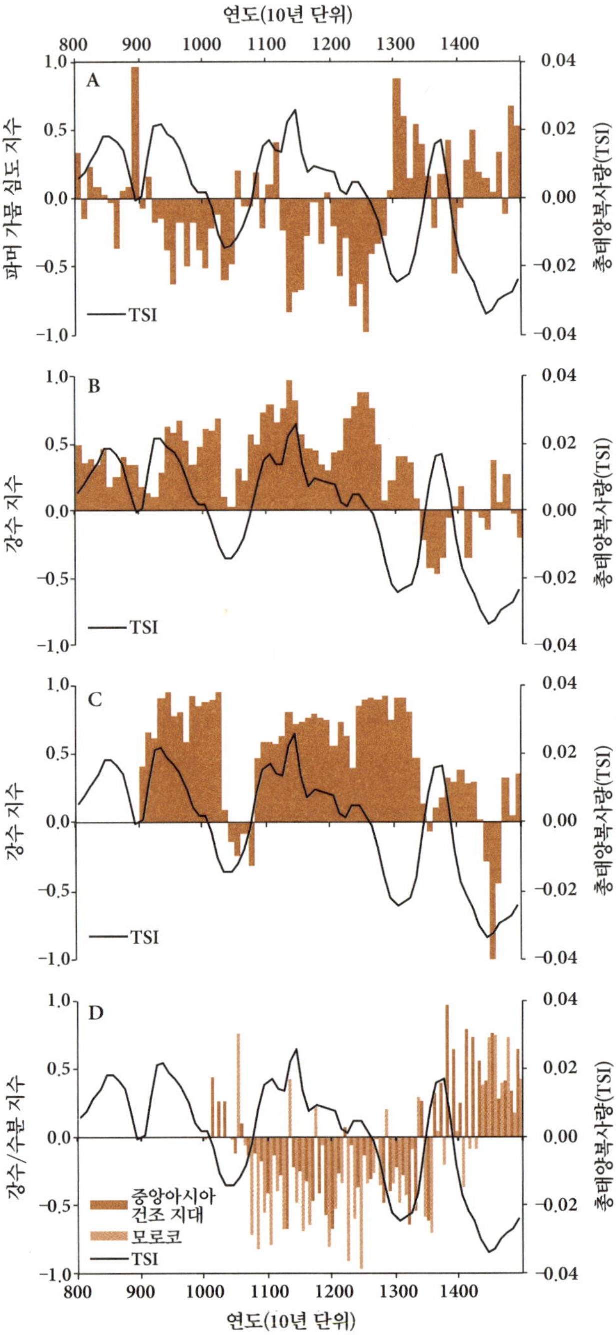
연도(10년 단위)
800 900 1000 1100 1200 1300 1400
A
B
C
D
파머 가뭄 심도 지수
강수 지수
강수/수분 지수
총태양복사량(TSI)
TSI
중앙아시아 건조 지대
모로코
1.0 0.5 0.0 −0.5 −1.0
0.04 0.02 0.00 −0.02 −0.04

방해를 받았다. 이러한 생태 조건은 유라시아 내륙의 반건조 스텝 지대에서 페스트균과 야생 설치류 숙주 개체수를 동물풍토병 수준에서 벗어나지 못하게 했다. 사실상 모든 지역에서 사회는 상대적으로 안정적이고 예측 가능한 날씨에 의존하여 생활할 수 있었다. 사람들은 14세기에 이르러 대기 순환 패턴이 불안정해지고 나서야 그와 같은 신뢰가 잘못된 것이었음을 비로소 깨닫게 되었다.

5) 중세 태양극대기

중세 온난기 동안 대기 순환 패턴이 상대적으로 안정적이었던 이유는 상대적으로 높은 수준의 태양복사량 덕분이었다.[48] 그러므로 에두아르 바르Edouard Bard와 마틴 프랭크Martin Frank는 "중세 온난기(900-1400년)의 뒤를 소빙하기(1500-1800년)가 이어받았듯이, 지난 1000년 동안 전형적으로 나타난 변동들의 유형과 마찬가지로, 많은 증거는 태양복사량의 변화가 수세기에 걸쳐 발생한 미세한 기후변동의 원인임을 지지한다"라고 주장한다.[49] 마찬가지로 토머스 크롤리Thomas Crowley는 "산업화 이전, 즉 1850년 이전에 10년 단위 기온 변화의 41-64%는 태양복사량의 변화와 화산 활동에 기인한다"라고 평가한다.[50] 문제는 태양복사량의 추정 변화량의 크기가 관측된 기후 변화의 규모를 설명하기에 충분한지 여부이지만, 확실히 태양복사량의 연대기는 기온 및 대기 순환 패턴 변화의 연대기와 잘 들어맞는다.

오르트 극소기(대략 1010-50년), 볼프 극소기(대략 1282-1342년), 스푀러

그림 2.8 | (A) 총태양복사량(베릴륨-10과 우주 발생 동위원소로 복원)과 남북 아메리카 태평양 서부 복합 가뭄 지수, 800-1500년. (B) 총태양복사량과 아시아 몬순 혼합 강수 지수, 800-1500년. (C) 북서 스코틀랜드 총태양복사량과 강수량, 800/900-1500년. (D) 태양복사량, 모로코 강수 지수 및 중앙아시아 건조 지대 수분 지수, 800/1000-1500년

출처: Delaygue and Bard(2010b)와 Vieira and others (2011); 그림 2.3A와 B; 그림 2.4A와 B, 그림 2.5A와 B; 그림 2.6A와 B.

극소기(대략 1416-1534년), 마운더 극소기(대략 1654-1714년), 돌턴 극소기(대략 1790-1830년) 등에서 볼 수 있듯이 전 지구의 기온이 하강하는 기간은 태양복사량이 감소하고 태양의 흑점 활동이 거의 없거나 매우 낮은 시기와 대체로 일치한다.[51] 역으로 중세 극대기나 현대 극대기Modern Maximum(대략 1914-2000년)와 같이 태양복사량이 상승하고 태양흑점 활동이 활발한 시기는 전 지구적으로 기온이 상승하는 기간과 일치한다.[52] '초서 태양극대기'의 태양복사량 증가 또한 14세기 마지막 10년 동안 짧지만 뚜렷한 기온 회복을 뒷받침한 것으로 보인다. 그러나 질 들래그Gilles Delaygue와 에두아르 바르가 분석한 남극 빙하 코어의 베릴륨-10 함량과 루이스 비에이라Luís E. A. Vieira와 그의 동료들이 지난 1000년간 나이테의 탄소-14의 함량을 보정한 그린란드 빙하 코어 우주 동위원소cosmogenic isotopes를 분석해 계산한 총태양복사량TSI(그림 2.8A)과 크레이그 로엘Craig Loehle, 휴스턴 매컬러J. Huston McCulloch, 마이클 만Michael E. Mann 등이 복원한 전 지구 및 북반구의 기온 변화 자료는 서로 비례하지도 정확히 일치하지도 않는다(그림 2.2).[53] 이는 다른 대부분의 기후변화 양상에서와 마찬가지로 특히 대기-해양 상호 작용에 의한 조정으로 변화하는 태양복사량이 지구의 대기와 기후에 미치는 영향이 간단하지도 직접적이지도 않기 때문이다.

800년부터 1500년까지 7세기 동안 네 차례의 주요 태양극소기가 있었다(그림 2.8). 가장 짧은 극소기는 9세기 말에서 10세기로 전환하는 20-30년 동안에 걸쳐 나타났다. 그 뒤를 이어서 앞선 극소기보다는 훨씬 길게 대략 1010년과 1070년에 걸쳐 총태양복사량의 감소가 나타났다. 오르트 극소기로 불리는 이 시기는 1030년대에 최솟값을 보였다. 볼프 극소기는 대략 1280년에서 1340년으로 대체로 그와 비슷한 기간 동안 지속되었는데, 14세기 초반에 총태양복사량이 최저치를 기록했다. 그로부터 약 50년 남짓 지나 스푀러 극소기가 시작되었다. 총태양복사량은 1390년대부터 감소하기 시작하여 1440년대에 그 최저치에 이르렀으며, 15세기의 남은 기간 동안 계속 낮은 상태를 유지했다. 스푀러 극소기는 규모와 지속 기간에서 그보다 더 잘 알려진 17세기 후반의 마운더 극소기를 능가했을 뿐 아니라, 전 지구와 북반구의 기온이 큰 폭으로 하강한 것과 관련이 있다. 이는 1430년대의 강도 높은 한랭기를 포함하여 소빙하기의 첫 번째 국면이 시작됨을 알렸다(그림 2.2).[54]

총태양복사량이 감소할 때마다 태평양의 수온약층은 약해졌고, 그에 상응하여 엘니뇨 남방 진동이 약화되는 결과를 초래했다. 이는 아메리카 대륙 태평양 연안의 가뭄 완화(그림 2.8A)와 아시아 몬순 강도의 약화(그림 2.8B)로 이어졌다. 900년 극소기와 오르트 극소기의 흔적들은 특히 단닥 동굴(인도)과 완샹 동굴(중국)의 이차생성물에서 복원한 강수량 연대기에서 두드러졌다(그림 2.4B와 2.5A). 그와 동시에 북대서양 진동은 약해졌으며, 겨울 편서풍의 궤도는 좀 더 남쪽으로 이동했다. 오르트 극소기는 북서 스코틀랜드에 보다 건조하고 보다 추운 겨울 날씨를 가져왔다. 또한 북아프리카의 날씨가 보다 습해졌고, 습한 편서풍 기류가 중앙아시아 건조 지대를 관통했다. 스코틀랜드 동굴 이차생성물 기록은 더 이른 900년 극소기 동안 유사한 상황이 일어났을 가능성을 시사한다(그림 2.6A). 물론 대기 순환 패턴의 복잡성으로 인해 결코 정확하게 동일한 현상이 반복되지는 않으며, 각 극소기의 기후 패턴은 대부분 고유한 특징을 지녔다.

다양한 지속 기간과 강도를 가진 태양극대기가 각각의 태양극소기를 뒤따랐다. 총태양복사량은 9세기 동안 대부분 높았으며, 900년의 극소기 이후에도 곧바로 회복됐다. 이 짧고 갑작스러운 한 차례의 극소기를 포함한 중세 온난기의 첫 두 세기는 꽤 지속적으로 태양복사량이 높게 유지되었다. 이로 인해 엘니뇨 남방 진동과 북대서양 진동 모두는 전반적으로 강한 양의 값을 가졌으며, 이는 아메리카 대륙 태평양 연안에 가뭄, 남아시아에 정기적인 강한 몬순, 그리고 북서유럽에 따뜻하고 습한 겨울을 초래했다. 그런데 오르트 극소기가 이 확고한 기후 패턴을 불안정하게 만들면서 중세 온난기의 첫 국면을 종결지었다. 그 후 총태양복사량의 대폭적인 증가로 이전 상태가 회복되었고, 태양복사량이 높게 유지되는 중세 온난기의 두 번째 국면에 들어섰다. 그 절정은 1090년대에서 1140년대 사이였다(그림 2.8A). 이후의 태양극대기는 이 중세 태양극대기만큼 길지 않았다(그림 2.8). 이를 뒷받침했던 대기 순환 패턴은 200년 동안 거의 중단 없이 지속되었다. 12-13세기 내내 태평양에서는 라니냐 상태가 지배했기에 아메리카 대륙 태평양 연안에서 지속적으로 가뭄이 빈발했고, 남아시아는 확실하고 강력한 몬순의 혜택을 누렸다. 그렇지만 인도의 이득은 에티오피아에 피해를 의미했다. 그와 동시에 강한 겨울 편서풍은 북서유럽에 따뜻하고 습한 겨울을 유지시켰으며, 한편 남유럽과 북아프리카에서는 그 대가를 치렀다. 북쪽으로 치우친 편서풍의 궤도는 중앙아시아의 기후를 더욱 건조하게 만들었다.

이러한 대기 순환 패턴의 특이한 구성이 그 정점에 이른 것은 13세기 중반이었다. 페루의 강수량이 1220년대, 1230년대, 그리고 1240년대에 일시적으로 최저치를 기록한 반면, 북아메리카 서부에서는 1250년대에 역대 초대형 가뭄들 중에서도 두드러진 가뭄이 발생했다(그림 2.3A와 B 그리고 2.8A). 인도 단닥 동굴의 이차생성물 기록에 의하면, 1220-40년대에는 파키스탄에 강한 몬순에 의한 강수가 있었고, 1250년대에는 예외적인 습한 기후가 정점에 이르렀다(그림 2.4A와 B). 1240년대에서 1260년대까지 중국 북부의 강수량은 높은 수준을 유지했고, 동게 동굴 이차생성물 기록에 의하면 중국 남부의 강수량도 1230년대부터 1260년대까지 마찬가지로 증가했다(그림 2.5A와 B). 희귀한 푸젠 삼나무Fujian Cypress, *Fokienia hodginsii*의 나이테 너비에서 추출한 가뭄 심도 지수도 1250년대에 캄보디아 전역에 미친 강한 몬순 강수를 증명한다.[55] 북대서양 진동이 중세의 최대치에 도달함에 따라, 유럽에서는 스코틀랜드 북서부가 1240년대에 더욱 습해졌으며, 같은 시기에 모로코, 그리고 아마도 남유럽 대부분이 초대형 가뭄 상태에 빠져 있었다(그림 2.6A와 B, 2.8D).[56] 놀라울 것도 없이 중앙아시아의 건조 지대에서는 1250년대에 계속 극심한 가뭄을 겪어야 했다(그림 2.6과 2.8D).[57] 그 후 이 극단적인 상황은 점차 완화되었고, 1270년대부터 중세 태양극대기가 끝나면서 비로소 엘니뇨 남방 진동과 북대서양 진동이 약해지고, 소빙하기의 변화된 대기 순환 패턴으로 전환되기 시작했다.

태양이 유발한 기후 연대기에 추가하여 다른 일련의 강제적 요소들이 여러 일시적 변동들을 촉발시켰다. 화산 폭발의 영향은 그린란드와 남극의 빙상에 보존된 황산염sulphate과 화산분출물의 숨길 수 없는 퇴적 증거 때문에 고기후학 기록에서 특히 두드러진다. 그중 일부는 역사적으로 기록되고 일자가 확정된 사건에 기인할 수 있고, 수목 성장에서의 편차와 연결 지어질 수도 있다.[58] 그림 2.9A에서 확인할 수 있듯 150년 이상 성층권으로 분출되는 황산염 에어로솔이 상대적으로 거의 없었는데, 1167년 일본 기리시마 화산 폭발과 1284년 이탈리아 에트나 화산의 폭발 사이에 화산 활동이 현저하게 증가했다. 이 120년 동안 주목할 만한 황산염의 급증은 1167년경, 1176년경(이후 1188년경, 1196년경에는 그보다 작은 증가), 1227/32년 사이, 1257/8년 사이(홀로세 통틀어서 최대 규모), 그리고 1269년경, 1276년경, 1286년경 등 단기간에 연이어 발생했다. 그중 1280년 전후 에콰도르 킬로토아Quilotoa 화산의 화산 폭발 지수VEI 6등급 분출 효과가 아마도 가장 컸던 것으로 보인다.[59] 황산염 흔적의 규모는 각각의 화산 폭발이 이후 수년간 기후에 미친 영향의 정도를 시사한다.

게다가 차오차오 가오Chaochao Gao 등은 1227년에서 1284년 사이 발생한 화산 분출의 총누적량이 기온을 섭씨 10분의 몇 도 정도 떨어뜨리기에 충분하며, 1270년 이후 태양복사량에 의한 기온 하강을 증폭시켰다고 주장했다.[60] 실제로 기퍼드 밀러Gifford Miller와 그의 동료들(2012)은 1257/8년 사이의 화산 폭발 지수 7등급 초대형 화산 폭발(인도네시아 린자니 화산대의 사말라스Samalas 화산이었음이 밝혀졌다)이 중세 온난기를 종식시키고, 소빙하기 대기 순환 패턴으로의 변화를 선도한 원인일 수 있다는 의견을 제시했다.[61] 도슨A. G. Dawson과 그의 동료들은 1257/8년 황산염 흔적의 규모에 대해 '알려지지 않은' 1257/8년 화산 폭발이 북반구 기후에 아직 충분히 규명되지 않은 커다란 영향을 끼쳤을 것으로 추측하고 있으며, 만과 그의 동

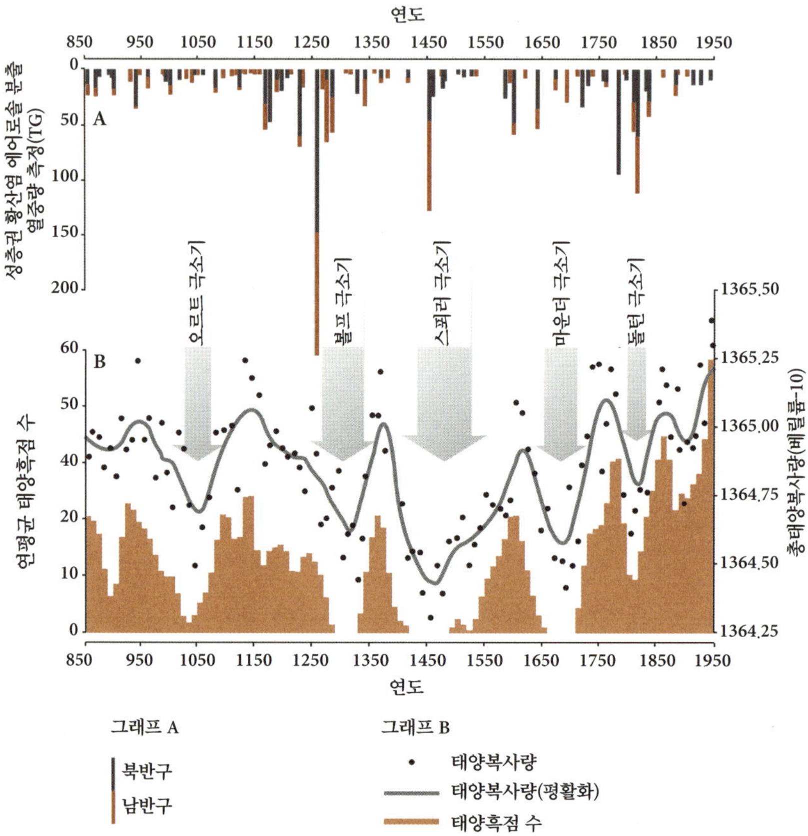

그림 2.9 | 그린란드와 남극 빙상의 화산에 의한 황산염 퇴적물, 베릴륨-10으로 복원한 총태양복사량, 태양흑점 수 추정치, 850-1950년

출처: Gao and others(2009b); Delaygue and Bard(2010b); Solanki and others(2005).

료들은 이 화산 폭발이 적도 태평양에서 엘니뇨와 유사한 반응을 유발했다고 주장했다. 후자의 주장은 최근 줄리언 에밀-기Julien Emile-Geay와 그의 동료들에 의해 지지를 받았다.[62] 이처럼 화산 폭발의 역사적 의미에 대해 여러 주목할 만한 주장들이 제기되어 왔다.[63]

그럼에도 불구하고 유용한 환경적 증거들에 대한 최근의 비판적 평가들은 이 초대형 화산 폭발이 기후에 미친 영향이 얼마나 크고 또 오래 지속되었는지에 대해 의문을 제기한다.[64] 화산 폭발의 시점이 1257년 늦봄보다 이르지 않다는 점이 큰 오류가 아니라면, 1256년과 1257년 초의 기상이변을 유발한 원인은 분명 아니며, 1256년은 물론 1257년까지 이어진 북유럽 흉작과 그 결과로 인한 1258년의 곡물과 소금 가격 폭등의 원인일 수도 없다.[65] 게다가 화산 폭발이 기후에 영향을 미쳤으리라 예상되는 1258년에서 1261년 사이는 흥미롭게도 고기후 기록에 의하면 극단적이거나 이례적인 현상이 그다지 뚜렷하게 나타나지 않는다. 그로 인해 일부 화산학자와 기후학자들은 분화로 인한 냉각 효과는 분출된 에어로졸 입자의 크기와 밀도 등에 의해 제한된다는 이론을 주장하기도 한다.[66] 따라서 분화로 인한 에어로졸이 지구 대기에 너무 많이 쌓여서 그 여파로 중세 온난기가 끝났다는 주장이 사실일 가능성은 이제 크지 않아 보인다.

빙하 코어 증거는 1257/8년 분화가 중세 온난기 동안 폭발력이 가장 큰 사건이었음을 보여 주는 반면, 나이테 자료는 1232-36년 사이에 기온이 훨씬 크게 하강했음을 확인시켜 준다. 후자는 1227년 아이슬란드 레이캬네스Reykjanes 화산과 일본 자오 화산의 분화 및 1231년 레이캬네스 화산의 재분화가 원인이었을 가능성이 있으나, 이 분화들의 규모 및 시기와 유라시아 수목 성장 사이의 상관관계가 그다지 긴밀하지는 않다.[67] 그보다는 일부 다른 요인이 있거나, 여러 요인이 복합적으로 작용해 영향을 미친 것으로 보인다. 나이테의 성장이 정상으로 돌아오는 1244년까지 이 12년간의 동요는 고기후 자료에서 눈에 띄는 여러 작은 기후 이변들을 확실하게 설명하기에는 현재의 과학적 지식이 미흡하다는 사실을 잘 보여 준다.[68] 더욱이 그와 같은 기후이상이 인간에 미친 영향은 기후의 안정성과 연속성으로 특징지어지는 중세 태양극대기의 전반적인 영향으로 인해 상당히 완화되었을 것이다.

3. 구세계 인구의 증가

오르트 극소기 이후 중세 태양극대기 두 번째 국면은 구세계 인구의 현저한 증가와 관련이 있다. 물론 이는 지역과 국가에 따라 달랐으며, 몬순 아시아나 온대 유럽처럼 기후 조건이 지속적인 농산물 생산 증대를 가능하게 한 지역들에서 두드러졌다. 광범위한 사료적 증거가 부족하고 전해지는 자료 대부분도 사회적·인구적 편향성을 띠기 때문에 중세의 인구 규모를 추정하는 작업은 소심한 사람이 할 수 있는 일이 아니다. 유용한 인구 추정들 중 1979년 장-노엘 비라방Jean-Noël Biraben이 산출한 것이 큰 신뢰를 얻고 있다(표 2.1).[69] 그는 1300년경 유라시아의 인구를 약 3억 2,900만 명으로 추정했는데, 이는 첫 번째 1000년의 중간 시기인 600년경 최저점을 기록한 인구의 2배에 해당하는 수치다. 당시에 사람들에게 알려져 있던 구세계에 속한 사하라 이북 아프리카의 인구를 포함시키면, 총 인구는 약

표 2.1 | **600-1400년 사이 유라시아의 총인구**

연도	추정 인구(백만 명)				
	중국	인도 아대륙	기타 아시아	유럽	유라시아
600	49.0	37.0	53.5	27.5	167.0
700	44.0	50.0	46.0	27.0	167.0
800	56.0	43.0	52.0	30.0	181.0
900	48.0	38.0	58.5	33.5	178.0
1000	56.0	40.0	62.5	36.5	195.0
1100	83.0	48.0	64.5	42.5	238.0
1200	124.0	69.0	73.5	57.5	324.0
1300	83.0	100.0	68.0	78.0	329.0
1340	70.0	107.0	69.0	82.0	328.0
1400	70.0	74.0	63.5	58.5	266.0

출처: Biraben(1979), 16.

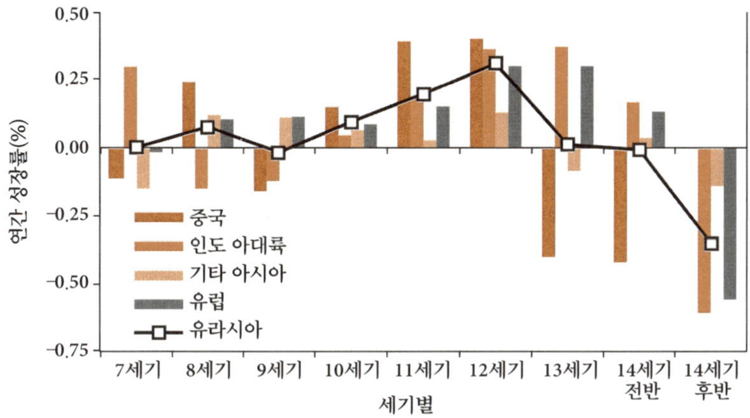

그림 2.10 | **유라시아 연간 인구 증가율 추정치, 600-1400년**
출처: 표 2.1에서 산정

3억 3,700만에 이른다. 유럽 영토의 4배가 넘는 아시아는 구세계 인구 전체의 3/4을 차지했다.

900년경 이전에 인구의 성장은 느리고 산발적이었을 뿐 아니라 지역적으로 고르지 못하여 일부에서는 종종 인구가 줄어들기도 했다(표 2.1, 그림 2.10). 그 후 13세기 중반까지 인구는 거의 감소 없이 어디에서나 증가했다. 증가세는 특히 기술력에서 앞서 있던 중국에서 두드러졌는데, 풍부하고 안정적으로 공급되었던 몬순 강우의 혜택을 입었다. 중국의 인구는 11-12세기에 최소 연 0.4%의 성장을 유지하여 2배 이상으로 증가했다. 이러한 인구 증가율은 계속될 것으로 보였으나, 몽골 침략의 파괴적인 영향으로 1230년대부터 급격히 감소했다. 인도 아대륙의 인구도 마찬가지로 성장했으며, 10세기부터는 그 폭이 더욱 증가했다. 이는 가뭄에 시달리고 있던 서아시아, 중앙아시아, 중동, 북아프리카 등과는 대조적이었다. 이 지역들에서는 강수량의 부족으로 식량 생산을 확대할 잠재력이 제한되었다. 유럽 인구도 상승 곡선을 그렸으며, 중세 온난기 두 번째 국면 대부분 동안 해마다 약 0.3%씩 증가했다. 유럽 인구는 아시아 인구가 감소하기 시작한 이후에도 계속 증가하여, 1300년경에 약 7,800만 명에 이르렀다. 이는 1000년경 인구의 2배 이상이다(표 2.1).[70] 유라시아 대륙은 전체적으로 12세기에 인구가 가장 활발하게 증가했으며(그림 2.10), 그 성장의 약 90%는 기후가 유리했던 몬순 아시아와 온대 유럽 지역에서 발생했다.

다른 곳에서도 마찬가지이지만, 유럽에서는 인구 성장이 불균등하게 분포되었다. 조사이아 콕스 러셀Josiah Cox Russell이 유럽 10개 지역을 분석한 바에 따르면, 덥고 건조했던 남유럽과 몽골의 침략을 받은 러시아는 평균에 이르지 못했으나, 브리튼섬, 프랑스, 저지대 국가들, 독일, 스칸디나비아 등을 포함하는 북해 연안 지역들은 평균을 상회하여 3배 이상까지도 증가했다.[71] 콜린 매케브디Colin McEvedy와 리처드 존스Richard Jones는 북유럽보다 남유럽에서 인구 증가가 느렸다는 점은 동의하지만, 중부와 동부 유럽은 몽골 침략의 영향에도 불구하고 평균 이상이었다고 주장한다. 그들의 추산에 의하면, 저지대 국가들의 인구는 빠르게 증가하여 약 3배가 되었으며, 추측건대 구세계에서 인구가 가장 빠르게 증가한 곳이었다.[72] 비센테 페레스 모레다Vicente Pérez Moreda는 이베리아반도의 인구를 좀 더 신중하게 추정하는데, 에스파냐와 포르투갈을 합쳐서 1100년경 450만 명에서 200년 뒤에 겨우 550만 명으로 증가하여, 이 지역이 인구적 측면에서 중세 유럽의 주요 지역들 중 가장 활력이 없었음을 확인시켜 준다(이 추정치는 900만 명을 상회하는 것으로 추정한 러셀이나 약 875만 명으로 추정한 매케브디와 존스의 수치보다 훨씬 적은 값이다).[73] 그와 같이 완만한 인구 증가는 에스파냐의 건조한 기후와 재정복운동(레콩키스타)의 파괴적인 영향에 부합한다.

이탈리아의 인구 추세에 대해서는 좀 더 신뢰할 만한 기록들이 남아 있다. 최근 조반니 페데리코Giovanni Federico와 파올로 말라니마가 산출한 추정치에 의하면, 러셀은 이탈리아의 인구는 물론이고 상업혁명의 호황기였던 1000-1300년에 발생한 인구 증가의 폭에 대해서도 상당히 과소평가했다. 이들은 이 시기 동안 인구가 520만 명에서 1,250만 명으로 2.5배 증가했으며, 놀랍게도 인구 증가율은 1000-1150년에 0.2%, 1150-1250년에 0.3%, 그리고 1250-1300년에 0.4%로 점차 가속화되었다고 주장한다.[74] 이 시기에 이탈리아는 남부 유럽에서 가장 인구가 많고 도시화되었으며 번영하던 국가였다. 적어도 인구 성장 속도만큼은 비등하던 북유럽의 저지대 국가들이 유일한 경쟁자였다.[75]

잉글랜드는 전반적으로 덜 개발되고 도시화도 더뎠으며, 타 지역에 비해 일인당 부가 겨우 절반 정도에 지나지 않았다. 하지만 인구의 증가 속도는 1086년 170만 명에서 1290년 475만 명으로 비슷했다.[76] 사회 전체를 아우르는 자료들이 유별나게 풍부히 남아 있는 덕분에 잉글랜드의 인구 추정은 다른 대부분의 나라들에 비해 더 신뢰할 만하다. 시간의 흐름에 따른 소작인 인원을 정리한 시계열 자료를 보면 이탈리아와 대조적으로 초기에 높았던 인구 증가율이 점차적으로 둔화되었다. 1086-1190년에는 놀랍게도 연간 0.57%의 성장에 이르렀으나, 1190-1250년에는 0.52%, 그리고 1250-90년에는 0.29%로 낮아졌다가 그 이후에는 성장이 거의 멈췄다.[77] 1290년 이전의 인구 증가는 특히 1202-4년, 1256-57년 등을 포함하여 주기적으로 발생한 곡물 수확의 위기와 웨일스, 아일랜드, 스코틀랜드 등 주변 지역으로의 대거 이주에도 불구하고 유지되었다.[78] 잉글랜드 내부에서의 인구 이동은 기존에 확립된 정착지의 과잉 인구가 특히 잉글랜드 동부의 늪지, 잉글랜드 북부의 윌리엄 1세에 의해 황폐화된 토지, 그리고 개간과 간척이 가능한 숲, 황야, 구릉지 등으로 새로운 정착지를 찾아 재분배되었다.[79] 1086-1290년에 잉글랜드의 연평균 인구 성장은 새로운 이주 지역(식민 지역)과 그렇지 않은 지역 사이에 0.4-0.5%까지 차이가 났다. 인구 증가는 잉글랜드 남부, 특히 남서부 지역에서 가장 저조했으며, 식민화의 잠재력이 다 소진되지 않았던 북부에서 가장 높았다.[80] 기존 정착지와 새로운 식민지 사이에 존재하던 그와 같은 차이는 유럽 전역에서 반복적으로 나타났다.

이러한 이주와 식민화의 원심적遠心的 과정 때문에 중세적 팽창의 고조기에 정착지가 비어 있거나 경제적으로 생산에 활용되지 않은 지역은 거의 없었다. 유럽이 1300년까지 8,000만-1억 명의 인구를 부양했다면, 평균 인구밀도는 평방킬로미터당 8-10명이고 한 가구당 토지는 약 50헥타르에 해당한다. 광대한 영토에 인구가 희박했던 러시아를 제외하면, 평균 인구밀도는 평방킬로미터당 14-16명이 되고, 한 가구당 토지는 약 30헥타르로 줄어든다. 에스파냐, 스코틀랜드, 폴란드, 헝가리 등의 인구밀도가 대체로 이와 유사했는데, 이 나라들도 주민이 희박하게 거주하는 광대한 지역과 매우 밀집하여 생활하는 일부 지역으로 나뉘어 있었다.[81] 예를 들면, 스코틀랜드에서는 인구밀도가 평방킬로미터당 2명 미만이었던 하일랜드로부터 30명 이상이었던 로우랜드 동부까지 분포해 있었다. 로우랜드는 유럽에서 상당한 인구밀도를 지닌 최북단의 중심지들 중 하나였다(그림 2.11). 여기에서는 가구당 토지가 기껏해야 16헥타르에 불과했다.

상대적으로 산악 지형이 적고 곡물 생산에 좀 더 적합한 기후였던 잉글랜드는 평방킬로미터당 36명에 달해 이미 유럽에서 인구밀도가 아주 높은 지역 중 하나였다. 그중에서도 인구가 가장 밀집되어 있던 동부 지역(그림 2.11)에서는 특히 촌락의 과밀화가 두드러져 평방킬로미터당 60-75명으로 전국 평균의 2배에 달했으며, 이는 평방킬로미터당 40명을 상회하여 촌락 중 인구밀도가 가장 높던 플랑드르 지역이나 유럽에서 도시화가 가장 진전된 중부 및 북부 이탈리아와 동등한 수준이었다.[82] 이와 같은 인구밀도에서는 가구당 토지가 8헥타르에 미치지 못한다. 14세기 초 룩셈부르크 남부와 로렌에서는 인구밀도가 평방킬로미터당 70명에 도달한 반면, 1344년 토스카나의 피스토이아 주변 촌락에서는 아펜니노 언덕의 평방킬로미터당 최소 10명부터 아르노강의 배수가 불량한 충적 평야 위 언덕 지대의 최대 63명까지 다양하게 걸쳐 있었다.[83] 피렌체, 시에나, 산지미냐노 등의 주변 지역들에서는 평방킬로미터당 60-70명에 이르는 최대 인구밀도가 일반적이었다.[84]

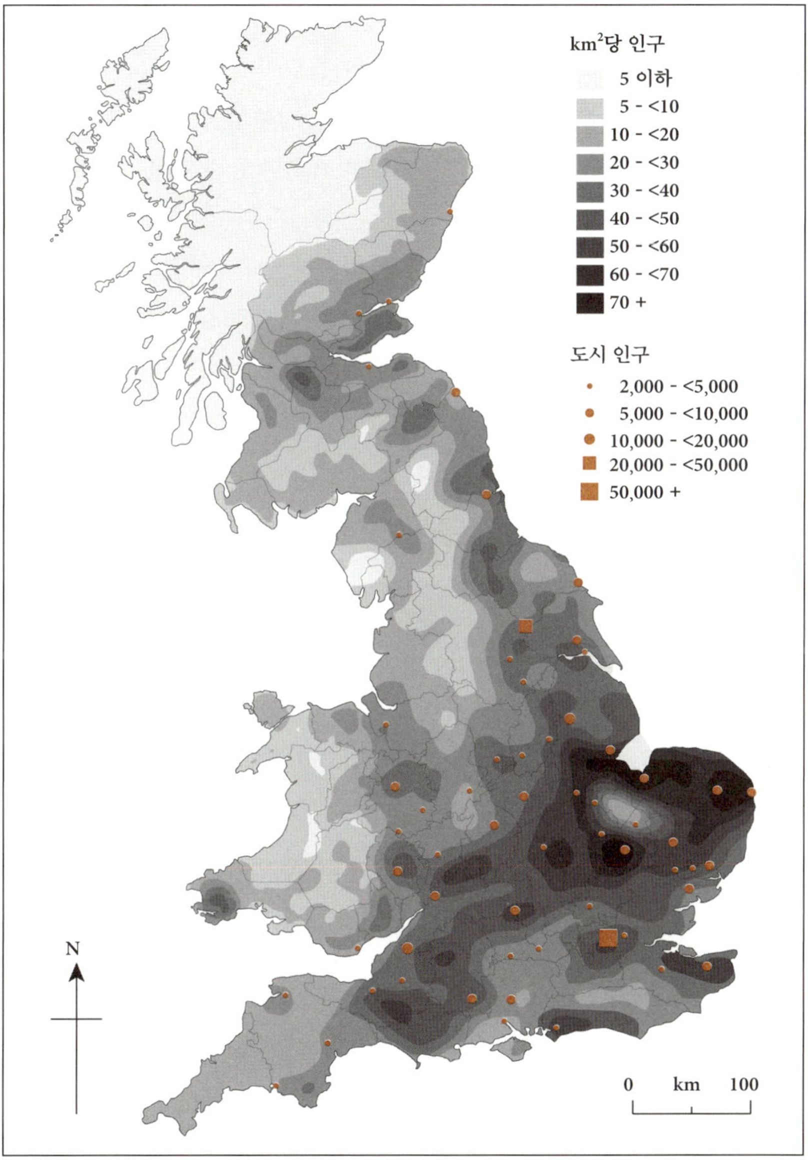

그림 2.11 | **1290년 영국의 인구 분포**

출처: Campbell and Barry(2014).

유독 가장 비옥해 집중적으로 경작되었을 뿐 아니라 원산업화元産業化, proto-industrialized• 지역이었던 저지대 국가들만이 농촌의 높은 인구밀도를 유지했다. 그로 인해 14세기 초 브라반트 남부의 인구밀도는 리에주, 에노, 그리고 프랑스 영토인 아르투아와 피카르디 등과 더불어 때로 평방킬로미터당 100명을 넘었으며, 가구당 토지가 겨우 5헥타르에 불과했다. 이는 당대 북이탈리아의 롬바르디아를 제외하면 유럽 어느 곳과도 비교할 수 없는 수준으로 보인다.[85] 이와 같이 예외적으로 높은 인구밀도는 마찬가지로 높은 토지생산성에 의해 뒷받침되었다. 예컨대 티에리 디레송 Thierry d'Hireçon이 아르투아에 있는 그의 영지에서 거둔 곡물수확량은 중세 유럽에서 가장 높은 수준을 기록했다.[86] 많은 노동력을 투입하여 단위면적당 높은 식량생산성을 거두는 아시아적 방식의 다모작이 아니라면, 그 이상의 인구밀도는 유지가 불가능했다.[87]

11세기 말이나 12세기 어느 시점에 무슨 이유로 유럽 전체에서 인구재생산율reproduction rate이 주기적인 결핍으로부터 지속적인 증가로 전환되었는지는 여전히 수수께끼다. 후일 리버만이 동남아시아에 대해서 전 지구적 맥락에서 판단하게 되리라고 예상이나 한 듯(리버만의 책은 2009년에 출판), 러셀은 주민들이 기존 병원체에 대해 상당한 면역력을 얻게 되어 질병으로 인한 사망률이 꾸준히 낮아졌고, 이로 인해 생존율과 기대 수명은 높아져서 "이 시기가 아마도 중세 중 가장 건강한 시기"였으리라고 추측했다.[88] 생태적으로 불리한 환경이 유라시아 내륙의 반건조 지대에 있는 병원소 보유지에 비축된 병원균과 자연적인 숙주나 매개생물의 밀도가 증가하는 것을 제한함으로써 이 긴 시기 동안 전염병이 거의 발병하지 않은 사실도 도움을 주었을 것이다.[89] 이러한 건강 개선의 개연성과 더불어, 바이킹, 마자르, 슬라브, 무슬림 등의 위협이 물러가고 봉건 영주권과 도

• 원산업(화)이란 상업 자본이 시장에서의 판매를 목표로 길드의 통제 밖에 있던 농촌 지역에서 주로 가내공업에 의한 생산을 조직해 발전시킨 체제를 말한다.

시 공동체가 지역 차원에서 효과적인 보호를 제공할 정도로 발전하여 정치적·군사적 안정성이 강화되었다. 이는 새로운 가구家口의 형성을 장려했을 것이다. 토지가 풍부하고 노동력이 부족하던 시대에 가구와 소작농의 증가를 촉진하는 것은 영주들에게 기득권을 신장시키는 길이었다. 영주의 노동력과 소작인에 대한 필요는 교역과 상업의 부흥에 의해 창출된 고용 기회의 증대와 함께 출생률 증가에 긍정적 자극이 되었을 것이다. 상업적 활력은 중국의 인구가 그토록 오랫 동안 유라시아 대륙의 성장을 선도한 이유를 설명해 준다.

인구 성장은 전 유럽에서, 그리고 어느 정도 전 유라시아 대륙에서 진행되던 광범위한 현상이었으므로, 그 요인들도 전 대륙적 범위에 걸쳐 존재했다. 게다가 그것들은 매우 안정적으로 확립되어 있어 성장의 동력이 지연되거나 역전되지 않으면서 주기적으로 발생한 극심한 단기 충격을 극복할 수 있었다.[90] 12-13세기 내내 서유럽 대부분 지역에서 자연적인 인구 증가는 일반적이었으며, 그로 인해 기후적으로 우호적인 시기에 팽창주의적인 경향이 크게 강화되었다. 식량, 의복, 주택 등 기본적인 필요에 대한 수요가 증가했고, 그것들을 생산하기 위한 노동력의 공급도 마찬가지로 증가했다. 상업화가 진전되었으며 그와 함께 노동의 분업화를 성취할 기회도 주어졌다. 적어도 일정 기간 동안 인구 성장은 경제적으로 유익했으며, 노동의 전문화와 기술의 발전을 초래했다.

4. 라틴 기독교 세계의 상업 팽창을 뒷받침한 제도적 토대

광범위한 지리적 영토에 유효한 정치적·군사적 권위가 평화와 번영을 위한 전제 조건이라면, 송대宋代에 중국이 그 정도로 인구와 상업에서 활력을 보인 것은 놀랄 만한 일이 아니다. 송나라는 몽골군에 의해 권력을 도전받기 전까지 광대하고 다양한 지역에서 상품 경제를 촉진하고 통제했으며, 해외에서 상업 이익을 진흥하고 보호하기 위해 해군을 견실하게 구축하고 외교에 상당한 노력을 기울였다. 마찬가지로 몽골이 1235년 먼저 북송을 차지하고 이어서 1279년에 남송까지 멸망시킨 영향도 전적으로 부정적인 것만은 아니었다. 그로 인해 거대한 범아시아 제국이 출현함으로써 광대한 영역에 걸쳐 중국의 상품들이 안전하게 거래되고 거래 비용도 낮아졌다.[91] 심지어 한동안은 모험적인 유럽 상인들이 중국과 직접 거래하는 것도 가능해졌다.

더욱 놀라운 사실은 정치적으로 분열되어 있던 유럽이, 서로 경쟁할 뿐 아니라 수시로 적대시하며 싸우던 다양한 봉건영지, 공국, 왕국 등으로 나뉘어 그 개별 단위들이 상인과 교역을 놓고서도 잠재적으로 서로의 포식자였음에도 불구하고, 상업적 호황을 누렸다는 점이다. 이탈리아의 중부와 북부처럼 상업적 활력과 정치적 분열이 대조를 이루던 지역은 없었다. 그곳에서는 개별 도시가 실질적으로 하나의 독자적 국가였다. 그렇지만 이 지역은 적어도 11세기부터 유럽의 상업혁명을 선도했으며, 그곳의 상인들은 타 지역 상인들에 비해 더 광범한 지역에서 교역에 참여했다. 그들은 이를 위해서 초국가 수준에서 신뢰, 정의, 그리고 개인 및 상품에 대한 안전을 증진시키는 제도들을 필요로 했다.

거시적 수준에서 그와 같은 목적을 구현하기에 라틴 교회보다 더 적합한 기관은 없었다(1) 라틴 교회의 부활과 개혁). 교회는 정치와 문화에서 균열을 보이던 유럽 대륙에서 유일하게 전체를 포괄하는 통합된 기관이었다. 11세기 말부터 라틴 교회는 "지역을 넘어서는 광범위한 사회조직을 이끄는 주체"였다.[92] 다음 세기에 세속 권력들은 (부분적으로 교회법 성문화成文化에 대한 대응으로) 강제적인 법체제를 정비했고(2) 세속 국가들과 서양 법적 전통의 탄생), 나아가 교역을 수행하는 데 필요한 제도적 환경을 개선했다. 그 사이에 ① 자치적인 도시 공동체의 확산, ② 조합원들의 인신과 상품을 보호하는 상인 길드의 형성, ③ 시장에 빈번하게 출입하는 상인들에게 신속한 판결을 보장하고, 이방인들 사이에 신뢰를 촉진하고, 신망을 지켜 주고, 사기꾼들과 불로소득자들을 구별해 처벌할 수 있는 환경을 집단적으로 형성하는 국제 정기시의 설립(3) 길드, 도시 공동체 그리고 국제 정기시) 등이 이루어졌다. 이러한 제도적 발전은 일반적으로 국가마다 다른 특성을 지녔는데, 여기에서는 라틴 기독교 세계를 지배하던 전반적 경향의 대표적한 사례로서 잉글랜드에 대해 살펴볼 것이다.

1) 라틴 교회의 부활과 개혁

라틴 교회의 번영에는 로마 교회의 기여가 큰 부분을 차지한다. 8세기에 교회의 부와 지위는 쇠퇴기에 있었다. 당시 유럽에서 북서쪽 변방이 밝게 빛났는데, 고립된 수도원적 방식의 아일랜드 교회가 황금기를 구가하고 있었다.[93] 중부와 북부 유럽 그리고 스칸디나비아 전체는 여전히 호전적인 이교도들이 지배적이었다. 중동, 북아프리카, 이베리아반도에서는 이슬람이 확산되고 있었고, 지중해 지역에서는 로마와 콘스탄티노폴리스 사이에 균열이 시작되고 있었다. 11세기 무렵 이 위태로운 상황이 전환되어 라틴 기독교 세계가 부흥기를 맞았다.[94] 작센인, 보헤미아인, 크로아티아인, 스칸디나비아인, 폴란드인, 헝가리인이 모두 로마가톨릭으로 개종했다. 브리튼섬에서 켈트 교회는 로마 교회의 관습을 따르기 시작했으며, 1054년에 비잔티움과의 내적인 갈등도 해소되었다. 그해에 동방 교회가 공식적으로 라틴 교회로부터 분리되었기 때문이다. 한편, 에스파냐에서는 기독교인들에 의한 재정복운동이 큰 진전을 거두었으며, 1085년에는 전략적으로 그리고 상징적으로도 중요한 도시 톨레도를 되찾았다. 끝으로 1095년에 교황 우르바누스 2세(재위 1088-99)는 명시적으로 아나톨리아를 침략한 셀주크튀르크군을 격퇴할 수 있도록 비잔티움 황제를 도와주라는 맥락에서 제1차 십자군 원정을 천명했다. 그러나 그의 드러내지 않은 목표는 팔레스타인의 기독교 성지를 무슬림의 지배로부터 해방시키는 것이었다. 이는 1099년 예루살렘의 탈환, 예루살렘, 트리폴리, 안티오키아, 에데사 등에 십자군 제후국의 설립, 그리고 레반트의 교역에 기독교인들, 특히 이탈리아 상인들의 직접적인 관여 등으로 절정에 달했다.

라틴 교회는 내부적으로도 그레고리우스 7세(재위 1073-85)가 시작한 급진적인 개혁을 통해 활력을 되찾았다. 그는 처음에는 교황청 추기경으로서, 그 다음에는 교황으로서 개혁을 추진했다. 최초로 전체 교회에 대한 교황의 정치적·법적 수위권supremacy을 주장했다. 이는 10세기 클뤼니 교단의 수도원 개혁과 비견되는데, 교황권을 대주교구, 주교구, 관구, 본당 교구 등으로 조직화되고 중앙집권화된 교회 위계의 정점에 두는 것으로 현실화되었으며, 당시 라틴 기독교 세계 전체에 걸쳐 강화되고 확장되었다.[95] 더불어 교회는 성직매매, 성직자 혼인(독신은 훗날 1139년 제2차 라테라노 공의회에 이르러서 의무화), 그리고 가장 도발적으로 세속 통치자들이 대주교와 주교를 선택하고 임명하는 서임권에 반대했다.[96] 사실상 교황 그레고리우스 7세는 성직자가 세속적 통제에서 벗어나 있으며, 나아가 국왕과 황제를 폐위할 권한을 포함하여 세속적 문제에서 교황권이 궁극적으로 우월하다고 주장했다. 해럴드 버먼Harold Berman에 따르면, 그로부터 영향을 받은 라틴 기독교 세계의 변화 전체가 너무나도 클 뿐 아니라, 그것의 함의는 더욱 광범위하여 이를 진정한 '교황 혁명papal revolution'으로 평가해야 할 정도라고 주장했다.[97]

교회의 권위를 강조하고 교황의 주장을 옹호하기 위해 교회는 고유한 교회법을 만들고 체계화했을 뿐 아니라 교회 법정을 통해 그것을 실행했다.[98] 성직자들은 교회 법정에서만 재판을 받았고, 더욱 중요한 것은 그곳에서 종교적이며(신성모독, 이단) 도덕적(명예훼손, 간통, 계약 위반, 혼인, 유언의 검인) 성격의 사건들이 판결되었다는 점이다. 이 법정을 통해서 교회는 유럽의 결혼 규정과 그에 따른 가정 생활을 변화시킬 수 있었을 뿐 아니라 재산 상속을 관장하는 권한도 행사할 수 있었다.[99]

라틴 기독교 세계 내부에 수많은 지방어와 방언이 존재했을 때, 교회는 13세기까지 거의 독점적 지위를 누렸던 라틴어라는 공용어로 하나의 문자 문화를 창출해 내는 데 결정적 역할을 했다.[100] 판 잔덴에 의하면,

1000-1300년 사이에 브리튼섬에서 1인당 서적 출판은 거의 6배, 서유럽에서는 7배 증가했으며, 출판된 서적의 총수는 같은 기간 동안 12배 증가했다.[101] 따라서 수도원이나 그 외 도서관들에 저장되던 문헌 지식은 매년 지속적으로 축적되었다. 성경보다 중요한 책은 없었고, 유일하게 권위를 인정받는 판본은 라틴어로 된 불가타 성경이었으므로, 모든 성직자는 라틴어 문법에 대한 기초 교육을 받아야 했다. 따라서 라틴어를 읽고 쓸 수 있는 성직자의 수가 증가하는 것에 비례해 교회 학교도 늘어났으며, 라틴어는 기독교 세계의 각 지역 교구에서 읽고 말하고 쓰는 보편적인 국제 공통어로서 더 널리 채택되었다. 그 결과는 세속 사회 전반에 광범위한 영향을 미치는 소통 혁명이었다.

문서를 생성하고 보존하며 기록들에 법적 권한을 부여하는 문서를 통한 교회 관료제가 점차 발전했으며, 이는 곧 국가들에 의해서도 모방되었다.[102] 잔존하는 문서의 수는 해마다 증가하여 교황 알렉산더 2세(재위 1061-73)와 알렉산더 3세(재위 1159-81) 임기 사이에 7배가 늘어났으며, 잉글랜드에서는 윌리엄 1세(재위 1066-87)와 헨리 2세(재위 1154-89) 사이에 11배 이상 늘어났다.[103] 1226/30년에서 1265/71년 사이 40년이라는 단기간 동안 잉글랜드 상서청에서 구입한 봉인용 밀랍의 양이 거의 9배 늘어난 것은 당시 중앙정부에서 생성한 문서의 양이 폭발적으로 증가했음을 시사한다.[104] 현존하는 가장 이른 시기의 잉글랜드 장원 문서와 장원 법정 기록이 같은 시기에 작성된 것은 우연이 아니다.[105] 후자는 지역적 차원에서 문자 사용 능력이 증대되었을 뿐 아니라 실질적으로 문자에 의존하는 경향도 증가했음을 입증한다.[106]

200개가 넘는 경쟁 정치체제로 파편화되어 있던 세계에서 교회 권력은 특정 측면에서는 그 어떤 군주의 권력보다도 강했다. 국왕 한 사람의 통치권은 시간과 영토에 의해 제한받았던 데 반해, 교회는 초국가적이며 영속적인 기관으로 현세뿐만 아니라 내세까지도 대표했기 때문이다. 하느님에 대한 무조건적 믿음과 두려움은 교회에 막강한 도덕적 권위를 부여했다. 교회는 10세기 말부터 보다 적극적으로 기독교인들이 다른 기독교인의 인신과 재산을 존중해야 한다는 사상을 고취했다. 타인에게 해를 가하거나 도적질을 하면 심각한 도덕적 비난거리가 되고, 사후에 하느님의 징벌도 받게 되리라고 가르쳤다.[107] 이는 상업과 교역이 의존하는 신뢰를 확립하는 데 도움을 주었다. 거래는 일반적으로 성경에 손을 얹고 한 서약과 증언으로 성립했다. 기독교적 윤리는 시장이 기능하는 방식과 상업이 수행되는 과정에 깊이 스며들어 공정한 거래와 정의의 개념을 뒷받침했다.[108] 또한 가난한 자들을 어떻게 대해야 하는지도 알려 주었다. 그렇지만 이와 동시에 비기독교인들, 특히 유대인과 무슬림에 대한 태도는 경직되었다. 1190년 리처드 1세(재위 1189-99)가 성지로 떠나기 직전 런던, 요크, 그리고 다른 도시들에서 유대인 학살이 고무되었듯이 십자군 원정 천명은 종종 폭력적인 반유대주의를 동반했다. 교회의 불관용은 종교적·성적 일탈자들에게도 마찬가지로 확대되었다. 동정녀 마리아 숭배의 부상과 더불어 역설적으로 여성은 남성에 종속된다는 생각이 정당화되면서 여성에 대한 차별적 태도가 더욱 심해졌다.[109]

교회는 점차 생산적 노동에 진정한 덕이 있다는 정서에 기울었다. 이것은 금욕, 자기수양, 학습, 그리고 육체노동에 모범이 되었던 12세기 개혁 수도원들에 의해 적극적으로 수용되었다.[110] 수입이 꽤 많았던 교회가 빈민 구제에 5% 미만을 지출한 것으로 미루어 볼 때 그들 스스로는 자선행위에 관대하지 않았다. 하지만 지주와 부자들에게 자선은 의무라고 가르쳤다. 가난할 자격이 있는 사람들, 즉 질병, 불행 또는 일감이나 토지의 결핍으로 인한 비자발적 빈곤층은 사회의 잉여를 지원받을 권리가 있었다. 잉글랜드 왕 경건한 헨리 3세(재위 1216-72)가 매일 500명의 빈민에게 음식을 제공한 것과 같은 자선 행위와 치료소, 수용소, 한센병원, 구빈원 등 자선 기관을 설립하여 버림받은 자들과 무산자들의 운명을 보살펴 주어야 했다. 이 새로운 노동 윤리는 나태함을 막았고, 경제적 이익을 자연의 법칙으로 삼는 것에 대해 양심의 가책을 받지 않도록 했다. 교회 스스로가 배수, 설계, 방앗간, 시계 등과 같은 기술 변화를 초래한 중요한 투자자였으며, 기술 발달의 속도는 꾸준히 빨라졌다.[111]

11세기 이래 회복된 개혁 교회, 그리고 교회가 관장하는 영역이 크게 확장된 팍스 크리스티아나Pax Christiana는 사람, 상품, 정보의 광범위한 유통, 조직 개선을 포함한 기술적 진보, 시장 교환, 그리고 국제교역의 확대 등에 바탕을 둔 유럽 전역에 걸친 경제적 부흥을 위한 여러 제도적 전제 조건을 만드는 데 기여했다. 이는 개별 주권, 왕국, 법적 관할권, 도시 배후지, 시장 지역 및 교역 네트워크를 초월하여 광범위한 지역에 걸쳐 표준적인 규범, 신념 및 태도를 촉진했다. 만이 살펴본 바와 같이, 이는 다수의 작고 종종 약탈적인 성격이 두드러진 국가와 통치자의 영토 내에서 수행되는 통상적 교역과 비교할 때 원거리 교역을 위해 더 많은 농산물을 생산할 수 있게 했다.[112]

교회는 또한 소유하고 통제할 뿐 아니라 향유하던 지식과 정보에 대한 특권적 접근을 통해 토지, 노동, 자본의 축적된 자원과 진취성에 의해 권한을 행사하는 중요한 경제 주체로 점점 더 나아갔다. 주교와 수도원장은 상업적 기반을 발전시키는 적극적 투자자였고, 식품과 다양한 원자재의 중요한 생산자였으며, 상품을 대규모로 사고팔았다. 게다가 교회개혁의 효과로 남성들은 물론 일부 여성들도 새로운 수도회에 가입하기 위해 몰려들면서 교회에 더 많은 자원이 유입되었고, 속인들도 이 수도회들에 기부와 헌금을 쏟아부었다. 1300년경 경건한 잉글랜드에서 교회는 토지 자원의 절반 이상을 지배했다(표 3.5). 교회가 시장 거래와 기술 진보를 기반으로 경제 발전을 촉진하는 데 유효한 역할을 했다고 하더라도, 영토 내에서 이를 지속시키는 결정적 역할은 국가의 몫이었다. 국가는 계속되는 시장의 성장에 긴요한 규정을 변경하는 데 이해관계를 갖고 있었으며, 사법적·군사적 힘을 사용해 그와 같은 변화를 강제할 수 있었다.

교회의 일부 태도와 가르침들, 특히 대부에 이자를 부과하는 것에 대한 반대 같은 것은 상업이 효율적으로 작동하는 데 실질적으로 방해가 되었다. 대부업은 자연법에 반할 뿐 아니라 성경의 가르침에도 어긋나는 것으로 간주되었기 때문에 1139년 제2차 라테라노 공의회에서 금지되었고, 1179년 3차 라테라노 공의회에서는 이자 수수에 대해 추가적 금지가 결정되었다. 이러한 규정은 자본 투자가 성장을 유지하는 데 중요했던 시기에 개방적·경쟁적 자본시장의 발전에 주요한 장애물을 형성했다.[113] 그러한 규정은 극복할 수 없는 것은 아니었지만, 특히 유대인과 같이 그 규정에서 면제된 이들의 협력을 통해서만 어렵고도 창의적으로 회피할 수 있었다.[114] 그렇지만 기독교 사회에서 유대인의 지위는 애매하고 취약했다. 잉글랜드 왕들은 유대인들을 보호했지만, 그들을 착취하여 빈곤하게 만들었고 1290년에는 추방했다.[115] 프랑스 유대인들도 1306년에 유사한 운명을 겪었다. 결국 그 과정은 이탈리아인들이 선도하던 상인 은행의 출현으로 진전되었으나, 이것도 교회법학자들이 돈, 대부, 이자에 대한 교회의 태도를 제고하고 개혁하기 전까지는 번성할 수 없었다.

교회개혁의 진전을 나타내는 간접적 척도는 교회와 성직자 수의 증가다. 잉글랜드의 둠즈데이북Doomsday Book에 의하면, 1,800개 지역에 하나 이상의 교회가 있었으며, 추가로 500개 지역에 사제가 있었다.[116] 하지만 그 분포가 고르지는 않았다.[117] 왕국의 많은 지역, 특히 북부 지방의 대교구들에서는 여전히 중앙의 대성당 사제들이 사역했으며, 그들은 집단을 이루어 주위 근교 예배당에서도 사역했다. 노르만 정복 이후 장원의 증가로 인해 이 대교구들은 그보다 작은 교구들로 분할되었고, 이 교구들에는 전형적으로 지방 영주가 건설한 작은 교회가 있었다. 결국 장원, 교구, 촌락은 종종 공동의 경계를 갖고, 중첩되는 기능과 정체성을 발전시켰다. 1150년경에 이와 같이 전보다 지방적 특성을 지닌 교구체제가 확립되었으며, 1200년경에는 총 8,500개에서 9,500개 사이의 교구가 존재하게 되었다. 이는 1086년 교구 수의 약 4배에 해당한다.[118] 각 교구에는 평균적으로 최소 3명의 성직자들이 사역했다. 한 명의 교구 전임 사제rector가 담당하거나 한 명의 대리 사제vicar가 담당할 경우, 통상 여러 명의 성직록이 없

는 성직자가 협력했고, 교구의 1/3은 한 수도원에 귀속되어 운영되었다.[119]

그 외 성직자들은 재속 주교좌성당에서 사역하거나 점점 늘어나는 영지를 보유한 귀족들의 거주지에 속해 있는 사설 예배당이나 기도실에서 전담 사제로 활동했다. 일부는 순례자와 궁핍한 자들을 구하기 위해 설립된 구빈원과 임종을 앞둔 자들을 마지막까지 수용했던 시설에서 일했다. 성직록이 없는 성직자들도 점점 늘어났고, 이들 중에는 성사를 거행할 수 없거나 독신을 준수할 의무가 없는 하위품계에 속한 자들이 많았다. 사회는 점차 문자 소통으로 운영되었기에 이들에게도 기본적인 문자해독 능력을 제공했다. 웰링퍼드의 방앗간 주인 아담의 아들 로버트처럼, 이러한 성직자들은 대체로 비교적 비천한 신분 출신이었고, 그들의 성직자로서의 역량을 활용하여 점점 문서에 의존하게 된 사회에서 일자리를 찾을 수 있었으며, 법에 저촉되었을 경우에는 성직자의 특혜나 교회 법정에서 재판받을 권리를 주장했다.[120] 따라서 12-13세기가 지나면서 재속 성직자의 수는 최소 10배 정도 증가하여 약 3만 명에서 3만 5,000명 정도가 되었으리라 추정된다. 이는 성인 남성의 약 40분의 1, 즉 2.5%에 해당한다.[121]

교황이 시작한 성직자 개혁은 그와 더불어 진행되었을 뿐 아니라 훨씬 더 성공적이었던 수도원 개혁 프로그램으로 이어지면서, 해당 시기에 이르기까지 수도사, 수도 참사회원,• 수녀, 탁발수도사 등과 같은 수도 성직자의 수가 더욱 현저하게 증가했다. 새로 설립된 수도회들이 기존 수도회를 계승하려는 태도로 판단할 때 수도원 개혁은 수도원적 이상의 부활임이 명백했다. 개별 수도회들은 물질적 부와 외적 과시에 의해 오염되지 않은 순수한 수도원주의로의 복귀를 의도했기에 성 베네딕투스가 수립한 본래의 규율에 충실한 성격을 두드러지게 강조했다.[122] 개혁운동의 주무대는 프랑스였다. 부르고뉴의 클뤼니에서 910년 최초의 개혁 교단인 클

• canon 또는 conon regular의 번역. 수도서원을 하고 수도회의 규칙에 따라 공동생활을 하는 사제들을 지칭한다.

뤼니 수도회가 설립되었으며, 수도원과 관련된 모든 권한이 클뤼니 수도원장에게 종속되었다는 점이 새로운 특징이었다.[123] 클뤼니 수도회의 대대적 성공을 이어받되 부분적으로는 반발하여 1084년 그랑드 샤르트뢰즈La Grande Chartreuse에서 카르투시오 수도회가, 그리고 얼마 지나지 않아 시토Citeaux 수도회, 사비냑Savignac 수도회, 티롱Tiron 수도회 등이 모두 프랑스에서 설립되었다. 이후 이와 같은 개혁 수도회들이 전 라틴 기독교 세계로 퍼져 나갔다.

잉글랜드에서는 노르만 정복 후 10여 년이 지난 1077년에 최초의 클뤼니 수도회 소속 수도원이 서식스의 루이스에 건설되었으며, 곧이어 다른 수도원들도 설립되었다.[124] 40년 후에는 새로운 프랑스 개혁 수도원이 탄생했다. 처음에는 1120년경 티롱 수도회 소속 수도원이 햄프셔Hampshire의 앤드웰Andwell과 햄블Hamble, 그리고 와이트섬Isle of Wight의 세인트크로스에 설립되었다.[125] 다음으로 1124년에는 사비냑 수도회가 랭커셔의 툴케스Tulketh에 한 수도원을 건설했는데, 1127년 같은 주의 퍼니스Furness로 이전했다.[126] 그리고 1128년에는 시토 수도회가 서리의 웨이벌리Waverly에 정착했다.[127] 이 모든 수도회 중 시토 수도회는 가장 중앙집권화되어 위계질서가 확립되어 있었고 성공적이었다. 시토회는 국가와 교구의 경계를 넘어서는 행정 및 소통 체계를 갖추었고, 13세기 말에는 유럽 본토는 물론 브리튼섬과 아일랜드 전역에 걸쳐 500개에 이르는 수도원을 거느렸다. 그 사이 1090년대에 새로운 수도회인 아우구스티누스회가 콜체스터의 세인트보톨프에 건설되었다.[128] 이 수도회는 북아프리카 히포의 주교 성 아우구스티누스가 396-430년에 저술한 글을 바탕으로 했으며, 사목적 의무와 돌봄을 크게 강조했다. 대체로 후자의 측면과 더불어 뛰어난 적응력 때문에 아우구스티누스회는 결국 모든 수도회 중에서 가장 선호되었고, 잉글랜드에서 다른 어떤 수도회보다 많은 수의 소속 수도원을 갖게 되었다.[129] 카르투시오회는 가장 늦게 설립됐다. 이 수도회는 1178/9년 서머싯의 위담에 잉글랜드의 첫 수도원을 설립했다.[130] 이들은 은자들이 추구했던 금욕적 이상과 공동체적 예배의 수도원 이상을 결합시켰지만, 그들이 지향했던 높은 영적 기준 때문에 늘 소속 수도원 수는 적었다.

이와 같은 새로운 수도회들의 유입은 수도원 확장 과정에 신선한 계기를 제공했고, 수도원 건설 열정이 빠르게 확산되던 중에 예비 설립자들에게 선택지를 넓혀 주었다. 연대기적으로 총태양복사량의 증가 시기와 신비스럽게도 일치하여 1066-1100년에 잉글랜드의 수도원 수는 2배 이상 늘어 119개가 되었으며, 다음 반세기 동안 설립 속도가 더욱 빨라져 거의 3배에 이르렀다(그림 2.12B). 이 운동이 절정에 이르렀던 1130년대에는 76개 이상의 새로운 수도원이 설립되었다. 이때가 시토 수도회 확산의 정점이었다. 이 수도회가 지닌 매력과 성공의 큰 부분은 비천한 출신의 사람에게도 평수사가 되어 수도사의 소명을 추구할 기회를 부여했다는 점이다. 심지어 그 다음 10년 동안에는 스티븐과 마틸다 사이에 내전•이 벌어졌음에도 불구하고, 이전 한 세기를 통튼 것보다도 더 많은 수도원이 설립되었다. 이후 수도원이 포화 상태에 가까워지고 후원과 종교적 의지가 다시 변화하여 비용이 덜 들고 좀 더 실용적인 구빈원 설립으로 관심이 쏠리면서 수도원 설립 비율은 감소하기 시작했다. 새로운 수도원 설립이 12세기 전반 230개에서 후반 220개로, 그리고 13세기 전반 77개로 점진적으로 감소한 데 반해, 구빈원 설립은 같은 기간 동안 각각 54개에서 144개로, 그리고 다시 171개로 증가했다(그림 2.12A). 13세기 중엽에 이르러서는 대략 1만-1만 2,000명당 하나의 구빈원이 존재했다. 이는 물질적으로 빈곤한 사회치고는 사적인 복지 설비에 대한 상당한 정도의 투자였다.

1260년경 잉글랜드에는 다양한 종류의 구빈원이 400개 이상 있었고, 수도원 및 수녀원이 600개 이상 있었을 뿐 아니라 덜 종속적인 소규모 수도원들도 상당수 있었다.[131] 그렇지만 200년 전에는 소수의 구빈원과 50개

• 정복왕 윌리엄의 아들 헨리 1세가 1135년 사망하자 왕위계승권을 차지하기 위해 헨리의 딸 마틸다와 윌리엄의 외손자 블루아의 스티븐 사이에 벌어진 내전을 가리킨다.

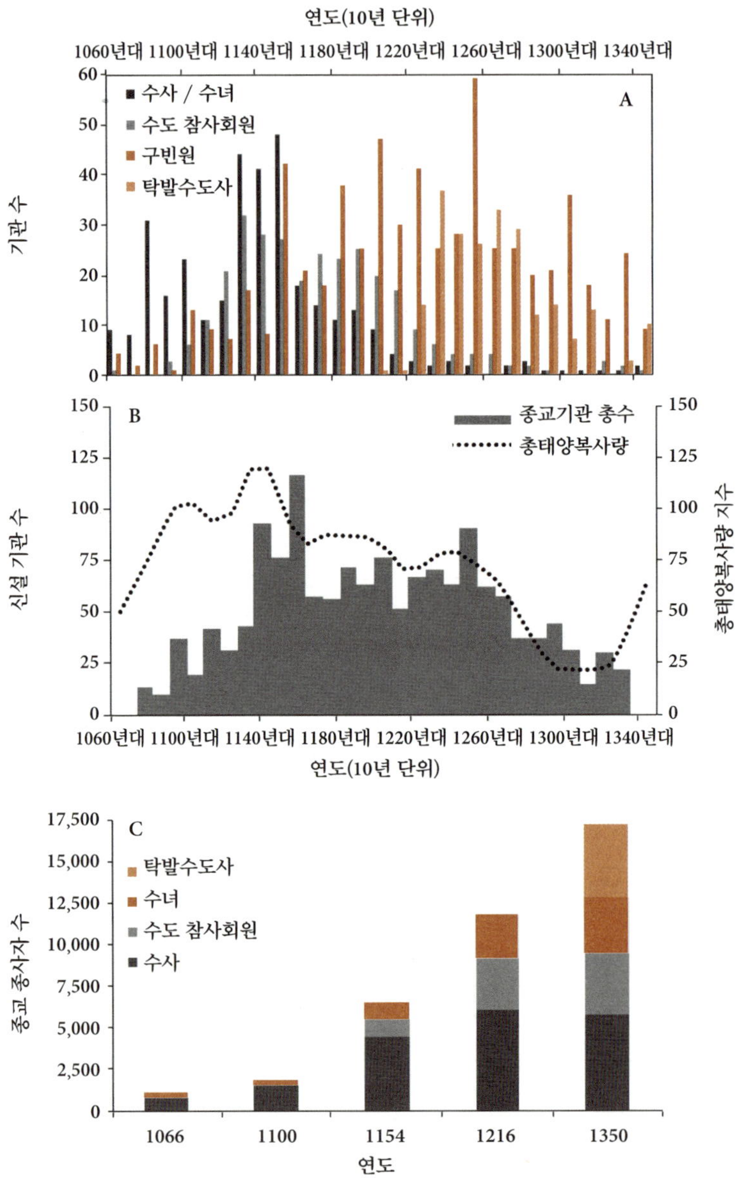

그림 2.12 | (A) 잉글랜드에서 설립된 새로운 종교기관 수, 1060년대-1340년대. (B) 잉글랜드에서 설립된 새로운 종교기관 총수와 총태양복사량, 1060년대-1340년대. (C) 1066년, 1100년, 1154년, 1216년, 1350년의 잉글랜드 수도사 총수

주: 총태양복사량은 1140년대를 120으로 놓고 40-120 영역에서 지수화.

출처: Knowles and Hadcock(1971); 그림 2.8A.

이하의 수도원이 있을 뿐이었다. 그 수도원들은 모두 베네딕투스회에 속했으며, 트렌트강 이북에 위치한 것은 단 하나도 없었다. 이것은 조직과 의사 결정의 영역에 막대한 경제적 활력의 전조를 나타낸다. 하나의 새로운 수도 공동체 설립은 중요한 기획이었으며, 신중한 협상과 계획 그리고 이행을 포함했다. 많은 경우에 실제로 차질이 발생했고, 수도원이 다른 곳으로 이전해 재설립된 경우도 적지 않았다. 물론 그와 달리 성공률도 현저히 높았다. 1066년에는 수도사 844명, 수녀 206명이었으나, 1216년에는 무려 12배나 증가하여, 수도사 5,500명 이상, 교단 소속 수도사 3,700명, 수녀 3,250명에 달했다(그림 2.12C). 실제로 종교인의 삶이 제공하는 매력은 이 수치가 보여 주는 것보다 훨씬 더 강력했으며, 1220년대 이후 탁발 교단의 등장은 교회의 인력 충원을 더욱 용이하게 만들었다.

탁발수사들은 사유재산을 거부했고, 사목 활동, 설교 그리고 교육에 헌신했다. 그들은 런던과 다른 도시들, 특히 대학도시인 옥스퍼드와 케임브리지를 선호했다.[132] 도미니쿠스 교단은 1221년에는 옥스퍼드 그리고 1224년에는 런던에 최초로 수도원을 설립했다. 뒤이어 프란체스코 교단은 단기간에 지적인 지도력을 발휘한 옥스퍼드, 런던 그리고 캔터베리에 1224년에 수도원을 설립했고, 십자가 교단Crutched Friars은 1235년 콜체스터에, 카르멜 교단은 1240년대 초 에일스퍼드(켄트)와 헐른(노섬벌랜드)에, 아우구스티누스 교단은 1248년 클래어(서퍽)에, 그리고 고행 수도회인 사쿠스 교단Friars of the Sack, Fratres Saccati은 1257년 런던에 수도원을 설립했다. 1260년경 100개가 넘는 탁발 교단의 수도원들이 설립되었으며, 수사들의 수는 2,000명 이상으로 성장했다. 실제로 탁발 교단의 인기가 매우 높았기 때문에, 전통적인 수도 교단들은 신입 수사를 모집하는 데 어려움을 겪었다. 전체적으로 수도 성직자의 총수는 늘었는데, 대략 1만 5,000-1만 6,000명에 달했으며, 그중 1만 2,000-1만 3,000명이 남자였다(그림 2.12C).

이 무렵 수도원 개혁운동은 대략 막을 내렸고, 13세기가 끝날 무렵에는 신설되는 수도원의 수가 꾸준히 줄어들었다. 한편 교황권이 점점 더 정치화·세속화되면서 라틴 교회의 위신 또한 기울었다. 기독교인들의 성지로의 접근을 보호하고자 시작된 일련의 십자군 원정은 1291년 아크레의 함락으로 불명예스럽게 종결되었고, 그로부터 20년 내에 순례자들을 보호하고자 설립된 성전 기사단은 이단과 마술 혐의로 인해 해체되었다. 프랑스인 교황들이 선출된 1305년 선거부터 교황권은 프랑스 왕권의 부당한 정치적 간섭 아래 놓였는데, 특히 클레멘트 5세(재위 1305-14)는 1309년 교황청을 로마에서 아비뇽으로 이전하여 1376년까지 '바빌론 유수'의 상태에 머물게 했다. 그때까지 그리고 특히 12세기 동안 라틴 교회는 본격적인 범유럽적 교역과 상업의 부흥에 전제 조건을 마련해 주었다.

교회가 가져온 변화는 대단히 중요했다. 1300년경 교황청 개혁운동이 시작되던 1070년 무렵에 비해 인구 일인당 성직자의 수가 더 많아졌고, 교구, 수도원, 탁발수도사 등의 새로운 토대가 마련되어 사목 활동을 보다 긴밀하고 효과적으로 할 수 있도록 보장해 주었다. 복지 설비에도 상당한 투자가 이루어졌다. 수도원, 구빈원, 교량의 상당 부분은 자선 목적으로 건설되었고, 기독교인들 사이의 친교 문화는 여행을 보다 용이하게 했으며, 십자군, 순례, 교회 사업 등에 안전을 제공하여 많은 사람들에게 여행의 동기를 부여했다. 기독교 세계 전체에서 예배의 언어였던 라틴어는 교육받고 글을 읽을 수 있는 사람들의 언어일 뿐 아니라 대부분의 정부와 행정을 위한 언어였다. 따라서 국내는 물론 국제적 차원에서 정보, 사상, 인력의 대규모 교류가 촉진되었다. 당대의 지적인 활력은 새로운 수도회, 학교, 그리고 최초의 대학 설립(볼로냐 1088년, 파리 1150년경, 옥스퍼드 1167년)에 반영되었고, 그에 동반한 부수적 현상으로 축적된 지식을 의미하는 서적 생산이 지속적으로 증가했다.[133] 이 문화적·경제적 번영기에 예술은 전례 없이 번성했고, 교회는 크게 확장된 건축 분야의 유일한 최대 후원자가 되었다. 대부분의 사람들이 물질보다는 시간적 여유가 많았던 그 빈곤했던 사회에서 교회는 축제일과 금식일을 정당화하고 공식화했으며, 상당한 정도의 종교적 축일을 선포하여 온순하고 비천한 사람들에게 확실한 구원을 약속했다. 정성스러운 의식들과 거대한 규모의 종교적 전례들이 호화로운 건축물에서 개최되어 음악, 구경거리 및 신비에 대한 욕구를 충족시켰다. 그 비용은 대체로 부자들이 지불했지만, 이는 모두에게 접근 가능한 종교 행사였다. 이와 같이 대체로 비물질적이며 측량할 수 없는 측면에서 삶의 질과 내세에 대한 전망이 향상되었다.

2) 세속 국가들과 서양 법적 전통의 탄생

교회가 추진한 교회법 성문화는 법 자체에 대한 전반적 혁신을 불러일으켰다. 이는 버먼이 '서양 법적 전통'이라고 부르는 다원적 법체제의 창설이라는 열매를 맺도록 했다. 그 체제 내에서 보다 정교한 형태의 사회적·경제적 관계가 번창하고 다각적 상품 거래가 추구되었으며, 자원시장이 확립되었다.[134] 12세기부터 군주들, 도시국가들 그리고 다른 세속 권력들은 6세기 유스티니아누스 법전에 규정된 것과 같은 로마법에 기반했거나, 브리튼섬과 아일랜드의 경우와 같은 보통법에 근거하여 자체의 민법 및 형법 체제를 성문화하기 시작했다. 이러한 법적 주도권의 다양성으로 인해 법의 연구, 교육, 성문화, 적용과 집행에 대한 관심이 갑자기 커졌으며, 직업적 법률가 집단이 출현했다.[135] 따라서 모든 사회적·경제적 관계는 그 자체가 교황청 개혁의 부산물이었던 발전하는 법적 토대 내에서 규제되었다.

잉글랜드에서는 헨리 2세가 비록 의식하지는 못했지만, 그의 보통법 제정이 경제력 도약을 위한 주요 동인이 되었다. 그의 조부 헨리 1세(재위 1100-35) 시대 이래 여러 장원 법정들에서 행사되던 영주의 사법권이 희생되면서 국왕 사법권이 성장했다.[136] 40일마다 열리는 오랜 전통의 주법정shire court은 1166년부터 국왕의 순행 중에 열리던 순회재판의 재판지가 되었기에 이러한 발전에서 핵심적 역할을 했다.[137] 여기서 범죄자들은 촌락의 장로들이 대리하는 배심원단으로 구성된 국왕의 사법권 앞에 섰다. 이때부터 국왕 법정이 다루는 형사재판의 규모가 증가하기 시작했다.

그러던 중 1176년에는 '노샘프턴 순회재판 법령'에서 국왕이 임명한 특별판사에게 적용되는 일관된 규칙에 기반한 민법 체제가 적용되기 시작했다.[138]

그 이후로 토지나 재산에 관한 재판을 원하는 사람들은 국왕으로부터 한정된 범주의 영장들 중 하나를 구입하여 소송을 시작했다. 절차에 따라 관련 치안판사는 그 사안을 조사하고 증거를 검토할 만한 법을 존중하는 배심원들을 구성하도록 통지했다. 소송은 피고가 출두했는지와 무관하게 특별재판관 앞에서 심리되고 판결되었다. 수많은 민사 청원이 주 법정들을 순회하던 국왕 재판에서 형사소송과 함께 다루어졌다. 법정 소송의 양이 증가함에 따라 주 법정의 업무도 늘어났고, 웨스트민스터에 위치한 중앙 '국왕 법원curia rege'과의 접촉도 밀접해졌다. 이미 1179년에 일반적 순회재판을 위해 4개 조로 나누어 전국을 순회하는 21명의 판사가 필요했다.[139] 법률이 제정되기 전까지는 그들의 권리가 미치지 못했기 때문에, 심지어 자치적인 더럼 왕궁 내에서는 주교가 주재했을지라도 주교 재판이 아닌 국왕 재판이었다.

초창기부터 순회재판에서 다룰 수 없는 사건들은 웨스트민스터의 웨스트민스터홀에서 개최된 재무 법정Court of Exchequer에서 다루어졌다. 재판 개정기 동안에는 언제라도 판결이 내려질 수 있는 민사소송 법원Court of Common Pleas이 뒤따라 설립되었다. 그와 달리 국왕 참석 법원Court of King's Bench은 주 법정으로부터 이관된 어려운 소송들을 다루었다.[140] 이 세 법원의 업무량이 1240년대에 크게 증가하면서 웨스트민스터는 법과 법률가들이 밀집한 중심지로 자리를 잡았다. 그 외에도 웨스트민스터에는 왕가, 궁정 관리들, 국왕 법정의 구성원들이 거주했고, 국왕도 수도에 머무르는 동안에는 이곳을 거처로 삼았다.

성문화되고 이성적이며 엄격했던 대륙의 로마법과 달리 잉글랜드와 아일랜드의 국왕 복속지에서의 보통법은 성문화되지 않았고, 합리적이며 융통성이 있었다. 판결은 선례에 기반해야 한다는 명확한 원칙과 법률 규정들로 구성되어 있었다. 이 법적 구조의 고유한 단순성은 소송을 필수적인 것만으로 축소하고, 기소를 능률화하도록 보증하는 장점이 있었다. 봉건영주와 관련된 사법권이 점점 파편화되던 시기에 국왕 재판은 저렴하고 효율적으로 변모했다. 결과적으로 국왕 법정에서의 소송이 크게 증가했는데, 그 요인은 국왕이라기보다는 소송 당사자로부터 기인했다. 그에 대처하기 위해 국왕은 법률 교육을 받은 전문적인 재판관을 임명했다. 따라서 읽고 쓰는 능력이 개선되고, 토지 소유자들이 문서에 친숙해지면서 합리적인 사람이라면 자신의 영주에 맞설 경우 신중할 필요가 있지만 소송을 국왕 법정으로 가져가는 것이 가능하다고 생각하게 되었다. 광범위한 신민들이 국왕 재판과 보통법을 전폭적으로 수용했던 1215년경에 사법 혁명이 완료되었다.[141] 이로써 이후 국가 경제 발전의 중요한 토대가 되는 초석 중 하나가 만들어졌다. 중세 말까지 보통법은 교회법이나 영주 재판과 공존했으나, 궁극적으로 두 대안적 사법체계를 압도하게 되었다.

이와 같은 제도적 발전의 주된 경제적 효과는 토지에 대한 안전하고 방어할 수 있는 재산권을 창출할 수 있게 된 것이다.[142] 선조 사망mort d'ancestor 영장은 유산을 부당하게 박탈당한 사람들에게 재산권을 회복할 수 있도록 해 줬고, 신규 점유침탈novel disseisin 영장은 영주에게 토지를 불법적으로 빼앗긴 소작인이 배상받을 수 있도록 했다. 헨리 2세의 본래 의도가 무엇이었는지는 알 수 없으나, 토지에 대한 법적 권리는 인신적·봉건적 관계와는 별개로 존재했다. 게다가 이와 같은 토지에 대한 개별적 재산권은 양도할 수 있었다. 이전과 판매를 위한 명료한 법적 절차가 점차 확립됨에 따라 토지는 경제적 자원으로 전환되었고, 경제적·사회적 관계들의 상업화가 가속화되었다. 처음에는 자유토지 보유권자가 토지를 영주에게 넘겨주면, 그가 타인에게 그 토지를 다시 양도하는 대체 방식으로 팔 수 있는 권리를 얻었다. 그러나 13세기에 '국왕 법원'에서 취해진 일련의 조치들에 의해 영주의 중재 없이 자유민들 사이에 대체에 의한 양도가 허용되었으며, 이는 결과적으로 자유민이 소유한 토지의 자유로운 양도를 가능케 했다.[143] 이와 같은 판결들은 점점 더 많은 사안을 영주 재판에서 국왕 재판으로 끌어들이고 봉건적 사회-재산 관계를 해체시키는 데 중요한 역할을 했다.

토지가 하나의 상품이 되면서 경제적 자원으로서의 토지 사용과 관리에 대한 기본 가정이 바뀌었다. 예를 들면, 토지를 대출 담보로 활용함으로써 토지의 완전한 자본 가치를 실현할 수 있게 되었다. 이로써 토지가 유동 자산이 되었다. 로버트 파머Robert Palmer는 중세에 알려진 최대 단일 물가상승이 잉글랜드의 보통법 출현 직후에 발생한 이유가 이러한 갑작스러운 자본 투입 때문이었을 수 있음을 시사했다.[144] 확실히 보통법의 출현은 자유민만이 국왕 법정에서 소송을 변론할 자격을 갖기 때문에 자유민과 농노 사이의 법적 차이를 다시 강화시켰다.[145] 장원의 영주는 자유민에 대한 사법권을 점진적으로 상실함에 따라 빠르게 증가하는 자유토지 보유에 대한 통제를 잃었다. 이는 농촌의 재산 구조와 농업 조건에 미친 주요한 결과였다.[146]

비록 농노가 영주의 법정에서 좀 더 자의적으로 시행하는 지역재판에 의존했을지라도, 자유토지 보유자의 법적 사례는 관습 보유지의 농노 소작인을 약화시키지 않았다. 13세기 후반에 점차 더 많은 영주가 그들의 농노 소작인들에게 관습 보유지를 '매매'하는 방법으로서 대체를 허용했다.[147] 이러한 경우에 영주는 등록 비용을 부과했으며, 그에 상당하는 장원 토지등기부의 등록은 명의 변경을 기록할 수 있는 저렴하고 편리한 수단을 제공했다. 일단 영주가 이와 같은 권리를 그들의 농노 소작인들에게 양도하면 관습에 의해 인정되었으며, 무효화하는 것은 불가능했다. 그 후 영주는 국왕과 마찬가지로 그와 같은 거래로 인해 발생할 수 있는 잠재적 인가 수수료로부터 수익을 얻는 데 만족해야만 했다. 진취적인 영주들이 그들의 법정에 추가적 사안을 유치하는 데 성공했을지라도 전반적으로 국왕의 사법권은 영주 사법권의 희생 위에 성장했으며, 비자유민으로 하여금 자유민에게만 배타적으로 주어지는 법적 혜택을 누리고자 하는 욕구를 갖게 만들었다.[148] 토지를 매매할 수 있는 권한도 그 가운데 하나였다. 먼저 자유 보유지에서, 그리고 이어 관습 보유지에서 발달한 시장은 토지의 할당, 보유지의 크기와 구획 등에 대한 결정에 광범위한 영향을 미쳤다. 특히 인구가 증가하는 상황에서 이는 소작지와 작은 토지들의 세절細切, morcellation을 촉진하는 경향이 있었다.[149]

3) 길드, 도시 공동체 그리고 국제 정기시

교황청 개혁운동과 병행하여 국가보다 낮은 단계에서 제3자들 사이의 교류를 촉진 및 증진하고 그들 사이의 분쟁을 신속하고 효과적으로 시정하는 여러 제도가 발달했다.[150] 낯선 사람들과의 또는 낯선 땅에서의 교역은 사기, 계약의 불이행과 위반 그리고 몰수와 같은 명백한 위험들을 무릅써야 했다. 적어도 11세기부터는 원거리 교역에 종사하던 이탈리아 상인들이 교전 중인 군대, 자의적 통치자, 도적 및 해적들의 위험으로부터 인신과 물품을 보호하는 데 도움이 되는 공식적인 조합 또는 길드를 스스로 조직했다. 또한 이 상인 길드는 상품이나 재화가 교환될 때마다 계약의 강제를 가능케 했다. 그리하여 애브너 그라이프Avner Greif가 '교환의 근본적인 문제들'이라고 정의했던 두 문제가 '해결'되었다.[151] 북유럽에서 상인 길드와 교역 도시들의 동맹인 '한자Hanse, hansa'는 12세기에 수수하게 시작하여 14세기에 중대한 조직으로 성장했는데, 이 현상의 중요한 사례다. 정치적으로 파편화되었으며 불확실하던 세계에서 한자는 회원들에게 상업적 특권을 보장하고, 교역상의 제한들을 제거해 주었다. 따라서 한자 상인들은 동일한 시장에서 경쟁하던 다른 상인들에 비해 낮은 비용으로 시장 정보, 협상, 보호 등의 혜택을 누렸다. 그들은 이러한 낮은 거래 비용 덕분에 동쪽으로는 노브고로드로부터 서쪽으로는 브루게와 런던에 이르기까지 발트해와 북해 사이의 교역을 지배했다.[152]

당시 증가하던 자치적 도시 공동체도 이와 유사한 기능을 수행했다. 상업 활동의 기본인 이동과 계약이라는 두 쌍둥이 자유는 도시 특허장에 명문화되었다. 시참사회는 시장과 정기시에서의 교역 활동을 관장하는 조례를 제정하고 도량형을 규정했으며, 도시의 법정에서는 계약과 공정한 거래를 강제했다. 잘 운영되는 도시는 사방으로부터 상인들을 끌어모았다. 도시들은 보호와 정의의 결합으로 처음에는 보호해 주기 때문에 일반적으로 성城, 수도원 또는 주교좌 성당과 물리적으로 밀접하게 연관되어 발전했다. 그러나 영주의 권력과 사법권은 제한적 성격을 지니게 되었으며, 때가 되자 대부분의 도시는 사법적 자치권을 확보하기 위해 노력했다.[153] 이를 성취한 도시들은 자체 법정을 유지하고 도시에 대한 세금을 부과할 수 있었다. 또한 영주의 간섭에서 벗어나 스스로 도시의 이해관계가 걸린 사안들을 관리할 수 있었으며, 결과적으로 원거리 교역의 촉진에 훨씬 유리한 것으로 평가되었다. 11세기 말부터 이탈리아, 북프랑스, 플랑드르의 많은 도시 공동체는 영주의 권위로부터 독립했고, 해당 도시의 시민들은 그들의 집단 행위에 대해 스스로 책임을 지게 되었다. 상업적으로 조숙했던 이탈리아의 중부와 북부에서 크레모나는 1078년, 피사는 1081년, 제노바는 1096년, 베로나는 1107년, 그리고 피렌체, 시에나, 볼로냐, 페라라는 1115년 직후에 완전한 자치정부의 권한을 확보했다.[154]

엡스타인S. R. Epstein이 강조했듯이, 이 도시들 대부분은 빨라지는 거래 속도를 통해 같은 생각을 가진 다른 곳의 상인 공동체들과 공정하고 영구적인 교역 관계를 구축함으로써 그들 자체의 사안들을 통제하려는 동기를 지니고 있었다.[155] 비록 도시는 소속 시민들을 우대하려는 명백한 의도가 있었겠지만, 공정한 교역체제의 구축은 다른 도시에서 온 상인들의 인신과 상품을 존중하고 재산권을 옹호하고 이를 전담하는 법원에서 상업 분쟁에 대한 신속하고 편견 없는 해결을 제공하는 것을 의미했다. 편협한 계급사회이자 지대 추구의 기회가 충만한 세상에서 진정한 자유 교역의 성취는 거의 불가능했다. 그 대신에 상업주의가 만연하여 교역에 대한 허가나 독점 또는 관세 면제를 특정 상인 길드나 도시국가에만 부여함으로써 그 외의 상인들에게는 손해를 끼치거나 아예 배제하는 방식을 취했다.

베네치아 공화국은 1082년 비잔티움의 황제 알렉시오스 1세 콤네노스Alexios I Komnenos(재위 1081-1118)와 기민하게 조약을 체결한 이래로 전례 없는 번영기를 누렸는데, 그 조약에서 제국은 베네치아에게 콘스탄티노폴리스에 있는 주요 항구 시설들을 통제하고, 제국 전역에 관세 없이 교역할 수 있는 권한을 부여했다. 그로부터 시간이 조금 지난 1098년에 아직은 작고 독립한 지 얼마 지나지 않아 상대적으로 덜 주목을 받은 제노바 도시 공동체도 동등한 특권을 부여받았다. 이는 제노바가 성공적이었던 제1차 십자군 원정에 선박들과 병사들을 공급한 것에 대한 보상으로서, 새로이 정복한 안티오키아와 아크레의 레반트 항구들에서 수익성 높은 교역상의 특권들을 행사하게 되었다. 이 두 도시는 한편으로 아라비아해와 페르시아만, 다른 편으로 동지중해 사이의 해상 거래를 연결하던 오랜 시리아 횡단 대상로의 종점들이었다. 이후 두 세기 이상 레반트 교역은 제노바가 더 오랜 전통을 지닌 베네치아 해상 공화국과 경쟁하는 가운데, 상업에서 유럽을 대표하는 강국으로 성장하는 기반이 되었다. 다른 많은 이탈리아 도시들도 도시국가로 전환했는데, 그들도 제노바와 마찬가지로 스스로의 정치적 운명을 결정했고, 전쟁, 외교, 상업적 영향력 등을 결합시켜 더 나은 자국의 경제적 이익을 도모했다.[156] 그러나 이러한 변화는 장기적으로 영속적인 정치적 파편화, 국가 간의 갈등과 전쟁에 의한 경제 붕괴의 가능성 확대, 거래 비용 절감의 한계와 제한과 같은 대가들을 치르도록 했다.[157]

콘스탄티노폴리스, 안티오키아, 아크레와 같이 확립된 중계지들은 분명 유럽 상인들에게 매력이 있었다. 이러한 도시들이 없을 때 상인들은 자연스레 교환할 상호 보완적인 상품들을 지닌 다른 사람들과 교역할 장소들로 모여들었다. 통상 여러 날 동안 지속되던 정기시는 많은 상인을 끌어들였다. 11세기, 특히 12세기 동안 많은 수의 정기시들이 개설되었다.[158] 정기시는 늘 여행과 운송에 큰 어려움이 있는 밤이 길고 추운 동절기를 피했으며, 가축, 양모, 소금, 어류 등의 생산에 따른 계절적 요인을 고려해 개설 시기가 정해졌다. 이 시장들은 초기에 규모가 작았지만, 그중 몇몇은 12세기를 경과하며 주요 국제 시장으로 성장했다. 그와 같은 정기시의 사례로 잉글랜드에는 세인트아이브스(1110년 인가), 보스턴(1125년 이전 설립), 노샘프턴, 윈체스터의 세인트자일스(1096년 설립) 등이 있다. 플랑드르에는 1120년대에 설립된 이퍼르, 릴, 메센, 토르하우트Torhout, 브루게 등이 있고, 라인강 유역에는 위트레흐트, 아헨, 쾰른 등을 꼽을 수 있다. 가장 널리 알려진 것은 프랑스의 샹파뉴 정기시로 라니쉬르마른Lagny-sur-Marne, 바르쉬르오브Bar-sur-Aube, 프로뱅Provins(2회), 트루아Troyes(2회) 등의 도시로 구성되어 있었는데, 1140년대에 국제적 명성을 얻기 시작한 것으로 보인다.[159] 개별 시장들을 포괄하는 이들 정기시는 상당한 기간 동안 상인들에게 입장, 진열, 협상, 판매 및 지불을 위한 시간을 허용하는 거래소로 발전했다. 정기시는 또한 상인들이 개장 시기에 맞추어 이동할 수 있도록 순차적으로 열리는 경향이 있었는데, 샹파뉴 정기시는 총 6개의 시장이 돌아가면서 열리도록 조정되어 일 년 중 대부분의 기간 동안 영업하였다.[160]

이 모든 정기시의 성공은 실상 안전을 지키고 재산권을 보호하고 계약을 시행하고, 전반적으로 정기시에 참여하는 사람들의 거래를 촉진할 권력과 명성을 지닌 강력한 실력자들의 보호에 크게 힘입었다. 잉글랜드 정기시의 후견인들로는 리치먼드 남작(보스턴), 램지Ramsey 수도원장(세인트아이브스), 노샘프턴 백작(노샘프턴), 윈체스터 주교(윈체스터의 세인트자일스) 등이 있었다.[161] 국왕도 몇몇 정기시에 적극적으로 관여했으며, 특히 세인트자일스 정기시는 원래 허용된 기간을 초과하도록 허용했다. 그리고 헨리 3세 때에 이르면 웨스트민스터에 직접 정기시를 설립해 거래를 촉진했다.[162] 샹파뉴 정기시가 샹파뉴 백작의 단독 관할권 아래 있던 것과 마찬가지로, 플랑드르의 정기시들은 모두 플랑드르 백작의 독자적 관할권에 속했다. 이들 강력한 영주들이 광범위한 영지 내에서 상인들에게 안전한 통행을 보장함으로써 해당 정기시들에 경쟁력을 부여했다. 샹파뉴 백작들은 거의 유일하게 이와 같은 보장을 그들의 통치 지역 너머로 확장하는 데 성공했다.

샹파뉴 정기시가 유럽에서 우월한 지위로 부상한 것은 샹파뉴 백작들의 적극적인 후원 덕분이었다.[163] 백작들은 대를 이어 도로와 운하 같은 수송을 위한 기반 시설을 개선했고, 4개 정기시 개최 도시들의 발전에 기여했고, 도량형을 규정했으며, 상업적·정치적 영향력을 행사하여 힘 있는 채무자에 대한 외국인 상인들의 대부를 보호했고, 외부인이나 지역 시민이 동등한 법적 처분을 받을 수 있도록 했다. 이러한 노력 덕분에 단기간 내에 이 정기시들은 플랑드르와 북프랑스의 상인들이 제공하는 완제품 및 반제품 의복과 양모를 이탈리아 상인들이 공급하는 향신료, 비단, 그리고 다른 사치품을 상호 교환하는 주요 거래소가 되었다. 이탈리아인들은 적절한 시점에 이르렀을 때 이 정기시들을 환전 및 대부 활동의 기반으로 삼았으며, 연말에 거래가 끝나면 수지를 결산하고 잔고를 결재하는 장소로 채택했다. 물론 샹파뉴가 지리적으로 남쪽의 이탈리아와 북쪽의 저지대를 내륙으로 연결하는 알프스 횡단축 위에 있다는 사실이 유리하게 작용한 점도 간과할 수는 없다.

이들 국제적 정기시에서 신뢰가 확립되고, 명성을 얻거나 상실하고, 계약들이 이행되고, 나아가 신속한 재판이 제공된 구체적 방식들에 대해서는 오랫동안 경제사가와 법제사가들이 흥미를 갖고 연구해 왔다. 국제적 상인들의 공동체가 '상법law merchant'으로 알려진 비공식적 정의의 법전에 찬성했기 때문에 공적인 법체제의 지원 없이 비인격적 원거리 교환이 발전했다는 점이 상당한 주목을 받았다.[164] 사적인 주문계약 이행체제는 정기시에서 오직 신뢰할 만한 평판을 얻은 사람들만 지속적으로 거래할 수 있었음을 보증하고, 개별 재판에서 사기와 부정직한 거래로 유죄 판결을 받은 자들은 추방되고 배제된다고 가정되어 왔다. 그러나 이 매력적인 의견은 잉글랜드 세인트아이브스와 프랑스 샹파뉴 정기시에서 적용된 사법체제를 세심하게 재검토한 결과 신뢰를 잃었다. 이곳들에서는 주로 공적 기관이 강제력으로 계약을 이행토록 한 사실이 입증되었다.[165]

세인트아이브스에서 정기시 법정은 램지 수도원장의 통제하에 활동하는 그의 관리들이 통솔하였고, 그곳에서 발생한 수익은 수도원에 귀속되었다. 이는 본질적으로 상인들이 참여하고 다루어지는 사안들도 주로 상업적 특징을 띠는 하나의 영주 법정이었다.[166] 그와 마찬가지로 샹파뉴 정기시에서도 "계약 이행을 강제하는 여러 재판소들의 사법권은 상인들이 아니라 공적 권위들로부터 나왔으며, 이 재판소들 중 그 어느 곳에서도 사적인, 상인으로부터 유래한 법전을 적용했다는 증거가 없다."[167] 재판을 요청하는 방문 상인들은 백작에 의해 작동하는 4단계 공적 법원 체제에 접근했고, 그 대안으로 정기시가 열리는 도시의 법정과 지역 종교기관의 교회 재판소도 있었다. 추가로 백작이 임명한 정기시 감독관warden은 정기시의 공개재판을 관장했는데, 거기에서 계약에 대해 판결이 이루어지고 집행될 수 있었다.[168] 그리하여 신속하고 효과적이며 공정한 재판을 원하는 상인들은 공적 기관들을 선택할 수 있었다. 상인의 진취성, 계몽되고 영향력 있는 영주, 그리고 유리한 입지의 결합이 이와 같은 그리고 다른 대규모 국제 정기시들을 만들었으며, 그 결과 원거리 교역의 유인 요인이자 상업 성장의 원동력이 되었다.

5. 라틴 기독교 세계의 상업혁명

도시화는 유럽의 교역 및 상업의 부흥을 가장 두드러지고 신중한 방식으로 표현한 것으로, 매코믹은 최근 그 시작을 8세기로 재설정했다.[169] 그 후 수 세기에 걸쳐 시장 교환이 의존하게 된 제도들, 행동규범들, 사고방식들, 그리고 지식 및 신뢰가 사회에서 서서히 발전하면서 깊이 자리잡았다. 시장이 확장되고 뿌리를 내림에 따라 순생산 중 커다란 부분을 외부와 교역했고, 점점 더 많은 유럽인이 생계수단 전체 또는 일부를 시장거래에 의존했다. 이처럼 점진적이지만 점차 탄력이 생기면서 진정한 '상업혁명'이 발생했다.[170] 그 과정에서 지방의 교역권들이 점차 지역적, 국가적, 국제적 그리고 나아가 궁극적으로 대륙 간 교역 궤도에 연결되었다. 아부-루고드는 13세기 말 유럽, 아시아, 그리고 아프리카의 동부와 북부를 포괄하는 세계의 8개 교역 권역circuit of exchange이 결국 하나의 전 지구적 교역망으로 상호 연결되었으며(그림 2.1), 어느 정도 비용을 지불하면 유럽 최서단과 아시아 최동단 사이에 금은괴와 상품의 교환이 가능했던 것으로 추측한다.[171]

유럽 전역이 정도 차이는 있겠으나, 새로운 상업 질서에 참여했다. 예를 들면, 북부 스칸디나비아의 사미족(일명 랩족)이 북극해 연안에서 잡았거나 핀란드인들이 동부에서 잡은 명성이 자자했던 고급 모피는 1240년대부터 한자 상인들이 노브고로드 및 다른 러시아 도시국가들과 협력하여 개발한 적극적인 주요 교역품이었다. 이 모피 중 일부는 흑해와 카스피해로 흘러 들어가는 러시아 지역의 강들을 따라 선박으로 수송되어 비잔티움과 중동의 시장들에서 거래되었다.[172] 북대서양 멀리 서쪽 끝에 위치한 바이킹의 외딴 식민지 그린란드(따지자면 북아메리카에 속함)도 전형적으로 부피가 작으나 고가 상품이었던 바다코끼리walrus 상아와 일각고래narwhal 엄니를 거래하는, 부정기적이었으나 수익성 높은 교역에 의존하게 되었고, 그 대가로 그린란드인들은 자신들에게 부족했던 여러 생필품을 확보했다.[173] 한편, 유럽 시장에서는 11세기부터 식량 수요가 점점 더 늘어날 뿐 아니라 종교적으로 교리에 순응하여 생선 소비가 크게 증가하고 있었는데, 아이슬란드는 건어물의 주요 공급원으로 자리 잡았다.[174] 이러한 교역들에 대한 의존은 지리적으로 멀고 환경적으로 한계 상황에 있던 공동체의 생존 능력을 유지시키는 데 도움을 주었지만, 상업적 혼란이나 실패가 발생할 경우에는 추가적 위험에 무방비 상태로 노출될 수 있었다.

상업의 대안으로는 상대적인 자급자족이 포함되었다(절대적 자급자족은 거의 달성할 수 없었다). 환대와 선물 교환을 포함한 다양한 형태의 상호 관계가 형성되어 있었고, 몸값(배상금), 공물, 해적질 및 약탈도 하나의 방안이었다. 그리고 강제적인 노동 착취와 농노제를 통해 부과되는 지대도 있었다. 이와 같은 것들은 상호 배타적이지 않았기 때문에 오랫동안 시장 거래와 공존했으며, 상업 활동이 활발한 핵심 지역 밖에서는 때때로 지배적인 사회-자산 관계를 형성했다. 이와 같은 관점에서 보면 대부분의 중세 후기 유럽 경제는 혼합경제였다. 그렇다 할지라도 일단 어느 정도 시민적 질서가 확립되고, 인구가 증가하여 노동자들이 일자리를 위해 경쟁해야만 하고, 토지가 사실상 더 이상 무료가 아니라는 점을 감안하면, 상업은 다른 어떤 대안적이거나 약탈적 체제와는 비교되지 않는 생산성 향상과 효율성의 제고를 제공했다.[175]

10세기 이래 점차적으로 교역을 위한 생산이 직접 사용하기 위한 생산을 대신했고, 화폐는 교환, 가치 척도, 나아가 부의 축적을 위한 수단으로 좀 더 널리 채택되었으며, 가격은 생산과 소비를 결정하는 경제 행위에 강력한 영향력을 끼쳤다. 이러한 변화가 유럽 사회에 심대한 결과를 초래했다. 교역을 취급하는 별도의 기관들과 사회집단들이 형성되었다. 생산을 위해 자본을 투자하도록 유인하는 요인들이 강화되었으며, 자본도 더 저렴하고 더 손쉽게 구할 수 있게 되었다.[176] 공공 또는 개인의 노력에 의해 교통과 연락망이 개선되었으며, 그에 따라 거리를 극복하는 비용이 감소했다. 실용적인 기술과 유용한 지식에도 진전이 있었다.[177] 다지션R. A. Dodgshon이 '시장 진출taking space to market'이라고 표현한 과정 중에 경제적·지리적·직업적 전문화가 진행되었고, 부의 사회적·지리적 분배에 뒤따른 변화들이 일어났다.[178] 결국 수익이 감소하기 전까지는 거래 비용이 지속적으로 하락했기에 국민총소득과 1인당 소득이 모두 증가했다. 이러한 발전의 선두에 있던 이탈리아는 1000년과 비교해 1300년에 훨씬 더 부유해졌고 도시화되었으며, 당시 잉글랜드에 비해 1인당 국민소득이 2배나 되었다. 반면 잉글랜드는 아일랜드, 스코틀랜드, 그리고 스칸디나비아 대부분 지역에 비해 경제와 상업이 더 발달하였고, 도시화도 앞섰다(표 2.2).[179] 이와 같은 매우 상이한 두 부류의 경제에서 상업혁명의 진전을 좀 더 면밀히 조사할 필요가 있다.

1) 이탈리아: 선도 경제

남부 유럽의 많은 지역과 마찬가지로 이탈리아에서 상업과 도시 생활은 로마 제국의 붕괴와 함께 완전히 소멸된 것이 아니었다. 상업이나 도시 생활이 부흥할 수 있는 토대가 남아 있었으며, 이를 고무시키는 활동은 8세기부터 감지할 수 있다. 말라니마는 새천년이 시작될 무렵에 중부와 북부 이탈리아의 도시화율은 약 8%였고, 1인당 국내총생산은 약 1,000달러에 이르렀으리라고 추정한다.[180] 비록 두 수치 모두가 로마 제국 전성기의 추정치인 15-20%와 1,400달러보다는 낮았지만, 당대 어느 유럽 국가들보다도 높았다.[181] 그 후 3세기 동안 이탈리아의 인구는 2.5배 증가했고, 도시에서 생활하는 인구의 비율은 최소 2배 증가했다. 더불어 도시의 상업 및 제조업 기능은 급속하게 성장했고, 귀족 엘리트들의 엄청난 소비력도 도시로 집중되었다.[182] 1290년경 중부와 북부 이탈리아는 라틴 기독교 세계의 그 어떤 지역보다도 인구가 많고 도시화되었으며 번성했다. 그리고 광범위한 지리적 영역들과의 상거래에 연결되어 있었다. 도시 거주민은 적어도 전체 인구의 약 1/5에 이르렀으며, 1인당 국내총생산은 연평균 0.16%의 인상적인 성장률을 보이며 약 1,665달러에 이르렀다.[183] 다른 전근대 경제 번영의 사례에서도 볼 수 있듯이, 인구 증가가 빠르게 진행되었는데 경제 성장은 더욱 빨랐다.[184]

처음에는 성장의 많은 부분이 이탈리아 국내 시장 수요의 확장에 의해 야기되었으며, 그로 인해 노동 분업을 위한 기회들이 주어졌다. 비옥한 농경지 공급이 제한되었던 탓에, 빠른 속도로 팽창하던 중부와 북부 이탈리아의 구릉지에 위치한 도시들은 아주 초기부터 남부 이탈리아와 시칠리아의 방대한 곡창 지대에서의 곡물 수송에 의존했다.[185] 곡물과 그 외 다른 주요 상품들의 대규모 해상 무역은 포도주, 오일, 소금 등의 교역과 더불어 이탈리아 상업의 중요한 한 축을 이루었다. 그럼에도 불구하고, 지중해 중심에 위치한 반도의 유리한 입지는 얼마 지나지 않아 더 넓은 교역망의 핵심부로 발전했다.

이러한 상업혁명의 거의 모든 단계에서, 원거리 무역과 상업을 촉진하는 영역에서 유럽 그 어디에도 이탈리아인보다 더 적극적인 상인들은 없었으며, 이탈리아인 중에서도 모험적이지만 잠재적으로 높은 수익성을 가진 동방의 고가 사치품 교역을 발전시키는 데 베네치아와 제노바의 상인들보다 더 탁월한 자들은 없었다.[186] 베네치아는 처음에 비잔티움과의 1082년 상업 조약에 따른 특권을 향유했다. 당시 비잔티움은 기독교 세계에서 가장 인구가 많고 가장 크게 번영한 도시였을 뿐만 아니라 중앙아시아로 나아가는 관문이었다.[187] 그렇지만 얼마 지나지 않아 베네치아는 제노바와 직접적인 경쟁 관계에 놓였다. 제노바가 제1차 십자군 원정을 적극적으로 지원한 대가로 제노바 상인들은 레반트 지역에서 교역상의 특권을 배당받았다. 이는 1268년과 1291년 각각 안티오키아와 아크레의 십자군 항구가 점령당할 때까지 지속되었다. 베네치아 상인들은 1204년 콘스탄티노폴리스의 약탈에 참여함으로써 주도권을 되찾았고, 결과적으로 흑해의 항구들과 직접 무역하는 돌파구를 마련할 수 있었다. 이는 그들에게 다양한 대상로를 경유해 그곳 종착지까지 도달한 아시아의 향신료와 비단을 위탁받아 판매할 수 있는 직접적 통로를 제공했다.[188]

교역에 수반되는 광막한 거리와 극복해야 할 장애물들을 감안할 때, 유럽 시장에서 거래되는 동방 상품은 부득이 가격이 높고 부피가 작았으며, 그 대체재는 별로 없었다. 유럽인들은 교환할 상품이 부족했기에 주로 금은으로 대가를 지불했다. 일부는 해상 노선을 이용했는데, 아라비아해를 거쳐 페르시아만으로 갔고, 거기에서는 대상을 이루어 바그다드로 가거나, 시리아 사막을 통과해 안티오키아와 아크레에 이르렀다. 해상으로 이동하는 자들 중 일부는 홍해와 이집트를 경유했는데, 거기서 다시 배를 바꿔 타고 알렉산드리아에 도달하는 방법을 택했다. 이들은 이렇게 지중해에 도달한 후에 거기서 더 나아가 북서유럽까지도 이동했다. 또 다른 경우는 통칭하여 비단길이라고 불리는 여러 갈래의 육로를 경유해 흑해 남쪽 해안의 트라브존, 아조프해의 타나, 크림반도의 카파에 도달했다. 이 경로는 보스포루스 해협의 콘스탄티노폴리스가 좌지우지했다.[189] 흑해가 동방 교역에서 차지하는 비중은 1250년대 말 몽골군이 바그다드를 점령해 파괴한 후 더욱 중요해졌다. 이 사건은 페르시아만에 도달하여 북쪽으로 바그다드, 알레포, 안티오키아와 레반트로 이동하던 해상 교역 중 많은 부분을 페르시아의 타브리즈를 거쳐 트라브존으로 이동하는 경로로 우회시켰다.[190] 유라시아를 가로지르는 남쪽 대상로를 이용한 육상 노선도 그와 마찬가지로 바그다드로부터 타브리즈 쪽으로 우회했다.

베네치아인들이 차지한 콘스탄티노폴리스와의 유럽 교역에 관한 독점권은 1261년에 무너졌다. 제노바인들이 흑해로 진출하여 콘스탄티노폴리스 맞은 편의 페라, 크림반도의 카파, 아조프해의 돈강 하구에 있는 초원지대의 관문 타나, 트라브존 등에 근거지를 마련했고, 1280년대에는 타브리즈에도 상업망을 건설했다.[191] 이 시기는 비단과 향신료를 거래하는 유라시아 횡단 육로 교역이 예외적으로 활발하고 번성하던 국면이었다. 이러한 고급 상품에 대한 유럽의 봉건 귀족과 도시 엘리트들의 수요가 어느 때보다도 많았고, 13세기 중반 몽골족의 정복은 유라시아 내륙을 단일 권력 아래 효과적으로 통합시켜 육로 대상로에 대해 보다 확실한 안전을 보장했다. 그 이전까지 구세계의 그렇게 많은 지역이 서로서로 접촉했던 적이 결코 없었기 때문에, 이 국면은 아부-루고드에게 '세계사에서 주목할 만한 순간'이었다.[192] 반세기가 지난 후 1340년경에 피렌체 상인 프란체스코 발두치 페골로티Francesco Balducci Pegolotti는 실용적인 안내서 『통상 실무 *Pratica della mercatura*』에서, 아스트라한Astrakhan, 우즈베키스탄의 히바Khiva, 카자흐스탄의 오트라르Otrar, 북서 중국의 굴자Ghulja, Kulja를 통과해 서쪽의 아조프해에서 동쪽의 베이징까지 이어지는 유라시아 내륙을 가로지르는 북방 육로는 "주야를 막론하고 완벽하게 안전하다"라고 기술했다.[193]

해외 무역은 해상 공화국 베네치아와 제노바를 유럽 최고의 도시로 바꿔 놓았으며, 두 도시 모두 1300년경에 약 10만 명이 넘는 인구를 부양했다. 특히 제노바는 이 원거리 교역의 호황에 힘입어 13세기를 거치며 인구가 2배 이상으로 증가했다.[194] 내륙 도시 피렌체와 밀라노는 비슷한 규모였는데, 이 도시의 상인들은 빠르게 성장하던 북유럽과의 알프스 횡단 교역에 심혈을 기울였다. 이 교역은 남쪽의 제조업자들과 가공업자들에게 양모와 반제품 직물을 공급했다. 그 후 완제품은 값싸고 가벼운 유럽 직물의 수요가 많던 레반트와 다른 지중해 시장들로 수출되었다.[195] 이탈리아 상인들은 1170년대에 샹파뉴 정기시에 참가하기 시작했고, 1190년대부터는 그곳에 방문하는 상인들의 수가 현저히 늘어났다. 그리고 다음 세기에는 플랑드르인들과 더불어 이탈리아 상인들이 이 정기시에 참여하는 가장 중요한 집단이 되었다.[196] 이탈리아인들은 양모과 직물을 향신료 및 비단과 교환했을 뿐 아니라, 신용거래의 주요 공급자이자 주거래자가 되었기에 정기시의 지속적인 성공을 위해 없어서는 안 될 존재였다. 이로써 유럽 내에 확고한 교역의 축이 형성되었는데, 이들은 플랑드르, 샹파뉴 정기시, 알프스 통로들을 거쳐 북해의 상업을 북부와 중부 이탈리아, 그리고 더 나아가 동쪽으로 아라비아, 중국, 인도에 연결하는 지중해와 흑해의 더 커다란 교역망에 결속시켰다.

장기 13세기 내내 호황을 누리던 롬바르디아와 토스카나의 상업 도시들은 그 어느 도시들보다 금과 은을 끌어들이고 축적하는 데 성공적이었다. 이 도시의 상인들은 이미 제3자와의 계약을 강제하고 교역상과 그들의 상품을 영주, 해적, 강도 등의 약탈로부터 보호하기 위해 길드 형성에 앞장섰다. 이제 그들은 당대의 핵심적인 상업적 혁신을 이룬 선구자였다. 특히 국제무역에서 "실제 화폐를 운반하는 데 따르는 고비용과 위험을 피하면서" 계정을 청산할 수 있는 환어음, "다양한 장소에서 이루어진 복수의 거래들"을 추적하기 위해 개발된 복식 부기, 그리고 자본을 모으고 위험을 분산하기 위한 협력 업체나 회사의 설립 등에서 앞서갔다.[197] 그와 마찬가지로 중요한 것은 현금을 안전하게 쌓아 두는 것보다 투자하는 것이 더 현명하다는 인식이었다. 일단 투자가 시작되자, 상업적 대부는 북이탈리아 경제 활동의 통상적인 부분이 되었고, 신용거래를 허용하는 일과 이를 뒷받침하는 경제 활동이 더욱 확장되었다. 나아가 이런 변화는 화폐의 공급을 증가시켰다.

이러한 신생 금융 시스템의 발전에 상인 환전상은 결정적 역할을 했다.[198] 그들은 금은 가격과 외국 통화의 교환 비율에 대한 우월한 지식을 바탕으로 여러 이탈리아 주조소들에 마모된 동전들과 금은의 주요 공급업자가 되었다. 이 금융 시스템에는 전문적인 감정勘定, 청렴, 신뢰 등이 무엇보다도 중요했다. 최고의 신뢰와 존경을 받는 사람들은 기탁자가 지불결제에 사용하기 시작할 때까지 보관을 위한 정금正金 기탁을 유치했다. 한편 이들 상인들은 새로 조성된 부를 새로운 사업에 투자하고, 급증하는 거래량을 보증하고, 국제 교역에 대한 개입이 확대됨에 따라 자금으로 활용하고, 군주들에게 대부를 제공했는데, 이 모든 사업을 가급적 낮은 이자로 수행했다. 요컨대, 상업 금융이 탄생했다.

이러한 발전의 결과 대규모 국제 상인들은 사업 운영의 중심지에서 너무 오랫동안 자리를 비우는 것이 경제적·정치적으로 불리하다는 사실을 알게 되었다. 이제 그들은 상품과 함께 다양한 국제적인 정기시들을 전전하는 대신 해외 거래를 전담 직원들에게 맡겼고, 상품의 발송과 환적을 처리할 전문 운송업자를 고용했으며, 거래를 정산하기 위해 환어음을 사용했다. 런던은 13세기 말에 이탈리아의 직원들이 발견된 유럽의 몇몇 주요 도시들 중 하나였다.[199] 1299년에서 1304년 사이 아만티Amanti, 바르디Bardi, 벨라르디Bellardi, 본치니Boncini, 체르키 비안키Cerchi Bianchi, 체르키 네리Cerchi Neri, 키아렌티Chiarenti, 코로네Corone, 프레스코발디Frescobaldi, 마겔레트Magelet, 마르케너Markener, 모치Mozzi, 페루치Peruzzi, 포르티나리Portinari, 풀치-림베르티니Pulci-Rimbertini, 스피니Spini 등의 이탈리아 회사들Societies은 모두 런던에 대리점을 갖고 있었다. 피렌체의 페루치 회사는 그로부터 30년 후 나폴리와 바를레타(이탈리아), 팔레르모(시칠리아), 로도스, 아비뇽과 파리

(프랑스), 브루게(플랑드르), 런던(잉글랜드)에 주요 지사를 유지했고, 베네치아와 피사(이탈리아), 카스텔 데 카스트로(사르데냐), 마요르카, 튀니스(북아프리카), 키아렌자Chiarenza(발칸), 키프로스 등에 소규모 지점을 두었으며, 바르셀로나(아라곤), 라구사(발칸), 콘스탄티노폴리스(비잔티움) 등에는 대리점을 두었다.[200] 이탈리아인들은 사실상 상업적 발전이 엿보이는 곳, 고도의 사업적 감각이 필요한 곳, 국왕과 대영주들이 대규모 대출을 필요로 하는 곳 등에서는 항상 마주칠 수 있었다. 따라서 이탈리아인이 13세기 후반 중국을 방문한 최초의 서양인들 중 하나였다는 사실은 전혀 놀랄 일이 아니었다.

2) 잉글랜드: 지체된 경제

이탈리아가 앞서 나갔고, 잉글랜드와 대부분의 라틴 기독교 세계는 그를 뒤따랐다. 플랑드르만이 도시화율, 그리고 이에 함축된 1인당 국내총생산 수준이 고도로 상업화된 중부와 북부 이탈리아와 견줄 만했다.[201] 하지만 적어도 인구 증가에서는 잉글랜드도 이탈리아에 못지않았다. 인구는 1086년 약 171만 명에서 1290년경 475만 명까지 증가했는데, 증가율은 12세기 동안 연평균 0.58%였고, 13세기에는 약간 둔화되어 0.43%, 그리고 13세 말에 이르러서는 더욱 현저하게 낮아졌다.[202] 이탈리아의 견실하고 활발한 도시 증가, 산업 확장, 주도적인 국제 교역 참여와 같은 이점이 없었지만, 잉글랜드 국민소득의 성장은 적어도 13세기 중반까지 인구 증가와 보조를 맞추며 성공적으로 지속되었다. 1086-1250년에 1인당 국내총생산은 연평균 0.15% 성장했다. 이는 유럽의 상업적 변방에 위치한 가난한 섬나라이자 거의 전적으로 농촌경제에 의존하던 나라로서는 결코 무시할 수 없는 업적이었으며, 부분적으로는 좀 더 상업화 추세를 따르려던 경제의 근본적 재편 덕분이었다.

잉글랜드의 1인당 국내총생산은 1086년 노르만 정복 이후 최저치로 추정되는 700달러 이하에서 13세기 중반인 1253년에 850달러 정도까지

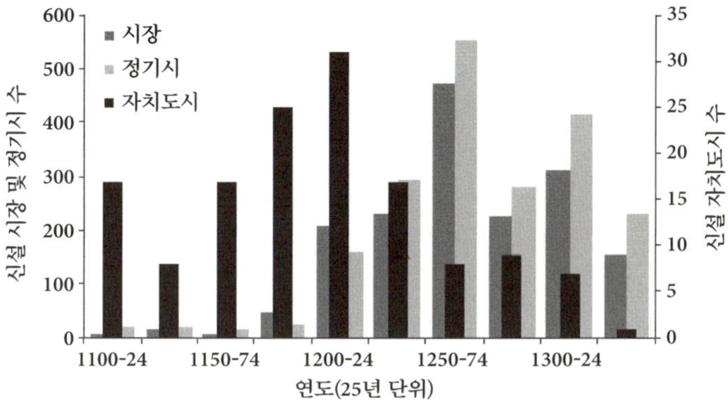

그림 2.13 | **잉글랜드 국왕이 하사한 시장, 정기시, 자치도시 특허장 수, 1100-1349년**
출처: Letters(2010).

높아졌으나, 13세기 말에 다시 730달러로 떨어졌다. 1280년대 면양옴 유행이 국가적인 양모 생산에 영향을 미쳤고, 그로 인해 의류의 생산과 수출에도 상당히 부정적인 영향을 미쳤기 때문이다.[203] 12세기 말 호황기 동안 당대인들은 분명 물질적 조건이 개선되고 있다고 생각했다. 예를 들면, 헨리 2세의 재무상이었던 리처드 피츠나이젤FitzNigel은 경제 상황이 더 나아졌기 때문에 음주와 범죄가 증가하고 있다고 불평했다.[204] 확실히 장원 노동자들은 13세기 초반에 호구지책을 마련하기 위해 13세기 말처럼 열심히 일할 필요는 없었다. 더욱이 유효한 가격과 임금의 증거들에 따르면 노동자의 실질임금은 1256-57년 수확 위기까지 비교적 잘 유지되었으나, 그 후 실질임금과 1인당 국내총생산이 하강했음을 보여 준다.[205] 잉글랜드의 주석, 납, 양모 및 반제품 의류에 대한 해외 수요의 확대와 더불어 그 시기까지 생산성은 잉글랜드 경제의 진전된 상업화에서 유래했으며, 생산 증가가 인구의 성장과 병행되었던 것으로 보인다.

특히 1175년과 1250년 사이 국왕이 왕국의 상업적 기반시설 구축에 적극적으로 관여하면서 현저하게 발전했다. 이 형성기 동안 보통법이 출현했고, 기록을 작성하고 보존하는 일에 속도가 붙었다. 또한 1인당 화폐 공급이 급증했고(표 2.3), 도량형이 규정되었고, 거래 규칙이 확립되었고, 특허 시장chartered market, 정기시, 자치도시borough•의 수가 크게 증가했고(그림 2.13), 교구교회가 급증했고, 구빈원의 설립이 정점에 이르렀으며(그림 2.12A), 옥스퍼드대학이 두각을 나타냈고, 케임브리지대학이 출현했다. 더불어 첫 번째 탁발수도회가 설립되었고(그림 2.12A), 교량이 다수 건설되었으며, 대성당 건축 붐이 시작되었다. 이 상업화 과정의 핵심은 상업 기반 시설의 구축(a), 토지, 노동 그리고 자본의 생산요소시장factor market•• 확립(b), 주조소의 산출(생산)과 동전 공급(c), 그리고 농업 소출의 확대와 농업 잉여의 생산(d) 등이었다.

a. 상업 기반 시설의 구축

이탈리아에 서로 경쟁하던 도시국가들이 난립했던 것과는 대조적으로 잉글랜드는 효과적으로 방어되는 확립된 국경선을 가진 하나의 통합되고 중앙집권화된 왕국이었으며, 내부적으로 평화와 질서가 잘 유지되었다. 따라서 당대 유럽의 기준에 따르면, 잉글랜드 국왕들은 교역과 거래 활동을 촉진하는 제도적 환경을 조성하는 데 이례적으로 특권적 지위를 갖고 있었다.[206] 12세기 말부터 국왕은 교역을 용이하고 효율적으로 수행하는 데 도움이 되도록 무게, 척도, 통화, 가격에 국가적 통일성을 확립하는 조치를 취하기 시작했다.[207] 1196년 잉글랜드 전체에 표준적인 무게와 척도(곡물과 액체에 대한 부피 단위, 모직물의 경우 표준 척도로 측정한 너비 단위)를 공표하는 새로운 '도량형 조례Assize of Measures'가 도입되었다. 이 조례가 즉각 전면적으로 채택된 것은 아니었지만, 궁극적으로 이를 실현할 과정을 준비했다. 예컨대, 헨리 3세가 임명한 위원회는 1255년, 1257년, 1270년

• 본래 앵글로색슨 시기 요새화한 군사적 거점을 지칭하였으나, 12세기를 거치며 국왕의 특허장을 통해 행정과 시장 기능을 보유한 자치도시로 발전하였다. 다소 오해의 소지가 있으나, 이 책에서는 '자치도시'로 옮긴다.

•• 재화나 서비스 생산에 투입되는 노동이나 자본 등의 생산요소가 거래되는 시장.

에 걸쳐 이러한 규정을 강제하는 방식에 대하여 의견을 수렴했다.[208] 뒤이어 에드워드 1세와 에드워드 2세는 통치 초기에 전국적으로 도량형에 대해 면밀한 조사를 시행했고, 표준 도량형을 사용하지 않는 사람에게는 벌금을 물렸다. 잘 운영되던 도시들은 대부분 조치를 취했기에 상인들이 통일된 도량형을 따랐으며, 잘못된 도량형을 사용하는 사람들은 처벌을 받았다. 1190년대부터는 주요 식품의 가격과 품질을 규제하는 '빵과 맥주 조례'가 도입되어 1페니를 가지고 구입할 수 있는 빵과 맥주의 양이 정해졌다. 1270년대부터는 추가 규정들이 제정되었는데, 매점 행위를 금지해 시장 가격을 안정화하는 것을 목표로 삼았다. 즉, 의도적이든 부주의에 의해서든 판매 상품의 가격을 인상시키는 거간 활동은 금지되었다. 그 이후 매점 행위는 법 위반으로 지방 당국에 의해 처벌을 받았다. 도량형과 관련된 규정이 법에 따라 공식화되어 강제로 시행된 것은 1307년부터였다.[209]

물론 교역을 관장하는 법률과 규정들은 대부분 이의 없이 실행되었고 시장에서 상세히 검토되었기에 공식적으로 확립되었다. 그리고 이것들은 사람들이 모여 거래를 할 때 불가피하게 발생하는 여러 민사 및 형사 사건과 더불어 규정의 위반을 신속하고 효과적으로 재판할 수 있는 권한을 부여했다. 자치도시를 설립하는 특허장을 제공하거나 주간週間 시장과 연례시를 개설하는 권한은 국왕의 특권이었다. 이와 같은 권리들은 특정 장소가 아니라 개인들에게 주어졌고, 수령자에게 권한이 부여되었다. 통상 지방의 봉건영주는 자치도시를 건설하고 특정 일자 혹은 요일에 시장이나 정기시를 개설했으며, 거래되는 상품에 대한 관세를 징수하고 그것을 거래하던 사람에게 노점 영업세stallage를 부과했다. 그리고 자치도시, 시장, 정기세 법정에서 거둬들인 벌금으로 수익을 얻었다. 자치도시와 시장의 성공적인 건설로부터 거둬들인 상당한 재정적 보상은 영주들에게 이들을 건설할 강한 동기를 부여했다. 이와 같은 측면에서 정식 시장들 사이에 네트워크의 확립은 영주권 행사로부터 분리될 수 없었다.[210] 14세기 초 '사망자 조사기록Inquisiones post mortem'•에 따르면, 자치도시, 시장, 정기시는 각각 연평균 6.50파운드, 3.38파운드, 2.60파운드의 가치를 지녔으며, 가장 성공적인 경우에는 적어도 그보다 10배의 수익을 거두었다.[211] 그러므로 1100-1350년에 국왕이 제공한 600개 자치도시, 1,700개 시장, 그리고 2,000개 정기시의 특허를 받은 자들의 순가치를 합산하면 거의 1만 5,000파운드에 달했다.[212] 이 인상적인 평가액은 대부분 소규모이며 지방에 자리한 상업 활동이 얼마나 높은 수준이었는지를 입증한다.

1086년에 둠즈데이북은 단지 41곳의 시장만을 기록했다. 이는 지방에서의 교역에 대한 규정이 미미했으며, 대체로 비공식적이었고, 극소수의 상업 거래와 소규모 상품 거래가 이루어졌음을 시사한다.[213] 아마도 많은 교역은 이리저리 떠돌아다니던 행상인에 의해 진행됐을 것이다. 그 외에 고정된 날에 고정된 장소에서, 예컨대 일요일마다 사람들이 다른 목적으로 모였을 때 열렸던 비공식적인 시장에서도 틀림없이 거래가 이루어졌을 것이다.[214] 안식일은 12세기에 분명 가장 흔한 장날이었으며, 랭커셔 일요 시장은 15세기까지도 살아남았다.[215] 그런데 13세기 초부터 촌락 시장이 급격히 늘어나면서 교회는 안식일의 교역을 적극적으로 반대했고, 그 당시까지 공식적으로 허가받지 않았던 많은 일요 시장들이 다른 요일로 조정되었으며, 시장 특허장의 수여를 통해 합법화되었다.[216]

순회 시장에서 정주 시장으로, 그리고 비공식적 시장에서 공식 시장으로의 전환은 일단 상당수 지방 주민이 매주 상거래에 참여하기 시작하고 거래 규모도 행상인 홀로 감당하기에는 너무 커진 때문에 가능했다. 그 전 단계에서 일주일 간격의 시장들은 종종 행상들이 그 사이 기간에 이동할 수 있도록 조정되기도 했다.[217] 한편 시장들에 대한 특허장 하사는 중앙 정부가 지방 교역에 대해 보다 면밀하게 규제하게 되었음을 의미했다. 정부는 새로운 시장을 건설하려면 기존 시장에서 최소한 10킬로미터 이상

• 국왕에게 토지를 수수한 영주가 사망한 경우 해당 토지의 상속 문제를 결정짓기 위해 작성한 기록. 여기에는 사망자의 재산, 상속자의 이름과 연령이 기록되었다.

의 거리를 두도록 함으로써 기존 시장의 생존력을 보호하려 노력했다. 등록된 국왕 특허장의 수를 토대로 판단할 때(그림 2.13), 농촌 시장의 특성, 규모, 빈도 등에서 중대한 전환은 대략 1175-1225년에 발생했다. 이 시기에는 잉글랜드 전역, 그중에서도 특히 인구가 많았던 이스트앵글리아와 미들랜드 동부에서 자치도시, 시장, 정기시의 밀집된 네트워크가 구축되었다. 장기적으로는 이와 같이 선도적으로 초기에 건설된 상업적 기반들이 수적으로 훨씬 많은 나중에 설립된 것들에 비해 수익성이 높고, 오래 지속되는 장점을 누렸다.[218] 그럼에도 불구하고, 후발 주자들은 시장의 선택 가능성을 크게 증대시켰으며, 대부분의 농촌 주민들이 걸어서 하루 이내에 정식 시장에 도착할 수 있게 했다. 한편 왕실 납품업자와 많은 곡물 상인, 양모 상인과 그 밖의 다른 도매상들은 통상 농장에서 생산자로부터 직접 구매했고, 양모의 경우 영지의 중심지에서 거래했다. 마찬가지로 이웃 사람들 사이에 토지와 노동, 주택과 의복, 음료와 식료품, 도구와 공예품을 교환하면서 대부분의 마을에서 많은 비공식 거래도 이루어졌다. 크리스토퍼 다이어Christopher Dyer는 이를 중세의 '은밀한 거래'라고 불렀다.[219]

이래저래 1300년경 잉글랜드 대부분에 걸쳐 시장들 사이의 연계가 전역을 아울렀다.[220] 잔존하는 장원 및 다른 기록들에 의하면, 당시 새것이든 낡은 것이든 거의 모든 물건을 사고팔 수 있었으며, 따라서 물건들은 가격이 정해져 있었다. 범죄 기록에 따르면, 재산으로 인한 범죄가 만연했는데, 도적질한 물건을 양도하거나 판매하는 것이 용이했기 때문이다.[221] 상업화의 진전과 더불어 12세기 말부터 어디에서나 구할 수 있는 가격 정보의 범위와 양이 거의 기하급수적으로 증가하는 것을 볼 수 있다. 그 과정에서 문해력, 산술력, 그리고 서면 기록의 생성과 보존이 모두 중요해졌다.[222] 영주들의 손익회계에 대한 시도에서 예시되듯이 회계 방법 또한 그와 보조를 맞추며 발전했다.[223] 보존된 중세 문서고가 풍성한 덕분에 잉글랜드에는 예외적으로 가격 정보가 광범위하게 제공된다. 주요 상품에 대한 연평균 가격이 1268년까지 거슬러 올라가 지속적으로 재구성되었으며, 그 이전 100년에 대해서는 간헐적으로 남아 있다.[224] 물론 이것들은 현찰 가격이며, 이는 결과적으로 이 기간에 화폐가 매우 광범위하게 채택되고 교환수단으로 사용되었다는 사실을 확인시켜 준다.

b. 노동, 토지 및 자본의 생산요소시장

온갖 영역에서 진전되었던 상업적 거래의 성장은 상품 생산이 의존하는 노동, 토지 및 자본에 대한 시장들의 단속적斷續的이고 불균등한 발전을 동반했다. 그러한 시장들은 성숙한 상업경제의 진화와 자본주의적 사회-자산 관계의 궁극적인 확립에 기초가 되었다. 생산요소시장은 상품시장에 비해 훨씬 더, 그것이 작동하는 법적·한시적·제도적 맥락에 의해 형성되었고 나아가 제한되었다.[225] 노동시장은 제도적 장애가 가장 적기 때문에 가장 먼저 등장하는 경향이 있었다. 토지시장은 처음에는 자유 보유지에 대해, 그리고 13세기 말에는 농노 보유지에 대해 형성되었다. 일단 토지가 판매 가능한 자산이 되자, 자산 소유자는 대출에 대한 담보로 토지를 사용할 수 있게 되었고, 그에 따라 자본시장도 성장했다.

잉글랜드에서는 12세기 후반부터 이미 노동이 현금과 현물로 지불되는 임금으로 교환되고 있었다.[226] 임금노동은 11세기 후반부터 14세기 초에 걸쳐, 특히 당시의 많은 대형 건축 프로젝트로 지속적인 호황을 구가한 건설업에서 표준이었다.[227] 건축 계정building account은 숙련 및 비숙련된 남성 노동자에 대한 최고의 자료일 뿐 아니라 가장 장기간에 걸쳐 가용한 특정 직업에 특화된 임금 변동을 제공하는데, 1264-1954년의 기록이 헨리 펠프스 브라운Henry Phelps Brown과 셰일라 홉킨스Sheila Hopkins에 의해 재구성되어 널리 알려져 있다.[228] 그레고리 클라크Gregory Clark가 재구성한 장원 노동자의 임금 변동은 그보다도 이른 1209년부터 시작된다. 한편 폴 라티머Paul Latimer는 재무성 파이프롤Pipe Rolls•에 담겨 있는 임금에 대한 모든 정

• 잉글랜드 재무성에서 작성한 회계감사 기록.

보를 수집했는데, 거기에는 국왕의 양조인, 궁정 예배당 사제, 짐꾼, 경비병에게 지불한 임금, 그리고 선원, 조타수, 보병 등과 같은 단기 혹은 임시 고용자들에게 지불한 비용이 기록되었다. 이는 잉글랜드 임금의 역사를 1160년까지 거슬러 올라가 확장했다.[229] 임금소득은 자연스럽게 도시경제의 구성 요소가 되었으며, 12세기와 13세기 동안 도시에서의 고용 기회의 확대는 많은 이주민을 도시로 유인했다. 리처드 브리트넬Richard Britnell은 경제 전체로 볼 때 1300년경 임금노동이 상품과 서비스 생산에 사용된 총 노동의 약 1/5-1/4을 차지했을 것이라고 추정했다.[230]

임금 고용이 최대 규모로 발생한 곳은 촌락이었는데, 1년 내내 필요했지만 특히 건초와 양모와 곡물을 수확하는 시기에 노동 수요가 두드러졌다. 농업 생산에서 고용 없는 가족 노동은 늘 커다란 비중을 차지해 왔지만, 1300년경 고용 노동은 의심할 바 없이 그 중요성에서 예속 노동을 대체했다. 물론 예속 노동은 전형적으로 잉글랜드 봉건 경제의 두드러진 특징 중 하나로 간주되었고, 그 시기에 대한 전통적인 설명에서 중대하게 취급되어 왔다.[231] 예속된 소작인이 없는 수많은 소규모 장원들에서는 대안이 없었기에 노동력을 고용했으나, 많은 직영지에서 경작을 위한 노동력 공급은 부적절했다.[232] 이는 교구목사에게 속한 수천 개의 소박한 교구교회 소속 경작지glebe farm에도 마찬가지로 적용되었다. 남부 잉글랜드의 글래스턴베리 수도원장이나 윈체스터 주교가 관장하는 대규모의 농노 노동에 의한 영지들은 매우 예외적 사례였다.[233]

대부분의 영주들은 예속 노동력의 공급이 자신들의 필요를 충족할 경우에도 장원 노동자 또는 종복famuli(후대의 경작 농노)의 상설 관리자를 통해 직영지를 관리하는 것을 선호했다. 이들 노동력은 임금노동자와 장원 관리인bailiff의 감독을 받았고, 식량, 주거, 고정 임금을 보상으로 받으며 기간제 혹은 연례 계약에 의해 고용되었다.[234] 잉글랜드의 대다수 장원에서 이들은 밭을 갈고, 써레질을 하고, 씨를 뿌리고, 수확하고, 수레로 짐을 옮기고, 사역하는 가축을 관리하고, 양을 치는 노동자였다. 결과적으로 부역

노동을 통한 영주의 산출 비율은 생산량의 8%에 불과한 반면, 고용된 노동력에 의한 생산량은 그 10배 이상을 차지했다.[235] 실질적인 자유토지 보유권자 그리고 심지어 많은 버게이트 경작농yardlander•도 의심할 여지 없이 임시 노동력이나 1년 단위로 노동력을 고용했다. 농노를 보유한 영지에서 주 단위 노동자에 의존한 버게이트 경작농은 종종 12½헥타르 경작지를 관리하고 영주 직영지에 대한 과중한 노동 의무를 수행하기에 가족 노동력이 충분하지 않아, 그들의 부역을 대신할 노동자를 고용했다.[236]

그와 대조적으로 소규모 토지 보유자는 대체로 보유한 토지에서 얻을 수 있는 소득 이상의 노동력을 지녔으며, 13세기를 지나며 농촌 가구에서 점점 더 높은 비중을 차지하게 되었다. 구직자 수가 증가함에 따라 노동자들의 실질임금은 감소했기 때문에, 잘 발달된 노동시장이 없었더라면 그와 같은 가구들은 생존할 수 없었을 것이다. 한편 하루 중 더 많은 시간을 일하고, 1년 중 노동 일수를 더 늘렸으며, 가족 구성원들이 모두 노동시장에 참여해야만 어느 정도 소득을 유지할 수 있었음에도 불구하고, 동반되는 고용의 확장이 뒤따르지 않았기 때문에 실질임금의 하락에 대한 압력은 가중되었다.[237] 농촌에서 공동체적 권리를 포함하여 어떤 형태의 토지도 보유하지 않은 채 온전히 노동에만 의존하여 생계를 꾸려 가던 사람은 아직 소수에 불과했다. 가족의 형성과 가구의 생계에 대한 안정적인 기반을 제공하기에는 임금 소득을 위한 고용 기회가 계절에 따라 그리고 해마다 너무 큰 편차를 보였다. 작은 오두막과 뜰이 있고 공유지에서 소나 양을 키우더라도, 최소한의 농지를 갖고 있지 않으면 경제 활동이 침체된 계절과 궁핍한 해들을 넘기기가 어려웠다. 따라서 숙식하는 노동자의 주요 공급원은 노동력에 여유가 있는, 사료에 'garciones'••라고 표

• '버게이트(virgate)' 또는 '야드랜드(yardland)'는 잉글랜드의 면적 단위이자 징세 단위. 1버게이트는 12½헥타르 또는 30에이커에 해당하며, 이는 표준적인 농노 보유지 중 최대 규모였다.

•• '종'을 의미하는 중세 라틴어.

현된, 기존 소작농 가구 출신의 청년들과 초과된 노동력을 지닌 오두막살이농과 소규모 토지 보유자였다.[238] 즈비 라지Zvi Razi는 우스터셔의 헤일소언에서 소작농의 자녀들 중 다수가 오두막살이농cottagers, 공유지권 보유농commonors, 무단거주인squatters, 전차농轉借農, sub-tenants 등 사회적으로 하향 이동하여 장원에 임금노동을 지속적으로 공급했음을 확인시켜 주었다.[239] 그처럼 의기소침한 상태에서 아무런 토지도 보유할 수 없던 자들은 늘 궁핍하여 유랑하기 일쑤였으며, 임금노동자보다는 걸인과 도적이 되곤 했다. 그렇지만 신체가 온전한 부랑자는 당대에 온갖 사회적 비난의 대상이었다.[240]

토지시장은 1170년대와 1180년대에 헨리 2세가 토지에 대해 법적으로 안전하고 방어 가능한 사적 소유권을 수립하는 제도적 개혁을 기다려야 했기 때문에 노동시장에 비하여 발전 속도가 훨씬 느렸다.[241] 국왕이 임명한 재판관들로 구성된 국왕 법원에서 강행한 보통법의 제정은 13세기를 거치며 자유 보유지 시장의 진정한 성장에 핵심적인 전제 조건을 제공했다. 이러한 시장의 성장에 대한 실질적 증거는 토지의 수여, 매매, 교환, 양도 또는 임대에 대해 영지 소유자의 문서고, 지방 상서청 그리고 다른 보관처 등에 남아 있는 수천 종의 사적 특허장을 통해 확인할 수 있다.[242] 성직자들이 보유한 기능의 상업적 이용 가능성이 증대된 것은 자유 보유지의 양도를 위해 국왕 법원에서 개발한 저렴하고 효과적인 법적 절차와 마찬가지로 토지시장의 성장에 커다란 동력을 제공했다.[243] 특히 1160년대 이래로 이루어진 일련의 법적 개혁은 국왕 법원에서 소송을 시작하는 데 필요한 영장의 효율성과 범위를 확장시켰다.[244] 자유 보유지를 거래하는 자유 보유농만이 이와 같은 편의를 이용할 수 있었지만, 장원이 가장 많은 저지대 잉글랜드에서 자유 보유지와 농노 보유지의 공존은 자유 보유지가 시장을 주도하던 곳에서는 농노 보유지를 거래하는 지방의 장원 시장이 뒤를 추종했음을 의미했다.[245]

예속 신분의 소작농들 사이의 농노 보유지 판매와 임대는 국왕 법원의 관할권 밖에 있었으며, 대신 장원 법원의 사법권에 속했다. 이 법원의 기록은 자유 보유지에 통용되는 것 이상으로 관습 보유지의 양도에 대한 보다 포괄적인 목록을 제공한다.[246] 비록 글래스턴베리 수도원장 같은 일부 영주들이 보유에 기반한 배당과 노동 및 현금 지대의 부과를 절충하는 데 대해 단호히 반대했지만, 대부분의 영주들은 농노 보유지의 판매는 물론이고 5년 이상 임대에 대해 장원 법원에 등록하고 등록비를 지불하는 조건으로 임대도 용인했다. 같은 영지 내의 장원들 사이에도 관습에서 큰 차이를 보였기 때문에 이는 지방적 편차가 큰 시장이었다.[247] 윈체스터 주교의 파이프롤에 따르면, 관습 보유지 시장에 대한 가장 이른 시기의 증거를 제공하며, 다른 영지에서 이에 상응하는 증거들이 나타나기 시작하는 것은 1240년경이 되어서였다. 당시 이 '생존자들 사이inter vivos'에서 농노 보유지의 양도는 국왕 법원의 언어와 관습을 채택하고 있었다.[248]

토지에 대한 안전하고 양도 가능한 사적 재산권의 확립은 토지에 담긴 자본의 가치를 활성화시키는 데 도움을 주었으며, 다른 한편 인플레이션을 유발했다.[249] 재산권이 실질적으로 탄생했던 1176-1215년 동안 가격은 평균적으로 2배가 되었으며, 그 후 1310년대에 정점에 이를 때까지 꾸준히 상승했다(그림 2.14).[250] 결과적으로 토지는 가치를 인정받는 자산이 되었다. 토지의 가치 상승은 한편 자본시장의 성장을 조장했다. 비록 헨리 2세의 법적 혁신이 시작되기 훨씬 이전에 잉글랜드에서 신용거래와 현금 대부가 널리 퍼져 있었지만, 이러한 혁신으로 인해 의미 있게 성장했고 경제생활의 대부분의 측면에서 없어서는 안 될 구성 요소가 되었다.[251]

잉글랜드 자본시장의 성장은 유대인 재정가들에게 많은 신세를 졌는데, 그들은 오랫동안 잉글랜드 신용대출시장을 주도했다. 윌리엄 1세와 헨리 1세는 잉글랜드에 유대인 공동체가 정착하도록 했으며, 그들은 여기에서 금은 거래, 환전과 대부의 기회를 활용하여 부를 축적했다.[252] 13세기 동안 그들은 훨씬 더 대부업에만 의존했으며, 13세기 전반에는 실질적인 독점권을 향유했다. 잉글랜드의 유대인들은 담보물 저당에 대한 보상으

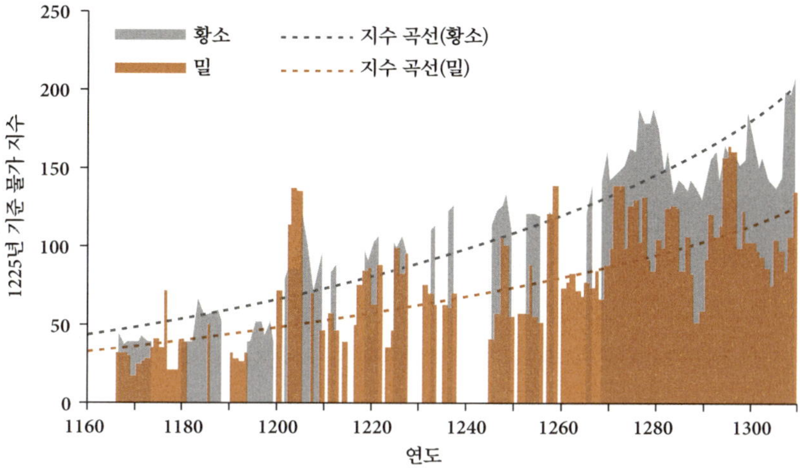

그림 2.14 | **잉글랜드의 물가 상승, 1160-1309년**
출처: Clark(2009).

로 대부 시스템을 발전시켰는데, 여기서 유대인 자금은 채권 목록과 채무 징수에 대한 신뢰할 만한 기제를 제공했다.[253] 대부를 포함한 자산에 대한 상세한 기록이 남아 있는 1240년대에 로버트 스테이시Robert Stacey는 잉글랜드의 유대인 공동체가 이자를 제외하고도 전체적으로 7만 6,500파운드에서 7만 9,000파운드 사이를 저당 잡았다고 추산한다. 이는 당시 잉글랜드에서 유통되는 주화 가치의 약 1/5에 해당하며(표 2.4), 대략 국민총소득의 2%에 해당하는 금액이다.[254]

그렇지만 1260년대부터는 주로 정치적 이유에서 유대인 대부업자들의 활동이 점차 제한되거나 박탈되었으며, 그들의 자본자산이 국왕 세금의 부과로 심하게 고갈되었다. 또한 그들은 유럽 전역에서 부상하고 있었고, 특히 잉글랜드에서 극심했던 반유대주의로 인해 고초를 겪었다.[255] 1290년 에드워드 1세가 그들을 추방하기 직전에 유대인들의 대부는 대부분 소규모였고, 단기적이었으며, 농촌에 대한 것이었다. 즉, 그들은 농민을 상대로 한 전당업자이자 자본 공급자였다. 그들의 운이 기운 만큼 기독교 금융가들의 운은 상승했다. 사실상 일단 토지가 대부를 위한 가장 일반적인 담보로 제공될 수 있게 되자 이탈리아인들은 신용거래를 증진시키는 데 유대인들보다도 훨씬 강한 이해관계를 갖게 되었다. 부채에 대한 압류가 토지 재산을 획득하는 수단을 제공했는데, 유대인들은 실질적으로 이로부터 배제되어 있었기 때문이다.[256] 이는 기독교인들이 좀 더 적극적으로 신용시장에 참여한 13세기 말에 토지시장이 활성화된 것으로 보이는 이유를 설명하는 데 도움을 준다.[257]

잉글랜드에서 마침내 기독교 대부업자를 유대인 대부업자와 동등하게 대우하도록 규정한 1283년의 '액턴 버넬Acton Burnell 법'이 제정된 후 신용시장의 규모는 1285년 상인법에 의거해 등록된 부채증명서로 추정할 수 있다. 1290년과 1309년 사이에 등록된 연간 총 부채증명서는 167건에서 864건 내로 변동했고, 그 총액은 3,000에서 2만 7,000파운드에 달했다.[258] 건별 부채 평균액은 1284-89년 사이에 인상적이게도 17파운드였고, 그 이후 꾸준히 증가했다. 하지만 하층농민husbandman이 평균적인 토질의 땅 몇 에이커를 구매 계약하기에 충분한, 상대적으로 적은 금액의 부채들도 많이 등록되었다. 실제 채무자와 채권자 중에는 촌락과 도시, 속인과 성직자, 신분이 낮은 자와 높은 자 등에서 주요 직업의 전형들이 대부분 포함되어 있었다. 이 증명서들이 왕국 내에서 계약된 모든 관련 부채를 진정으로 대표하는지 여부는 논쟁의 여지가 있지만, 파멜라 나이팅게일Pamela Nightingale은 그렇다고 가정할 경우 미지불 부채가 연간 평균 1만 파운드를 상회했다고 추산한다.[259] 만약 계약된 모든 부채의 1/5이 미지불 상태로 남아 있다면, 이는 총 5만 파운드의 신용을 의미하고, 속인과 성직자를 포함하여 국가 총 과세 대상 자산의 2.6%, 국민소득의 1.0-1.5%에 해당한다. 의미심장하게도 국가의 과세대상 자산이 1290-91년을 정점으로 감소함에 따라 부채 규모도 얼마 지나지 않아 15만 파운드까지 증가했다.[260] 아마도 이는 신용부채의 최소 추정치일 것이다. 연 이자율이 10%를 상회했다면, 그중 대부분의 대부는 수년보다는 수개월 정도의 단기 용도

였다.[261]

국왕들은 전쟁을 수행하기 위해 대규모 신용대출이 필요했다. 왕국의 귀족과 성직 엘리트들은 세금 납부, 건축, 그리고 과시적으로 베풀고 소비하는 생활방식을 뒷받침하기 위해 돈을 빌렸다. 그 외에 농업 생산에 직접 관여하는 자들도 파종과 수확, 양의 사육과 털 깎기, 가축의 번식과 도축 사이의 불가피한 지체를 막기 위해 신용대출을 필요로 했다. 하층농민은 곡물과 양모를 수확한 후 갚을 요량으로 토지, 가축, 종자, 농기구 및 건물을 신용으로 구입했다. 좀 더 위험을 감수하는 경우에는, 토지와 가축의 안전성에 역행하여 사업을 확대하기 위해 돈을 빌리기도 했다.[262] 특히 많은 수도원은 이탈리아 상인들에게 양모를 대량으로 판매하기로 미리 약속했으나, 이러저러한 이유로 공급할 수 없게 되어 심각한 재정적 어려움에 빠졌다.[263] 어쩔 수 없이 파산한 기관들은 부채를 청산할 때까지 관재인이 재산을 관리하는 상황에 놓였다.[264] 그 기관들의 어려움은 소규모 생산자들에게 반영되었는데, 이들은 1290년대에 시작되어 14세기 전반에 큰 흔적을 남겼던 반복적인 수확 실패로 인해 근근이 이어지던 신용 조달마저 무산되고 말았다.[265] 경제가 상업화되면 될수록 의심할 바 없이 사람들은 점점 더 신용거래에 의존하게 되었다.

신용거래를 촉진하는 자들에는 전문 대부업자, 상인, 도시민 등이 있었고, 수입이 가계 지출을 크게 초과하던 촌락의 교구사제도 빼놓을 수 없다. 장원 법원, 자치도시 법원, 주 법원 그리고 국왕 법원에 제출된 빚에 대한 청원들은 이러한 신용 사업의 규모와 범위는 물론 그에 관여한 사람들을 두드러지게 조명한다.[266] 그러나 신용거래가 광범위하게 보급되었음에도 불구하고, 특히 인구가 가장 많고 상업화되었던 잉글랜드의 남부와 동부에서조차 자본시장은 아직 견실하게 중앙집중화되어 있지 않았다. 1329년 미카엘 축일 절기에 민사소송 법원에 등재된 부채 소송에 대한 분석은 런던이 국가 내에서 가장 큰 신용거래의 원천이기는 하지만, 대부활동은 대부분 남부와 동부 내의 인근 주들에 국한되었음을 보여 준다.[267]

런던이 잉글랜드 신용시장의 수도로 부상하는 것은 아직 미래의 일이었다.[268]

클라크는 영구 임대료를 이용하여 1170년대 이래로 자본 비용cost of capital•을 추산했다. 1330년대까지 연간 이자율은 8% 이하로 떨어진 적이 없었으며, 대부분 10%를 초과했고 절정기였던 1320년대에는 12%를 넘어섰다.[269] 대부에 대한 이자율은 채무자가 채무를 이행하지 않을 위험 때문에 일반적으로 더 높았다. 채무 불이행의 위험이 클수록 신용거래 비용이 더 비쌌는데, 특히 위험을 상쇄할 담보가 거의 또는 전혀 없는 경우가 그러했다. 1270년에서 1340년 사이 잉글랜드의 국왕들은 왕국의 세금 수입을 담보로 이용할 정도로 충분한 신용을 갖고 있었기에, 연이율 15% 안팎으로 돈을 빌릴 수 있었다.[270] 그렇지만 1294-95년과 1340-41년의 재정적 긴급 상황 동안 협상한 단기 대부에 대한 연이율은 그보다 10배나 높았다.[271] 두 경우 모두 대부의 필요성과 그에 따르는 비용이 동시에 극적으로 증가했다. 잇따른 세 명의 에드워드 국왕은 상당한 군비를 긴급히 마련하는 과정에서 주로 이탈리아 상인들에게 눈을 돌렸다.[272]

리차르디가家, 프레스코발디가, 바르디가, 페루치가 그리고 다른 주요 이탈리아 은행가들이 잉글랜드 국왕에게 대부하여 확보할 수 있던 수익은 이탈리아 도시 공화국에서 얻을 수 있는 것보다 높았다. 이 도시 공화국들은 더 우월한 재력, 더 진일보한 상업 발전, 그리고 더 튼실한 제도적 안정성으로 인해 유럽에서 가장 낮은 이율을 유지한 것으로 보인다.[273] 엡스타인에 따르면, 장기 대부에 대한 연이율은 1285-1326년 베네치아에서 8-12%, 1303-1340년 제노바에서 6-12%였다.[274] 어떤 경우이든 자본과 신용을 대부하는 기독교인들은 교회의 대금업 금지 규정을 위반하지 않기 위해 다양한 수법을 고안했다. 그에 따라 이자 지급은 대부자에게 주는 '선물', '지체된' 채무 청산에 대한 보상, 또는 수령한 대부액의 규모를 부

• 개인이나 기업이 조달·운용하는 자본과 관련해 부담해야 하는 비용.

풀리는 회계장부 조작 등으로 위장되었다.[275]

c. 은 산출과 화폐 공급

이탈리아에서는 적어도 로마 시대 이래로 주화가 교환수단, 거래 단위, 그리고 가치의 저장수단으로 이용되어 왔다. 그와 대조적으로 잉글랜드는 다른 여러 북유럽 지역과 마찬가지로, 로마 제국의 통치가 붕괴하면서 주화가 유통되지 않는 상태로 전락했다. 7세기 초 이후 잉글랜드에서는 주화가 더 이상 주조되지 않았다. 그 후 화폐가 다시 일반적으로 사용되기까지는 수 세기가 걸렸다. 그 이유는 화폐 유통이 정화正貨 공급의 확대와 더불어, 1페니로 빵 한 덩어리를 사고 1/2페니 혹은 그보다 하위 단위로 더 가치가 작거나 적은 수량을 구매할 만큼 개별 정화의 단위 가치가 낮아지는 것을 조건으로 하기 때문이었다. 그리고 이를 위해서는 다시 은 공급의 지속적인 확대가 필요했다. 그때까지 물물교환이 정상적인 교환수단이었으며, 지대와 다른 지불은 대부분 현물로 이루어졌다.

1130년경 잉글랜드 북부의 컴벌랜드, 노섬벌랜드, 더럼에서 은광석이 발견되었고, 작은 규모의 실버러시가 잇따랐다.[276] 한동안 잉글랜드는 중요한 은 생산지였다. 그 후 1168년 독일 프라이베르크Freiberg에서 훨씬 더 풍부한 은광이 발견되었고, 이로부터 시작된 유럽의 은 생산 열기는 160년 동안 지속되었다.[277] 프라이베르크 광산의 산출량은 급증하여 13세기 초 정점에 이르렀는데, 피터 스퍼퍼드Peter Spufford는 이 무렵 이 광산에서 연간 최소 20톤의 은을 생산했으리라고 추산한다. 이는 당대의 기준으로 볼 때 엄청난 양으로 1,800만 은화 페니를 주조하기에 충분한 규모다.[278] 프라이베르크의 주조되지 않은 은도 국제교역에 빠르게 유입되었다. 그것은 1170년대에는 쾰른, 플랑드르, 그리고 프랑스 북부의 샹파뉴 정기시에서 발견되고, 1180년대 이래 잉글랜드로 수출되었으며, 1190년대까지는 일드프랑스와 이탈리아에도 이르렀다. 새로운 주화 제조는 도처에서 진행되었다.[279] 이는 화폐경제를 촉진시켰을 뿐 아니라, 유럽의 아시아 사치품 수입의 지속적인 확대를 지탱해 주었다. 유럽은 부분적으로 대규모 금 수출과 여러 형태의 은화로 레반트에 지불했다.[280]

마틴 앨런Martin Allen은 주조소 기록과 주화 저장물을 근거로 프라이베르크 광산 운영 초기 40년 동안(대략 1170-1210년) 잉글랜드 통화 유통액이 약 3만 3,000파운드에서 20만 파운드로 대략 5-6배 증가했다고 추정한다(표 2.2). 이는 경제가 흡수할 수 있는 것보다 증가 속도가 더 빨랐기에 이전 2세기 동안 거의 변화 없이 유지되던 가격이 폭등하는 결과를 초래했다.[281] 동시에 발생한 토지에 대한 사유재산권의 확립에 따른 신용거래의 성장은 가격 상승을 더욱 부채질했다.[282] 13세기 1/4분기에 잉글랜드 가축 가격은 2배, 곡물 가격은 3배나 상승했다(그림 2.14). 1203-4년의 심각한 수확 위기는 현저한 가격 급등을 촉발했는데, 위기가 끝난 뒤에도 가격은 이전 상태로 회복되지 않았다.[283] 국가의 순은 비축과 신용거래가 꾸준히 확대되면서 오히려 가격은 이후 한 세기 동안 연평균 0.5%씩 지속적으로 상승했다.[284] 주석, 납, 그리고 특히 양모와 직물의 수출 호황으로 잉글랜드 은은 꾸준히 축적될 수 있었다.[285]

프라이베르크는 이 인플레이션 기간 내내 유럽 경제에 은을 지속적으로 공급했다. 그렇지만 당시 기술로 채굴할 수 있는 광석이 점차 고갈되어 감에 따라 공급 비율은 서서히 축소되었다. 13세기 초부터 오스트리아 알프스의 프리자흐Friesach, 슈티리아Styria, 카린티아Carinthia 그리고 토스카나의 몬티에리Montieri에서 개장한 광산에서도 한동안 상당량의 은이 산출되었다. 1230년경 보헤미아와 모라비아의 경계에 있는 이흘라바Jihlava에서 발견된 광산에서는 그보다도 훨씬 더 많은 매장량이 확인되었다. 13세기 중반부터는 사르데냐의 이글레시아스Iglesias 광산의 산출량도 주목을 받았으며, 이는 1330년대까지 유지되었다. 이 모든 광산은 호황에서 파산으로 이어지는 독특한 은 생산의 연대기를 보여 준다. 한편, 데번의 비어 앨스턴Beer Alston을 포함하여 유럽의 다른 지역에 흩어져 있는 매장량이 적은 광산들의 발견 및 채굴은 프라이베르크 생산량의 감소를 상쇄하는 데 기여했다. 드디어 "세기말에는 보헤미아의 쿠트나 호라Kutná Hora에서 전 기간을 통틀어 가장 생산량이 많은 광산이 개장했는데", 절정기에는 연간 생산량이 20-25톤을 초과했다.[286]

유일하게 1420년대에 절정이었던 플랑드르를 제외하면, 1350년 이전에 주화 생산 기록이 있는 도시들과 국가들, 예컨대 피렌체, 바르셀로나, 샤르데냐, 프랑스, 잉글랜드 등에서는 1500년 이전 그 어느 시기보다도 14세기 전반에 가장 많은 은화를 찍어 냈다.[287] 이 시기는 확대된 은 채굴 호황에 힘입어 일상생활에 사용되는 소액의 주화 생산이 일시적으로 정점에 도달한 때였음이 거의 확실하다. 아시아와의 교역에서 발생하는 큰 폭의 결손을 메우기 위해 생산된 은 가운데 상당한 비중을 투입했기 때문에, 은 생산량의 유지는 국내는 물론 국제 교역의 번영을 위해서도 중요했다.[288] 아프리카 금의 구매, 마모로 인한 회복할 수 없는 손실, 그리고 성지순례 비용 등과도 결부되어, 라틴 기독교 세계는 금은 재고를 지속적으로 보충하는 것이 필요했다. 큰 금액, 특히 국제적 차원의 결제는 분명 은보다 금으로 하는 것이 더 편리했다. 아니나 다를까, 이 무렵 금은 두 종류의 통화를 교환하고 금화 주조에 앞장선 곳은 이탈리아 도시 공화국들이었다.[289] 제노바와 피렌체는 북아프리카와의 교역을 통해 충분한 금을 축적하여, 1252년경 제노비노genovino와 플로린florin을 주조하기 시작했다. 베네치아도 뒤이어 1284년에 두카트ducat를 주조하기 시작했다. 그러나 잉글랜드 주조소들은 에드워드 3세(재위 1322-77)가 국제적으로 거액을 지불하던 1340년대까지 첫 번째 금화(레오파드leopard, 그 후 노블noble)를 찍어 내지 않았다.[290]

잉글랜드는 결코 귀금속의 주요 생산국이 아니었으나, 오랫동안 대륙과의 흑자 교역을 유지해 금은이 풍부했고, 그 결과 유럽 경제에서 가장 화폐 유통이 활발하였다. 앨런이 보정한 추정치에 따르면, 잉글랜드 명목상 통화가 1158-1319년 사이에 90배 이상 증가했으며, 그 총액은 거의 200만 파운드를 초과할 정도였다(표 2.2와 2.3). 1150년대 1인당 2펜스에 불

표 2.2 | **잉글랜드 통화량 추정치, 1086-1331년**

연도	통화 중간값 추정(£)	오차 한계(£)	오차 한계(%)	1인당 페니 근삿값
1086	30,000	± 7,500	± 25	4 ± 1
1158	22,500	± 7,500	± 33	2 ± 1
1180	37,500	± 22,500	± 60	3 ± 2
1210	200,000	± 100,000	± 50	14 ± 7
1247	475,000	± 15,000	± 3	27 ± 1
1279	650,000	± 150,000	± 23	35 ± 8
1282	835,000	± 35,000	± 4	44 ± 2
1290	1,150,000	± 150,000	± 13	58 ± 8
1310	1,700,000	± 200,000	± 12	88 ± 10
1319	2,050,000	± 250,000	± 12	118 ± 14
1331	≥ 1,700,000	± 200,000	± 12	≥ 92 ± 11

출처: Allen(2012), 344.

표 2.3 | **잉글랜드 연간 통화량 증가율 추정치, 1158-1348년**

연도	연간 성장률(%)	
	통화량	1인당 통화량
1158-1180	2.3	2.2
1180-1210	5.7	5.1
1210-1247	2.4	1.9
1247-1290	2.1	1.8
1290-1319	2.0	2.5
1319-1348	-3.3	-3.8

출처: Table 2.4.

과하던 통화 공급은 유럽 대기근Great European Famine 직전 1인당 90펜스까지 증가했고, 인구 재앙 직후에는 1인당 거의 120펜스로 늘어났다. 따라서 1인당 화폐 공급은 장기 13세기 동안 약 30배 증가했으며, 이는 연평균

2.6%에 달했다. 1140년대와 1150년대에 한동안 잉글랜드 자체의 실버러시로 이미 상당히 활성화된 은 공급은 프라이베르크 광산의 은이 유입되기 시작한 이후 더욱 불어나면서, 1180년부터 1210년 사이 인플레이션이 일어나던 수십 년 동안 5%를 초과하여 거의 평균의 2배 이상으로 빠르게 증가했다. 런던 주조소에서 필요로 한 거의 모든 금속 수요를 대륙에서 확보해야 했던 13세기 중반에 이를 가장 적극적으로 공급한 자들은 런던 상인들이었다.[291] 그들은 국가의 팽창하는 해외교역 지분을 늘리는 데 몰두하면서, 그들 스스로는 물론 대도시 런던을 풍요롭게 하기 위해 상품을 수출한 대가를 금은으로 받았다. 상인들은 무엇보다도 대륙의 의류 생산업자들에게 양모와 염색하지 않은 직물을 지속적으로 수출하여 잉글랜드로 많은 양의 은을 끌어들였으며, "잉글랜드 내에서의 모든 상거래는 잉글랜드의 주화로 이루어져야 한다"라는 국왕의 요구로 인해 대부분의 은은 주조소로 흘러 들어갔다.[292]

불가피하게 화폐 공급량의 누적된 증가는 인플레이션을 유발했다. 다양한 주요 상품들의 가격은 13세기 내내 꾸준히 상승하더니, 기근이 발생하던 1315-18년에는 천정부지로 치솟았다. 예를 들면, 150년 전과 비교하여 14세기 초에 밀 가격은 3배, 황소 가격은 4배 높은 수치를 기록했고, 연평균으로는 0.9-1.0% 상승했다(그림 2.14). 결과적으로 1페니의 구매력은 사소한 물품의 일상적인 소량 거래도 점점 더 그 범위 안에 들어올 정도로 하락했다. 1300년에 가장 작은 통화 단위인 1파딩(1/4페니)으로 빵 1/4덩어리, 버터 1/4-1/2파운드, 치즈 1/2파운드, 소금에 절인 청어 2마리, 양초 2온스, 소금 5파운드, 계란 6개, 쇠못 6온스, 또는 비숙련 장원 노동자의 2시간 노동을 구매할 수 있었다. 인플레이션은 또한 가격 인상에 대한 기대를 불러일으켰고, 이에 따라 투자를 자극하고 시장 참여를 확대하는 데 기여했다.

금은이 점점 더 풍요로워지던 상황에서 화폐가 국가가 선호하는 교환수단으로 빠르게 확립된 것은 전혀 놀라운 일이 아니었다. 국왕의 주조

독점권과 주화의 건전성 유지 정책도 통화에 대한 신뢰도를 높였다. 노동이나 현물의 단순한 쌍무 거래는 노동과 상품을 화폐로 구매하고, 그 화폐로 지대를 내고 상품과 서비스에 대한 대가를 지불하는 좀 더 집약적이며 복잡한 다자간 거래 방식으로 전환되었다. 당대 자치도시, 시장, 정기시의 확산에 반영되었듯이(그림 2.13), 결국 시장 활동은 거의 기하급수적으로 성장했으며, 그와 더불어 시장들 사이의 중계 거래의 기회도 증가했다. 유동성의 증가가 거래 비용을 감소시키고 전문화를 진전시킴에 따라 개인, 가구 그리고 공동체들 사이의 상업적 상호 의존성도 증대되었다. 자원도 이제 그것이 창출할 수 있는 화폐의 관점에서 평가되었고, 좀 더 기민하게 궁리하던 자들은 이익과 손실의 관점에서 생각하고 가축과 토지에서 얻을 수 있는 수익을 계산하기 시작했다.

d. 확대된 농업 생산

중세 성기 잉글랜드에서의 인구 및 상업의 약진과 고급 양모와 값싼 반제품 직물의 수출 증가는 농업 생산의 향상에 의해 뒷받침되었다. 후자는 한편으로 중세 태양극대기, 그리고 북서유럽의 경우에는 그에 동반되는 온난하고 습한 겨울과 따뜻한 여름이라는 중세 온난기의 상대적으로 양호한 기후 조건에 의해 지지되었다. 유럽 전역의 농민들과 마찬가지로 잉글랜드의 하층농민은 다양한 형태의 혼합농경을 수행했다. 이를 통해 위험을 분산시키고, 영양분의 재활용을 용이하게 하고, 여러 가지 경작 용구와 가축 생산물을 산출함으로써 다양한 물리적 환경과 시장 기회에 탁월하게 적응할 수 있었다. 쟁기질, 써레질, 운반 등의 필수적인 작업을 수행하기 위해 사역동물을 광범위하게 활용했다. 이로 인해 1300년경 잉글랜드에서는 농장 일에 여러 종류의 사역동물들이 인간보다 약 4배나 많은 근력으로 기여했다.[293] 따라서 적절한 수의 사역동물의 유지 및 교체는 곡물 생산의 지속에 필수적이었다. 그중에서는 풀을 뜯는 황소가 가장 많았다. 더불어 대부분의 곡물은 물의 힘을 이용하거나 1180년 이후 바람에 의해

작동되는 방앗간에서 기계적으로 빻았다.[294]

사역동물에 대한 높은 의존도 때문에 상당한 자원을 이들 동물을 먹이고 돌보는 데 투입해야만 했으며, 사람들의 주식인 주요 식량을 생산하기 위해 많은 토지가 필요했다. 게다가 이러한 농업경영체제에 필수 요소였던 많은 양의 값비싼 노동과 고정자본, 그리고 통곡물을 거친 가루나 분말로 가공하는 방앗간의 존재는 각 사람이 소비하는 칼로리를 위해 생산 및 가공에 비교적 많은 비용이 든다는 것을 의미한다. 스프 한 그릇, 빵 한 덩어리, 맥주 1파인트, 치즈 1파운드, 베이컨 한 조각, 고기 한 덩어리의 부가가치는 상당했다. 그럼에도 불구하고 이러한 농경체제의 개발 잠재력은 그보다도 더 컸다. 사역동물을 이용한 엄청난 에너지 보조는 농업 노동생산성을 한층 더 높이는 잠재적 원천이었다. 상당한 양의 고정자본과 운전자본working capital•의 창출 및 유지는 건설 노동자, 대장장이, 목수, 수레바퀴와 방앗간 장인들에게 보다 숙련된 부가적 일자리를 만들어 주었다. 거의 모든 농촌 마을에 있었던 방앗간 주인들은 톱니와 기어에 대한 실용 지식을 지니고 있었다. 식품의 가공, 양조, 그리고 산업 생산을 위한 밀짚, 아마, 대마, 가죽, 양모 등 농업 원자재의 준비는 남녀 모두에게 많은 파생적 고용 기회를 창출했다. 철과 맷돌 같은 주요 재료는 구매해야 했는데, 종종 원거리에서 들여왔고, 늘 초과 생산량과 운전자본 중 여분의 항목을 처분해야 했다. 결국 이러한 농경체제는 교환을 통해 번창했으며, 제조업과 상업의 성장에도 기여했다.

가축은 운전자본의 큰 부분일뿐더러 없어서는 안 될 자원을 대변했다. 가축이 끄는 쟁기, 써레, 수레, 마차도 마찬가지였다. 말, 황소의 앞발 편자, 보습, 바퀴의 틀, 삽날은 숯으로 가열된 용광로에서 벼린 철로 씌웠다. 목재는 때로 이탄 또는 석탄으로 보완되거나 대체되기도 했는데, 쇠를

• 개인이나 기업의 자본 중 일상적인 사업의 운영에 필요한 자본을 말한다. 영업자본이라고도 한다.

불리고 난방하고 빵을 만들거나 요리하기 위해 사용되는 다목적 연료였다.[295] 용재用材는 대부분의 농기구, 이동수단 및 건물에서 가장 큰 단일 구성 요소였다. 그로 인해 삼림은 말, 소, 양, 돼지 등의 가축을 방목하기 위한 초지, 다양한 곡물과 콩과작물(밀, 호밀, 보리, 귀리, 완두콩, 콩, 살갈퀴 등)을 재배하는 경작지와 더불어 농촌의 토지 이용에서 핵심 요소 중 하나였다. 이러한 토지 이용의 다양성과 곡물과 가축의 결합 생산으로 인해 잉글랜드의 농업은 주로 혼합된 특성을 띠게 되었다. 이 구성 요소들은 상이한 토양, 지형, 기후 조건 및 제도적 환경에 적응했을 뿐 아니라 그 노동 강도와 생산성에 따라 차이를 보였으며, 더불어 상업적 기회에 맞춰 다양한 경작 방식을 구성할 수 있었다.[296]

1300년경 잉글랜드 농업 생산자들은 1086년보다 최소 300만 명이 많은 인구를 성공적으로 부양할 수 있었다. 여기에는 총 인구의 약 1/8을 차지한 대폭 확대된 도시 인구도 포함되었다.[297] 새로 생겨난 여러 주요 도시들 중 런던이 단연코 가장 컸다. 중세적 성장의 정점에서 대도시 런던에는 최소 7만 명의 주민이 살았으며, 광대한 농촌 배후지로부터 식량과 연료가 공급되었다.[298] 도시가 더 컸더라면, 의심할 여지없이 더 확대된 배후지에서 더 많은 식량이 공급되어야 했을 것이다. 농업은 또한 각종 원예, 경작, 목축 및 삼림 생산품들을 보다 확장되고 다양해진 제조업종에 공급했고, 1차 농산물 중 상당한 양은 해외로 수출되었다.[299] 양모와 가죽은 가격 기준으로 순농업생산의 15% 이상을 차지했으며(표 2.4), 양모와 직물은 잉글랜드 수출에서 가장 큰 몫을 차지했다. 14세기 초 양모 수출 경기가 절정에 이르렀을 무렵, 연간 800만-1,000만 마리 분량의 양털이 잉글랜드에서 외국으로 이동했다.[300] 그 가치는 주요 농업 수입품이었던 포도주의 가치를 훨씬 능가했다.

잉글랜드 농업생산량 증가의 가장 직접적 원천은 대대적인 농지 개간이었다.[301] 둠즈데이북에 열거된 보유지의 수와 크기에 따르면, 1086년에 경작지는 250만 헥타르에도 미치지 못했고, 기껏해야 비슷한 규모의

표 2.4 | 금액 기준 잉글랜드 농업의 연간 순총생산량 백분율, 1300-9년

생산물		금액 기준 연간 순총생산량(%) (종자 및 사료비 공제)	
곡물	밀	25.7	49.9
	호밀/마슬린•	3.2	
	보리/드레지••	12.0	
	귀리	8.9	
콩과작물			1.3
경작 소계			**51.2**
육류	소고기	2.3	20.7
	양고기	13.4	
	돼지고기	5.0	
우유			11.7
양모			14.6
가죽			0.7
건초			1.1
목축 소계			**48.8**
농업 총량			**100.0**

출처: Broadberry and other(2015), 116-17.

초지, 엄청난 면적을 차지한 삼림 그리고 상당 부분의 황무지가 남아 있었다.[302] 1300년경 많은 잠재적 농지가 여전히 공동 목초지와 황무지, 국왕의 숲, 개인 사냥터 등으로 남아 있었지만, 간척 사업과 더불어 초지와 숲의 경작지로의 전환에 의해 농지가 2배 이상 증가하여 530만 헥타르가 되었다. 이는 19세기의 580만 헥타르보다 약간 작은 수준이었다.[303] 많은 저지대 경작 지역의 확장은 여러 종류의 영구 목초지의 희생으로 가능했는

• 마슬린(maslin)은 밀과 호밀의 혼합물이다.

•• 드레지(dredge)는 귀리와 보리의 혼합물이다.

데, 주로 초식을 하는 사역동물을 키우기 위해서는 초지를 어느 정도 보존해 두어야 했기에 농지의 확장에 한계가 있었다. 국가적 차원에서 보면 이러한 저지대 목초지의 상실은 의심할 바 없이 다른 곳에서 새로운 초지가 형성되었기에 상쇄되었다. 실제로 전국적으로 약 1,500만 마리의 양과 200만 마리가 넘는 소의 존재는 영구 목초지가 풍부하게 남아 있지 않았다면 설명할 수 없다. 마찬가지로 주요 수출품이 가죽, 양모, 모직물이었다는 사실은 국제적으로 잉글랜드가 비교 우위를 가진 주요 상품이 축산물이었음을 나타낸다.

숲과 삼림의 벌채, 저지대 늪과 습지의 배수, 고지대 황무지의 인클로저와 개발을 통해 주요한 혜택을 입은 것은 농지보다 목초지였다. 사실 잉글랜드의 광대한 고지대 변두리 개간 작업의 대부분은 특히 그 지역에 상당한 토지를 하사받은 새로 설립된 시토회 수도원들이 수행했다. 이들은 우선적으로 목축을 위한 땅을 조성하고자 했다.[304] 도시에서 연료에 대한 커다란 수요가 목재 재고의 보존에 우선순위를 두었던 경우를 제외하고는, 농업 지역의 확장으로 초지보다 주로 삼림 지대가 공략 대상이었다. 그 결과 목재와 용재는 상당히 제한된 공급으로 인해 토지 이용 생산물land-use products이 되었다.[305] 그와 같이 부족한 자원에 대한 접근과 벌채는 주의 깊게 규제되었고, 최악의 부족 사태를 피하기 위해 교역이 발달했다. 살아 있는 동물은 상당한 거리를 이동시킬 수 있었으며, 그 생산물들은 운송을 값싼 대규모 해상 수송에 거의 의존하던 곡물, 건초, 땔감, 목재와 비교할 때 육로 운송비를 감내할 수 있었다.[306]

개간 사업은 노동집약적 과업이었으며, 일반적으로 일련의 단계적 변경을 통해 토지 이용이 이루어졌다. 해럴드 폭스Harold Fox는 서머싯의 포디모어Podimore의 사례에서 습지가 먼저 거친 방목지로 개량된 다음, 계속되는 도랑 파기와 배수 작업을 통해 어떻게 1년에 걸쳐 건초 작물을 수확할 수 있는 건초지로 개발되었는지를 보여 주었다.[307] 습지에서 초지로 전환된 결과 단위면적당 노동 수요는 지속적으로 증가했다. 방목지가 경작지로 대체되면 노동의 투입은 약 5배 증가했으므로, 통상 가용 노동 공급의 두드러진 증가가 전환의 전제 조건이었다. 경작지는 휴경의 빈도, 재배 작물의 선택, 토양 비옥도의 유지 및 개선에 소요되는 노동력에 따라 다양한 집약도로 기경될 수 있었다. 12-13세기에 걸쳐 토지에 대한 노동의 투입이 증가함에 따라 좀 더 집약적인 농업 방식이 도입되었다.

클리퍼드 기어츠Clifford Geertz가 명명한 '내향적 정교화involution'는 일반적으로 자본이 부족하고, 토지에 비해 노동력이 더 풍부한 소규모 보유지들에서 가장 뚜렷하게 나타났다. 13세기 말 노퍽의 마담Martham의 관습 보유지 소작인은 90헥타르의 직영지를 소유한 노리치 수도원장보다 토지 단위당 가용한 노동 자원이 최소 6배에 달했다.[308] 그러했을지라도 마담 직영지가 경작 강도가 높았을 뿐 아니라 단위면적당 높은 수확량을 달성한 점은 주목할 만하다. 서머싯의 림프턴Rimpton에 있는 윈체스터 주교 직영지의 경작 방식은 비록 13세기 동안 이 직영지에 헥타르당 노동력 투입이 40%나 증가했지만, 여전히 상당히 덜 집약적이었다.[309] 다른 곳과 마찬가지로 여기에서도 회계 기록이 도입되어 보다 세심한 운영과 노동자들에 대한 면밀한 감독이 이루어졌다. 직영지에 노동력 투입이 증가함에 따라 과업들도 좀 더 전문화되었다. 부분적으로 또는 전면적으로 농노를 임금노동력으로 대체하는 것은 노동의 질을 향상시키는 데 도움이 되었고, 화폐로 거래되는 노동시장의 발전은 제초, 거름 주기, 풀 베기, 양털 깎기, 추수, 타작, 키질 등에 보수를 지불하는 계절별 임시 노동의 이용을 더욱 촉진시켰다.[310]

11세기에 토지 가치의 하락과 빈약한 자본은 투자를 저지시켰다. 그 이후 늘어나는 인구, 확대된 상업 그리고 보다 명확하게 정의된 재산권은 토지 가치를 높였고, 자본 투자를 더욱 가치 있게 만들었다.[311] 물론 높은 이자율은 여전히 장애물로 남아 있었다. 당대에 가장 주목할 만한 자본 투자는 여러 지역 공동체들 사이의 협력으로 도랑을 파고 제방과 수문을 건설하는 것을 포함하여 대규모의 배수 기획을 통해 잠재적으로 비옥하고 방대한 충적토 습지대를 농업 용지로 만드는 일이었다. 이스트앵글리아의 침적토 소택지만큼 이러한 전환이 더 많이 이루어진 곳은 없었다.[312] 1086년에는 거의 쓸모없던 땅이 1330년대에 이르면 잉글랜드 최대의 집중적인 과세 대상이 되어 부와 납세 인구를 지탱해 주었다.[313]

한편, 상당한 액수의 고정 자본이 곡물 저장 시설과 가축의 축사로 사용될 더 크고 더 개선된 장원 건물들에 대한 건축에 투입되었다.[314] 종자를 더 빽빽하게 파종하는 것은 한 걸음 더 나아간 투자 형태를 대변했고, 이는 토지의 임대 가치를 정당화한다는 측면에서 단위면적당 산출을 높이는 가장 확실한 방법 중 하나였다. 상업화가 활발한 지역인 노퍽 동부와 켄트 동부는 토양이 비옥하고 인구밀도가 높았으며, 파종률과 토지 가치 모두 국내 최대치를 달성했다.[315] 소규모 보유자일지라도 파종률을 더 높이는 일에 투자할 수 있었고 이와 관련하여 모범을 보일 수 있었지만, 영주들만이 방앗간 건설에 필요한 상당한 자본을 모을 수 있었다. 영주의 주도 아래 12, 13세기 동안 방앗간들이 많이 건설되고 또 재건되었다. 특히 1180년경 풍차의 발명으로 이전에는 없었던 곳에도 방앗간을 세울 수있게 되었다.[316] 방앗간은 곡물의 생산보다는 가공 과정을 개선했으며, 이를 통해 기반 시설이 향상되었다. 마찬가지로 그와 병행한 교량 건설에 대한 투자도 모든 생산자가 시장에 좀 더 쉽게 접근할 수 있도록 했다.[317]

인구가 증가하고 토지가 상대적으로 희소해짐에 따라 단위면적당 식량과 에너지의 더 높은 생산성과 함께 농업적 먹이사슬에 더욱 중점을 두게 되었다. 특정 작물과 동물은 다른 것들에 비해 현금, 식량 그리고/혹은 에너지에서 더 생산적이었다. 예컨대 산업 작물과 원예 작물은 단위면적당 특히 높은 현금 수익을 올려 주기 때문에 선호하게 되어 다른 보유지의 면적이 줄면서 상업적 의존도가 증가했으며, 수공업자들의 수요도 늘어났다. 아마와 대마의 재배는 영주의 노동자들보다 거의 전적으로 소작농과 관련이 있던 것으로 보인다.[318] 곡물을 이용한 맥주 제조는 그것을 제분하여 빵이나 죽으로 소비하는 것에 비해 동일한 칼로리를 훨씬 더 낭비하듯이 사용하는 것이었다. 따라서 시간이 경과하면서 양조 곡물에 비해 빵이나 죽에 쓰이는 곡물의 비중이 높아졌고, 마슬린, 드레지, 귀리 등과 같은 더 저렴한 식량 곡물의 생산이 밀과 보리 같은 고가의 곡물에 비해 상대적으로 증가했다.[319] 이처럼 단순한 생산물의 전환에는 선호하는 식생활의 포기가 뒤따랐지만, 단위면적당 식량 생산률에서 상당한 성과를 이루었다. 식품 중 차지하는 비중에서 맥주와 육류, 특히 소고기는 상대적으로 줄어든 반면, 빵, 특히 거친 종류의 빵, 그리고 수프와 유제품은 모두 늘어났다.[320] 놀려 두던 휴경지에 콩과작물을 재배하는 것은 이 과정의 일부였다. 콩과작물은 인간, 돼지 그리고 사육동물 모두에게 영양가가 풍부한 식품을 공급했으며, 윤작을 다양하게 하고 토양 내에 대기 질소를 고정시키는 또 다른 장점이 있었다.

추가 노역이 뒤따라도 일단 사료작물을 경작하기로 마음먹었으면, 소를 대신하여 사료만 공급하면 훨씬 효과적으로 노동하는 말로 대체하는 것이 합리적이었다. 12세기와 13세기를 거치며 말은 모든 종류의 장원 노동에 일반적으로 이용되었으며, 특히 운송과 써레질에 동원되었다. 상업화와 도시화가 더 많이 진전된 잉글랜드의 동부와 남동부에서, 그리고 특히 말을 다목적 사역동물로 활용하던 소작농 보유지들에서 말을 아주 많이 채택했다.[321] 콩과작물을 먹는 돼지는 마찬가지로 가장 효율적인 육류 생산자였으며, 전형적인 소규모 토지 보유자의 동물이었다.[322] 가금류도 유사한 역할을 했는데, 계란이 모든 식품 중 아주 영양가가 높은 식품 중 하나였기 때문이다.[323] 버터와 치즈로 가공할 수 있는 우유는 그에 필적하는 식량으로서 가치를 가졌고, 소를 말로 대체한 생산자들은 종종 부족한 목초지를 더욱 효과적으로 사용하기 위해 전적으로 소에 기반한 낙농에 집중했다.[324] 이들 가축은 심한 성비 불균형을 보였는데, 말은 재생산을 위해 성숙한 암컷을 선호한 반면 소의 경우에는 미성숙한 수소를 선호했다. 양은 이들 동물들 중에 가장 광대한 토지를 차지하지만, 가장 적은 식량을 생산하는 동물이었다. 만약 양모의 산업적 가치가 아니었다면, 이 시기에 더 많은 식량을 생산하는 경쟁자들에게 밀려났을 것이다. 그렇지만 플랑드르와 이탈리아에서 확대된 직물 산업으로 고급 잉글랜드 양모에 대한 수요가 증가하면서 영주와 소작인 모두 양을 대량으로 사육했으며, 그 결과 양고기는 가장 많이 공급되는 고기가 되었다.

곡물이 주식이었기 때문에 인구 증가와 보조를 맞춰 곡물 생산량의 증대에 명백한 우선순위가 있었다. 중세 하층농민들은 곡물 수확 그 자체를 개선하려고 시도하는 대신에, 윤작 방식을 연장하고 또 다양화하여 비생산적인 휴경의 빈도를 줄임으로써 주어진 토지에서 더 많은 양을 생산하는 것을 목표로 삼았다. 일반적인 공유지 체제가 정한 명시적으로 엄격한 틀 내에서 휴경지에 임시 '특별구역inhoks'•을 적절히 마련할 수 있도록 추가적으로 경작지를 분할해 윤작에 다양성과 유연성을 더 많이 확보할 수 있었다. 반면 형식상 2포제에서 3포제 경작 방식으로 교체하는 것은 구조적으로 광범위하게 재조직해야 했으므로 생각보다 덜 일반적이었다.[325] 결과적으로 개혁에 대한 제도적 장벽이 가장 약한 곳, 즉 불규칙하고 유연한 경작 방식을 활용한 지역이 윤작에서 가장 큰 변화가 발생하는 경향이 있었다.

농업이 가장 발전한 지역에서는 13세기가 끝날 무렵 윤작이 서서히 발달하여 수확이 사실상 지속적으로 이루어졌고, 연간 휴경지들은 최소한으로 유지되었다.[326] 이러한 발전은 질소고정 콩과작물의 재배, 체계적인 양 우리 설치, 그리고 농장의 거름, 도시의 분뇨, 이회토, 석회 등 토지의 비옥도를 향상시킬 수 있는 가용한 모든 수단이 동원되어 뒷받침되었다.[327] 오랜 윤작 기간으로 인한 잡초의 성장을 막기 위해 놀려 두던 휴경지는 여름에 쟁기질을 반복했고, 묘판을 철저히 준비했으며, 특히 윤작 끝자락에는 씨앗을 더 빽빽하게 뿌렸고, 더 가치 있는 작물을 위해 체계적으로 잡초를 제거했다. 결정적으로 이러한 집약적 작부체계의 증대된 견인

• 휴경지의 초지에 별개의 경작을 위해 따로 울타리를 둘러 구획된 공간.

력과 시비의 필요성은 밀집 사육의 효율적인 유지가 그 체제의 발전에 필수 조건이었음을 의미했다.

곡물의 집약적인 생산과 맞물려 부분적으로 건초와 작물 등 생산된 사료를 먹이는 가축을 통해 영양분의 신속한 재활용으로 뒷받침하던 통합된 혼합농경체제의 출현은 당대의 놀라운 성과였다. 이 체제에서 농업 중 경작과 목축의 요소들은 경작을 위한 사료를 보충해 주고 임시로 가축이 머무르는 휴경지를 제공하면서 상호 협력이 이루어졌고, 한편 휴경지에서의 경작은 거름, 견인, 운반을 가축에 의존했다.[328] 이러한 기능적 상부상조가 없었다면, 이와 같이 생태적으로 요구 조건이 까다로운 경작에 기반한 혼합농경체제는 단기간 이상 지속될 수 없었다.[329] 지속가능성을 유지하기 위한 조치들로는 삼림지대의 체계적인 벌채, 가용 초지의 엄격한 규제와 제한, 건초 목초지의 집약적 관리, 휴경지 내의 방목 및 사육 통제, 경작지와 임시 목초지 사이에 교대로 사용 가능한 전환농경체제의 개발, 특히 겨울 동안 가축의 우리 사육과 연관된 사료작물(주로 콩류 및 귀리)에 대한 전적인 의존, 그리고 동물 배설물 수집과 경작지에 거름주기를 통한 보다 체계적인 질소의 재활용 등이 있다.[330] 잉글랜드에서 천연적으로 가장 비옥하고 인구가 많으며 혁신적인 농업 지역 중 한 곳인 동부 노퍽에서는 1240년대에 세인트베넷 수도원St. Benet's Abbey 영지에 이미 등장한 바 있는 통합된 혼합농경체제가 완전히 성숙된 모습을 나타냈다.[331] 그 후 한 세기를 거치며 이 체제는 더욱 정교해졌다. 즉, 경작 방식이 더 다듬어지고, 단위면적당 노동력 투입은 훨씬 더 커짐에 따라 1275-1349년 기간에 평균 곡물수확량은 완만한 상승 추세를 보였다.[332]

보다 집약적인 생산방식으로의 전환은 토지에 대해서는 아닐지라도 노동에 대해서는 불가피하게 수익의 감소를 초래했다. 이에 대해서는 더 확대된 전문화와 교환을 통해 매우 효과적으로 대응했다.[333] 교역은 토지가 부족한 지역이 토지가 풍부한 지역의 자원을 활용할 수 있도록 했으며, 개별 농민에게는 스스로 가장 잘 생산할 수 있는 것에 집중하도록 장려하여 비교 우위를 극대화시켰다. 전문화의 정도는 시장의 규모에 의해 결정되었다. 12, 13세기 동안 농산물을 취급하는 지방·지역·국내·국제 시장이 모두 성장했다. 수요는 어느 정도 더 집중되었다. 거의 모든 곳에서 하층농민들은 확대되는 상업 기회에 어떤 방식으로든지 영향을 받았지만, 이를 개발하는 능력은 생산물을 시장에 넘기는 데 따르는 징벌적 비용으로 인해 제한되었다.[334]

목축업은 특히 전문화의 가능성이 열려 있었는데, 이는 가축과 그로부터 생산되는 양모, 가죽, 베이컨, 버터 및 치즈 등이 장거리 운송에도 변질되지 않았기 때문이다. 더욱이 농촌 생산자의 가축 수요는 도시 소비자의 수요를 훨씬 능가했다. 따라서 농부들은 다양한 종류의 가축, 축산의 여러 단계들, 그리고 가축 생산물의 다양한 유형들에서 점점 더 전문화되었다.[335] 이와 같은 목축 활동에 의해 생산된 특정한 계절상품의 판매에 편의를 제공하기 위해 1150년경에서 1250년 사이에 많은 새로운 정기시들이 인가를 받았다(그림 2.13). 이 정기시에는 여분의 가축을 팔려는 고지대 목축 농부와 사역 황소 및 말을 바꾸려는 저지대 경작농들이 모여들었다. 낙농 농부들이 원치 않아 내다 판 수송아지를 번식용 수컷이 부족하던 소규모 농부들이 사들였다. 역할을 다한 황소는 적절한 때에 팔려 다시 일을 시작하거나 도축되었다. 많은 양의 버터와 치즈도 시장에서 거래되었으며, 계절에 따른 우유 생산량의 변동에 따라 그 생산량도 달라졌다.[336] 양질의 양모는 매우 먼 곳에서 생산되기도 했기에 훨씬 더 고도로 상업화되었고, 종종 도매 혹은 대량으로 판매되었으며, 때로는 위험을 무릅쓰고 연간 산출량을 미리 거래하기도 했다.[337] 양모보다 먼 거리로 운송·판매되면서 수익을 낼 수 있는 농산품은 없었다.

경작 부문에서도 상업적 전문화의 기회는 마찬가지로 있었으나, 곡물의 높은 운송 비용, 특히 육로 운송비로 인해 지리적으로 크게 제한을 받았다. 지방의 범주를 넘어서서 강과 바다를 통해 값싼 대량 운송의 접근성이 경작 전문화의 방식을 구체화했다.[338] 주요 도시 중심지들의 집중된 수요는 배후지들, 특히 대체로 곡물의 산출이 영주의 소비를 초과하는 직영지들에서의 전문화에 자극을 주었다. 13세기가 끝날 무렵 런던의 일반적인 곡물 공급 배후지는 1만 평방킬로미터를 훨씬 넘어섰다. 그 배후지에서 생산하던 곡물의 선택은 그것을 대도시로 운송하는 데 소요되는 비용 거리와 밀접한 관련이 있었다. 따라서 가장 저렴한 사료와 제빵 곡물은 도시 근처에서 대부분 생산되었고, 중간 거리에서는 고품질 양조 곡물이 생산되었으며, 그중 가장 먼 거리에서는 가장 고가의 제빵 곡물인 밀이 생산되었다.[339] 건초와 장작, 숯과 목재의 상업적 생산도 그와 유사한 런던 시장까지의 비용-거리 관계가 성립했다.[340]

팽창하던 도시의 수요에 대응하여 배후지 내에 지대의 수준과 윤곽이 달라졌으므로, 런던과 같은 대도시는 농업상의 변화를 강제하는 토대였다. 그러나 알프스 북부에서 가장 두드러진 예외였던 도시화된 플랑드르를 제외하고는 배후지들의 상업적 기회는 흔치 않았다. 폰 튀넨J. H. von Thünen이 제기하였던, 모든 상품에 대해서 심지어 런던의 역장力場, field of force, 즉 위치에만 의존하는 힘이 포괄하는 범위도 전 국토의 1/5을 채 넘지 않았으며, 그중 절반 이하만이 이 도시에 정기적으로 곡물을 공급하는 데 참여했다. 게다가 이러한 정규 곡물 공급 지역 내에 상대적으로 낮은 수준의 지대가 지배적이었으며, 따라서 조방농경체제가 집약농경체제보다 지배적이었다.[341] 이는 대도시에 공급하는 배후 지역 내에서 고수익 집약농업이 경작지의 6%를 차지하고, 중간 정도의 집약농업이 54%, 그리고 저수익 조방농업이 40%를 차지한다는 폰 튀넨의 모델•과 일치하는 결과다.[342] 좀 더 작은 도시 중심지들은 지대에 미치는 힘이 약했고, 그곳의 곡물 공급 배후지는 훨씬 더 작았다. 엑시터Exeter는 도시로부터 20마일 이상

• 폰 튀넨에 따르면 지대는 생산지와 시장 사이의 거리가 결정하는데, 도시 중심지에 접근성이 높으면 수송비가 적게 들기 때문에 높아지고 다른 조건이 동일한 경우 중심지에서 멀어질수록 하락한다. 도시로부터의 거리에 따라 재배하는 농작물이 달라진다는 점에 착안하여, 수송비의 차이가 지대의 차이를 가져온다고 본 것이다.

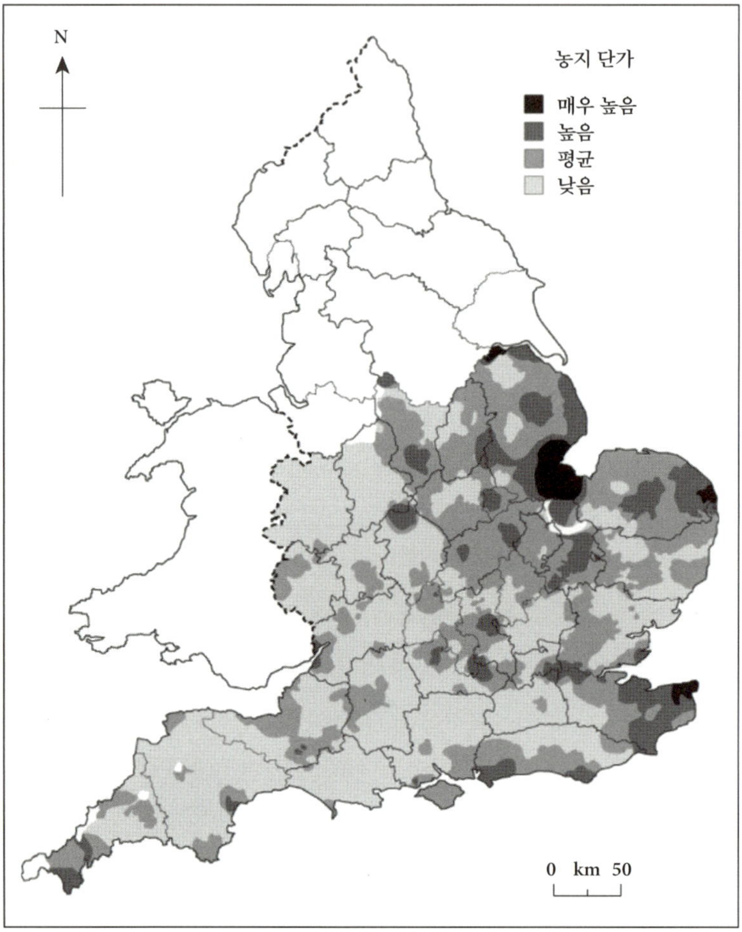

<table>
<tr><th rowspan="2">토지 구분</th><th rowspan="2">경작지 평균 단가
(페니)</th><th colspan="3">평균 비율(단가:단가)</th></tr>
<tr><th>초지:경작지</th><th>목초지:경작지</th><th>목초지:방목지</th></tr>
<tr><td>매우 높음</td><td>16.2</td><td>1.1</td><td>1.3</td><td>2.9</td></tr>
<tr><td>높음</td><td>7.0</td><td>2.2</td><td>2.8</td><td>3.3</td></tr>
<tr><td>평균</td><td>4.3</td><td>3.6</td><td>4.3</td><td>3.9</td></tr>
<tr><td>낮음</td><td>2.6</td><td>5.7</td><td>6.5</td><td>5.3</td></tr>
<tr><td>전체</td><td>3.9</td><td>4.5</td><td>5.3</td><td>4.5</td></tr>
</table>

그림 2.15 | 사망자 조사기록에 근거한 잉글랜드 농지 단가, 1300-49년
출처: Campbell and Bartley(2006), 191-5.

확장하지 못했고, 윈체스터는 12마일, 케임브리지는 10마일 이상을 확장하지 못했다.[343]

1300년 이전 잉글랜드는 유럽에서도 가장 도시화가 덜 된 국가였으며 소도시가 일반적이었다. 결과적으로 도시 수요는 집중되기보다 분산되어 있었다. 따라서 낮은 지대와 조방농경체제는 당시 일반적인 방식이었다. 낮은 토지 단가는 트렌트강 남쪽 전체 농지의 절반을 특징지었으며, 대도시 런던과 동해안의 번성하는 무역항에서 가장 멀리 떨어진 왕국의 남부와 서부에서도 지배적이었다(그림 2.15). 이 지역의 하층농민들에게는 지방 시장들과 그 주변의 공동체들이 촌락에서 생산된 농산물의 좀 더 중요한 판매처였다.[344] 그러나 그와 같은 시장들은 대도시만큼 실리적인 지대와 농업의 증강을 자극할 수 없었다. 이것이 이 지역의 토지에서 추출한 여러 증거들이 기술적으로 낙후되고 토지생산성이 낮다는 인상을 보이는 이유다.[345] 잉글랜드의 도시 중심지들의 규모가 크게 도약하고 주요한 원산업이 농촌에 뿌리내리기 전까지는 농촌 생산자들이 보다 집약적이고 생산성 높은 농경 방식을 채택하도록 유도하는 유인책은 불가피하게 본질적으로 선택적이었고 그 효과도 지리적으로 제한되었다.

흑사병 이전 잉글랜드의 유일하게 상세하고 풍부한 증거는 언제든 그리고 어디서든 경제적 유인책이 적절하게 주어졌다면 중세 하층농민들이 그들의 농경 방식을 개선하고 소출을 늘리는 데 적극적이었음을 보여준다. 앞선 시기의 비관적인 의견들과 달리 그들은 고의로 퇴보하지 않았고 기술도 부족하지 않았다. 오히려 문제는 유럽의 많은 지역과 마찬가지로 잉글랜드의 여러 지역에서 노동과 자본이 만들어 낸 추가적인 필요에도 불구하고 보다 진전된 집약적인 농법의 광범위한 채택을 정당화할 만한 수요 유인책이 충분하지 않았다는 점이다. 이러한 경제적 상황이 지배하는 한 농업은 낮은 생산성의 덫에 빠져 기술적 잠재력을 최대한 발휘할 수 없었다. 잡목으로 빽빽한 삼림 지대, 밀폐된 초지, 간헐적으로 수확되는 경작지, 그리고 밀접하게 통합된 혼합농경체제는 당대 최고의 실례를 보여 주지만, 이는 높은 인구밀도, 부족한 자원, 높은 시장 수요가 있던 미들랜드 동부, 이스트앵글리아, 남동부 일부의 상대적으로 제한된 지역에 한해 채택되었다. 다른 지역에서는 이러한 방식을 완전히 채택할 여건이 거의 충족되지 않았으며, 17-18세기의 광범위한 사회경제적 변화들을 기다려야 했다. 그때까지 주요 국내시장에서 멀리 떨어진 내륙 지역의 경우 최고의 상업적 전망은 수출시장을 위한 고품질 양모의 광범위한 생산이거나 이후에 팔기 위한 대체 동물의 사육 정도였다.

잉글랜드에서 1300년 이전 농업적 변화는 이처럼 불균등하게 발전했다. 상이한 지역들은 제각기 다른 방법과 다른 정도로 농업생산량의 증가에 기여했다. 잉글랜드는 중세 혼합농경체제의 다양성과 생산 잠재력, 그리고 그토록 많은 농업 생산자들이 이 체제의 충분한 기술 잠재력을 활용하지 않은 전적으로 타당한 이유들을 보여 준다. 결과적으로 12-13세기에 걸쳐 농업 생산이 현저하게 증가했지만, 산출량 증가는 인구 증가에 거의 미치지 못했다. 품질이 뛰어나고 상태가 좋은 식품의 상대 가격이 상승함에 따라, 점점 더 많은 빈곤 가구들은 선호하던 식생활을 포기하고 더 저렴한 영양 공급원을 구매해야만 했다.[346] 결국 잉글랜드 가구 중 적어도 1/3은 최소 수준의 식생활을 하며 근근이 연명했으리라 추측된다. 그들의 궁핍한 식생활은 농산물 공급 측면에서의 제약에 기인하지 않았다. 그보다는 제조업과 서비스 부문의 무능으로 인해 충분한 보상을 제공하는 고용으로 수입을 올려 주고, 상업적 인식을 지닌 농부들에게 유인책을 통해 이용 가능한 기술적 기회를 최대한으로 채택하도록 하지 못한 점에 원인이 있었다.

3) 상대적 경제 발전의 지표인 도시화

1300년경 대부분의 유럽 주요 지역에서 추정치가 존재하는 도시화율(주어진 최소 규모의 도시들에 거주하는 인구 비율)은 경제 발전에 대한 유용한 지표를 제공한다.[347] 시몬 쿠즈네츠Simon Kuznets가 언급했듯이, 도시화는 "국가

내 분업의 증가, 전문화의 진전, 가족이나 촌락 내에서 시장과 무관한 활동 등으로부터 특화된 시장지향적 사업 활동으로의 전환"을 의미한다.[348] 일반적으로 제조업과 서비스 부문이 발달하고 국제 교역에 적극적으로 참여하는 경제 단위들만이 주민 5만 명 혹은 그 이상의 인구를 가진 주요 도시 중심지들과 20% 이상의 도시화율을 유지할 수 있다. 그와 같은 경제 단위들은 "산업화 이전 경제에서 1인당 실질임금의 증가 수준과 도시 거주자의 증가 비율은 상호 연관된 현상일 가능성이 높다"라는 리글리E. A. Wrigley의 격언을 지지한다.[349] 파울 바이로흐Paul Bairoch, 장 바투Jean Batou, 피에르 셰브르Pierre Chèvre의 추산에 따르면, 거의 250년에 걸쳐 상업이 지속적으로 발전한 1300년경에 유럽인의 7-9%의 인구는 주민 5,000명 이상의 도시에 살았으며, 만약 이 250년 동안의 도시 형성기에 출현한 많은 소도시들까지 포함하면 그 비율은 거의 2배가 된다. 예컨대 잉글랜드에서는 인구 2만 명 이상의 대도시보다 인구 2,000-5,000명의 소도시에 훨씬 더 많은 사람이 살고 있었다. 그리고 그보다도 작은 많은 자치도시에도 상당한 인구가 거주했다. 표 2.5에서 확인할 수 있듯이, 유럽 전체의 상황도 그와 크게 다르지 않았다.

최소 인구 5,000명 이상의 도시를 기준으로 계산된 잉글랜드의 도시화율은 7%에 약간 못 미쳐 유럽 평균보다도 조금 낮았다. 웨일스, 아일랜드, 스코틀랜드, 스칸디나비아, 유럽 러시아, 폴란드, 독일, 스위스, 오스트리아, 헝가리도 모두 도시화율이 그와 비슷했거나 그보다 더 낮았다. 이 나라들은 모두 1000년에 비해 1300년에 현저히 많은 도시들이 존재했다. 하지만 이들 국가의 경제가 1차 생산에 기반하고 있었기 때문에, 해당 국가에서 대도시로 성장하는 도시는 거의 없었다. 도약하는 도시들과 아직 소규모인 도시들이 성장하는 원동력은 음식과 음료, 곡물과 가축, 기름과 포도주, 소금과 생선, 양모, 모피와 가죽, 철, 구리, 납과 주석, 그리고 직물, 금속제품, 도자기를 포함한 각종 수공업품 등을 매일 또는 매주 교환하는 것이었다. 상업 활동은 도매상에게 상당한 양을 위탁하는 것뿐 아니라 소 상인에 의해 소량으로 이루어지는 정기적인 거래에 의해 좌우되었다.[350] 유럽의 북서부, 북부, 그리고 내륙의 광범위한 일대에서 비록 큰 차이는 아니었지만 도시화율을 새로운 수준으로 끌어올린 것은 12세기와 13세기에 걸친 이러한 소도시 현상이었다. 이는 상업은 발전했으나 구심력은 아직 약한 상태에 있던 경제 구조를 나타냈다. 몇몇 두드러진 중심지들을 제외하고는 대규모 상업에 참여하는 것에는 확실히 한계가 있었다.

최소 5,000명 이상의 주민이 사는 도시들은 역사적으로 가장 눈에 띄기 때문에, 1300년경 유럽 도시화의 규모에 대한 가장 체계적인 분석은 주로 이를 바탕으로 이루어졌다. 말라니마는 벨로흐K. J. Beloch의 초기 작업을 토대로, 이 정도 규모를 충족하는 도시들이 아일랜드에 2곳, 스코틀랜드에 2곳, 잉글랜드에 19곳 있던 반면, 이탈리아에는 최소 193곳이 있었으며, 이는 전 인구의 20.6%에 해당한다고 추정했다.[351] 그보다 작은 주민 5,000명 미만의 도시들까지 포함한다면, 이 비율은 훨씬 더 높아져 전체의 1/3 이상에 달할 것으로 예상된다. 이것이 함의하는 바는 근본적으로 도시화율이 5% 이하에 불과했던 영국 제도에 비해 이탈리아가 훨씬 더 도시화되고 경제적으로도 발전되었다는 것이다.[352] 실제로 이탈리아 도시들은 유럽 도시 인구의 거의 1/3을 차지했고, 최소 주민 2만 명 이상의 유럽 내 대도시들의 1/4, 즉 103곳 중 24곳을 보유했다.[353] 그중 7곳은 인구가 5만 명을 넘어섰고, 피렌체, 베네치아, 밀라노 세 도시는 10만 명을 초과했다. 이들 대도시에 거주하는 주민들을 부양하기 위해서는 농업 노동자들이 정기적으로 생산한 상당한 잉여농산물이 필요했고, 제조업과 서비스 분야에서 충분하게 고용할 수 있을 만큼 1인당 소득이 충분히 높아야만 했다.[354]

말라니마는 1000-1300년에 상당한 규모 이상의 도시에 거주하는 이탈리아인의 비율이 1/10에서 1/5로 2배나 늘어났다고 평가한다. 도시화는 특히 이탈리아의 중부와 북부에서 급격히 진행되었다. 여기에서 그러한 도시들에 거주하는 인구 비율이 전체의 5-8%에서 21.4%로 대략 3배

표 2.5 | **1300년경 유럽 도시의 크기 분포 및 추정 인구**

도시 인구(천)	유럽(러시아 제외)		잉글랜드와 웨일스	
	개수(%)	도시 인구(%)	개수(%)	도시 인구(%)
50+	0.9	13.9	1.6	18.3
20-< 50	4.5	17.8	1.6	6.0
10-< 20	11.8	20.5	4.7	10.2
5-< 10	24.0	21.1	29.7	35.1
2-< 5	58.8	26.6	62.5	30.4
대략적 총수	1,484	10,560,000	64	382,000

출처: 유럽 - Bairoch and others(1988), 255, 277에서 산정. 잉글랜드와 웨일스 - Campbell(2008), 911에서 산정.

증가하여 이탈리아 전체의 도시 인구 증가율보다 빨랐는데, 이는 이 지역의 경제적 활력을 뚜렷하게 보여 준다.[355] 그럼에도 불구하고 이탈리아반도의 정치적 분열은 경쟁적 도시국가들의 대치를 초래해 잉글랜드의 런던(약 7-8만 명)이나 프랑스의 파리(약 15-20만 명)처럼 단일한 대도시의 주도를 허용하지 않았다. 그 대신에 하나의 대도시가 이끌고 상대적으로 자율적인 몇몇 도시들이 하위 체제를 형성하는 양상이 두드러졌다. 예컨대 피렌체로 대표되는 토스카나와 아르노 계곡, 베네치아의 베네토, 밀라노의 롬바르디아 등이 있었다. 베네치아와 제노바의 거대한 해상 무역항이 거느리던 광대한 해상도시 체제는 사실상 대부분이 이탈리아 밖에 있었다.

이탈리아에서의 도시 생활은 로마 제국의 멸망에도 살아남았으며, 이는 남부 유럽의 다른 많은 지역도 마찬가지였다. 그리고 여기에 중세 도시 부흥의 깊은 뿌리가 있었다. 그렇지만 북유럽의 많은 지역에는 그러한 연속성이 없었으며, 그로 인해 10세기 이후 도시의 건설과 성장이 근본적으로 새롭게 시작되었다. 이러한 맥락에서 볼 때, 저지대 국가들에서의 도시 성장의 규모와 활력은 특히 놀랍다. 1300년경 이 지역의 도시화 수준은 훨씬 유리한 토대에서 성장하기 시작한 이탈리아 중부와 북부 지역이 도달한 것과 유사했거나 심지어 더 높았다(표 2.5). 바스 판 바벨Bas van Bavel은 저지대 국가들 전체의 도시화율을 20%로 보고, 벨기에의 브라반트에서는 27%, 북프랑스의 아르투아는 30%까지 올라가는 것으로 추정한다. 이는 말라니마가 같은 시기에 토스카나의 도시화율을 27.9%에서 30.4%로 추정한 것과 비슷한 수준이다.[356] 내륙 플랑드르에는 투르네, 이퍼르, 브루게, 헨트Ghent(주민 6-8만 명의 최대 도시), 그리고 아르투아와 왈룬 플랑드르에는 릴, 아라스, 두에, 생토메르Saint-Omer 등을 포함하여 주민 2만 5,000명 이상의 주요 도시들이 집중되어 있어 높은 도시화율을 지지해 주었고, 이전 세기의 경제적 활력을 지탱했다. 이는 1000년과 1300년 사이 플랑드르의 1인당 국내총생산의 성장이 적어도 이탈리아만큼이나 두드러졌으리라는 점을 나타낸다.[357] 네덜란드의 도시들 또한 빠르게 발전하여 도시화율은 1200년에 약 5%에서 1300년에 13%까지 증가했다.[358]

바이로흐와 그 동료들의 추정에 따르면, 이 시기에 도시화 비율이 이만큼 높은 나라는 없었으며, 이는 다른 나라들이 모두 그보다 빈곤했다는 점을 함축한다. 이베리아, 프랑스, 발칸 지역은 모두 유럽 평균인 9-10%에 가까운 도시화율을 기록했고, 에스파냐의 경우 카를로스 알바레스-노갈Carlos Álvarez-Nogal과 레안드로 프라도스 데 라 에스코수라Leandro Prados de la Escosura는 1300년에 1,050파운드의 1인당 국내총생산을 얻은 것으로 추정한다.[359] 이는 말라니마가 같은 시기 이탈리아의 중부와 북부에 대해 추정한 1,650달러보다 약 40%가 낮았으나, 당시 에스파냐의 도시화율이 이탈리아의 절반 정도였다는 사실에 부합한다. 잉글랜드에서는 당시 1인당 국내총생산이 더 낮은 750달러였고, 도시화율도 7%에 불과했다. 도시화율은 독일과 대체로 비슷한 수준이었는데, 독일은 12, 13세기에 걸쳐 독일인 정착지의 동방으로의 확장과 결합하여 새로운 소도시들이 비슷하게 확산되었다. 이들 두 나라의 도시 인구는 집중되기보다는 분산되어 있었다.

유럽을 가로질러 지중해에서 북해 남쪽으로 이어지는 상업 활동의 축 바깥에는 도시화율이 대체로 유럽 평균보다 훨씬 낮았다.[360] 스칸디나비아, 유럽 러시아, 동중부 유럽 등 아마도 가장 빈곤하고 인구도 적었던 이들 경제적 변경 지역은 1인당 국내총생산이 500-600달러였다. 이는 앵거스 매디슨Angus Maddison이 당시 유럽 대부분의 지역에 대해 표준으로 삼았던 수준으로, 현재 사하라 이남 아프리카의 가장 가난한 나라에 해당한다.[361] 이 나라들은 인구가 희박하여 인구가 많고 도시화가 진척되었으며 상업적으로 진취적이었던 이탈리아와 플랑드르에서 이룩한 경제의 전문화 및 상업 발전의 수준을 떠받칠 수 없었다. 그들은 자원은 풍부했을지 모르지만, 그것이 경제적인 저개발 상태에서 벗어나게 해줄 수는 없었으며, 결과적으로 1인당 국내총생산으로 볼 때 절대적 측면과 상대적 측면 모두에서 가난했다. 그들은 저생산성의 덫에 갇혀 있었다. 제한된 시장 수요는 분업을 제한했으며, 경제적 전문화의 결핍으로 인한 낮은 노동생산성은 시장 수요의 성장을 억제했다. 그들에게는 어떻게 스미스식 성장Smithian growth•의 시동을 거는가가 도전이었고, 반면 선도하던 이탈리아와 플랑드르의 상업경제는 그것을 어떻게 유지하는가가 도전이었다.[362] 후자의 경우 유럽의 북해와 지중해 사이의 교역 거래망의 보다 긴밀한 통합과 아시아의 활력 있는 상업과의 보다 긴밀한 연계를 구축하여 미래를 열어 나갈 수 있었다.

4) 라틴 기독교 세계의 상호 연계된 세계교역체제로의 편입

중세 성기 국면에 집중된 도시 성장은 중심지의 기능과 위계 모두에 대한 차별적 효과와 그와 관련된 경제적 지대의 유형화를 통한 스미스식 성장

• 스미스식 성장은 '경제학의 아버지' 애덤 스미스가 설명한 성장 방식으로, 분업과 무역을 통한 경제의 성장을 의미한다. 반면 슘페터식 성장은 '창조적 파괴'를 주장한 경제학자 조셉 슘페터가 설명한 성장 방식으로, 기술 혁신을 통한 성장을 가리킨다.

의 핵심 동력이었다. 한편 대규모 상업은 초대형 도시들의 부와 인구를 지탱해 주었다. 1300년까지 12개 도시가 최소 5만 명의 인구에 도달했다. 콘스탄티노폴리스, 베네치아, 제노바, 밀라노, 브루게 등 이들 중 가장 큰 도시들은 국제교역에 적극적으로 참여한 덕분에 그 규모와 부를 성취하게 되었다. 다른 대도시들, 특히 피렌체와 플랑드르 직물 생산 도시군은 국제 시장에 제조업 상품들을 공급함으로써 번영했다. 로마, 나폴리, 파리, 런던 등의 세 번째 집단은 교회조직상 핵심지, 왕국의 수도, 유행 선도지, 국제 상거래를 통해 공급된 상품의 소비와 유통의 중심지 등이었다. 국제교역에 직간접적인 관여 없이는 라틴 기독교 세계의 그 어떤 도시도 수요의 집중에서 발생한 다양한 승수 효과만으로 그와 같이 거대한 규모를 이루지 못했을 것이다. 따라서 상업적 확장이 지속되는 한 그들의 번영은 보장된 듯했다. 그러한 확장은 거래 비용의 지속적인 하락, 해외시장과 고급 무역상품 공급원에 대한 접근성 개선, 유럽의 아시아에 대한 무역 적자를 메우는 은 생산의 유지 등에 달려 있었다.

12-13세기에 걸쳐 부상한 지중해와 북해의 무역망이 하나로 합체되었을 뿐 아니라 알프스 횡단 무역체제를 통합함으로써 유럽 자체의 교역망이 현저하게 확대되고 심화되었다. 오랫동안 지속된 이 과정은 11세기 후반 일련의 구조적 발전과 더불어 시작되었다. 1082년 비잔티움-베네치아 조약은 지중해에서 베네치아에게 비잔티움 제국과의 교역에 면세 특혜를 포함하여 주요한 상업적 혜택을 부여했다. 1099년 제1차 십자군의 성공은 제노바에게 시리아와 팔레스타인에서 유사한 상업적 혜택을 제공했다. 이탈리아의 두 최대 해상 공화국은 에게해, 동지중해, 그리고 레반트에서 크게 확장된 시장 기회와 더불어 이제 아시아의 비단, 향신료, 도자기의 공급에 대한 향상된 접근성을 누렸다. 그 무렵 이탈리아와 프랑스 남부의 많은 도시들은 상위 봉건군주들의 권위를 거부하고 있었으며, 다른 도시 및 상인 길드와의 상호적 거래 협정을 더욱 잘 중재할 수 있는 자치공동체로 변모해 나갔다.

유대인 상인들은 다시 떠오르는 이 시장에 기반한 사회경제적 질서, 정보의 유통, 신용거래의 진전에서, 그리고 결정적으로 기독교 세계와 이슬람 세계 사이의 거래를 중개하는 데 유능한 관여자였다.[363] 흩어져 있던 국가 없는 백성으로서 유대인들이 갖고 있던 광범위한 국제적 인맥은 상업적으로 유용한 도움이 되었으며, 다른 한편 유대교는 문해력을 장려하고 대금업을 금하지도 않았다. 유대인에 대한 사회적 배척으로 인해 그들에게는 토지와 관직을 통해 물질적 성공을 추구하는 전통적인 방식이 봉쇄되었다. 유대인들은 그와 같은 경로에서 벗어나 상업에 열정과 진취적 정신을 쏟았다. 그들의 이러한 특성으로 인해 당시 여러 북유럽 국가들과 마찬가지로 상업 발전에 뒤처져 있었던 잉글랜드에서 윌리엄 1세와 헨리 1세는 공동체들을 설립할 수 있도록 유대인을 불러들였다.

북해 지역에서는 11세기 말과 12세기 초에 대영주들과 실세 공작들이 정기시를 설립했는데, 그들의 후견하에 이 정기시들이 그 후 국내는 물론 국제적으로 명성을 얻었다. 1096년(윈체스터의 세인트자일스)과 1125년(보스턴) 사이에 설립된 잉글랜드 정기시들은 모두 외국 상인들이 자주 방문하는 상대적으로 편리한 동부와 남부 해안 항구들에 위치했고, 전략적으로 해외 구매자의 요구가 점증하던 양모의 생산지 및 성장하는 직물 산업의 중심지들과 관련해 입지했다. 요크, 베벌리, 라우스, 링컨, 레스터, 스탬퍼드, 노샘프턴 등이 대표적이었다.[364] 거의 같은 시기에 플랑드르 백작들은 이퍼르, 릴, 메센, 토르하우트, 브루게 등 대규모 플랑드르 정기시들을 건설했는데, 그 장소들은 아마도 도시의 신생 모직물 산업의 상업적 잠재력을 감안해 선택된 것으로 추정된다. 여기에서 상인들은 양모, 의류, 그 외 상품들을 매매하고 대규모로 금은을 교환했으며, 점점 더 먼 곳에서도 몰려들었다. 1180년대 무렵 상품 전문화의 확실한 전조로 플랑드르와 북프랑스의 지명으로 불린 의류가 지중해 전역과 레반트에서 판매되었으며, 직물 생산은 현지 양모 공급으로 부족해 잉글랜드로부터 양모를 수입하고 있었다.[365] 한편 1130년대에 북잉글랜드에서 은이 함유된 광석이 발견되면서 이를 시작으로 유럽의 실버러시는 이후 독일, 보헤미아, 샤르데냐, 발칸반도에서 연속적으로 이어져 200년 동안 지속되었다. 그로부터 얼마 지나지 않아 샹파뉴 정기시는 확장하던 남유럽과 북유럽의 두 상업권을 이어 주는 중추적 연결 고리가 되었다.

상인들은 개인으로 활동하든 집단적으로 활동하든 당시 팽창하던 국제적 교역망의 주역이었다. 직물을 팔고 양모를 사는 플랑드르 상인들은 초기에 북해 지역에서 광범위하게 두각을 나타냈으며, 12세기 말 잉글랜드 전역에서도 활발하게 활동했다. 반면 잉글랜드 상인들은 열정과 기업가 정신을 나타내지 못했다. 북프랑스 상인들도 초창기부터 활발했고, 독일과 브라반트 상인들이 그 뒤를 이었다. 12세기 중반에 이들 북부의 상인들은 정기적으로 샹파뉴 정기시에 방문했다. 이탈리아 상인들은 늦어도 1174년부터, 그리고 1190년에는 더 많은 수가 샹파뉴 정기시에 방문하면서 비단, 향신료, 그리고 기타 이국적인 상품들을 그 수요가 급증하던 양모 및 직물과 교환했다.[366]

대부분 가볍고 염색되지 않은 북유럽의 직물은 이탈리아 염색공들이 이탈리아, 비잔티움, 그리고 레반트 시장에 되팔기 전에 아시아에서 수입된 염료와 소아시아산 명반을 사용하여 가공했다. 교역은 샹파뉴 백작이 상인들과 그들의 상품에 대한 안전한 통행을 보장한 데다가 교회가 추진하던 하느님의 평화 운동까지 가세하여 거래 비용을 낮출 수 있었기에 수익을 낼 수 있었다. 남유럽 시장에서 저렴하고 가벼우며 다채로운 색상의 북유럽 의류에 대한 많은 수요는 플랑드르와 잉글랜드의 도시 직물 산업뿐 아니라 이탈리아 완성품 교역의 지속적인 확장을 가져왔다.[367] 북유럽 소비자들의 남유럽과 동방의 사치품에 대한 욕구도 그와 마찬가지로 컸다. 그리하여 북해와 지중해 무역 지대 사이의 상호 교환이 시작되었으며, 적절한 비용으로 거의 장애 없이 육로로 알프스 통로를 이용해 운송했다. 1204년부터는 상황이 더 나아졌는데, 베네치아가 마침내 가장 중요한 아시아 횡단 대상로의 몇몇 최종 종착지 중 하나였던 흑해에 직접 접근할 수 있게 되었다. 이후 15세기 말 포르투갈인이 인도양에 직접 들어가기 전까지 라 세레니시마La Serenissima•는 유럽 시장에 향신료를 공급하는 가장 큰 공급지가 되었다.

13세기 전반 내내 이탈리아와 프로방스 상인들이 북유럽 시장에 정기적으로 모습을 드러냈지만, 그곳에서는 플랑드르와 다른 북부 상인들이 계속 우세했다. 플랑드르는 잉글랜드의 중요한 교역 상대였는데, 자체적 양모 공급으로는 필요를 다 채우지 못해 수출에 의존하는 직물 산업이 양과 질에서 선호되던 잉글랜드 양모의 수입에 크게 의존하게 되었다. 1266년부터 뤼벡과 함부르크가 주도하던 한자동맹이 부상했고, 1259년부터는 쾰른, 로스톡, 비스마르가 합류했다. 한자동맹은 양모에 거의 관심이 없었고, 소금, 청어, 목재, 곡물, 모피, 밀랍 그리고 그 외 발트해의 산물들을 주로 취급했으므로, 플랑드르의 헤게모니에 도전한다기보다는 상호보완적 관계였다. 게다가 플랑드르인들은 1236년에 잉글랜드 헨리 3세로부터 육지든 바다든 그의 왕국 전역에서 무역에 대한 영구적인 안전통행권을 수여받았는데, 이는 그들이 효과적으로 잉글랜드 양모의 수출을 주도할 수 있도록 보장해 주었다.[368] 이러한 상황은 1270-76년 사이에 잉글랜드와 플랑드르 사이의 정치적 관계가 결렬되어 다른 나라의 상인들에게 기회가 넘어갈 때까지 계속되었다.[369]

이탈리아 상인들은 재빨리 플랑드르의 불행을 이용하여 급속하게 확장하던 도시의 직물 산업에 양모를 공급했다. 피아첸차, 루카 그리고 특히 피렌체 등 직물 산업 중심지의 상인들은 시토회 양모 공급자들을 독점했고, 어떤 다른 외부 상인보다 많은 양모 수출권을 확보했다.[370] 에드워드 1세는 1275년부터 그들의 도움을 받아 정기적으로 양모, 직물, 가죽에 수출세를 부과하기 시작했는데, 그들은 국왕에게 재정적으로 필수불가결한 존재가 됨으로써 입지를 공고히 했다. 이와 같이 확실하고 풍부한 수입

• 베네치아의 별칭으로 '가장 고요한 곳' 또는 '가장 고귀한 곳'이라는 의미다.

은 이탈리아 금융가들이 국왕에게 신용거래를 제공하는 보증이 되었다. 13세기 말 이탈리아의 수많은 대규모 회사들은 런던에 사무소를 개설했고, 지중해와 흑해의 무역에 대한 그들의 주요 출자금에다가 북해 지역의 무역에 확대된 출자금까지 추가했다.

13세기의 3/4분기 무렵 이탈리아 상인들의 활동은 한계가 없는 듯했다. 피렌체인들이 잉글랜드 양모시장에 침투하는 동안 제노바인들은 흑해에서 베네치아인들의 지위를 빼앗았고, 해안 지역에 무역거류지들colonies을 적극적으로 건설했으며, 그곳으로부터 서쪽의 페르시아로 확장하면서 '팍스 몽골리카Pax Mongolica'의 확립으로 형성된 보다 안정된 환경에 대응했다. 라틴 기독교 세계는 사실상 아부-루고드가 "별 저항 없이 하나의 세계 체계라고 칭할 수 있다고 생각하던" 교역망에 통합되고 있었다.[371] 베네치아와 제노바 상인-해양 도시국가는 이와 같은 발전의 주역이었다. 이들 두 도시는 함께 두 대안 노선의 종착지를 구성했다. 그중 하나는 남방 해양 노선인데, 지중해에서 이집트와 홍해 방향으로 이동하거나 팔레스타인/시리아와 페르시아만을 경유해 인도, 말레이시아, 남중국까지 연결했고, 다른 하나는 북방 육로로 소아시아의 흑해 항구들에서 새롭게 형성된 몽골 제국의 유라시아 대륙 내부를 가로질러 북중국에 이르렀다. 이와 같은 경쟁적인 노선들의 존재는 심하게 변동하는 성지의 정치적·군사적 상황에 대한 대비책을 제공했으며, 거래 비용을 경쟁력 있게 유지하여 번영을 '전 세계적으로 확산시키는' 결과를 초래했다.[372] 비록 여행 기록을 남긴 것은 마르코 폴로뿐이었지만, 수많은 모험 정신을 지닌 진취적인 이탈리아인들은 확장하던 13세기의 마지막 수십 년 동안 이러한 매혹적인 기회를 이용하여 멀리 동방의 중국까지 모험을 떠난 것으로 알려져 있다. 폴로 일행은 유럽 외부 세계로 나갔다가 귀환하는 여행에서 아부-루고드의 8개 교역 권역 중 7개를 이용했다(그림 2.1).

6. 중세 성기의 양호한 환경과 라틴 기독교 세계의 번영

9세기부터 시작된 중세 온난기의 한결 온화하고 안정된 기후, 무거운 발토판 쟁기를 포함한 개선된 농업기술, 사역동물의 개선된 견인줄, 2회 또는 3회의 정기 윤작, 상업과 도시 생활의 점진적 부흥 등은 유럽 인구의 재성장과 경제 활동의 재확장을 위한 전제 조건을 마련해 주었다.[373] 그러나 급속한 성장을 위한 도약은 오르트 극소기(대략 1010-50년) 이후 11세기 후반까지 지체된 것으로 보인다. 그때가 되어서야 태양복사의 증가와 더불어 중세 성기 라틴 기독교 세계의 번영이 진정으로 진행되었다. 그와 같은 호황을 정량화할 수 있는 근거로 인구의 2-3배 증가, 수도원의 약 2.5배 증가, 필사본 연간 산출량의 13배 증가, 최소 1만 이상 주민의 도시 수 2배 증가와 도시화율의 최소 50% 증가 등을 들 수 있다.[374] 소도시의 수도 극적으로 증가했으며, 많은 경우가 이전에 도시 생활이 거의 또는 전혀 없었던 곳에서 출현했다.[375] 1130년대 북잉글랜드의 은광 개장으로부터 200년 후 보헤미아의 쿠트나호라 은광이 고갈되기까지 유럽의 은 산출량과 더불어 유통된 주화도 극적으로 증가했다. 이 기간에 잉글랜드의 주화량은 50배 이상 늘어났고, 당연히 가격도 지속적으로 상승했다(표 2.2와 그림 2.14). 대부분의 주요 하천의 건널목에는 교량이 건설되었고, 많은 화려한 군사적·종교적 건축물들이 완성되었다.[376] 문해력이 향상되어 행정·사법·재정 업무를 문서로 처리하는 것이 표준이 되었다.[377]

일련의 상호 보강 요소들이 만들어 낸 시너지 효과는 라틴 기독교 세계를 보다 역동적인 문화적·경제적 궤도에 들어서게 했다. 기독교 세계 자체가 확장되었으며, 한때 바이킹, 마자르인, 슬라브인, 무슬림 등에 의한 위협은 기독교 선교사, 십자군, 정복자들이 이룬 진전으로 약해졌다. 그로 인해 1220년대와 1280년대 사이 러시아, 폴란드, 헝가리, 불가리아, 크로아티아에 대한 몽골의 침략이라는 두드러진 예외를 제외하면, 특히 유럽의 북부와 남부의 변경 지역에 대한 사회적·경제적 활동은 마침내 한

결 안전해졌다.[378] 9세기 이래 진행된 상업의 부흥과 개선된 농업기술의 확산은 각각에게 자립하는 힘을 갖도록 했다. 지대를 지불하는 소작인이 필요했던 봉건영주는 개선된 기후 조건으로 인해 사망률이 낮아지자 보다 높은 가구 형성 비율을 촉진할 수 있었고, 그로 인해 출산율이 사망률보다 높아짐으로써 인구의 자연증가율이 지속적으로 양의 값을 보였다(그림 2.10).[379] 리버만은 인구는 한때 치명적인 질병이었던 천연두와 홍역 등에 대한 광범위한 노출로부터 얻은 면역의 덕일 수 있다고 주장했다.[380]

정치적으로 파편화된 세계에서 그레고리우스 7세의 '교황 혁명'은 라틴 교회를 모든 것에 우선하는 강력한 기관으로 확립했다. 이 기관은 과도하게 경쟁하고 종종 약탈하며 적대하는 유럽의 국가들과 왕권들을 초월하여 광범위한 지역에 걸쳐 있는 기독교인들 사이의 행동과 관계에 질서를 부여했다.[381] 이는 거래 비용을 낮추었고, 더 많은 여행과 무역을 가능하게 했다. 만약 라틴 교회가 아니었다면, 그처럼 현저하게 정치적으로 파편화되어 있던 상황에서는 불가능했을 것이다. 교회의 교회법 편찬에 대응한 서양 법적 전통의 출현은 그 안에서 보다 정교한 형태의 사회경제적 관계가 번영하고, 다자간 상품거래 패턴이 번창하며, 생산요소시장이 확립될 수 있는 사법司法 환경을 조성했다.[382] 길드, 코뮌, 도시 조합 등의 기관과 강력한 봉건군주에 의한 정기시의 설립과 진흥은 자원의 보다 효과적인 관리와 할당, 도시의 자치, 상인과 그들의 상품의 안전 그리고 계약의 집행 등을 가져왔다.[383] 조엘 모키어Joel Mokyr가 확인했듯이, 유용한 지식과 실용적인 기술을 비축하여 유럽인이 계속 발전할 수 있도록 활용했기 때문에 기술적 진보 또한 결코 무시할 수 없는 중요한 역할을 했다.[384] 그럼에도 불구하고 11세기 이래 서유럽의 팽창과 성장의 잠재력이 실현될 수 있도록 활력을 불어넣은 것은 "이러한 갑작스런 제도적 장치들의 파도"였다. 이는 거시적으로는 교황 혁명과 서양 법적 전통의 형태를 띠었고, 미시적으로는 개별 상인 길드의 사례들에서 엿볼 수 있다.[385]

양호한 환경 조건의 축복으로 일단 라틴 기독교 세계의 중세 성기 호황이 시작되자 인구가 빠르게 증가했다.[386] 사실 인구에 가장 역동적인 지역의 경우 세대를 이어 연평균 0.5%의 인구 성장을 보인다면, 그 정도의 증가치는 경제적으로 조속한 자멸을 가져올 수 있었다. 농업 내에서 생산 증가에 대한 점증하는 압력은 취약한 생태적 균형을 훼손하고 자원을 퇴화시키는 악순환을 유발할 수 있었다.[387] 또한 열악한 토지에서 생산하고 노동의 강도는 더욱 높아짐에 따라 토지와 노동의 한계생산력이 감퇴되는 어쩔 수 없는 경향이 있었다. 그러나 이러한 한계가 가시화되는 것은 특정한 상황이거나 비교적 뒤늦은 팽창의 단계에서였다. 이는 부분적으로 자원이 상대적으로 풍부한 상태에서 시작된 때문이기도 했지만, 성격상 광범위하게 영향을 미쳤을 뿐 아니라 변화가 가능했기 때문이기도 했다. 농민은 자원을 관리하고 토지생산성을 유지하기 위한 더 나은 시스템을 고안했으며, 상업의 성장과 도시의 부상은 투자, 혁신 및 전문화에 대한 더 강력한 유인책을 제공했다. 나아가 시장이 더 확대되고 깊이 뿌리내림에 따라 제1차 산업 부문이 아닌 영역에서도 생산이 확대될 수 있었는데, 생계의 대체수단을 창출했을 뿐 아니라 가죽으로 피혁 제품을 만들고, 아마와 양모로 의복을 만들며, 곡물로 빵과 맥주를 만드는 등 농업 생산에 더 큰 가치를 부여하게 되었다. 상업과 도시의 성장이 뚜렷하고 그 확장이 지속될 수 있는 곳에서 경제 발전의 과정은 맬서스 또는 리카도의 이론보다 스미스와 보저럽Ester Boserup의 이론에 더 가까웠다.[388]

팽창하며 자신감 넘치던 시대의 가시적 유산들 중 라틴 기독교 세계의 많은 고딕 성당보다 더 인상적인 것은 없다. 실제로 너무 많은 건물이 한꺼번에 건축되었기에 조르주 뒤비Georges Duby가 중세 성기에 '대성당의 시대'라는 이름을 붙여 준 것으로 유명하다.[389] 프랑스는 솔선하여 새로운 고딕 양식을 창안했고, 구조적 잠재력을 한계까지 밀어붙여 수많은 대성당을 재건했다. 다른 나라들도 그 뒤를 따랐다. 1066-1350년 사이에 잉글랜드의 종교개혁 이전에 건축된 16개 주교좌성당은 모두 재건 및 증축되었으며, 종종 재증축도 이루어졌다. 솔즈베리 대성당은 성공적으로 증축되어 우아함을 더했는데, 특히 1330년대에는 예배당의 교차부에 6,397톤의 하중을 지닌 123미터 석조 첨탑이 아름다움을 과시하며 추가되었다.[390] 재건축 때마다 높이도 늘어났는데, 1075년에 53미터에서 시작해 1120년에는 96미터로, 그리고 1220년에는 137미터까지 높아졌다. 더불어 건축적 화려함도 더해졌는데, 가장 눈에 띄는 것은 13세기 초 이 대성당이 넓은 계곡의 바닥으로 부지를 이전하여 광활한 신도시 계획 및 건설과 연계된 완전히 새로운 구조 위에서 공사된 때였다.[391]

어떤 기준으로 보더라도 그와 같은 기념비적인 건축물의 건설은 중요한 예술적·조직적·집단적 성취를 의미한다. 각각의 프로젝트를 완수하기 위해서는 엄청난 자원이 동원되어야만 했다. 평화, 번영, 그리고 자신감이 없었다면 그와 같은 규모의 건축물을 짓고 또 수십 년에 걸쳐 재건하는 추진력을 유지할 수 없었을 것이다. 평화는 부분적으로 1054년 라틴 교회가 그리스 교회로부터 분리됨으로써 획득한 갱신된 활력과 권위, 개종과 정복을 통한 기독교 세계 변경의 공격적 확장, 그리고 법에 의한 통치의 성장에서 시작됐다. 번영은 늘어나던 인구, 증가한 농업생산량, 그리고 특히 무역과 상업의 부흥에서 비롯되었다. 솔즈베리에서 새로운 대성당과 신도시의 건설이 나란히 진행된 것은 우연이 아니었다. 자신감은 부활하던 기독교와 물질적으로 건설적이었던 시대의 기세에서 유래했다. 돌이켜 보면, 이 시대는 안정, 번영, 그리고 고도의 문화를 성취한 '황금기'로서의 특징이 두드러진다.[392] 그렇지만 그토록 확연했던 경제적 성장은 근대적 속도가 아니라 산업화 이전의 속도로 진행되었다. 그렇다 하더라도 이는 실제하는 것이었으며, 따라서 이 사회-생태 시대의 전성기 동안 많은 사람의 물질적 형편은 점차적으로 개선되었다.

주

1 Goldstone(2002). 다른 유사한 번영기로는 이라크의 이슬람 황금기, 중국의 송나라, 네덜란드의 황금시대, 일본의 도쿠가와시대, 중국 청나라 상옹건 성세(康雍乾 盛世, 康熙-雍正-乾隆 시기), 잉글랜드의 장기 18세기 등이 있다. 산업화 이전의 경제 발전에 대해 비관적인 맬서스식 해석에 대해서는 Clark(2007a) 참조.

2 이와 같은 관점의 근거는 White Jr.(1962)이다.

3 엡스타인이 강조한 내용이다. Epstein(2000a), 38-9.

4 Dyer(2011).

5 Lopez(1971); Britnell(1993a), 5-154.

6 Abu-Lughod(1989).

7 스미스식 성장은 시장의 성장과 노동 분업의 확대로부터 발생한다. 애덤 스미스(Adam Smith)가 『국가의 부(富)의 본질과 원인에 관한 고찰(*An Inquiry into the Nature and Causes of the Wealth of Nations*)』(1776, 소위 '국부론'-역자주) 1편에서 이에 대해 상술했다.

8 Lieberman(2009); Lieberman and Buckley(2012), 1056-68; Tana(2014); Abu-Lughod(1989), 263.

9 2장 2절 1항.

10 Abu-Lughod(1989), 352-64.

11 Lieberman(2009), 85-7, 92-3.

12 Russell(1958), 88-99.

13 McCormick(2001), 791: "유럽 상업경제의 흥기, 실질적으로 유럽 경제가 부상한 시기는 10세기 또는 11세기에 시작된 것이 아니다. 결정적인 시점은 8세기 마지막 몇십 년이었다." White Jr.(1962).

14 2장 2절 2항.

15 Marcus(1980), 35-70.

16 Baillie(2006), 속표지. 스웨덴 남부의 정착지 확장이 중단되었다는 당대의 증거에 대해서는 Lagerås(2007), 50-2 참조.

17 Oosthuizen(2010).

18 Lopez(1971); Zanden(2009), 64-8, 89.

19 Mann(1986), 377.

20 Baillie(2006), 속표지, 21-2; Lagerås(2007), 51-2; Williams(2000), 36-42.

21 Moreno and others(2012); Russell(1958), 113, 148; McEvedy and Jones(1978), 23, 61-3; Brooke(2014), 363-4; Moreda(1988); Henriques(2015), 150-2, 169.

22 Berman(1983), 7-10은 '서양 법적 전통'을 요약해 정의했다. 코뮌, 길드, 공유지권 보유농(commoner) 집단행동의 긍정적인 제도적 유산에 대해서는 De Moor(2008); Zanden(2009), 50-5 참조.

23 Bradley and others(2003). '중세 온난기'는 일관되게 따뜻한 기온을 유지했던 시기가 아니라, 지역적 및 계절적으로 다양한 온도, 수기후(hydroclimate) 및 해양 변화에 있어서 상당한 편차가 있었다는 인식으로 인해 'Medieval Warm Period'(MWP)라는 용어로부터 'Medieval Climate Anomaly'(MCA)라는 이름으로 대체되었다: Graham and others(2010), 2. 이 시대에 대한 초창기 영향력 있는 서술은 Lamb(1965) 참조.

24 Dugmore and others(2007), 13-17; Patterson and others(2010).

25 역사 기록은 13세기에 특히 중국 동부에 온난화가 두드러졌음을 시사한다. Ge and others(2003), 938-9.

26 위 그림 1.2. 이와 같은 기후 변화의 성격과 규모에 대한 비평에 대해서는 Graham and others(2010) 참조.

27 Herweijer and others(2007); Seager and others(2007).

28 Cook and others(2004b); Herweijer and others(2007); Seager and others(2007).

29 Cook and others(2004b), 2.

30 Rein and others(2004).

31 Mohtadi and others(2007).

32 Mohtadi and others(2007), 1061-3.

33 Gunten and others(2009b).

34 Thompson and others(2013).

35 Cook and others(2010), 488. Tana(2014), 335도 참조.

36 Sinha and others(2007); Sinha and others(2011).

37 Seager and others(2007); Trouet and others(2009a and b); Graham and others(2010).

38 예를 들어, 1200년대에는 좀 더 건조하고 좀 더 추운 조건이 잠시 재현되어(그림 2.5A) 참나무 성장을 억제했으며, 연이은 수확 실패를 촉진하여 잉글랜드는 기근 직전까지 이르렀다. 곡물 가격과 당대의 서술이 이를 입증한다. 1201년과 1202년은 폭풍과 계절에 맞지 않는 날씨로 주목을 끌었다: Britton(1937), 73-9; Cheney(1981), 580-1. 1203년에는 곡물과 가축 가격이 2배 이상 올랐고 이듬해에도 매우 높은 수준을 유지했다: Farmer(1956). 그린란드의 기온은 1197-1205년에 수 세기 동안 경험해 보지 못한 극한의 추위로 곤두박질쳤으며, 이는 14세기 초 가장 추운 해가 나타나 경신할 때까지 가장 가혹한 날씨였다: Kobashi and others(2010b). 영국 제도 참나무의 나이테 너비는 1197년부터 1209년까지 현저히 협소해졌으며, 그중 1207년은 특히 두드러졌다. 베일리(M. G. L. Baillie)가 관련 데이터를 제공했다.

39 윈체스터 전체 영지에서 1246년과 1247년의 수확량은 평균보다 10% 낮았으며, 햄프셔 하이클레어에서는 1246년과 1247년의 밀 수확량이 1245년과 1248년의 절반에 불과했다. Hants R. O., Titow의 글 참조. 1247년과 1248년에 밀과 소금 가격은 각각 평소보다 50%와 100% 이상 높았다(곡물 수확과 소금물의 태양 증발은 모두 따뜻하고 건조한 날씨에 의존한다): Clark(2009). 추운 겨울과 온화하고 습한 여름에 잘 자라는 잉글랜드 참나무도 1246년과 1247년에 평균보다 약간 높은 성장세를 나타냈다. 해당 정보는 베일리가 제공했다.

40 구세계의 자료는 베일리가 극지 우랄(소나무), 페노스칸디아(소나무), 온대 유럽(참나무) 및 에게해(참나무, 소나무, 노간주나무)의 독립적인 연대기로부터 얻은 복합 연대기이다. 그 연대기 내에서 가장 넓은 폭을 가진 연도는 1248년, 1249년(최대), 1250년이다.

41 Jiang and others(2005); Massé and others(2008); Dugmore and others(2007); Kobashi and others(2010b).

42 유럽으로 불어오는 편서풍의 힘과 방향은 아이슬란드 상공의 저기압과 아조레스 제도 상공의 고기압의 상대적 강도와 위치에 의해 제어된다. 아이슬란드와 아조레스 제도 사이의 기압 차이가 클수록 북대서양 진동은

더 큰 양의 값을 가지며 서풍의 강도는 더욱 커진다. 양의 북대서양 진동은 일반적으로 북서유럽에 온화하고 습한 겨울을 제공한다. 그와 대조적으로 약한 기압차와 음의 북대서양 진동은 더욱 건조하고 훨씬 차가운 극지방 공기의 침입을 허용한다. 이런 일이 발생하면 편서풍은 남쪽, 즉 지중해 쪽으로 치우치며, 북아프리카와 남유럽에서는 폭풍우가 치고 습한 겨울 날씨가 나타난다.

43 Trouet and others(2009a and b).

44 Chen and others(2008); Fang and others(2014).

45 Lieberman(2009), 185; Brooke(2014), 369.

46 Hessl and others(2013); Pederson and others(2014).

47 그림 3.30.

48 Cook and others(2004a), 2072-3; Graham and others(2010), 13; Jiang and others(2005); Mann and others(2005); Moberg and others(2005), 615-7; Wang and others(2005); Bard and Frank(2006); Seager and others(2007); Zhang and others(2008); Trouet and others(2009a and b); Berkelhammer and others(2010a); Graham and others(2010). 이와 다른 의견에 대해서는 Cobb and others(2003), 274-5 참조.

49 Bard and Frank(2006), 1.

50 Crowley(2000), 270.

51 이 연대들은 Stuiver and Quay(1980)에 근거한다. Rogozo and others(2001)도 참조하라. Delaygue and Bard(2010a and b)에 의한 태양복사량 복원이 Bard and others(2000)의 자료를 대체한다. 868-1936년 동안 두 시계열 사이의 상관관계는 +0.897이다.

52 Bard and Frank(2006), 1.

53 Delaygue and Bard(2010a and b); Solanki and others(2005). 태양복사량과 전 지구 및 북반구 온도의 상관관계는 각각 +0.28과 +0.09이다. 추정 흑점 수와 온도 사이의 상응하는 상관관계는 +0.20과 +0.08로 그보다 좀 더 낮다.

54 5장 2절 2항.

55 Baker and others(2002), 1342; Britton(1937), 99-104; Mohtadi and others(2007), 1061-2.

56 Moreno and others(2012).

57 그림 3.29와 3.30.

58 Ludlow and others(2013).

59 러들로우와 사적 의견교환; Venzke(2013); E. Venzke, ed.(2013), *Volcanoes of the world*, v. 4.3.4, Global Volcanism Program, Smithsonian Institution 2013: http://www.volcano.si.edu/volcano.cfm/vn=352060(검색일: 2015년 5월 27일).

60 Gao and others(2008), 6 of 15.

61 Lavigne and others(2013).

62 Dawson and others(2007), 431; Mann and others(2005), 450-1; Mann and others(2012). "우리는 1258/9년에 비록 그 강도가 그리 크지는 않았을지라도 실제로 엘니뇨가 발생했으리라고 결론 내렸다": Emile-Geay and others(2008), 3144.

63 Stothers(2000); Connell and others(2012), 228-31.

64 Zielinski(1995), 20, 949-50; Timmreck and others(2009); Brovkin and others(2010).

65 Oppenheimer(2003); Witze(2012).

66 베일리가 제공한 나이테 정보에 기반하면, 그렇다 하더라도 신세계

수목은 1258년에, 구세계 수목은 1259년에 감소한 성장을 나타냈다: Emile-Geay and others(2008); Brovkin & others(2010). 1257/8년 분화 직후 잉글랜드 남부에서 곡물이나 소금 가격의 현저한 상승은 없었다: Clark(2009). 1261년에 뉴햄프셔의 래드스톤과 햄프셔의 프로일에서 위기 수준은 아니었을지라도 수확량에 일부 감소는 있었던 것으로 보인다: The National Archives PRO SC6/949/3; British Library Add. Ch. 174. 런던의 상황은 Keene(2011) 참조.

67 스미스소니언 연구소의 전 지구 화산활동 프로그램(Global Volcanism Program)에 따르면, 1226-27년 아이슬란드 레이캬네스와 1227년 말 일본 자오 등 최소한 두 차례의 분화가 그린란드와 남극 빙하 코어에서 1227-28년에 나타난 뚜렷한 황산염 급증을 초래했을 가능성이 높다: Gao and others(2008, 2009b). 잉글랜드에서는 1228년 여름에 폭풍우가 있었고, 1229년 겨울에는 혹한이 왔으며, 1331년과 1332년에는 여름 가뭄이 뒤따랐다: Britton(1937), 88. 건조한 여름은 1231-33년 영국 제도 참나무의 너비가 좁은 성장 나이테와 일치한다: 베일리 제공 자료.

68 현재의 지식수준에 대한 효과적인 요약은 Graham and others(2010) 참조.

69 예컨대 비라방의 수치들은 Livi-Bacci(2001), 27에 인용되었다. 이 책에서 그의 수치들은 McEvedy and Jones(1978)의 자료들보다 우선적으로 사용된다.

70 비라방은 1340년에 유럽 인구가 약 3,800만 명에서 7,500만 명으로 3세기에 걸쳐 2배로 늘었다고 추정한 Russell(1958), 148을 추종한다. 1300년의 인구에 대해서는 McEvedy and Jones(1978), 18에서도 거의 동일한 결과인 7,900만 명을 제시한다. 반면 Bairoch and others(1988), 297은 8,800만 명이라는 더 높은 수치를 제안하고, Livi-Bacci(2000), 6은 1000년에 3,000만-5,000만에서 1300년에 약 1억까지 증가했으리라고 추정한다.

71 Russell(1958), 113, 148.

72 McEvedy and Jones(1978), 23, 61-3.

73 Moreda(1988); Russell(1958), 102; McEvedy and Jones(1978): 105. 이베리아의 예외적 성격에 대해서는 Zanden(2009), 40-41 참조.

74 Federico and Malanima(2004), 446.

75 2장 5절 1항 참조; 표 2.2.

76 Broadberry and others(2015), 20-2.

77 이 자료는 Hallam(1988), 536-93에 출판되었는데, 추가 정보와 유사한 지수 방식을 이용한 재작업에 의해 보완되었다: Broadberry and others (2015), 10-15.

78 Davies(1990), 11-15.

79 이와 같은 변화들은 기록된 부의 분배에 상당 부분 반영되었다: Darby and others(1979).

80 Broadberry and others(2015), 19, 26-7. 북동부 지역의 식민화가 지연된 점에 관해서는 Dunsford and Harris(2003) 참조.

81 얼마 전 재정복하고 재정착하여 토지가 풍부한 포르투갈에서 1300년경 인구밀도는 평방킬로미터당 4-44명 범위였고, 평균값은 11.4명이었다: Henriques(2015), 168-9.

82 촌락의 과밀화에 대해서는 Campbell(2005) 참조.

83 Pounds(1973), 332, 337.

84 Pounds(1973), 337.

85 Pounds(1973), 332; Bavel(2010), 283.

86 Richard(1892).

87 지속적인 다모작 쌀농사는 중국 동부 양쯔강 삼각주에서 당대 인구밀도를 상당히 끌어올렸는데, 1290년경 원나라 초기에 평방킬로미터당 평균 약 160명이었다: Yoshinobu(1988), 146, 148(이 자료를 제공한 Ting Xu(徐婷) 박사에게 감사를 표한다).

88 Russell(1958), 113.

89 4장 2절 2항.

90 Hybel(2002), 788. 1256년과 1257년의 처참한 수확에도 불구하고 윈체스터 주교 소유 톤턴의 광대한 장원에서는 십일조를 납부하는 성인 남성의 꾸준한 증가를 막을 수 없었다. 그 수는 1255년 897명에서 1255년 973명으로 연간 0.8%씩 증가했다(Christopher Thornton이 제공한 수정된 자료로 집계).

91 거래 비용은 경제적 교환에 수반되는 비용을 포괄한다: Williamson(1989).

92 Mann(1986), 337; Zanden(2009), 33.

93 Ó Cróinín(1995), 196-224.

94 McEvedy(1992), 36-7, 54-5에 있는 737년과 1000년의 기독교 세계의 지도를 비교하라.

95 Golding(2001), 136-42, 162-5.

96 Lepine(2003), 375-6.

97 Berman(1983), 99-107.

98 버먼은 교회법이 "서양 최초의 근대 법체제"를 형성했다고 간주한다. Berman(1983), 199-224.

99 Goody(1983).

100 Mann(1986), 379.

101 Zanden(2009), 77, 81.

102 Clanchy(1979).

103 Clanchy(1979), 44.

104 Clanchy(1979), 43.

105 Campbell(2000), 27-8; Razi and Smith(1996).

106 Razi and Smith(1996), 67: "분명 1250년에서 1349년 사이에 잉글랜드는 이웃 유럽 국가에 비해서 농촌 인구의 실질적 문해력 소유자의 비율이 높았다."

107 Duby(1974), 162-5; Mann(1986), 381-2.

108 Davis(2011), 22-31.

109 Moore(1987); Golding(2001), 136.

110 Burton(1994), 63-6.

111 Mokyr(1992). 기독교의 자원 개발 정당화 논리에 대해서는 White Jr(1967)를 살펴보고, Hoffmann(2014), 85-94의 의견도 참조하라.

112 Mann(1986), 383.

113 Davis(2011), 213-5.

114 Hunt and Murray(1999), 70-3. 2장 5절 2항 b.

115 Stacey(1995); Mundill(2010).

116 Darby(1977), 346.

117 Darby(1977), 52-6.

118 Blair(1988); Lepine(2003), 361.

119 Lepine(2003), 361, 369.

120 Harvey(1965), 144.

121 Lepine(2003), 368-9; Harvey(2001), 256-7.

122 Burton(1994), 63-6

123 Berman(1983), 88-94.

124 Burton(1994), 35-9.

125 Victoria County History(1973), 221-3.

126 Burton(1994), 67-9.

127 Burton(1994), 69.

128 Burton(1994), 43-5.

129 Knowles and Hadcock(1971); Golding(2001), 151.

130 Burton(1994), 77-80.

131 유럽에는 14세기 초 4만 개 이상의 수도원이 있었다: Catholic Encyclopaedia, www.newadvent.org/

cathen/02443a.htm.
132 Burton(1994), 112-15.
133 Zanden(2009), 69-91.
134 Berman(1983).
135 Berman(1983); Zanden(2009), 43-50.
136 Chibnall(1986), 161-83.
137 Chibnall(1986), 192-207.
138 Palmer(2003), 244-9.
139 Harding(1973), 54.
140 Harding(1973), 53-4, 75, 84.
141 "1176년에서 1215년 사이 잉글랜드는 법체제를 구축하고 재산법을 제정했으며, 그 과정에서 광범위한 신민들에게 충분한 혜택을 제공하여 정부 기관이 근본적인 충성심을 얻었다": Palmer(2003), 244.
142 Palmer(1985a); Campbell(2009a), 88-92.
143 Yates(2013).
144 Palmer(1985b); Palmer(2003), 249; 2장 5절 2항 c.
145 Hyams(1980).
146 Campbell(2005); 3장 1절 3항 d.
147 Razi and Smith(1996), 50-6; Campbell(2009b), 90-2.
148 14세기 전반 국왕의 직속봉신이 보유한 가장 수익성이 높은 장원 법원의 연간 수익은 20파운드 이상이었다. 그렇지만 사망자 조사기록에 언급된 것 중 3/4 이상은 1파운드 이하의 가치로 평가되었다: Campbell and Bartley(2006), 269-73.
149 Campbell(2005); Campbell(2013b); Bekar and Reed(2009).
150 Greif(2006); De Moor(2008); Zanden(2009), 50-5.
151 Greif(2006).
152 Hunt and Murray(1999), 164-6.
153 Trenholme(1901).
154 Epstein(2000b), 6 of 36.
155 Epstein(2000b), 6-7 of 36.
156 Epstein(2000b).
157 Epstein(2000a), 49-72.
158 Pounds(1974), 355.
159 Moore(1985), 12-22; Bavel(2010), 221; Edwards and Ogilvie(2012), 131-2.
160 Pounds(1974), 355-6; Bavel(2010), 221; Edwards and Ogilvie(2012), 135.
161 Moore(1985), 13-21.
162 Moore(1985), 17-21.
163 Edwards and Ogilvie(2012).
164 관련 사례는 Milgrom and others(1990) 참조.
165 Sachs(2002); Sachs(2006); Kadens(2011); Edwards and Ogilvie(2012).
166 Sachs(2002).
167 Edwards and Ogilvie(2012), 146.
168 Edwards and Ogilvie(2012), 133-5, 146.
169 McCormick(2001).
170 Lopez(1971); Britnell and Campbell(1995), 1.
171 Abu-Lughod(1989).
172 Dugmore, Keller and McGovern(2007), 18.
173 Dugmore, Keller and McGovern(2007), 16-17.
174 Dugmore, Keller and McGovern(2007), 18; Woolgar(2010), 7.
175 Domar(1970).
176 2장 5절 2항 b.
177 Mokyr(1992), 31-56; Landers(2003).
178 Dodgshon(1987), 287-351.
179 Malanima(2005), 99-102, 111-12; Broadberry and Campbell(2009); Campbell(2008), 931.
180 Malanima(2005), 101, 108; Malanima(2002), 450.
181 Malanima(2005), 99; Lo Cascio and

Malanima(2009), 396-400.

182 Malanima(2002), 450; Malanima(2005).

183 Malanima(2002), 450; Lo Cascio and Malanima(2009); Malanima(2011), 204-5. 이는 1500-1650년 인구가 3배 증가한 네덜란드의 연간 0.33% 성장률(Zanden and Leeuwen, 2012), 1680-1800년 인구가 70% 증가한 잉글랜드의 성장률 0.36%와 비교된다(Broadberry and others, 2015, 28-33).

184 Goldstone(2002).

185 Abulafia(2005).

186 Abu-Lughod(1989), 102-34.

187 Abu-Lughod(1989), 105.

188 Abu-Lughod(1989), 109-11.

189 Abu-Lughod(1989), 137-51.

190 Phillips(1988), 66, 106-7; Abu-Lughod(1989), 145-7; Karpov(2007).

191 Lopez(1971), 109-11; Phillips(1988), 108-9; Abu-Lughod(1989), 207.

192 Abu-Lughod(1989), 3.

193 Lopez(1971), 111에서 재인용.

194 Greif(2006), 243.

195 Munro(1991).

196 Edwards and Ogilvie(2012), 131-2, 136.

197 Hunt and Murray(1999), 56-7, 65-7.

198 Hunt and Murray(1999), 64-5.

199 Lloyd(1982), 7, 172-203; Keene(2000b), 198-9.

200 Hunt(1994).

201 1300년경 플랑드르 도시화율은 25-30%로 추정된다. Bairoch and others(1988), 259.

202 Broadberry and others(2015), 12, 20-1, 31.

203 Walker(2009). Bas van Leeuwen의 1253년 1인당 국내총생산 추정치. 면양옴 동물유행병에 대해서는 Stephenson(1988), 381 및 1장 1절 참조.

204 Warren(1973), 355.

205 Clark(2007b), 99, 130-1.

206 정치권력이 좀 더 파편화되었을 때 일어날 수 있는 조정 실패와 그에 따른 높은 거래 비용에 관해서는 Epstein(2000a) 참조.

207 Britnell(1993a), 90-7; Davis(2011), 141-4.

208 Britnell(1993a), 91.

209 Britnell(1993a), 93; Davis(2011), 254-6.

210 Britnell(1981); Letters and others(2003); Jamroziak(2005).

211 Campbell and Bartley(2006), 301-8.

212 Letters(2010).

213 Darby(1977), 318-19, 369-70.

214 Davis(2011), 184-6.

215 Tupling(1933).

216 Davis(2011), 184-6.

217 Unwin(1981).

218 Masschaele(1994).

219 Dyer(1992).

220 Masschaele(1997).

221 Hanawalt(1979).

222 Clanchy(1979).

223 Stone(1962); Postles(1986); Bryer(1993); Hunt and Murray(1999), 62-3, 111.

224 초기 가격 자료의 선구적인 편찬은 J. E. Thorold Rogers(1866-1902), Beveridge(1939), 그리고 Farmer(1988)가 작업했다. 베버리지의 수서본(手書本) 도표는 서스캐처원(Saskatchewan)대학교 문서고의 London School of Economics and Farmer's 항목에 보존되어 있다. 잉글랜드의 1300년 이전 추가 가격 정보의 수집이 필요하다.

225 Bavel and others(2009).

226 Latimer(1997).

227 Morris(1979); Knowles and Hadcock(1971).

228 Phelps Brown and Hopkins(1956). 이 시계열의 수정·보완된 자료는 Munro(연도미상) 참조. 1일 및 연간 계약으로 고용된 여성에 대해 최근 구축된 1260년대부터 시작하는 임금 시계열 자료는 Humphries and Weisdorf(2015) 참조.

229 파머(Farmer, 1988)는 클라크(Clark, 2007b)와 라티머(Latimer, 1997)에게 많은 증거 기반을 제공한다.

230 Britnell(1993b), 364.

231 Hatcher(1981)가 의견을 제안하고 Campbell(2005)이 지지한 핵심 수정주의적 주장을 참조하라.

232 Campbell and Bartley(2006), 251-68.

233 Keil(1964); Titow(1962a); Campbell(2003a).

234 Postan(1954); Farmer(1996).

235 Campbell(2000), 3.

236 Page(2003), 66-7.

237 파머는 13세기 동안 장원 노동자들이 노동 일수를 1/3만 늘렸어도 동일한 생활 수준을 유지할 수 있었으리라고 추정한다: Farmer(1988), 778. 1일 실질임금과 노동 공급 사이의 역관계에 대해서는 Langdon and Masschaele(2006), 69-77; Angeles(2008); Allen and Weisdorf(2011); Broadberry and others(2015), 260-5 등 참조.

238 Fox(1996).

239 Razi(1980).

240 Horrox(1994), 289.

241 2장 4절 2항.

242 Harvey(1984a), 19. '양도'는 토지에 대한 기존 및 잔여 법적 재산권의 공식적 포기를 뜻한다.

243 Razi and Smith(1996), 57-68.

244 2장 4절 2항.

245 Campbell(2005), 36; Hyams(1970); Harvey(1996).

246 관련 사례는 Maitland(1889) 참조. 자유보유지 시장의 재산분쟁 합의문(Feet of Fines) 증거에 대해서는 Yates(2013) 참조.

247 Page(2003).

248 Stocks(2003); Razi and Smith(1996), 38-42.

249 Palmer(1985a), 249; Palmer(1985b).

250 Farmer(1988); Latimer(1999); Bolton(2012), 148-9, 176-82.

251 Briggs(2008); Bolton(2012), 191-214.

252 Stacey(1995), 82-8.

253 Stacey(1995), 78-101; Mundill(2002).

254 Stacey(1995), 94.

255 Mundill(2010).

256 Stacey(1995), 101: 유대인은 "기독교인과 달리 대체로 토지 소유권 자체를 획득하는 데 관심이 없었다." 아일랜드 영주권의 상황에 대해서는 O'Sullivan(1962), 26-86 참조.

257 Stacey(1995), 101.

258 Nightingale(2004b), 15.

259 Nightingale(2004b), 15.

260 Jenks(1998); Nightingale(2004b), 12, 15.

261 Bell and others(2009a).

262 Schofield and Mayhew(2002).

263 Lloyd(1977), 289-95; Bell and others(2007).

264 관련 사례는 Lloyd (1977), 289-90 참조.

265 Schofield(1997); Briggs(2008), 149-75.

266 장원 법정에 기록된 채무 사건에 대해서는 Clark(1981); Briggs(2003); Briggs(2004); Briggs(2008) 참조.

267 Centre for Metropolitan History(2000).
268 Keene(2000a).
269 Clark(1988).
270 Bell and others(2009a), 419, 432.
271 Bell and others(2009a), 417, 419, 432.
272 Prestwich(1980), 33, 85, 106, 217, 223.
273 Epstein(2000a), 19-20.
274 Epstein(2000a), 20.
275 Hunt and Murray(1999), 70-3; Bell and others(2009a), 422-5; Briggs(2008), 74-9.
276 Claughton(2003)은 Blanchard(1996)의 설명에 정당성을 부여했다.
277 은의 채굴과 정제에 대해서는 Hoffmann(2014), 219-21 참조.
278 Spufford(1988), 110-13. 몇 킬로그램의 은으로 주화를 얼마나 만들 수 있으며, 그 정도의 은을 생산하기 위해 얼마나 많은 은광석을 채굴해야 하는지에 대해서는 Hoffmann(2014), 221 참조.
279 Spufford(1988), 139-40.
280 Day(1987), 3-10.
281 Harvey(1973); Latimer(1999).
282 2장 4절 2항; Palmer(1985b); Latimer(2011).
283 Britton(1937), 73-9; Cheney(1981), 580-1; Keene(2011), 45-6. 곡물과 축산품 가격은 1203년에 2배 이상 상승했고, 이듬해에도 높은 수준을 유지했다: Farmer(1956).
284 Bolton(2012), 182-4의 서술 참조.
285 Miller and Hatcher(1995), 181-97; Mayhew(1999), 24-5.
286 Spufford(1988), 124.
287 Spufford(1988), 415-19.
288 Day(1987), 4-10.
289 Spufford(1988), 176-8.
290 Spufford(1988), 281-2.
291 Mayhew(1999), 22-4; Britnell(2000), 120.
292 Mayhew(1999), 25.
293 Campbell(2003b).
294 Holt(1988); Langdon(1991); Langdon(2004).
295 Galloway and others(1996).
296 Campbell and Bartley(2006), 209-30.
297 Campbell(2000), 386-410; Campbell(2008), 922.
298 Campbell and others(1993); Galloway and others(1996).
299 Campbell(2002b).
300 Campbell(2000), 386-9.
301 Donkin(1973), 98-106.
302 이 수치는 Seebohm(1890, 102-3)의 추정치를 다시 계산한 것이다. 둠즈데이북에 담긴 정보를 기반으로 경작지 면적을 추정하는 대안 방식의 상대적 장점은 Campbell(2000), 386-8에서 검토했다.
303 Broadberry and others(2015), 65-73.
304 Donkin(1978), 104-34.
305 Galloway and others(1996), 449.
306 Farmer(1991a and 1991b).
307 Fox(1986), 544.
308 Campbell(1983), 39.
309 Campbell(2000), 341-5; Thornton(1991), 205.
310 Stone(1997), 640-56; Farmer(1988), 760-72.
311 Clark(1998), 265-92.
312 Hallam(1965).
313 Darby(1940); Darby and others(1979), 249-56; Campbell and Bartley(2006), 320-34.
314 Hurst(1988); Dyer(1995); Campbell and Bartley(2006), 97-103.
315 Campbell(2000), 309-17.
316 Holt(1988), 20-2, 171-5; Langdon(1991); Campbell and Bartley(2006), 279-98.

317 Britnell(1995), 17-18; Harrison(2004).

318 Evans(1985), 41-6; Livingstone(2003), 277-281.

319 Campbell(2000), 238-48, 399-400.

320 Dyer(1989), 151-60.

321 Langdon(1986).

322 Biddick(1989), 121-5; Campbell(2000), 165-8.

323 Slavin(2009).

324 Campbel (1992).

325 Hall(1982), 44-55; Astill(1988), 75-80; Fox(1986).

326 Campbell (2000), 290-301.

327 Smith(1943), 135-7; Campbell(1983), 31-6.

328 Overton and Campbell(1991), 42-3.

329 Pretty(1990), 1-19.

330 Rackham(1986), 62-118; Witney(1990); Campbell(1995a), 290; Simmons(1974).

331 노리치의 노퍽문서고(Norfolk Record Office) Diocesan Est/1 & 2,1.

332 Boserup(1965); Campbell(1991).

333 Persson(1988), 71-3; Grantham(1999).

334 Campbell(1995b), 91-4; Campbell(1997a), 235-42; Campbell and others(1993), 46-75.

335 Overton and Campbell (1992); Campbell(1996).

336 Campbell(1992), 113-14; Campbell(1995a), 172-3; Atkin(1994).

337 Power(1941); Lloyd (1977).

338 Campbell(1995b), 81-91; Campbell(1997a); Campbell(2002b).

339 Campbell and others(1993), 76-7, 111-44.

340 Galloway and others(1996).

341 Campbell(2000), 425-6.

342 Thünen(1826). 트렌트 남부는 농업 지역에서 높은 단가 토지가 12%, 평균 단가 토지가 35%, 낮은 단가 토지가 52%를 차지했다(그림 2.15).

343 Campbell and others(1993), 172-4; Campbell(1997), 241-4; Lee(2003), 261.

344 Farmer(1991a), 329.

345 Astill and Grant(1988), 213-16.

346 Campbell(2000), 238-48.

347 Bairoch and others(1988), 259.

348 Kuznets(1966), 271.

349 Wrigley(1985), 683.

350 Hilton(1985); Masschaele(1997).

351 Malanima(1998).

352 Campbell(2008), 911, 931.

353 Bairoch and others(1988), 259.

354 Kuznets(1966), 271.

355 Malanima(2002), 375, 380. 판 잔덴의 추정치에 따르면, 주민이 최소 1만 명 이상인 도시에 거주하는 이탈리아 인구의 비율은 1000년의 약 12%에서 1300년의 약 13.5%로 증가했다: Zanden(2009), 40.

356 Bavel(2010), 281; Malanima(1998), 104.

357 Bavel(2010), 280-1, 375.

358 Bavel(2010), 281. 판 잔덴은 1300년경 플랑드르와 이탈리아에서 1만 명 이상 규모의 도시화율이 각각 약 20%와 약 13.5%라고 추정하는 반면, 네덜란드는 약 4.5%로 추정한다: Zanden(2009), 40.

359 에스파냐의 도시화율은 도시에 거주하는 농촌 노동자를 제외한 통계이다: Álvarez-Nogal and Prados de la Escosura(2013), 13-14, 23, 34-6.

360 Bairoch and others(1988), 258, 259.

361 Maddison(2007).

362 스미스식 성장은 애덤 스미스가 『국가의 부의 본질과 원인에 관한 고찰』(1976) 1권에서 상세히 설명한

바와 같이, 시장 성장과 노동 분업의 확대로부터 비롯된 산물이다.

363 Lopez(1971), 60-2.

364 Moore(1985), 10-62; Chorley(1988).

365 Lloyd(1977), 5.

366 Edwards and Ogilvie(2012).

367 Munro(1991a); Munro(1991b); Munro(1999c).

368 Lloyd(1977), 22.

369 Nicholas(1992), 176-9.

370 Lloyd(1977), 40.

371 Abu-Lughod(1989), 124.

372 Abu-Lughod(1989), 124.

373 2장 2절; White Jr(1962); McCormick(2001).

374 표 2.1; 그림 2.12A; 표 2.5; Zanden(2009), 40, 44, 77.

375 Graham(1979); Britnell(1996).

376 Harrison(2004); Duby(1976).

377 Clanchy(1979).

378 McEvedy(1992), 36-7, 54-5.

379 Duby(1974); Russell(1958), 113.

380 Lieberman(2009), 78-9.

381 Mann(1986), 337, 383.

382 Berman(1983).

383 Greif(2006); De Moor(2008); Zanden(2009), 50-5; Edwards and Ogilvie(2012).

384 Mokyr(1992), 31-56.

385 Zanden(2009), 65.

386 Lieberman(2009), 80-3, 162-4; Brooke(2014), 358-60.

387 Abel(1935)과 Postan(1966)이 정교화한 견해.

388 Grantham(1999). 스미스식 성장은 2장 각주 7에 정의되어 있다. Boserup(1965)은 인구 증가가 농업 방식과 산출을 결정한다고 주장했다. 맬서스 목사의 『인구론(*An Essay on the Principle of Population*)』(1798)에서는 그와 반대되는 내용을 주장한 것으로 유명하다. 한계점 이상의 토지와 노동의 증가가 수확 체감을 발생하는 경향은 데이비드 리카도의 『정치경제학과 과세의 원리(*The Principles of Political Economy and Taxation*)』(1817)에 의해 공식화되었다.

389 Duby(1976).

390 윌리엄 골딩(William Golding)의 소설 『첨탑(*The Spire*)』(1964)은 그와 같은 무게를 견딜 수 없는 토대 위에 첨탑을 세우는 아찔한 과정을 다룬 작품으로, 15세기와 17세기에 덧붙여진 추가 지지대가 없었더라면 솔즈베리의 첨탑은 더 이상 서 있을 수 없었을 것이다.

391 Rogers(1969).

392 Goldstone(2002), 333; De Moor(2008); Zanden(2009), 50-5.

3장 위태로운 균형

기후 불안정이 고조되고
병원균이 재출현하는 시기에
커져 가는 경제적 취약성

13세기가 끝나 갈 무렵 서유럽 핵심 지역 전역에서 상업화되고 화폐가 유통되던 사회들은 발달한 상품과 생산요소시장을 갖고 있었다. 이 사회들에는 크고 작은 도시들 사이의 네트워크와 위계가 작동했으며, 지역 내, 지역 간, 그리고 국제적 교역망이 체계화되었는데, 상업적으로 발전한 구세계의 다른 사회들과도 연결되었다.[1] 상황이 좋았던 두 세기 동안 경제 활동은 확대되고 분화되었다. 대체로 우호적이었던 환경 조건과 그와 동반되었던 식량 안정 및 공중보건의 개선에 의해 인구 증가가 이어졌다.[2] 그럼에도 불구하고, 라틴 기독교 세계에서 12, 13세기의 주목할 만한 번영에 따른 미시적·거시적 제도 혁신으로 인한 이득은 빠르게 축소되고 있었다.[3] 거래의 위험성을 더욱 줄이고, 거래 비용을 더욱 낮추며, 국내외 시장을 확장하고 심화시키는 새로운 제도적·기술적 혁신 없이는 수익의 지속적인 확대가 불가능했다. 번영은 안정되고 양호한 기후 조건의 지속과 상대적으로 소소했던 역병에 대한 부담에 달려 있었는데, 그중 어느 쪽도 계속될 것처럼 보이지 않았다.

실제로 13세기 후반부터 경제적·환경적 조건이 모두 뚜렷하게 악화되었으며, 성장의 토대가 되었던 기반들도 허물어지고 있었다.[4] 3장 1절의

1항과 2항에서 보게 되겠지만, 지금까지 선두에 섰던 이탈리아와 플랑드르의 경제가 나빠지는 방향으로 변한 것은 의심의 여지가 없었다. 이들 나라보다 상대적으로 덜 발달하고 더 가난하여 결과적으로 잃을 것이 더 적었던 잉글랜드는 곧바로 쇠퇴하기보다는 정체 상태에 머물렀다(1절 3항).[5] 에스파냐와 같은 다른 나라들은 여전히 따라가는 중이었고 인구와 자원 측면에서 좀 더 균형을 유지하여 나은 편이었지만, 국제 경기의 후퇴와 환경적 불안정성의 공세는 광범위하게 감지되었다.[6] 심지어 멀리 아이슬란드와 그린란드에 있던 바이킹 공동체들조차도 아프리카 상아 공급으로 북극해의 바다코끼리와 일각고래의 공급을 대체하기 시작했고, 차가워진 해수면 온도로 인해 대구 어장이 남하했고, 악화되는 항해 조건에 직면하여 먼 북쪽 바다로의 항해가 줄어드는 등 무역 패턴의 변화로 인해 악영향을 받았다.[7] 물론 급격히 혹독해지기 시작한 겨울 날씨로 인해 가장 크게 타격을 받은 것은 아이슬란드인과 그린란드인이었다.[8]

사실상 거의 모든 곳에서 기존의 사회-생태적 균형을 유지할 수 있을지 점점 더 불확실해졌다. 경제적·환경적 조건이 불안정해지기 시작한 숨길 수 없는 징후들은 1270년대부터 현저하였으며, 1290년대부터는 점점 더 뚜렷해졌다(1절, 2절, 3절 1항 b와 2항 d). 1310년대와 1320년대는 기상이변, 흉년, 전쟁, 그리고 파괴적인 가축전염병 같은 중대한 위기가 기존의 사회-생태적 현상 유지를 붕괴시키려고 위협했다. 한편, 페스트는 중앙아시아의 비단길에 자리 잡은 병원소 보유지 내에서 다시 출현하여(1절 2항), 서쪽으로 거침없이 확산되고 있었다. 도화선은 서서히 달아오르고 있었고, 널리 확대되던 위태로운 균형 상태가 더 이상 지속될 수 없는 것으로 보건대 사회-생태적 관계들은 임계점에 다다르고 있던 사실이 명백했다(4절).

1. 번영에서 침체로

마르코 폴로(1254년 9월-1324년 1월)는 절정에 이른 한 사회-생태적 체제가 정점을 분명히 지나 다른 체제로 넘어가는 변화의 첨단에 살았다. 그는 1271년 17세의 나이에 아버지 니콜로, 삼촌 마페오와 함께 베네치아에서 현재 중국 베이징에 위치한 쿠빌라이 칸의 궁정을 향해 그 유명한 장정에 나섰다. 장대한 여행의 첫 번째 여정은 배를 타고 동지중해를 건너 레반트 해안의 십자군 항구 아크레에 도달하는 것이었다. 그들은 거기서부터 가장 짧은 직선 경로로 페르시아만에 도착하기 위해 고대의 대상로를 이용했다. 이 노선은 내륙으로 다마스쿠스까지 이어졌고, 동쪽으로 시리아 사막을 가로질러 바그다드까지 이동해 결국 티그리스 계곡을 타고 내려가 페르시아만의 선단에 있는 바스라까지 향한다. 그들은 다른 경로로 북쪽으로 십자군 제후국을 거쳐 안티오키아까지 가고, 거기서 내륙으로 알레포로 이동한 후 사막을 가로질러 유프라테스 계곡을 거쳐 최종적으로 바그다드에 도달할 수 있었다. 1258년까지 이 노선들은 아라비아해와 지중해의 번성하는 해상 무역을 연결해 주는 중요한 육상 연결부였으며, 제대로 기능하던 시절에는 당시 이용 가능한 그 어떤 노선들보다도 접근이 용이했을 뿐 아니라 경제적이었다.[9] 그러나 일 칸국이 아바스 칼리파국을 전복시킴으로써 그러한 시대는 끝이 났고, 1260년부터 한때 동서 교역의 핵심축이었던 이 노선들은 대립하던 일 칸국과 이집트 맘루크 사이의 전쟁 무대로 바뀌었으며, 무장호위를 받지 않는 상인들은 통행이 불가능해졌다.[10]

아부-루고드가 '신드바드의 길'이라고 칭했던 동쪽으로 가는 경로가 막혀 버린 상황에서 폴로 일행은 신중하게 한 번 더 배를 타고 레반트 해안을 따라 북쪽으로 이동해 소아르메니아의 기독교 왕국 킬리키아의 번성하는 항구 아야스Ayas로 향했다. 이는 맘루크-일 칸의 전선으로부터 멀리 떨어진 우회하는 험한 경로로 페르시아만에서 육로로 운송되는, 지중해를 주요 목적지로 하는 상품들의 항구였다.[11] 폴로 일행은 이 대상로를 가로질러 아나톨리아로부터 대아르메니아의 에르진잔Erzincan과 아라라트 산을 지났고, 몽골의 지배하에 있던 티그리스 계곡을 따라 내려가 1258년 함락과 약탈로 인해 훨씬 위축된 바그다드로 향했으며, 결국 페르시아만의 바스라와 오만만의 선단 호르무즈에 도착했다. 그들은 선박을 이용해 중국에 가려던 희망이 좌절되자 대신 내륙으로 향했고, 비단길의 여러 갈래 길을 따라 팍스 몽골리카의 중심부를 관통해 아시아의 반건조 지역 깊숙이 위치한 오아시스 도시 발크Balkh와 이식쿨의 남쪽 카슈가르에 도달했다. 그들은 계속 동쪽으로 이동해 건조한 티베트-칭하이 고원을 가로질러 북중국 황하에 접해 있던 란저우에 이르렀고, 이전 몽골의 수도였던 카라코룸을 우회했다. 그 후 여행을 계속하여 3년 뒤에는 당시 원나라의 새로운 수도 베이징에 도착했다.

폴로 일행 세 사람은 쿠빌라이 칸의 궁정에서 24년 동안 체류한 후에 남방노선을 통해 이탈리아로 돌아왔는데, 양쯔강 삼각주의 항저우에서 출발해 말라카 해협을 통과했고, 인도양을 항해해 인도의 실론까지 갔으며, 결국 아시아와 유럽 사이의 무역에서 중요했던 아라비아 교차로에 도착했다. 그들은 여기에서 고향 베네치아로 돌아가는 가장 안전한 경로를 발견했는데, 페르시아만 입구의 호르무즈에서 하선하여 2,000킬로미터를 육로로 이동했다. 이 노선은 내륙을 관통해 북서 방향으로 올라가는데 바그다드를 우회하여 페르시아의 타브리즈로 갔고, 거기에서 다시 대아르메니아 산맥을 넘어 흑해 남부 해안의 트라브존에 이르렀으며, 그곳에서 배를 타고 베네치아로 가는 마지막 여정에 올랐다.[12]

아크레는 폴로 일행의 외부 세계로의 출발지였으며 성지의 마지막 십자군 거점이었으나 1291년 맘루크에게 함락되었다. 맘루크는 당시 북쪽의 안티오키아에서 남쪽의 이집트 근방까지 레반트 해안 전체를 통제하였으며, 일 칸국과 거의 끊임없는 전쟁 상태에 있었다. 티그리스 계곡은 적대적이고 호전적인 두 세력들 사이에 실질적인 경계가 되었고, 그 결과 페르시아만에 도달하던 무역이 이제는 북서쪽의 타브리즈로 변경되었고, 그곳에서 동쪽으로 지중해 킬리키아 연안의 아야스로 향하거나, 폴로 일행이 선택한 것과 같이 북쪽의 흑해 연안 트라브존으로 향했다.[13] 통행료가 저렴하지 않았다면, 환적을 위한 더 긴 거리와 높은 비용은 감당하기 어려웠을 것이다. 그렇지 않았더라면 훨씬 저렴했을 홍해 노선에 부과된 관세와 이를 통제한 무슬림 상인들의 카르텔 카리미스가 거둔 수익은 그에 상응하여 상승할 수 있었다.[14] 결과적으로 유럽 상인들은 알렉산드리아든 지중해의 아야스든 또는 흑해의 트라브존이든 상관없이 1260년부터, 특히 1290년대부터는 더더욱 인도 향신료와 그 외 인기 있던 아시아 사치품의 교역을 위해 더 높은 가격을 지불해야 했다.

십자군 제후국들의 최종적인 패배로, 제노바는 대모험을 시작했을 때 확보한 수익성이 큰 무역 특권과 그것이 부여한 귀중한 레반트 시장의 직접적인 접근권을 상실했다. 교황이 아크레의 상실에 대한 대응으로 맘루크 이집트와 무역하고 있던 기독교도들을 제재한 조치는 그 손실을 가중시켰고, 특히 알렉산드리아와 무역하던 제노바와 베네치아를 궁지로 몰아넣었다. 그렇지만 인도양을 통과한 후 홍해를 거슬러 올라오며 항해하는 상품들의 최종 목적지였던 알렉산드리아의 중요성은 시리아를 통과하는 육상 노선의 폐쇄로 인해 현저하게 커졌다.[15] 이러한 제재가 지속되는 한 이탈리아는 이집트와의 무역을 위해 상당한 비용과 지속적인 몰수 위험을 감수해야 했다. 교황에게 무역 허가권을 구매하는 데에 추가적인 비용이 발생했는데, 이는 오히려 교황의 입장을 강화시켰고 반이슬람 정서를 촉발시켰다. 이 교착 상태가 절정에 이르렀던 1323년과 1344년 사이 베네치아는 알렉산드리아의 영사관을 폐쇄하고 키프로스를 통해 맘루크와 간접적으로 교역하도록 강요되었다.[16] 이탈리아인들에게 알렉산드리아는 삼중의 매력을 가졌다. 첫째, 지중해 동부에서 유럽의 직물, 철, 목재를 판매할 수 있는 유일한 항구였다. 둘째, 노예를 거래하는 중요한 시장이었는데, 그들 대부분은 맘루크 군대에 편입시키기 위해 제노바의 흑해

거점이던 타나와 카파에서 수송되어 왔다. 셋째, 기본적으로 아시아 향신료의 주요 해상 공급로였다.[17]

중동과 지중해 동부에서의 이와 같은 반전으로 인해 이탈리아의 상업적 이해관계는 다시 흑해에 초점이 맞추어졌다. 흑해는 레반트에서의 손실을 보상받을 수 있는 대체 시장이었으며, 아시아 대상로들의 중요한 종착지였다. 그리고 유용한 알렉산드리아와의 다자간 교역을 유지시켜 주는 스키타이와 러시아 남부에서 노예의 주요 공급지였다. 베네치아 상인은 1204년 이래 콘스탄티노폴리스와 흑해 모두에서 지배적인 해양 세력이었지만, 1261년 이후에는 님파에움Nymphaeum 조약에 따라 콘스탄티노폴리스의 금각만Golden Horn 건너편에 있는 페라와 흑해 연안의 요새화된 기지이자 항구였던 크림반도의 카파와 남쪽 해안의 트라브존 등에 정착한 제노바인에 의해 축출되었다. 카파에 자리잡은 제노바인들은 동쪽으로 돈강 어귀에 있는 타나, 그리고 더 동쪽으로는 킵차크 칸국의 수도인 사라이 바투와 교역했다. 후자는 중앙아시아 내부 초원 지대를 통과하는 대상로의 핵심이었다.[18] 그들은 또한 트라브존에서 남쪽으로는 시바스까지, 남동쪽으로는 일 칸국의 수도이자 흑해와 페르시아만을 연결하던 대상로의 핵심 거점 페르시아의 타브리즈와 교역했다.[19]

1291년 레반트에서 무역 특권의 최종적 상실로 인해 제노바인과 베네치아인 사이의 경쟁 관계는 상업적 요충지인 흑해에서 절정에 다다랐고, 그 후 8년 동안 두 패권 세력의 격렬하고 파괴적인 해전으로까지 이어졌다. 폴로 일행 세 사람이 위험을 무릅쓰고 흑해, 보스포루스 해협, 에게해 그리고 아드리아해를 거쳐 결국 베네치아로 돌아간 시기는 이러한 갈등이 한창이던 무렵이었다. 귀환하고 3년이 지난 1298년 9월, 마르코 폴로는 코르출라에서의 결정적 해전에서 베네치아의 갤리선들 중 하나를 통솔하였는데, 제노바가 승리했고 그는 포로로 붙잡혔다. 그는 제노바에 구금되어 있는 동안 동료 수감자 루스티켈로 다 피사에게 동방 여행에 관해 상당히 윤색된 설명을 받아쓰게 했다. 폴로는 이를 출판함으로써 지속적으로 명성을 얻었고, 수 세기 동안 유럽인들에게 동양에 대한 호기심을 불러일으켰다.[20] 역설적이게도 『세계의 경이 *Livres des merveilles du monde*』는 서양의 상업적 활력이 흔들리기 시작하고 유라시아 횡단 교역에 대한 장애물들이 늘어나던 시기에 출현해 유통되었다. 사실상 제노바의 베네치아에 대한 승리는 '피루스의 승리'•였으며, 국제무역의 황금기는 이미 끝난 후였다. 마르코 폴로가 사망한 1324년에 해상 공화국의 해상 무역 규모는 그 정점을 지나고 있었다.[21]

북유럽의 상업상 후퇴는 동지중해에서의 요인들보다 경제 상황이 악화된 것에 더 많은 책임이 있다. 샹파뉴 백작들이 12세기 중반부터 연이어서 현명하게 관할권을 행사하여 중북부 프랑스에 위치한 샹파뉴 정기시는 유럽 무역에서 가장 중요한 상업 거점으로 성장했다.[22] 이 정기시의 성공은 유리한 입지와 더불어, 먼 곳에서 오는 사람들 및 상품들의 안전 통행을 보장하고 분쟁의 신속하고 공정한 해결을 위해 모든 상인이 차별 없이 공공 법정에 접근할 수 있게 한 효과적인 조치들에 힘입었다.[23] 그런데 혼인을 통해 샹파뉴 백작이 된 필리프 4세가 국왕으로서 즉위하여 이 영토가 프랑스 왕권에 병합됨에 따라 이와 같은 혜택을 부여하던 제도적 기반이 더 이상 유효할 수 없었다.

필리프 4세는 신중치 못하게 정기시가 제공하는 경제적 지렛대를 이용하여 자신의 정치적·영토적 야심을 채워 나갔는데, 특히 여전히 준자치적이었던 플랑드르의 프랑스 봉토가 주요 대상이었다. 그는 플랑드르 상인들과 그들의 주요 무역 상대였던 이탈리아인의 활동을 표적으로 삼았다. 그의 전략은 플랑드르 상인에게 정기시를 금하고, 그들을 감금하고 상품을 압수하며, 이탈리아 상인을 체포해 세금을 부과하고, 원모와 염색하지 않은 직물의 프랑스 수출을 금지하는 것을 포함했다.[24] 이처럼 자의적이고 차별적이며, 경제적으로 해가 되는 행위들로 인해 정기시는 매력을

• 막대한 희생을 치른 승리.

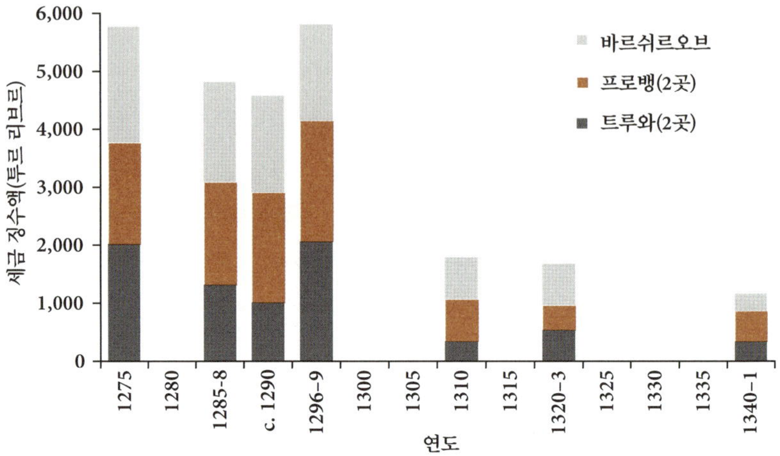

그림 3.1 | 샹파뉴 정기시 6곳 중 5곳의 세금 징수액
주: 여섯 번째 정기시 라니쉬르마른의 세금 징수액은 1296년 1814리브르에서 1340-41년 360리브르로 80% 감소했다.
출처: Edwards and Ogilivie(2012), 137.

상실하였다. 그 결과 국제 상인들은 그 시장을 점점 멀리했다. 플랑드르인은 정기시의 주축들 중 하나였기에, 1302년 7월 코르트레이크Courtrai, Kortrijk 전투에서 패배한 충격으로 프랑스가 그들에게 자행한 보복적이며 강압적인 조치가 특히 치명적이었다.[25] 불완전하기는 하지만 샹파뉴 정기시 6곳 중 5곳의 세금 기록은 정기시에서의 거래가 1290년대 초와 1310년 사이 70% 수준까지 떨어졌고, 1340년경에는 13세기 후반 절정기 때의 1/5 정도까지 감소했음을 보여 준다(그림 3.1).

이 정기시들이 놓쳐 버린 사업은 일반적으로 더 많은 경비를 지불할지라도 다른 곳에서 이루어졌다. 특히 1270년대 후반부터 시작된 제노바와 브루게 사이의 직접적인 해상 노선에 적용되었는데, 마린 왕조the Marinid•가 통제한 지브롤터 해협을 통과하고 해적과 사략선의 실질적인 위협에 맞서기 위해 중무장한 갤리선의 호위가 필요했기 때문이다. 이 노

• 모로코의 이슬람 왕조.

선은 프랑스와 샹파뉴를 효과적으로 우회했고, 이탈리아인이 플랑드르인 및 다른 북해 주민들과 직접 거래하는 것을 가능케 했다. 하지만 실질적으로 알프스 횡단 육로보다도 훨씬 길고 느렸으며, 상당히 비싼 화물 비용을 발생시켰다.[26] 이러한 단위 원가의 증가로 인해 오랜 기간에 걸쳐 확립된 가볍고 염색되지 않은 값싼 북유럽 직물의 대규모 거래는 가장 뚜렷한 손실을 보았다. 따라서 낮은 수익률로 인해 지중해 시장에서 더 이상 사업을 벌일 수 없게 되었다. 그 대신 플랑드르인은 증가된 거래 비용을 감당할 수 있는 고급 모직물을 공급하는 데 집중했고, 한편 이탈리아인은 염색과 마감 공정보다는 잉글랜드인이 생산을 거의 독점하던 질 좋은 양모를 수입하여 직물 산업을 자체적으로 발전시키는 방향으로 전환했다.[27]

지중해와 북해 사이에 직접적인 해상 연결망을 확립한 또 다른 계기는 알프스 횡단 육로가 점차 불안전해지고 있었기 때문이다. 라틴 기독교 세계에서 상업혁명이 시작될 때 기독교인들 사이의 상호 존중을 장려했던 하느님의 평화 운동은 13세기 말 그 힘을 거의 다 소진했다.[28] 교회의 정치화, 신성 로마 황제와 교황 사이의 장기간에 걸친 갈등, 십자군 원정의 궁극적인 실패, 그리고 몇몇 수도회의 부와 세속성 등으로 교회는 전반적으로 권위를 잃었다. 1290년대부터 봉건 분쟁, 왕조 내부의 다툼, 영토 갈등 등이 빈번해지고 규모가 확대됨에 따라 부수적 결과로 여행의 불확실성과 위험성도 매우 크게 증가했다. 용병이 군사로 활동하던 시대에 무장한 용병 패거리들은 유럽의 많은 전쟁에서 특히 골치 아픈 문제였다. 전쟁으로 몸값과 약탈을 노리던 관행과 기회들이 번창하자 해상에서 해적이 준동하는 것과 마찬가지로 육상에서도 도적 떼가 늘어나 기승을 부렸다.[29]

위험이 확산되면서 결과적으로 화폐와 금은의 이동, 주요 인력의 여행을 최소화하는 사업 방식이 필수적으로 채택되었다. 이탈리아 대상인들은 이제 자신의 회계 사무실에 머무르며 서신을 통해 업무를 처리했고, 각 지방에서 신뢰할 수 있는 도매상과 대리인에게 거래를 위임하였으며, 국제적 차원의 화폐 송금을 어음으로 처리했다. 또한 화물도 여러 선박과 운수업자들에게 분산시켰다.[30] 한편 화주와 운송업자들은 여러 돈이 드는 대응 조치들에 투자했는데, 가장 비싼 예로 선박의 옆면을 높인 제노바인의 무장 갤리선을 들 수 있다.[31] 존 먼로John Munro의 평가에 따르면, 이러한 혁신적인 개발들은 의심할 여지없이 상당한 효율성의 향상을 가져왔지만 유럽의 전반적인 거래 비용 상승을 상쇄하기에는 불충분하였고, 그로 인해 국제무역의 규모와 조직에 꽤 부정적인 결과를 초래했다.[32]

게다가 이탈리아의 새로운 유형의 초대형 회사들은 신용거래에서 점점 규모가 커지고 복잡해지는 문제에 봉착해 있었다. 유동성이 고갈되고 불안한 예금자들이 한꺼번에 자금을 인출하려고 몰려들 때마다 발생하는 신용경색에 갈수록 취약해진 탓이다. 이들 회사는 시칠리아와 나폴리 왕국 사이, 그리고 잉글랜드, 스코틀랜드, 프랑스 사이의 대규모 전쟁들에 재정을 투자하는 것을 꺼렸다. 자신들의 취약한 재산에 의존하여 결국 국제적인 상업 활동이 파멸을 초래하는 것을 보았기 때문이다. 이탈리아 상업은행 중 1298년 시에나의 본시뇨리Bonsignori가의 그란타볼라Gran Tavola 은행이 최초로 궁지에 빠져 파산했고, 1344/5년에는 피렌체의 바르디 회사가 마지막으로 파산했다. 이 시기에 이탈리아는 부를 형성하기는커녕 잃고 있었다.

이 모든 국면은 라틴 기독교 세계의 상업혁명과 뒤따른 경제적 번영을 이룬 스미스식 성장의 토대를 약화시켰다. 이제 거래 비용은 떨어지기보다 상승하였고, 시장은 확장되기보다 정체되거나 축소되었다. 그로 인해 더 많은 노동 분업을 통한 전문화와 생산성 향상을 달성할 기회는 줄어들고 있었으며, 결국 유럽 내 인구가 많고 자원이 부족한 지역에서는 1인당 생산과 소득이 감소하는 추세를 보였다.[33] 인구 성장의 여세는 지속되었지만, 서비스 분야와 제조업의 고용 증가가 정체될 때마다 1일 실질임금률, 가구소득, 경작지 크기 등에 대한 하방 압력이 두드러졌다. 촌락에서는 종살이, 재분할, 전대轉貸, 황무지의 파편적 식민화 등이 초과 인구를 주어진 토지에 수용하는 표준적인 방법이었다.[34] 도시 내에서는 임시 노동, 구걸, 그리고 도둑질이 증가했다. 촌락이든 도시든 구조적 빈곤이 고착화되었고 권력과 부의 양극화가 심화되면서 재산에 대한 범죄가 증가했다.[35] 경제적 불황이 계속되면 계속될수록 이와 같은 문제들은 점점 더 다루기 어려워졌다.

1270년대 이후 그 기세가 점점 더해지면서, 기후변화는 향후 전개될 시나리오에서 불안정의 또 다른 요인이 되었다.[36] 장기간 지배적이었던 대기 순환 패턴이 불안정해졌고, 연장된 과도기가 현저하게 변형되어 소빙하기 패턴으로 출현하기 시작함에 따라 이상기후가 더 빈번하게 발생했고, 농업생산자들에게 추가적인 문제와 더불어 불확실성을 안겨 주었다. 경제적으로 취약한 가구의 비율이 늘어나던 바로 그 시기에 잔인하게도 대대적인 수확 실패, 심지어 연이은 흉작의 위험이 증가했다. 면양옴, 간흡충 등의 손해를 끼치는 동물유행병과 아마도 이상기후로 인한 생태적 스트레스가 유발한 것으로 보이는 전 유럽에 걸쳐 치명적인 축우의 동물대역병은 양모, 우유, 육류 생산과 지극히 중요한 사역동물의 공급에 직접적 타격을 주었다.[37] 지역에 따라 그 양상과 시기는 큰 차이가 있었지만, 유럽에서 이와 같은 환경 문제로부터 전적으로 무관한 지역은 매우 드물었다.[38] 더욱이 환경 문제는 전 지구적 차원의 성격으로 인해 어떤 방식으로든 구세계 전체에 영향을 끼쳤고, 그로 인해 유럽인들과 직간접적으로 상호 작용한 사람들, 경제, 생태계에도 영향을 주었다. 그 결과 이 시기에 서유럽과 동아시아가 동시에 심각한 환경적 어려움을 겪는 소위 '기이한 평행'이 나타났다.[39]

1) 이탈리아의 상업적 위축

이탈리아는 라틴 기독교 세계의 선도 경제로서 다른 어느 나라보다도 부유하고 상업적으로 진취적이며 고도로 발전했다. 그런데 특히 1290년대부터는 도시와 상인들이 가치 있는 상업적 이권들을 차지한 여러 지역에서 악화된 정치적·군사적 상황으로 큰 타격을 받았다. 구엘프Guelphs(교황

표 3.1 | 이탈리아(중북부) 거시경제 동향, 1300-50년

변수	1300	1310	1320	1330	1340	1350
인구(1310 = 7.9백만)	98	100	100	101	97	71
농업 가격 지수	82	100	116	131	149	206
비농업 가격 지수	100	100	100	100	100	100
실질임금률		100	93	56	79	131
국내총생산		100	97	88	85	68
1인당 국내총생산(1310 = $1,650)		100	97	87	87	96

출처: Malanima(2002), 366, 405; Malanima(2003), 289-90; Malanima(2011), 205.

파)와 기벨린Ghibellines(황제파) 사이, 앙주가와 아라곤가 사이, 베네치아와 제노바 사이, 그리고 다른 야심 있는 도시국가들 사이 등 이탈리아반도 내에서의 지속되던 갈등도 이탈리아 국내 시장에 추가적인 피해를 끼쳤다. 교역은 모든 수준에서 더 위험하고 더 비싸졌으며, 시장은 더욱 변덕스럽고 불확실하며 나아가 정치화되어 지속적인 고용과 소득의 성장을 저해했다.[40] 늦어도 1310년부터는 거래 비용이 증가했으며, 국내 및 해외 시장이 균열되고 축소됨에 따라 그때까지 가장 역동적이며 도시화되었던 경제의 성장이 정체되었다. 1340년대에 이탈리아와 이탈리아의 임금소득자들은 모두 세기 초에 비해 더 빈곤해졌다(표 3.1). 이는 라틴 기독교 세계 전체에 감지되던 부정적 반향과 더불어 운명의 의미심장한 반전이었다.[41]

이탈리아 국민소득에 대한 최근 평가는 13세기 말에 달성한 인상적인 경제 발전의 수준에 대해 아무런 의심의 여지를 남기지 않는다. 말라니마는 1310년에 움브리아, 토스카나, 리구리아, 피에몬테, 롬바르디아, 베네토를 포함하여 고도로 도시화된 이탈리아 중북부의 수요에 기반한 1인당 국내총생산을 1,664달러(1990년 미국 달러 구매력 기준)로 신중하게 추정했다. 정치적으로 분열되었으며 산업화 이전에 부자들의 동맹에 확고히 머물러 있던 이 지역의 이 시기 경제를 동일한 지역의 1454년과 1494년

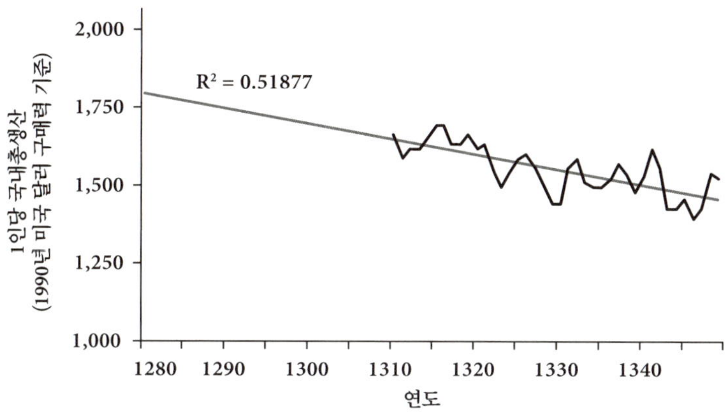

그림 3.2 | 이탈리아(중북부) 1인당 국내총생산(1990년 미국 달러 구매력 기준), 1280/1310-1350년
출처: Malanima(2011), 205.

사이의 평화로운 황금기, 16, 17세기 황금기의 홀란드, 그리고 산업혁명 직전의 잉글랜드와 동등한 수준으로 평가한 것이다.[42] 마르코 폴로가 중국을 방문한 13세기 3/4분기의 호황기까지 거슬러 올라가 추정해 보면, 이탈리아의 1인당 국내총생산은 1,750달러를 초과하여 19세기에 근대적 경제 성장이 도래하기까지 유럽 경제가 성취한 최정점에 다가갔다(그림 3.2).[43] 그러나 1310년경 그 호황은 확실히 끝이 났다. 말라니마의 연도별 추정치에 따르면, 이후 30-40년 동안 가장 발전한 이탈리아 중북부의 부는 증가하지 않고 오히려 축소되어, 1340년대 중반 1인당 국내총생산은 1,440달러까지 감소했다. 임금은 1인당 국내총생산 추정치의 핵심 구성 요소이기에, 농업 및 제조업 임금의 구매력은 당연하게도 같은 기간 동안 약 1/5 정도 감소했다(표 3.1).

1310년경 제조업과 서비스 부문은 이미 이탈리아 국민소득의 절반을 차지하고 있었으며, 지속적인 성장은 그 비중의 확대에 달려 있었다.[44] 그러나 전쟁, 은행 파산, 교역의 위축이 그때까지 경제를 선도하던 부문에 피해를 입히면서 정반대의 상황이 발생했다. 그로 인해 자연스럽게 농업의 상대적 중요성이 커졌고, 도시화율은 하락하기 시작했다. 1400년경 5,000명 이상이 거주하는 도시의 비율이 중북부 이탈리아에서는 21.4%에서 17.6%로, 이탈리아 전체에서는 20.3%에서 13.9%로 감소했다. 1348년부터 페스트에 의한 극심한 도시 사망률이 분명히 이러한 경향을 가속화시켰으나, 탈도시화 경향은 페스트가 덮치기 전에 이미 진행 중이었다.[45] 이로 인해 경제는 가장 덜 역동적인 부문인 농업에 더욱 의존하게 되었다.

말라니마의 혹평에 따르면, 이탈리아의 농업기술은 "결국 자본 대 노동, 그리고 자원 대 노동의 감소하던 비율을 상쇄할 수 없었고, 자본이나 자원이 좀 더 생산에 기여하도록 할 수도 없었다."[46] 문제를 더욱 어렵게 만든 것은 농촌 인구밀도가 이미 유럽에서 가장 높은 수준이었다는 점이다.[47] 과도한 농촌 노동력을 낮추는 것이 불가능했기에 결과적으로 농업의 노동생산성이 저하된 반면 토지의 생산성을 높이는 것은 불가능하여 비농업 상품에 비해 농산품의 가격을 상승시켰으며(표 3.1), 이 모든 상황은 가처분소득에 더욱 압박을 가했다. 그로 인해 역의 승수가속 효과가 작동하게 되었는데, 감소한 소비는 다시 투자, 총소득, 수요에 대해 추가적인 하향 압력을 가했다. 1310년경 실질적으로 인구 성장은 멈췄지만, 농촌의 인구밀도는 예외적으로 높은 수준에 머물러 있었다. 1340년경 소폭의 인구 감소(표 3.1)는 1328-30년 이탈리아에서의 심각한 기근이 인구에 미친 부정적 영향을 반영한다(그림 3.3).[48]

1300년경 토스카나 주요 도시인 루카(25,000), 피사(30,000), 시에나(50,000), 피렌체(110,000) 등과 그보다 작은 주변 위성도시들의 총 곡물공급 필요는 경사지까지 농지로 개간하여 한계 상황까지 밀어붙인 인근 '배후지역들contadas'의 생산 능력을 훨씬 초과했다. 예를 들면, 피렌체는 자신의 배후지에서 연간 곡물 수요의 절반 이하만을 공급받을 수 있었기 때문에 남부 이탈리아와 시칠리아로부터 수입하는 곡물에 의존했다.[49] 이 도시들은 많은 수공업 가구의 생계가 달려 있던 직물 산업의 주요 원료인 질 좋은 양모도 자급할 수 없었다. 따라서 이러한 내륙도시에 기반을 둔 상업

회사들은 각각 자신들의 주요 무역 상대의 상업 중심지에 대리점을 확보하는 복합적인 무역 방식을 발전시켰다. ① 잉글랜드산 양모와 남이탈리아와 시칠리아산 곡물의 대량 구매를 위해 필수적인 무역 특권을 협상했고, ② 교황권은 물론 전쟁을 도발하지만 자금 부족에 시달리던 플랜태저넷가와 앙주가 군주들에게 신용거래를 진전시켰으며, ③ 도시의 직물 노동자들에게 필수적인 운전자본을 감독하고 공급했으며, ④ 이탈리아와 해외에 있던 지사들, 그리고 국내와 지중해 시장들에서 활동하던 다른 이탈리아 상인들을 통해 완제품을 유통시켰다.[50]

잉글랜드와 나폴리의 호전적인 통치자들의 신용거래에 대한 갈망과 토스카나의 직물 제조 도시들의 고급 밀과 양모에 대한 갈망이 점점 더 커지면서 이 기간 동안 대형 상인은행 회사, 특히 루카의 리차르디, 시에나의 본시뇨리, 그리고 피렌체의 프레스코발디, 아차이우올리Acciaiuoli, 페루치, 바르디 등이 부상하게 되었다. 군주들과 거래하는 것은 얻을 수 있는 이익이 꽤 컸지만 위험한 사업이었다. 이들 통치자들이 사망하거나 무역 특권이 철회될 수 있고, 자산이 몰수되거나 부채를 돌려받지 못할 수도 있기 때문이다. 그와 같은 정치적 요인이 1298년 본시뇨리가의 그란타볼라 은행이 파산하는 데 기여했다. 그리고 이 회사의 붕괴는 주요 금융 중심지로서 시에나의 종말을 예고했으며, 떠오르던 피렌체의 대규모 은행들에 혜택이 돌아갔다. 엄격한 관리와 통제 체제, 높은 수준의 내부 의사소통, 복식부기를 포함한 정교한 회계 체제들, 아라비아 숫자에 대한 지식과 사용, 엄밀한 이자의 산출, 자금의 해외 지급과 송금을 용이하게 하는 환어음 사용 등은 모두 당대에 새로 개발된 선도적인 사업 방식이었다.[51] 그렇지만 행정적·재정적 정교함을 그토록 발전시켰음에도 불구하고 1346년경에 이르면 모두 실패하거나 파산했다. 그러나 이 경제적 재앙의 여파는 1348년 초 피렌체에 닥친 훨씬 더 커다란 재난인 페스트에 의해 가려졌다.[52]

여러 요인들이 결합해 이탈리아 초대형 은행들의 생존 능력을 점진적으로 잠식했다. 정치가 그중 하나였다. 1294년 루카의 리차르디가 망한 결정적 계기는 이 상인은행 회사가 적국인 잉글랜드의 에드워드 1세에게 재정 지원을 했다는 이유로 프랑스의 필리프 4세가 응징한 것이었다. 4년 뒤 필리프는 시에나의 자산을 몰수해 그란타볼라도 무너뜨렸다.[53] 전쟁은 특히 위험한 것으로 입증되었다. 잉글랜드와 프랑스 사이에 전쟁을 포고한 1337년부터 페루치와 바르디 두 회사는 잉글랜드와 프랑스 왕실 그리고 그들 사이에서 곤란해하던 플랑드르와 거래를 지속하는 것이 불가능하다는 사실을 큰 비용을 지불하며 깨달았다. 그들의 신용거래 규모가 크면 클수록 군주의 정치적·군사적 이익을 위한 책략에 더욱 취약했다. 한편 1330년대부터 유럽의 은 생산이 고갈되기 시작한 반면 금 생산은 증가했는데, 선도 회사들은 금과 은의 교환율이 1/3 감소함에 따라 이윤이 줄어들었다. 대부분 은으로 이뤄진 지출액에 대해 금으로 지불된 수령액의 가치는 떨어졌으며, 이는 금을 기반으로 한 모든 회사의 자산을 침식했다.[54]

그렇지만 에드윈 헌트Edwin Hunt와 제임스 머리James Murray에 의하면, 궁극적으로 초대형 회사들을 붕괴시킨 것은 "항상 번영의 기반이 되었던 국제 곡물 교역의 근본적 쇠퇴"였다.[55] 전쟁, 과세, 악천후, 흉작, 그로 인해 (굶주리고 불만에 가득 찬 수공업자들로부터 정치적인 압박을 받아) 도시의 식량 공급에 직접 관여할 필요를 절감한 시 정부 등이 힘을 합쳐 초대형 회사들이 한때 가장 높은 수익을 올렸던 핵심적인 사업 부문에서 그들의 활동 범위를 잠식해 갔다. 따라서 그들은 궁극적으로 이탈리아의 전반적인 경제적 위축과 1330년대와 1340년대에 현저하게 감소한 상품의 유통량, 그리고 식량 가격이 치솟았을 때 공공질서를 유지해야 하는 시 정부의 의무와도 연관된 희생양이었다. 긴축 재정의 시대에 회사의 규모와 그에 수반되는 높은 간접비도 불리하게 작용했다.

변화하던 날씨 패턴은 14세기 2/4분기 동안 시 정부가 직면한 시급한 문제였던 홍수와 식량 공급 문제의 핵심 요인이었다. 스코틀랜드의 동굴 이차생성물에서 추출한 강수 지수와 모로코의 나이테에서 추출한 가뭄 지수의 비교는 1320년대부터 북대서양 진동이 약화되고 강수를 유발하는 겨울 편서풍의 경로가 남쪽으로 이동하고 있었음을 보여 준다. 그로 인해 강수량은 북유럽에서는 감소하는 경향을 보였고, 남유럽과 북아프리카에서는 증가하는 경향을 나타냈다(그림 3.3). 1327-33년은 스코틀랜드에서 한 세기 중 가장 건조한 시기였지만, 모로코에서는 11세기 중엽 오르트 태양극소기 이후 가장 습한 시기였다.[56]

갑작스럽게 시작된 연이은 폭우로 인해, 오랫동안 진행된 개간 작업으로 대부분 보호삼림이 사라진 이탈리아 토스카나의 언덕 지대는 환경 피해를 입었다. 토양과 골짜기의 침식이 심각해졌고, 아르노 유역의 빗물 유출량도 급격히 증가했다. 1333년 11월 4일에 발생한 파괴적인 피렌체 홍수가 그 결과였다. 조반니 빌라니Giovanni Villani의 증언에 따르면, 교량 3개가 휩쓸려갔고, 도시 중심부 중 일부가 3미터 깊이까지 침수되었다.[57] 그처럼 지속되던 이상기후가 아마도 당시 지중해 전역에 걸쳐 보고된 흉작과 식량 부족의 원인이었을 것이다.[58] 그 재난 자체는 일시적이었을지라도, 이 극심한 환경적 혼란은 기후 조건이 더 악화되는 쪽으로 변했다는 신호였다. 토스카나와 같이 토지 대부분이 대규모 곡물 생산에 적합하지 않고 도시의 필수 식량에 대한 수요가 인근 배후지의 곡물 생산 능력을 초과하던 지역에서는 더 큰 재난이 발생할 가능성이 있었다.[59]

이미 1328년과 1329년에는 미증유의 습한 날씨로 인해 남유럽 전역에 걸쳐 흉작이 발생했다.[60] 기근은 1329년과 1330년 이탈리아 전역에 광범위하게 확산되었다. 말라니마의 토스카나 소비자 가격 지수에서 이 두 해의 기록은 매우 두드러지는데, 가격의 급등은 실질적으로 농업과 제조업 1일 임금의 구매력을 절반으로 줄였다(그림 3.3).[61] 조반니 빌라니의 『새 연대기*Nuova Chronica*』에는 촌락에서 도시로 몰려든 굶주린 이주민들이 구제를 요청했지만 페루자, 시에나, 루카, 피스토이아에서 추방되었다고 기록되어 있다. 식량을 공급해야 할 인구가 훨씬 더 많은 피렌체는 이웃 도시들과 다르게 대응했는데, 시의 공공기금에서 지원금을 마련하여 당시로

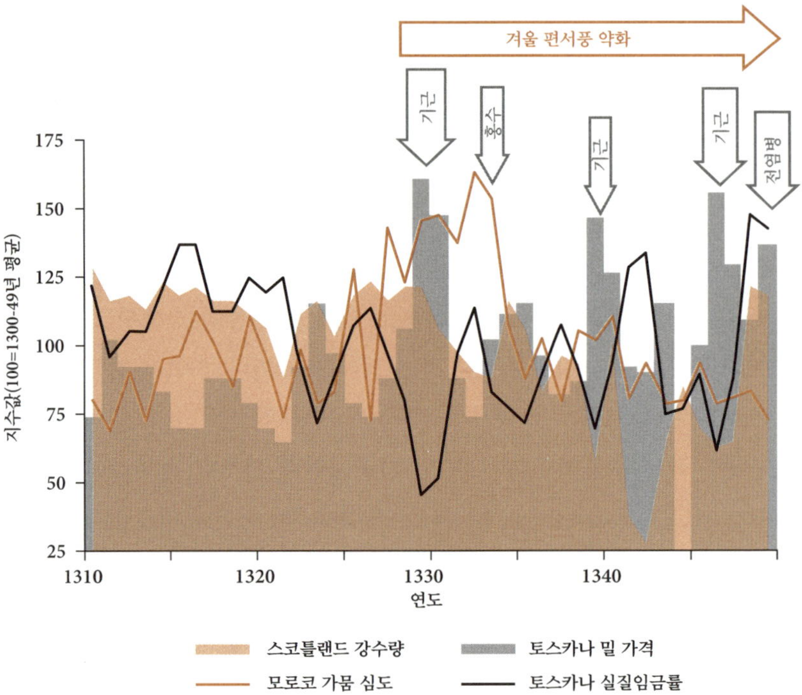

그림 3.3 | 스코틀랜드 강수량, 모로코 가뭄, 토스카나 밀 가격, 토스카나 1일 실질임금률, 1310-49년

출처: Proctor and others(2002b), Esper and others(2009); Malanima(2008); Malanima(연도미상a); Malanima(연도미상b).

서는 가장 효과적인 식량구제책을 시행했다. 시 정부는 시칠리아에서 구입한 곡물을 선박을 통해 시에나 남쪽 탈라모네로 운송한 다음, 상당한 위험과 비용을 감수하고 육로로 피렌체까지 140킬로미터를 운송했다. 도시에서는 공동체 자체의 화덕에서 빵을 만들어, 무장한 자들의 감시 아래서 빈민에게 시장 가격 이하로 판매했다. 피렌체시가 위기의 2년 동안 지출한 총비용은 7만 플로린으로 추산된다.[62]

식량 부족은 1339-41년에 다시 발생했다. 1346-47년에는 그보다 더 심각했는데, 가축전염병이 변변치 않던 수확 상황을 크게 악화시켰다(그림 3.3).[63] 이때 식량 부족은 더 보편적이었고, 특히 피렌체의 '배후지'에서는 빈곤한 촌락민의 유입이 크게 늘어났다. 그러나 피렌체의 위기에 대처하는 역량은 약화되어 있었다. 시는 전쟁 부채를 떠안고 있었고, 선도 회사들은 파산한 상태였다. 시 당국은 다시 한번 멀리서 곡식을 구매한 후 밀, 보리, 겨를 혼합해 구운 빵을 만들어 보조금을 투입한 가격으로 판매했으며, 가난한 자들에게는 상환권voucher 방식으로 빵을 배급했다. 조반니 빌라니는 발행된 상환권의 수를 합산해 위기가 거의 끝나 가던 1347년 4월까지 9만 4,000명을 이러한 방법으로 부양했다고 추정했다.[64] 위기를 극복할 수 있던 것은 시 당국의 풍부한 지원과 결단 덕분이었지만, 피렌체와 토스카나 지역의 경제는 바르디, 페루치, 그리고 다른 선도 상업회사들의 파산까지 더해져 최저 수준으로 떨어졌다.

그 모든 불행에도 불구하고, 14세기의 피렌체는 여전히 부유한 도시였기에 다른 대부분의 도시들에 비하면 크게 늘어난 빈곤층의 식량 조달을 유지하기 위한 조치들을 비교적 잘 감당할 수 있었다. 그러나 이 도시는 심지어 풍년에도 나폴리의 앙주가 국왕이나 그의 정적이었던 시칠리아의 아라곤 통치자들과의 무역 특권 협상에 크게 의존했으며, 이는 결국 신용 거래와 정치적 지원의 제공에 달려 있었다.[65] 더욱이 이탈리아는 여전히 정치적으로 분열된 국가로 남아 있던 탓에 식량을 확보하고 그것의 공급을 통제하는 사람들의 호의를 얻기 위해서는 다른 이웃 국가 및 공국들과 직접 경쟁하지 않으면 안 되었다. 거래에 대해 과세하고 규제하고 제한하고, 심지어는 이를 독점하려는 기득권 집단의 이윤추구 활동을 억제하거나 복수의 주권들로 분열된 상업 활동 지역에 대해 사법적 통일성을 부여할 권력을 쥐고 모든 것을 아우르는 중앙의 권위가 없었다. 그로 인해 개선된 시장의 조율, 더 낮은 거래 비용, 큰 폭의 가격 중재 등의 편의를 제공하는 범이탈리아 차원의 완전한 시장 통합은 불가능했다.

엡스타인에 의하면, 이탈리아의 정치적 분열은 지속적인 경제적 성장과 발전을 가로막는 가장 큰 장애물이었다.[66] 9, 10, 11세기에 이탈리아 중북부의 반독립적인 도시 정부의 부상이 경제적 활력과 힘의 원천이었던 반면, 14세기에 이르러 이 공동체들 중 많은 수가 스스로의 이익만을 추구하는 도시국가들로 변신하여 "강력한 도시 관할권은 장기적 경제 성장과 양립할 수 없는" 상황을 만들어 냈다.[67] 이처럼 최적 상태에 이르지 못하는 상황의 징후로는 이탈리아반도의 다중심적 도시 구조, 잘게 구획된 관할권, 분쟁 중인 경계들, 도시국가들 사이의 영속적인 소규모 전쟁, 배후지 생산물에 대한 도시의 독점권 주장, 수많은 영토 간 무역에 대한 정치적 영향, 그리고 초대형 회사의 출현 현상 등이 있었다.[68] 시장 비효율과 마찰을 유발하는 다양한 원인을 줄이기 위해서는 정치적·사법적 중앙집중화와 국가 건설이 필요했으나, 이는 경제와 정치가 사분오열된 14세기 전반의 이탈리아에서 실현되기를 기대할 수 없었다.

2) 플랑드르의 산업 위기

플랑드르는 인구밀도, 도시화율, 국제 교역의 적극적인 참여 등에 있어 북유럽에서 가장 이탈리아에 필적할 만한 상대였으며, 13세기 말에는 토지 부족, 수입 식품과 원자재에 대한 의존, 움츠러든 불확실한 해외 시장, 늘어나는 거래 비용, 중요 상업 관계에서 정치적·군사적 혼란과 같은 문제들을 공유했다. 비록 플랑드르 영토 전체가 이탈리아의 대형 상업도시 하나가 통제하는 지역에도 미치지 못했지만, 그 내부에는 견실한 도시들이 집중되어 있어서 이탈리아와 비할 바가 아니었다.[69] 대부분의 도시들은 플랑드르가 프랑스 왕으로부터 준자치적 봉토를 수여받은 백작들의 호의적인 통치로 번성하던 11, 12, 13세기 동안 실질적으로 거의 무無에서 성장했다.[70] 그곳 상인들과 제조업자들은 북쪽으로 잉글랜드, 남쪽으로 이탈리아, 동쪽과 서쪽으로 북독일과 프랑스 사이에 발달한 무역 연계망을 통해 이득을 얻었다. 플랑드르 자체의 국제적 정기시는 일찍부터 광범위한 지역에서 상인들을 끌어들였다. 이 시장이 샹파뉴 정기시의 부상으로 말미암아 쇠퇴하자, 플랑드르인과 이탈리아인 모두 샹파뉴 정기시를 선호하는 거래소로 삼고 안전 통행의 혜택을 누리며 그곳에서 사업 대부분을 벌였다.[71] 제노바인, 베네치아인, 피렌체인들과 마찬가지로 플랑드르 상인도 다양한 상품을 취급했지만, 규모와 금액에서 가장 큰 부분을 차지한 것은 곡물, 양모, 직물이었다.[72]

플랑드르 경제의 상업적 역동성은 플랑드르의 인구 성장률이 유럽 평균을 훨씬 상회하도록 보장해 주었다.[73] 그 결과 1300년경 인구밀도는 평방킬로미터당 40명 이상이었고, 최대 인구밀도는 그 2배를 넘어섰다.[74] 이로 말미암아 오래전부터 필수 식량과 여러 원료에 대한 자급자족이 불가능했으며, 그중에서도 도시의 대규모 직물 제조에 필수적인 질 좋은 양모가 가장 중요했다. 따라서 그 성장은 전문화와 교환이라는 스미스식 과정에 기반을 두고 있었으며, 다른 한편으로 토지생산성 측면에서 플랑드르 농업이 유럽에서 가장 생산적인 편에 속했으며 다른 지역에 비해 기술적으로 선진적이었음을 지지하는 보저럽의 농업집중화 과정론•과도 결부되었다.[75] 토지 용도 전환 과정은 목초지를 경작지로 변화시켰고, 그 결과 12세기부터 팽창하던 직물 산업이 점점 더 잉글랜드에서 수입한 양모에 의존하게 되었다.[76] 그 후 도시에서 주요 식품에 대한 수요가 국내 농업의 공급 용량을 초과하기 시작했고, 잉글랜드는 플랑드르에 곡물과 그 외 식량을 수출하는 여러 국가 중 하나가 되었다.[77] 플랑드르의 화주와 운송업자들도 이 교역 중 많은 부분을 담당함으로써 상당한 이익을 얻었고, 상당한 부가가치 요소로써 경제에 적잖게 기여했다. 사실 13세기 번영의 절정기에 플랑드르의 1인당 국내총생산이 거의 같은 시기의 이탈리아 중북부(표 3.1) 또는 에릭 부이스트Erik Buyst가 약 1,600달러로 추정한 중세 말 남부 저지대보다 훨씬 적었으리라고 생각하기는 어렵다.[78]

1270년 이후 플랑드르는 기존에 확립된 성장 궤도를 유지하는 데에

• 덴마크 경제학자 에스터 보저럽(1910-99)은 인구 변화가 농업 생산의 집중도를 높인다는 농업집중화론을 주장했다.

점점 더 어려움을 겪었다.[79] 토지에 대한 조건들은 점차 악화되고 있었다. 12세기에 많은 영주는 관대한 조건으로 그들의 소유지에 대한 종신 보유를 허용하고 그 대가로 고정 지대를 받았는데, 지대의 실질 가치는 이후 화폐 인플레이션과 토지 가치의 상승이 결합되면서 감퇴되었다.[80] 이로 인해 관대한 조건으로 토지를 보유하고 있던 자들에게는 토지를 분할해 타인에게 시장 지대로 전대하고자 하는 강력한 유인이 생겼다. 농촌 인구의 큰 폭의 증가는 토지 보유에 대해 거의 만족을 모르는 수요를 만들어 냈다. 활발한 토지시장과 분할 상속의 관행이 결합하며 보유지들은 점점 더 잘게 나뉘어졌고, 가족 모두가 고용될 수 없거나 가족들에게 적절한 생계를 제공할 수 없는 사람들의 비중이 증가했다(14세기에 헨트 지역의 농민 대부분은 겨우 2-3헥타르의 토지를 보유하는 데 그쳤다).[81] 13세기 말부터 진행된 임차권의 확장은 또한 도시민이 종종 토지를 차지한 후 더 높은 지대를 받고 타인에게 전대하는 상황을 만들어 냈다.[82] 이 모든 과정에서 장원의 규모와 그 수익은 축소되었다. 보유지의 점유자에게 토지단위당 산출을 높이려는 동기는 컸지만, 이는 종종 노동단위당 산출을 희생하는 대가로 이루어졌다.[83] 이러한 상황은 추가 수입원을 찾아 나서도록 재촉했고, 이는 농촌의 과잉 노동자들을 직물 산업이 많은 일자리를 제공하던 도시로 이주하도록 장려했다. 실제로 상대적으로 저렴한 노동력이 충분히 공급되지 않았다면, 플랑드르의 직물 산업은 1270년대에 국제적 명성을 얻을 정도로 부상할 수 없었다.

과잉 노동력을 촌락에서 도시로 그리고 농업에서 제조업과 서비스업으로 재분배하는 것은 촌락의 인구 적체와 빈곤 문제가 더 심각해지지 않기 위해 절대적으로 필요했다. 그러나 1270년대부터 플랑드르 도시의 직물 산업은 연속적으로 심각한 좌절을 겪었다. 1270년부터 1274년까지 잉글랜드-플랑드르 관계의 와해는 플랑드르 산업이 의존했던 잉글랜드 양모의 공급에 심각한 차질을 초래했으며, 그 가운데 많은 부분을 다른 곳으로 돌리게 했다. 그로 인해 플랑드르 해운업자들은 수익성이 큰 운송 기회를 빼앗겼으며, 그 손실은 이후에도 결코 완전히 회복될 수 없었다.[84] 그 이후 1279/80년에 치명적인 동물유행병 면양옴이 잉글랜드 양모 생산의 규모와 품질 모두를 극적으로 떨어뜨렸고, 결과적으로 수출의 급격한 감소가 뒤따랐다(그림 3.4).[85] 이는 불만을 가진 플랑드르 직물 노동자들의 첫 번째 소요와 동시에 발생했다.[86] 그 후 1294년에는 가스코뉴로 인해 프랑스와 잉글랜드 사이에 전쟁이 발발했다. 이 땅은 프랑스의 영토였으나 잉글랜드 왕이 프랑스 왕의 가신 신분으로 보유하던 중이었다. 이 전쟁은 플랑드르를 곤란하게 만들었는데, 플랑드르 백작은 프랑스 왕의 가신이었으나, 잉글랜드는 그들에게 가장 중요한 무역 상대이자 프랑스 필리프 4세의 봉건적·영토적 야망에 저항하는 자연스런 동맹국이었기 때문이다.[87] 이와 같이 어려운 정치적 상황에서 중립을 유지해 잉글랜드로부터 정기적으로 양모를 공급받는 동시에 당시 프랑스의 지배하에 있던 샹파뉴 정기시에서 완성된 의복을 판매하는 것은 불가능했다. 결국 두 사안이 모두 어려워졌는데, 양모 구매와 관련해서는 1290-94년과 1295-99년 사이 잉글랜드의 양모 수출이 1/3 감소되었고, 의복 판매와 관련해서는 특히 필리프 4세가 샹파뉴 정기시에 참여하는 플랑드르 상인들에게 전통적으로 부여해 오던 안전 통행 보장을 철회하여 플랑드르 직물을 이탈리아 상인들에게 파는 것을 방해했다.[88] 그와 같은 불확실성은 당연히 제조업계에 큰 피해를 초래했다.

1297년 이후에는 두 문제가 모두 어느 정도 완화되었다. 샹파뉴 정기시에서 플랑드르 직물 구입이 봉쇄되자, 제노바인들은 전력을 기울여 플랑드르와의 직접적인 해상 노선을 개척했다.[89] 브루게는 제노바 호송선단의 최초 목적지였고 1314년 이후에는 베네치아 함대의 목적지가 되는, 국제 상업과 어음 거래의 중심지였다. 또한 1309년에는 북해 지역에서 가장 중요한 금융시장이었다. 한편 프랑스와의 적대 관계가 종식되고, 플랑드르와 이탈리아 구매자들로부터 적극적으로 해외 수요가 촉진됨으로써(이제 후자가 큰 몫을 차지하게 되었다) 회복된 잉글랜드 양모 수출은 새로운 정점

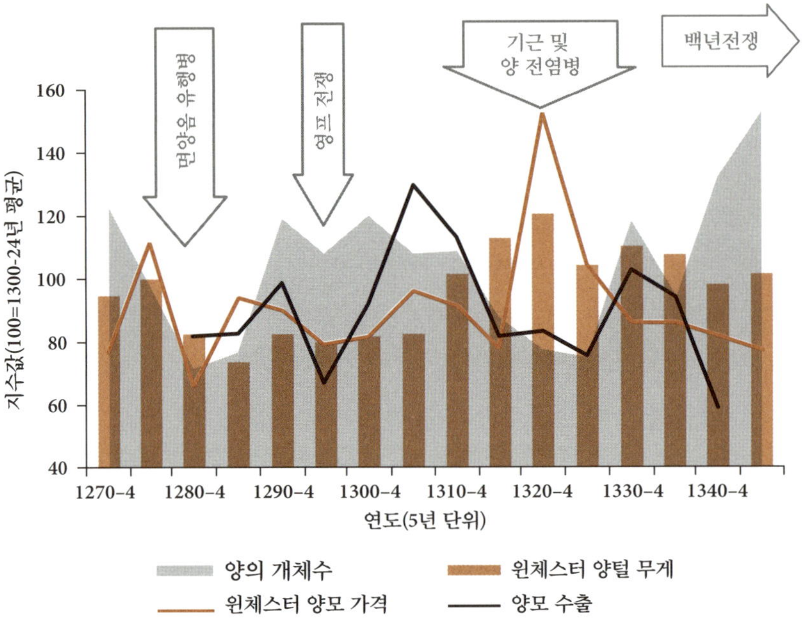

그림 3.4 | **잉글랜드의 양의 개체수, 양털 무게, 양모 가격 및 수출, 1270-1340년대**
주: 양모 가격은 실질가격.
출처: 윈체스터 양털 무게와 가격 – Stephenson(1988), 378, 388. 양의 개체수 – National Accounts Database. 양모 수출 – Carus-Wilson and Coleman(1963), 36-46.

을 맞았다. 1304/5년의 절정기에는 4만 5,000부대 이상을 수출했는데(그림 3.4), 이는 1,080-1,350만 마리 분량의 양털에 해당했다.[90]

호황은 그리 오래가지 못했다. 불화를 겪은 잉글랜드와 프랑스, 프랑스와 플랑드르 사이의 정치적 관계는 플랑드르로의 수출을 계속 방해했으며, 1315년에서 1330년 사이 악천후와 가축전염병의 발생은 많은 수의 양을 죽음에 이르게 했다(그림 3.4). 잉글랜드 양모 수출은 다시 한번 감소했고, 그 기간에 가격은 상승했다. 이는 플랑드르에서의 정치적 긴장을 심화시켰고, 1319-20년과 1323-28년 사이에 도시 반란을 촉발했다.[91] 그 후 1336년 8월 12일 프랑스에 대한 선전포고에 앞서 에드워드 3세는 플랑드르로 하여금 자신과 동맹을 맺도록 강제할 목적으로 플랑드르에 대한 공급을 모두 중단했고, 이는 플랑드르 직물 제조 도시들에서 더 거센 시위를 유발했다.[92] 플랑드르가 1340년 1월 지지를 약속하고 에드워드를 프랑스의 왕으로 인정한 후에야 비로소 수출이 재개되었다. 1275년에 시작된 이래 내내 잉글랜드의 모든 양모 수출은 관세를 납부해야 했는데, 이는 대부분 외국의 구매자들에게 전가되었다. 1294년과 1297년 사이에는 지불해야 할 관세가 일시적으로 급상승했고, 1303년에는 외국 상인이 수출한 양모의 관세가 부대당 1/3파운드에서 1/2파운드로 영구적으로 인상되었다. 백년전쟁 발발 이후에는 모든 양모에 대해서 부대당 2에서 2.5파운드까지 영구적으로 추가 인상되었고, 이는 플랑드르와 다른 해외 직물 제조업자에게 수출되는 잉글랜드 양모의 가격은 물론이고 궁극적으로 완제품 직물의 가격을 상승시켰다.[93]

이러한 원자재 공급 문제는 국제무역에서 거래 비용 상승과 여러 주요 해외 시장의 상실 또는 축소와 결합되었다. 먼로가 강조했듯이, 13세기 호황기에 수출용 직물 대부분은 "플랑드르와 브라반트의 크고 작은 도시에서" 생산된 "저렴한 '혼방견직물sayetteries'과 그 외 '가벼운 나사 모직물draperies légères'"이었다.[94] 많은 직물은 샹파뉴 정기시에서 염색이 안 된 채로 이탈리아 상인들에게 팔렸으며, 그들은 그것을 완제품으로 만들어 지중해와 흑해 전역의 기독교인 및 무슬림 시장에서 판매했다.[95] 이는 시장의 최하층 소비자를 대상으로 한 대량 거래였으며, 성공 여부는 비용 절감에 달려 있었다. 이 직물들 중 일부는 거친 모직이었고, 다른 일부는 소모사梳毛絲, worsted 직물이었으며, 또 다른 것은 모직과 리넨이나 모직과 면직의 혼합이었다. 이 직물들은 "플랑드르 고급 모직물의 '최하' 등급과 비교할 때 40-60%의 가격대에 판매되었으며, 일부는 그보다 더 낮은 20-40%의 가격대에 팔렸다."[96]

1291년 이후 레반트 무역의 붕괴로 이들 값싼 직물은 중요한 시장을 잃었다. 여러 전선에서 전개되던 전쟁들로 인해 육상이든 해상이든 운송이 훨씬 위험해짐에 따라 모든 곳에서 운송 비용이 상승했고, 가격이 너무 올라 판매할 수가 없었다. "그와 같은 직물을 지중해 지역으로 수출하는 데 소요되는 생산, 운송, 거래 비용을 합산하면 해당 지역의 일반적인 시장 가격보다 높아짐에 따라, 그처럼 값싸고 가벼운 직물의 생산업자들은 명백히 생산을 중단해야 하는 상황에 내몰렸다."[97] 이들 직물에 관한 언급은 1320년대 이후 상거래 기록에서 사라졌다. 플랑드르 직물 생산 도시들 대부분에서 이러한 직물에 대한 생산 규정은 14세기 초 이래로 더 이상 개정하지 않았으며, 이퍼르에서 얇은 혼방견직물 '세이says'를 파는 가판대는 그 무렵부터 빈번히 임대되지 않았다.[98] 한때 1년에 6만 개의 '세이'를 수출했던 아르투아의 생토메르에서는 1299년부터 세이에 대한 징세를 도급 주는 것이 불가능해졌고, 뢰번Leuven에서는 1298년부터 '혼방견직물'에 관한 언급이 사라졌다.[99] 이 부문의 제조 방식이 존속하는 한 그것은 국제 시장보다는 국내 시장에 공급되었다.

플랑드르 직물 제조업자들은 늘 질 좋은 상품과 고가의 모직물들을 생산해 왔으며, 13세기 말부터는 국제 시장이 존속하는 한 이들만큼은 상업적으로 생존할 역량을 지닌 존재로 남아 있었다. '세이' 제조업자들이 '신新나사nouvelle draperies'로 불리던 고가의 직물 생산으로 전환함으로써 결국 모직 생산은 더 확장되었다. 수출의 성공은 또한 품질의 엄밀한 관리에 달려 있었기 때문에, 특히 1330년대부터 모직의 품질이 더욱 엄격하게 규제되었다.[100] 1320년대부터 이 직물이 이탈리아 공증 기록에서 나타나는 빈도는 증가하는 반면, '세이'에 대한 언급은 사실상 자취를 감추었다.[101] 그럼에도 불구하고 지중해 시장은 결코 확대되지 않았으며, 이탈리아 제조업자들은 이를 공급하기에 매우 유리한 위치에 있어서 이탈리아 상인들은 잉글랜드 양모를 공급하는 특권을 얻기 위해 치열하게 경쟁했다. 불행하게도 최고급 직물을 생산하기 위해 최고의 양모가 필요했던 플랑드르 경쟁자들에게는 다른 적절한 대안이 없었기에 잉글랜드에서 공급하는 양모에 대한 의존도가 한층 높아졌다. 반면 품질 관리를 위한 노력의 일환으로 일부 플랑드르 직물 도시에서는 아일랜드에서 생산된 것 같은 질 낮은 양모 사용을 금지했다.[102] 이는 공급의 주력 부분에서 플랑드르 모직물 제조의 확장을 제약했으며, 1310년부터 잉글랜드의 양모 수출에 영향을 끼쳤던 환경적·정치적 요인에 의한 공급 중단에 치명적으로 취약한 상황을 초래했다(그림 3.4).[103]

1290년경 이후 플랑드르 직물 생산이 가볍고 값싼 것에서 무겁고 비싼 것으로 재편됨으로써 제조업 수출이 치명적으로 쇠락하는 것을 막을 수는 있었지만, 직물 산업이 이전의 역동성을 회복하는 데까지는 이를 수 없었다. 반면 남아 있는 양적 증거가 직물 생산이 1330년대 또는 그 이전부터 줄어들고 있었음을 암시한다(그림 3.5). 이퍼르에서 판매를 위해 밀봉한 직물의 수는 1310년대부터 1340년대까지 거의 계속 감소했고, 흑사병 발병 직전에는 절반까지 줄어들었다.[104] 헨트와 메헬런에서는 1330년대 후반과 1340년대 후반 사이 포목 징세 도급의 판매 수입이 각각 20%와 60% 감소했다(그림 3.5).[105] 제조업자들은 이익을 지키기 위해 전전긍긍했는데, '세 선도 도시drie steden' 헨트, 브루게, 이퍼르는 이 시기에 촌락의 직물 생산자가 그들이 생산하는 고가 특수 직물을 모방하는 것을 금지시켰고, 가격 하락을 막기 위해 배로 노력했다.[106] 또한 시민들이 다른 곳에서 만들어진 직물을 구입하는 것도 금지했다.[107] 그와 같은 보호무역 행위는 번영보다는 역경의 조짐을 보여 준다.

이와 같이 14세기 전반은 플랑드르 직물 산업, 나아가 플랑드르 경제에 어려움이 가중되던 시기였다. 경제 둔화는 소작인과 지주, 농촌과 도시, 방직공과 축융공縮絨工, 무산자와 도시 귀족, 한 도시와 다른 도시, 도시 귀족과 플랑드르 백작, 그리고 플랑드르 백작과 프랑스 왕 사이에 긴장을 고조시켰다. 사회 불안은 도시에서 풍토병처럼 퍼졌고, 심화되는 불평등과 많은 촌락 가구의 경제적 소외는 농촌에서 불만을 야기했다. 단기 임대, 십일조세, 세금, 그리고 그것을 부과하고 징수하는 사람들은 모두 원망의 대상이 되었다. 분노와 좌절은 1323년 마침내 터져 나왔다. 그해에 분출된, 도시와 농촌이 결합된 반란은 "중세 서유럽에서 가장 규모가 크

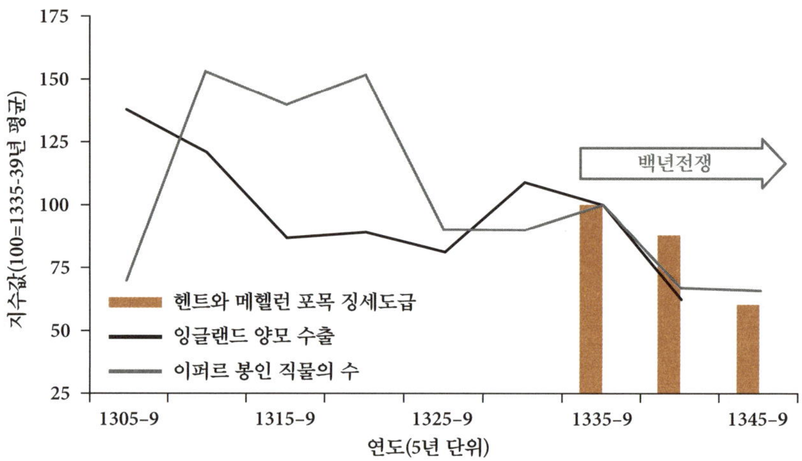

그림 3.5 | 플랑드르 양모 산업의 생산 지수, 1305-49년
출처: 양모 수출 - Carus-Wilson and Coleman(1963), 36-46. 이프르 봉인 직물 - Boussemaere(2000). 헨트와 메헬런 포목 징세 도급 - Munro(1999a), 42.

고 가장 오랫동안 지속된 폭동"이라고 기록되었다.[108] 그러나 결국 모두 무자비하게 진압되었다.

이 플랑드르 대반란은 1315-22년의 대기근과 뒤이은 우역 및 양 전염병의 여파로 발생했다.[109] 보유 토지의 규모가 너무나도 불충분했고, 매우 많은 가구가 추가 수입원에 의존해야 했으며, 심지어 평년에도 자급할 곡물이 전반적으로 부족한 상황은 이 유럽적인 기근이 "다른 어느 곳보다도 특히 남부 저지대에서 더욱 심각했음"을 의미한다.[110] 도시의 제조업 노동자들은 직물에 대한 수요가 급감하고, 식량에 대한 수요가 급등함에 따라 특히 식량권에서 손해를 봤다. 도시의 물가인상률은 북유럽 어느 곳보다도 고도로 도시화된 플랑드르에서 가장 컸던 것으로 보인다.[111] 도시 인구가 25,000명이 넘었던 이퍼르의 기록에 따르면, 기근이 절정에 달한 1316년 5월과 10월 사이에 2,794명이 사망했다.[112] 브루게는 더 큰 도시였지만, 1315년과 1316년에 이례적으로 곡물 가격이 낮았던 남유럽과 직접적인 해상 노선이 확립되어 있어 좀 더 효과적으로 대처했다(그림 3.3). 시

당국은 도시 인구의 1/3이 한 해 동안 먹기에 충분한 곡물 200만 리터를 이탈리아 상인들로부터 구입하여, 원가 혹은 그 이하로 제빵업자 조합원에게 팔았다.[113] 그럼에도 불구하고 기근열famine fevers로 많은 사람이 사망했고 2,000구의 시신이 거리에서 수습되어 공동묘지에 묻혔다.[114] 이 시기에 플랑드르 인구의 5-10%가 아사한 것으로 추정된다.[115] 한편, 이탄토의 축소, 저지대 해안 지역의 침수와 사구 시스템의 불안정화는 생태적으로 가장 취약한 지역에서 인구와 자원 사이의 잠재적 긴장을 심화시켰다.[116]

플랑드르인들은 속인들이 글을 읽고 쓸 수 있도록 교육하는 데 앞장섰고, 이 지역의 종교 기관과 도시 기관은 의심할 여지없이 기록물을 널리 사용했다. 그렇지만 전해지는 기록들이 너무 빈약하여, 말라니마가 비슷한 수준으로 상업화와 도시화가 진행된 중북부 이탈리아를 대상으로 재구성한 연평균 가격, 임금, 국내총생산을 플랑드르와 비교할 수 없는 점은 매우 아쉽다.[117] 이는 부분적으로 효과적인 중앙정부와 관련 관료체제의 부재를 반영하고 있으며, 다른 한편 플랑드르가 자신보다 훨씬 크고 중앙집권화되어 있던 두 이웃 국가 잉글랜드와 프랑스 사이에서 처해 있던 정치적 변동성과 어려운 관계를 설명해 준다. 그렇다 하더라도 그와 같은 일련의 가격, 임금, 국내총생산 변동 기록의 부족으로 말미암아 대기근과 흑사병이라는 두 거대한 자연재해 사이에서 플랑드르 경제가 정확하게 어떠한 경로를 거쳤는지 추적하는 것은 실질적으로 불가능하다. 분명한 사실은 이 나라에서 가장 중요하고 두드러진 산업이자 외화를 벌어들인 모직물 제조업이 이전의 생산과 고용 수준을 유지하기 위해 분투하고 있었다는 점이다(그림 3.5). 직물 도시들은 양모와 곡물을 외부의 자원에 의존하고 있었던 탓에 공급이 정치적·환경적 방해에 좌우될 위험이 있었다. 1337년부터 잉글랜드와 프랑스 사이에 발발한 전쟁은 플랑드르를 정치적으로 타협하도록 만들었으며, 다시 한번 양모나 곡물 또는 양쪽 모두의 공급을 위태로운 지경에 이르게 하며 위협했다. 한편 농지는 전과 마찬가지로 작은 구획들로 나뉘었고, 영주들과 도시민에 의한 단기 임대의 확산이 완화되기보다는 오히려 더 강화되고 있었다.

플랑드르는 14세기 초반 의심할 바 없이 북유럽의 어떤 나라 또는 지역보다 개인적 수준에서 부유했다. 그럼에도 불구하고 1340년대 무렵 플랑드르의 부는 이탈리아와 마찬가지로 증가하기보다 감소한 것으로 보인다. 개방적이고 상업화되었으며 도시화와 산업화에서 앞선 플랑드르의 경제는 12세기 하느님의 평화 운동, 플랑드르와 샹파뉴 정기시가 먼 곳으로부터 광범위하게 상인과 상품을 끌어들이는 능력, 지중해 시장에서 값싼 북유럽 직물에 대한 수요, 그리고 플랑드르의 양모와 곡물의 부족함을 벌충할 수 있는 잉글랜드와 북프랑스의 생산력 등의 토대 위에 성장했다. 여러 가지 이유로 인해 이렇게 다행스러웠던 전제 조건들은 더 이상 존재하지 않았다. 그 대신에 플랑드르는 토지의 과밀화, 심각해진 생태적 문제, 직물 산업의 고용·생산 위축, 수출 부진, 급속히 확대된 정치적·군사적 위기 등에 빠져 있었기에, 이미 취약할 뿐 아니라 위축되고 있던 경제는 더욱 압박받았다.

3) 잉글랜드의 농업 침체

a. 1인당 임금률과 국내총생산

잉글랜드는 이탈리아나 플랑드르에 비해 훨씬 더 중앙집권적이어서 필요한 조정에 실패할 가능성은 적었지만, 한편 두 지역에 비해 실질적으로 도시화가 덜 진척되었고 발전도 뒤처져 있었다. 1310년대 초 1인당 국내총생산은 약 750달러(1990년 미국 달러 구매력 기준)로 1,650달러였던 이탈리아의 절반에도 못 미쳤다.[118] 그렇지만 잉글랜드는 잘 발달된 상품과 생산요소 시장을 갖추었고, 모든 사회적 수준에서 다양한 물품을 시장교환에 광범위하게 의존하는 고도로 상업화된 경제였다. 섬나라였지만 고립되어 있지 않았고, 주로 가공되지 않은 1차 생산물이 대부분이었던 수출은 국민소득에서 기여하는 비중이 약 1/6 정도였다. 따라서 이탈리아나 플랑드르와 마찬가지로 1290년 이후 국제적인 상업 침체의 영향을 크게 받았지만, 두 나라보다 제조업과 서비스 부문의 비중이 작았기 때문에 잃을 것이 적었다. 실제로 질 좋은 양모와 고품질 주석은 대체 공급원이 부족했기 때문에 잉글랜드 수출의 양대 주력 상품에 대한 해외 수요는 잘 유지되고 있었다.[119] 경기 침체는 잉글랜드 상인들이 해외무역에서 차지하던 몫을 더 많이 보장해 주었기 때문에 오히려 그들에게 유리하게 작용했다.

영주, 도시, 정부에 의한 행정 기록 작성과 문서 보존의 높은 비율은 잉글랜드가 유럽 어떤 나라들보다 일찍부터 가격, 임금, 그리고 다양한 경제적 산출에 대한 자료를 잘 활용하고 있었음을 의미한다. 잉글랜드에서는 1260년대부터 꾸준히 연간 가격과 임금의 동향을 파악할 수 있으며, 1270년부터는 생산량에 기반하여 1인당 국민소득과 국내총생산이 산정되었고, 그보다 빈약하지만 1253년까지도 거슬러 올라가 추정치가 산정되었다.[120] 특히 영주 직영지에 대한 농업 정보는 풍부하고 상세하고 견실하다. 이는 1270년대부터 연간 곡물수확량과 가축 수의 변동을 재구성할 수 있는 토대를 제공하며, 수확량 변동과 가축 질병의 영향을 파악할 수 있게 해 준다.[121] 농업이 지배적인 유기경제에서는 에너지를 동물에 크게 의존했는데, 이는 명백히 주요 식품과 필수 원자재의 생산, 그리고 가격, 구매력 및 국민소득과 직접적 관련성을 가졌다.[122] 생산에 기반한 국민소득 추정은 1일 실질임금률 자료와 독립적으로 도출되었기 때문에 두 자료는 말라니마가 이탈리아의 수요 측면의 자료를 토대로 재구성한 것에 비해 상관관계가 덜 명확하며, 따라서 각각에 대해 보다 확실한 교차 확인의 기회를 준다. 이처럼 잉글랜드는 여전히 상대적으로 덜 개발되었으며, 빈곤한 중간 수준의 경제에 대해 예외적으로 풍부한 자료를 제공한다.

이 시기의 경기 침체를 연구하는 역사가들은 이제 대안적인 1일 실질임금률 자료를 선택해 살펴볼 수 있다. 가장 유용하고 잘 알려진 연구는 1950년대에 펠프스 브라운과 홉킨스가 석공石工 장인과 건설 노동자들에 대해 재구성한 것으로, 근래에 먼로가 개정된 소비재 품목을 참조하여 검토한 후 수정해 다시 계산했고, 클라크도 그와 다소 상이한 소비재 품목들을 이용하여 농업 노동자에 대한 자료를 산출했다.[123] 두 자료를 건설 노동자의 명목임금률 자료와 함께 도표화한 그림 3.6은 두 수치가 +0.7의 상관관계를 보이며 대체로 유사한 시간적 전개를 나타냈음을 드러낸다. 장원 노동자들은 13세기 3/4분기 동안 1일 임금의 구매력이 약 1/5 감소한 것으로 보이며, 그 후 소비재 가격의 변화에 따른 광범위한 단기 변동에도 불구하고 일정하게 낮은 수준을 유지했다. 마찬가지로 건설 노동자의 1일 실질임금률도 1270년대부터 대규모의 페스트 희생이 노동의 공급과 수요 모두를 크게 변화시킨 1348/9년까지 사실상 특정한 변화의 추이를 나타내지 않았다. 이는 경쟁자였던 이탈리아 노동자들이 겪은 것과 뚜렷한 대조를 보였다(표 3.1). 잉글랜드 건설 노동자들은 1310년에서 1340년 중반 사이 1일 임금의 구매력이 5% 이하로 감소했고, 한편 농업 노동자들의 경우에는 후반기에 들어서면 구매력이 15% 상승했다. 건설 노동자와 농업 노동자의 상대적 경험의 분기分岐는 단지 1330년대 후반에만 나타났으며(그림 3.6), 아마도 새로이 시작하는 대성당 건축 프로젝트의 수가 현저히 감소하여 건설 노동자가 수요에서 커다란 침체를 경험한 반면, 농업 노동에 대한 수요는 그대로 유지되어 오히려 물가가 하락한 사실이 그들에게 유리하게 작용한 것으로 보인다.[124]

이 결정적인 80년 동안 두 노동자 집단의 1일 명목임금률은 본질적으로 고정된 상태를 유지했다. 건설 노동자는 1264년부터 1302년까지 하루에 $1\frac{1}{2}$펜스의 임금을 벌었고, 1303-9년에는 $1\frac{3}{4}$펜스로 올랐으며, 1310년부터 프랑스와의 전쟁이 발발한 1337년까지는 2펜스까지 상승했다. 그 후 1348/9년 페스트로 인해 노동력 공급이 붕괴되기 직전에 재빨리 $1\frac{1}{2}$펜스로 되돌아갔다.[125] 흑사병 이전까지 모든 유형의 노동자에 대한 명목임금률은 사실상 거의 '고정되어서' 노동 수요, 소비재 가격, 화폐 가치 등의 변화에 따라 서서히 일정치 않게 반응할 뿐이었다.[126] 따라서 1302년 이래, 특히 1310년과 1337년 사이에 지급된 높은 명목임금과 그 이후에 지급된

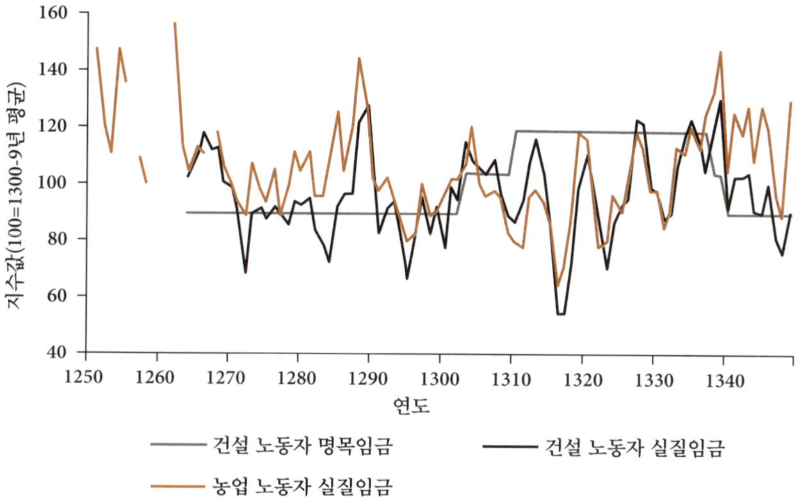

그림 3.6 | 잉글랜드 남성 노동자의 1일 명목 및 실질 임금률: 1264-1349년 건설 노동자, 1251-1349년 농업 노동자

출처: Munro(연도미상); Clark(2007b), 130-4.

좀 더 낮은 명목임금은 동시대 1인당 화폐 공급에 동반된 변화들에 대응하여 조정된 것으로 해석할 수 있다. 연이은 화폐 주조는 물가 상승을 자극했는데, 이와 같은 동향은 에드워드 3세가 백년전쟁 초기에 막대한 금은을 수출하면서 갑자기 반전되었다(그림 3.7).[127] 1340년대에는 주화가 희소해졌기 때문에 물가가 비교적 낮게 유지되었으며, 이는 농업 노동자와 같이 실질적으로 고정된 명목임금을 받던 사람들에게 유리하게 작용했다(그림 3.6).

이와 같은 통화 효과와는 별개로, 임금노동자가 무엇을 얼마만큼 구매할 수 있는지를 대체적으로 결정하는 것은 생필품 가격이었으며, 이는 공급 측면의 요인으로 인해 계절에 따라, 그리고 해마다 매우 크게 변했다(그림 3.8A). 1290년 당시 하루에 약 $1\frac{1}{4}$펜스를 버는 비숙련 농업 노동자는, 앨런R. C. Allen이 당시 가격으로 책정한 '여유 생계 품목respectability basket'에 해당하는 소비재 구매를 감당하려면 166일 동안 일해야 했다. 그 목록

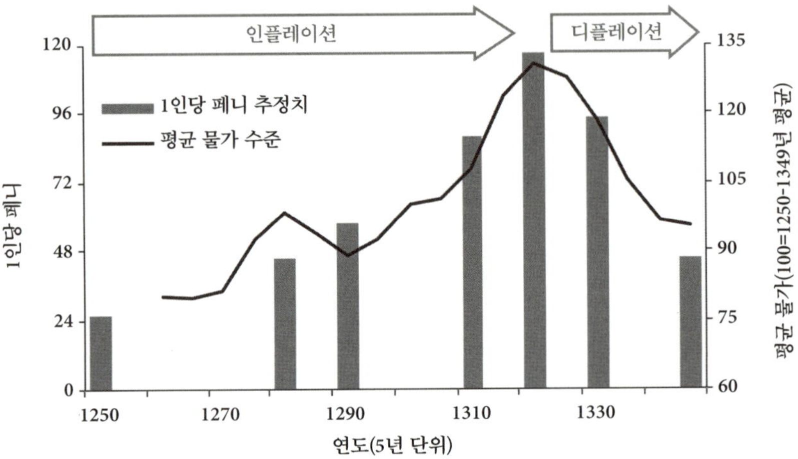

그림 3.7 | 잉글랜드 1인당 통화공급량 추정치와 평균 물가 수준, 1250년대와 1340년대
출처: Allen(2012), 343-5; Broadberry and others(2015), 20, 227-9를 근거로 추정. Broadberry and others(2015), 189-94에 서술되고, Bas van Leeuwen이 제공한 자료를 합성한 물가 지수.

에는 성인 남성에게 필요한 필수 영양분인 최소 2,000킬로칼로리를 충족할 만한 양의 맥주, 빵, 콩류, 육류, 계란, 버터, 치즈 등이 포함되어 있으며, 그 외 비누, 직물, 초, 램프 기름, 땔감, 임대료 등이 있었다.[128] 독신 남성이라면 이 정도 수입으로 부족하지 않게 생활할 수 있겠지만, 아내와 세 자녀를 부양하기에는 크게 어려웠을 것이다. 여성들은 늘 남성보다 낮은 보수를 받았기 때문에, 그의 아내가 수입이 있든 없든 상황은 크게 다르지 않았을 것이다.[129] 5인 가족이 적은 양의 콩과작물, 고기, 버터가 포함된 귀리죽, 그리고 검소한 수준의 비누, 직물, 초, 램프 기름, 땔감, 그리고 임대료까지 지불할 수 있는 조악하고 제한된 '최소 생계 품목bare-bones basket'을 얻으려면 227일 동안의 임금노동이 필요했다.[130] 이는 단지 생활임금에 불과했기 때문에 중세 인구 성장의 절정기에 잉글랜드의 임금노동은 분명히 이보다 저렴했을 것이다.[131]

특히 계절과 해에 따라 상이한 장원의 노동 수요를 감안하면, 임금만으로 한 가족을 부양하고 유지하려는 시도는 생존을 위협할 수 있었다.

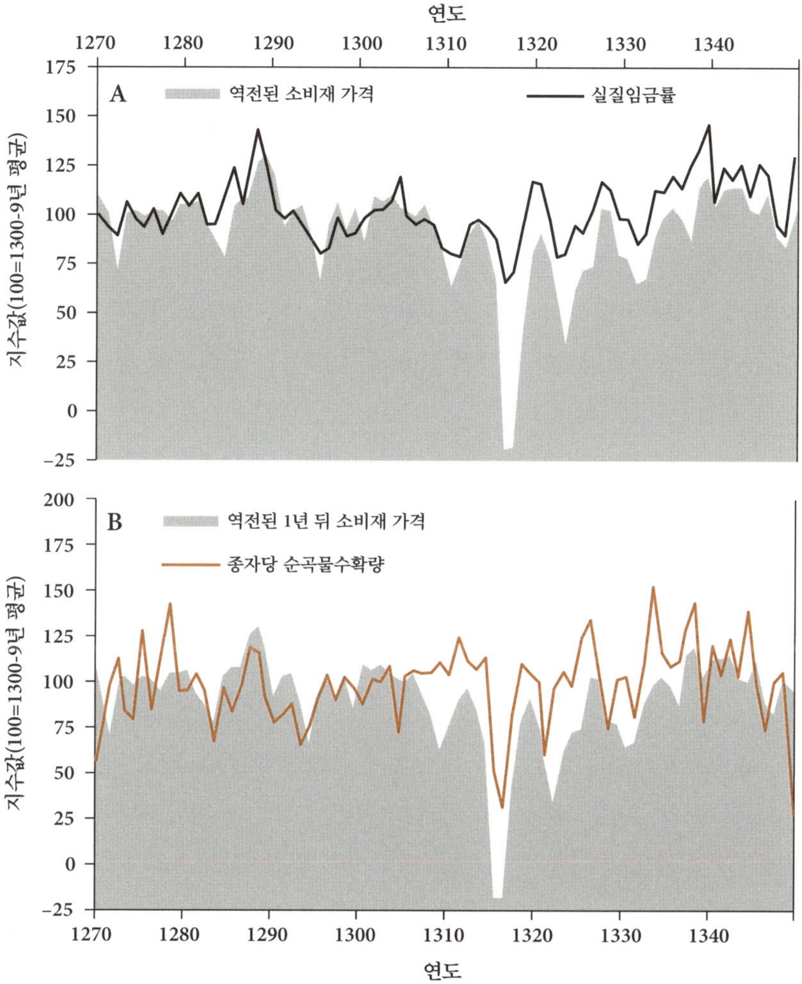

그림 3.8 | (A) **잉글랜드 농업 노동자 1일 실질임금률과 소비재 가격**(역전된 가격), **1270-1349년.** (B) **잉글랜드 종자당 순곡물수확량과 소비재 가격**(역전된 1년 뒤 가격), **1270-1349년**
출처: Clark(2007b), 130-4; Clark(2009); Campbell(2007).

1년 내내 완전 고용을 기대할 수 있던 임금노동자는 거의 없었기 때문에, 소규모 보유지, 공유지 권한, 어업, 광업, 수공업 노동 등으로 추가 수입이나 식량을 확보해 임금노동을 보충하는 것이 필요했다. 가계비에서 여성과 아이들이 수행한 기여도 중요했다.[132] 단순히 생계를 해결하거나 충분한 고정 수입을 얻는 정규 노동을 확보하는 것이 어려웠기 때문에, 농촌 가구 대부분은 소비 또는 판매를 위해 생산하거나 사육할 수 있도록 스스로가 보유하는 토지 또는 공동 자원에 대한 접근권을 필요로 했다.[133] 예속 상태나 토지를 보유하지 않은 상태에서 수행하는 노동은 남자든 여자든 독신일 때만 가능한 경제적 제안이었다.[134] 석공 장인과 같은 숙련 노동자만이 하루 3펜스 이상의 높은 임금을 받았고, 1년 동안 56실링을 벌 수 있었다. 이는 1290년경 5인 가족이 여유 생계 품목의 소비재를 확보할 수 있는 비용이었다.[135]

임금노동자들과 그 외 전부든 일부든 주요 소비재를 구매에 의존하는 사람들의 문제는 1290년 이후 기상이변과 심각한 동물대역병이 주요 농업생산물에 미친 일련의 충격, 그리고 그와 결합한 통화 팽창의 영향으로 가격이 급격하게 불안정해졌다는 사실에 있었다.[136] 이러한 문제들은 1315년부터 1322년까지의 농업 위기 시기에 가장 심각했는데, 당시 표준 소비재 품목 비용은 2배로 급등했고, 노동과 상품을 맞바꾸는 교환에 의존하던 가족들의 안녕에 재앙적 결과를 초래했다. 수확량이 적어지고 털을 깎고 돌봐야 할 동물들도 줄어들면서 노동에 대한 수요도 더불어 감소되었고, 이로 인해 많은 사람이 일시적 빈곤 또는 그보다 열악한 상태에 빠졌다. 일찍이 1290년대 중반과 1310/11년에 물자 부족과 높은 가격이 임금노동자의 구매력을 강하게 압박했고, 1일 실질임금률을 1/4 정도 낮추었다(그림 3.8A). 기근이 발생했던 1315년과 1316년에는 상황이 그보다 더 악화되었다. 장원 노동자의 구매력은 1/3이 줄었고, 건설 노동자의 구매력은 절반까지 줄어들었다. 이후 1322-23년, 1331년, 1347-48년에도 큰 어려움을 겪었지만, 노동자의 1일 실질임금률이 결코 그 정도까지 낮아지지는 않았다.[137] 그와 대조적으로 1288-89년과 1338-39년에는 낮은 물가 덕분에 노동자의 구매력이 40% 증가했다. 그러나 이와 같은 행운은 예외적이었고, 1290년부터 1333년까지 40년 동안 매우 드물었다

(그림 3.8A).

이처럼 물가가 초래한 1일 실질임금률의 광범위한 변동은 임금의 장기적 안정성을 빼앗았고, 이 험난한 반세기를 특징지은 커다란 경제적 압박과 긴장을 두드러지게 했다. 수확의 성공과 실패는 그 문제에서 핵심 요소였다. 따라서 1278년, 1287-88년, 1325-26년, 1333-34년, 1337-38년, 1340년, 1342년은 모두 풍년으로 예기치 않은 가격 폭락이 뒤따랐다(그림 3.8B). 반면 1283년, 1293-94년, 1315-16년, 1321년, 1328년, 1331년, 1346년에는 흉년으로 주요 곡물가가 상승했고 1일 실질임금률이 떨어졌다. 또한 회복이 매우 더뎠던 1319-20년에 발생한 치명적인 소 대역병은 반복되던 양 전염병과 함께 1321년부터 1326년까지 6년 동안 높은 곡물가를 계속 유지시켰다(그림 3.8B). 그렇지만 심한 흉년이 들 때마다 그와 비례하여 가격이 급등한 것은 아니었다. 1339년과 1349년은 두드러진 예외였는데, 화폐의 부족과 대대적인 수요의 감소가 가격 상승을 약화시켰다. 따라서 곡물 및 가축 생산성에서의 변동이 초래한 효과는 다른 요인들에 의해 경감되거나 악화될 수 있었다. 그렇다고 할지라도 수확, 가격, 1일 실질임금률 사이의 뚜렷한 연관성에서 추수에 민감한 경제였다는 사실이 명백히 드러난다(그림 3.8A와 B). 임금노동자는 수확량이 많을 때 잘 지냈고, 부족했을 때에는 곤궁했다. 효과적인 공공복지 수단이 아직 부재했기에 수확 부족이 미치는 영향을 완충해 줄 방안이 거의 없었다.[138]

따라서 이 기간 동안 전반적으로 1인당 국내총생산이 꽤 양호한 수준을 유지했다는 사실은 상당히 인상적이다(그림 3.9). 분명 경제 성장은 없었으며, 1250년대에서 1280년대까지 1인당 국내총생산이 828달러에서 679달러(최저치는 1289년 637달러)로 줄었을 때 다소 경제가 쇠퇴했다. 그러나 후자는 대체로 1270년대 후반과 1280년대에 발생한 면양옴 유행병이 전국 양모 생산의 양, 질 그리고 가치를 떨어뜨리는 효과와 함께 장원의 수입, 국내 직물 관련 고용, 생산, 수출 소득 등에 일시적으로 끼친 영향

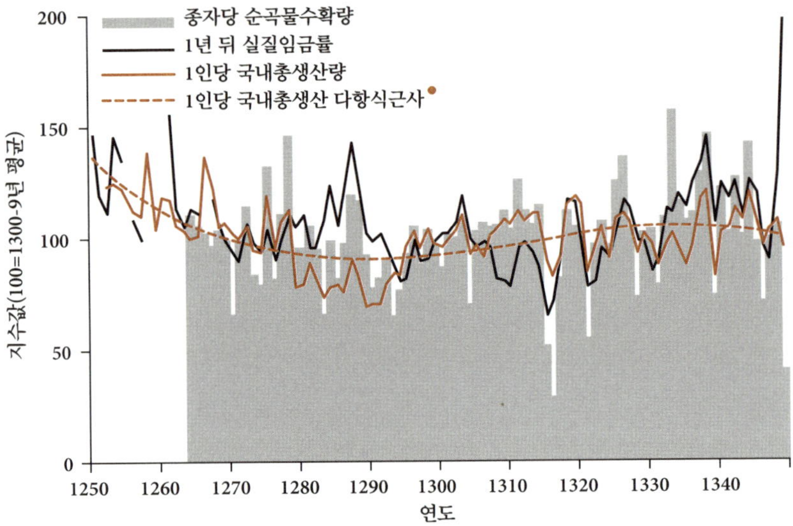

그림 3.9 | 잉글랜드 장원 노동자의 1일 실질임금률, 종자당 순곡물수확량, 그리고 1인당 국내총생산, 1250-1349년

출처: 그림 3.8A과 B; Clark(2007b), 130-4; Campbell(2007); Broadberry and others(2015), 227-9; 1270년 이전 1인당 국내총생산은 Bas van Leeuwen의 자료에 근거.

임이 확인되었다(그림 3.4).[139] 1277년과 1285년 사이 국민소득은 약 1/4 감소했다. 이는 이 단일 원자재의 생산이 국가의 경제적 산출에서 얼마나 큰 비중을 차지하는지, 그리고 면양옴 발병 이전 수준으로 양의 규모와 양모의 생산이 복원되기까지 얼마나 많은 시간이 소요되었는지를 보여 준다. 일단 위기가 지나간 후 1300년대 초에 1인당 국내총생산은 755달러까지 회복되었고, 그 후 반세기 동안 763달러 주변에서 오르내렸다. 기근이 있었던 1316년의 686달러와 전쟁이 있었던 1339년의 682달러라는 최저치로부터 1319년의 827달러, 1338년과 1344년의 836달러로 최고치에 이르기까지 변동을 보였다. 역설적으로 악화되는 국제 경제 상황에서도 14세기 2/4분기의 1인당 국내총생산이 13세기의 4/4분기보다 더 높았다(그림 3.9).

• 다항식을 이용하여 근사 정확도를 가진 함수값으로 표현하는 방식.

불안정성의 징후가 뚜렷했음에도 불구하고, 잉글랜드 경제는 놀라울 정도의 회복력을 보였다. 부족한 것은 성장 역량이었다. 1일 실질임금률과 1인당 국내총생산을 근거로 보면 그 수준은 유지했으나 그 이상의 성장은 없었다. 네 가지 요인으로 인해 1인당 저생산성과 저소득의 늪에 갇혀 있었다. 첫째, 국제 거래의 축소와 1인당 국내 수요의 저하로 인해 상업과 제조업 부문의 적절한 확장이 불가능했다. 둘째, 그 결과로 부가가치가 거의 없는 1차 생산에 과도하게 의존했다. 셋째, 외국 상인들이 해외무역을 지배했다. 넷째, 농업 노동력의 과잉 공급이 지나치게 많은 가족과 노동자를 차선적 보유지에 묶어 두어 노동생산성과 가구소득에 해로운 영향을 끼쳤다. 결국 대중의 수요는 대부분 기본적인 생계를 위한 상품들에 제한되었고 소수 특권층만이 상당한 가처분소득을 보유했기에, 사회가 꽤 커다란 빈곤 부담을 안고 있었다.

b. 밑부분이 무거운 사회경제 구조

빈곤의 기준선을 성인 2인과 아동 3인으로 구성된 가구가 '여유' 생계 품목을 제공받기에 충분한 소득으로 정의한다면, 그림 3.10에 재구성된 사회경제적 개요는 1290년에 잉글랜드 가구의 거의 30%가 그 기준선상에 있었고, 심지어 40%는 기준선 아래에서 저마다 다른 기준의 '최소' 생계 품목으로 생계를 유지했음을 보여 준다.[140] 역사학자들이 오랫동안 인지해 왔고 이 그림이 제시하듯이, 12세기와 13세기에 인구가 2배 내지 3배로 증가하여 초래된 결과 중 하나는 최저생활비에 근접하여 생활하는 가구 비율의 극적 확대였다.[141] 후대에 상황이 양호해지고 빈곤 구제가 일반적으로 가능해지자 이런 상황에 처한 가구의 비율이 20-25%로 줄어들었다.[142] 역으로 최악의 시기였던 1310년대에는 노동자 임금의 구매력이 역사상 최저치에 이르렀고, 그 비율은 70%까지 치솟았다.[143]

13세기 말에 이와 같이 그날 벌어 그날 먹는 사람들 중에는 단지 텃밭 하나, 1-2헥타르의 토지, 그리고 공유지 이용권 등을 지닌 대부분의 소

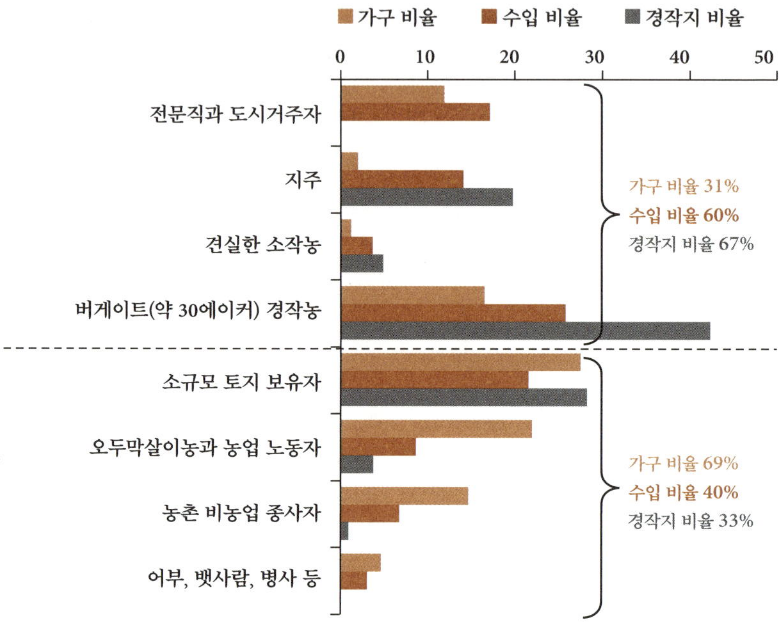

그림 3.10 | 잉글랜드의 사회경제적 개요, 1290년경
출처: 부록 3.1, 표 3.4.

규모 토지 보유자와 오두막살이농이 있었고, 그에 덧붙여 많은 농촌과 도시의 장인, 대개의 광부, 어부, 뱃사람, 병사, 모든 농업 및 비농업 노동자와 도시 노동자, 그리고 빈민과 유랑민들도 포함되었다. 이 집단에 속한 자들 중 그 누구도 자급자족하기에 충분한 토지를 보유하고 있지 않았다. 따라서 어떤 식이든 그들 모두는 생존을 위해 시장에 의존했다. 토지가 아예 없거나 작은 토지를 보유한 가구의 증가는 사실상 상업화의 한 징후였다. 반면, 여유 생계 품목 가격은 국왕, 모든 영주, 부유한 도시민, 장인들, 성직록 보유 성직자, 대다수 견실한 소작농과 그보다 못한 소수 소작인의 생활비 범위 내에 있었다.

이 분석에 따르면, 전체의 약 1%에 해당하는 극소수 가구만이 실제로 부유했는데, 그들에게는 잉글랜드 평균인 3.84파운드보다 100배 이상의 수입이 있었다. 추가 2%의 가구도 유복했는데, 소득은 국내 평균의 3-5배에 달해 빈곤선을 훨씬 상회했다. 이들 부유하고 유복한 가구는 전체의 3%에 불과했지만, 국민소득의 거의 15%를 차지했다. 나아가 국민소득의 42%는 중간층 24%에게 돌아갔다. 이들은 실질적인 자유 토지 보유농, 예속된 버게이트 경작농villein yardlander, 제분업자, 숙련 장인, 전업 상인 등 여유 생계 품목을 감당할 수 있는 자들로 구성되었다(부록 3.1, 표 3.4). 전체적으로 비교적 사정이 좋은 이들 집단은 가구의 31%를 구성했고, 소득의 60%를 차지했으며 경작지의 67%를 보유했다(그림 3.10). 왕국의 소득 및 토지 중 나머지는 빈곤선 이하에서 생활하던 69%의 가구가 나누었다. 이 소득집단의 하위 절반에 속한 가족들은 극심한 빈곤 속에서 생활했으며, '최소 생계 품목의 소비재'라도 얻기 위해 고군분투했다.

1290년에 생존에 필수적인 것을 초과하는 잉여재산, 즉 동산動産의 1/15을 부과한 속인 특별세lay subsidy에 대해 유일하게 남아 있는 개별납세자의 기여금을 기록한 주county 세금 목록은 이러한 사회경제적 재구성의 신뢰성을 교차 확인해 준다.[144] 이 특별세는 전국적으로 11만 4,400파운드에 이르렀으며, 이는 왕에게 바쳐진 어떤 다른 단일 세금보다도 많았다.[145] 하트퍼드셔Hertfordshire의 경우 약 40%의 가구가 특별세에 기여했으며, 나머지 대부분은 빈곤으로 인해 납세가 면제되었다.[146] 개인의 세금 평가액은 평균 4.75파운드였으며, 이는 이 주에 속한 가구의 절반 이상이 여유 생계 품목을 충분히 구입할 수 있을 정도로 여력이 있었음을 의미한다(부록 3.1, 표 3.4). 그럼에도 불구하고 장원 노동자 1년 소득의 1/4에 해당하는 0.32파운드의 평균 세금 부담은 많은 사람을 더욱 힘들게 만들었을 것이다. 하트퍼드셔 속인 특별세 명부에 기록된 개별 산정액의 폭은 사회집단 내에서의 차이가 종종 사회집단들 사이의 차이만큼 컸다는 점을 보여 주지만, 한편 그토록 많은 가구가 너무도 빈곤하여 기여할 동산이 거의 없었다는 사실은 밑부분이 무거운 당대 사회경제적 구조를 잘 드러내 준다.

그처럼 극도로 양극화되고 왜곡된 부의 사회적 분배는 자연스레 소비를 제한하고 그 내용을 결정지었다. 가구 중 대다수는 기본적인 소비 욕구를 충족시키는 사안에 전념했다. 절반 이상은 스스로를 부양할 토지가 충분하지 않았으며, 생계를 유지하고 기본적인 생필품을 얻기 위해 시장에 점점 더 의존했다. 검약하게 생활할 필요성이 중고품 및 장물의 거래와 많은 비공식적이고 불법적인 교환이 이어지도록 만들었다. 그들은 소량도 취급했고, 그들의 필요 대부분은 지방의 거래 권역 내에서 충족될 수 있었다. 상업화와 도시화는 가난한 사람들에게 생존을 위한 새로운 경제적 수단을 제공했지만, 이는 한편 그들의 생존 수단을 약화시켰다. 그리고 시장의 변덕에 점점 더 노출시키는 대가를 치르게 했다. 흉작은 수공업제품, 서비스, 노동력의 시장 공급자에게 거래 조건을 열악한 방향으로 바꿔놓았으며, 그로 인해 상승한 식품 가격이 수입에 불리한 효과를 조성함으로써 그들에게 이중적 위험을 초래했다.

그보다 사정이 나았던 소작농들은 그와 대조적으로 실질적 필요를 충족하기에 충분한 토지를 보유하고 있었기 때문에, 시장에 잉여 생산물을 정기적으로 공급했다. 그들이 소유한 양 떼는 국제무역을 통해 수출되는 양모 대부분을 생산했으며, 그 대가로 받은 유럽 대륙의 은은 통화 팽창을 촉발시켰다.[147] 철의 일부는 말의 편자를 만들고 쟁기와 수레를 수리하는 데 사용했으며, 곡물을 갈아 곡물가루나 분말을 만드는 데 사용하던 맷돌, 청어를 비롯한 주요 식품들을 보존하는 데 특히 필요했던 소금 등은 대부분 외국에서 들어왔다.[148] 이들 형편이 나은 가구들은 일반적으로 종자, 가축, 도구 등을 구입했고, 노동력을 고용했으며, 정기적으로 음식, 주류, 의복, 주택 등을 구입했다. 실제로 그들은 "이웃이나 지역 시장에서 빵, 맥주(에일), 고깃덩어리, 파이, 푸딩 등을 구매하는 것이 편리하다는 사실을 알게 되었다."[149] 상업화된 상품에 대한 수요가 컸지만, 그럼에도 불구하고 그들의 소비는 본질적으로 단순했다. 장거리 무역을 통해 획득한 이국적인 상품의 소비는 대부분의 사람들과는 거리가 있었으며, 대체로 고회를 통해 이루어지는 것이 보통이었다. 교회는 화려하게 장식된 책, 제의祭衣, 제례용 기물, 건축물 등 모두 국제무역을 통해 얻은 재료들로 구성되었다.

13세기 말에는 약 5%의 가구만이 상당한 지출을 향유했다. 이들은 생산을 자극하고, 취향에 영향을 끼치고, 유행을 만들어 낼 만큼 충분히 대규모로 소비할 위치에 있었다. 결과적으로 그들의 차별화된 요구가 이국적인 상품, 사치품, 고급 제조업 물품 등의 국내 및 국제 교역을 유지시켰다. 더욱이 지주 엘리트들이 소유한 대토지는 곡물, 가축, 축산물, 목재 등을 시장에 공급하는 커다란 원천이었다.[150] 소작인들이 지불한 임대료, 영주 관할권과 독점권으로부터 얻은 수익과 더불어 이들 주요 상품들의 판매 수입은 포도주, 생선, 육류, 사냥물, 향신료, 밀랍, 고급 직물, 매, 승용마, 무기, 갑옷, 종교 미술품, 정교하고 품위 있는 건축물 등을 포함한 사치스런 소비재 품목을 구입하는 데 사용되었다.[151] 특히 12, 13세기 동안 다른 어떤 사회집단보다도 많은 토지와 부를 획득했던 교회는 하느님의 영광을 위해 건축에 힘썼다. 교회가 제공하는 봉사와 의례는 공공재로서, 대부분 부자들의 기부로 이루어졌지만 그 궁극적 목적은 모두의 유익과 구원을 위한 것이었다. 당시 종교는 사실상 부자와 가난한 자 모두에게 거의 동등하게 소비되던 예외적인 주요 상품이었다.

c. 상업, 도시, 산업

이탈리아나 플랑드르와 마찬가지로 잉글랜드도 1291년 이후 국제무역의 침체로 심대한 영향을 받았다. 잉글랜드는 13세기를 거치며 양모, 양모피와 가죽, 곡물, 청어, 주석, 납, 석탄 등 가공되지 않은 1차 생산물과 대부분 가볍고 염색되지 않은 다양한 품질의 직물을 수출했고, 그 답례로 다양한 일반 상품과 금은을 얻었으며, 무역수지에서 흑자를 기록했다. 은의 순유입으로 잉글랜드 군주가 왕국 내 은 통화의 규모를 연속적으로 확대함에 따라(표 2.2) 지속적인 가격 인상이 초래되었다. 그럼에도 불구하고 무역의 대부분과 그로부터 발생한 이윤은 외국 상인들의 손에 들어갔다. 예를 들어 1270년대에 잉글랜드 출신 상인들이 양모를 수출하는 가장 큰 단일 집단이었지만, 그들은 양모 무역 중 겨우 1/3만을 취급했다. 그러나 1304-11년 사이 양모 수출이 절정에 달했을 때, 그들의 점유율은 57%까지 확대되었다.[152] 특히 런던 상인들은 주로 플랑드르인들의 비용으로 북해 무역의 참여를 늘렸고, 1320년대부터는 가스코뉴인들을 대신하여 포도주 무역도 주도하고 있었다.[153] 더 넓은 영역에서의 무역은 그들의 역량을 넘어서는 일이었기에, 지중해와 아시아에서 유래한 사치품의 장거리 교역에서는 국가의 안녕을 위해 지속적인 외국인 상인의 참여가 필수적이었다.[154] 따라서 일반적인 상품 교역은 독일인, 브라반트인, 플랑드르인, 가스코뉴인, 프로방스인, 그리고 누구보다도 이탈리아인 등의 외국인들이 주도했다. 1304년 런던의 토지 특별세tallage 수익이 보여 주듯이, 이들은 수도에서 강한 존재감을 유지했다.[155]

1304년경 런던의 상업적 행운은 그 정점에 있었다. 데릭 킨Derek Keene이 왕국 전체를 조사한 것은 아니지만, 런던시의 주요 상가였던 칩사이드Cheapside의 임대료와 점유율을 재구성해 본 결과 두 지표 모두 예외적으로 높은 수준으로 올라가 있었음을 발견했다(그림 3.11).[156] 여기에 밀집된 상점들과 '셀즈selds'라고 알려진 지붕이 덮인 저잣거리에서는 수많은 소매점들이 서로를 보완하면서도 경쟁하고 있었다. 웨스트민스터에 상설 법원이 설립되면서 도시에 대한 후원과 지출이 증가했고, 국제적인 회사들이 이곳을 잉글랜드 공략의 거점으로 삼으려고 노력했다. 이제 이 도시는 독일 한자동맹의 잉글랜드 거점이 되었다. 더 중요한 변화로는 바르디, 체르키 비안키, 키아렌티, 코로네, 프레스코발디, 모치, 페루치, 포르티나리, 풀치-림베르티니, 스피니 등 이탈리아 회사들이 도시 중심부의 캔들윅Candlewick, 칩Cheap, 그리고 특히 랭번Langbourn 구역 등에 위치했다.[157] 플랑드르인의 상업적 주도권이 이탈리아인에 의해 대체됨으로써, 양모 무역에서 보스턴의 역할은 줄어들고 런던이 보다 많은 지분을 얻었다. 마찬가지로 왕국의 수도는 한때 왕국에서 번성한 국제 정기시들로부터 많은 사업을 손에 넣을 수 있었다. 이 정기시들의 전성기는 1290년경에 이미 확실히 끝이 났다.[158] 윈체스터 주교가 세인트자일스 정기시에서 얻은 총 수입은 1250년과 1290년 사이에 절반으로 줄었으며, 램지 수도원장이 세인트아이브스 정기시에서 받은 법원의 벌금 수입은 같은 기간 동안 2/3가 감소했다(그림 3.11). 그와 동시에 칩사이드에서의 상업 대리점에 대한 수요는 커졌고, 더불어 임대료도 올랐다.[159] 분명히 상인들은 덜 이동했으며, 도시의 상설 거점이었던 정기시를 이탈했다.

1290년대 동안 세인트아이브스와 세인트자일스 정기시의 수입이 급격하게 감소한 것은 샹파뉴의 경우와 거의 정확하게 일치했으며, 그럼에도 불구하고 이는 아크레 함락과 더불어 북유럽에서 필리프 4세가 플랑드르와 가스코뉴에 각각 프랑스 국왕의 봉토를 소유한 플랑드르의 기 당피에르Guy Dampierre와 잉글랜드의 에드워드 1세에 대한 정치적·군사적 공세를 강화한 이후 시작된 국제 교역 활동에서의 현저한 위축을 증언한다. 다음 반세기 동안에는 그동안 곪아 있던 봉건적 갈등이 잉글랜드와 프랑스, 그리고 이웃인 스코틀랜드와 플랑드르를 분쟁으로 몰아넣었다. 이 갈등은 이 나라들의 경제가 의존한 다자간 교역 양상에 부정적 영향을 초래했다. 처음에는 1290년대에, 그리고 보다 심각하게 1330년대와 1340년대의 상업 활동에 대한 직접적인 정치적 간섭은 부를 얻기는 어렵지만 상실하기는 쉬운 환경을 조성하여 사업상 신뢰를 훼손했다. 비용이 많이 드는 파괴적인 군사 행동에 자금을 대는 것은 프랑스와 잉글랜드 모두의 통화를 불안정하게 만들었을 뿐 아니라 신용거래의 위기를 유발했고, 이는 전쟁의 주역들에게 막대한 자금을 공급한 리차르디, 나중에는 바르디 같은 회사들을 몰락시켰다.[160] 상인, 운송업자, 화주들은 전쟁으로 야기된 무법 상황에서 약탈한 군대, 도적, 해적 등에 의해 점점 더 호된 시련을 겪었다.

놀라운 일도 아니지만, 1290년대의 상업적·정치적 위기 동안 세인트자일스와 세인트아이브스의 정기시에서 상실한 사업은 결코 완전히 회복

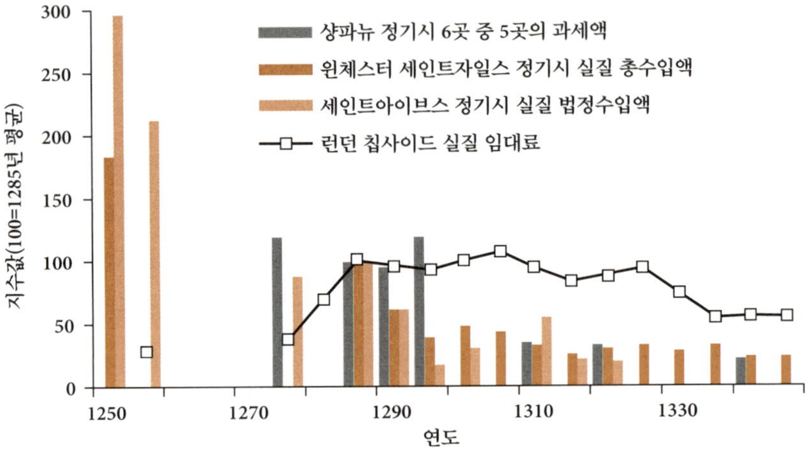

그림 3.11 | 샹파뉴(프랑스), 세인트자일스, 윈체스터, 세인트아이브스, 헌츠 정기시의 수령액 지수와 런던 중심부 칩사이드의 임대료, 1250-1345년

출처: Titow(1987), 64-5; Moore(1985), 208; Edwards and Ogilvie(2012), 137; Keene(1984b).

될 수 없었다. 1320년대 세이트자일스 정기시의 수익은 위기 이전의 절반 수준으로 떨어졌으며, 세인트아이브스의 법원 수입은 2/3가 감소했다(그림 3.11). 엘렌 비드마이어 모어Ellen Wedemeyer Moore가 세인트아이브스 법원 기록을 분석한 결과에 따르면, 1291년 이후, 특히 1302년부터 정기시 참가자 수가 현격하게 감소했다. 종종 모습을 보이던 남유럽에서 온 상인은 자취를 감추었고, 한때 적지 않게 방문하던 플랑드르 상인은 더 이상 오지 않았으며, 브라반트 상인으로 대체되었다. 소수의 잉글랜드 정기시 방문자들은 멀리서 왔으나, 잉글랜드의 직물 도시들에서 온 상인은 "1290년대에 현저히 줄어들었고 14세기 초까지 계속 감소했다."[161] 다른 주요 정기시들과 마찬가지로 세인트아이브스는 잉글랜드 직물의 도매업으로 번성했기 때문에 이러한 발전의 종말은 도시 직물업 제품에 대한 수요가 크게 감소했음을 의미한다.

높은 품질과 가격을 자랑하던 '스칼렛scarlet'(진홍색 옷)은 항상 교역하려는 해외 시장을 찾을 수 있었으며, 거래되던 최고의 사치품이었다. 부가적으로 패트릭 콜리Patrick Chorley와 먼로는 플랑드르와 마찬가지로 잉글랜드가 13세기 동안 국제시장에 값싸고 가벼운 반제품이나 미완성 직물의 주공급자였다고 주장했다.[162] 이러한 직물들이 선박을 통해 해외로 운송되던 직물의 대부분을 차지했다. 잉글랜드의 모든 선도적인 정기시들은 국내 직물 상인과 주로 플랑드르에서 온 해외 구매자들 사이의 거래를 중개하기에 지리적으로 유리한 위치에 있었으며, 플랑드르 상인은 이 잉글랜드의 직물을 좀 더 규모가 컸던 플랑드르나 샹파뉴의 정기시에서 이탈리아 상인들에게 팔았다.[163] 이탈리아에서 염색되고 완성된 이 낮은 등급의 직물은 결국 남유럽의 여러 시장에서 판매되었다. 그러나 1290년대부터 레반트 교역 특권의 상실, 더 높아진 운임, 상승하는 거래 비용은 이러한 사업이 수익성을 낼 수 없게 만들었고, 이로 인해 잉글랜드 제조업도 '세이'를 생산하던 플랑드르 제조업과 마찬가지의 운명을 겪었다. 사치스러운 '스칼렛'의 수출은 소규모로 계속되었지만, '부렐burel', '세이', '스탬포트stamfort', '와드몰wadmal' 등의 거칠고 가벼운 저가 직물에 대한 언급이 잉글랜드 직물 수출 기록에서 사라졌으며, 동시에 이들 제품의 생산에 관여하던 많은 도시에서 제조업의 쇠퇴에 대해 많은 불만을 제기했다. 윈체스터, 옥스퍼드, 런던, 레스터, 링컨 등의 도시들은 모두 직물 노동자들의 수도 줄고 벌이도 감소했다고 항의했으며, 1334년 노샘프턴에서는 세금 산정을 낮춰 달라고 요청하면서 헨리 3세 시대에 도시에서 활동한 방직공 300명 중 아무도 남아 있지 않다고 보고했다.[164]

14세기 초 20년 동안 외국인 상인들이 수출한 염색되지 않은 (질감이 거친) 반제품 직물의 급격한 감소(그림 3.12A)는 '산업상의 위기'라는 주장이 근거가 없지 않았음을 보여 준다.[165] 그와 병행하여 외국인에 의한 잉글랜드 상품의 수출은 1/3 감소했으며, 항상 그보다 3-4배 많았던 수입은 절반으로 줄었다(그림 3.12B). 이와 같은 하락 추세는 1330년 중반까지 계속되었으며, 해외 무역상들이 잉글랜드 상업에 덜 적극적으로 참여한 사실에는 의심할 여지가 없다. 이는 잉글랜드 토착 상인들이 활동을 확장하여 해외무역에서 더 큰 지분을 차지할 가능성을 남겼으며, 이것이 웬디 차일즈Wendy Childs가 먼로에 비해 잉글랜드 내부 직물 산업의 운명, 적응력과 생존력에 대해 더 낙관적으로 본 이유였다.[166] 직물의 수입 감소는 또 다른 문제였다.

1년간 외국 상인에 의해 수입된 직물은 1300년대 초에는 거의 1만 2,000개였고 1304/5년 절정기에는 1만 6,700개였으나, 1330년대 초에는 1/4이 감소하여 9,000개에도 못 미쳤으며, 1333-35년에는 심지어 7,000개보다 적었다.[167] 그에 상응하는 잉글랜드 의복 수요의 감소는 없었으므로 국내 생산자들이 자국 내 시장에서 더 많은 몫을 차지하게 되었다. 예를 들면 이 시기 노리치에서는 직물 생산 분야의 고용이 실제로 증가했으며, 직물 수출은 거의 확대되지 않았지만 다양한 잉글랜드 직물이 계속해서 해외, 특히 이베리아반도로 운송되었다.[168] 1330년대부터 산업 부흥의 징후가 뚜렷했는데, 이 시기에 외국 상인이 수출한 양모에 대해서는 차등 관세를 부과했다. 즉, 외국인의 전면 공격으로 인한 경쟁에서 국내 직물 생산자를 보호하기 위해 관세 보호 조치를 시작했다.[169] 그러나 한동안 잉글랜드의 상업 발전에서 양모와 포도주 무역이 가장 중요한 부문이었다. 이 부분의 거래는 토착 상인들와 선주들이 다른 상업 부문에서 외국인들에게 손실한 것을 보상받기에 충분한 규모였다. 당연히 그 결과로 일반 상품의 수입은 현저히 감소하여, 그것의 판매와 유통에 의존하는 사람들에게 손해를 끼쳤다. 향신료 수입의 감소는 아마도 1320년대와 1330년대에 런던 식료품상의 수가 줄어들고 재산이 불안정해지는 것을 설명해 준다.[170]

14세기 2/4분기에 한때 번성했던 세인트자일스와 세인트아이브스 정기시가 처리하는 사업의 규모는 세기 초에 일반적이었던 수준보다 훨씬 낮았고, 두 상업 거점 모두 점차 국제적이기보다 지역적인 성격을 띠게 되었다. 런던도 국제적인 상업 침체가 심화되는 영향을 경험했으며, 수입 상품은 더욱 희귀하고 비싸졌다. 1310년대부터 칩사이드의 임대료는 가차 없이 하락했고, 1340년대에는 실가가 절반으로 떨어졌다(그림 3.11).[171]

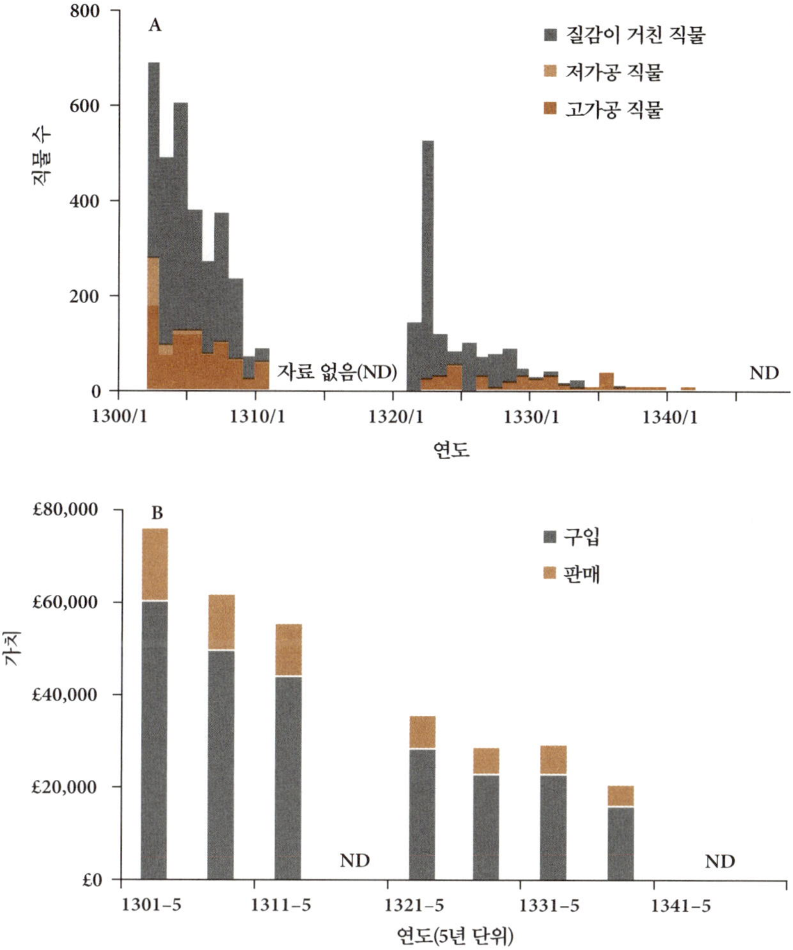

그림 3.12 | **(A) 외국 상인의 잉글랜드 직물 수출, 1303-46년. (B) 잉글랜드 8개 항구(보스턴, 린, 야머스, 입스위치, 런던, 샌드위치, 윈첼시, 사우샘프턴)에서 외국 상인의 일반 상품 수출입, 1303-36년**

출처: Munro(1998), 63-4; Lloyd(1982), 210-24.

소매상의 자리 경쟁이 상당히 완화되었으며, 상점과 가판대가 비워지기 시작했다.[172] 나이팅게일은 대도시의 경제 활동과 고용이 모두 줄고 있었으며, 요동치는 환율과 주기적인 주화의 부족이 상황을 더욱 악화시켰다고 해석한다.[173] 대중의 불만은 1326년 10월의 런던 폭동으로 분출되었다.

이 도시의 경제적 역동성의 상실은 그 많은 배후지역에서 과세대상 자산의 감소로 반영되었다. 런던과 미들섹스의 1334년 속인 특별세에 대한 상대적 기여도는 1290년에 비해 15% 감소했는데, 그 감소액의 크기는 하트퍼드셔, 버킹엄셔, 노샘프턴셔, 헌팅던셔, 베드퍼드셔, 케임브리지셔, 서퍽, 에식스, 켄트 등을 포함한 광범위한 이웃 주들의 합에 상응한다.[174] 1340/1년 '1/9세 과세목록Nonae Returns'•에서 토지의 경작 감소와 여타 경제적 문제들에 대한 불평들은, 많은 '사망자 조사기록'에 명시된 직영지 자산 및 자원의 축소된 가치와 결합하여, 잉글랜드에서 가장 번성한 지역 중 하나였던 대도시 런던의 수요가 계속해서 성장 동력으로 작용하기는 했으나 그곳마저 상황이 좋지는 않았다는 인상을 한층 강화한다.[175] 이러한 농업에서의 어려움은 런던으로 이주민들이 계속 몰려드는 요인이 되었지만, 이는 도시의 고용 기회 호황에 대한 매력보다 소도시들 내부와 배후지의 촌락 내의 압박 요인들과 더 많이 관련된 것으로 보인다.[176] 생물고고학 분석은 이 시기에 도시의 묘지에 매장된 많은 사람들의 짧고 가혹했던 삶과 영양 결핍 상태를 시사한다.[177]

교역이 축소되고 산업이 쇠퇴하던 수많은 다른 크고 작은 도시들도 마찬가지였지만, 겉으로는 더 많아 보이는 손쉬운 일자리와 자선의 가능성 때문에 농촌을 떠나 도시로 몰려오는 곤궁한 이주민들의 꾸준한 유입을 막을 수는 없었다. 그들 중에는 상속받지 못한 아들과 딸들이 현저히 많았고, 특히 흉년이 들던 해에 증가했다. 토지의 운영과 신용시장이 많은 한계지 보유자들을 토지 없는 계층으로 몰락시켰기 때문이다. 한편 잉글랜드에서 가장 인구밀도가 높은 노퍽의 노리치에서는 1311년과 1333년 사이 상업과 제조업의 토대가 협소해지고 있었으나 인구는 계속 늘어났

• 의회가 전쟁을 지원하기 위해 국왕에게 왕국에서 생산된 곡물, 양모, 양 등의 1/9을 제공한 재산의 과세 목록.

다.[178] 결과적으로 부의 양극화는 심화되었다. "이 도시의 맨크로프트 영주재판소 관할구역leet 내에서 실질 재산은 소수에게 집중된 반면, 이주민들로 인해 도시의 빈곤층은 늘어났다." 따라서 "14세기 초 노리치시의 크기와 주민은 증가했으나 상대적 부와 사회적 응집력은 약화된 셈이다."[179]

노리치의 신규 이주민들은 대부분 자본이 부족했고, 정규 일자리와 안정된 수입을 보장받을 수 없었으므로, 자산, 특히 주택을 얻는 데 성공한 사람이 거의 없었다. 맨크로프트의 십일조세 납세자 중 주택 미보유자의 비율은 87%에서 94%까지 상승했으며, 인구 증가가 관할구역 내 거주 가능한 주택의 공급을 앞지르면서 주택 임대에 대한 수요가 급격히 늘어났고, 그로 인해 가용 공간을 나누어 거주하거나 전대하여 여러 사람이 점유하는 주택들이 크게 증가했다. 주택 소유자는 값싸게 거주할 수 있는 구조물을 추가하고, 불운한 거주자들에게 비싼 임대rack rent를 제공함으로써 상황을 이용했다. 그럼에도 불구하고 1330년대 말과 1340년대에 고용이 감소하고 빈곤이 더욱 심화되면서 큰 액수를 지불할 능력이 떨어져 임대수입은 감소 추세를 보였다. 그로 인해 도시로의 계속되는 이주는 "좀 더 밀집된 거주환경에서 도시 빈민의 비율을 증가시키고 생활 수준을 낮추는 결과를 초래했다."[180]

노리치의 경제적 곤경은 직물 제조업의 회복이 아니었다면 더욱 악화되었을 것이다. 이는 요크, 베벌리, 윈체스터, 솔즈베리, 브리스틀을 포함한 다른 많은 도시와 요크셔의 웨스트라이딩, 이스트앵글리아, 윌트셔와 같은 농촌 지역에서도 마찬가지였다. 이들 지역은 모두 14세기 2/4분기가 시작되면서 직물 생산의 중요한 중심지로 발전했다.[181] 그와 병행하여 국내 상인들은 1330년대 초 양모 무역의 3/4 이상을 차지할 만큼 양모 수출에서 더 많은 몫을 차지했는데, 당시 연간 선적 규모는 2만 5,500부대를 넘어섰다(그림 3.13). 이와 같은 양모 수출에서의 지배적 지위와 규모는 일단 에드워드 3세가 1336년 프랑스 국왕에 대한 요구를 관철하기 위해 양모 무역을 이용하여 외국과의 동맹과 막대한 대부를 확보하기로 결

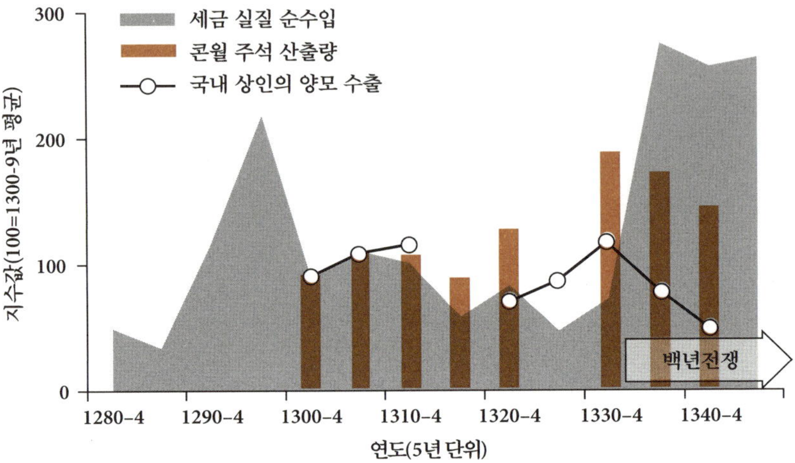

그림 3.13 | 잉글랜드 주화 제작에 사용된 콘월 주석 산출량 지수, 국내 상인의 양모 수출, 그리고 직간접 세금의 실질 순수입(5년 평균), 1280-84년에서 1345-49년
출처: Hatcher(1973), 156; Carus-Wilson and Coleman(1963), 40-6; Ormrod(2010).

정함으로써 더 이상 지속될 수 없음이 확인되었다.[182] 잉글랜드산 질 좋은 양모를 직접적으로 대체할 만한 대안이 없었기에, 그의 간섭은 잉글랜드의 재배자와 상인들보다는 외국의 구매자와 제조업자들, 특히 플랑드르인에게 가장 큰 피해를 입혔다. 눈에 띄던 슈롭셔를 제외하고, 서식스 서부에서 도싯Dorset과 요크셔의 이스트라이딩East Riding까지, 그리고 링컨셔 남서부에서 서머싯까지 모든 주요한 양 사육 및 양모 생산 주들은 1290년과 1334년 사이 과세대상 재산의 상대적 몫이 커졌다. 예컨대 옥스퍼드셔, 버크셔, 햄프셔, 서머싯, 도싯은 상당히 증가했다.[183] 대부분은 1315-25년에 반복적으로 발생한 양 전염병으로 인한 손실을 만회했으며, 1330년대부터는 양의 개체수가 급격하게 증가했다(그림 3.4). 따라서 백년전쟁 초기 10년 동안 양모 수출의 축소는 확대된 양모의 생산량 중 늘어난 지분이 잉글랜드 직물 제조업자에게 돌아갔다는 것을 의미한다.

14세기 전반 동안 왕국 내에서 남서부 지역보다 상황이 더 좋은 곳은 없었던 것으로 보인다. 사실 1290년에서 1334년 사이 콘월의 상대적 세금 기여도는 그 어떤 주보다 크게 증가했으며, 데번도 그보다 많이 뒤처지지 않았다.[184] 그들의 번영은 대부분 주석 광산의 생산 호황에 힘입었다. 1330년대 초 절정의 기록을 보였던 생산량 중 주화 생산을 위한 주석은 대부분 콘월 광산에서 나온 것으로, 세기 초의 2배였다(그림 3.13). 이와 같은 인상적인 생산량 증가는 값싼 노동력이 풍부하게 공급된 덕분이고, 해외, 특히 잉글랜드산 주석에 대한 이탈리아의 수요에 의해 유지되었다. 페루치와 바르디 회사는 주석의 주요 구매자였는데, 그들은 그것을 사우샘프턴과 런던을 경유하여 플랑드르로 그리고 다시 이탈리아로 운송했으며, 이탈리아에서 종종 막대와 얇은 판 형태로 가공해 지중해, 그리고 크림반도의 카파나 돈강 하구의 타나 등 흑해 전역에서 거래했다.[185] 따라서 그로부터 몇 해 후 이들 회사들의 파산은 이미 1337년 에드워드 3세의 프랑스에 대한 전쟁 선포 이후 교역 침체로 인해 부정적 영향을 받은 주석 생산에 상당한 차질을 초래했음이 틀림없다.

전쟁의 파괴적 영향은 컴버랜드와 웨스트모어랜드, 노섬벌랜드, 요크셔의 노스라이딩과 웨스트라이딩, 더비셔 등 북부 주들의 상대적 세금 기여도가 현저하게 감소한 것에서 상세히 알 수 있다. 이들 지역 대부분은 배넉번Bannockburn 전투 이후 스코트랜드군의 습격과 이를 방어하는 잉글랜드군의 약탈을 겪었다.[186] 남부 해안에 대한 프랑스의 습격은 와이트섬 그리고 윈첼시와 사우샘프턴과 같은 도시에 대해 유사한 방식으로 전개되었지만, 좀 더 국지적인 영향에 그쳤다.[187] 그렇지만 식량 조달과 해군의 상선 징발은 경제 활동을 파괴하고, 일부 주와 항구들에 반복적으로 피해를 끼쳐 당시에도 많은 불평을 초래했다.[188] 반복되는 과중한 과세, 특히 주요 군사작전을 준비하던 국면에서 과세는 그 영향이 보다 광범위했으며, 부와 소비력을 국왕과 군사적 목적을 위해 재분배했다. 1차 생산이 지배적인 경제에서 왕국이 스코틀랜드와 프랑스에 대한 많은 비용이 드는 전쟁에 계속 개입함으로써 정부 조직과 세금 징수 기관은 확대되었고, 군사비 지출의 증가도 뒤따랐다. 전쟁이 국내가 아니라 주로 해외에서 이루

어질 경우, 이는 역설적으로 성장의 원천으로 작용했다.[189]

17세기 스웨덴의 유사한 사례가 보여 주듯이, 국가가 대규모로 자금을 지원하는 전쟁은 그렇지 않았더라면 상대적으로 빈곤하고 1차 생산이 지배했을 경제에서 1인당 국내총생산을 증가시킬 수 있었다.[190] 스웨덴이 교전국으로 활동하기 위해서는 "인적 자원뿐만 아니라, 무기, 군수품, 의복 등과 같은 산업 자원도 동원되어야만 했다."[191] 마찬가지로 14세기 초 잉글랜드에서도 이름이 같은 세 명의 왕(에드워드 1세, 2세, 3세)이 거리가 상당한 전장에 대규모 군대의 징집, 병기 배치, 수송, 식량 공급, 부양 등을 지속적으로 지원하려면 감당하기 어려울 만큼 자원을 배치해야 했다.[192] 그 모든 비용을 지출하는 것은 명백히 소모적이었지만, 많은 사람이 고용되었고 군수품 공급업자와 제조업자를 비롯한 그 밖에 다른 많은 업자들이 서비스와 상품에 대한 수요 증가에 힘입어 번성했다. 특히 1346년 잉글랜드가 프랑스 침공을 준비할 때에도 그런 일이 발생했다. 직간접 과세로 인한 순수입은 이번과 이전 전쟁으로 인한 전례 없는 재정적 요구와 그 시기에 잠재적으로 발생했을 그에 상응하는 상당한 액수의 군사비 지출을 나타낸다(그림 3.13). 1335년부터 1349년까지 시종일관 실질 세금액은 14세기 초에 비해 3배 증가했으며, 에드워드 3세 통치기 중 1339년과 1341년 사이 절대액이 정점을 기록했을뿐더러 앞서 에드워드 1세가 가스코뉴에서의 방어전쟁과 스코틀랜드 침략전쟁을 동시에 치르던 1294-97년의 절정기보다도 2/3가 더 증가했다.[193] 사실 에드워드 1세와 에드워드 3세의 군사작전 규모에서 필요했던 강도 높은 세금 요구는 국왕의 국제적 채권자들을 재정적 압박에 빠뜨렸고, 국내에 커다란 헌정상 위기를 가져왔으며, 많은 빈민에게 1293-94년과 1339년의 흉작으로 인한 부작용을 더욱 가중시켰다.[194] 게다가 이러한 커다란 분쟁들은 잉글랜드에 어떤 막연한 경제적 이익을 가져다주었는지와는 무관하게, 라틴 기독교 세계의 전반적인 번영을 뒷받침하는 평화로운 무역과 상업 행위에 돌이킬 수 없는 해를 끼쳤다.

d. 세절화와 구조적 빈곤의 심화

흑사병으로 인한 인구통계적 재난 직후 잉글랜드의 1인당 국내총생산이 1/4 증가했다는 사실은 그 이전 인구의 압력이 경제를 짓누르고 1인당 평균 생산량을 낮추었음을 강력하게 시사한다.[195] 후대에 마침내 인구 성장이 재개된 때에도 13세기 말과 14세기 초의 저조한 1인당 국내총생산 수준으로 되돌아가지는 않았다. 그 이유는 제조업 및 서비스 부문에서 증가한 실질 생산과 고용이 수요를 자극했을 뿐 아니라, 1차 산업에 대한 직업적 대안을 제공했기 때문이다.[196] 이와 대조적으로 12, 13세기에는 2차 및 3차 산업 부분의 규모가 작고 역동적이지도 못했으므로 농업이 증가한 인구 대부분을 흡수했으며, 당시 지배적이었던 양호한 환경적·제도적·경제적 상황에 의해 유지되었다. 이는 부분적으로 더 많은 토지가 더 많은 생산을 위해 이용됨으로써 달성되었다. 따라서 1086년과 1290년 사이에 왕국의 경작지 자원은 250만 헥타르에도 미치지 못하던 상황에서 530만 헥타르로 2배 이상 증가했다.[197] 그러나 두 세기 동안 농촌 가구가 더욱 빠르게 3배로 증식하면서 불가피하게 평균 보유 규모가 축소되는 결과를 초래했다.

만약 보유 규모의 축소가 균일하게 진행되었다면, 가구소득에 미치는 영향은 그다지 심각하지 않았을 것이다. 그런데 보유 규모와 조건에서 기존의 차이가 한층 확대됨으로써 불평등은 심화되었다.[198] 특히 생활수준과 노동생산성에서 5헥타르 이하의 토지를 보유한 가구들이 급증한 사실은 불길한 조짐이었다. 1290년경 농촌 전체의 3/4을 넘어서는 대략 70만 가구가 그와 같은 소규모 보유지에 의존하여 살았다. 그중 40만 가구는 1헥타르 미만의 토지를 보유했는데, 그들 중 24만 가구는 다른 사람의 토지에서 노동하여 부족한 수입을 보충했다(부록 3.1, 표 3.4).[199] 전체 토지의 2/3를 차지한 소수의 대규모 농업 생산자에게는 점점 더 저렴해지고 풍부해지는 잉여 노동력이 시장지향적 영역 내에서 토지생산성을 높이고 강화하는 데 도움이 되었다.[200] 그들은 차선적인 소유지에 부족한 토지와 자본 대신 부족하지 않은 노동력을 대체 투입했다. 그러나 노동력이 너무 적은 시간 동안 비효율적으로 사용되었기 때문에 노동생산성에서는 부정적 결과를 가져왔다.[201] 노동에 대한 수익이 매우 빈약한 곳에서는 빈곤에서 거의 벗어날 수 없었다. 이는 흔히 추정되듯이 착취하며 전횡을 일삼던 봉건영주로 인한 것이라기보다 자원의 부족과 토지 세절화를 효과적으로 강제한 결과였다.[202]

소작인의 경제적 생존은 어디에서나 복리와 생계의 양대 원천인 가족의 소유와 토지에 달려 있었다. 따라서 독립하지 못한 '성인 아이'를 위해 토지를 제공하는 것이 우선이었다. 황무지를 조금씩 개간하여 새로운 보유지를 만드는 것이 이를 획득하는 한 방법이었다. 공평한 상속 관행을 채택하는 것은 또 다른 방법이었다. 분할 상속은 생존한 상속인이 여럿 있을 때에는 언제나 확실한 파편화 효과가 있었다. 그것이 초래하는 분열은 더욱 심각했는데, 각 상속인에게 작은 땅 조각이라도 동등한 몫을 나눠 주는 것이 일반적 관행이었기 때문이다.[203] 심지어 장자 상속이 적용된 경우에도 아들이 없으면 모든 딸에게 동등하게 나눠 상속했기 때문에 분할될 가능성이 높았다. 그 외에도 부모들은 늘 아무것도 물려받지 못한 자녀를 위해 최소한의 토지라도 마련해 주려고 노력했다. 이를 위해 개척한 토지의 증여가 활용될 수도 있었으나, 더 일반적으로는 차남 이하의 자식들이 주된 토지에서 분리되거나 임대 또는 구매를 통해 획득한 작은 보유지들에 정착했다. 노퍽의 세지퍼드Sedgeford에서 13세기 법원 기록과 조사를 통해 추적할 수 있는 보유지의 세절화는 소작인이 상속받지 않은 아들이나 딸에게 주려고 토지를 이전한 결과였다.[204] 따라서 이전 세대보다 다음 세대가 인구가 많던 상황에서 모든 형태의 상속으로 인한 순효과는 온갖 토지의 점진적 분할이었다. 그러나 클리프 베카르Cliff Bekar와 클라이드 리드Clyde Reed가 강조하듯이, '사후' 세분화 자체가 불가피하게 불평등을 조장한 것은 아니었다. 불평등을 초래한 원인은 이와 연동한 토지시장에 있었다.[205]

비록 토지시장들이 상속으로 인한 분열을 막고 작은 땅들과 보유지들을 사들이는 데 이용될 수 있었지만, 13세기와 14세기 초 잉글랜드에서는 반대의 효과가 나타났다. 실제로 일단 작은 토지들이 한 가족의 보유로부터 분리되어 영구적으로 친족이 아닌 사람에게 속하게 되면, 그것들이 다시 합쳐질 가능성은 거의 없었다. 상당수 경작자들에게 그러한 거래가 권장된 것은 상황이 허용될 때 토지를 추가로 매입하고 필요에 따라 작은 토지를 매각하여 그 돈을 자본화할 수 있으리라는 다소 불확실한 이중적 이점 때문이었다. 이러한 방식으로 흉작에 따른 위험이 완화되었다.[206] 이 시장에 참여하려던 소작인들은 일반적으로 구매 자금을 조달하기 위해 신용거래를 이용했고, 부채를 상환하기 위해서는 토지를 매각했다. 흉작이 발생하는 경우 채무 불이행이 일어날 가능성을 높였고, 채권자들이 위기에 피해를 보게 되어 소송에 의존할 가능성이 많아졌기 때문에, 토지 매각은 흉작의 영향을 진정시켰다. 사실 기근과 부채 회수 증가 사이의 일치는 입증이 용이하다.[207] 채권자가 부채에 대한 담보권을 실행하면, 채무자는 식량 구입을 위한 현금을 조달하기 위해 토지의 출혈 판매를 고민할 가능성이 컸다.[208]

장기적으로 소작인이 보유지를 점진적으로 상실하도록 촉진했으며 많은 가구가 토지를 거의 보유하지 못한 상태로 몰락하게 만든 것은 이와 같은 시나리오의 반복이었다. 이러한 과정의 결과는 각각 노리치 주교와 노리치 주교좌성당 소속 수도원이 소유한 동부 노퍽의 두 장원 헤빙햄Hevingham과 마담에 대한 도표를 통해 확인할 수 있다(그림 3.14). 세절화는 이미 11세기 말 이 두 장원에서 진행되었는데, 당시 기록된 모든 보유지의 70%가 9에이커(3.64헥타르) 미만이었고, 양태 유지 보유지modal holding 규모가 6-9에이커(2.43-3.64헥타르)였다. 한 세기 후에는 이것이 3에이커(1.21헥타르) 미만으로 떨어졌으며, 9에이커 미만의 토지를 보유한 소작인이 95%에 이르렀다. 분명 이 소작인들 중 상당수는 다른 영주의 토지를 다른 조건에 의해 추가로 보유했겠지만, 그 또한 유사하게 줄어드는 과정을 거쳤

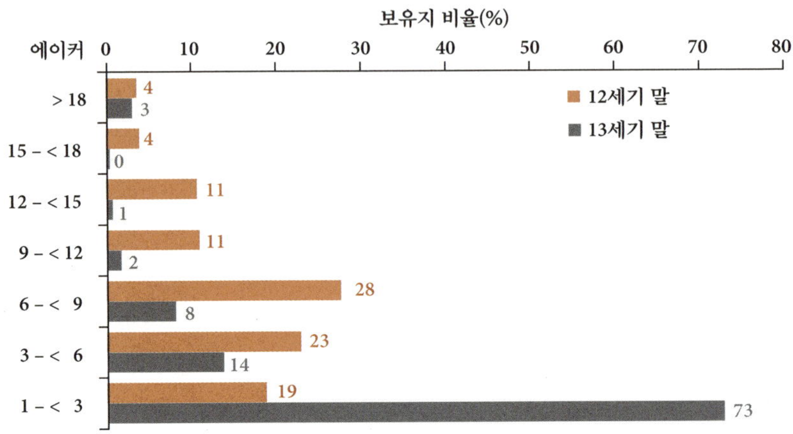

그림 3.14 | **12세기 말과 13세기 말 노퍽의 헤빙햄과 마담 장원의 보유지 규모 축소**
출처: Campbell(1981), 18-26.

을 것이기 때문에 소작인 가구 대다수가 소규모 보유농으로 강등되는 경향은 피할 수 없었다.[209] 이 극단적 세절화는 두 영지 모두에서 이후 반세기 내내 인구 성장이 역전될 때까지 계속되었다. 그 과정은 자체적으로 계속되며 가속도가 붙었다.[210]

일단 토지시장이 형성되면, 하나의 매각은 한 가구의 토지 자원을 축소시키고 수확의 위험성에 대한 노출을 증가시켜 또 다른 매각을 낳았다.[211] 풍작이 이어지면 분명 어느 정도 유예되었지만 손실을 만회하기는 어려웠다. 불리한 시기의 거래는 판매자에게 상대적으로 불리했고, 좋은 시기의 구매는 구매자에게 불리했기 때문이다. 그로 인해 출혈 판매는 돌이킬 수 없이 극심한 빈곤으로 빠져들던 자들을 희생시킨 반면, 경제적 강자에게는 유리한 조건으로 토지를 구입할 수 있는 좋은 기회였다. 상대적으로 부유한 자들은 타인의 불행을 이용하고, 구매한 토지에 상속받지 못한 자식을 정착시켜 자신들의 우월한 재생산률을 유지했다. 라지가 우스터셔의 헤일소언에 대해 수행한 사례연구에 의하면, 기왕에 시작된 사회적 하락 과정은 소규모 보유농 계층을 불리는 데 기여했으나, 열악한 물질적 수준으로 인해 그들이 성공적으로 재생산하는 것을 막았다.[212] 따라서 한편으로 혹독한 시기에도 수입과 지출의 균형을 맞출 수 있는 충분한 토지를 지닌 소수의 가구가 줄어들고, 다른 한편으로 경제적 생존을 위해 더욱 힘들게 싸워야 하는 다수의 빈곤한 가구가 늘어나 둘 사이의 격차는 더욱 벌어졌다. 이 과정이 헤빙햄과 마담에서 실제로 진행되어, 상당한 보유지들이 사실상 사라졌고, 거의 모든 소작인이 소규모 보유농 상태로 전락했다(그림 3.14). 이 극단적 상황 변화는 인구 증가와 수확 변동성의 조건 아래서 분할 상속의 관행과 더불어 토지와 신용 시장이 제한 없이 작동한 때문이었다.

헤빙햄과 마담에서 보잘것없이 작은 보유지의 소작인은 예속민이지만 상속권이 있는 토지를 보유하고 있었는데, 이는 계약보다는 관습에 의해 획득한 것이었다. 그들은 관례에 따라 예속 토지를 영주의 손에 다시 넘겨주는 과정을 거쳐 '판매'했고, 영주는 그 후 이를 '구입'하는 소작인에게 등기료를 받고 다시 교부했다.[213] 법원 자료에 있는 거래 기록이 권리를 증명했다. 영주의 승인이 소유권 이전에서 핵심이었기 때문에, 결과적으로 예속 토지의 시장은 장원마다, 영지마다, 지역마다 관습과 영지 정책에 따라 상당한 차이가 있었다.[214] 이런 관점에서 헤빙햄과 마담의 상황은 극단적 경우를 보여 준다. 현존하는 법원 기록에 따르면, 이 두 장원에서는 예속 토지를 취급하는 시장이 활발하게 작동하고 있었으며, 영주는 용인되던 예속 '임차지들tenementa'의 본래 모습을 보존하려는 어떤 노력도 하지 않았다.[215] 두 경우 모두 보유지 전체가 아닌 1/4-1/2헥타르의 개별 토지가 거래 대상이었으며, 이는 그것을 사고파는 사람들의 한정된 재정 사정을 반영했다.[216] 인구밀도가 높은 노퍽에서는 법원 기록이 잔존하는 모든 장원에서 개별적으로 작은 토지들을 거래하던 시장이 주류를 이루었다.

이와 병행하여 왕국의 보통법에 따라 사적 특허장을 기반으로 자유롭고 적극적으로 거래되던 자유 보유지에 대한 시장이 존재했으며, 그 특허장 중에 현재 수천 개가 남아 있다. 영국 국립문서보존소National Archives

에 보존된 '재산분쟁 합의문Feet of Fines'은 이러한 자산 거래에 대한 가장 포괄적인 단일 기록이다(그림 3.18). 14세기 초에는 전국적으로 골고루 분포되지는 않았으나 예속 토지만큼 자유 보유지가 많았다.[217] 그것은 예속 상태라는 오점 없이 획득하고 보유할 수 있었고, 거의 영주의 간섭 없이 사고팔았다. 그로 인해 토지 부족이 점점 심화되던 시기에 더 많은 수요가 있었다.[218] 자유 보유지에 대한 고정된 낮은 법정 임대료가 예속 토지에 대해 지불하는 관습적인 임대료보다 훨씬 낮다는 것이 추가적인 매력이었다. 1279년 '헌드레드롤Hundred Rolls'•에 기록된 9,827개 자유 보유지의 임대료는 헥타르당 평균 10.23펜스였는데, 이는 1만 80개 예속 보유지의 평균 17.54펜스와 대조를 보인다.[219] 거래가 용이하고 임대료도 낮다는 이점은 자유 보유지가 예속 보유지보다 세절화되기 더 쉬웠다는 사실을 의미한다. 헌드레드롤에는 일부 16헥타르 이상 상당한 규모의 자유 보유지도 언급되고 있으나, 전체의 2/3는 4헥타르 이하였으며, 60%는 2.5헥타르 이하였다. 그에 반해 예속 보유지는 41%가 4헥타르 이하, 36%가 2.5헥타르 이하였다.[220]

전통적인 소작인들은 늘 토지에 대해 상당히 높은 임대료를 지불하고 종종 자의적이고 억압적인 영주의 희생자로 표현되어 왔으나, 사실상 자유 소작인들이 새로운 빈곤층이 되었다.[221] 그들의 보유지는 너무나 축소되어서 자급자족이 가능하지 않았다. 그들은 생활상 필요를 충족하기 위해 시장에 점점 더 의존했고, 노동력을 팔았으며, 판매할 수 있는 고가 상품을 생산하여 소비해야 할 저가 상품을 구매했다. 그들의 경제는 상업적 생계 경제였다. 그러나 시장 원리는 그들에게 등을 돌리고 있었다. 토지 보유욕이 강한 빈곤 가구들이 점점 더 늘어나면서 지가가 상승했으며, 공급과잉이 심화되는 노동시장에서 고용되기 위해 경쟁해야 했다.[222] 다른 곳에서 소득을 늘릴 기회가 점차 줄어들면서 생활 수준은 더욱 악화

• 13세기에 잉글랜드와 웨일스 일부에 대해 시행한 통계 조사 기록.

되었고, 충분하지도 않은 토지에 대한 의존도를 더욱 높였다. 흉작은 더 큰 타격을 주었고, 토지의 출혈 판매와 더 많은 세절화를 초래했다(그림 3.18).[223]

아직은 이전 영주 직영지에 속하는 극히 일부분의 토지만 임차권이 인정되었고, 임차인의 재산권은 제대로 정의되지도 방어되지도 않았다. 비록 잔존하는 기록에서는 발견되지 않았지만, 아마도 비공식적인 단기 전대차轉貸借는 만연했을 것이다.[224] 13세기 말에 자유 보유지와 예속 토지 모두에 대한 대부분의 특혜 임대head rent는 오랫동안 관습적으로 고정되어 있어서, 당시 통용되던 토지 임대료보다 훨씬 낮았다. 헌드레드롤에 따르면, 예속 소작농의 1/10과 자유 소작농의 절반을 지불한 것으로 언급되어 있는데, 1헥타르당 5펜스 이하를 지급했다.[225] 낮은 고정 임대료와 상승하는 물가 및 토지가는 임대를 찾는 자들에게 이상적인 처방이었다. 토지의 분할과 전대에 의해 하위시장의 임대료를 지불하려는 자들은 스스로 비싼 임대를 전유할 수 있었기 때문이다. 많은 자유 보유지 소작인은 이를 실행할 가장 강력한 위치에 있었다. 1279-80년 헌드레드롤에 기록된 최저 특혜 임대는 자유 보유지에 대한 것으로, 대부분은 젠트리, 성직자, 수공업자, 상인 등이 구입했다. 이들은 그 토지를 직접 경작하지 않고 '중매인'으로 처신했고, 임대 수익을 남기기 위해 수년 동안 조금씩 나누어 전대했다.[226] 예를 들면, 글로스터셔의 비숍스 클리브Bishops Cleeve에서는 1명의 소작인이 21명의 전차인轉借人, sub-tenant을 두고 있었다.[227] 그들이 그 상황에서 벗어날 수 없었다면, 실질적인 예속 소작인은 전대의 장점에 무관심할 수는 없었다. 14세기 초에는 그들도 보유한 토지에 대해 임대료를 지불하고 있었다. 헌드레드롤에 기록된 장원에서 예속 소작인이 지불한 임대료는 시종일관 당시 자유 보유지와 임차한 토지의 상업적 임대에 의해 지불되던 임대료에 미치지 못했다.[228] 또한 전대는 그들에게 장원 노동력을 모집하고 보상하는 수단을 제공했다. 1315년경 적어도 25만의 궁핍해진 가구들은 다른 사람의 노동력과 연대하여 보잘것없던 생활의 결핍을 채워야만 했다.

13세기 말에 이와 같이 분할, 세분, 조각 판매, 전대 등 서로 연결되는 과정은 그림 3.10에서 윤곽을 드러낸 것처럼 밑부분이 무거운 토지소유 구조를 만들어 냈다.[229] 흉작은 많은 소규모 생산자들로 하여금 처음부터 토지시장을 이용하고 많은 사람이 출혈 판매를 하도록 압박함으로써 이 과정의 핵심적인 구성 요인이 되었다. 그와 같은 위기로 인한 토지 판매는 소규모 보유지 가구들이 흉작에도 살아남을 수 있게 했지만, 그들의 생존 수단 중 일부 또는 전부를 포기해야 했기에 경제적 대가는 매우 컸다.[230] 베카르와 리드가 지적했듯이, 흉년이 왔을 때 사회 구성원 대부분의 생계에 위기가 발생했고, 특히 이들 가구의 구성원들은 결과적으로 가장 큰 상실의 고통을 겪었다.[231] 곤란하게도 경제적으로 취약한 사회경제적 집단이 대규모로 출현한 바로 그때 오랜 기간 확립된 기존 대기 순환 패턴이 불안정해졌고, 기상이변의 발생 빈도가 늘어났다.[232] 1300년 이후 인구 성장률은 완화되었지만, 이러한 극심한 흉작의 충격은 세절화 과정에 새로운 추진력을 불어넣었으며, 보유지들이 이미 황폐화된 개인과 가족들은 희생되었다. 소득 불평등이 줄어들고, 농업 분야의 노동생산성이 향상되거나 비농업 상품 및 서비스에 대한 대량 수요가 회복될 전망이 거의 없는, 구조적 빈곤이라는 다루기 힘든 문제가 출현했다.

가장 빈곤한 가구의 경우, 곡물은 수프(포타주pottage)로 섭취했고, 빵과 맥주(에일)는 1일 칼로리의 80% 이상을 차지했다.[233] 연간 이월량은 작았다. 따라서 연간 수확량에 대한 의존도는 절대적이었고, 보릿고개 동안 일반적으로 물가는 오르고 식량은 계속 부족해 다음 해 수확까지 이어졌다. 흉작에 대한 대비책으로 경작자들은 대부분 겨울 작물과 봄 작물을 섞어 파종했다. 이는 윤작을 이용한 현명한 방식이었는데, 경험에 따르면 두 유형의 곡물 수확이 유사한 영향을 받기 전에 재배 및 수확 조건이 이례적으로 좋았거나 나빴음을 보여 준다.[234] 밀, 보리, 귀리는 각각 주기적으로 부족한 수확량을 보였다. 1270년에서 1349년 사이 각 곡물은 약 6년마다

한 차례씩 평균보다 20% 부족하게 수확되었다(표 3.2).[235] 약 12년 간격으로 30% 이상의 더 심각한 수확량 부족도 한 차례씩 발생했다. 그러나 모든 곡물이 다 실패하는 경우는 드물었다. 1280년에서 1314년 사이 기간에 1277-78년과 1288년의 대풍작은 확연히 두드러지지만, 모든 곡물이 전면적으로 수확에 실패한 것은 1294년과 1304년뿐이었다(그림 3.15). 사실 이 '지렛대 시기'의 가장 두드러진 특징은 놀랍게도 봄에 파종한 보리와 귀리를 포함하여 상이한 곡물들의 수확량 사이의 상관관계가 약했다는 점이다(표 3.2). 심지어 장기간 흉작이었던 1290년대에도 밀과 귀리는 10년 중 4년, 보리는 10년 중 7년 이상 최소 평균보다 10% 이하의 수확을 보였고, 모든 곡물이 흉작인 경우는 신기할 정도로 1294년뿐이었다(그림 3.15). 이 예외적으로 힘겨웠던 10년 동안에는 격년으로 다양한 곡물을 혼합 재배함으로써 위험을 분산하여 확실한 성과를 거두었고, 악천후가 만연한 상황에서 최악의 결과를 완화하는 데 도움이 되었다. 그러나 이와 같은 전략은 1315년부터 1340년까지 북반구의 대기 순환 패턴과 관련된 기상 조건이 근본적으로 변화함에 따라 그 효과가 훨씬 떨어졌다.[236]

e. 1315-22년 농업 위기와 그 여파

장기간에 걸친 추수 연대기에서 1315년은 수확이 반복해서 실패하고, 밀·보리·귀리의 연도별 수확량 변동이 성공하든 실패하든 두드러지게 동기화되어 함께 움직인 특이한 20년의 시작을 알린다(그림 3.15와 표 3.2). 지금껏 곡물의 혼합경작으로 보장받았던 대비책은 더 이상 실현되지 않았고, 이제 환경적으로 불리한 조건들이 쌓여만 갔다. 1316년, 1321년, 1324년, 1328년, 1331년 등 15년 동안 다섯 차례나 세 가지 주요 곡물의 수확량이 모두 심각한 부족 현상을 보였다(그림 3.15). 동시에 생산량의 변동성이 커짐에 따라 농민들은 훨씬 큰 불확실성에 직면하게 되었다(표 3.2). 곡물 중 가장 단단한 귀리의 수확량에서는 의미 있는 커다란 변동이 없었지만, 보리 생산량의 편차는 50% 증가했고 밀의 경우는 2배까지 차

표 3.2 | 잉글랜드의 종자당 순곡물수확량(1280-1340): 수확량 부족의 빈도, 백분율 분산, 상관계수

부족량	1270-1349년 수확량 부족 해의 빈도(80년 중)			
	밀(W)	보리(B)	귀리(O)	W(BO)
≥10%	24	24	23	21
≥20%	12	14	13	8
≥30%	6	9	5	3
≥40%	3	1	0	2
연도	백분율 분산			
	밀(W)	보리(B)	귀리(O)	W(BO)
1280-1314	12.9	14.3	17.4	9.3
1315-40	26.1	21.8	15.9	19.6
	상관계수			
	밀:보리	밀:귀리	보리:귀리	
1280-1314	+0.13	+0.04	+0.13	
1315-33	+0.69	+0.55	+0.83	
1315-40	+0.58	+0.35	+0.70	

주: W(BO)는 겨울 및 봄 곡물의 평균 생산량((W × 0.5) + ((B + O) × 0.25)).
출처: Campbell(2007)에서 산출.

이를 보였다. 이제 겨울과 봄 곡물의 수확량은 서로 밀접하게 상관관계를 보였으며, 해마다 큰 폭으로 널뛰었다. 1315년, 1316년, 1321년, 1328년 등에는 25% 이상의 순감소를 보였는데, 최악의 흉년기에 수확량 부족의 폭은 사람들이 기억하는 그 어느 해보다도 컸다. 1256-57년 연이은 흉작 이후 그토록 큰 규모로 추수에 실패한 적은 없었다.[237] 끊임없는 강수로 황폐화된 두 해 중 두 번째 해였던 1316년의 수확량은 그야말로 재앙이었다. 귀리, 보리, 그리고 빵의 주요 곡물인 밀의 수확량은 평균에 비해 각각 25%, 40%, 60%가 적었다.

두 세기 동안 인구 성장과 소득 불평등의 심화가 절정에 이르렀을 때,

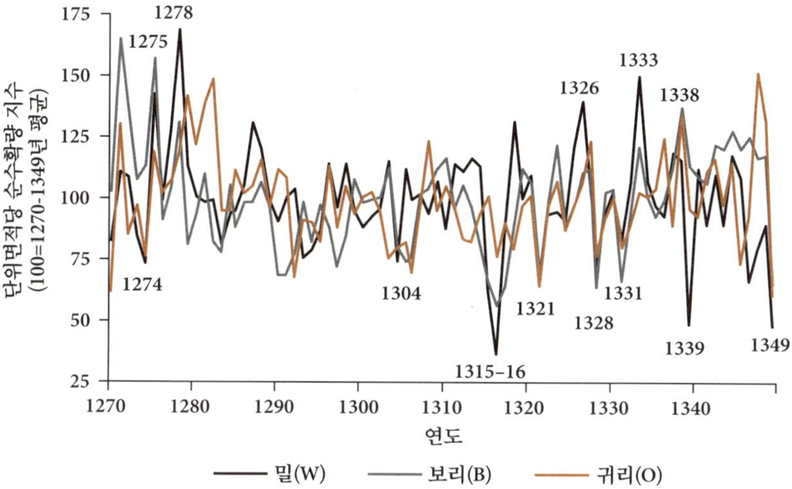

그림 3.15 | **잉글랜드 단위면적당 순곡물수확량 지수, 1270-1349년**
출처: Campbell(2007).

악기상으로 인한 주요 식량 생산체제의 붕괴는 시기적으로 더할 나위없는 악재였다. 특히 그 무렵 양 전염병이 발병했고(그림 3.4), 스코틀랜드가 잉글랜드 북부에 대한 파괴적인 침략을 감행했으며, 1319-20년에는 소 대역병까지 발생해 그 피해를 더욱 심화시켰다.[238] 비록 전 지구적 기후변화의 맥락에서 보면, 1315-16년의 흉작은 결코 무작위한 통계상의 변덕이 아니었음을 암시하지만, 이와 같은 대규모의 연이은 흉작은 250년에 한 번 발생할 정도의 사건이었다.[239] 농업 생산과 고용은 극적으로 축소되었고, 종자는 희소하여 비싸졌다. 국민소득은 떨어진 반면 식품 가격이 치솟으면서 건설 및 농업 노동자의 1일 실질임금은 급격히 줄어들어 기록상 최저 수준을 나타냈다(그림 3.6과 3.9). 기근으로 많은 가구가 경제적으로 취약해진 여러 해 동안, 빈곤, 영양실조, 질병이라는 세 가지 형벌이 사망률을 크게 높이는 결과를 초래했다.[240]

1315-16년의 흉작은 일회성의 사건이 아니었다. 뒤이은 1321년, 1324년, 1328년, 1331년의 흉작(그림 3.15)은 상환능력이 있는 많은 가구의

재정을 점차 침식했고, 식량 부족 상황을 만들었으며, 생계의 필요와 신용 거래상의 의무를 충족시킬 수 없게 했다. 그 어느 때보다도 커다란 규모의 사회경제적 곤경이 닥쳐왔고, 결국 많은 가구가 수지의 균형을 맞추기 위해 어쩔 수 없이 토지의 출혈 판매에 의존해야 했다. 인구밀도가 높은 노퍽 동부 콜티셜Coltishall의 헤이크퍼드홀Hakeford Hall의 작은 속인 장원에서는 평소 사소한 소규모 거래들이 이어졌으나, 갑자기 거래의 봇물이 터졌다. 그보다 흉작이 조금 덜하고 전쟁으로 의한 경제적 압박도 있었던 1290년대에 비하면, 거래의 폭과 지속 기간이 훨씬 컸다(그림 3.16).[241] 이런 상황에서 곤경에 처한 자들은 구매자를 막론하고 누구에게든 가장 좋은 가격에 팔려고 애썼기 때문에 감정이 끼어들 여지가 없었다.[242] 대부분의 거래는 친족이 아닌 자들과 성사되었으며, 판매자는 손실을 최소화하려 했고 구매자는 큰 토지를 구매할 여력이 없었기 때문에 일반적으로 애처로울 정도로 작은 땅덩이까지도 거래되었다.[243]

1333년 풍년이 들 때까지 수백 명의 개인이 참여하던 위기의 토지 매도 물결은 계속되었고, 이후 평균작 이상의 수확이 이어지면서 위기는 끝이 났다(그림 3.16). 거래가 처음으로 급증한 것은 1315년과 1316년의 기근 직후였고, 두 번째로는 1319년의 파괴적이었던 우역과 동반했다. 세 번째 급증은 1321년의 비참했던 수확, 그리고 네 번째 급증은 1328년과 1331년의 흉작으로 촉발됐다. 연속적인 생산 차질과 더불어 일련의 물가 상승이 장원의 많은 소규모 보유농의 경제적 곤경을 점점 악화시켜 감에 따라 비정상적으로 많은 토지 매각을 유발했다.[244] 그럼에도 불구하고 온갖 역경을 딛고 부분적으로는 이러한 절박한 생존 조치의 효과 때문에 이 장원의 소작민 인구는 실제로 한 세대 이전 대기근 직전보다 1348년 흑사병 발발 직전에 더 많았다.[245] 실제로 1330년대 중반 풍년이 연속되는 동안에 많은 사람들이 이전의 손실을 보상하기 위해 필사적으로 노력했기 때문에 토지시장은 이전 어느 때보다도 활발했다. 그로 인해 이전의 위기 상황이 역전된 이 짧은 시기 동안에는 구매자가 판매자보다 많았다.[246]

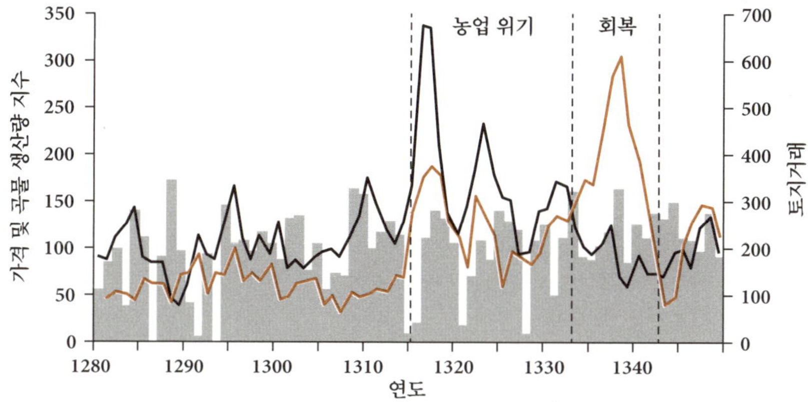

그림 3.16 | 노퍽 콜티셜의 헤이크퍼드홀 장원의 관습적 토지거래 횟수, 1280-1349년

주: 가격 지수×2; 이스트앵글리아 생산량 지수(밀×0.3+보리×0.6+귀리×0.1)×1.5; 토지거래 횟수는 3년 이동 평균치

출처: Munro(연도미상); Campbell(1984), 131-2; Campbell(2007).

단기간에 이루어진 그토록 많은 소규모 토지 거래는 필연적으로 더욱 극심한 세절화로 귀결되었다. 1349년 흑사병으로 사망한 콜티셜 소작인들의 보유지는 평균적으로 13세기 4/4분기 동안 그들의 선조들이 보유한 토지 면적의 겨우 절반 정도였다. 더욱 심각해진 농업 위기로 인해 강요된 출혈 판매의 결과, 한때 3$\frac{1}{4}$헥타르 이상의 토지를 보유했던 특권적인 소수의 소작인은 사라진 반면, 3/4헥타르 이하를 소유한 소작인의 비율은 50% 이상 늘어났다(그림 3.17). 보유지의 세절화는 지나치게 극단적으로 진행되어 실제로 어떻게 그 정도까지 진전될 수 있었는지 상상하기가 어렵다. 토지를 다시 모으려는 일부 진취적인 개인의 노력이 없지 않았지만, 그들의 시도가 당대를 넘어 계속되지는 못했다. 경제적 흐름이 그들에게 불리했다. 보유지들이 점차 작아지자, 이제 곤궁해진 참여자들도 거래할 수 있는 작은 조각으로 공급하기 위해 시장은 작은 토지들을 더욱 나누고

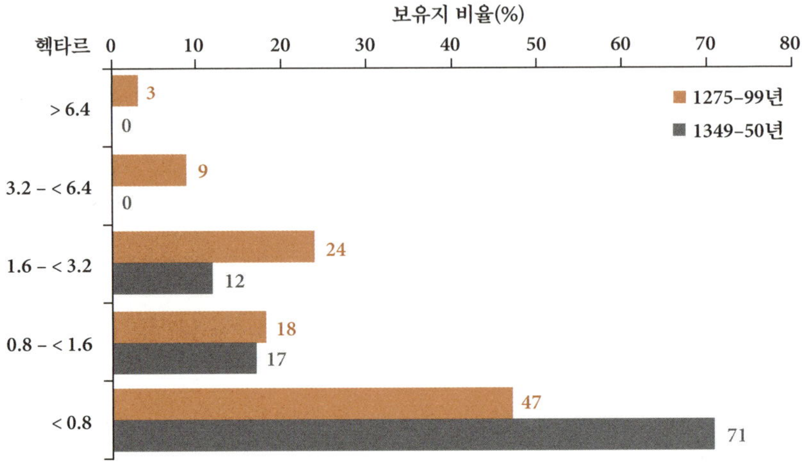

그림 3.17 | **14세기 전반 노퍽 콜티셜의 헤이크퍼드홀 장원의 세절화**
출처: Campbele(1984), 105.

잘라 냈다. 그로 인해 경작지는 파편화되었고, 이는 노동의 효율성과 생산성을 향상시키는 데 거의 기여하지 못했다.[247]

1315년과 1332년 사이 위기와 관련된 토지 매매의 엄청난 증가는 다른 지역에서도 반복되었는데, 대부분 유사한 결과를 낳았다. 서퍽의 힌더클레이Hinderclay와 레드그레이브Redgrave 장원은 이미 1290년대의 생계 위기 동안 출혈 판매의 급격한 증가를 경험했지만, 대기근 시기에는 그것을 훨씬 능가했다. 1310년부터 위기가 절정이었던 1316년 사이에 매매가 레드그레이브에서는 2.5배, 힌더클레이에서는 5배 증가했다. 노퍽의 장원 힌돌베스턴Hindolveston에서는 토지시장의 활동이 3배 늘어난 반면, 윈체스터 영지에서는 가족이 아닌 사람들 사이의 토지 이전이 2배 증가했다.[248] 1319년과 1320년에 일시적으로 진정된 후, 1321년 생계 문제가 다시 발생하여 1322년과 1323년에 힌더클레이와 힌돌베스턴에서 재차 출혈 판매가 급증하는 현상이 촉발되었다.

잉글랜드 중부와 남부에 걸쳐 있는 9개 주 버크셔, 에식스, 글로스터셔, 헤리퍼드셔, 슈롭셔, 서머싯, 서리, 워릭셔, 윌트셔 등의 많은 '재산분쟁 합의문'에서 드러난 자유 보유지 토지시장 연대기는 주목할 만한 정도로 이스트앵글리아 장원들의 관습 보유지 토지시장의 연대기와 유사하다(그림 3.18). 자유 보유지 토지시장의 추이는 1290년대의 심각한 문제들에 대해 거의 시사하는 바가 없지만, 양도가 2배 이상 증가한 대기근 시기의 심각성은 흑사병 이전 어느 시기와도 견줄 수 없을 정도로 의심할 여지가 없다(그림 3.18). 1322년의 '귀족 봉기baronial war'로 인해 자유 보유지의 양도가 일시적으로 중단됐기 때문에 1321년의 수확 위기는 이 고난의 목록에 기록되지 않은 반면, 1324년, 1328년, 1331년의 흉작은 명확히 기록되었을 뿐만 아니라 그 여진의 심각성을 느꼈던 광범위한 지역에서의 인상을 뚜렷하게 전달한다.[249] 베카르르와 리드가 논증했듯이, 중세 토지시장의 순효과는 토지 보유에서 세절화의 촉진과 불평등의 심화였다. 이는 지속적으로 이루어진 많은 토지의 출혈 판매가 더 많은 가구를 소규모 토지 보유농 또는 전차인의 지위로 추락시킨 결과였다.[250] 곤궁한 계층에서는 아마도 기근의 공세를 이겨 내지 못하고 사망에 이른 사람들이 적지 않았을 것이지만, 이 계층은 위로부터 몰락한 사람들로 끝없이 다시 채워졌다.[251] 그 결과 1340년대에는 1290년에 비해 일반적으로 농촌의 빈곤이 훨씬 더 심각했다.

이 위기 동안 가장 심하게 압박받은 사람들은 생계를 의탁하던 토지를 상실하고 토지 없는 신분으로 강등당했다. 고용 기회가 드물고 재산의 소유가 부여되는 경제적 권리를 빼앗긴 많은 사람이 합법적인 수단으로 생존할 수 없어 범죄에 의존했다.[252] 상실이 극에 달하면, 평소 법을 준수하던 자들이라도 불법 행위를 꺼리지 않게 된다. 따라서 사회 질서의 전면적인 붕괴 수준의 심각한 상황이 초래될 수 있었다.[253] 영주 법원과 국왕 법원에는 사건들이 쇄도했으며, 감옥 인도 명부gaol delivery rolls에는 대체로 재산의 절도로 인한 수많은 형사소송들이 언급되어 있다. 그 사건의 기록들을 보면 관습 보유지와 자유 보유지 토지시장의 추이는 물론 필수 식료

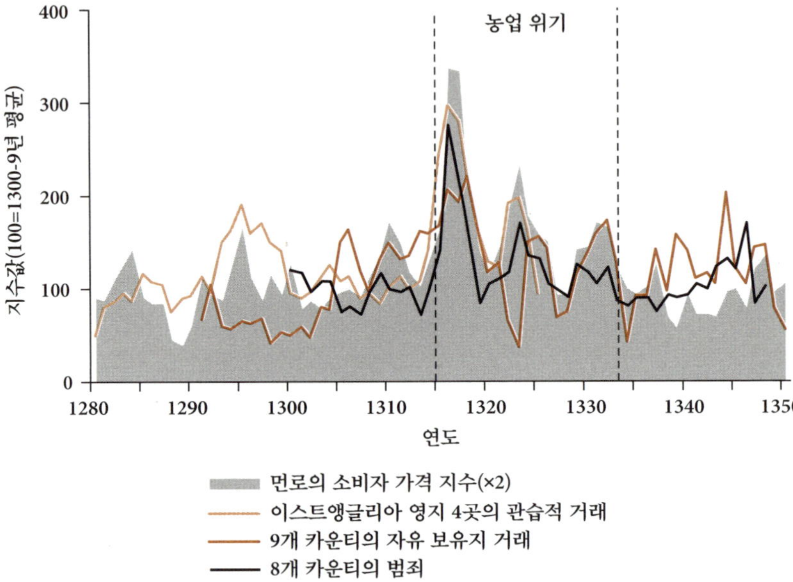

그림 3.18 | 잉글랜드의 물가, 토지거래, 범죄, 1280-1349년

주: 노퍽의 콜티셜(1230-1325년)과 힌돌베스턴(1309-26년), 서퍽의 힌더클레이(1288-1322년)와 레드그레이브(1280-1319) 장원 연대기에서 입수한 관습적 거래 지수; 9개 카운티(버크셔, 에식스, 글로스터셔, 헤리퍼드셔, 슈롭셔, 서머싯, 서리, 워릭)의 '재산분쟁 합의문'에 근거한 자유 보유지 거래 지수.

출처: 물가 - Munro(연도미상). 관습적 토지거래 - Campbell(1984), 131-3; Hudson(1921), 202-3; Schofield(2008)과 저자가 제공한 보충 자료; Smith(1984a), 154-5. 자유 보유지 거래 - Davies and Kissock(2004), 220, 225와 Margaret Yates가 제공한 버크셔와 에식스 보충 자료. 범죄 - Hanawalt(1979), 278-80.

품의 가격까지 면밀히 알 수 있다(그림 3.18). 의심할 바 없이, 이러한 범죄들 대부분은 양도 계약을 체결한 대다수처럼 절박한 필요에 의해 자행되었다. 갈수록 늘어나는 경제적으로 소외된 가구들의 생존은 더욱 위태로워지고 있었다. 이것은 많은 사람이 고용이나 자선을 기대하며 도시로 몰려드는 요인이었다.[254]

그렇지만 아무에게도 좋은 일이 없는 나쁜 일은 없다. 경제적 역량을 유지할 수 있던 자들은 가격이 거의 오르지 않아 이득을 보았고, 노동시장과 구매할 수 있는 풍부하고 유용한 토지로 실컷 배를 불릴 수 있었다. 여기에 포함된 사람들로는 곡물상과 그 외 다른 식량을 거래하던 상인들, 임대를 주려고 촌락의 토지를 구매한 도시민, 직영지의 농산물에 높은 가격을 요구하고 장원 법정에서 벌금 수입의 급증으로 이득을 보았던 영주들, 교회 영지의 소유자, 십일조를 받는 교구장과 수도원, 그리고 충분한 토지, 자본 및 신용을 지녀 위기를 견딜 수 있던 상당수 소작인들이 있었다. 마지막으로 분할할 수 없는 표준 버게이트(약 30에이커)를 점유하고 관습에 따라 고정된 임대료를 시세 이하 수준으로 지불하던 많은 예속농이 포함되었다.[255] 그들은 그들 자신보다 덜 유복한 자들과 토지를 바꾸려는 의향을 거의 보이지 않았고, 구입한 토지에 상속받지 못한 자식들을 정착시키고자 했다.[256] 그들은 물질적으로 안정되었기에 경제적으로 더 열악한 이웃들에 비해 더 많은 후손을 남겼고, 그로 인해 인구적 압력은 그다지 완화되지 않았다.

서머싯과 도싯에 있는 글래스턴베리 수도원의 장원에서는 수도원이 예속 보유지를 분할하거나 전대하는 것을 거부하여, 많은 청년이 상속, 증여, 결혼 등을 통해 토지를 취득할 때까지 그들을 예속 상태로 묶어 놓았다.[257] 윈체스터 주교의 대영지가 있던 톤턴Taunton에서는 죽은 남편으로부터 토지를 고스란히 물려받은 과부에게는 구혼자들이 적지 않았다. 여기에서 규모 있는 토지의 한정된 공급으로 인해 벌어지는 경쟁은 주교의 관리들이 부과할 수 있는 등록비를 끌어올렸다.[258] 단지 재산이 상당한 관습 보유지 소작농만 이러한 부풀려진 등록비를 지불할 여력이 있었다. 실제로 램지 수도원은 자본과 신용이 부족한 소작인이 토지를 인수하려는 시도를 막기 위해 표준 예속 보유지에 대해 신중하게 높은 등록비를 부과했으며, 그렇다 하더라도 적절한 인수자를 선택하는 일이 어렵지 않았다.[259] 이들은 법원등록명부를 기반으로 한 장원의 재구성에서 가장 뚜렷하게 부각되었으며, 기후에 의해 도전받던 시기에 경제적 스트레스와 긴장을 가장 성공적으로 극복한 개인들이었다.[260] 램지 수도원 영지와 헤일소언 수도원의 복수 촌락 대영지에서 장원 인구가 대기근의 충격과 그 여파로부터 회복될 수 있던 것은 이 상당한 규모의 예속 소작인 계층의 인구 및 경제의 회복탄력성이었다.[261] 그러나 국가적으로는 밑부분이 무거운 사회 경제 구조가 유지되었고, 그와 더불어 1차 생산이 경제를 주도하는 상황이 지속되었다.

극심한 세절화는 잉글랜드만의 고유한 특징이 아니었다. 모든 인구 밀집 지역에는 어떤 형태로든 보유권 통제가 엄격하지 않았고, 생산요소 시장이 인구 증가와 결합하여 작동되는 것이 지배적이었다.[262] 그럼에도 불구하고 유럽에서 잉글랜드만큼 그 생성 및 유지 과정을 생생하게 보여주는 지역은 거의 없다.[263] 흉작은 토지 출혈 판매를 다량으로 발생시켜 세절화를 촉진하는 핵심 역할을 했으며, 그로 인해 하나의 위기가 다음 위기를 유발할 전제 조건을 만들었다. 이는 기존의 대기 순환 패턴이 불안정해지고, 극단적 기상이변이 빈번해지던 14세기 전반 유럽 전역에 나타난 현상이었다. 그러므로 기후 조건의 자율적 변화는 이러한 시나리오의 전개에서 중요한 구성 요소였다. 이와 같은 결합 과정의 작동은 더 많은 가구의 경제적 생존이 점차 위태로워졌음을 의미한다.

2. 고조되는 기후 불안정

1) 기후 강제력과 대기 순환 패턴의 변화

1260년대에 태양의 활동이 잠잠해지면서 중세 태양극대기가 끝났고, 에콰도르 킬로토아 화산의 화산 폭발 지수 6등급 분출을 포함하여 1269년경, 1276년 그리고 1286년에 강한 화산이 연속적으로 분출하면서, 지구 주위를 화산 에어로졸이 뒤덮어 대기를 통과해 들어오는 태양 에너지가 더욱 감소했다.[264] 13세기의 마지막 10년 무렵에는 태양흑점 활동이 실질적으로 중단되었고, 이른바 볼프 태양극소기가 시작되었다(그림 2.8A와 2.9).[265] 서서히 그러나 불가항력적으로 전 지구와 북반구 온도는 다시 하향 추세를 나타내기 시작했으며(그림 2.2), 그에 따라 전 지구적 순환 패턴은 1240년대와 1250년대에 형성되었던 정점에서 멀어지기 시작했다. 기온이 낮아짐에 따라 해양은 냉각되었고, 이는 또 해수면 온도, 수온약층, 해류, 기압 경사, 바람의 크기와 방향, 대기 순환, 강수의 양과 빈도 등을 변화시켰다. 1260년경 이후 엘니뇨 남방 진동, 아시아 몬순, 북대서양 진동 등이 모두 약해졌기에, 이는 전 지구의 기상 패턴에 광범위한 영향을 미쳤다. 이러한 기후 진자의 운동은 이전에도 있었지만, 지난 수백 년 동안 이 정도로 반대 방향으로 크게 움직인 적은 없었다. 사실 기후 진자가 되돌아올 수 없는 지점 너머까지 가 버린 것이었을 수도 있었다. 일부 주요 지역들에서 기후변화는 인간이 경험해 본 적이 없었을 정도로 급격하고 광범위했다. 기후의 장거리 '원격상관'을 통해 한 지역에서의 진전이 때로는 그 원천 지역에서 멀리 떨어진 다른 지역으로 전파되기도 했다. 현재도 태평양의 대형 엘니뇨와 라니냐의 발생은 정상적인 기상 패턴의 교란을 통해 전 세계에서 느낄 수 있다.[266] 그러나 이 시기에 이전 상태로의 회귀는 없었으며, 비록 그 본질과 이유는 아직 명확하게 이해하지 못하고 있지만, 고기후학자들은 전 지구적 차원에서 기후 시스템의 중요한 재편이 일어나고 있었다는 점에 대해서 의심하지 않는다.[267]

남아메리카 태평양 연안의 대륙붕에서 13세기 마지막 4분기 동안 퇴적 속도의 급격한 증가는 수 세기에 걸친 라니냐에 의한 가뭄이 마침내 끝났다는 것을 나타냈다(그림 2.3B).[268] 북아메리카에서도 심각한 가뭄의 영향을 받는 지역은 줄어들었고, 이후 다시는 그렇게 광범위하게 나타나지 않았다(그림 2.3A). 이와 대조적으로 아시아 전역에서는 몬순의 강도가 약해지기 시작했고(그림 2.8B), 1270년대에 한 세기가 넘는 기간 동안 처음으로 가뭄에 의한 흉작이 발생했다. 그 후 얼마 지나지 않아 아라비아해에서 연층의 두께가 극적으로 얇아진 것은 강수량과 유출량이 10세기 후반 이후 경험하지 못한 수준으로 떨어졌음을 의미한다(그림 2.4A).[269] 인도양과 대서양의 대기-해양 상호 작용은 장거리 원격상관으로 연결되어 있었으며, 북대서양에서는 1270년대와 1280년대에 연이어 진폭이 큰 해수면 냉각 현상의 첫 징후가 나타난 뒤 다음 한 세기 동안 지속되었다(그림 3.19A와 B).[270]

벼농사를 기반으로 하는 동남아시아와 남아시아 문명에서 몬순 강우의 급격한 감소는 특히 심각한 결과를 초래했다.[271] 중국 남부 동게 동굴의 이차생성물 기록은 1285년경에서 1304년경 사이에 예외적으로 건조했으며, 특히 1287-88년경은 가장 건조한 해였음을 보여 준다(그림 2.5B). 인도 단닥 동굴의 이차생성물 기록에서도 1285-98년경 극심한 가뭄을 나타냈으며, 최소한 그보다 앞선 200년 동안과 비교했을 때 최악의 시기였다. 그중에서도 특히 1286년경의 화산 분출에 뒤이은 1287년경은 자료가 확보된 890년 이래 기록상 가장 건조한 해로 평가된다(그림 2.4B).[272] 심각한 흉작, 기근, 기아가 뒤따랐다.[273] 유용한 대리 기후 자료들을 종합하면, 남아시아 전역에서 1280년대는 1040년대와 오르트 태양극소기 이래로 가장 건조한 10년이었다(그림 2.8B). 부분적으로는 아마도 1276년경과 1286년경 열대 지역에서의 화산 분출에 의한 단기 기후 강제력이 원인이었던 것으로 보이지만, 흑점 활동이 잠잠해지면서 볼프 태양극소기의 냉각 효과가 시작된 것도 영향을 끼쳤음에 틀림없다(그림 2.8A와 B). 이는 기온의 냉각을 진척시켰고, 기존의 대기-해양 상호 관계를 불안정하게 만들었으며, 나무의 생장을 늦추었고, 경작자가 몬순에 의존하는 지역에서는 어디에서나 수확 부진을 초래했다.

13세기가 마무리될 동안 구세계와 신세계에서 평균 나이테 너비가 극적으로 좁아졌는데, 이는 환경 조건이 급격하게 그리고 아마도 더 나쁘게 변했음을 보여 주는 확실한 신호다(그림 3.19C). 연륜연대학자 베일리의 의견에 따르면, "이 단기적인 기온 하강은 엄청난 수의 수목에 매우 뚜렷한 영향을 미쳤으며, 전 세계 나무 연대기의 나이테 너비에서 분명하게 드러난다."[274] 시베리아에서는 낙엽송 나이테 너비가 1283년에서 1302년까지 현저하게 좁아졌으며, 그중에서도 1287-89년, 1293년, 1302년이 최소

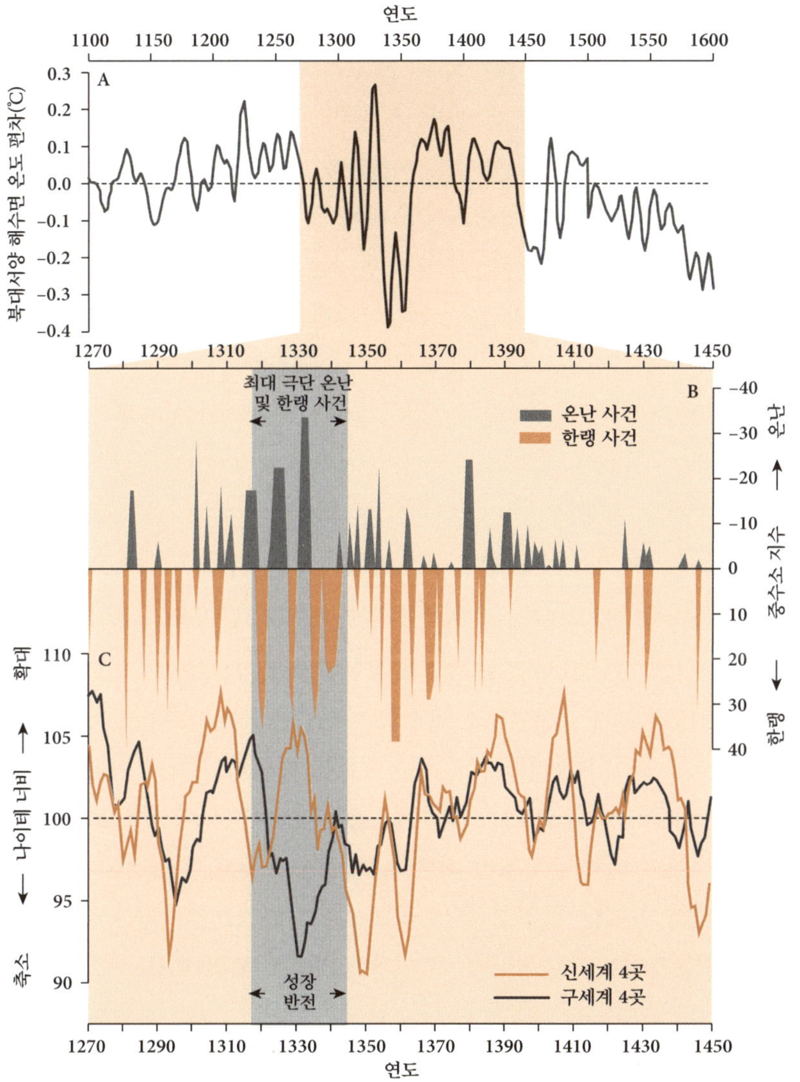

그림 3.19 | **(A) 복원한 북대서양 해수면 온도, 1100-1599년. (B) 그린란드 빙하의 중수소로 복원한 북대서양 해수면 온도, 1270-1450년. (C) 구세계와 신세계 수목의 나이테 너비 평균, 1270-1450년**

출처: Mann and others(2009); Dawson and others(2007), Figure 3B 수정; M. G. L. Baillie가 제공한 나이테 자료. 구세계 연대기는 극지 우랄(소나무), 페노스칸디아(소나무), 온대 유럽(참나무), 에게해(참나무, 소나무, 향나무), 신세계 연대기는 북아메리카(브리슬콘 소나무), 남아메리카(피츠로야 삼나무), 뉴질랜드(삼나무), 태즈메이니아(휴온 소나무)에 대한 개별적인 여러 연대기에 근거했다. 양쪽 연대기 모두 5년 이동평균치.

한으로 성장한 해였다(그림 3.30).[275] 몽골 낙엽송의 나이테에서는 1291년부터 1307년까지 성장이 최대로 감소했고, 그중에서도 너비가 가장 좁은 나이테는 1295-96년과 1299년이었다.[276] 4-6월의 강수량 감소와 7월의 저온에 원인이 있었던 것으로 추정된다.[277] 마찬가지로 1293년은 티베트 북동부의 향나무 나이테에서도 너비가 좁은 것이 두드러졌으며(그림 3.30), 푸젠 삼나무의 나이테 너비로 추정한 캄보디아 가뭄 심도 지수는 1291-92년과 1295-96년의 강수량이 이례적으로 적었음을 확인시켜 준다.[278]

잉글랜드에서는 지배적이었던 부정적인 추세와 반대로 분명히 1292년과 1293년은 이례적으로 강수량이 많았으며, 참나무의 나이테 너비가 넓어졌다.[279] 이 나라에서는 같은 해에 곡물수확량도 심각하게 부족했으며, 1294년경에는 커다란 생계 위기를 겪었는데, 1258년 이래 최악의 상황이었다.[280] 흥미롭게도 1292-95년에는 그린란드 얼음에 지구로 들어온 우주의 파편들을 확인시켜 주는 암모늄과 질산염의 농축물 흔적이 남아 있다. 이는 동양의 중국과 러시아로부터 서양의 잉글랜드와 아일랜드에 이르기까지 당시 유성들이 나타났다고 전한 수많은 연대기 기록과 일치한다.[281] 베일리는 이 증거에 근거해 지구가 이 시기에 어떤 형태의 외계 물질과 충돌했으며, 이로 인한 추가적인 대기 부하atmospheric loading• 때문에 이 시기에 환경 악화가 훨씬 더 뚜렷해졌으리라 가정한다. 1290년대는 이후 더욱 극단적이고 불안정한 기상 조건이 도래할 것임을 예견케 하는 일종의 전조였다.

2) 연 변동성 증가의 증거

그린란드, 스칸디나비아 북부, 중부 유럽, 알프스 스위스, 슬로바키아의 빙하 코어와 나이테로 재구성한 유럽의 연간 기온 변화는 14세기 2/4분기

• 대기 중 에어로졸 농도.

동안 전년 대비 연간 변동성이 증가했으며, 14세기 중반에 높은 변동성의 시기로 들어섰다는 사실을 보여 준다(그림 3.20). 이러한 추세는 비록 변동성의 정점이 14세기 말에 접근하면서 나타난다는 차이가 있지만, 만이 다양한 대리 기후 자료들로 재구성한 북반구 기온 변화에서 훨씬 더 현저하게 드러났다. 6개의 모든 기온 변화 자료에서 나타나는 이 변동성 증가의 동시성同時性은 다음 세기 2/4분기 동안 지배적이었던 감소한 변동성의 동시성과 마찬가지로 매우 독특한 특징이었다.

시베리아에서 낙엽송*Larix Sibricana*의 연간 나이테 너비의 변동성은 이와 같은 발전에 대한 흥미로운 장기적 관점을 제공한다. 지난 2000년에 걸쳐 낙엽송 나이테 너비의 변동성은 300-400년 간격으로 네 차례 각각

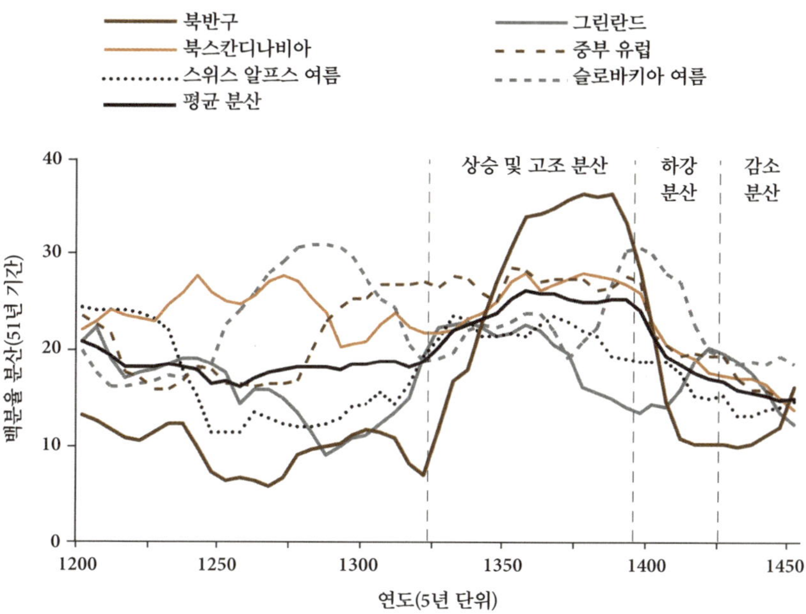

그림 3.20 | 기온 분산: 북반구, 그린란드, 북스칸디나비아, 중부 유럽, 스위스 알프스와 슬로바키아(51년 기간에 대한 값은 마지막 연도에 표시), 1200-1450년

출처: 북반구 – Mann and others(2008). 그린란드 – Kobashi and others(2010). 북스칸디나비아 – Grudd(2008, 2010). 중부 유럽과 스위스 알프스 – Buntgen and others(2011). 슬로바키아 – Buntgen and others(2013).

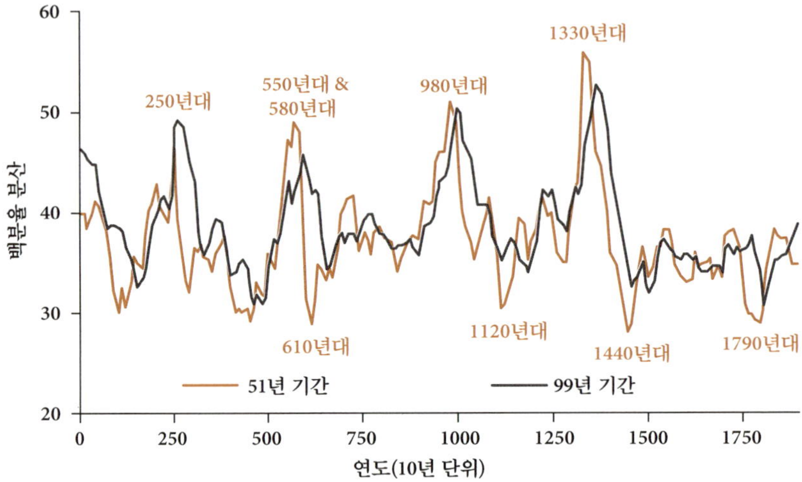

그림 3.21 | **시베리아의 시베리아 낙엽송 연간 나이테 너비의 분산**(51년과 99년 동안 값의 평활화), **0-1900년**

출처: M. G. L. Baillie 제공 데이터로 계산.

다르게 최고조에 달했다. 즉, 250년대, 550년대/580년대, 980년대 그리고 마지막이자 가장 뚜렷한 1330년대였다(그림 3.21). 이 대리 기후 자료의 증거에 따르면, 시베리아에서 1290년부터 1340년까지는 지난 2000년 중 가장 불안정한 50년을 나타냈다. 이 시기 낙엽송 성장의 변동성에서 불안정성이 특히 두드러졌는데, 그 후 15세기 중반에 일시적이지만 최소치까지 극적으로 감소했고, 그 이후로도 14세기 초반 최고 수준보다 훨씬 낮은 상태에 머물렀다.

영국에서는 각각 날씨에 따라 결정되는 성장 조건에 대해 서로 상이하며 전적으로 독립적인 지수를 제공하는데, 스코틀랜드 동굴 이차생성물의 띠 두께, 참나무 나이테의 너비, 남부 잉글랜드 곡물수확량 등에서의 동시적인 연 변동성이 이 연대기를 해명해 준다. 이러한 세 종류의 연속 자료는 모두 14세기 초에 낮은 변동성이었다가, 14세기 중반에 높은 변동성으로 상승, 그리고 1370-90년대에 다시 최저점으로 하강하는 연

변동을 동시에 보여 준다.[282] 이곳 북서부 유럽의 대서양 연안에서 날씨는 14세기 전반에 점차 변동성이 커졌으며, 이미 인구가 부족한 농업자원을 압박하던 사회에서 잠재적으로 심각한 결과를 초래할 수 있었다. 이는 지속적으로 상당한 양의 겨울 강수와 상대적으로 변하지 않는 동굴 이차생성물 성장을 유지한 북대서양 진동 안정성의 근본적 변화를 증언한다.[283] 겨울 편서풍이 약해지고 남쪽으로 이동함에 따라 남유럽과 북아프리카 전역에서 강수량이 증가했으며, 극지방 고기압의 침입으로 북유럽에서는 1321년에 처음으로, 그리고 보다 지속적으로 1330년부터 1348년 사이에 몹시 춥고 건조한 날씨가 출현했다.

북대서양 해수면 온도의 동요는 스코틀랜드와 북서유럽 대부분 지역을 가로질러 변화시키는 기상 조건의 주요 요소였다. 최근 만과 그의 동료들이 재구성한 바에 따르면, 1275년경부터 1375년경까지는 북대서양 평균 해수면 온도가 그 이전이나 이후와 비교해 차가운 상태에서 따뜻한 상태로 그 변동이 매우 뚜렷한 불연속성이 두드러진다(그림 3.19A). 이 시기의 이례적 특성은 도슨과 그의 동료들이 재구성한 다른 해수면 온도 자료에서도 확인된다.[284] 그들은 그린란드 빙하 코어의 연륜층에 보전된 중수소-10(무거운 수소 동위원소)의 변동량을 조사했는데, 중수소를 포함하는 바람이 북대서양을 거쳐 그린란드에 도착하면서 이 화학원소를 눈과 얼음에 퇴적시켰기 때문에 그것으로 북대서양의 해수면 온도를 추정했다.

해양 온도는 1280년대부터 큰 진폭을 그리며 하강하기 시작했고, 1310년대 말부터 1380년대 초까지 그 규모와 지속 기간이 커졌다. 놀랍게도 1300년경부터 이 하강 현상은 그 규모와 지속 기간이 점점 커지는 상승 현상과 번갈아 발생했다. 차가운 대서양 표층수는 북유럽에서의 강수량을 억제하는 경향이 있던 반면, 따뜻한 표층수는 일반적으로 강수량을 증가시켰고 때로 과도한 강수를 초래했다. 1315년부터 1318년까지 첫 번째 장기간에 걸친 해수면 온도 상승은 특히 엄청난 재앙을 불러왔는데, 1315년과 1316년에 북유럽의 곡물 수확을 망쳤을 뿐 아니라 1317년에 수확량 부진으로 결국 유럽 대기근을 유발시킨, 장기간 여름 강우와 폭풍의 원인이었던 것으로 보인다.[285] 해수면 온도가 차갑거나 따뜻하게 교대로 나타난 것은 1315년경에서 1345년경까지 가장 뚜렷했으며(그림 3.19B), 그로 인해 스코틀랜드의 크녹 난 우암 동굴 이차생성물 띠 너비의 높은 변동성에 반영되었듯 강수량이 부족하거나 과도해지는 경향이 나타났다. 이는 참나무의 성장과 곡물 수확의 연 변동성을 설명하는데, 계속되는 여름비에 전자는 긍정적으로 반응했으나, 후자는 부정적으로 반응했다.[286] 그 후 이러한 온난 현상은 완화되는 경향이 있었다. 그렇지만 진폭이 큰 냉각 현상은 계속되었고, 1350년대와 1360년대에는 실질적으로 빈도도 늘어났다. 1380년대에 들어서고 나서야 진정되다가 결국 멈췄다(그림 3.19A와 B).

북대서양 해수면 온도의 시소 현상이 가장 두드러졌던 기간은 다른 영역에서도 환경적으로 뚜렷이 구분된다. 구세계와 신세계 수목의 나이테 너비는 일반적으로 동시적 관계를 보였는데, 두 반구의 수목이 지배적인 환경 조건에 반대로 반응함에 따라 비동시성을 나타내게 되었다(그림 3.19C). 먼저, 1314년경부터 1322년경까지는 구세계 수목들이 더 잘 성장했고, 1322년경부터 1342년경까지는 신세계 수목들이 더 성장했다.[287] 구세계와 신세계 수목 성장 사이의 양의 상관관계가 그토록 갑자기 완전히 뒤집혔다는 사실은 통상 전 지구적 차원에서 매우 이례적인 일이 발생했음을 의미한다.[288] 이례적으로 온난했던 대서양 표층수가 지속되면서 유럽 농민들이 싸워야 했던 매우 습한 날씨들이 시작되었다. 네 차례의 참혹한 흑사병 발병의 서곡이었던 더 장기간에 걸친 해수 냉각과 더불어 막을 내린 북대서양 내 해수면 온도의 낯선 동요는 이 현상과 연관이 있던 것으로 보인다.[289]

이 기간 내내 북대서양은 물론이고 전 지구적으로도 훨씬 더 추워지고 있었음이 분명하다. 1300년경 빙하 내 기포에 포함된 질소와 아르곤 동위원소로 복원한 결과, 그린란드 중심부의 온도는 1100년경보다 평균 1도 더 낮았다.[290] 그 이후 세 차례 계속된 강렬한 냉각에 의해 기온은

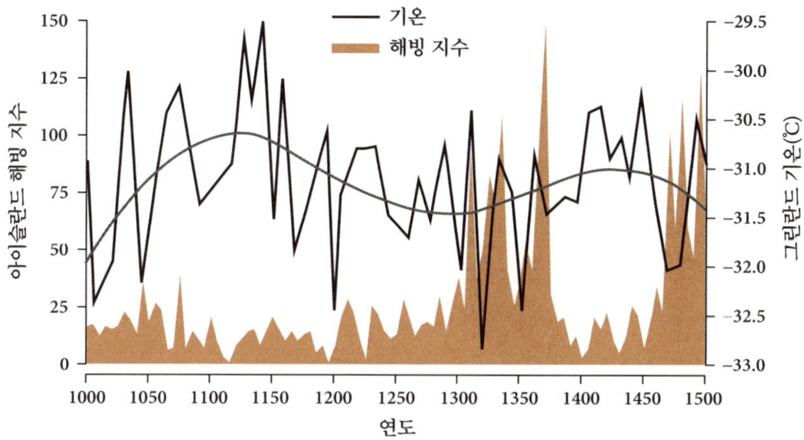

그림 3.22 | 빙하 내 기포에 포함된 질소와 아르곤 동위원소로 복원한 그린란드 기온과 아이슬란드 북부 해안 대륙붕의 퇴적물 내 해빙 조류에서 얻은 생물지표 IP25에서 추출한 해빙 지수, 1000-1500년

출처: Kobashi and others(2010); Massé and others(2008), figure 3 수정.

$\frac{1}{2}$-1$\frac{1}{2}$도 더 하강했다. 1303년에는 기온이 1200년대 초반 이래 겪어 보지 못한 수준까지 떨어졌고, 1320년에는 그보다 더 낮은 온도를 기록했으며, 1353년에는 다시 극도로 추운 날씨가 찾아왔다. 그 후 14세기의 나머지 기간에는 기온이 개선되었다(그림 3.22).[291] 대서양의 해수가 냉각되었고, 특히 해수면 온도가 2도 이하로까지 떨어지자, 대구와 다른 어류들이 남쪽으로 이동했다.[292] 당시 그린란드에 정착한 바이킹들은 이누이트 사냥꾼들과의 경쟁이 격화되고 있었다. 그들 경제의 상업적 주축이었던 바다코끼리 상아와 일각고래의 엄니에 대한 유럽의 수요가 감소하고 있었기에, 악화된 상황은 더욱 극심한 압박을 가했다.[293] 결과적으로 1341년과 1364년 사이 어느 시점에서 부분적으로 노르드제투르Nordrsetur의 북쪽 사냥터에 접근하여 생존을 도모하던 바이킹의 서부 정착지는 버려졌다.[294] 환경 조건이 더욱 가혹해지고 예측하기 어려워지면서 아이슬란드의 원조 바이킹 식민지에서 농업이 가능한 지역도 극도로 제한되었다. 농작물 산

출이 더 이상 용이하지 않고, 동물의 겨울나기가 큰 도전이었을 뿐 아니라, 여름 생물량 산출biomass output도 감소하여 훨씬 적은 수의 가축만 유지할 수 있게 되었다.[295] 그 외 북유럽의 많은 고지대에서도 혹독한 겨울과 짧은 생육 기간으로 인해 목축민들의 삶이 더욱 어려워졌다.[296]

북대서양에서 강력한 극지 한파의 침투는 해빙 면적을 현저하게 확대시켰다. 아이슬란드 북부 해안 해빙의 변화 범위는 대륙붕ocean shelf• 퇴적물에 존재하는 해빙 조류藻類가 만들어 낸 생물지표biomarker(IP25)에 기반해 추정되었으며, 다른 환경에서 파생된 대리 기후 자료와 당대의 역사적 증거들을 통해 보정되었다.[297] 이와 같은 추정치로부터 그린란드에 극심한 한파가 닥칠 때마다 바로 그 뒤를 이어 아이슬란드의 해빙이 성장했으며, 이는 1310년대 처음으로 광범위하게 커졌고, 1320년대와 1330년에는 더욱 확장되었음이 확인되었다(그림 3.22). 해빙의 형성은 부분적으로 태양 복사량의 감소에 의해 촉진되었으나, 그 과정은 연속적이지 않았다. 대서양 해수면 온도와 그린란드 기온처럼 지배적인 북대서양 진동의 강도에 따라 해빙 범위에 뚜렷한 단기적 진동이 있었다.

그와 동시에 스위스 알프스에서는 얼음이 쌓이고 빙하가 커지며 전진하고 있었다.[298] 이러한 일이 발생하려면 "눈이 녹는 것보다 많이 쌓여 적설의 부피가 증가하는 일련의 기간"이 필요했다.[299] 크리스찬 피스터Christian Pfister와 그 동료들의 문헌조사에 따르면, 1303년부터 1328년까지의 이례적으로 혹독한 겨울은 이러한 조건을 정확하게 갖추어 주었다. 동일한 기간에 네덜란드의 겨울 기온과 중부 유럽의 연간 기온이 이례적으로 현저히 낮았는데, 두 지역은 역사적 기록들에서도 유사한 내용이 재구성된다. 그렇지만 그 후에 대서양의 겨울 편서풍이 남쪽으로 이동하여 남유럽에 온난다습한 날씨를 제공함으로써 중부 유럽의 이와 같이 혹독한 겨울 상황이 개선되었다. 특히 피스터는 1339년부터 1354년까지는 이

• continental shelf의 오류로 추정됨.

례적으로 15년간 연속해서 "1901-60년의 평균 기온과 비교할 때 확실하게 추웠던 겨울이 단 한 차례도 없었다"는 사실을 확인했다.[300] 같은 시기에 네덜란드 겨울의 기온 변화는 1339년을 제외하면 비교적 온난했으며, 특히 1341년, 1343년, 1350년의 겨울은 따뜻했다. 1338-43년에는 북해에 강한 폭풍해일이 발생했으며, 홀란드와 잉글랜드 동부에 심각한 해일이 일어났음이 기록으로 확인된다.[301] 이 기간 중 중부 유럽에서는 1342년 7월 악명 높은 성 막달레나 축일의 홍수가 발생했고, 나일강 홍수의 연례 측정치도 한 단계 상승했다.[302] 스투이버Minze Stuiver와 퀘이Paul D. Quay의 측정에 따르면, 공교롭게도 1342년은 볼프 태양극소기가 끝나던 해였으며, 태양흑점 수와 태양복사량 추정치는 분명 1340년대부터 태양 활동이 다시 증가하고 있었음을 시사한다.[303] 그러나 이 시점에 주사위는 던져졌으며, 이 경우 증가하던 태양복사의 효과가 이미 시동이 걸린 전 지구적 순환 패턴의 변화에 추진력을 가하는 방향으로 작용했다.

3. 재출현한 병원균

1) 양과 소의 대역병[304]

1270년대 이래 탄력을 받아 변화하던 기후 상황이 생태계에 미친 영향은 막대했다. 식물, 동물, 인간, 그리고 미생물은 모두 계속되는 환경적 충격과 위험에 대해 활동하고 반응하면서, 독립적이거나 상호 연관을 맺으며 영향을 끼쳤다.[305] 길들여진 가축들이 전파한 일련의 동물전염병들, 특히 면양옴(진드기 '프소롭테스 오비스'의 배설물이 유발하는 급성 또는 만성 알레르기성 피부염), 간흡충(기생 편모충 '파스키올라 헤파티카*Fasciola hepatica*'에 의한 감염), 그리고 우역(소나 그 외 짝수 발굽 동물의 전염성 높은 바이러스성 전염병)과 같은 역병은 더욱 파괴적이었다. 그로 인해 발생한 동물전염병과 가축들의 희생은 고기, 돼지기름, 우유 등 식품의 생산, 가죽과 양모 등 원재료의 질, 그리고 견인력을 떨어뜨렸고, 필수 운전자본을 소멸시켰으며, 혼합농경체제의 생산성 유지에 필요했던 취약한 생태적 균형을 위태롭게 했다. 또한 장원 및 수출 수입의 중요한 원천에 타격을 입혔다.

특히 소와 양을 비롯한 대부분의 중세 가축들이 많은 시간을 야외에서 보냈던 사실을 감안하면, 가축이 이 기후 전환기의 특징이었던 극단적인 강수, 추위, 가뭄에 곡물보다 덜 노출된 것이 결코 아니었다. 혹독한 겨울 날씨는 불가피하게 가축 사망률을 높였으며, 그런 날씨가 이어져 송아지와 새끼 양이 태어나는 봄철까지 계속되는 경우에는 특히 치명적이었다. 한편, 봄과 여름의 악천후는 목초지의 영양가와 목양력 그리고 건초와 사료 작물의 수확량을 저하시켰다. 극도로 궁핍한 시기에는 가축용으로 재배한 귀리와 콩과작물이 사람의 식량으로 전용되었다. 끊임없는 비와 축축한 목초지는 간흡충 기생 편모충 '파스키올라 헤파티카'와 중간 숙주 민물 달팽이의 이상적인 번식지를 제공하여 양 전염병의 발병을 촉발했다. 더욱이 기상이변에 대응한 변화된 관리 방식이 종종 감염된 동물과 건강한 동물의 직접적 접촉이나 오염된 토양, 사료, 물을 통해 퍼지는 우역 바이러스와 같은 감염원 전파에 이상적인 동물의 과밀화와 비위생적 조건을 초래했다. 춥고 습한 기후 조건에서 번성하는 폐렴과 같은 2차 감염과 바이러스가 함께 활동하는 경우도 드물지 않았다. 18세기 주석가들은 "소가 계절에 맞지 않는 날씨로 약해져서 일시적으로 감염되기 쉬운 상태가 되면 발병이 시작되었다"라고 기록했다.[306] 우역은 온도에 민감하고 겨울에 가장 치명적이었는데, 면양옴도 마찬가지였다. 면양옴은 동물들이 몸을 비비는 기둥, 가시나무나 덤불에 달라붙은 오염된 양모나 딱지 조각뿐만 아니라 축사에서 사육되는 동물들 사이의 직접적 접촉에 의해서도 쉽게 전파되었다.[307] 실제로 비교적 단순한 전파 방식으로 인해 우역과 면양옴은 놀라우리만큼 손쉽게 확산되었다.

질병의 첫 징후가 보일 때, 농민 대부분의 자연스러운 대응은 병에 걸린 동물이 완전히 쓸모없어지기 전에 팔아 가급적 그 가치를 최대한으로 만회하려는 것이었다. 가축들은 본질적으로 기동성을 지녔고 평상시에도 몰고 다니기는 하지만, 거래되기 위해 상당한 거리를 이동했기 때문에 그와 같은 공황매도panic selling 경향은 필연적으로 감염 확산에 기여했다. 대규모 영지 내에 있는 가축이 장원들 사이를 이동하는 것뿐 아니라, 군대의 보급 행렬과 병사나 도둑이 약탈한 동물도 마찬가지로 감염 확산에 일조했다. 오늘날까지도 진드기 감염은 초기 단계에서 감지하기 어려운 실정이기에, 그와 같은 가축의 이동은 면양옴의 유포에 중요한 역할을 했다. 결정적으로 가축전염병과 페스트는 행정 단위나 국가의 경계에 제한을 받지 않았고, 수의학이나 오랜 경험으로 축적된 치료 및 예방 조치가 없는 상태였기에 통제가 불가능했다. 일단 생물학적 확산 과정이 활성화되면, 역병은 자체의 동력에 따라 전개된다. 일반적으로 역병은 스스로 소멸하거나 추가적 환경 변화가 진행을 멈출 때까지 계속된다.

세 종류의 동물전염병 중 가장 위험하고 전염성이 높았던 우역은 몇 세기 후에나 피해를 최소화하려는 조치의 대상이 되었다.[308] 질병 예방은 공익에 매우 중요했지만, 개개인에게는 항상 자신의 이익에 해가 되는 입법을 회피하려는 동기가 강했다. 그로 인해 필요한 조치를 마련하고 기금을 조달하기까지 늘 문제들이 가로막았다. 병들었거나 죽을 수 있는 동물의 가치를 현금화하는 것은 언제나 농민들의 이해관계와 관련되어 있었다. 그들은 가축이 전염된 것을 알면서도 건강한 가축으로 속여 멀리 떼어놓을 수 있었다. 이와 같은 방식으로 전염은 이동을 촉발했고, 이동은 다시 전염을 부채질했다. 인간의 작용과 반작용, 인간이 만든 상업 기반시설과 네트워크, 그리고 반목축적 유럽의 상업경제가 나날이 더 의존해 온 살아 있는 동물의 광범위한 거래는 치명적인 병원균을 퍼뜨리는 데 크게 기여했다. 가축 사육의 밀도도 관건이었다. 14세기 초 유럽의 발전된 혼합농경체제가 과거 수 세기에 비해 보다 많은 소를 사육하면서 가축의 밀도가 높아지고 바이러스에 감염될 기회도 증가했다.[309]

a. 1315-22년의 농업 위기 동안 소와 양의 전염병

기상이변과 질병이 가축업자들에게 미칠 수 있던 위험은 1315-22년의 농업 위기 동안 요크셔 서부 크레이븐Craven 지역의 볼턴 수도원 영지에서 목축 경제의 운명에 대한 구체적인 사례가 잘 보여 준다(그림 3.23). 이 수수한 잉글랜드식 아우구스티누스 수도회의 직영지와 저택은 환경적으로 근근이 농사 지을 수 있는 비교적 열악한 토양과 평균 이상의 강수량을 확보한 고지대에 위치했다.[310] 현존하는 볼턴 '산정 문서Compotus'의 곡물과 가축 생산에 대한 상세한 정보를 처음 기록한 1296/97년부터 1313/14년까지 15년 동안 유일하게 놀라운 사실은 잠재적인 위험들이 실제로 거의 현실화되지 않았다는 점이다. 반면에 수도원장 요한John of Laund의 팽창주의적 경영으로 "14세기의 두 번째 10년이 시작될 무렵 볼턴 영지의 개발은 그 정점에 이르렀는데", 800에이커가 넘는 경작지, 20마리의 노역마, 240마리 이상의 노역 황소, 약 530마리의 다른 소, 다양한 연령대의 말 80마리가 있는 종마사육장, 최소 100마리의 돼지, 그리고 판매할 양모를 생산하는 3,150마리의 양 등이 있었다.[311] 그런 상황에서 1315년과 1316년에 호우가 지속되는 나쁜 날씨가 닥쳤다.

1315년 곡물수확량은 1314년보다 25% 감소했으며, 1316년과 1317년에는 침수된 토양과 종자 부족으로 파종할 수 있는 면적이 줄어들어 수확량이 더욱 낮아졌다(그림 3.23). 한편 건초 수확도 크게 실패했다. 수도원 자체의 절박한 식량 수요와도 결부되어, 사료의 부족은 1316년 성 미카엘 축일(9월 29일)과 성 마르티누스 축일(11월 11일) 사이에 돼지 94%를 도축하지 않을 수 없도록 압박했다.[312] 같은 해에 주로 자연적인 원인으로 심각한 폐사가 발생하면서 수도원 양 개체수 2/3가 줄어들었고, 그 이듬해에는 더욱 줄어들었다. 볼턴 수도원 영지를 연구한 역사가 이안 커쇼Ian Kershaw에 따르면 "굶주린 양 떼는 축축한 목초지에서 번성하는 간흡충과 같은 질병에 손쉬운 희생물이 되었다."[313] 암양은 숫양보다 취약했으며, 갓 태어난 어린 양은 최악이었다.[314] 영지의 말과 소는 초기에는 회복력이

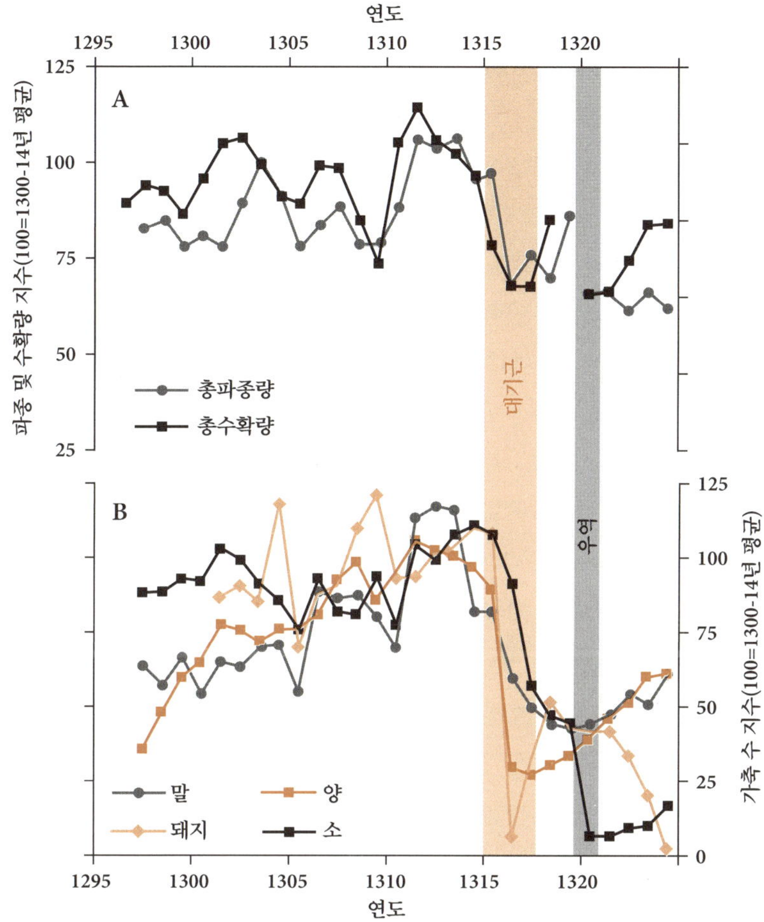

그림 3.23 | **1315-22년 농업 위기가 요크셔 서부 볼턴 수도원 영지의 농업 경제에 미친 영향**
출처: Kershaw and Smith(2001)에 근거해 산정.

그보다 더 좋아 1316년 성 미카엘 축일에는 한 해 전에 비해 각각 74%와 84%의 개체수를 보였다. 그렇지만 그 후 두 가축 모두 계속 감소되었는데(그림 3.23), 부분적으로는 경작지가 축소 조정되어 사역의 필요성이 줄어든 탓이지만 특히 1318년 봄과 1319년 9월에 스코틀랜드의 약탈이 초래한 피해 때문이었다.

1319년 성 미카엘 축일에 영지 내의 말과 소(스코틀랜드인이 선호하던 목표)의 수는 위기 직전의 절반에도 미치지 못했다. 그 무렵 1319/20년 겨울에 우역이 닥쳐 수도원에는 53마리의 황소와 31마리의 축우만 남았는데, 이는 한 해 동안 84%가 줄어든 수치였다.[315] 피해는 그보다도 훨씬 컸는데, 감염에 노출된 20마리의 살아남은 암소, 어린 암소의 번식력, 그리고 우유 생산력 등에 모두 부정적 영향을 끼쳤다. 이는 성 마르티누스 축일의 계획적인 돼지 도살만큼이나 파괴적이었다. 양과 말의 개체수는 이 무렵 회복되기 시작했지만, 초기의 경지 회복은 갑작스런 사역 자원의 축소로 방해를 받았고, 다음 해 1321년에는 재연된 악천후와 더불어 보리와 귀리 수확의 실패로 인해 더욱 심화되었다(그림 3.23). 그러므로 우역 대유행은 "회복을 위한 수도사들의 노력에 무거운 짐을 지운 마지막 불행이었다."[316] 이 시기에는 곡물 수확도 처참했지만, 질병의 개입이 이 영지의 목축 경제에 미치는 영향은 훨씬 더 컸다.

이 재난에서 볼턴 영지의 상황은 이례적으로 심각했다. 황무지와 계곡 바닥의 방목지가 홍수에 민감하다는 사실은 환경적으로 아무 탈이 없던 남부 잉글랜드의 물이 잘 빠지는 경사진 목초지의 양 떼들에 비해 이곳 양 떼들은 간흡충에 감염될 위험에 많이 노출되어 있었음을 의미했다. 그럼에도 불구하고 간흡충과 그 외 날씨와 관련된 질병들은 이 시기에 충분히 널리 퍼져 있었으며, 1314년에서 1317년 사이에 잉글랜드의 동부, 남부, 남동부에 걸쳐 있는 영지 전체에서 양의 개체수를 30% 감소시켰다(그림 3.24). 이로 말미암아 1314년과 1319년 사이 런던과 잉글랜드의 동부 및 남부 항구들을 통해 수출된 양모의 규모가 1/3이나 줄었다(그림 3.24). 원인은 기생 편모충 '파스키올라 헤파티카'와 그 숙주 민물 달팽이가 번성하던 환경에서 끊임없이 비가 내린 생태적 영향 때문이었다. 이 가축전염병도 파괴적이었지만, 1280년대 초에 유행한 면양옴 전염병의 피해는 더욱 컸던 것으로 보인다. 면양옴을 유발하는 진드기는 특정 서식지에 의존적

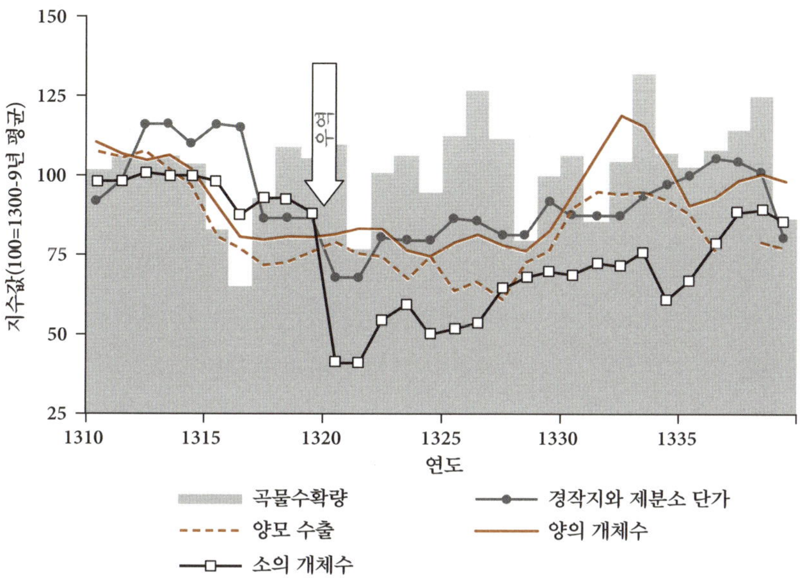

그림 3.24 | 잉글랜드의 수확, 경작지와 제분소의 단가, 양모 수출, 양과 소의 개체수, 1310-39년

출처: 곡물수확량 - Campbel (2007). 경작지와 제분소의 단가 - Campbell and Bartley(2006), 167, 207과 IPM Database. 양모 수출 - Carus-Wilson and Coleman(1963). 양과 소의 개체수 - 장원대장자료(M.A.D.)

이지 않았기에 전역으로 확산될 수 있었다. 나라 전체의 양 떼가 잠재적으로 위험에 처했으며, 결과적으로 1277년과 1282년 사이에 잉글랜드 남부 영지에서 양의 개체수가 절반으로 감소했다. 1279년 성 미카엘 축일 이후 켄트주 캔터베리 대성당 수도원의 양 떼를 강타한 동물유행병은 한 해 동안 양의 개체수를 47%나 축소시켰다.[317] 면양옴이 양모의 무게와 질에 미친 영향은 매우 심각하여 양모 가격이 폭락했고, 윈체스터의 양모 생산량도 1275/9년과 1285/9년 사이에 1/4이 감소했다. 이로 인해 양모 수출은 저조했고, 여러 주요 종교기관 소속 양모 생산자들은 파산했다(그림 3.4).[318] 그러나 면양옴이 의심할 바 없이 더 큰 피해를 끼친 양의 질병이었으며 진드기의 번식과 전파는 의심할 바 없이 춥고 습한 겨울 날씨 때문이었을지라도, 그 발병은 1315-25년의 가축전염병에 비해 비정상적인 기후 조건과의 연관성이 분명하지 않다.

마찬가지로 우역은 아마도 1315년과 1321년 사이에 발생한 각종 자연재해 중 가장 파괴적이었을 것이지만, 그것이 볼턴 영지에 미친 시기는 최악의 악천후가 지나가고 가축전염병으로 인한 다른 가축들의 폐사도 끝난 1319/20년 겨울이었다(그림 3.23). 우역은 훨씬 더 치명적이고 전염성이 큰 역병으로, 요크셔 서부에서의 발병은 그보다 몇 해 전 중동부 유럽의 초기 근원지에서 시작된 것으로 추정되는 전 유럽에 걸친 생물적 확산의 마지막 단계였다. 그리고 이는 아마도 궁극적으로는 중앙아시아 스텝지역에서 유래했을 것이다.[319] 볼턴 영지에서는 남아 있던 소의 80% 이상을 잃었는데, 이는 전국적으로 대략 60%에 달했던 소의 사망률과도 비교가 된다(그림 3.24). 슬라빈Philip Slavin은 이를 62%로 산정했다.[320] 애석하게도 볼턴 수도원 영지의 소 폐사율은 상위 1/4 수준에 속했다. 물론 이 통계는 스코틀랜드 습격자들이 수도원에서 이미 소를 약탈해간 뒤였으며 멀리 떨어진 스코틀랜드의 목축업자들은 영향을 받지 않았다. 그러나 같은 해 후반에 베릭Berwick 포위 공격 중 잉글랜드 보급 행렬에 있던 황소들이 이 질병에 희생되었고, 스코틀랜드의 침략자, 약탈자, 소도둑들은 이 소들을 국경 북쪽으로 몰고 가 소를 기반으로 하는 하일랜드의 게일족 사회정치 질서에 잠재적으로 커다란 재앙을 불러일으켰다.[321]

b. 소 대역병의 정체, 기원, 그리고 확산

근대의 소 전염성 질병인 탄저병, 소흉막폐렴, 구제역, 우역 중 동물대역병의 가장 유력한 용의자는 우역이다. 이 유행병의 수의역학은 14세기 초에 역사적으로 기록되고 관찰된 특성과 아주 잘 일치한다. 불행히도 우역은 유전자 성분으로 리보핵산RNA을 지닌 바이러스이므로, 이 질병을 aDNA 분석으로 결정짓는 일은 결코 일어나지 않을 것이다.[322] 현재 멸종된 우역(문자 그대로 '소 전염병')은 급성이었으며, 홍역이나 개 홍역과 유사한 통상 치명적인 모빌리바이러스morbillivirus였고, 그 증상과 독성에서 차이가 있는 다양한 유전적 계통이 존재했다.[323] 이 바이러스는 열, 빛, 건조에 취약했고, 온도가 낮고 습도가 높을 때 번성하는 점에서 보듯 기후 조건에 민감했다.[324] 탄저병과 달리 인간은 영향을 받지 않았다. 그렇다고 소에만 국한된 것도 아니어서 다른 짝수 발굽을 지닌 뿔 달린 동물도 영향받을 수 있었지만 장원의 비축 목록에 의하면 1319-20년 잉글랜드에서 말, 양, 돼지는 크게 피해를 보지 않았다.[325]

일종의 호흡기 감염인 우역은 바이러스가 많은 에어로졸 분비물과 비말을 통해 동물에서 동물로 직접 전염될 수 있었다. 따라서 좁은 공간에서 밀접하게 사육되거나 갇혀 있는 동물들에게 특히 위험했다. 일반적으로 우역은 감염된 동물이 건강한 무리에 이입됨으로써 퍼졌지만, 바이러스는 병든 사체의 고기와 피부, 농업 노동자의 감염된 의복과 신발, 오염된 물, 비둘기, 쥐, 개, 산토끼 등을 통해 간접적으로도 전파될 수 있었다.[326] 근대에 백신이 개발되기 전까지, 확실한 보장 없이는 수용하지 않으려는 대부분 농민들의 의사에 반하여 감염에 노출된 동물을 즉시 도축해 그 사체를 소멸시키고, 많은 이해관계가 있는 기득권 집단의 의사에 반하여 동물의 모든 움직임을 정지시키지 않는 이상 사실 전염병의 확산을 막는 것은 극히 어려운 일이었다. 단호한 정부와 효과적인 공적 자금 없이는 그와 같이 강경한 조치를 시행할 가능성이 거의 없을 것이다.[327]

일단 동물이 우역에 감염되면, 보통 9일에서 21일 사이에 잠복기로부터 증상 발현을 거쳐 최종적으로 사망에 이르는 과정이 진행되었다.[328] 잠복기 동안 동물은 질병의 명백한 증상을 보이지 않은 채 전염시킬 수 있었다. 고열이 나타나기 시작하면, 감염력이 급격히 커지면서 그 병든 동물과 접촉한 모든 소를 위험에 빠뜨렸다. 결과적으로 무리 내에서 전염병이 발생하면 사망률은 100%까지 이를 수 있으며, 극히 소수의 동물만 회복되었다.[329] 소수의 생존 개체 중 일부는 면역력을 획득했지만, 때때로 불임이 발생하기도 했다. 임신한 젖소는 일반적으로 자연 유산했으며, 회복된 젖소의 우유 생산량은 종종 큰 손상을 입었다.[330] 그러므로 역병 이후 소들은 규모, 번식력, 생산성이 현저하게 떨어졌다(그림 3.26). 질병의 재발로 인해 추가 손실이 늘 발생했기 때문에, 피해를 복구하는 데는 상당히 오랜 시간이 소요되었다.[331]

클라이브 스피니지Clive Spinage는 중세기 다양한 질병의 궁극적인 진원지는 유럽 밖의 아시아 내륙에 있었다고 생각한다. 그 지역에서 우역은 풍토병이었고, 약탈, 교역 또는 군대 이송과 식량 공급을 위한 소의 장거리 이동은 일상적이었다.[332] 티머시 뉴필드Timothy Newfield는 페스트균과 마찬가지로 우역도 카스피해 분지의 동물풍토병이었다고 주장한다.[333] '가축전염병murrain'(대부분의 가축 질병을 가리키는 당대의 포괄적인 용어)과 소의 '사망'에 관한 연대기적 자료들을 근거로 슬라빈은 역병의 기원이 좀 더 동쪽이었을 수 있고, 페스트가 러시아 스텝 지역을 거쳐 유럽으로 들어왔을 때 그 이전 우역 대유행의 경로를 따랐을 수도 있다고 생각한다.[334] 이 동물풍토병 지역의 동물들이 그동안 질병에 노출될 기회가 많지 않던 소와 접촉하면, 본격적인 대역병으로 확대될 위험성이 매우 컸다.

14세기 중국의 연대기에는 1288년부터 몽골에서 소의 전염병이 반복적으로 발생했다고 언급되어 있다.[335] 그리고 1291년 이후 언젠가 두 명의 페르시아 작가는 "모든 소가 죽었다"라고 기록했고, 1298년에는 러시아와 폴란드에서, 그리고 이듬해에는 독일 중남부와 알사스에서, 그리고 1300년에는 바이에른에서 역병으로 인한 소의 죽음이 기록되어 있다. 특히 바이에른의 엔스도르프Ensdorf 수도원 연대기에는 "전 세계적으로 엄청난 규모의 역병이 동물들, 특히 소에게서 발생했다"라고 기록되어 있다. 같은 해 덴마크에서도 소 역병에 대한 언급이 있는데, 이는 1308-10년 덴마크, 스웨덴 남부, 러시아, 오스트리아 등 북유럽 전역에 걸쳐 소를 막대하게 상실한, 훨씬 극심하고 널리 퍼졌던 역병의 서곡이었을 수 있다.[336] 만약 이 역병 중 어떤 것 혹은 상당수가 동일한 우역에 의한 것이었음이 확인된다면, 그것은 하나의 질병이 20년 이상에 걸쳐 유라시아의 방목 및 사육 중심지를 통과하면서 동쪽에서 서쪽으로 확산되었음을 시사한다. 따라서 유라시아 대초원 서쪽 끝에 위치한 헝가리 소들의 운명이 알려지지 않은 것은 유감스러운 일이다.

흥미롭게도 이 역병은 여러 대리 기후 자료들에서 기후 조건이 악화되는 방향으로 전환되는 것이 확인된 바로 그 시기에 퍼져 나간 것으로 보인다.[337] 중앙아시아에서의 첫 발병은 기후 조건이 더 가혹해지면서 몽골 소나무의 나이테 너비가 급격히 좁아지고, 남쪽에서는 아시아 몬순이 크게 약화된 시기와 일치한다.[338] 유럽 본토에서 1306-10년은 유별나게 추웠다. 독일과 중부 유럽의 연평균 기온은 1299년부터 1310년 사이에 거의 계속해서 하강했으며, 한편 네덜란드에서는 1306년에 예외적으로 몹시 추웠고, 1310년에만 그에 조금 못 미쳤다.[339] 피스터의 중부 유럽 겨울 기온 지수에 따르면, 1306년 겨울은 14세기 중 가장 추운 겨울에 속했으며, 1308년과 1311년 겨울도 평균보다 추웠다.[340] 그러므로 추측건대 이 시기에 보고된 소의 참사는 질병으로 인한 피해라기보다 이러한 기상이변에서 기인한 결과일 수 있다. 다른 한편 그보다 늦은 시기 유럽의 우역 발병은 특히 춥고 습한 겨울 날씨와 관련이 있었다. 그때 동물들은 피신처로 떼 지어 이동하고 서로 밀접하게 접촉하고 있어서 전염병이 좀 더 신속하게 퍼졌을 뿐만 아니라, 겨울 동안 폐렴에 의한 2차 감염이 더 쉬웠다.[341]

어찌 되었든 다음 5년 동안 더 극단적인 날씨가 계속되면서 우역이었을 가능성이 매우 높은 치명적인 역병이 중부 유럽에서 발생했으며, 그 후 6년 동안 멀리 유럽 서쪽의 아일랜드까지도 확산된 사실은 의심할 필요가 없다.[342] 보헤미아에서는 1314년에 '몸집이 큰 가축들'의 역병, 그리고 1316년에는 '황소와 그 외 다른 모든 소의 역병'을 겪었다.[343] 최악의 유럽 대기근이 발생한 1316년 후반부까지 중부 독일도 심각한 피해를 입었다.[344] 독일과 중부 유럽의 기온도 이례적으로 낮았던 것으로 보인다.[345] 어려운 상황에 내몰린 사람들 사이에 질병이 만연했고, 소들도 부족한 마초, 스트레스, 과밀, 열악한 위생, 영양실조 등 이와 유사한 이유로 비슷한 운

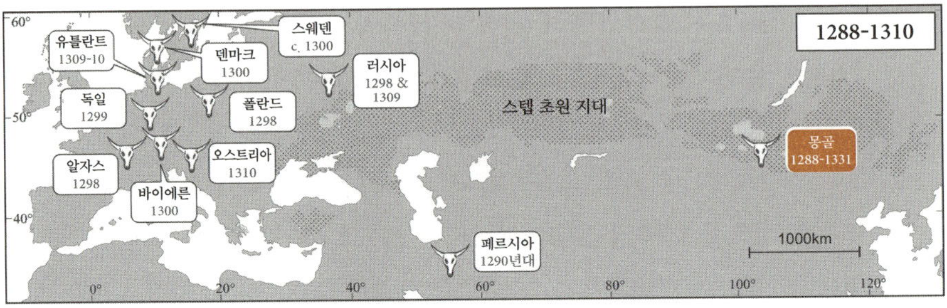

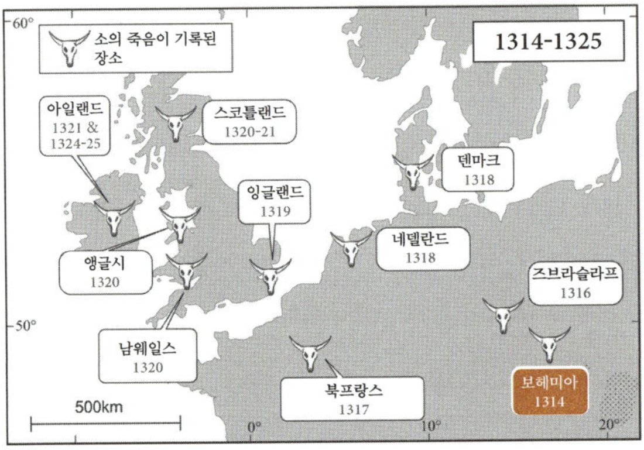

대규모 소 죽음 연도	소의 죽음이 기록된 장소
1288-1331	몽골
1290년대	페르시아
1298 & 1309	러시아
1298	폴란드 & 프랑스(알자스)
1299	독일(남부-중부)
1300	바이에른과 덴마크(라네르스)
1309-10	덴마크(유틀란트)
1310(c.)	스웨덴(우플란드)
1310	오스트리아
1314	보헤미아
1316	보헤미아(즈브라슬라프)
1317	북프랑스
1318	네덜란드 & 덴마크
1319(부활절)	잉글랜드(에식스)
1320	남웨일스 & 앵글시
1320-21	스코틀랜드
1321 & 1324-5	아일랜드

그림 3.25 | **1314-25년 소 대역병과 앞서 발병한 일부 사건들**
출처: Spinage(2003), 54; Newfield(2009), 160-1; Slavin(2010), 165-6.

명을 겪었던 것 같다. 그와 같은 문제들은 일반적이었으며, 거의 모든 곳에서 목축업자들은 어려운 시기를 보냈다. 그러나 유럽 내륙에서만 그에 따른 물리적·생태적 스트레스가 우역을 활성화하는 촉매로 작용하여 파괴적 경로를 걷게 되었다. 그렇게 되려면 바이러스가 이미 잠복 상태 또는 휴면 상태로 존재했거나, 이 시기에 전염된 소가 아직 전염되지 않은 취약한 동물들과 접촉하여 다른 곳으로부터 유입되었어야 했다.

역병이 처음에 어디서 시작되었는지는 중요하지 않다. 일단 치명적인 바이러스가 퍼지고 나면 그 승리가 보장되어 있었기 때문이다. 우역은 간단하고 효율적인 감염 방식을 지닌, 전염성이 매우 높은 역병이었다. 바이러스가 전파되기 위해 매개체가 중간 숙주를 필요로 하지 않았다. 이 부분이 14세기에 발병한 역병이 어떻게 그리고 왜 그토록 신속하게 광범위한 지역에 걸쳐 동물들을 감염시킬 수 있었는지를 설명한다. 사람들은 무심코 그 확산 과정에 관여했고, 도버 해협과 아일랜드해의 방역선을 뛰어넘는 데에도 직접적 책임이 있었을 것이다. 게다가 황소는 운송과 견인에 널리 사용되었으며, 다른 온갖 종류의 소와 그 가축은 종종 상당한 거리를 두고 교환되고 거래되었으며, 도둑이나 군사 집단이 선호하던 표적이 되기도 했다.[346] 효과적인 예방 조치나 질병에 대한 실질적인 당대인의 이해가 없었고, 이 전염병과 맞서 본 근래의 경험조차 부재한 상태에서 질병의 확산을 막을 수는 없었다.

1317년경 프랑스의 두 자료는 우역이 프랑스 중북부의 소로 농사짓는 곡물 지대에 이르렀음을 시사한다.[347] 그 이듬해(1318년) 목축업을 하던 북부 저지대 국가들에서는 소의 폐사율이 너무 높아 10마리 중 채 1마리도 살아남지 못했다. 또한 소는 덴마크 경제의 대들보였는데, 같은 해 덴마크 연대기도 마찬가지로 '소의 죽음'에 대해 증언한다. 그때까지 이 역병은 육로로 퍼져 나갔으나, 1319년 부활절 무렵에 북해를 건너 잉글랜드 남동부로 진출했다. 틀림없이 남부 저지대 국가들과 잉글랜드 동부 사이를 부지런히 왕래하던 농산물과 다른 상품들의 활발한 해상무역에 의해 전파되었을 것이다.[348] 여기에서 "모든 소가 즉시 죽어 나간" 일은 1315년과 1316년의 연이은 처참한 흉작과 1317년의 저조한 수확으로부터 막 회복하기 시작한 농촌 경제에 새로운 경제적 고통을 가져다주었다.[349] 2년 후 이 동물대역병은 아일랜드해를 건너 아일랜드 전역에서 계속 파괴력을 발휘했다.[350]

c. 브리튼섬과 아일랜드에서의 소 대역병

소 대역병의 진전과 영향에 대해 브리튼섬과 아일랜드에서만큼 자세하게 추적할 수 있는 곳은 없다. 1319년 세인트올번스St. Albans 수도원의 연대기 작가 트로케로우John de Trokelowe의 증언에 따르면, "전염병이 부활절에

에식스에서 시작됐고, 일 년 내내 지속되었다."[351] 그는 이를 '소의 대역병'이라 언급했고, 웨스트민스터 사원의 수도사 로버트 레딩Robert of Reading은 "동물대역병의 잉글랜드 왕국 침략'으로 묘사했으며, 틴턴Tintern 수도원의 익명의 연대기 작가는 "최대 규모의 동물 폐사, 즉 황소, 젖소 그리고 다른 동물들이 폐사하여 토지를 경작할 황소가 거의 또는 전혀 없었다"라고 기록해 두었다. 초기에는 여름 날씨가 시작되면서 대역병의 진행이 느려졌고, 그 결과 성 미카엘 축일로 끝나는 1319년 회계연도의 장원 기록에는 상당한 손실을 기록한 경우가 별로 없었다.[352] 그렇지만 1319년 가을부터 차가운 날씨가 도래하면서 사망하는 동물이 늘어났고, 결국 잉글랜드에서 1319-20년 회계연도에 대규모 폐사가 발생했다.[353] 이 치명적인 12개월 동안 켄트주 캔터베리 주교좌성당 수도원의 직영지에서는 때 이른 사망, 병든 동물 선별, 공황 판매 등에 의해 소 개체수의 60%가 감소했다.[354] 이스트팔리East Farleigh 직영지에서는 거세한 황소 13마리 중 9마리, 유일한 비거세 황소, 암소 9마리 중 8마리, 어린 수소와 암소 4마리 모두, 갓난 새끼 2마리와 송아지 5마리 모두가 죽었다.[355] 2년 후 이스트리Eastry 수도원장 헨리는 "황소, 젖소 그리고 다른 소들을 모두 합하면 그 영지에서의 손실이 소 1,000마리 이상에 달한다"고 산정했다.[356] 같은 해에 질병이 맹위를 떨친다는 소식이 멀리 북쪽으로는 베릭과 스코틀랜드 국경의 칼라일 주변, 서쪽으로는 데번의 뉴웨넘Newenham 수도원 등 왕국 전역에서 보고되었다.[357]

바이러스의 잉글랜드 북쪽과 서쪽으로의 확산은 주요 소 사육지인 인근 스코틀랜드와 웨일스의 소 사육 전망에 좋지 않은 영향을 미쳤다. 스코틀랜드의 습격과 약탈에 의해 국경의 북쪽으로 대역병이 유입되었을 가능성이 농후하지만, 이를 확인할 수 있는 스코틀랜드 장원 기록이나 동시대 스코틀랜드 연대기 작가의 보고는 전혀 없다.[358] 스코틀랜드가 대역병을 피할 수 없었다는 가장 명확한 진술은 1370년대에 쓰인 존 포던John of Fordun의 『스코트족의 연대기*Chronica gentis Scotorum*』에 포함된 "1321년에 거의 모든 동물이 죽었다"라는 간결한 기록이다. 이것이 혼합농경을 하던 로우랜드뿐만 아니라 축산업을 주로 했던 하일랜드까지 포함하여 스코틀랜드 전체에 해당하는지는 조사할 필요가 있다.[359] 웨일스의 경우에는 기록상의 근거가 좀 더 풍부하고 정확하다. 변경 지대 글러모건셔Glamorganshire와 몬머스셔Monmouthshire 주의 국왕 소작인은 1320년에 "소 대역병 때문에" 의무를 수행할 수 없다며 불평했다. 웨일스 남동부에 대한 당대의 몇몇 장원 기록에도 소 떼가 감염된 사실이 언급되었다. 거의 같은 시기에 북서 웨일스의 건너편 구석에 위치한 카나번셔Caernarvonshire와 앵글시Anglesey의 뱅고어Bangor 주교의 영토에도 심각한 가축의 상실에 대해 불만이 제기되었다.[360]

이 동물대역병은 이전에 보헤미아에서 브라반트까지 750킬로미터를 주파하는 데 약 2년이 소요되었는데, 이는 하루에 거의 1킬로미터를 이동한 셈이었다. 1319년 부활절에 잉글랜드의 에식스에서 출발하여 1320년 말 웨일스의 앵글시에 도달하기까지 거의 동일한 전파 속도를 유지했다. 웨일스에서, 아니 어쩌면 스코틀랜드나 잉글랜드에서 이 역병은 아일랜드해를 뛰어넘었고, 1321년에는 아일랜드에서 가축 떼를 유린하기 시작했다. 코노트Connacht, 클론맥노이즈Clonmacnoise, 이니스팔렌Inisfallen의 연대기에는 모두 "이 해에 아일랜드에서 대규모 가축전염병이 발병했다"라고 기록되어 있다.[361] 3년 후 1324년에 잉글랜드 중부와 남부의 직영지에서 많은 소의 죽음으로 고통받은 것으로 보인 시기에(그림 3.24), 아일랜드 많은 지역에서 "심상치 않은 우역"이 재발했다.[362] 코노트 연대기에는 가축전염병이 'Mael Domnaigh', 클론맥노이즈 연대기에는 'Moyle Dawine', 그리고 뉴로스New Ross 연대기에는 'Maldow'로 명명되었으며, 더블린의 세인트마리, 얼스터, 킬케니의 수도사 존 클린John Clyn 등의 연대기에서도 보고되었다.[363] 그러므로 아일랜드 전역에 걸쳐 가축 떼에 가해진 피해 규모에 대해서는 의심의 여지가 없다. 이듬해에도 아일랜드에서는 소 전염병이 계속 맹위를 떨쳤으며, 이 동물대역병은 당시 사람들이 가장 건조한

해였다고 기억하는 1326년까지 누그러지지 않았다.[364]

1280년대에 면양옴 유행병이 양과 양모의 가격에 영향을 미친 것과 유사하게, 잉글랜드에서 이 대역병의 유행은 살아 있는 소와 그 산물, 특히 버터와 치즈의 가격에 영향을 미쳤다(그림 3.26). 그렇지만 이는 가혹한 날씨와 흉작으로 인한 기근 시기와는 정반대였다. 후자의 경우 젖소의 구매는 소수에게만 허용되던 긴요하지 않은 지출이었고, 결과적으로 1316년경 농업 환경이 최악이었을 때 소 구매가는 20-30% 하락했다. 반면 버터와 치즈는 모든 주요 식량에 영향을 미친 물가 인상의 결과도 더해져 가격이 10-20% 상승했다. 축축한 목초지, 건초와 사료의 부족에도 불구하고 소의 개체수는 비교적 잘 유지되어 1318년 한 차례의 기상이변이 지나갔을 때, 소와 유제품의 가격은 거의 이전 상태를 회복했다(그림 3.26). 그러나 유예 기간은 일시적이었다. 이듬해 잉글랜드에 우역이 발병한 후, 도처에서 가축들이 병들고 죽어 소와 유제품의 가격이 혼돈에 빠졌다. 이해에만 전국 영주 직영지의 소 개체수는 60% 감소했으며(그림 3.24), 슬라빈의 정교한 계산에 따르면, 165개 장원에서 7,605두가 폐사했다. 이는 중간 사망률로는 61-70%, 최빈값으로 71-80%, 그리고 전체적으로 62%의 사망률을 의미한다.[365] 나라 전체에서 모든 목축업자의 소유를 망라하면, 잉글랜드에서 역병이 창궐한 몇 달간 25만 마리가 넘는 노역 황소를 포함해 수많은 암소, 어린 암소와 수송아지, 그리고 송아지들이 죽었다. 소 한 마리가 남자 6명의 근력을 가지고 있었으므로 이는 성인 남성 인구가 150만 미만이었던 사회에서 최소 150만 성인 남성의 인력 손실에 해당한다.[366]

그러나 1319/20년에는 흉작으로 인한 곡물가 상승과 대조적으로 소 가격이 폭락했다. 그와 같이 치명적인 질병이 발생한 가운데 곧 병에 걸리거나 죽을 수도 있는, 심지어는 바이러스가 이미 잠복 중일 수 있는 동물들을 구매하는 것은 경솔한 처사였다. 이 불확실하고 위험천만한 상황에서 공황 판매로 소를 시장에 쏟아 냈지만, 구매자들은 기피했기에 소의 구매 가격은 30%나 하락했다. 버터와 치즈의 가격도 떨어졌는데, 사람들이

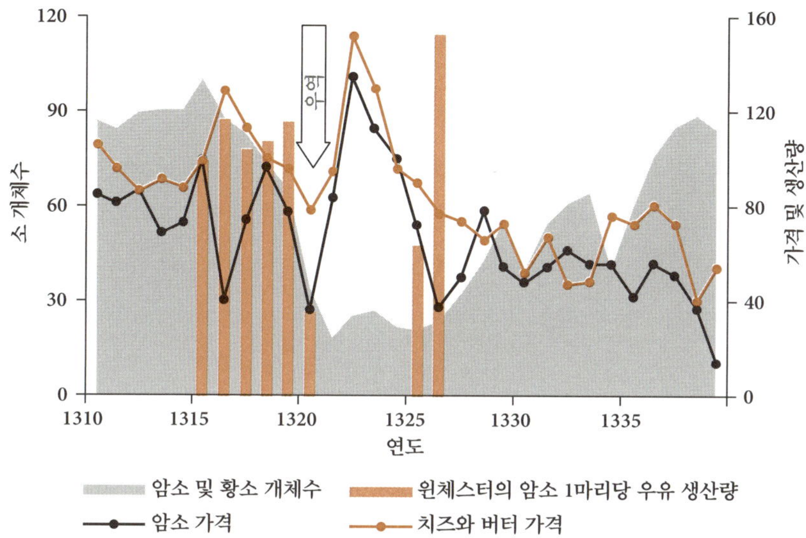

그림 3.26 | 1319-20년 잉글랜드 우역이 소의 개체수와 가격, 치즈와 버터의 가격, 우유 생산량에 미친 영향

출처: 소의 개체수 – 장원대장자료. 가격 – Clark(2009). 우유 생산량 – Slavin(2010), 171.

이 또한 오염된 것으로 간주했기 때문이다. 바이러스에 노출된 소는 일반적으로 번식력을 상실했고, 우유생산량도 훨씬 적었다.[367] 켄트의 홀링번Hollingbourne에서는 소 25마리 중 19마리를 잃었고, 살아남은 소는 불임이 된 반면, 같은 주의 그레이트 차트Great Chart에서는 암소 5마리가 송아지를 유산했고, 어린 암소와 수송아지, 황소 등 나머지 소들을 서둘러 처분했다.[368] 윈체스터 영지에서는 젖소 한 마리당 우유 생산량은 역병 이후 절반 이상 줄어들었고, 가뭄이 들던 1326년까지도 그 이전으로 돌아가지 못했다(그림 3.26). 소의 개체수가 감소하자 소, 버터, 치즈의 가격도 떨어진 결과는 역설적이다. 비록 가축의 개체수가 대폭 감소했을지라도 1324/5년에 역병이 그 힘을 다 소진할 때까지는 가격이 이전 상태로 돌아가지 않았다. 그렇게 쇠약해진 무리를 보충할 새로운 동물이 번식하는 과정에는 긴 시간이 걸렸으며, 특히 가뭄이 반복되는 상황에서는 더욱 그러했다.[369] 페스트균이 잉글랜드에 도달하기 직전이었던 1339/40년경 전국 직영지의 소 개체수는 20년 전과 비교할 때 여전히 26% 감소한 상태였다.

역병의 반복적인 발생도 완전한 회복을 지연시켰다.[370] 잉글랜드 중부와 남부의 직영지는 1324년에 추가로 손실을 겪은 것으로 보이며, 그로부터 10년 후 1333-34년에 광범위한 폐사로 인해 전국 직영지의 소 개체수가 약 1/5 감소했다(그림 3.24). 연대기 작가 헨리 나이턴Henry Knighton은 그에 뒤따른 사건을 기록으로 남겼다.[371] 1333-34년 켄트의 그레이트 차트에서는 암소들이 너무 허약해서 어떤 송아지도 출산하지 못했고, 많은 소가 죽었다. 따라서 죽지 않은 소는 급히 팔아 버렸다. 그리하여 이 직영지에서는 1319-20년 재난의 반복으로 보이는 위기가 연출되었다.[372] 그 후 1345년에 잉글랜드의 소들은 다시 한번 약 20%가 감소하는 눈에 띄는 피해를 입었다. 그렇지만 이것이 우역의 재발생 때문인지, 아니면 다른 이유 때문인지는 확실하지 않다. 그 후 14세기의 나머지 기간 동안 전국의 직영지에서 그와 비견할 만한 규모 또는 동시 발생적으로 역병이 나타난 적은 없었다. 이는 우역의 발생이 점차 지역적 범위로 제한되었음을 의미한다. 게다가 소들도 이미 병원균에 노출되어 더 이상 생물학적 순수함을 간직하고 있지 않았다. 즉, 어느 정도 면역이 생겼다.

이 모든 역병이 발생하는 가운데, 이유는 분명치 않지만 이스트앵글리아 직영지 소들의 회복이 가장 빨랐으며 축사도 가장 신속하게 다시 채워졌다(표 3.3). 이 지역이 인구밀도가 높고 상업화가 진전된 지역이었다는 점을 감안하면 다소 역설적이다.[373] 집약적 혼합농경이 실시되었고 많은 가축이 낙농업에 집중되어 있었기 때문이다. 그러나 가축 개체수의 감소는 전국 평균의 겨우 절반에 불과했다. 1319-20년 회계연도 동안 노퍽의 소 개체수의 순손실은 평균 42%였으며, 그 범위는 노퍽 수도원장 직영지 힌돌베스턴의 최소 13%부터 상업적으로 많이 노출되어 감염을 피할 수 없던 노퍽 외곽 케직Keswick에 있는 드발리부스de Vallibus 직영지의 최대 90%까지 다양했다.[374] 그와 대조적으로 지리적으로 고립된 노퍽 북서부의

표 3.3 | 1319/20년 잉글랜드 우역이 지역에 미친 영향

지역	성 미카엘 축일의 소 개체수 변화율(%)	
	1317/18-1320/21	1317/18-1339/40
이스트앵글리아[1]	-28	-1
남동부[2]	-44	-14
미들랜드[3]	-48	-24
웨스트요크셔	-60	
남부[4]	-78	-44
남서부[5]	-84	-59
잉글랜드	-56	-26

주: [1]케임브리지셔, 헌팅던셔, 노퍽, 서퍽. [2]에식스, 하트퍼드셔, 켄트, 미들섹스, 서리, 서식스. [3]버킹엄셔, 글로스터셔, 노샘프턴셔, 옥스퍼드셔, 워릭셔. [4]버크셔, 햄프셔, 윌트셔. [5]데번, 서머싯.

출처: 장원대장자료.

경토輕土에서 말을 이용해 기경하던 세지퍼드는 역병으로부터 완전히 벗어나 있던 것으로 보인다.[375] 켄트의 손실은 훨씬 더 컸다.[376] 여기에서 롬니 마시Romney Marsh의 중심부에 있는 아그니Agney와 켄트 북부의 초지 박소어Barksore는 잠재적인 감염원으로부터 충분히 고립되어 있었기 때문에 몇 안 되는 비감염 지역으로 남았다.[377] 일반적으로 가장 큰 손실을 되풀이하여 입었고, 역병 이전의 수준으로 회복되지 못한 곳은 잉글랜드의 남부·중부·남서부 지역이었다(표 3.3). 또 자본이 풍부한 영주의 생산자들은 소규모 보유지의 이웃들에 비해 역병에서 살아남은 소를 다시 구입해 크게 줄어든 가축 개체수를 채우기에 한결 나은 상황이었다. 환경, 가축 관리, 동물의 영양 상태, 자연적인 저항력, 감염에의 노출, 그리고 자본 원천 등의 차이가 분명 대역병의 여러 결과와 그로부터의 회복에 영향을 주었다.

d. 1315-21년의 소 대역병: 몇 가지 결론

이 범유럽적이며 나아가 범유라시아적 사건으로 볼 수 있는 사건에 대해

현재까지 파악된 내용은 파편적이며 불완전하다. 그 병원균은 몽골인들이 지배하던 중앙아시아의 반건조 내륙에서 유래했을 가능성이 높으며, 그곳에서는 아마도 기후가 촉발한 생태적 충격과 전환에 의해 1288년 이후 어느 시점엔가 불분명한 경로와 방법으로 남부 러시아와 이웃한 방목 지역까지 서쪽으로 전파되었을 것이다. 여기에서 이 역병은 1290년대에 널리 보고된 소의 대량 폐사의 원인이었을 가능성이 있다. 몽골인들은 수십 년 전에 일련의 침략과 정복에서 대체로 유사한 경로를 택했는데, 이는 일시적으로 대륙횡단 대상로로 개설되어 여행자, 상인, 상품의 보다 실질적이고 정기적인 흐름이 되었다.[378] 이러한 방식으로 아시아와 유럽 사이에 대규모 대륙 간 병원균 교환의 가능성이 확보되었다.

그러나 주요 전염병의 등장은 당시 유럽 대기근의 원인인 광범위한 흉작을 초래한 1314-16년의 기상이변과 가장 밀접하게 연관되어 있다. 이 경우 이례적으로 서늘하고 습한 날씨가 여러 해 지속된 것과 치명적인 소 전염병의 발생 사이의 연관성은 날씨가 동물의 영양에 미치는 영향과 가축 무리의 관리에 있는 것으로 보인다. 게다가 영양실조에 걸린 동물을 비좁은 우리에 가두어 생활하게 하는 것은 일단 생물학적으로 때 묻지 않은 순수한 소들이 오랫동안 전염병의 숙주 역할을 했던 중앙아시아 토착 가축들과 접촉함으로써, 우역 바이러스의 신속하고 광범위한 전파에 거의 이상적인 기회를 만들어 주는 것이었다.

현재 이용할 수 있는 증거에 따르면, 동물대역병은 취약한 생태계에 대한 물리적·환경적 강제력이 유난히 강했던 1314년과 1316년 사이 보헤미아에서 가장 전염성이 두드러지고 공격적인 형태로 표출되었다. 그 후 이 역병은 유럽을 가로질러 거의 하루에 1킬로미터의 속도로 신속하게 서쪽으로 확산되어 1319년에 브리튼섬에 도달했고, 결국 1321년에는 아일랜드까지 이르렀다.[379] 오로지 잉글랜드에서만 현존하는 연대기, 장원 기록, 가격 자료 등에 이 역병의 경로와 통계적 결과가 풍부하게 남아 있다. 다른 곳에서는 그 경로가 불분명할 뿐 아니라 역사적 관심도 거의 받지 못했다. 대서양 가장자리의 아일랜드는 확실히 이 대역병의 서쪽 끝자락이지만, 그것이 알프스 남쪽과 피레네산맥 너머까지 침투했는지는 알려져 있지 않다. 분명 유럽의 지중해 지역이 이 전염병을 피할 수 있었던 명백한 기후적·환경적 이유도 없다. 또한 이 대역병이 아시아에서 기원했다고 가정할 때, 현재까지 명확한 증거는 존재하지 않지만 동유럽의 광대한 방목지의 가축들이 그 재난에서 무사했으리라고 추론하기는 어려울 듯하다.

북서유럽에서 감염된 소들은 그 이전에 이 역병에 노출된 적이 없었다. 그 이유는 아마도 이 전염병이 939-42년에 널리 알려진 소 대역병 이후에는 발생하지 않았기 때문이다.[380] 대항 수단을 몰랐고, 개인적 대응은 대부분 역효과를 냈으며, 제도적 대책도 존재하지 않았다. 그러므로 이 역병은 스스로 소진될 때까지 거의 억제되지 않은 채 진행되었다. 가는 곳마다 가축 떼를 초토화시켰고, 긴요한 사역용 황소를 폐사시켰고, 낙농 생산을 저조하게 만들었고, 영양 수준을 떨어뜨렸으며, 나아가 이미 1315년과 1316년의 참혹한 흉작으로 입은 피해를 확대시키고 연장시켰다.[381] 따라서 소 떼, 특히 사역용 황소의 개체수를 만회할 때까지 농업 생산과 식량 소출이 기근 이전의 수준으로 즉시 회복될 수 없음이 확실했다. 잉글랜드는 회복되는 데 적어도 20년이 소요되었으며(그림 3.24), 이는 농업이 지배하던 잉글랜드 경제의 위태로운 균형을 드러낸다. 무엇보다도 1315-21년의 소 대역병은 구대륙 한쪽에서의 환경적 변화가 치명적인 병원균을 활성화했을 가능성을 잘 보여 준다. 그 병원균은 제한 없이 대륙을 가로지르며 접촉하는 모든 가축에 파괴적인 결과를 초래했다. 한 세대 후 유럽을 강타한 인간에 대한 감염병, 즉 페스트의 경우에도 마찬가지였다. 그렇지만 500년 이상의 휴지기를 가진 후 이 역병의 생물학적 활동 재개는 동일한 기후적·생태적 불안정과 함께 시작되었다.

2) 페스트균

대전환이 시작되던 국면의 어느 시점에 페스트가 아시아의 반건조 내륙 지역의 병원소 내에서 야생 설치류 동물유행병의 한 형태로 재등장했다. 광범위한 지역에서 많은 동물이 감염되었고, 병원균이 축적되면서 '페스트균' 게놈이 돌연변이를 일으켰고, 새로운 변종이 출현했다. 처음에는 대단하지 않았고 지리적으로도 제한되었으나, 이 역병은 끊임없이 증폭되고 변형되어 야생 설치류로부터 공생 설치류로, 나아가 인간으로의 대대적인 전파 가능성이 현실이 되었다. 1340년대에 인간에게 확산되면서, 페스트는 서아시아, 소아시아, 중동, 북아프리카, 그리고 유럽 대부분을 관통하며 불가사의할 정도로 인간 사회를 파괴했다. 8세기 후반에 첫 번째 대역병이 소멸한 이후 그렇게 치명적인 재난은 없었다. 1260년대와 1340년대 사이의 생물적 발전은 구세계 모든 인구적 재난 중 가장 참혹했던 이 사건에 대한 필수불가결한 전조였으며, 그 기원은 분명 당시 연이어 발생한 환경적 변화에 큰 원인이 있었다. 최근의 생물학적·유전학적·고기후학적 연구는 구세계에 속한 대부분의 사회들의 운명을 결정했던 이와 같은 발전의 속성, 순서, 시점에 대해 새롭게 조명하고 있다.

페스트는 매개 감염 질병으로, 병원균과 그 숙주와 매개생물이 모두 생태적 영향에 대해 직간접적으로 반응하는 만큼 기후적·환경적 조건의 변화에 특히 민감하다.[382] 카우스루드Kyrre Linné Kausrud와 그 동료들은 소련 시기 카자흐스탄에서 좀 더 온화하고 습한 날씨가 페스트의 숙주 게르빌루스쥐와 매개생물 벼룩의 번식을 촉진했고, 야생 설치류에서 페스트를 발병시켰으며, 결과적으로 인간에게도 인수공통전염병을 전파하기에 최적의 조건이었음을 규명했다.[383] 그와 유사하게 20세기 초 제3차 팬데믹이 전 세계로 퍼져 나가던 동안 미국 남서부까지 페스트균이 전파된 이후, 이 반건조 지역에서 엘니뇨에 의한 습한 날씨는 땅을 파는 습성을 가진 프레리도그Prairie Dog 무리에게 페스트를 발병시켜 병원균의 야생 설치류 역할을 맡겼다.[384]

이 모든 지역에서 기후와 페스트 사이의 상호 작용은 매우 복잡한 성격을 띠었다. 그 이유는 상호 작용이 ① 식물의 성장, ② 페스트 야생 숙주의 한계 밀도, ③ 해당 숙주의 벼룩 부담 정도, ④ 벼룩의 활동 등에 대한 기온과 강수량의 영향을 통하여 작동하기 때문이다. 예를 들면, 중부와 서부 아시아에서 강수량이 증가하면, 물이 한정된 초원 지역에서는 자연 식생의 성장이 촉진되고 그로 인해 큰 게르빌루스쥐에 식량이 많이 공급되어 개체수가 증가한다. 게르빌루스쥐의 밀도가 너무 낮으면, 페스트균은 정착할 수도 퍼질 수도 없다. 그러므로 페스트균의 숙주 역할을 하려면, 게르빌루스쥐 군집은 페스트균의 초기 침입을 지원하고, 이후 스스로 소진되지 않고 지속될 수 있도록 충분한 규모를 갖춰야 한다.[385] 그와 동시에 토양 수분의 증가는 벼룩의 일일 생존율을 향상시키는 반면, 온화한 봄과 습한 날씨는 벼룩의 번식을 도와 숙주의 밀도와 더불어 벼룩의 침입률도 높인다.[386] 따라서 감염시키는 벼룩과 감염되기 쉬운 숙주 사이의 접촉과 전파율이 증폭된다. 게다가 봄의 기온이 10도의 문턱을 넘어 그 이상으로 일찍 올라갈수록 벼룩은 더 빨리 활성화되며, 여름이 습해질수록 벼룩의 개체수가 증가한다. 숙주 게르빌루스쥐의 밀도가 발병을 지속시키는 데 필요한 최소치 이상으로 증가하면, 그에 뒤이어 따뜻한 봄과 서늘하지만 습한 여름이 전염병의 발병과 유행에 연쇄 효과를 촉발할 수 있다.[387] 그와 대조적으로 덥고 건조한 조건은 미성숙한 벼룩과 성충 벼룩 모두의 생존에 해로운 영향을 미치는 것으로 알려져 있다. 현장조사 결과는 온도, 강수량, 습도가 숙주의 밀도와 벼룩의 생존·번식에 미치는 영향이 이 주기의 아주 중요한 두 가지 요소임을 보여 준다.[388]

기후 조건과 페스트 동물대역병 및 인수공통전염병 사이에 존재하는 명확한 연관성은 현재 확인되었지만, 역사적 전염병 발병에서 이 발견이 지닌 함의는 별로 고찰되지 않았다.[389] 기상이변과 페스트 발병 사이의 연관성을 설명하는 것과 그 관계의 비정상적non-stationary 특성을 구체적으로 규명하는 것은 다른 문제다. 예를 들면, 1999년 스토더스Richard Stothers는

536년, 626년, 1783년의 대규모 화산 폭발과 뒤이어 541-44년, 627-39년, 1784-87년에 중동 그리고/또는 동지중해에서 발생한 대역병 사이의 '대략적 관련성'을 시사하는 것 이상으로 관심을 기울이지 않았다.[390] 이 전염병들 중 가장 규모가 컸던 것은 6세기의 유스티니아누스 페스트로, 오랫동안 페스트균에 의한 최초의 대륙횡단 팬데믹으로 의심해 왔고, 현재는 중세 초기 조성한 바이에른의 아슈하임 묘지에서 채취한 6세기 중반 두 해골의 aDNA로 확인되었다.[391] 베일리가 입증했듯이, 그것은 생태계, 병원균, 숙주와 매개생물 사이의 관계들이 아마도 중앙아시아 건조 지대 어딘가에 위치한 페스트균의 천연 병원소 지역 중 한 곳에서 교란되었을 때, 적어도 북반구 차원에서 뚜렷한 단기 기후이상과 더불어 인간에게 페스트균이 발병한 명확한 결합의 사례다.[392] 흥미롭게도 두 번째 팬데믹이 분출하게 된 환경적 맥락도 그와 크게 다르지 않았다. 왜냐하면 팬데믹이 수세기 동안의 휴지기 뒤에 재등장한 계기는 중세 온난기에서 소빙하기로 대기 순환 패턴의 전환이 시작된 시점이었기 때문이다.

a. 페스트균의 숙주와 매개생물

질병으로서 페스트균은 새로운 영토를 침입해 서식하고, 상이한 생태적 틈새에 적응하며, 대체 숙주들을 채택하는 능력이 뛰어난 것으로 잘 알려져 있다. 이 박테리아는 토양에서 며칠, 몇 주, 심지어는 한꺼번에 몇 달 동안이나 독립적으로 생존할 수 있는 능력을 지닌 것으로 보이며, 오염된 토양은 잠재적으로 감염 병원소가 되어 땅을 파며 생활하는 포유동물들이 흡입이나 섭취를 통해 재감염될 수 있다.[393] 마멋, 게르빌루스쥐, 서슬릭suslik(땅다람쥐 일종)은 중앙아시아의 야생 포유동물 숙주인데, 흰족제비ferret, 들쥐도 그 역할을 할 수 있다. 미국에서는 검은꼬리 프레리도그black-tailed prairie-dog와 들다람쥐ground squirrel도 감염병의 은신처가 될 수 있다.[394] 숙주-기생 관계에서 흔히 볼 수 있듯이, 가장 오래된 이 야생 숙주들은 페스트균에 대해 상대적으로 강한 내성을 가지고 있다. 이 박테리아가 공생

共生(즉 가내) 설치류들에게 퍼질 때에만 급속한 증폭이 일어나고, 인간 사망률이 증가한다.[395] 통념과 달리, 공생 쥐(특히 검은쥐*Rattus rattus*)는 페스트균의 주요 숙주가 되는 일이 거의 없다. 그 대신 페스트 발병에서 그들의 전형적인 역할은 "야생 병원소와 사람들 사이에서 페스트를 전달하는 '연결' 숙주다."[396]

페스트균은 주로 동물의 질병이며, 일반적으로 숙주의 혈액에 기생하는 곤충이 물어뜯음으로써 전염된다.[397] 벼룩은 이 박테리아를 인간에게 전달하는 데 늘 핵심적 역할을 수행하는데, 야생 숙주로부터 직접적으로 또는 공생 설치류를 통해 간접적으로 전달한다. 이 전달 과정에서 매우 중요한 것이 페스트균에 '폐색된 벼룩blocked fleas'의 역할이다.[398] 벼룩이 감염된 설치류의 피를 빨아먹는 중에 박테리아를 높은 밀도로 섭취하면(일반적으로 밀리리터당 10^6 이상의 집락을 형성할 경우) 페스트균으로 위가 폐색된다.[399] 흡혈 이후 폐색은 소수의 벼룩에게서만 발생한다. 벼룩은 온도에 민감한데, 이상적으로는 16-22도 범위의 온도를 필요로 한다. 잠복기는 보통 2-3주고, 폐색은 벼룩을 굶어 죽게 만들기에 대부분은 감염된 뒤 곧 죽는다. 감염된 이 짧은 기간 동안 굶주림은 벼룩으로 하여금 설치류, 또는 최후의 수단으로 인간의 피를 폭식하도록 유도하는데, 벼룩은 페스트균을 포함하여 폐색 물질과 혼합된 피를 열린 상처에 내뿜거나, 박테리아를 배설물과 함께 피부에 남겨 놓는다. 그때 벼룩에 물린 동물이나 인간이 상처를 긁어 문지르면, 혈액이 페스트균으로 오염된다. 인간의 경우에는 "벼룩에게 전염되고 한 주 이내에 박테리아가 피내皮內의 물린 부위로부터 국소림프절까지 널리 퍼져 림프절 페스트를 발병시킨다. 박테리아는 그곳에서 혈류에 빠르게 침투하여 많은 내부 장기를 감염시킨다. 감염된 조직에는 일반적으로 엄청난 개체수의 박테리아가 내포되어 있으며, 통상 고밀도의 박테리아가 유발하는 치명적인 패혈증septicemia이 흑사병의 특징이다."[400]

이와 같은 방식으로 전염될 때, 벼룩은 통상 설치류 숙주들이 대규모로 사망한 후에야 비로소 전환하여 인간을 먹이로 삼는다.[401] 그로 인해 슈루즈베리J. F. D. Shrewsbury는 "인류 역사에 나타난 모든 림프절 페스트의 사례에서 집 안의 쥐들에서의 동물풍토병이 반드시 선행되고, 일반적으로 인간의 질병과 더불어 진척된다"라고 주장했다.[402] 달리 표현하면, "설치류가 죽지 않는 한 인류는 피해를 입지 않는다."[403] 페스트를 옮기는 가장 유능한 쥐벼룩 매개생물은 '제놉실라 체오피스*Xenopsylla cheopis*'와 '노솝실루스 파스키아투스*Nosopsyllus fasciatus*'이며,• 그중 발진열murine typhus도 전달하는 매개생물 제놉실라 체오피스가 훨씬 더 위험하다. 감염된 쥐의 조밀성과 개별 설치류 숙주마다 높은 벼룩의 밀도가 본격적인 동물대역병이 발발하기에 앞서 요구되는데, 따라서 이는 인수공통전염병 발발의 필수적인 전제 조건이다.[404] 이와 같은 분석에 따르면, 북부 스칸디나비아와 같이 쥐 혹은 그에 상응하는 야생 설치류가 없는 지역은 감염병으로부터 배제되었어야만 한다.[405]

베네딕토우Ole Benedictow는 검은쥐를 주요 숙주로 하고 제놉실라 체오피스를 주요 매개생물에 포함시키는 이러한 전파 방식이 2차 팬데믹을 설명하기에 충분하다고 완강하게 주장한다.[406] 현대 생물학자들은 그 의견에 그다지 동의하지 않으며, 오늘날 "폐색된 벼룩에 의한 페스트균의 유포는 … 페스트와 동물유행병의 특징인 신속한 확산을 충분히 설명할 수 없다"라고 인정한다.[407] 분명히 페스트를 전파시키는 다른 방법들이 작동했을 것이다. 거기에는 페스트균에 의해 폐색되지 않는 벼룩, 사람벼룩*Pulex irritans*과 같은 다른 종류의 쥐벼룩, 그리고 심지어 이lice를 비롯한 다른 체외기생충들이 포함된다.[408] 그에 따라 페스트를 전파시키는 매개생물, 매개생물이 기생하는 숙주, 그리고 전파가 이루어지는 방식에 대한 정확한 규명에 현재는 점점 더 많은 관심이 집중되고 있다.[409]

20세기 초 페스트는 미국 서부로 전파되었으며, 거기에서는 땅을 파

• 전자를 동양쥐벼룩, 후자를 유럽쥐벼룩으로 분류하기도 한다.

는 검은꼬리 프레리도그와 들다람쥐 개체군 사이에 동물풍토병이 되었다. 이곳에서는 오롭실라 몬타나*Oropsylla montana*가 주로 인간에게 역병을 전달하는 벼룩 매개생물이었다. 이 벼룩은 페스트균에 의해 거의 '폐색되지' 않으며, 전염성을 지니기 전까지의 긴 잠복기도 없다. 대신 페스트균이 포함된 피를 먹은 후 곧바로 전염성을 지니고, 이후 최소 4일간 그 상태가 유지되며, 다시 또 감염된 피를 보충하면 그보다 훨씬 더 오래간다. 게다가 이 전파 방식은 폐색된 벼룩을 통한 전파에 필요한 16-22도보다 훨씬 낮은 온도에서도 발생할 수 있다.[410] 아이젠Rebecca Eisen과 그 동료들은 이 "폐색되지 않는 벼룩에 의한 효율적인 초기 국면의 전파 시나리오"가 "페스트와 동물유행병의 특성인 신속한 확산 속도를 설명"하기에 충분하다고 생각한다.[411] 쥐벼룩 제놉실라 체오피스를 포함한 수많은 종류의 벼룩들이 초기 국면의 전파가 가능했던 것으로 알려져 있다.[412] 한걸음 더 나아가, 잠재적으로 그보다 더욱 중요한 것은, 제2차 팬데믹의 확산과 영양 부족과 빈곤이라는 조건하에 사람에서 사람으로 직접 확산되던 역병의 유사성을 감안하면, "사람벼룩에 의한 초기 국면의 전파는 제놉실라 체오피스가 드물거나 부재했던 흑사병 기간에 유럽 지역에서 관찰된 페스트의 급속한 확산을 설명할 수 있다."[413]

사람벼룩은 '매우 부적합한 질병의 매개생물'로 일축되어 왔다. 폐색시키지 않으며 전파에 필요한 충분한 양의 박테리아를 품을 수 있을지에 대해서도 의문시되어 왔다.[414] 그럼에도 불구하고 사람과 사람 사이에서 직접적으로 신속하게 전파시킬 수 있는 표면적인 능력을 더 잘 설명할 수 있기 때문에, 페스트의 매개생물로서 사람벼룩에 대한 의심은 오래전에 무너졌다.[415] 사람벼룩은 1965년 볼리비아 안데스에서의 제한적인 림프절 페스트의 발병에 원인이 된 것으로 밝혀졌고, 2007년 탄자니아의 페스트 전파에 대한 사례연구는 사람벼룩의 밀도와 페스트 빈도 사이에 명확한 양의 상관관계를 보여 주었다.[416] 2008년 생리학자 라르스 발로에Lars Walløe는 그와 같은 사례들이 사람벼룩의 역할을 입증하기에 충분하다고 단언했다. "유럽에서 발생한 대부분(또는 전부)의 역사적 페스트는 중간 숙주로서 쥐를 필요로 하지 않았다. 전파 방식은 곤충 매개생물을 거쳐 사람에서 사람으로 이루어졌다. 사람벼룩은 19세기 후반 이전까지 유럽에서 가장 중요한 절지동물 매개생물이었을 수 있지만, 다른 벼룩이나 이 등과 같은 다른 체외기생충들도 관련되었을 수 있다."[417]

그렇지만 지금까지 제2차 팬데믹의 범대륙적 확산에 활동적인 매개생물로서 사람벼룩의 유효성을 확증할 수 있는 결정적 증거는 여전히 부족하다.[418]

동등한 자격은 이에 주어질 수 있다. 이는 발진티푸스(중세 말 유럽에 존재했을 수도 그렇지 않을 수도 있는 질병)를 유발하는 박테리아 리케차 프로바제키이*Rickettsia prowazekii*를 전파시키는 매개생물로 악명이 높다.[419] 이가 페스트 전파의 효과적인 매개생물이라는 근거는 남모로코와 콩고의 현장 관찰과 페스트균의 변종 오리엔탈리스*orientalis*가 이를 통해 전파될 수 있다는 것을 실험실 내에서 토끼로 실험해 확인한 결과에 기반한다.[420] 흑사병의 원인이 되는 초기 변종의 경우도 마찬가지였다면, 이는 인간을 페스트균을 증폭시키는 숙주이자 그 희생물로 변형시키는 이상적인 매개생물로 가정할 수 있을 듯하다. 이는 이미 중세에 광범위하게 인간에게 침입한 것으로 보이며, 벼룩과 마찬가지로 이도 의복과 직물을 통해 전파될 수 있었다. 이는 제놉실라 체오피스가 필요로 하는 것보다 더 낮은 온도에서 번성했고, 인간에 의해 질병이 없던 지역에도 쉽게 진입했으며, 인간 숙주가 죽은 뒤에도 최대 3일 동안 전염력을 유지할 수 있어 사체를 취급하는 사람들을 감염시킬 수 있었다. 흥미롭게도 마르세유 팀은 중세 말기 한 베네치아 전염병 희생자의 신원을 확인했는데, 그는 참호열塹壕熱, *Bartonella quintana*과 페스트균에 동시에 감염되었다. 참호열은 인간에 서식하는 몸이*Pediculus humanus corporis*(코로모이)에 의해 전파되기에, 연구팀은 이 결과가 "몸이가 유럽에 흑사병을 운반한 매개생물이었다는 가설과 모순되지 않는다"라고 주장한다.[421] 이와 같은 단서에서 추론하여 미셸 드랑쿠르Michael

Drancourt와 그의 동료들은 공생 설치류 사이의 동물대역병이 돌연 국지적인 인수공통전염병을 유발했고, 이는 이후 인간의 체외기생충에 의해 확산되는 대역병으로 발전했다는 가설을 제시했다.[422] 그에 따르면, 이 체외기생충에 의한 인간집단으로의 침입이 많을수록 그 같은 교차 발생의 가능성은 더욱 커진다. 이는 인간 사이의 역병, 악천후, 흉작, 기근과 빈곤 그리고 쥐가 부재한 상황에서 전염병의 존재 사이의 명확한 연관성을 설명하는 데도 도움이 된다.[423]

페스트균은 인간들 사이에서 기도氣道를 통해 인체로 들어갈 수도 있으며, 폐에 침범하는 이러한 치명적인 방식으로 페스트는 일단 동물대역병에서 인수공통전염병으로 교차가 일어나면 사람에서 사람으로 직접 전파될 수 있다. 그러나 흑사병 기간 동안 폐 페스트가 더 많은 사람을 죽인 살인자였을 수도 있다는 주장에도 불구하고, "이 방식은 림프절 페스트가 부재한 경우 독립적인 역병으로 지속될 수 없다."[424] 현대의 전염병 증거에 의하면, 이 경로를 통해 페스트에 감염될 위험은 낮고, 페스트에 감염된 사람이 통상 병의 말기 국면에서 다량의 피와 가래가 섞인 기침을 뱉어 낼 때, 그리고 그런 사람과 매우 밀접하게 접촉할 때에만 전파된다.[425] 또한 감염자들이 단시간에 병을 앓게 되어 이동할 수 없고, 병들고 사망에 이르는 속도도 너무 빨라 폐 페스트의 광범위한 확산은 방해를 받는다. 그러므로 폐 페스트는 이 팬데믹의 주된 특징이라기보다는 부차적 특징이다. 사람에서 사람으로 전파되는 폐 페스트가 주가 되는 경우가 독립적으로 존재할 수는 있지만, 잘 알려진 1910-11년과 1921-22년의 만주 사례처럼 역병의 발병은 시간적·지리적 범위가 항상 제한적이었으며, 사망자 수도 그리 많지 않았다.[426] 훨씬 더 드문 경우로는 동물 사체에서 전염된 조직을 섭취함으로써 페스트가 발병하기도 한다.[427]

b. 동물풍토병에서 팬데믹으로: 페스트의 순환

페스트는 땅을 파고 사는 설치류들 사이에서 발생하는 산발적인 동물풍토병으로 야생에서 수천 년간 존재해 왔으며, 이따금 그로 인해 사람들이 희생되기도 했다. 그러나 6세기, 14세기, 그리고 19세기에 이 역병은 인간에게 교차 전파가 이루어짐으로써 파괴적인 범대륙적 팬데믹이 되었다. 생물학적으로 이러한 일이 일어날 가능성은 매우 적다. 팬데믹이 발생하려면 페스트의 숙주(다른 야생 설치류들 사이에 그리고 야생 설치류에서 공생 설치류로)와 매개생물(설치류 벼룩에서 사람벼룩으로 혹은 이로)의 핵심적 변화가 필요하고, 한편으로 이와 같은 변화는 더 광범위한 생태적 발전을 조건으로 하기 때문이다. 박테리아, 토양, 설치류 숙주, 곤충 매개생물 그리고 인간 사이의 상호 작용과 관련이 있다는 점에서 페스트는 사실 본질적으로 하나의 생태적 질병이다. 앤서니 맥마이클Anthony McMichael은 카우스루드가 인솔하는 12명의 견실한 오슬로 팀의 증거를 바탕으로 동물풍토병enzootic, 동물유행병epizootic, 동물대역병panzootic, 인수공통전염병zoonotic, 팬데믹pandemic(대역병)의 다섯 가지 주요 단계로 이루어지는 순차적 '페스트 순환'의 윤곽을 도식화했다(그림 3.27).[428] 이 가운데 처음 네 단계는 기록으로도 근거가 있어 이해되고 있지만, 마지막 단계는 아직 가설로 남아 있다.

주요 팬데믹들 사이 오랜 소강 상태 동안 지배적이었던 동물풍토병 단계에(그림 3.27, 1단계) 페스트의 영구적인 병원소가 아시아의 반건조 내륙 지역에서 서식하는 마멋, 서슬릭, 게르빌루스쥐 등 땅을 파고 사는 야생 설치류들 사이에 존재했다. 이 동물들은 페스트균에 장기간 노출되어 이 세균과 비교적 무해한 관계를 유지했고, 그로 인한 사망률은 낮았다.[429] 충분한 개체수의 숙주들이 혈류 내 페스트균 농도를 충분히 높게 유지할 수 있었으므로 벼룩을 매개로 한 병원균의 전파와 순환이 영구적인 상황에서 지속되었다.[430] 포유동물 은신처의 토양에서 일정 기간 동안 생존할 수 있는 능력은 페스트균이 멸종하지 않은 또 다른 이유다. 천연두나 우역과 달리 페스트는 사실상 질병으로서 완전히 근절될 가능성이 거의 없다. 페스트균은 이 소강 상태 동안 야생 설치류 숙주나 그것의 벼룩 매개생물 내에서 인간에게 우발적 위협 이상이 될 만큼 충분한 밀도로 존재한 적이

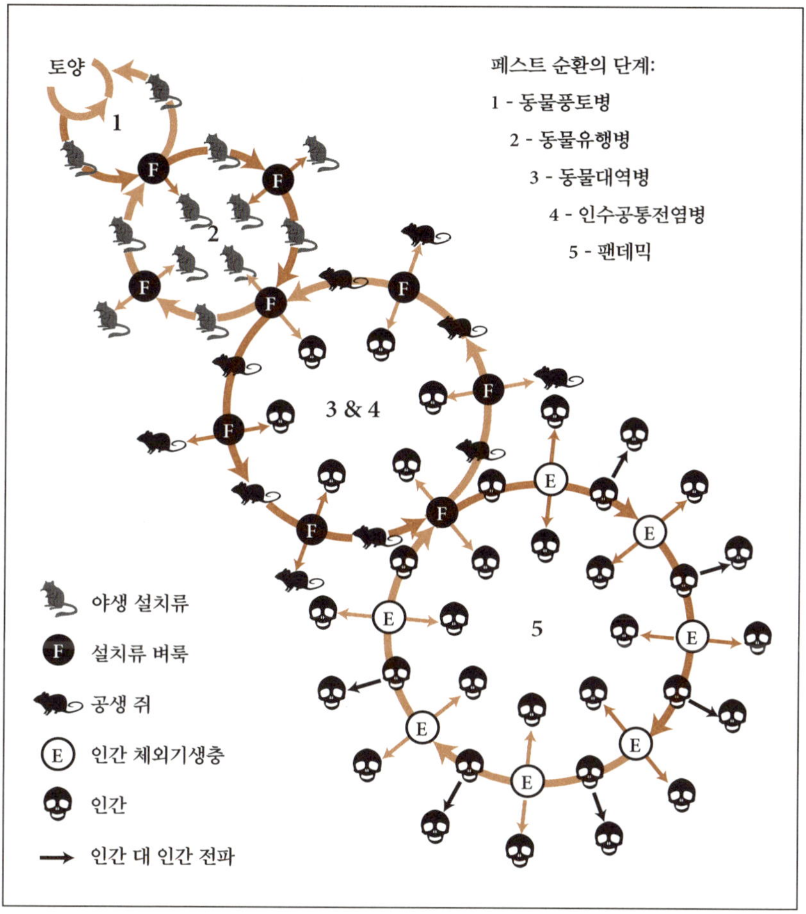

그림 3.27 | **페스트 순환의 5단계: 동물풍토병, 동물유행병, 동물대역병, 인수공통전염병 그리고 팬데믹**
출처: McMichael(2010).

거의 없었다. 반건조 초지의 성긴 식생은 야생 설치류 개체를 동물유행병의 발병에 필요한 밀도 이하로 유지했으며, 낮은 습도는 벼룩의 개체수와 활동성에 유사한 제약으로 작용했다. 그러므로 우세하던 기후 조건이 이 동물풍토병 상태에서 페스트균의 유지에 중요한 역할을 했다.

강수량이 증가하고, 습도가 상승함에 따라 초지 생태계의 생산성도 높아졌다. 더 많은 강수량은 더 풍부한 식생을 유발했으며, 이는 야생 설치류에게 식량 공급을 증대시켰고, 어린 설치류의 생존율도 높여서 개체의 밀도가 좀 더 위험한 수준인 페스트균의 자연적 저장natural stock에 필요한 수준만큼 증가하게 되었다. 습도가 높아지면서 벼룩 유충의 생존율도 증가했다. 이것은 생태학자들이 영양 연쇄반응이라고 부르는 것이며, 이로 인해 이 질병은 보다 활동적인 동물유행병 상태(그림 3.27, 단계 2)로 전환되었다. 여기에서 높은 농도의 병원균에 노출된 벼룩이 그것을 보다 활발하게 전파시킴으로써 야생 설치류의 치사율이 높아졌다.[431] 결정적으로 이제 더 많은 동물이 혈액 내에 페스트균이 증식하는 맹렬한 균혈증菌血症, bacteremia•에 굴복했는데, 이는 빨아먹는 피의 양이 매우 적은 매개생물 벼룩이 페스트를 효과적으로 전파하는 데 필수적이었다. 야생 설치류에 직접 노출되는 사람들, 특히 피부가 노출되는 사냥꾼, 덫 사냥꾼, 가축지기는 감염 위험이 더욱 높아졌다. 하지만 설치류 숙주가 상당히 많았어도 그들에게 서식한 벼룩이 대규모로 인간에게 옮겨 가 본격적인 인간 전염병으로 발병할 위험성은 거의 없었다. 페스트의 야생 병원소가 잘 확립되어 있는 지역에서 이와 같은 경로를 통한 인간 감염은 매우 흔할 수 있지만, 일반적으로 사망률이 급증하기보다는 산발적인 사망에 그쳤다.

페스트는 야생 설치류에서 공생 설치류 개체군으로 교차가 이루어져 동물대역병이 되었을 경우에만 인간에게 심각한 위협이 되었다(그림 3.27, 단계 3). 아마도 이런 일은 페스트가 이 질병을 유지하는 데 숙주 역할을 한 다양한 다른 야생 설치류와 작은 포유동물에 이미 퍼진 후에야 발생했을 가능성이 크다. 그러므로 페스트균이 공생 설치류에게 확산되는 일은 예외적인 발전으로 간주되어야 하며, 이는 대체로 갑작스런 가뭄이 초래한 식량 공급의 감소 또는 이례적으로 심각한 질병에 의한 죽음 등으로

• 병균이 혈액 속에 들어가서 온몸을 순환하는 증세.

인해 야생 개체군이 급격히 감소됐을 경우, 피에 굶주린 페스트균을 지닌 벼룩들이 대체 숙주를 찾을 때 발생했던 것으로 보인다. 집쥐들이 병원균의 확산에 연루된 것은 이 단계에서였다. 집쥐는 인간과 바로 인접하여 생활했을 뿐 아니라, 야생 쥐보다 저항성이 훨씬 낮아서 벼룩이 군집을 이루어 병원균을 신속하게 전파함에 따라 동물대역병의 형태를 띠고 발병하여 대량으로 죽기 시작했다. 쥐는 일반적으로 감염된 후 10-14일 이내에 죽음에 이르렀다. 결국 공생 설치류 집단의 붕괴는 인간에게 심각한 결과를 초래했다. 다시 한번 페스트균으로 폐색되어 굶주림에 허덕이거나 혹은 그렇지 않은 벼룩 매개생물은 다른 숙주를 찾아야만 했고, 이번에는 공생 설치류와 마찬가지로 감염되기 쉬운 인간을 선택하게 되었다.[432] 많은 쥐벼룩 중에서 제놉실라 체오피스는 초기 국면이든 폐색된 방식이든 효과적으로 병원균을 전파할 수 있고, 공생 쥐, 야생 쥐, 그리고 필요하면 인간에게서 피를 빨아먹을 수 있기 때문에 가장 효과적인 잠재적 매개생물로 간주되었다.[433]

대체로 야생 및 공생 설치류에 국한된 동물대역병으로 시작된 질병이 이제는 확대되어 인수공통전염병이 되었고(그림 3.27, 단계 4), 많은 사람을 죽음으로 이끌었다. 설치류가 페스트균과 벼룩들, 특히 제놉실라 체오피스와 노솝실루스 파스키아투스(유럽쥐벼룩)를 유지하는 숙주이자 주요 매개생물이었으나, 인수공통전염병의 영속과 확산은 동반된 동물대역병과 독립적으로 유지될 수는 없었다. 스테판 모네케Stefan Monecke와 그의 동료들은 1613-14년 프라이베르크 페스트의 발병과 관련하여, 처음에 공생 쥐 개체군이 페스트균에 굴복하여 붕괴되었고, 뒤이어 피에 굶주린 벼룩이 인간을 임시 숙주로 채택했음을 증명했다. 한편 인간이 페스트균에 감염되자 벼룩의 개체수는 추락했고, 인간에게로의 전염이 중단되었으며, 전염병의 발병도 자취를 감추었다.[434] 더욱이 페스트가 주로 '폐색된' 쥐벼룩에 의해 전파되는 한 인수공통전염병의 확산은 먼저 쥐 개체군의 전염에 의해 조절되고, 인간이 벼룩에 노출되고 벼룩을 옮기면서 실현된다. 결과적으로 역병은 단속적이고 불균일하게 퍼져 나갔으나 인간에게 무차별적이지 않았다.[435] 폐 페스트의 경우 사례가 너무 적고 감염에서 사망까지의 진행이 너무 빠르지만, 인플루엔자와 같은 다른 전염성 폐 질환과 연계되지 않는 한 이와 같은 패턴과 크게 다르지 않았을 것이다.[436]

아직 전적으로 가설적인 다섯 번째이자 마지막 단계에서 인간의 체외기생충은 페스트균의 주요 매개생물인 쥐벼룩을 대체했다. 그리고 페스트는 동반했던 동물대역병에 대한 의존에서 벗어나 인간에 대한 치명적인 질병으로 독립적인 존재감을 확보할 수 있게 되었다. 아직 과학적으로 입증되지 않은 인수공통전염병에서 팬데믹으로의 마지막 전환(그림 3.27, 단계 5)을 완수하기 위해서는 사람벼룩, 그리고 생각건대 몸이가 매개생물로 활성화되어야 할 필요가 있다. 이 핵심적인 생물적 대체와 더불어 페스트는 공생 설치류가 존재하든 감염되었든 여부와 상관없이 광범위하게 확산될 수 있는 잠재력을 획득했을 것이다.[437] 이 역병의 추이는 이제 인간이 이동한 속도, 방향, 거리, 감염된 인간과 관련된 곤충 매개생물 각각의 잠복기 등에 의해 구체화되었을 것이다.[438] 이를 가능하게 하는 인간 차원의 전제 조건으로 조밀한 인구, 통합된 소통 네트워크, 이동 방식의 발전, 기근 그리고/혹은 전쟁이 유발한 영양, 위생 및 공중보건의 붕괴 등을 들 수 있다. 그로 인해 체외기생충에 감염된 과밀하고 비위생적으로 살아가는 가난한 주민들이 특히 위험했다. 이 마지막 단계에서 이런저런 곤충 매개생물이 전파에 본질적 역할을 했을지라도, 팬데믹은 인간에서 인간으로 전염되는 감염병의 외양을 띠게 될 것이다.[439] 그 다음에 페스트는 취약했던 매개생물의 비축이 고갈될 때까지 진행되었으며, 그 시점에서 사멸하거나 휴면 상태에 들어가 다음 세대에 생태적·생물적·인구적 환경이 다시 무르익었을 때 재점화되거나 재유입된다. 흑사병과 같이 전염성이 현저하게 강한 극소수의 역병만이 이러한 방식으로 전파될 수 있었고, 이와 같은 확산 방식이 설치류에 기반한 동물대역병/인수공통전염병과 전적으로 독립적으로 작동할 수 있었는지 여부는 아직 확인되지 않았다.

이 시나리오에서 다섯 번째 단계의 가설은, 역사가들을 오랫동안 당혹스럽게 만들었고 일부 학자들에게 그 역병이 페스트균에 의해 발생했는지 의문을 불러일으키게 했던 제2차 팬데믹의 여섯 가지 주요 특징과 일치한다는 점에서 매력적이다. 첫째, 이것은 인간이 전염병 확산에 적극적인 중개자였다는 당대에 널리 퍼져 있던 인식에 부합한다. 둘째, 흑사병이 항구에서 항구로, 도시에서 도시로, 부락에서 부락으로 인간의 소통 통로를 통해 확산되는 외견상의 전염 패턴과 더불어, 여행과 이동이 가장 활발하고 온도와 습도가 이 세균과 곤충 매개생물에 가장 우호적이었던 여름에 사망률이 절정을 보였다는 사실과도 부합한다.[440] 이것은 공기로 운반되는 병원균의 전염 패턴도 야생 및 공생 설치류 개체군을 통한 전염 패턴도 아니었다. 셋째, 대규모로 동반되었어야 했을 설치류 대역병에 대한 당대 기록의 분명한 부재, 그리고 특히 검은쥐가 없었던 것으로 보이는 지역에 페스트가 침투한 상황을 충족시킨다.[441] 넷째, 북아프리카에서 스칸디나비아 북부까지, 그리고 흑해 연안에서 아일랜드해까지 인간이 정착한 광범위한 지리적 환경을 침범하는 페스트의 능력과 일치하며, 한편으로 당시 지중해에서 발트해까지 흑해에서 대서양까지 대부분의 유럽 공동체가 상업적으로나 행정적으로나 얼마나 밀접하게 연결되어 있었는지를 두드러지게 나타낸다. 다섯째, 매개생물로 작용한 인간 체외기생충의 능력은 재산이나 사회계층과 관계없이 모든 가구를 다 굴복시켰던 이유와 그럼에도 불구하고 벼룩과 이가 창궐한 곳에 있던 사람들과 특히 그에 많이 노출되었던 가난한 사람이나 성직록을 받은 성직자들 사이에서 사망률이 가장 높았던 이유를 규명한다. 마지막으로, 인간과 체외기생충이 숙주와 매개생물로 활동했으며, 초기 국면의 전파가 두드러졌다는 가설에 대해 어떻게 흑사병이 철도의 도움을 받았고 동물대역병에 의존했던 20세기 인도의 팬데믹보다 2배나 더 신속하게, 그리고 보다 단순한 바이러스 확산 방식을 띠었던 전염성 높은 1316-21년의 우역 대역병보다 5배나 빠른 속도로 퍼질 수 있었는지 이해하기가 좀 더 쉬워진다.[442] 페스트는 느린 속도의 소 떼나 황소가 끄는 마차가 아니라, 선박과 말의 도움을 받았던 인간의 속도로 바다와 육지를 여행했다. 물론 검은쥐와 그들의 벼룩이 부락에서 부락으로 끊임없이 이동하거나 배에 몰래 올라타고, 탁송되는 곡물이나 상품의 짐짝에 섞여 이동하는 등의 좀 더 우연스런 움직임은 말할 것도 없다.

c. 페스트균의 중앙아시아 기원

의학사의 창시자 유스투스 헤커Justus F. C. Hecker는 1832년에 제2차 팬데믹이 중국에서 기원했으며, 그 후 유라시아를 가로질러 서쪽으로 확산되었다고 주장했다.[443] 그 견해는 이후에도 오랫동안 사라지지 않았고, 1977년에 윌리엄 맥닐William H. McNeill이 그의 영향력 있는 저서 『전염병과 인간*Plagues and People*』에서 다시 설득력 있게 주장했다.[444] 맥닐은 중국, 버마, 인도 사이의 히말라야 동쪽 산기슭에 위치한 중국 남서부의 윈난성雲南省(1855년 제3차 팬데믹의 발원지)이 페스트의 자연적 진원지 중 하나라고 추측했다. 그는 13세기 또는 14세기 초 어느 시점에 인간이 이 병원균을 이 지역으로부터 무심코 북쪽으로 퍼뜨렸고, 그로 인해 페스트균이 만주와 남부 러시아 사이의 유라시아 대초원에서 땅을 파고 사는 포유류들 사이에 자리를 잡았으리라 추정했다. 그는 1331-32년경 중국 동부 허베이성河北省에서 발생한 치명적이지만 정체불명의 전염병을 흑사병의 최초의 기록이라고 간주했다. 이후 15년 동안 페스트는 '팍스 몽골리카'를 횡단하는 내륙 대상로를 경유해 약 6,500킬로미터를 여행했으며, 1346년 흑해의 항구 카파를 포위했던 몽골군 사이에 출현한 것이라고 추론했다.

모든 사람이 이 가설에 동의한 것은 아니었다. 당시 유럽 학자들이 활용한 출판 자료들을 주의 깊게 검토한 존 노리스John Norris(1977)는 "그와 같이 중국, 인도 또는 중앙아시아를 14세기 흑사병의 기원으로 삼으려는 역사 기록들에 대해 강한 의문이 든다"라고 평했다.[445] 최근 그 문헌에 대한 보다 포괄적인 검토를 시도한 조지 서스먼George Sussman(2011)은 질병 중

상들에 대한 어떤 중국의 기록에서도 페스트의 진단과 일치하는 내용을 찾지 못했고, 그로 인해 흑사병은 "결코 중국에 이르지 못했다"라고 결론지었다.[446] 중국학 연구자 폴 부엘Paul D. Buell(2012)도 그에 동의한다. 그의 견해에 따르면, 중국 자료에는 페스트에 대해 어떠한 확실한 의학적 증거도 없으며, 중국이 "서양 또는 중동에서 겪었던 엄청난 전염병을 겪었"음을 시사하는 그 어떤 역사적 기록도 없다.[447] 사실상 이 세 학자는 모두 흑사병이 동아시아보다는 서아시아에서 기원했을 가능성이 더 높다고 믿고 있다.[448]

노리스는 중국 대신에 흑사병을 촉발한 결정적인 생물학적 사건, 즉 페스트균의 야생 설치류로부터 공생 설치류로의 유출이 카스피해 분지 어딘가에서 발생했다고 본다. 이 반건조 대륙 지역은 겨울이 춥고 여름이 매우 더울 뿐 아니라 습도의 정도는 편서풍에 달려 있어서, 오랫동안 페스트의 자연적 발생지 중 하나였다. 대초원 지대는 동면하며 땅을 파고 생활하는 마멋과 서슬릭의 본거지였는데, 그것들은 계속 페스트 병원균의 야생 숙주 역할을 했고, 그들이 오염시킨 은신처는 감염병의 병원소 역할을 했다. 노리스의 분석에 따르면, 이 감염병은 카스피해 분지에서 서쪽으로 킵차크 칸국의 땅을 거쳐 크림반도로 퍼졌고, 동쪽으로는 현재의 카자흐스탄 지역, 그리고 남쪽으로는 쿠르디스탄과 이라크로 확산되었다. 베네딕토우(2004)도 그에 동의하면서, 1340년대 중반에 확산된 흑사병의 페스트균 진원지를 찾기 위해 카스피해와 흑해로 흘러들어 가는 볼가강과 돈강의 하류를 넘어서까지 주시할 필요는 없다는 견해를 보인다.[449]

서아시아적 기원은 페스트가 1346년 봄 "스키티아Scythia, 마이오티스Maeotis, 그리고 타나이스Tanais(돈강) 하구"로부터 전래되었다는 비잔티움 연대기 작가 니케포로스 그레고라스Nicephoros Gregoras의 기록과 확연히 일치한다.[450] 그와 유사하게 비잔티움 황제 요한네스 6세는 흑사병이 킵차크 칸국 땅인 흑해와 카스피해 사이 스키티아에서 처음 출현했다고 말했다.[451] 이탈리아 북부 피아첸차의 법률가이자 연대기 작가 가브리엘레 데 무시스Gabriel de Mussis에 의하면, 그 후 제노바인의 항구 카파의 주민들에게 전염병을 퍼뜨린 것은 자니베크 칸의 몽골군이었다.[452] 한편 카파의 선원들은 이 역병을 흑해, 에게해, 지중해의 항구들에 확산시켰다. 비록 베일리(2006)는 데 무시스의 설명에 의문을 제기했고, 수잔 스콧Susan Scott과 크리스토퍼 던컨Christopher Duncan은 2001년 페스트의 동아프리카 기원설을 제시했지만(이들은 페스트가 아니라 출혈열haemorrhagic fever이라고 주장), 현재 대부분의 권위자들은 1340년대 중반 킵차크 칸국을 황폐화시킨 역병이 흑사병의 발병에 대한 최초의 확실한 기록이라고 받아들인다.[453] 이제 남은 것은 이 넓은 지역 내의 14세기 페스트 매장지에서 페스트균의 aDNA 증거를 확보해 매듭을 짓는 일뿐이다.

그러나 카스피해 분지와 흑해 사이 초원 지대가 제2차 팬데믹의 궁극적 기원이었을까, 아니면 단지 그에 근접한 기원이었을까? 노리스는 이 지역을 흑사병의 궁극적 기원으로 삼는 것을 지지하면서도, 더 이른 시기에 거기에서 분리되어 3,000킬로미터 이상 동쪽에 '비단길'로 알려져 있는 동서횡단 대상로의 북쪽 지선에 위치한 텐산산맥 북쪽 키르기즈의 이식쿨에서의 발병 가능성을 인정했다.[454] 1885년 러시아에서 발굴된 검증할 수 없는 자료에 의하면, 그 지역에 있는 두 네스토리우스 교도의 묘비석에 1338/9년에 불가사의하고 치명적인 '역병'에 의해 많은 사망자가 발생했다고 기술되어 있다.[455] 오늘날까지도 야생 페스트는 그 지역의 커다란 게르빌루스쥐 개체군 사이에 동물풍토병으로 남아 있으며, 그 개체수는 일반적으로 변화하는 강수량이 식생의 성장과 그로 인한 식량 공급에 미치는 영향을 나타낸다.[456] 매개생물인 벼룩이 인간에게 페스트를 옮길 때에는 여전히 종종 사망자가 출현한다.[457]

노리스 이후, 역사가 마이클 돌스Michael Dols(1977), 울리 샤밀로글루Uli Schamiloglu(1993), 로즈메리 호록스Rosemary Horrox(1994)는 모두 흑사병이 중앙아시아 어디에선가 시작되었다는 데 동의했다.[458] 당대의 주석가 아부 하프스 우마르 이븐 알-와르디Abū Hafs 'Umar Ibn al-Wardī는 이와 같은 관점을 역사적으로 뒷받침한다. 이븐 알-와르디는 1348년 팔레스타인 북부 알레포에서 글을 쓰던 중에 흑사병이 크림반도에 도달하기 전에 북부 인도, 트란스옥시아나(현재 우즈베키스탄 영토), 페르시아 등을 덮친 사실을 기록으로 남겼다.[459] 카자흐스탄 동부의 카자크 지역(이식쿨의 북쪽 지역)의 페스트 발병과 날씨에 관한 소비에트 시대의 기록들을 분석한 오슬로 팀도 제2차 팬데믹은 "아마도 중앙아시아 내륙에서 현존하는 박테리아 중 페스트균과 가장 가까운 예르시니아 가성결핵균*Yersinia pseudotuberculosis*에서 갈라져 나온 후 진화되었을 것이며, 아직도 많은 지역에서 풍토병으로 남아 있을" 것이라는 입장을 견지한다.[460]

역사가들은 흑사병의 궁극적인 기원에 대한 대답이 '어디엔가 존재한다면, 중앙아시아와 극동의 자료에 있을' 것이라고 당연히 생각한다. 그렇지만 이 사안에 대한 해결은 그들 대신에 미생물학자들과 유전학자들이 수집한 새로운 게놈 증거가 제공하고 있는 것으로 보인다.[461] 이는 지리적으로 확산되는 동안 페스트균 게놈의 돌연변이가 지역에 특화된 계보를 생산하여 그 특이한 단일염기다형성single nucleotide polymorphism, SNP•이 이 병원체의 확산 경로에 대한 정보를 제공하기 때문이다.[462] 그로 인해 조반나 모렐리Giovanna Morelli와 그 동료들(2010)은 페스트균 게놈의 초기 계통발생학적 복원phylogenetic reconstruction을 근거로 박테리아는 아마도 "중국에서 진화한 후 여러 차례에 걸쳐 다른 지역으로 퍼져 나갔"으리라는 견해를 제시했다.[463] 결정적으로 미생물학자 마크 아흐트먼Mark Achtman(2012)이 설명했듯이, 그토록 많은 페스트균의 변종들과 변이들을 중국 이외의 다른 어느 곳에서도 추적할 수 없다. 게다가 계보학상의 기초 개체군은 모든 변종에서 여러 다른 개체군과 함께 중국에서 발견된다(그림 3.28).[464]

14세기 프랑스, 잉글랜드, 네덜란드의 페스트 희생자들을 죽음에 이르게 한 페스트균과 가장 밀접한 것으로 새롭게 확인된 페스트균 변종은

• DNA 염기서열에서 하나의 염기서열(A, T, G, C)의 차이를 보이는 유전적 변화.

고대 중국의 유전자형이다.[465] 이 aDNA 증거는 "미생물은 카스피해 진원지로부터 '동쪽으로' 확산되었다"라고 주장한 노리스가 제시한 전파 방향을 뒤엎는다. 그는 또한 계통발생학적 분석이 실제 일어났으리라고 암시하는 "미생물의 장거리에 걸친, 신속하고 은밀한 확산"을 반대하는 입장이었다.[466] 한편 새로운 게놈 증거에 따르면, 중앙아시아에서 추출된 페스트균의 다양성은 중국에서보다 덜하고, 계보상의 모든 개체군이 중앙아시아에서 나타나지 않으며 가장 오래된 중국 개체군이 가장 오래된 중앙아시아 개체군보다 오래되었다(그림 3.28). 그로 인해 아흐트먼은 "이와 같은 관찰에 대한 가장 냉철한 해석은 야생 전염병이 중국에서 시작되었으며, 여러 차례에 걸쳐 세계의 다른 지역들로 퍼져 나갔다는 사실"이라고 결론지었다.[467]

유준 추이Yujun Cui와 그의 동료들(2013)은 중국과 다른 곳에서 추출한 133개의 페스트균 게놈 변종들에서 확인된 2,326개의 단일염기다형성을 배치했고, 초점을 이 계통수系統樹, phylogenetic tree의 중국과 동아시아 구성요소에 더 맞추었다. 그들은 연구를 통해 중국 서부의 티베트-칭하이 고원 북동부가 제2차 팬데믹의 궁극적 기원일 가능성이 가장 높은 것으로 제시했다(그림 3.28). 이곳에서만 페스트균 계보의 가장 중심되는 분지分枝, branching가 추출되었으며(0PE7로 표시), 거기서 나온 후대 변이의 계보가 부채꼴로 퍼져 나갔다. 칭하이는 멀리 떨어져 있을 뿐 아니라 고도가 높고, 결정적으로 남아시아 몬순이 미치는 지역보다 북쪽에 편서풍이 지배하는 기후대 내에 위치해 있다.[468] 역사적으로 이곳은 고대의 여러 육상 교역로들이 교차하던 전략적 입지였으며, 1270년대 초 마르코 폴로와 그의 부친 및 삼촌이 란저우와 베이징으로 가던 길에 이 지역을 통과했다. 추이 팀은 어떤 식으로든 이 이동 축을 따른 사람들의 왕래가 남쪽으로 윈난, 북동쪽으로 몽골, 서쪽으로 중앙아시아 그리고 서아시아와 유럽으로 설치류 개체군 사이에 페스트균을 전파했다고 가정한다(그림 3.28). 이는 페스트균이 카자흐스탄과 코카서스의 서쪽으로 퍼진 것이 "비단길을 따라 운송되

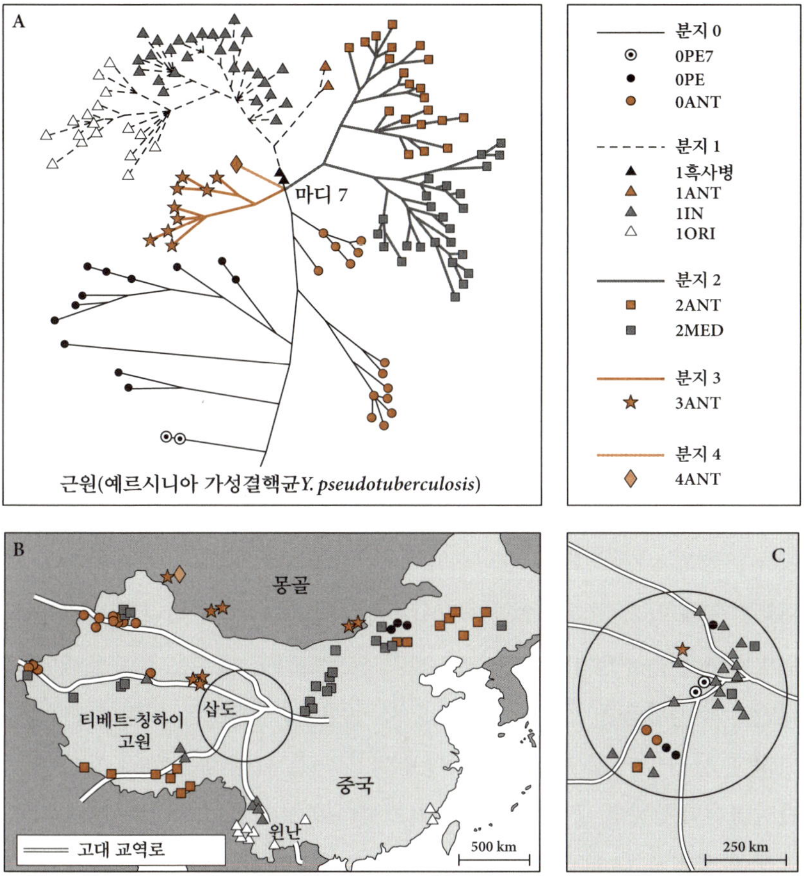

그림 3.28 | 페스트균 계통수 및 중국의 페스트균 게놈 분포

유전자 배열의 이름: ANT & IN = *antiqua*, MED = *medievalis*, ORI = *orientalis*, PE = *pestoides*.
마디 7 = 흑사병에 선행하는 다중다분할.
흑사병 게놈 = 생로랑드라카브르리스(프랑스), 헤리퍼드(잉글랜드), 베르헌옵좀(네덜란드)의 14세기 흑사병 희생자 aDNA 분석으로 확인된 특정 페스트균 변종.
출처: Cui and others(2013), 578을 보강.

었던 교역품"을 통해서였으며, 그중 한 지류는 이식쿨을 통과했다는 모렐리와 그의 동료들(2010)의 추론을 반향한다.[469] 인간이 감염된 곤충 매개생물과 설치류를 환적하여 페스트균이 침입하기에는 야생 설치류 개체수가 충분치 않은 불모지대를 뛰어넘는 것을 가능케 했고, 이 경로를 따르지 않았더라면 서로 연결되지 않았을 야생 설치류와 공생 설치류의 오염되지 않은 개체군들 사이에 페스트가 침투할 수 있었으리라고 널리 추정된다.[470] 이것이 베네딕토우가 전이성 확산metastatic spread이라고 부르는 것이다.[471] 그렇지만 지금까지 페스트가 실제로 이 경로를 따라 그리고 이와 같은 방식으로 서쪽으로 이동했다고 확증할 만한 생물학적·역사학적 증거는 부족하다.

d. 아시아 전역에 걸친 페스트 확산의 환경적 맥락

맥마이클은 5세기에 걸친 페스트의 상대적 휴지기를 끝내고, 제2차 팬데믹을 촉발한 것은 유라시아의 반건조 지역 내부에서 "자연적으로 발생한 기후변동"과 "그것의 환경적·생태적·정치적 영향 사이의 상호 작용"이었다고 생각한다.[472] 추이와 그의 동료들(2013)이 수집하고 상세히 분석한 새로운 생물학적 증거에 따르면, 이는 흑사병 발병 최대 80년 전에 동물풍토병에서 동물유행병 상태로 페스트가 활성화되어 새로운 계통을 생성해내면서 발생했음을 시사한다(그림 3.28의 마디 7).[473] 그들은 이와 같은 다양성의 현저한 증가를 풍토병과 유행병이 교대로 발생하는 조건 아래 중성 단일염기다형성의 급속한 고착에 기인한다고 보았고, 이 '대폭발big bang'이 발생한 시기를 1268년경으로 추정했으나, 한편 1142년에서 1339년 사이 어느 시점이었을 가능성도 열어 두었다(그림 3.28).[474] 그러나 키르스텐 보스Kirsten I. Bos와 그의 동료들(2011)은 이 사건을 좀 더 늦추고 시간 범위를 좁혀 1282-1343년 사이로 추정했다.[475] 어느 시기든 잉글랜드, 프랑스, 네덜란드 흑사병 희생자의 치아에서 추출된 aDNA 서열이 처음 등장한 것은 이 짧은 기간 동안이었다.

이 새로운 유전적 증거는 중국 서부의 티베트-칭하이 고원 북동부가 제2차 팬데믹의 궁극적 기원임을 뚜렷하게 함축한다(그림 3.28). 이는 1331-32년경 중국 동부 허베이성을 황폐화시킨 정체불명의 역병이 페스트의 첫 번째 발병이었을 가능성을 배제하는 것으로 보이지만, 마찬가지로 불가사의한 1338-39년 이식쿨의 역병은 팬데믹이 서쪽으로 퍼져 나가면서 만들어 낸 산물일 가능성을 허용한다. 희생자들이 집중되었던 것으로 판단해 볼 때, 이 시기에 역병은 벼룩 매개생물이 페스트균을 전파하던 설치류 개체군을 붕괴시키고 인간들에게 옮겨 가 동물대역병/인수공통전염병 단계에 들어섰음이 분명하다(그림 3.27).[476] 또한 이는 페스트가 "어둠의 땅에서 시작"되었으며, "현재까지 15년이 경과되었다"(즉 1333년경 발병)라는 이븐 알-와르디의 관찰과 부합하며, 보리스 슈미트Boris Schmid와 그의 동료들이 페스트가 중앙아시아에서 발병하여 흑해의 유럽 항구에까지 확산되는 데 10-12년이 소요되었다는 최근의 추정과도 일치한다.[477]

이와 같은 시나리오의 전개에서 흑사병을 처음 발진시켰고 궁극적으로 치명적인 단계에 이르기까지 재촉한 것은 중앙아시아 동부의 반건조 원천지와 그 후 확산된 대초원 지역에서의 생태적 조건의 변화였다. 중기 및 단기 기후 변동이 식생의 성장, 나아가 병원균과 숙주 그리고 벼룩 매개생물의 밀도와 행동에 미친 영향은 결정적이었다. 한편 이것들은 그때 발생하고 있던 상대적으로 일정한 중세 온난기의 대기 순환 패턴으로부터 소빙하기의 덜 안정적인 조건으로의 전환과 관련이 있었다.

절대연대와 연평균 강수량 정보가 담긴 치롄 향나무Qilian juniper, *Juniperus przewalskii* Kom.의 나이테로 복원한 티베트-칭하이 북동부의 연간 강수량 지수는 특히 흥미로운데, 페스트가 오랫동안 동물풍토병 상태로 잠복해 있다가 처음으로 깨어난 바로 그 지역의 기후 조건, 그리고 그것이 함축하는 생태적 조건을 조명해 주기 때문이다(그림 3.28).[478] 그림 3.29에서 볼 수 있듯이, 이 고지대 대륙 지역의 자연 건조도는 12세기가 경과하는 동안 증가하는 경향을 보였다. 1108-9년, 1112년, 1145년 그리고 1152년에 점점 심화되며 건조한 해들이 이어졌으며, 1191-1201년에는 가뭄이 지속되었고, 1120년은 374년 이래 가장 건조한 해로 기록됐다. 가뭄은 칭기즈 칸이 고비 사막을 가로질러 서하에 두 번째 공격을 개시하던 1207년에 다시 엄습했으며, 1210년까지 완화되지 않았다. 첸과 그의 동료들이 중앙아시아에 대해 10년 단위로 복원한 다중 대리 강수 지수multi-proxy precipitation index는 이러한 건조한 조건이 대륙의 대초원 지역에 걸쳐 나타났음을 보여 준다. 감소한 강수량은 자연적으로 식물의 성장을 억제했고, 이는 페스트균의 자연 숙주였던 땅을 파며 생활하는 야생 설치류 개체군의 감소를 가져왔다. 또한 높은 온도와 낮은 습도의 결합은 그들에게 기생하는 벼룩의 증식을 억제했다. 결과적으로 페스트는 이 오랜 기간 내내 인간에게 거의 위협적이지 않은 동물풍토병의 상태로 머물렀을 가능성이 높다.

1211년부터 1253년 사이 칭하이를 포함하여 좀 더 광범위한 지역에서 이와 같은 조건은 현저히 완화되었다. 1225년과 1242년이 유독 건조한 해였으며, 결코 이전 세기의 최악의 가뭄만큼 극심한 경우는 없었다(그림 3.29). 그 대신에 이 기간에는 평년보다 습한 해가 많았으며, 특히 1222년, 1230년, 1241년(250년이 넘는 기간 중 가장 습했던 해), 1247년, 1249년 등이 두드러졌다. 1215년부터 1252년 사이 강수량은 뚜렷하게 증가하는 경향을 보였으며, 1240년대는 1090년대 이후 가장 습한 10년이었다(그림 3.29). 북쪽의 몽골에서는 비가 많은 시기가 좀 더 일찍 시작되었고, 1211-25년은 연평균 값이나 그것의 일부를 추출해 표본 재추출을 시도한 결괏값, 즉 부트스트래핑bootstrapping의 신뢰한계가 중세 온난기 파머 가뭄 심도 지수 복원값의 장기평균 이하로 내려가지 않는 두 번째 천년기 중 가장 지속적으로 습했던 시기였던 점에서 두드러졌다.[479] 서쪽으로 2,000킬로미터 떨어진 톈산산맥은 그와 유사한 강수량의 증가가 있었던 것으로 보이지 않지만, 티베트-칭하이 고원과 몽골 초원에서의 생산성은 의심할 여지없이 향상되었고, 야생 설치류 밀도의 증가와 페스트균 감염병의 조성이 동물풍토병에서 동물유행병으로의 전환을 지속하기에 필요한 역치에 도달하도록 해주었다(그림 3.27).

초원의 생산성 향상은 기병을 기반으로 한 칭기즈 칸의 군대에 유리했으며, 군사 정복의 추진력을 유지하는 데 도움이 되었다. 그렇지만 애초에 몽골 정복은 부분적으로 지속적인 가뭄이 초원 지대 유목민에 미친 부

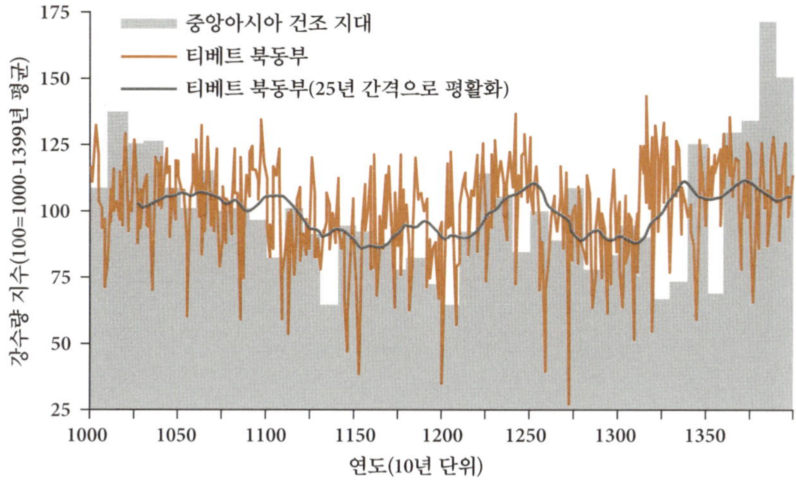

그림 3.29 | 중앙아시아 건조 지대와 티베트 북동부의 강수량 지수, 1000-1400년
출처: Chen and others(2010); Yang and others(2014).

정적 결과로부터 시작되었다. 13세기 중반 무렵 사실상 유라시아의 대초원 전체는 몽골의 통제하에 놓였다.[480] 제국은 지금까지 정치적으로 분열되어 있었던 이 광활한 지역을 개방하여 군대, 사신, 대상들의 동서 방향의 횡축 이동을 크게 증가시켰으며, 결과적으로 곤충 매개생물이 야생 설치류, 공생 설치류, 인간 사이에서 전염을 일으키고 인간이 조력자 역할을 수행하는 페스트 병원균의 광범위한 전이성 확산을 더욱 키운 것으로 보인다.

티베트-칭하이 고원에서는 1258년 최악의 가뭄을 포함하여 1255년부터 1260년까지 6년간 가뭄이 이어지면서 장기간의 우기가 갑자기 막을 내렸다(그림 3.29, 3.30). 이는 50년 동안 최악의 가뭄이었으며, 더욱이 생태적으로 지난 50년간 높아진 습도 수준에 적응해 있었기에 그만큼 충격이 컸다. 1255년은 1207년 이래 가장 건조한 해였고, 1258년은 1200년의 대가뭄 이래로 가장 건조한 해였다. 이 건조한 환경은 북반구 전역에 걸친 극단적 기후와 동시에 발생하기 시작했다. 이 시기에 엘니뇨 남방 진동,

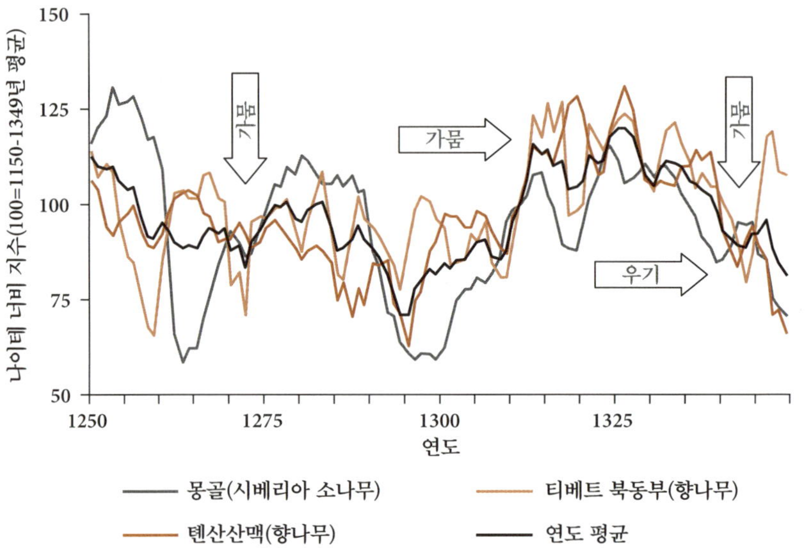

그림 3.30 | 몽골, 티베트 북동부, 톈산산맥의 수목 성장(3년 이동평균)**, 1250-1349년**
출처: 몽골 - Jacoby and others(연도미상). 티베트 북동부 - Yang and others(2014). 톈산산맥 - Jan Esper 제공 자료.

북대서양 진동, 그리고 아시아 몬순은 모두 엄청나게 강력했다.[481] 그러나 1258년의 두드러진 강수 부족은 한 해 전 봄과 여름 인도네시아 사말라스 화산의 화산 폭발 지수 7등급 분출이 초래한 기후적 영향과 연관되었을 수 있다.[482] 이 역대급 폭발이 만들어 낸 전 지구적 기후 영향은 강하게 주장되었음에도 불구하고, 1259년 칭하이에서 가뭄 조건이 신속하게 완화되었고 몽골과 톈산산맥의 소나무와 향나무에 대한 연륜연대 측정에서 그에 상응하는 너비가 좁은 나이테가 추출되지 않아 거의 지지를 얻지 못했다(그림 3.30).[483] 사실, 몽골에서는 그로부터 몇 년 후인 1262-64년에 강수량이 대폭 감소했고, 칭하이에서는 1271년의 가뭄이 1258년보다 훨씬 더 심각했으며 360년 이래 가장 건조한 해로 기록되었다. 1310년대까지는 어느 지역에서도 강수량 수준이 지속적으로 회복되지 않았다.

이와 같은 가뭄은 습한 조건이 지배적인 환경에서 유지되었던 좀 더 풍부한 식물군에 익숙해진 동물군에도 생태적으로 충격을 주었음에 틀림없다. 1271년의 대가뭄은 일종의 생태적 충격으로 야생 설치류의 사망률을 높였고, 벼룩 매개생물이 대체 숙주를 찾아 이동하면서 병원균은 더 널리 확산되었을 것이다. 이 핵심적인 교차는 인간으로 하여금 페스트균과 그 매개생물 모두와의 접촉을 크게 증가시켰고, 페스트의 숙주와 매개생물의 뜻하지 않은 장거리 전이성 이동의 가능성을 높여 주었던 것으로 짐작된다. 이와 같은 기후변화와 그로 인한 생태적 발전은 추이와 그의 동료들이 추정한 1260년대 무렵 페스트균 계통의 갑작스런 증식(그림 3.28의 마디 7)과 밀접하게 일치한다는 점에 주의해야 한다. 그들은 이것을 페스트가 보다 활성화된 국면으로 들어선 확실한 신호로 해석한다.[484] 페스트가 티베트-칭하이 고원 외부로 확산되기 시작한 것은 아마도 이 무렵이었을 것이다.

그와 달리 보스와 그 동료들(2011)은 흑사병과 뒤이은 모든 페스트 발병의 원인이 되는 페스트균 변종이 동아시아에서 출현한 시기를 1282년에서 1343년 사이의 어느 시점으로 추정한다.[485] 1293년 칭하이(향나무), 1294년 톈산산맥(향나무), 1295-96년 몽골(시베리아 소나무)에서 각각 최소성장이 명백히 확인되었고, 이는 전 지구적 수목성장률의 급격한 저하와도 일치한다. 그들은 1290년대에 발생한 두 번째이자 훨씬 더 광범위한 가뭄(그림 3.30)이 병원균을 아시아 전역에 확산시킨 촉매제였으리라고 주장한다.[486] 만약 그렇다면, 페스트의 진행은 단테 기후이상Dantean Anomaly의 시작과 일치하여, 1310년대에 시작하여 1340년대 초까지 계속 비가 많았던 또 다른 기상이변으로부터 추진력을 얻었을 수 있다.[487] 이 시기는 이븐 알-와르디가 추정한 흑사병의 최초 출현 시기는 물론이고 칭하이에서 서쪽으로 2,000킬로미터 떨어진 이식쿨에 있던 네스토리우스파 기독교도 공동체 내에서 페스트가 발생했으리라 추정되던 시기와도 일치한다.[488] 유라시아 대륙에 걸친 기상이변과 북서유럽에서 끊임없는 비와 그에 따른 극심한 기근이 나타난 해인 1316년은 칭하이 자체적으로도 974년 이래 가장 습했다.[489] 칭하이와 톈산산맥 양쪽에 대한 향나무의 나이테 연대 측정에 따르면 흥미롭게도 이 기간 동안 티베트고원/쿤룬산맥의 반대편 지역에서는 풍부하고 정기적으로 강수의 혜택을 받고 있었음을 시사한다.[490] 생물 자원이 보다 높은 비율로 생산되어 야생 설치류 개체군이 증가했고, 동물유행병의 폭증이 있었으리라 예상된다.

가뭄의 완화는 칭하이를 이식쿨로부터 분리해 놓은 광활하고 메마른 인구가 희박한 고지대 지역을 가로질러 페스트균의 이동을 촉진했을 것이다. 페스트가 1270년대에 시작되었다면 비단길의 샛길을 따라 이동했을 것이고, 거기서 1338년경 키르기스스탄의 이식쿨에 도달하기 위해서는 일주일에 0.5킬로미터 이상, 1년에 30킬로미터 이상 이동해야 했다. 그와 달리 1290년대 후반에 시작됐다면 일주일에 1킬로미터, 1년에 50킬로미터의 더 빠른 이동 속도를 필요로 했을 것이다. 극복해야 할 기후와 지형이라는 자연의 장벽을 고려한다면, 페스트가 단지 접촉 전파의 과정만을 거치며 이러한 속도를 충족할 수 있었고 서쪽으로의 육로 여행 중 가장 어려운 구간을 주파할 수 있었다고는 생각조차 하기 어렵다. 그와 달리 가장 가능성이 높은 방식은 여전히 정기적으로 이 척박한 지역을 횡단하던 대상들이 운반하는 상품을 통해 감염된 체외기생충을 운송하는 것이었다. 또는 낙타들이 감염되었을 수도 있다.[491] 철새와 거기에 기생하는 벼룩에 의한 운송도 가능하다.[492] 아마도 하나 이상의 방법으로 그리고 단속적으로 페스트균과 그 매개생물은 이 광활한 반건조 지대를 가로질러 더욱 서쪽으로 퍼져 나갔을 것이다. 벼룩은 처음에 그들이 선호하는 숙주, 즉 설치류를 공격했을 것으로 예상되지만, 페스트균이 이식쿨에 도착했을 즈음에는 설치류 개체군이 감소하고 있어 벼룩에게 부족했을 것이 틀림없고, 그로 인해 인간을 숙주로 선택해 최후 수단으로 삼았을 것이다(그림 3.27).

페스트는 키르기스스탄으로부터 카스피해 분지와 그 너머 킵차크 칸국에 도달할 때까지 2,000킬로미터를 추가로 더 이동해야 했다. 이 구간에는 관통해야 할 주요 산맥이나 사막은 없었고, 단지 거주민이 드문 반건조 대초원이 광활하게 펼쳐져 있을 뿐이다. 8년 이내에 이 거리를 이동하기 위해서는 하루 2/3킬로미터, 1년에 거의 250킬로미터의 확산 속도가 확보되어야 하는데, 이 과정에서 인간의 촉진하는 역할을 다시 한번 확인하게 된다. 설치류 집단들 사이에 연속적으로 확산되는 페스트는 1년에 0.1킬로미터 이상 이동하는 경우를 좀처럼 볼 수 없다. 베네딕토우는 인간의 도움에 의한 전이성 확산을 계산에 포함하여 "흑사병이 육지를 하루에 0.5-2.5킬로미터, 그리고 주요 도로를 통할 경우 통상 하루 평균 1-2킬로미터 이동한 것"으로 추정했다.[493] 새들에 의한 운송은 그보다도 훨씬 빨랐을 것이다. 그러므로 어떤 식으로든 병사, 관리, 상인은 말, 소달구지, 낙타를 이용해 서쪽으로 여행하며 페스트를 옮겼고, 이식쿨에서처럼 그들이 지나간 뒤에는 감염된 설치류 집단과 인명 피해의 흔적이 남았다.[494] 흑사병의 확산은 한 번의 큰 걸음으로 이루어졌다고 생각하기는 어렵다. 육로 여행이 느리게 진행된 것으로 보아, 많은 중간 단계가 필요했으리라 추측된다. 그리고 그때까지 페스트가 반드시 빠르게 퍼지는 팬데믹이었던 것도 아니었다. 1340년대 초 프란체스코 발두치 페골로티가 이 노선을 따라서 상인들이 중국으로 여행하는 것이 안전하다고 기록했을 때, 그는 분명 페스트의 위험에 대해 전혀 눈치채지 못했다.[495] 그로부터 채 5년이 지나지 않아 정치적·역학疫學적 이유로 인해 이 노선은 훨씬 더 위험해졌다.

4. 위태로운 균형

상업혁명이 12세기와 13세기 초 거침없는 기세를 보이며 성공을 거둔 이후, 유럽의 상업적 팽창에서 첫 번째 심상치 않은 후퇴는 극동에서 새로운 상업적 기회가 손짓하던 바로 그 무렵인 1258년과 1291년 사이 레반트에서 발생했다. 이 교역상의 전략적 요충지는 지중해의 상업을 페르시아만,

아라비아해, 인도양 그리고 그 너머와 연결하던 시리아 횡단 무역로에 자리잡고 있었으며, 인도의 향신료와 동방의 자기 및 비단이 유럽 시장으로 전달되는 통로였다.[496] 레반트는 유럽이 특히 옅은 색상의 저렴한 직물 같은 상품을 수출하던 중요한 시장이었다.[497] 그러나 1258년 몽골의 바그다드 점령과 1291년 맘루크에 의한 아크레 함락 사이에서 이 대상로는 점점 더 방해를 받았고, 유럽 상인들은 항구와 시장에서 점차 배척되었다. 십자군 제후국의 최종 소멸로 인해 그때까지 제노바와 베네치아가 누려 왔던 수익성 좋은 무역 특권은 점차 이집트 맘루크와의 교역에 대한 교황의 징벌적 통상금지 조치로 대체되었다.[498] 알렉산드리아로 향하는 홍해 항로는 당시 인도양과 아라비아해의 해상 무역이 유럽에 도달할 수 있던 유일하게 제약받지 않는 간선이었기에 그 피해는 더욱 컸다. 페르시아만의 호르무즈와 바스라로부터 페르시아의 타브리즈를 거쳐 지중해 연안의 킬리키아의 아야스나 흑해 연안의 트라브존에 도달하는 긴 환적 과정을 필요로 하는 경로를 제외하면, 대부분의 경쟁 무역로들이 폐쇄된 상태에서 홍해 무역을 통제하던 무슬림 상인들의 카리미스 카르텔은 독점적 이익을 부여하던 강력한 지위에 있었으며, 이집트의 술탄은 기독교인 상인들에게 거래 조건를 강요했다. 기독교 상인들은 러시아 남부와 스키타이에서 획득한 노예뿐 아니라 목재, 철, 그 외 군용물자를 맘루크 군대에게 공급함으로써 술탄의 비위를 맞췄다.

놀라울 것도 없지만, 1260년대 이래 특히 1290년대에 이탈리아 상업 활동의 초점은 북쪽의 흑해와 그곳에서 제공한 대체 시장들로 비껴갔다. 그로 인한 대안적 접근로는 팍스 몽골리카를 거쳐 동방으로 연결되었고, 이는 맘루크가 절대적으로 필요로 했던 노예 무역의 성사로 이어졌다.[499] 1291년과 1299년 사이에 제노바와 베네치아는 이 경제적 전략지의 지배권을 두고 치열한 해전을 벌였고, 여기서 제노바가 승리했다. 이때 마르코 폴로가 포로들 중 한 명이었다. 상인들은 흑해로부터 남동쪽으로는 페르시아로, 동쪽으로는 카스피해 분지로 들어갔고, 거기에서 뜻하지 않게 페

스트균이 유럽으로 유입되는 결정적 연결 고리를 제공했다.[500]

한편, 성지의 십자군 기지 상실은 유럽 내에 일련의 봉건적·왕조적·영토적·종교적 이유에서 기인한 대규모 군사적 분쟁들의 급증을 조장했던 것으로 보인다.[501] 그중에서 가장 모질고 대가가 컸던 분쟁으로는 앙주가와 아라곤가 사이, 잉글랜드와 프랑스 사이, 프랑스와 플랑드르 사이, 잉글랜드와 스코틀랜드 사이, 그리고 교황과 신성 로마 제국 황제를 지지했던 라이벌 관계인 구엘프와 기벨린 사이에서 전개되었으며, 이는 자산의 파괴, 무역의 붕괴, 그리고 과도한 재정적 부담을 초래했다. 이들 분쟁은 또한 오래전부터 자리 잡은 통상로에서 교역을 밀어냈고, 육상에서는 산적질, 해상에서는 해적질을 유발했으며, 결과적으로 운임뿐 아니라 그 과정에서 위험과 거래 비용을 전반적으로 상승시켰다.[502]

특히 피해를 키운 계기는 필리프 4세가 1280년대 후반 이래 상업적·사법적 중립을 견지해 오던 샹파뉴 정기시에 개입한 일이었다. 필리프는 봉건적·영토적 야망을 실현하기 위해 플랑드르의 반半자치적인 프랑스 영지를 존중하던 태도를 무자비하게 훼손했다.[503] 플랑드르 상인과 그들의 이탈리아인 동업자에 대한 필리프의 노골적인 차별로 인해 그들은 대부분의 사업을 다른 곳으로 이전했으며, 그로 인해 한때 지중해와 북해 지역 사이의 교역을 이어 주던 탁월한 거점을 영구적으로 잃게 되었다. 기존 알프스 횡단 육로와 비교하여 지브롤터 해협을 거쳐 브루게, 사우샘프턴, 런던으로 가는 새로운 해상 노선은 화물 요금이 크게 높아져 거래 비용의 상승 추세를 한층 심화시켰다.

비록 브루게와 같은 몇몇 항구들은 이와 같은 변화로 인해 수혜를 누렸지만, 유럽에서 원거리 교역의 전체 규모는 축소되었다.[504] 이탈리아의 대규모 화물 집산지들은 지중해 동부에서 교역 기회의 상실, 동방 산물의 공급 감소 및 가격 상승, 그리고 북유럽과의 교역에서 효율적이고 편리한 거점이었던 샹파뉴 정기시의 쇠퇴로 인해 심한 압박을 받았다. 이탈리아의 상업회사들은 당대 새로운 사업 방식의 선구자였지만, 그중 상당수는 종종 규모가 지나치게 비대했고, 현명하지 못하여 신용거래가 절박한 군주들에게 전쟁자금을 지원하는 데 말려들었다.[505] 사업에 대한 신뢰가 흔들릴 때마다 불가피하게 파산이 뒤따랐다. 비축한 자본이 고갈된 경우도 있었고, 때로는 스스로가 초래한 압도적인 채무를 이행할 수 없었다. 14세기의 2/4분기 동안에는 오랫동안 중추적 역할을 해 온 대규모 곡물 무역을 통한 이익 창출이 더 이상 도움을 주지 못했다. 이 시기에 기상이변에 의한 연이은 흉작으로 이탈리아 몇몇 도시 정부들은 직접 대량으로 곡물을 구매하여 빵을 만들었고, 이를 보조금이 지원된 가격으로 저렴하게 팔았다.[506] 지역 경제가 쇠퇴하면서 발달했던 이탈리아 중북부의 도시 성장은 결국 정체되었다. 이탈리아의 1일 실질임금률과 1인당 국내총생산 모두 늦게 잡아도 1310년부터는 결정적으로 하락하는 추세였다.[507]

북유럽에서는 거래 비용 상승의 영향으로 잉글랜드와 플랑드르의 도시 직물 산업의 번영을 좌우하던 값싸고 가벼운 중간재적 직물의 수출 제조업이 교역상 경쟁력을 크게 잃었다.[508] 두 지역 중 플랑드르의 산업이 훨씬 더 컸으며, 사실상 북유럽에서 가장 큰 단일 고용주의 역할을 수행했기 때문에 경제와 사회에 미친 피해가 막대했다. 총생산량과 고용 규모를 줄이고 고급 모직물을 생산하는 방향으로 다각화하는 것이 증가한 운송 비용을 극복하여 플랑드르 산업의 생존을 보증하는 길이었다. 이는 잉글랜드의 질 좋은 양모 수입에 대한 의존도를 높였으므로 플랑드르인들은 경쟁자인 브라반트 및 이탈리아 구매자들과 점점 더 치열한 경쟁에 직면했다. 문제는 잉글랜드 양모의 수입이 양 전염병의 엄습과 정치적·군사적 목적을 성취하기 위한 잉글랜드 국왕의 개입에 취약했다는 점이다. 이 요인들로 인해 산업 발전에 기반한 도시 성장은 중단되었고, 반복되는 무역 불황은 정치적 긴장을 악화시켰으며, 종종 일련의 폭력적인 도시 봉기를 낳았다. 한때 번창하고 역동적이었던 직물 산업이 침체되고 쇠퇴함에 따라서 이탈리아에서와 마찬가지로 1인당 생산량과 소득은 하락하는 경향을 보였다.[509]

이탈리아 중북부나 플랑드르는 모두 양모, 명반, 염료 등 필수불가결한 산업 원자재나 주요 식료품을 자급자족하지 못했다. 수출에서의 손실은 그들을 경제적으로 위태롭게 만들었다. 이탈리아에서는 농산물 가격이 제조업 상품 가격에 비해 훨씬 많이 상승하여(표 3.1) 2차 및 3차 산업 생산품에 대한 국내 수요가 위축되었다. 두 지역 모두 인구밀도가 높아 평방킬로미터당 평균 40명을 초과했고, 가장 밀집한 지역은 그 2배를 넘었다. 양측 모두 농업 부문이 큰 몫을 차지했지만 내부에서는 보유지의 세절화가 극단적으로 진행되었다.[510] 인구 증가는 속도가 느려졌어도 여전히 지속되었기 때문에, 서비스 및 제조업 부문의 고용 축소는 결과적으로 토지에 과도한 노동력이 쏠리게 했다. 말라니마의 추정에 따르면, 이탈리아의 농촌 인구밀도는 계속 높아져 1320년대에는 정점을 찍었다. 그때쯤에는 농촌 가구 중 높은 비율이 수익이 나지 않는 보유지에서 생계를 이어가려고 시도하고 있었다. 비슷한 문제가 플랑드르에서도 지배적이었다. 점점 더 많은 농촌 가구들이 소득 증대의 수단으로 직물 생산에 의존했고, 사면초가에 몰린 도시의 직물 생산자들은 달갑지 않은 농촌 경쟁자들을 억누르려다 직접적인 갈등을 빚었다.[511] 국제적인 교역의 침체가 심화될수록 이러한 문제는 더욱 악화되었고, 흉작이 들거나 주요 식량 가격이 급등하거나 상거래의 혼란으로 비농업 소득이 위축될 때마다 극심한 생계 위험에 노출되는 가구의 비율은 더욱 증가했다. 직물 수요의 급격한 감소와 식량 가격의 폭등으로 인해 압박을 받은 도시의 직물 수공업자들은 유럽의 대기근 기간 동안 많은 수가 사망했다.[512]

당시 잉글랜드의 문제는 그와 다소 달랐다. 잉글랜드는 극도로 상황이 어려웠을 때를 제외하면 주요 식량을 자급자족했고, 국제적으로 수요가 많았던 양모, 가죽, 주석, 납 등 필수적인 원료의 수출국이었다. 값싸고 가벼운 중간재적 직물을 수출하던 산업에서의 손실은 특히 가장 직접적으로 관련을 맺은 도시에 타격을 주었지만, 1330년대부터 양모에 대한 수출 관세 인상이라는 보호정책과 감소하는 직물 수입에 힘입어 직물 산업이 주로 국내 시장을 위주로 재편되면서 다시 회복하기 시작했다.[513] 그와 동시에 해외무역에 대한 국가의 총 무역량은 의심할 바 없이 줄어들었지만, 외국 상인의 철수는 확장할 능력을 갖춘 자국 상인들에게 기회를 제공했다.[514] 그럼에도 불구하고 국가의 주요 국제 정기시의 쇠퇴와 런던 자체의 정체가 입증하듯이, 이는 번영보다는 오히려 역경으로 인해 잉태된 성취였다(그림 3.11). 그리 대단하지 않더라도 2차·3차 산업이 확장되고 1차 생산에 대한 과도한 의존도가 해소되고 있던 점은 차치하고, 국제 경제가 침체에 빠져 있는 한 대도시 경제가 회생할 가능성은 거의 없었다. 한편 낮은 1일 실질임금률과 1인당 국내총생산은 비농업 상품 및 서비스에 대한 국내 수요를 위축시켰다.[515]

농업 분야의 낮은 노동생산성은 최적 규모가 아닌 데다가 많은 보유지들이 산재해 위치한 것이 특히 문제였다. 인구밀도가 가장 높은 지역에서 유능한 노동력 전체를 완전하고 효율적으로 고용하기에는 일이 거의 없었다. 원산업은 여성과 아이들에게 일자리를 제공하고 가구소득을 증가시키며 잉여 노동력을 흡수할 수 있었지만, 아직은 그 발전이 미약했다. 농업 문제의 뿌리는 기술보다는 토지 보유권에 있었고, 식량과 원자재에 대한 도시의 집중된 수요가 한정된 상황에 기인했다. 토지는 쉽게 취득할 수 있었고 추가 보유지는 새로운 가구의 형성에 아무런 장애가 되지 않았으며, 이런 방식으로 지속적인 인구 증가를 보장했다.[516] 자유 보유지의 풍부함과 영주의 관습 보유지에 대한 느슨한 통제는 활발한 세절화를 허용했다.[517] 제한된 영역 내에서의 특혜 임대는 과도하게 비싼 임대 대신에 분할과 전대를 통해 임대를 추구하도록 장려했다. 인구가 증가하던 상황에서 분할과 비분할 방식을 아우르는 관습적 상속과 관련된 토지와 신용거래 시장의 작동은 작은 토지 및 보유지의 독점화보다는 세절화를 이끌었다.[518] 그 결과 소규모 보유농, 오두막살이농, 공유지 경작농, 노동자 등 최소한의 생계 이상을 제공할 수 없는 보유지에서 생활하던 빈곤한 가구들이 양산되었다.[519]

이와 같은 과정이 진전되면서 경제에 부과되었던 빈곤의 무거운 짐은 긍정적 경제 성장을 이끌어 낼 구조적 변화를 거의 불가능하게 만든 장애물이 되었다. 이는 또한 농업의 수확에 민감한 사회를 만들어 냈으며, 사회에서 위기가 발생할 때마다 새로운 채무 불이행, 토지의 출혈 판매, 가차없는 세절화의 증가를 촉진시켰다.[520] 토지가 없는 사람들이 늘어나면서 농촌의 빈민들은 도시로 밀어닥쳤다. 토지 보유권의 근본적인 개혁과 생산요소시장이 작동하는 경제적·인구적 맥락의 전면적 변화 없이는 이와 같은 악순환을 되돌릴 수 없었다.[521] 결과적으로 잉글랜드는 14세기 초에 토지, 자본, 소득이 생존의 필요를 초과하여 상대적인 생산요소 가격의 동향으로부터 이익을 얻을 수 있던 소수의 부유층과, 빈곤하고 불완전한 고용 상태에서 넉넉치 못하고 현금화할 수도 없던 보유지에 의존해 간신히 생계를 유지하고 초과 노동력을 포화된 노동시장에 내다 팔려고 시도하던, 점점 더 비중이 늘어나던 다수의 빈곤층 사이에서 부와 구매력의 양극화를 겪었다.[522]

이러한 밑부분이 무거운 사회·경제적 구조는 수확이 부족할 경우 경제와 인구에 미치는 영향이 선택적이며 불균등할 수밖에 없었다. 즉 식량 가격이 상승했고, 필수불가결하지 않은 것에 대한 소비를 줄였고, 생산요소시장의 활동이 확대되었으며, 범죄에 의존하려는 경향이 더욱 커졌다. 또한 극단적인 경우엔 결혼률이 낮아지고 사망률이 높아졌다.[523] 주기적인 흉작은 농촌 생활에서 피할 수 없었다.[524] 그러나 13세기 말부터 중세 온난기의 종료 및 볼프 태양극소기의 시작과 관련한 대기 순환의 광범위한 전 지구적 재편의 결과, 유럽의 기후는 극도로 불안정하고 극단적인 기상이변의 시기에 들어섰고, 극심한 흉작이 빈번해졌다.[525] 연이은 흉작이 상당한 규모로 발생할 위험도 증가했다.

끊임없는 폭우는 곡물 생산자들이 직면한 가장 큰 위험 요인이었다. 그와 같은 날씨는 1315-16년과 1329-30년에 처음에는 북유럽, 그리고 이어서 남유럽에 기근을 초래했다.[526] 이것들은 북대서양의 해수면 온도, 북대서양 진동의 강도, 겨울 편서풍의 방향과 힘 등에 의해 발생한 변화의 결과였으며, 어느 하나 독립적이거나 무작위로 발생하지 않았다. 또한 전 세계에서 동시에 일어난 기후변화와 원격으로 연결되어 있었다.[527] 개별 기근은 고통에 신음하던 사회들의 허약함과 취약성을 전면에 드러냈을 뿐 아니라 사회를 더욱 곤궁하게 만들었다. 그러나 폭우나 기근 모두 반구의 규모에서 대기 순환 패턴의 변화가 일어나는 동안 발생한 산물로서, 순수하게 맬서스식 사건은 아니었다. 기근은 분수령이 된 사건으로 간주되지 않는다.

이 역사적으로 중요한 시기에 발생한 심각한 기근은 단기적으로 중대한 영향을 끼쳤지만, 몇몇 특별한 맥락을 제외하고는 사회-생태적 상태의 지속적인 전환을 거의 초래하지 못했다. 그러나 회복력을 감퇴시켰고, 사회-생태적 체제를 임계점으로 좀 더 가까이 이동시켰다. 인구가 비교적 많고 정치적으로 경쟁이 치열한 세계에서 기후변화는 일반적으로 경제 상황 악화의 원인이었다기보다는 다른 요인들과 결합해 이를 더욱 심화시켰으며, 때로는 모질게 생활 수준을 저하시키는 방향으로 압력을 가했다.[528] 그 영향은 주변적인 집단과 환경에 가장 크고 가장 지속적으로 미치는 경향이 있었으며, 특히 흉년, 사회적 혼란, 전쟁 등에 의해 동시에 영향을 받았다. 그리고 그와 같은 상황에서 때때로 대규모의 환경 붕괴와 정착지 이탈이 시작되었다.[529]

기상이변의 악영향은 또한 질병과 결합되었을 때 크게 증폭되었다. 가장 두드러진 사례는 1315-25년 잉글랜드의 양 전염병과 유럽의 우역이 발병한 경우였다.[530] 전자는 시장 상황이 이미 불리하게 전환되던 시기에 유럽의 직물 제조업자들에게 질 좋은 잉글랜드 양모의 생산 및 공급을 억제했다.[531] 후자는 필수적인 운전자본을 파괴했고, 사역 자원을 대폭 축소시켰으며, 이미 영양실조에 걸린 사람들에게서 중요한 단백질원을 빼앗았다.[532] 이 역병들은 기상이변으로 인한 농업 위기를 훨씬 더 연장시켰는데, 양 떼와 소 떼는 곡물 비축에 비해 재건하는 데 오랜 시간이 걸렸고,

생태적으로 균형 잡힌 혼합농경체제를 완전히 복원하는 데 필수적이었기 때문이다.[533] 이와 같은 가축의 질병은 목축업자에게도 곡물 생산자 못지 않게 심각한 영향을 끼쳤다.[534]

양 전염병의 경우에는 끊임없는 비, 물이 고인 목초지, '간흡충'과 민물달팽이 숙주의 증식, 양과 다른 가축의 간흡충 섭취 등과 상당히 직접적인 관련이 있었다. 그와 대조적으로 기근 직후 우역 바이러스가 잉글랜드에 유입된 것은 전적으로 우연한 일치였으며, 중부 유럽의 보헤미아 또는 그 근방에서 처음 발병하여 전염이 확대되던 생물학적 과정에서 단지 가장 마지막 단계였다.[535] 그러나 후자인 보헤미아의 발병은 기상이변과 동시에 발생했고, 그러므로 생물학적으로 면역력이 없던 가축이 극심한 생태적 스트레스 조건에서 감염된 동물과 밀접하게 접촉했을 때에 시작되었을 수 있다.[536] 이러한 치명적인 병원균은 최초 발원지로부터 유럽에서 가축을 사육하고 우경을 하는 지역을 통과하면서 하루에 1킬로미터의 속도로 확산되어 보헤미아에서 보고된 이래로 잉글랜드에는 3년 만에, 아일랜드에는 5년 만에 도달했다.[537] 유럽의 얼마나 많은 지역이 소 역병의 피해로부터 무사했는지는 아직 밝혀지지 않았지만, 알프스 남쪽에는 현재까지 그에 대한 언급이 발견되지 않았다. 따라서 이러한 기후적·생물적 이중 재난의 타격을 정면으로 받은 곳은 북유럽이었다.

페스트는 그때까지 아직 유럽에 도달하지 않았으며, 1346/7년까지는 그런 상태가 유지되었다. 그렇지만 이 시기에 중앙아시아 반건조 내륙 지역의 게르빌루스쥐와 마멋의 숙주 개체군 사이에서는 이미 동물풍토병 상태로부터 다시 깨어난 상황이었다. 북대서양 진동이 약해지면서 북대서양에서 기원한 습한 편서풍 기류가 중앙아시아까지 침투한 것이 이와 같은 발전에 중요한 역할을 한 것으로 보인다. 강수량의 미미한 증가가 식물 성장의 증진, 야생 설치류 개체군의 확대, 병원균의 전염을 촉진하는 벼룩 활동의 강화 등의 영양 연쇄반응을 개시했고, 현재 가능성이 가장 높은 것으로 확인되는 중국 서부의 티베트-칭하이 고원의 1차 진원지 내에서 페스트가 보다 활성화된 동물풍토병 상태로 발전하는 데 도움을 주었다. 이 과정에서 축적된 병원균이 증가함에 따라 자율적인 생물학적 변화가 일어나 페스트균의 몇몇 새로운 계통이 생겼다. 페스트 계통수에서 새로운 다분할에 의한 갑작스러운 증식은 13세기 후반 어느 시점에 병원균이 전보다 활성화된 단계에 들어갔다는 확실한 신호이다. 이러한 생태적·생물적 발전은 결정적으로 중세의 상업적 중요성이 절정에 달했던 13세기 후반과 14세기 초 비단길의 북쪽 지선을 가로지르는 바로 그 지역에서 발생했다. 이 중요한 동서 무역의 동맥을 따라 이루어진 장거리 대상 교통은 페스트가 오랫동안 발생하지 않은 서쪽 지역으로 의도치 않게 꾸준히 퍼져 나가는 데 기여한 것으로 보인다. 1310년부터 1340년까지 발생했던 단기 우기도 이 과정을 촉진했을 가능성이 매우 높으며, 결과적으로 페스트는 1330년대 무렵 카스피해 분지 동쪽의 대초원에 도달했던 것으로 보인다. 일단 그곳에 자리를 잡았기에, 페스트균이 비단길의 서쪽 종착지에 도달하고, 흑해의 분주한 상업 항구에 서식하고 있던 수많은 검은쥐나 사람들과 접촉하는 것은 시간문제였다. 그러나 1340년대 초에는 그 불길한 발전이 아직 미래의 일이었고, 재출현하여 가차 없이 확산되고 있던 이 병원균이 잠재적으로 초래할 엄청난 인구적 재앙을 눈치챈 유럽인은 거의 없었다.

당대인들은 전염병을 염두에 두지 않았겠지만, 점점 변덕스러워지는 날씨를 무시할 수는 없었다. 북유럽에서 1315년에 시작된 기상이변으로 인한 농업 위기는 1332년까지도 실질적으로 끝나지 않았는데, 그 무렵은 이제 남부 유럽이 기상이변의 희생자가 될 차례였다.[538] 그러므로 이 혹독한 수십 년 동안에는 유럽에서 어떤 지역도 아무 탈 없이 피해갈 수 없었다. 그와 동시에 남아시아 몬순의 강도가 변동하기 시작하면서 기후변화는 동남아시아와 중국의 벼농사 문명을 동요시키는 결과를 가져왔다.[539] 언제나 불안정을 초래했고 때로 상황을 더 악화시켰던 환경 변화는 유라시아 전역에서 감지할 수 있었다. 그와 거의 동시에 전면에 등장한 일련의 경제적 문제들도 크게 악화되고 있었다. 여러 전선에서 다양한 이유로 전개되던 전쟁 역시 당대의 난국에 크게 기여했다. 1330년대부터 라틴 기독교 세계의 쇠퇴하던 상업경제는 더욱 깊은 침체의 늪으로 빠져들었다. 고조된 기후 불안정, 생태적 스트레스, 자원에 대한 지속적 인구 압박 등과 결합된 전쟁의 직간접적 영향으로 당대의 평범한 사람들에게 1340년대는 중세에서 가장 힘든 시기가 될 상황이었다. 그런데 페스트가 마침내 유럽에 도달해 가장 치명적인 재앙이 되었다.

부록 3.1 1290년 잉글랜드 가구의 토지 수입

1290년 잉글랜드 가구소득의 사회적 분포는 표 3.4에 집약된 것처럼 상당히 확실하게 재구성할 수 있다. 당연히 국왕은 최대 토지를 지닌 영주였다. 국왕의 영지는 왕국 전체 토지의 약 1/30을 차지했으며, 에드워드 1세는 약 1만 3,500파운드의 토지 수입을 산출했다.[540] 그 토지들은 컸지만 널리 흩어져 있었고, 관리책임자들의 공금 횡령과 부패도 만연했으므로, 수입은 마땅히 거두어야 할 것보다 훨씬 적었으며, 심지어 평화 시에도 왕이 국가를 운영하는 데 필요한 규모에 크게 못 미쳤다.[541] 그러므로 정기적인 직간접 과세로 세수를 늘여야 했으며, 전시에는 그 과세의 규모와 빈도가 증가했다(그림 4.1). 에드워드는 웨일스, 프랑스, 스코틀랜드에서의 엄청난 전쟁 비용을 조달하기 위해 처음에는 루카의 리차르디 회사, 그 후에는 피렌체의 프레스코발디 회사로부터 브리지 자금bridging fund을 빌렸으며, 나아가 속인의 동산에 대해 세금을 부과했고, 성직자로부터 직접 보조금을 받았으며, 몇몇 교황세금을 양도받았고, 해외무역에 관세와 상품세를 부과했다(1303년부터 거주민보다는 외국인 상인에게 광범위한 상품들에 대한 세금을 부과했다).[542] 그는 1280년대와 1290년대를 거치며 이와 같이 다양한 소득원으로부터 국왕의 영지에서 얻은 수입보다 평균 3배나 되는 큰 수입을 올렸다(표 3.4 및 3.5). 전쟁은 이러한 세금 요구의 배후에 있던 추진력이었으며, 그와 관련된 정부 행정과 기록의 작성 및 보존 방식도 함께 발전했다. 1295년과 1298년 사이 에드워드가 가스코뉴와 스코틀랜드에 대한 영토 주장에 가장 적극적이었을 때, 그는 총 34만 5,000파운드의 세금을 징수했고 또 지출했다(표 3.13).[543] 그렇게 짧은 기간에 막대한 돈을 끌어모은 것은 많은 평범한 사람의 수입에 강한 압박을 가했기에 가능했는데, 그것을 성사시킬 수 있던 국가의 능력이야말로 매우 인상적이다.

지위와 재산에서 국왕 다음으로는 149개의 귀족 가문이 있었다. 그들의 연평균 토지소득은 376파운드였다(표 3.5). 최고위 성직자를 제외하고는 다른 어떤 사회집단도 그 정도로 많은 가처분소득을 갖고 있지 못했다. 상인과 금융가는 분명 상당한 부를 창출할 수 있는 잠재력을 지니고 있었지만, 어떤 토착 상인도 아직은 최상위 귀족 가문의 재산에 경쟁이 되지 못했다. 이 소수의 사회 엘리트는 총 토지 재산의 1/10을 차지했는데, 다이어는 이들 계층의 소득이 13세기를 거치며 증가했으리라고 추정한다.[544] 그렇다고 할지라도 호화로운 생활 방식을 영위하고, 상당수의 하인을 거느리며, 보다 정성 들인 성과 예배당을 포함하여 그들이 향유할 수 있던 고급 소비재에 탐닉하는 욕구로 인해 많은 귀족 가문은 빚더미에 앉았다. 노퍽의 백작 로저 4세 비고드Roger IV Bigod는 총수입이 2,500-4,000파운드에 달했음에도 불구하고 "재난을 초래할 정도까지 지출했다."[545] 최고위 성직자들도 그에 못지않게 부유했고, 특히 윈체스터 주교를 능가하는 자가 없었다. 그렇지만 이들은 일반적으로 자원을 보다 신중하게 사용했다. 그들의 평균 소득은 고위 귀족보다는 낮았지만, 집단의 총액에서는 귀족의 3배를 넘어섰다(표 3.5). 최고위 성직자와 마찬가지로 가장 부유한 수도원은 연간 수백 파운드의 수입을 거두었다. 개별 수사들은 가난한 삶을 신봉했을지라도, 그들이 속한 공동체는 결코 가난하지 않았으며, 그로 인해 수도원 생활은 물질적으로 가장 안정적인 삶에 속했다. 그리고 1279년과 1290년의 '양도불능법Statutes of Mortmain'에 의해 제한되기 전까지 신자

표 3.4 | **1290년경 잉글랜드의 사회 통계**

사회경제적 범주	추정 가구수	추정 평균 가구 규모	추정 인구	가구당 추정 경작면적 (ha)	총 경작면적 (1,000ha)	가구당 연소득 (£)	추정 총소득 (1,000£)
하위 성직자, 전문직, 법조인, 상인, 소매상, 장인, 건축업자, 도시노동자	130,000	5.50	715,000			5.50	715
토지보유자(성직 영주, 귀족, 젠트리, 성직자)	21,000	8.50	178,500	50.0	1,050	28.00	588
견실한 소작농	12,500	7.00	87,500	20.8	260	12.00	150
버게이트 경작농	180,000	5.50	990,000	12.5	2,250	6.00	1,080
소규모 토지 보유농	300,000	4.00	1,200,000	5.0	1,500	3.00	900
오두막살이농과 농업 노동자	240,000	3.50	840,000	0.8	200	1.50	360
촌락 장인, 비농업 노동자, 빈민, 유랑민	160,000	3.50	560,000	0.3	50	1.75	280
병사, 광부, 어부 및 선원	50,000	3.50	175,000			2.50	125
잉글랜드 전체	1,093,500	4.34	4,746,000		5,310	3.84	4,198

주: 빈곤선(점선)은 여유 생계 품목을 구매하기 위해 한 가구에 요구되는 최소 수입이다. 여유 생계 품목(빵 190kg, 콩 40kg, 고기 26kg, 버터 5.2kg, 치즈 5.2kg, 달걀 52개, 맥주 182L, 비누 2.6kg, 리넨 5m, 초 2.6kg, 등유 2.6L, 연료 5.0 M BTU)을 위한 1년 비용은 성인 남성 1인에게 17s. 3d., 성인 2명과 아이 3명의 한 가족에게 £2 16s. 1d.으로 추정된다. 최소 생계 품목(귀리 155kg, 콩 20kg, 고기 5kg, 버터 3kg, 비누 1.3kg, 리넨 3m 리넨, 초 1.3kg, 등유 1.3L, 연료 2.0 M BTU)을 위해서는 성인 남성 1인은 최소한 7s. 3¼d., 5인 가구는 £1 3s. 8d의 연소득이 필요했다. 두 생계 품목 모두 하루 약 2,000kcal의 최소 식이요구량을 충족한다. 여기에 언급한 양은 Allen(2009), 36-37에 근거하였으며, 비용은 Allen(2001)의 1286-95년 평균 가격을 이용하여 산출했다. M BTU = 백만 BTU (영국 열량 단위).

출처: Campbell(2008), 940.

표 3.5 | **1290년경 잉글랜드 지주의 수와 토지 수입 추정**

사회집단	가구수		가구당 연평균 토지수입(£)		신분집단별 총 토지수입(£)		총 토지 수입(%)	
대지주:	993		258		256,550		47.4	
국왕		1		13,500		13,500		2.5
귀족(백작, 남작, 귀족 여성)		149		376		56,050		10.4
고위성직자 (대주교, 주교, 수도원)		843		222		187,000		34.5
소지주:	19,600		15		284,800		52.6	
젠트리(기사, 하위 젠트리, 젠트리 여성)		11,100		16		182,800		33.8
교구 성직자		8,500		12		102,000		18.8
지주 전체	20,593		28		541,350		100.0	

출처: Campbell(2005), 12-13.

들의 유증과 기부가 이어져서 수도원의 영지는 꾸준히 늘어났다.

전체적으로 보면, 대지주들의 몫은 총 토지소득의 절반에 조금 못 미쳤고, 중소지주들의 몫은 절반보다 조금 더 컸다(표 3.5). 13세기 말에 중소지주들은 소득을 올리는 데 점점 더 압박을 받았다. 대부분은 소득을 작은 단독 장원의 수입이나 기사의 보수에 의존했다. 그들 자신의 직영지 수입, 소작인들이 지불한 지대(대부분 고정됨), 법정, 제분소, 시장 등에서 거둔 벌금, 방앗간 사용료, 관세와 영업세, 그리고 그 외 부수입을 통해 연평균 16파운드를 벌어들였다(표 3.5). 그들은 이러한 방법으로 사회적 지위를 유지하기 위해 노력했다.[546] 그들은 일부 큰 물고기들을 포함하고 있던 지주계급 내에서는 가장 작은 치어들에 불과했지만, 집단 전체로 보면 영주 수입 중 약 1/3을 차지했다. 추가로 19%는 종교계의 한 부분인 8,500명의 교구 성직자들이 교구교회 소속 경작지와 십일조 수입을 통해 거두어들였다.

교구 교회 및 수도원의 설립과 기부로 인해 교회는 전체 영주 수입의 절반 이상(표 3.5)을 얻었으며, 국민소득의 약 7%를 차지하여 단독 최대 지주가 되었다.

예속된 버게이트 경작농 대부분을 포함한 소작인의 상층부도 빈곤선을 훨씬 상회하는 소득을 얻었다. 잘 관리되고 노동력이 풍부한 12½헥타르의 경작지는 통상 저렴한 임대료에 대한 보상이었는데, 약 6파운드의 수입을 보장했으므로 매력적인 제안이었다.[547] 이 정도 규모의 경작을 하는 농민은 농촌 가구의 약 1/5을 차지했지만 전체 경작지의 2/5 이상을 보유했으며, 평균보다 대략 50% 높은 가계소득을 올렸다(표 3.4). 그들은 보유 토지에 투자했고, 잉여 생산물을 판매했으며, 노동자와 하인을 고용할 수 있는 지위에 있었다. 그리고 부역의무를 수행하는 경우 종종 대리인을 내세웠던 것으로 보인다.[548] 그들은 촌락에서 눈에 띄게 부유했으며, 공유지와 목초지의 관리 및 규제, 장원 법정의 작동, 직영지의 감독에서 종종 주도적인 역할을 하던 영향력 있는 집단이었다. 지주를 제외하면, 농촌 가구 중에서 실질적으로 그 수가 줄고 있던 견실한 자유 소작농과 성공적으로 제분소 및 대장간을 운영하던 사람들만 그들보다 형편이 나았으며, 정기적으로 잉여 소득을 임의로 처분할 수 있었다.

반半버게이트 경작농은 빈곤선 가까이에서 생활했지만, 실제로 얼마나 그에 근접했는지는 논쟁의 여지가 있다. 표 3.4에 제시된 산정치의 의미는 가구당 평균 5헥타르의 소규모 보유농이 일반적으로 여유 생계 품목의 소비재를 감당할 수 있었다는 것이다. 이는 마크 페이지Mark Page가 햄프셔 남부의 많은 소작인의 경제적 상황에 대해 내린 최근의 낙관적인 평가와 일치한다. 그들은 3헥타르에 불과한 작은 토지로 가족을 성공적으로 부양했으며, 기근과 농업 위기의 충격에서도 살아남았다.[549] 그와 대조적으로 해리 키치코풀로스Harry Kitsikopoulos는 흑사병 이전 소작농의 지출을 가상으로 재구성하여 잉글랜드 중부의 삼포식 농업 지역에서 예속농이 소박한 수준에서 가족을 유지하면서 생계를 이어 나가기 위해서는 최소

7.5헥타르의 경작지가 필요했다고 결론지었다.[550] 3-6헥타르의 소규모 보유지로서는 이를 감당하기에 불충분했을 것이다. 그럼에도 불구하고 이러한 빈약한 보유지를 지닌 소작농들은 매우 많았으며, 이들은 실제로 수확이 최악이었던 시기를 제외하면 대체로 생존을 지속해 나갔다. 이는 이처럼 빈약한 보유지 경작자의 생존력에 대한 페이지의 낙관적인 견해가 근거가 있음을 시사한다. 흉작은 불가피하게 빈자들을 호되게 압박하여 그들의 얼마 안 되는 잉여를 다 없앴고, 임시적인 노동 기회도 감소시켰고, 부산물에 대한 수요를 움츠러들게 했고, 필수 식료품의 가격을 인상시켰으며, 취약한 신용거래의 조정을 불안정하게 만들었으며, 많은 사람이 토지와 결별하게 만들었다.[551] 1290년에는 25만 이상의 농촌 가구가 이와 같은 취약한 상황에 처해 있었다. 그리고 빈곤선 이하에 살고 있던 농촌 가구의 비율은 전체 가구의 2/3까지 늘어났다. 의심할 바 없이 도시 가구 중 상당히 높은 비율도 이와 유사한 상황에 처했다. 마찬가지로 많은 사람이 생계를 위해 빈약한 경제력에 의존했고, 무역 조건이 불리하게 변하여 식량 가격이 높아진 시기에 상당한 수입의 감소를 겪었다.

일반적으로 토지가 가장 부족한 사람이 가장 가난한 사람이었고, 이렇게 거의 토지를 소유하지 못한 집단들은 잉글랜드 사회에서 1086년보다 1290년에 훨씬 더 큰 비율을 차지했다는 데에 의심의 여지가 없다. 게다가 지위와 소득에서 놀랄 만한 반전을 겪는 사람들 중 다수가 자유민들이었다. 이들 자유로운 소작인 가구들은 지난 두 세기 동안 그 수가 가파르게 증가했을 뿐 아니라, 그들의 보유지는 극심한 세절화로 피해를 입었다. 사실상 규제받지 않은 활발한 토지시장이 방조한 조각 난 개간, 분할, 전대 등의 결합에 의해 소규모 자유 보유지의 확산은 이 시대의 매우 두드러진 특징 중 하나였다.[552] 관습 보유지들도 이 과정으로부터 영향을 받지 않은 것은 아니었지만, 영주들은 토지시장의 운영과 상속 관습의 적용을 규제할 수 있는 훨씬 강력한 위치에 있었다. 예속민의 토지에 대한 높은 임대료가 적용되었으나, 보유지가 경제성을 지닐 수 있으려면 분할이 그 정도까지 극단적으로 추진되어서는 안 되었다.[553] 1279년 헌드레드롤이 포함된 영역 내에서 자유 보유지의 59%가 6에이커 미만이었던 반면, 예속민 보유지는 36%가 6에이커 미만이었다. 그리고 자유 보유지의 33%가 1에이커 미만이었던 반면, 예속민 보유지는 22%가 1에이커 미만이었다.[554] 옥스퍼드 머튼 칼리지의 관리소장과 평의원들은 서리의 손크로프트Thorncroft 장원에서 그들이 예속민 보유지에 대해 행사할 수 있던 보유권 통제가 자유 소작농의 토지까지 확장되지 않았음을 알고 있었으나, 그 토지의 붕괴를 막는 데에는 속수무책이었다.[555]

주

1 2장 5절; Abu-Lughod(1989).
2 2장 2절과 3절.
3 2장 4절.
4 3장 1절과 2절.
5 3장 1절 3항.
6 Álvarez-Nogal and Prados de la Escosura(2013); Kitsikopoulos(2012).
7 Dugmore and others(2007).
8 그림 3.22.
9 Abu-Lughod(1989), 185-211.
10 Ashtor(1976), 263.
11 "… 내륙에서 생산된 온갖 향신료, 비단으로 만든 의복, 그리고 금과 다른 귀중품들이 그 도시로 들어온다. 베네치아와 제노바, 그리고 다른 나라에서 온 상인들은 이곳으로 와서 그들이 가져온 상품을 판매하고 자신들에게 없는 물품을 구입한다": Yule(1875), 43.
12 Ashtor(1976), 264-5.
13 Ashtor(1976), 298-9; Ashtor(1983), 43-4, 57-61.
14 Ashtor(1976), 300-1; Ashtor(1983), 57.
15 Ashtor(1983), 17-57.
16 Ashtor(1983), 45-6.
17 Ashtor(1983), 7-17; Malowist(1987), 588; Abu-Lughod(1989), 124, 214.
18 Malowist(1987), 584-8; Abu-Lughod (1989), 154-9.
19 Ashtor(1983), 57-8. 폴로는 타브리즈에서 활동하던 "라틴 상인, 특히 제노바인들"에 대해 보고했다: Yule(1875), 75-6.
20 Yule(1875).
21 Lopez(1987), 381-3; Kedar(1976), 16-19. Munro(1991), 124-7 등의 문헌들은 당시 지중해 상업이 전반적으로 쇠퇴하고 있던 증거들을 압축해 서술하고 있다.
22 Abu-Lughod(1989), 70.
23 Edwards and Ogilvie(2012).
24 Edwards and Ogilvie(2012), 139.
25 Nicholas(1992), 186-97.
26 Munro(1991), 129-30; Munro(1999b); Edwards and Ogilvie(2012), 138-9.
27 이 논지는 먼로가 저술한 여러 저술에서 발전하고 정교화되었다: Munro(1991), Munro(1999a), Munro (2001) 그리고 Munro(2003a).
28 2장 4절 1항.
29 Lloyd(1982), 5-6; Munro(1991), 121-4.
30 Hunt and Murray(1999).
31 Unger(1980), 172-82.
32 Munro(1991), 120-30; Munro(1999a), 20-5; Munro(2001), 420-6.
33 인구밀도가 낮은 에스파냐와 포르투갈의 상황은 예외적이었다: Álvarez-Nogal and Prados de la Escosura(2013); Rodríguez(2012); Henriques(2015). 스칸디나비아, 중부 유럽, 그리고 러시아에 대해서는 Myrdal(2012), Myśliwski(2012), Martin(2012) 참조.
34 3장 1절 3항 d.
35 Hanawalt(1979).
36 3장 2절.
37 Stephenson(1988); Newfield(2009); Campbell(2011b); Slavin(2012).
38 Kitsikopoulos(2012).
39 1장; Brook(2010); Lieberman(2009); Lieberman and Buckley(2012), 1068-78; Tana(2014), 332-7.

40 Epstein(2000a), 52-72. 상업적 신뢰의 하락 징후에 대해서는 Kedar(1976) 참조.

41 2장 5절 1항.

42 Malanima(2011); Zanden and Leeuwen (2012); Broadberry and others(2015), 375-6. 관례에 따라 과거 국민소득의 모든 추정치는 공통 통화, 즉 1990년 기어리 카미스(Geary-Khamis) 달러 즉 국제 달러로 표시한다.

43 Campbell(2013c).

44 Malanima(2003), 282.

45 Malanima(2005), 99-102, 108.

46 Malanima(2012), 113.

47 2장 3절.

48 Jansen(2009); Alfani and others(2015).

49 Abulafia(1981), 385; Hunt and Murray(1999), 101.

50 피렌체 페루치 회사에 대한 사례연구는 Hunt(1994), 이탈리아와 잉글랜드의 양모 무역은 Lloyd(1977), 60-98, 그리고 이탈리아 곡물 무역에 대해서는 Abulafia(1981) 참조.

51 Hunt and Murray(1999).

52 Benedictow(2004), 94-5.

53 Bell and others(2011).

54 Hunt and Murray(1999), 118-19; Munro(2001), 419n.

55 Hunt and Murray(1999), 119. 나폴리 왕국에서 피렌체인의 구매 규모에 대해서는 Abulafia(1981), 379-83 참조.

56 Proctor and others(2002b); Esper and others(2009). 잉글랜드에서 1333년은 평균 이상의 예외적인 수확을 기록한 첫 해였다: Campbell(2007).

57 Bartlett(1992), 38-40; Hunt(1994), 169; Hoffmann(2014), 326-7.

58 1333년의 에스파냐 위기에 대해서는 Furió(2011)와 Furió(2013) 참조. 카탈루냐는 1333-34년에 극심한 흉작을 겪었고, 1334년 늦겨울에 바르셀로나에서는 상당히 과도한 사망이 목격되었다. 같은 해 푸이체르다(Puigcerdá)에서 페르피냥(Perpignan)으로의 곡물 수송은 폭력적인 시위를 촉발시켰다: Maltas(2013).

59 Malanima(2012), 101, 102-3, 116-17.

60 이탈리아는 1315-22년 유럽 대기근의 피해를 겪지 않았는데(토스카나의 밀 가격은 1315년과 1316년 모두 평년보다 훨씬 낮았다. 그림 3.3), 당시 북해 지역의 치솟는 가격으로 인해 모험적인 제노바 상인들은 값싼 지중해 곡물을 북쪽으로 운송했다. 카탈루냐 상인들도 상당량의 곡물을 에그모르트(Aigues-Mortes)로 운송했고, 거기에서 론강을 따라 프랑스 북부로 보냈다: Maltas(2013).

61 Jansen(2009).

62 Jansen(2009).

63 Alfani and others(2015). 카탈루냐에서는 1346-47년에도 기근이 심했다: Furió(2013)와 Maltas(2013).

64 Jansen(2009).

65 Abulafia(1981).

66 Epstein(2000a), 36, 169-74.

67 Epstein(2000a), 51; Epstein(2000b), pp. 14-22 of 36.

68 Epstein(2000b). 토스카나 도시 피스토이아의 사례연구는 Herlihy(1967) 참조.

69 Bairoch and others(1988), 259; Nicholas(1992), 117; Bavel(2010), 280-1.

70 Nicholas(1992), 97-139.

71 Nicholas(1992), 171-2; Edwards and Ogilvie(2012), 132, 136, 139-40.

72 Lloyd(1982), 108-12.

73 2장 5절 3항.

74 Pounds(1973), 332; Bavel(2010), 283. 니콜라스는 14세기 초 플랑드르 농촌의 인구밀도가 평방킬로미터당 평균 60명을 상회했다고 평가했다: Nicholas(1976), 25-6.

75 Nicholas(1976), 7; Thoen(1997), 74-85; Bavel(2010), 133-6, 141.

76 Lloyd(1977), 2-24.

77 Lloyd(1982), 108-10; Nicholas(1992), 97-104; Campbell and others(1993), 180-2; Campbell(2002b), 6-7, 15-16, 21-3.

78 Buyst(2011). 14세기 초 플랑드르의 1인당 국내총생산이 잉글랜드의 2배에 달한 것은 플랑드르의 도시화율이 그에 상응하여 높았던 사실과 일치한다.

79 Nicholas(1976), 28-9.

80 Nicholas(1992), 106-7; Thoen(1997), 81, 84-5; Bavel(2010), 171.

81 Nicholas(1976), 7, 26; Nicholas(1992), 124, 262, 264; Soens and Thoen(2008), 41-5.

82 Nicholas(1968), 477; Nicholas(1992), 127; Soens and Thoen(2008), 36-7, 46-7; Bavel(2010), 170-8.

83 Nicholas(1992), 262-3; Bavel(2010), 327, 329, 331.

84 Lloyd(1977), 25-40.

85 Lloyd(1977), 63; Stephenson(1988), 372-3, 381, 385.

86 Nicholas(1968), 461; Nicholas(1992), 181-5; Cohn(2006), 312n.; Bavel(2010), 272.

87 Lloyd(1977), 75-98; Prestwich(1988), 376-400; Nicholas(1992), 186-2.

88 Carus-Wilson and Coleman(1963), 38-9; Edwards and Ogilvie(2012), 8-10.

89 Munro(1999b).

90 Lloyd(1977), 99. 각 부대에 240-300마리의 양털 364파운드가 담겨 있다고 전제하여 추정한 양의 수.

91 Nicholas(1992), 212-17; Munro(1999a), 9-10; Bavel(2010), 271-3.

92 Lloyd(1977), 144-6; Fryde(1988), 53-86; Nicholas(1992), 217-24; Bavel(2010), 271.

93 Carus-Wilson and Coleman(1963), 194-6.

94 Munro(1999a), 21.

95 Munro(1991), 110.

96 Munro(1991), 111.

97 Munro(1999a), 25.

98 Munro(1991), 112.

99 Munro(1991), 112-13.

100 Munro(1999a), 56.

101 Munro(1991), 117.

102 Munro(1991), 136; Munro(2003a), 245. 1310년대에서 1332년 사이 아일랜드의 양모, 양털 가죽, 짐승 가죽 수출은 거의 60%나 감소했다. 이는 McNeill(1980), 132-5로부터 추정한 것이다.

103 Lloyd(1977), 99-203.

104 Nicholas(1992), 279; Boussemaere(2000).

105 Munro(1999a), 42.

106 Nicholas(1968), 464-5, 467; Nicholas(1992), 281-3.

107 Nicholas(1992), 206.

108 Bavel(2010), 272.

109 우역 대역병은 1318년에 저지대 국가들로 확산된 것으로 보인다: Newfield(2009), 162.

110 Nicholas(1992), 207; Jordan(1996), 146, 161.

111 Bavel(2010), 279.

112 Jordan(1996), 146; Bavel(2010), 279.

113 Jordan(1996), 146-7, 161-2.

114 Nicholas(1992), 207-8.

115 Nicholas(1992), 207-8; Bavel(2010), 279.

116 Nicholas(1992), 260; Bavel(2010), 47; Soens(2011); Soens(2013), 161-73.

117 Bavel(2010), 313-17.

118 3장 1절 1항.

119 3장 1절 3항 c.

120 이와 같은 국내총생산 산정은 Broadberry and others(2015), 1-244에 상세히 설명되어 있으며, Bas van Leeuwen에 의해 1253년까지 확장되었다.

121 Campbell(2000), 26-37; Campbell(2007).

122 Wrigley(1962).

123 Phelps Brown and Hopkins(1956); Munro(연도미상); Clark(2007b), 130-4.

124 새로운 주요 교회 건축 프로젝트의 수는 1310년대에 15개였으나, 1320년대 13개, 1330년대 7개, 1340년대에는 2개로 감소했다: Morris(1979), 178-81. 그와 상응하는 시기에 새로 건설된 구빈원의 수는 각각 18, 11, 24, 9였다(그림 2.12A와 B).

125 Munro(연도미상). 같은 기간 농업 노동자의 명목임금은 1$\frac{1}{4}$펜스에서 1$\frac{1}{2}$펜스로 소폭 증가했다: Clark(2007b), 131-3.

126 Munro(2003b).

127 Allen(2012), 283-5, 329-31, 344-5.

128 Allen(2001); Allen(2009), 36-7. 리비-바치는 필수적인 영양을 충족시키는 데 필요한 최소량을 2,000킬로칼로리로 간주한다. 그렇지만 날씨의 변화와 무관하게 농지에서 힘든 육체노동을 지속하려면 실질적으로 훨씬 높은 수준의 영양 섭취가 필요했다. Livi-Bacci(1991), 27.

129 Langdon and Claridge(2014); Humphries and Weisdorf(2015), 25.

130 Allen(2009), 36-7.

131 Henriques(2015), 160-1.

132 Langdon and Masschaele(2006), 69-77.

133 Britnell(2001), 10-14; Campbell(2005), 60-74.

134 남성과 여성 노동자는 각각 'anilepimen', 'anilepiwymen', 독신 남성 하인은 'garciones'라는 용어로 표현되었다: Clark(1994); Fox(1996).

135 부록 3.1의 표 3.4에 있는 '여유 생계 품목'과 '최소 생계 품목'에 대한 상세한 계산은 알렉스 클라인(Alex Klein)이 스티븐 브로드베리(Stephen Broadberry)와 함께 작성했다.

136 Campbell(2010a), 287-93.

137 1316년은 먼로(Munro, 연도미상)의 수정된 건설 노동자의 1일 실질임금 지수와 클라크(Clark, 2007b)의 농장 노동자의 1일 실질임금 지수 모두에서 최저점을 나타낸다.

138 Keene(2011); Sharp(2013).

139 Lloyd(1977), 63; Stephenson(1988), 372-3, 381, 385.

140 이와 같은 재구성은 총 추정 인구 475만 명, 경작 가능한 면적 530만 헥타르, 국민 소득 420만 파운드와 일치해야 한다는 제약이 있다.

141 Postan(1966), 563-5.

142 Lindert and Williamson(1982).

143 위 후주 137.

144 The National Archives, PRO E179/120/2.

145 Jenks(1998), 31; Ormrod(1991), 153.

146 전국의 인구 475만 명, 한 주(카운티)의 인구 76,400명, 총 가구수 15,300-17,000명, 그리고 각 가구의 가장인 납세자는 최소 6,500명으로 추정된다.

147 Campbell(2000), 158-9.

148 Childs(1981), 26-7; Farmer(1992).
149 Dyer(1992), 142.
150 Campbell(1995a).
151 Dyer(1989), 49-85; Woolgar(1999).
152 Lloyd(1982), 204.
153 Childs(1996), 133.
154 Lloyd(1982), 206.
155 Lloyd(1982), 227-33.
156 Keene(1984a), 13; Keene(1985), 19-20; Schofield and others(1990), 185, Nightingale(1995), 139에서 재인용.
157 Lloyd(1982), 227-33.
158 Nightingale(1996), 93-4; Campbell(2008), 914-15.
159 Keene(1985), 12-13, 19-20.
160 Nightingale(1995), 114-15, 121, 169-71, 175-6; Hunt and Murray(1999), 116-17; Bell and others(2011).
161 Moore(1985), 210-13.
162 Chorley(1988); Munro(1999a); Munro(1999c).
163 Moore(1985), 11-12.
164 Munro(1999c), 118, 119-21.
165 Munro(1999c), 118.
166 Childs(1996), 133.
167 Lloyd(1982), 210-26을 토대로 계산.
168 Rutledge(2004), 166, 169, 188; Childs(1996), 133, 135, 146-7.
169 Bolton(1980), 199-202.
170 Nightingale(1995), 571; Nightingale(1996), 98-99.
171 Keene(1985), 20.
172 Keene(1984b); Keene(1985), 19; Nightingale(1996), 97.
173 Nightingale(1996), 99.
174 Jenks(1998), 31, 39에 서술된 전체 주(카운티)를 토대로 계산; Glasscock(1975).
175 Baker(1966); Livingstone(2003), 320-61; Campbell and Bartley(2006), 44-51.
176 Kowaleski(2014), 593-6. 런던으로의 이주가 1320년대부터 여러 에식스 장원에서 뚜렷하게 나타난 성인 남성 수의 감소 추세를 부분적으로 설명해 준다: Poos(1985).
177 Dewitte(2010); Connell and others(2012); DeWitte and Slavin(2013); Kowaleski(2014).
178 "14세기 초 동안 노리치는 광범위한 산업 및 상업 기반을 갖춘 번영하는 도시에서 단일 산업(직물)에 크게 의존하는 빈곤층의 비율이 훨씬 더 높은 도시로 변모한 것으로 보인다" : Rutledge(2004), 188.
179 Rutledge(1988), 28.
180 Rutledge(1995), 23.
181 Lloyd(1977), 144-92; Bolton(1980), 200-1.
182 Lloyd(1977), 144-92; Ormrod(1990), 181-3, 188-94.
183 Jenks(1998), 31, 39에 서술된 전체 주(카운티)를 토대로 산출; Glasscock(1975).
184 Jenks(1998), 31, 39에 서술된 전체 주(카운티)를 토대로 산출; Glasscock(1975).
185 Hatcher(1973), 93-5.
186 Jenks(1998), 31, 39에 서술된 전체 주(카운티)를 토대로 산출; Glasscock(1975).
187 Livingstone(2003), 347.
188 Maddicott(1987), 299-318.
189 Langdon and Masschaele(2006), 75-6.
190 '군사 국가' 형성에 의해 자극을 받아 스웨덴의 1인당 국내총생산은 1600년 847달러에서 1700년 1,251달러로 증가했다: Schön and Krantz(2012), 541-3, 546.
191 Schön and Krantz(2012), 542.

192 Hewitt(1966); Allmand(1988), 91-119.

193 Prestwich(1988), 401-35; Ormrod(1990), 10-15.

194 관련 사례연구로는 Schofield(1997) 참조.

195 Broadberry and others(2015), 229.

196 Broadberry and others(2013), 228-38.

197 둠즈데이 지역에 대해서는 Campbell(2000), 386-9 참조. 1290년의 지역에 대해서는 Broadberry and others(2015), 65-73이 Campbell(2000), 388-90의 추정을 상향 조정했다.

198 둠즈데이북에 따르면 1086년에 자유보유농 13,600가구는 평균 16.7헥타르, 영주의 부역농(sokeman) 23,300가구와 예속농(villein) 109,200가구는 각각 9.4헥타르를 소유했으며, 변경민(bordars), 오두막살이농(cottars), 빈민농(coscets) 88,800가구는 평균 1.3헥타르를 소유했다. 이 가구수는 Darby(1977), 89, 337에 언급된 자료에 근거하며 평균 보유 규모는 Seebohm(1883), 102-3 참조.

199 극단적인 세절화의 비교 사례에 대해서는 Vanhaute(2001) 참조.

200 Campbell and Overton(1993), 74, 97-9; Campbell(2000), 306-85.

201 케임브리지셔 오킹턴 소규모 토지 보유자의 생산성에 대해서는 Sapoznik(2013) 참조.

202 이는 Brenner(1976) 및 Brenner(1982)의 주장과 상반된다.

203 관련 사례는 Baker(1964); Campbell(1980) 참조.

204 Williamson(1984), 100.

205 Bekar and Reed(2013), 298-301.

206 Bekar and Reed(2013), 300-1, 312.

207 Briggs(2009), 187.

208 Schofield(1997).

209 노퍽의 그래슨홀(Gressenhall)과 세지퍼드, 서퍽의 레드그레이브와 힌더클레이의 보유토지 규모에 따른 토지시장의 부식 효과는 Williamson(1984); Smith(1984a); Smith(1996); Schofield(1997) 참조.

210 1275/1300년과 1349년 사이에 콜티셜 인근에서 보유지의 세절화는 계속되었다: 그림 3.17.

211 Bekar and Reed(2013), 301, 308-10.

212 Razi(1980), 94-8. Britton(1977), 132-43도 참조.

213 Razi and Smith(1996a), 54-5.

214 Harvey(1984b); Page(2003).

215 Campbell(1980), 178-82.

216 Campbell(1975), 71-9, 124-5, 280-2, 294-5.

217 Campbell(2005), 24-44; Campbell and Bartley(2006), 253-65.

218 Smith(1984b)에 담긴 논문들; Harvey(1984b); Razi and Smith(1996b); Britnell(2003) 참조.

219 Kanzaka(2002), 599.

220 Kanzaka(2002), 599.

221 Campbell(2005).

222 Langdon and Claridge(2014).

223 Davies and Kissock(2004).

224 Campbell(2005), 45-60.

225 Kanzaka(2002), 599.

226 Kanzaka(2002); Barg(1991).

227 Dyer(1989), 120.

228 Kanzaka(2002), 599, 610-12.

229 Bekar and Reed(2013), 312는 세절화를 상속 관행, 토지시장, 대규모 보유지 가족의 상대적 규모, 수확 위험, 공동 출자 및 보유의 범위 등 다양한 변수들 사이의 상호 작용에 귀속시킨다.

230 Campbell(1984).

231 Bekar and Reed(2013), 310-12.

232 3장 2절 참조.
233 Broadberry and others(2015), 289.
234 Campbell and Ó Gráda(2011).
235 Hoskins(1964), 29-30은 곡물 가격의 증거를 토대로 6년 중 1년은 실제로 수확이 나빴다고 간주했으며, 7년 중 1년은 수확에 실패했다고 믿었던 엘리자베스 시대의 John Hales 박사를 인용했다.
236 3장 2절.
237 Campbell(2013a).
238 이 에피소드에 대한 상세한 내용은 Campbell(2010a), 287-93 참조.
239 Campbell and Ó Gráda(2011), 865-70.
240 Postan and Titow(1959); Campbell(2010a), 291-2.
241 Campbell(1984).
242 Schofield(2008).
243 Campbell(1984), 107-15.
244 Campbell(1984), 118-19.
245 Campbell(1984), 95-101.
246 Campbell(1984), 111, 115-17.
247 Campbell(1980); Campbell(1981).
248 Smith(1984a), 154-5; Schofield(2008), 46; Hudson(1921), 202-3; Page(2001).
249 잉글랜드 북부의 광활한 지역에 대한 당대 스코틀랜드의 습격의 영향에 대해서는 McNamee(1997), 72-122; Dodds(2007), 55-64; Campbell(2010a), 290-1 참조.
250 Bekar and Reed(2013).
251 Longden(1959), 413-14.
252 권리 부여에 대해서는 Sen(1981) 참조.
253 노퍽의 상황에 대해서는 Hanawalt(1976), 14-15 참조. 덜 극단적이긴 하지만, 요크셔, 에식스, 노샘프턴셔, 서머싯에서도 범죄에 의존하는 경향이 현저했다: Hanawalt(1979), 241-9.
254 노리치로의 촌락 이주와 그로 인한 과밀화에 대해서는 Rutledge(1995)와 Rutledge(2004) 참조.
255 Hatcher(1981); Kanzaka(2002).
256 Schofield(2008); Razi(1980), 94-8; Raftis(1996), 19, 31-3.
257 Fox(1996), 535-6.
258 Titow(1962b), 4-6.
259 Raftis(1997), 11-46.
260 관련 사례는, DeWindt(1972); Raftis(1974); Britton(1977) 참조.
261 Razi(1980), 30-98.
262 노르망디의 상황에 대해서는 Bois(1984), 287 참조.
263 Bekar and Reed(2013).
264 Gao and others(2008); Salzer and Highes(2007), 62-3; 러들로우의 개인 의견.
265 Rogozo and others(2001); Solanki and others(2005).
266 2010-11년의 라니냐가 전 지구에 미친 효과에 대해서는 널리 보고되고 논평된 바 있다. 엘니뇨에 대해서는 Grove(1998), Grove and Chappell(2000) 참조.
267 Seager and others(2007); Graham and others(2010); Sinha and others(2011).
268 1300년경의 미라플로레스(Miraflores) 홍수로 인해 가뭄이 결정적으로 종식되었다: Magilligan and Goldstein(2001); Mohtadi and others(2007), 1062-3.
269 Rad and others(1999).
270 Graham and others(2010), 18-20.
271 Sinha and others(2011).
272 Salzer and Hughes(2007), 62-3; 러들로우의 개인 의견.
273 Sinha and others(2007).
274 Baillie(2006), 135.
275 M. G. L. Baillie가 자료 제공.
276 Jacoby and others(연도미상);

그림 3.30.

277 Velisevich and Kozlov(2006).

278 Yang and others(2014); Buckley and others(2010).

279 M. G. L. Baillie가 자료 제공.

280 1289-94년 6년간 연속해서 종자당 곡물 수확은 평균 이하였으며, 1290-91년과 1293-94년은 가장 결정적이었다. 수확이 최악이었던 해는 1293년으로 수확량이 평균보다 25%가 낮았다. 그 정도로 흉년이 계속되는 경우는 유례가 없었다: Campbell(2007). 파머의 계산에 따르면, 1294년에 곡물 가격은 40%, 1295년에는 50% 이상 올랐다: Farmer(1988), 790. 이와 같은 날씨에 기인한 수확량 부족과 가격 상승이 초래한 경제적 악영향은 가스코뉴와 스코틀랜드에서 에드워드 1세의 군사적 착취에 비용을 대기 위한 갑작스런 세금의 증가와 결합하여 더욱 심화되었다: Ormrod(1991); Schofield(1997). 이러한 역경에 대한 당대의 기록에 대해서는 Britton(1937), 127-9 참조.

281 Baillie(2006), 135-41.

282 그림 4.4.

283 그림 2.6A; Trouet and others(2009a and b).

284 Dawson and others(2007).

285 Dawson and others(2007), 428-30, 431; Kershaw(1976); Jordan(1996).

286 그림 4.4.

287 1314-42년 동안 두 종류의 혼합 나이테 연대 측정 사이에 -0.69의 강한 음의 통계적 상관관계를 보인다. 이는 1200-1314년과 1342-1600년 기간에 대해 각각 +0.46 및 +0.39의 양의 상관관계를 보인 것과 비교된다. 이 상관관계는 1230-55년 및 1510-35년의 단기간 동안 각각 +0.8 및 +0.9 이상을 나타내며 정점에 도달했다.

288 신세계와 구세계 수목 사이의 현저한 음의 상관관계 발현 결과는 다음과 같다: 1173±10 -0.67; 1205±10 -0.49; 1325±10 -0.79; 1464±10 -0.41; 1607±10 -0.40; 1635±10 -0.52; 1649±10 -0.66; 1729±10 -0.30; 1745-47±10 -0.67; 1794±10 -0.79; 1803±10 -0.70; 1847±10 -0.76; 1859±10 -0.71; 1924±10 -0.42; 1932±10 -0.64; 1965±10 -0.65. 오직 1794±10만이 1325±10에 도달했던 음의 상관관계 -0.79에 이르렀으며, 다른 어떤 시기도 이렇게 강하지는 않았다.

289 Hatcher(1977).

290 Kobashi and others(2010).

291 그린란드에서 이와 같이 극심한 추위가 발생한 후 2-3년 내에 중부 유럽에 유난히 혹독한 겨울이 찾아왔다는 점에 주목하라. 따라서 역사적 자료에 기초한 중부 유럽의 겨울 지수는 1305-6년, 1322-23년, 1354-55년의 겨울을 14세기에서 가장 추운 네 차례 겨울 중 세 사례로 분류한다. 게다가 그 이후 그 정도로 추운 겨울은 거의 없었다: Pfister and other(1996), 100-1, 104. Wiles and others(2004)는 태양복사의 뚜렷한 감소로 1300년경과 1450년경 시작된 알래스카 빙하의 현저한 확장에 대한 증거를 제공한다.

292 Grove(2004), 607.

293 Dugmore and others(2007), 18-22, 29-30.

294 Grove(2004), 617; Dugmore and others(2007), 18-22.

295 Dugmore and others(2007), 22-6.

296 Oram and Adderley(2008a).

297 Massé and others(2008).

298 Grove(2004), 153-9.
299 Grove(2004), 159.
300 Pfister and others(1996), 101. 1339년의 예외를 제외하고는 이 겨울들은 네덜란드에서도 상대적으로 온난했으며, 특히 1341, 1343, 1350년에 그러했다: Engelen and others(2001).
301 Britton(1937), 139-41; Bailey(1991), 189-94.
302 Tetzlaff and others(2002); Dotterweich(2003): Kundzewicz(2005), 387; Rohr(2007), 93-4. 관련된 가능한 기상 패턴의 모델에 대해서는 Böhm and Wetzel(2006) 참조. Dotterweich(2008), 204: "오늘날 중부 유럽의 배수구 체제 대부분은 … 자연 재난의 결과이다. 예를 들어, 1342년에 발생한 사건은 많은 배수구 체제가 만들어지는 계기가 되었고, 언덕 경사면 침식은 봉적토의 50%를 실어 날랐다. Fraedrich and others(1997)와 1장 2절 참조.
303 그림 2.8과 2.9; Stuiver and Quay(1980), 11, 16.
304 동물대역병은 인간에게 직접 고통을 주지는 않지만, 국경을 뛰어넘어 확산되는 대규모 역병이다: Newfield(2009), 180-8.
305 그림 1.2.
306 Spinage(2003), 20에서 재인용.
307 약물을 푼 물에 양을 담그는 조치가 강제적으로 시행된 1952년과 1973년 사이에 이르러서야 완전히 박멸되었다.
308 Broad(1983).
309 Campbell(2000), 102-87.
310 Kershaw(1973b), 19-21.
311 Kershaw(1973b), 19-112; Kershaw and Smith(2001).
312 Kershaw(1973b), 107.
313 Kershaw(1973b), 84.
314 Kershaw(1973b), 80.
315 Kershaw(1973b), 96-8.
316 Kershaw(1973b), 16.
317 캔터베리 주교좌성당 문서고의 교구 자료에 근거한 통계.
318 Lloyd(1977), 290; Barnes(1984), 43-4; Bell and others(2007b).
319 3장 3절 1항 b.
320 Slavin(2012), 1242.
321 McNamee(1997), 90-6; Oram and Adderley(2008a).
322 이러한 정보를 제공해 준 미셸 지글러(Michelle Ziegler)에게 감사한다.
323 유엔식량농업기구는 2010년 10월 지속적인 가축병 캠페인에 이어 잠정적으로 우역 바이러스의 최종 박멸을 발표했다: http://www.fao.org/news/story/en/item/46383/icode/. 공식적으로는 2011년 5월 세계동물보건기구(OIE) 총회에서 세계가 우역 감염에서 해방되었다고 선언했다.
324 Spinage(2003), 13-14.
325 Slavin(2010), 175-7.
326 Spinage(2003), 15-19.
327 18세기 잉글랜드 정부는 더욱 성공적이었다: Broad(1983).
328 Spinage(2003), 5-7.
329 관련 사례는 Newfield(2009), 185-8 참조.
330 Slavin(2010), 170-2.
331 예를 들어, 캔터베리 주교좌성당 수도원의 켄트 영지에서 황소들은 10년 이내에 전염병 이전의 개체수가 복원되었지만, 암소와 송아지가 복원되기까지는 더 오랜 시간이 필요했다. 그 후 모든 소들은 1333-34년에 큰 어려움을 겪었고, 1349년에 흑사병이 발병했을 때에 그 영지는

여전히 회복되지 않은 상태였다: Campbell(2010b), 48-9.

332 동물풍토병은 제한된 지역 내의 특정 동물에 영향을 미치는 질병이다. Spinage(2003), 51.

333 Newfield(2009), 188; Norris(1977), 19.

334 Slavin(2010), 165-6. 809-10년의 유럽 동물대역병에 대해서는 Newfield(2012) 참조.

335 이 장에 포함된 사례들과 참고 자료는 Newfield(2009), 159-63, Slavin(2010), 165-6 그리고 두 저자의 개인 의견 덕분이다.

336 뮈르달(Janken Myrdal)은 사적인 의견 교환을 통해 스웨덴의 자료들을 관대하게 제공했다.

337 Sinha and others(2011).

338 Jacoby and others(연도미상); 3장 2절.

339 Glaser and Riemann(2009); Pfister and others(1996); Engelen and others(2001).

340 Pfister and others(1996).

341 Spinage(2003), 19.

342 Newfield(2009), 161-71.

343 Newfield(2009), 161.

344 Jordan(1996).

345 Glaser and Riemann(2010).

346 Langdon(1986); Campbell(1995a), 142-3, 148-9, 152-3, 163-74; Hanawalt(1979); McNamee(1997).

347 Newfield(2009), 162.

348 Newfield(2009), 172n.

349 Dean(1996), lines 409-14: 'Tho com ther another sorwe that spradde over al the lond / A thusent winter ther bifore com nevere non so strong / To binde alle the mene men in mourning and in care / The orf deiede al bidene, and maden the lond al bare / so faste / Com nevere wrecche into Engelond that made men more agaste'. Kershaw(1973a), 14, 24-9; Campbell(2010a), 287-93.

350 Newfield(2009), 169-70.

351 이하 영국과 아일랜드의 우역에 대해서는 Newfield(2009), 163-71 참조.

352 캔터베리 주교좌성당 수도원 장원인 켄트의 이컴(Ickham)이 한 사례이다: DCc/Bedels rolls Ickham 23. Slavin(2012), 1241.

353 Spinage(2003), 19-20.

354 Campbell(2010b), 48-9.

355 DCc/Bedels rolls East Farleigh 12-13.

356 Newfield(2009), 155. 잉글랜드의 우역에 대한 서술은 이하 문헌 참조: Kershaw(1973a), 14, 24-9; Spinage(2003), 81-4, 92-4; Newfield(2009); Campbell(2010a), 287-93; Campbell(2010b), 48-9; Slavin(2010); Slavin(2012).

357 McNamee(1997), 90-6; Newfield(2009), 165, 173n., 185, 187.

358 후대의 우역은 군대가 지나간 곳에서 발병하는 경향을 보였다: Spinage(2003), 43, 52.

359 Oram and Adderley(2010), 262의 추정 참조.

360 Newfield(2009), 168, 185.

361 Lyons(1989), 64에서 재인용.

362 Newfield(2009), 171.

363 Lyons(1989), 64에서 재인용.

364 건조한 날씨와 우역 감소 사이의 관련성에 대해서는 Spinage(2003), 19 참조. 1325-27년 잉글랜드 가뭄에 대해서는 Stone(2014), 437-9 참조.

365 Slavin(2012), 1242.

366 Langdon(1983), 397-400; Campbell(2003); Apostolides and others(2008). 총인구는 475만 명을

초과하지 않았을 것이며, 그중 성인 남성이 아마도 1/3에 이르지 못했을 것이다: Broadberry and others(2015), 8-9, 21.
367 Slavin(2010).
368 DCc/Bedels rolls Hollingbourne 29; DCc/Bedels rolls Great Chart 32-3.
369 Stone(2014).
370 우역은 일단 유입되면 박멸하기가 어려웠기에 18세기에도 유럽에서 여러 번 발생했다: Spinage(2003), 103-50.
371 Newfield(2009), 171에서 재인용.
372 DCc/Bedels rolls Great Chart 42(cf. DCc/Bedels rolls Great Chart 33). 2년 후 아이슬란드 자료에서는 '소의 대재난'을 언급했으며, 1339년 코노트 연대기에서는 '소에 퍼진 대역병'으로 인한 추가 손실을 보고했다: Newfield(2009), 171.
373 Campbell(1996).
374 장원 회계자료; Norfolk Record Office DCN 60/18/21-22; Norfolk Record Office NRS 23357 Z 98.
375 Norfolk Record Office DCN 60/33/18-25.
376 Campbell(2010b), 48-9.
377 DCc/Bedels rolls Agney 31-2; DCc/Bedels rolls Barksore 25-7.
378 Abu-Lughod(1989).
379 Newfield(2009).
380 Newfield(2012).
381 너무 많은 젖소의 상실로 인한 영양상의 부정적인 결과에 대한 추정은 Slavin(2012), 1263 참조; DeWitte and Slavin(2013).
382 Woodruff and Guest(2000), 92. 위 그림 1.2. 말라리아, 동아프리카의 열곡열(裂谷熱, rift-valley fever), 미국 남서부의 한타바이러스 폐증후군, 방글라데시의 콜레라 재발도 유사하게 환경 조건의 영향을 받는다(이와 같은 유사성에 대해 조언해 준 벤 새드(Ben Sadd)에게 감사한다): Patz and others(2005), 311.
383 Kausrud and others(2010); Schmid and others(2015).
384 Stapp and others(2004).
385 Davis and others(2004).
386 Kausrud and others(2010).
387 Eisen and Gage(2012), 64-5.
388 Ari and others(2011).
389 Enscore and others(2002); Stapp and others(2004); Stenseth and others (2006); Zhang and others(2007); Mills and others(2010); Kausrud and others (2010).
390 Stothers(1999), 719-29.
391 Wiechmann and Grupe(2005); Harbeck and others(2013); Wagner and others(2014).
392 부록 4.1, 그림 4.15; Baillie(1994); Baillie(2008). 제1차 팬데믹의 중앙아시아 기원 가능성에 대해서는 Morelli and others(2010), Wagner and others(2014) 참조.
393 Drancourt and others(2006); Ayyadurai and others(2008). 그리고 Eisen and others(2008)도 참조.
394 Gage and Kosoy(2005), 513-14.
395 Gage and Kosoy(2005), 509, 513-14; Christakos and others(2007), 701-2.
396 Stenseth and others(2008), 0010; Gage and Kosoy(2005), 518-20.
397 '페스트균이 벼룩 복제생물로 출현하고, 각 유전적 변화가 점차 전염 주기를 보강하는 단계적 진화 모델'에 대해서는 Sun and others(2014) 참조.
398 Shrewsbury(1971), 2-3, 21-2; Benedictow(2010); Eisen and others (2015).

399 Eisen and Gage(2012), 65.

400 Lorange and others(2005), 1907.

401 Lorange and others(2005), 1908; Prentice and Rahalison(2007), 1200-1; Monecke and others(2009), 587, 590; Eisen and Gage(2012), 65-9.

402 Shrewsbury(1971), 4.

403 Herlihy(1997), 26.

404 Lorange and others(2005), 1907; Gage and Kosoy(2005), 506-9. 페스트의 검은쥐(*Rattus rattus*)와 벼룩(*X. cheopis*) 의존성에 대한 고전적 해석에 대해서는 베네딕토우(Benedictow, 2010), 특히 3-22 참조.

405 Hufthammer and Walløe(2013).

406 Benedictow(2010).

407 Eisen and others(2006), 15380; Webb and others(2006); Eisen and Gage (2012), 65-6; Eisen and others(2015).

408 Gage and Kosoy(2005), 514-17; Ell (1980), 502-3, 510; Walløe(2008), 71-3; McMichael(2010); Houhamdi and others(2006); Leulmi and others (2014); Ratovonjato and others(2014).

409 Inglesby and others(2000); Prentice and Rahalison(2007); Stenseth and others(2008); Eisen and Gage(2012).

410 Williams and others(2013); Eisen and others(2015).

411 Eisen and others(2006), 15380; Eisen and Gage(2012), 66.

412 Eisen and others(2006), 15380; Eisen and Gage(2012), 66.

413 Eisen and others(2006), 15383; Eisen and others(2015).

414 Eisen and others(2015). 사람벼룩은 1526-27년 라구사 역병과 1575-77년 베네치아 역병에서 급속한 사람 간 전염의 원인으로 제시되었다: Blažina Tomić and Blažina(2015), 162, 301.

415 Slack(1989), 462-3; Ell(1980), 502-3, 510; Gage and Kosoy(2005), 517. Benedictow(2010), 9-16의 이견도 참조. 전파가 효과적이려면 벼룩 매개생물은 ① 혈액에 병원균이 존재하는 숙주를 먹이로 삼은 후에 감염되어야 하고, ② 세균이 전파를 시킬 만큼 충분한 개체수로 증식될 정도로 오래 살아야 하며, ③ 감염을 유발하기에 적합한 농도로 페스트균을 취약한 숙주에게 옮길 수 있어야 한다: Eisen and Gage(2012), 69.

416 Eisen and others(2015)와 인용된 Beasley(1965); Laudisoit and others(2007). 최근 마다가스카르와 콩고 지역의 사람벼룩에서 페스트균이 발견된 사례에 대해서는 Leulmi and others(2014); Ratovonjato and others(2014) 참조.

417 Walløe(2008), 72-3; Eisen and others (2015).

418 Eisen and others(2015).

419 Raoult and others(2004); Bechah and others(2008). 나이팅게일은 14세기 영국에서 발진티푸스가 발생했으리라고 추측한다: Nightingale (2005), 54, 61.

420 Blanc and Baltazard(1942); Drancourt and others(2006); Houhamdi and others(2006); Ayyadurai and others (2010); Piarroux and others(2013).

421 Tran and others(2011), 3 of 5.

422 Drancourt and others(2006). 그것이 아니라면, 슈루즈베리가 가정했듯이, 페스트 팬데믹이 발진티푸스의 대유행과 동시에 진행되었을 수도 있다: Shrewsbury(1971), 124-5.

423 Cohn(2002a), 1.

424 Morris(1971); Shrewsbury(1971), 2; Benedictow(2010), 7-8, 511-14.

425 Kool(2005), 1166.

426 Benedictow(2010), 8, 511-14.

427 Eisen and others(2006), 15380.

428 Kausrud and others(2010); McMichael (2010).

429 Gage and Kosoy(2005), 506-9; Stenseth and others(2006); Eisen and Gage(2009); Kausrud and others (2010).

430 Eisen and Gage(2012), 69.

431 Eisen and Gage(2012), 69.

432 Christakos and others(2007), 702.

433 Eisen and Gage(2012), 69; Eisen and others(2015). 동일한 매개생물이 발진열 전염의 원인이다.

434 Monecke and others(2009).

435 Lorange and others(2005); Drancourt and others(2006), 235-6; Christakos and others(2007), 716-17; Vogler and others(2011).

436 Kool(2005); Drancourt and others (2006), 235-6.

437 Wood and others(2003), 427: "흑사병을 림프절 페스트와 같은 인수공통전염병이라고 간주하기에는 지역들 사이에 너무 빠른 속도로 퍼졌다."

438 Ell(1980), 502-3, 510; Drancourt and others(2006).

439 Welford and Bossak(2010a), 568-70; Welford and Bossak(2010b).

440 Benedictow(2010), 396-484.

441 Herlihy(1997), 26: "서구의 연대기 작가들 중 단 한 사람도 응당 인간 페스트에 선행하고 동반해야 했던 동물유행병의 발생, 즉 쥐의 대규모 죽음을 주목하고 있지 않다. 고전적인 림프절 전염병학에 따르면 인간은 죽어 가는 설치류로부터만 이 역병에 전염될 수 있다." Hufthammer and Walløe(2013).

442 Christakos and others(2007); 3장 3절 1항 b 참조.

443 Hecker(1832).

444 McNeill(1977).

445 Norris(1977), 24.

446 Sussman(2011), 354.

447 Buell(2012), 129.

448 그와 다른 이견에 대해서는 Hymes (2014) 참조.

449 Benedictow(2004), 50.

450 Norris(1977), 11에서 재인용; Benedictow(2004), 44-54.

451 Aberth(2005), 15-16.

452 Schamiloglu(1993); Horrox(1994), 14-26에는 데 무시스의 기록 전체가 옮겨져 있다.

453 스콧과 던컨의 동아프리카 기원설은 1347-48년 흑사병의 확산 시기 및 방향과 일치하지 않는다: Benedictow(2010), 586-7.

454 그림 4.9.

455 Norris(1977), 10-11.

456 Stenseth and others(2006); Kausrud and others(2010).

457 2013년 8월 27일 화요일 BBC 월드뉴스에서는 카자흐스탄 국경과 가까운 키르기스스탄 동부의 작은 산간 마을 이츠케 제르게즈(Ichke-Zhergez) 출신 15세 목동이 림프절 페스트로 사망했다고 보도했는데, 이는 약 30년 만에 사람이 페스트로 인해 사망한 사건으로 추정된다.

458 Dols(1978); Schamiloglu(1993); Horrox(1994).

459 Aberth(2005), 17.

460 Kausrud and others(2010), 2 of 14; Suntsov(2014).

461 Dols(1978), 113.

462 마다가스카르에서의 페스트 확산에

대한 이러한 접근 방식의 구체적인 적용은 Vogler and others(2011) 참조. SNPs는 가장 일반적인 유형의 유전적 변이이다. 각 SNP는 뉴클레오티드라고 불리는 단일 DNA 구성 요소에서 차이를 나타낸다: http://ghr.nlm.nih.gov/handbook/genomicresearch/snp.

463 Morelli and others(2010), 1141; Achtman and others(2004), 17842.

464 Achtman(2012), 864.

465 Haensch and others(2010), 5 of 8; Bos and others(2011); 4장 3절 1항.

466 Norris(1977), 24; Norris(1978). 베네딕토우도 "림프절 페스트가 유럽에서 중국으로 전해졌다고 가정할 만한 흥미로운 이유가 있다"라는 견해를 표명한다: Benedictow(2010), 621n.

467 Achtman(2012), 864.

468 이 중요한 기후에 관한 관점을 명확히 해명해 준 존 브룩(John Brooke)과 스콧 레비(Scott Levi)에게 감사한다. 아시아 몬순의 북방한계에 대해서는 Chen and others(2008); Fang and others(2014) 참조.

469 Morelli and others(2010), 1140.

470 Davis and others(2004); Eisen and Gage(2009); Heier and others(2011).

471 Benedictow(2010), 151-93.

472 McMichael(2010), 1 of 3.

473 Bos and others(2011), 509에서는 흑사병 발병 60년 이내라는 입장을 선호한다.

474 Cui and others(2013), 580.

475 Bos and others(2011), 509: "시간적 추정에 따르면 인간 감염과 관련된 모든 페스트균은 공통적으로 668-729년 전, 즉 1282-1343년 사이 어느 시점엔가 공통의 조상을 공유했으며(최고 확률 밀도 추정 95%), 이는 최근 발표된 추정에 비해 훨씬 짧은 시간 간격을 아우른다. 게다가 현존하는 모든 변종1과 변종2는 아무리 빨라도 13세기에 분리되어 출현했으며, 잠재적으로 동아시아적 기원을 나타낸다."

476 Cui and others(2013); McNeill(1977), 143; Schamiloglu(1993), 448; Horrox(1994), 9.

477 Aberth(2005), 17; Schmid and others(2015).

478 Cui and others(2013).

479 Pederson and others(2014), 4376.

480 Pederson and others(2014), 4376-8.

481 그림 2.2에서 2.7까지 참조.

482 Lavigne and others(2013).

483 Stothers(2000); Oppenheimer(2003). 이 분화가 북반구 여름 기온에 미친 영향에 대한 최근의 재평가에 대해서는 Stoffel and others(2015) 참조.

484 Cui and others(2013), 579-80.

485 Bos and others(2011), 509.

486 Baillie(2006), 135-41.

487 이와 같이 좀 더 습한 조건은 주로 편서풍에 노출되고 아시아 몬순 북방한계선 북쪽에 위치한 중앙아시아 지역에만 만연했음에 주목하라. 이 결정적인 기후적 경계의 남쪽에는 1311-51년 동안 건조한 조건이 지배적이었다: Sun and Liu(2012), 6 of 11. 이 두 영역 사이의 경계에 대해서는 Chen and others(2008), Zhao and others(2013), Fang and others(2014) 참조. 단테 기후이상에 대해서는 Brown(2001), 251-4, Campbell(2010a), 13-14, 19-20 참조.

488 Norris(1977), 10-11.

489 Jordan(1996); Campbell(2011b).

490 그와 대조적으로 아시아 몬순의

강도와 범위가 축소됨에 따라 불과 수백 킬로미터 남쪽에서는 가뭄이 지배적이었다: Sun and Liu(2012).
491 Schmid and others(2015).
492 Heier and others(2011), 2921: 긴다리딱새(*Oenanthe isabellina*)는 게르빌루스쥐의 굴에 둥지를 틀고 적절한 둥지를 찾기 위해 굴에서 굴로 날아다니기 때문에 감염된 벼룩을 전파시킬 가능성이 있다.
493 Benedictow(2010), 170, 173.
494 Norris(1977), 13-15.
495 Pegolotti(*c*.1340 and 1936), 21-3.
496 Abu-Lughod(1989), 185-211.
497 Munro(1999b).
498 3장 1절.
499 그림 2.1과 160쪽.
500 4장 3절과 4절.
501 Munro(1991), 121-4.
502 Munro(1991); Munro(1999b).
503 183-4쪽과 그림 3.1.
504 Munro(1991), 124-7.
505 191-2쪽; Hunt and Murray(1999), 116-9.
506 Abulafia(1981); Hunt and Murray(1999), 119; Jansen(2009).
507 3장 1절 1항; 그림 3.2.
508 본문 200-3쪽과 222-3쪽; 그림 3.5; 그림 3.12A.
509 3장 1절 2항.
510 본문 81-4쪽.
511 Nicholas(1968); Bavel(2010), 346.
512 Jordan(1996), 144-8.
513 본문 224-6쪽.
514 3장 1절 3항 c.
515 3장 1절 3항 a.
516 3장 1절 3항 d.
517 Campbell(2005).
518 Bekar and Reed(2013).
519 3장 1절 3항 b; 그림 3.10. 부록 3.1, 표 3.4.
520 3장 1절 3항 d.
521 Campbell(2013b).
522 3장 1절 3항 b.
523 3장 1절 3항 a; Campbell(2010a); 그림 3.18.
524 Campbell and Ó Gráda(2011).
525 3장 2절.
526 그림 3.3, 3.8A, 3.8B: 3장 1절 3항 e.
527 1장 1절 1항과 3장 2절.
528 그림 3.3, 3.8A, 3.8B.
529 3장 3절 1항 a; McNamee(1997), 72-122; Dotterweich(2008).
530 3장 3절 1항.
531 그림 3.4와 3.24.
532 그림 3.24와 3.26.
533 그림 3.24.
534 관련 사례로 Oram and Adderley(2008b) 참조.
535 그림 3.25.
536 3장 3절 1항 b.
537 그림 3.25.
538 본문 192-5쪽과 3장 1절 3항 e.
539 3장 2절; Brook(2010), 50-73.
540 Hoyt(1950), 85-92; Wolffe(1971), 36-7.
541 Hoyt(1950), 156-70.
542 Ormrod(1991); Lloyd(1982).
543 Ormrod(2010).
544 Dyer(1989), 35-41.
545 Morris(2005), 148-9, 190.
546 Dyer(1989), 38-9; Coss(1991), 264-304.
547 Hatcher(1981), 268; Raftis(1997), 125, 131.
548 Fox(1996), 539-60; Raftis(1997), 34-5.
549 Page(2012), 194-5.
550 Kitsikopoulos(2000), 237-61.
551 Campbell(1984); Schofield(1997); Briggs(2008), 149-75.

552 Campbell(2005), 45-70; Bekar and Reed(2009); Bekar and Reed(2013).

553 Witney(2000), lxxvii-lxxx.

554 Kanzaka(2002), 599.

555 Evans(1996), 236-7.

4장 임계점

전쟁, 기후변화, 페스트가 무너뜨린 균형

대전환이 시작된 이래로 진전되던 과정은 1340년대에 절정에 이르렀다. 점차 확대되던 전쟁은 거래 비용을 폭등시켰고 교역을 중단시켰으며 운영 자본을 소멸시켰다. 쇠약해지고 있던 라틴 기독교 세계의 상업 경제는 그로 인해 더욱 깊은 쇠락의 늪에 빠졌다(1절). 대기 순환의 패턴이 변하고 중세 온난기가 막을 내리면서 곡물의 재배 환경은 거의 어디서나 악화되었다(2절). 다시 한번 기근이 유럽의 북부와 남부를 휩쓸었다. 중국과 동아시아의 상황은 더욱 나빴다. 전례 없는 초대형 가뭄이 발생하여 농업 기반을 약화시켰으며, 그에 토대를 두고 확립된 사회-정치적 관계들에 부정적 영향을 미쳐 원나라의 붕괴에 기여했다. 그리고 이와 같이 위태로운 상황에서 아시아를 가로질러 조용히 확산되던 페스트가 마침내 흑해에 도착했다. 이 역병은 그곳에서 신속하게 확산되는 팬데믹으로 발화해 7년 이내에 소아시아, 중동, 북아프리카, 그리고 유럽 대부분 지역을 관통하면서 황폐화시켰으며, 단번에 인구 상황을 전환시켰다(3절). 전쟁, 기후, 페스트 세 요소 각각이 다른 요소들이 초래한 재난들과 결합되면서 위기가 배가 되었고, 결국 이 요소들은 집단적으로 하나의 복합적이며 변혁적인 대사건으로 응집했다. 그 충격은 엄청났는데, 이것이 대전환의 결정적인 임계점이었다. 그 이후 발생한 사회-생태적 변화와 조정으로 인해 구세계 어느 곳에서도 사람들의 삶은 더 이상 그 이전과 같을 수 없게 되었다. 기독교인과 무슬림 교역권 사이에 관계가 경색되었고, 일변하며 훨씬 불안정해진 소빙하기의 대기 순환 패턴은 지속되었으며, 페스트가 지배하는 새로운 역병의 시대가 시작되었다(4절).

1. 확대되는 전쟁과 심화되는 상업 침체

라틴 기독교 세계는 전쟁에 익숙했으며, 실제로 봉건지배층 엘리트는 호전적인 경향을 지녔다. 그렇지만 12, 13세기 대부분 동안 그들에게 내재된 호전성이 유럽 상업혁명의 진전에 훼방을 놓지는 못했다. 십자군의 성지 정복과 기회주의적인 콘스탄티노폴리스 점령은 실제로 유럽 상인들이 레반트 및 흑해 시장, 그리고 수지맞는 육상 교역로에 접근하는 데 도움이 되었다. 특히 후자는 지중해와 흑해의 상업을 페르시아만과 아라비아해의 상업과 연결시켰다.[1] 이교도에 대항한 십자군 설교와 결합하여, 교회가 추진했던 하느님의 평화 운동은 유럽에 어느 정도 내적 질서를 확립해 주었다. 이는 거래 비용을 낮추었을 뿐 아니라, 지역적·국가적·국제적 무역이 번성하는 데 도움이 되는 결과를 가져왔다. 그와 대조적으로 13세기 말부터 전쟁은 확립된 노선을 따라 경제적 발전을 지속하는 데에 점점 더 장애물이 되었다. 십자군 제후국들이 하나씩 무너졌고, 유럽 상인들은 점차 레반트에서 배척되었다. 중동과 소아시아를 포함한 서아시아에서 이슬람이 소생했으며, 무역은 중단되지 않았지만 이들 지역에서 무역에 관여하던 기독교인들은 커다란 위험에 직면했다. 기독교 세계 내에서 교회는 도덕적 권위를 상실했고, 하느님의 평화 운동은 더 이상 지속되지 않았다. 그 결과 기독교 군주들이 다양한 왕조적·봉건적·영토적 구실을 앞세우며 서로서로 점점 더 큰 전쟁들을 일으키는 것을 막을 방도가 없었다. 전쟁은 이제 지배적인 추세였던 시장에 기반한 경제 질서에 위협이 되었다. 특히 유럽 경제 발전의 분수령인 시기에 이와 같은 전쟁들은 무역과 상업을 방해했고, 비용을 증가시켰고, 취약한 신용거래 구조를 불안정하게 만드는 악영향을 끼쳤으며, 결과적으로 교역 특권의 상실, 수익성 있는 해외시장으로부터의 축출을 초래하여 시장에 기반한 스미스적 성장에 해가 되었다.[2]

서유럽에서는 잉글랜드와 프랑스 사이의 백년전쟁(1337-1453)에 스코틀랜드, 플랑드르, 이탈리아, 에스파냐 등이 모두 다양한 방식으로 휘말려 들었다. 이 국가들은 교전으로 특히 큰 피해를 입고 피폐해졌을 뿐 아니라, 이탈리아의 재정 후원자들도 파산했고, 무역과 상업 활동이 방해를 받아 위축되었다. 투자가 다른 곳으로 전환되고, 생산 능력도 파괴되었다. 1337년에 전쟁으로 점화된 분쟁은 오래된 것으로, 잉글랜드 국왕이 독자적인 통치자인 동시에 아키텐의 공작으로서 프랑스 왕의 봉신을 겸하는 이중적 지위의 모호성에서 비롯되었다.[3] 에드워드 3세는 프랑스 왕에게 봉건적으로 예속된 존재라는 굴욕을 회피하기 위해 프랑스 왕권에 대한 자신의 왕조적 권리를 강력하게 주장했지만 1328년 거부되었으며, 설상가상으로 필리프 6세(재위 1328-50)는 1337년 에드워드의 프랑스 공국을 몰수했다. 의심할 바 없이 필리프는 이 분쟁에서 자신이 더 유리하다고 생각했다. 두 왕국 중 프랑스가 더 크고 부유하고 인구가 많았으므로, 처음에는 그와 같이 강력한 적과 맞서는 것이 잉글랜드에게 감당할 수 없을 만큼 재정적 부담이 된다고 여겨졌다. 에드워드 3세는 100년 이상 지속된 이 싸움의 초기 단계에서 지나칠 정도로 균형을 상실했던 것으로 보인다. 1340년에 그가 공식적으로 프랑스 왕의 칭호를 주장했을 때, 그의 왕국의 경제적 자원은 반복되는 과세로 약화되었고, 해외에서의 막대한 지출은 금은에 기반한 경제를 고갈시켰다(그림 4.1). 결국 통화가 수축되고 심각한 주화 부족이 초래되었으며, 귀족들이 국왕의 정책을 강력하게 반대하면서 에드워드는 그의 오랜 통치 기간 중 가장 중대한 위기에 봉착했다.[4]

에드워드 3세는 그의 목적을 이루기 위해 강력한 대륙 동맹이 필요하다고 생각했고, 플랑드르와 신성 로마 제국 황제의 지원을 이끌어 내기 위해 기꺼이 대가를 지불하려 했기에 수익성 높은 양모 무역을 중단시킬 준비도 되어 있었다. 그로 인해 그는 1337-41년 사이 전쟁의 첫 5년 동안 왕국 내에서 연간 실질 세금 부담을 4배 이상으로 늘려 그 어느 때보다 많은 세금을 부과했다(그림 4.1).[5] 현금 확보가 다급했던 에드워드는 피렌체의 바르디와 페루치 두 회사와 다른 일부 기관으로부터 높은 이자율로 큰 액수의 대출을 협의했는데, 이는 후에 왕국의 재정에 상당한 위험 부담이 되었다.[6] 그는 또한 정치적으로 양모 수출에 대해 강압적인 금지 조치를 취했고, 지리적으로 스코틀랜드 국경과 해외에 있던 그의 군대에 공급하기 위해 물품을 선택적으로 조달했으며, 상선을 징발해 군함으로 개조하여 하나의 선단을 구성했다.[7]

한편, 에드워드의 선전 포고는 베위셰Nicolas Béhuchet 제독 휘하 프랑스군에 의한 채널 제도Channel Islands와 잉글랜드 남부 해안의 교외지, 항구 그리고 선박에 대한 일련의 파괴적인 기습 공격을 유발했다.[8] 와이트섬은 세 차례 습격을 받았고, 1338년 6월과 10월에는 포츠머스와 사우샘프턴 시가 약탈당했다. 이와 같이 피해를 초래한 공격은 잉글랜드 해군이 1340년 6월 슬로이스Sluys에서 승리할 때까지 중단되지 않았다. 이 뒤늦은 성공은 비싼 대가를 치르고 얻었지만, 지속해 나가는 것이 불가능했다. 그 이유는 국왕의 정책에 대한 정치적 반대가 지나칠 정도로 심했고, 국가의 조세 기반이 너무 고갈되어 자금이 부족했으며, 결정적으로 중요한 양모 무역이 혼란에 빠졌을 뿐 아니라, 해상 교역이 중단되었기 때문이었다. 그리고 당시 재정적으로 곤란했던 바르디나 페루치 회사로부터 추가적인 신용거래를 획득할 가능성도 거의 없었다.

설상가상으로, 유난히 혹독한 겨울 날씨로 인해 1339년의 밀과 호밀 수확은 처참했고, 이듬해 여름의 가뭄 때문에 가난한 사람들의 주식이었던 귀리의 수확조차 변변치 않았다(그림 4.6).[9] 그로 인해 식량이 부족해 가

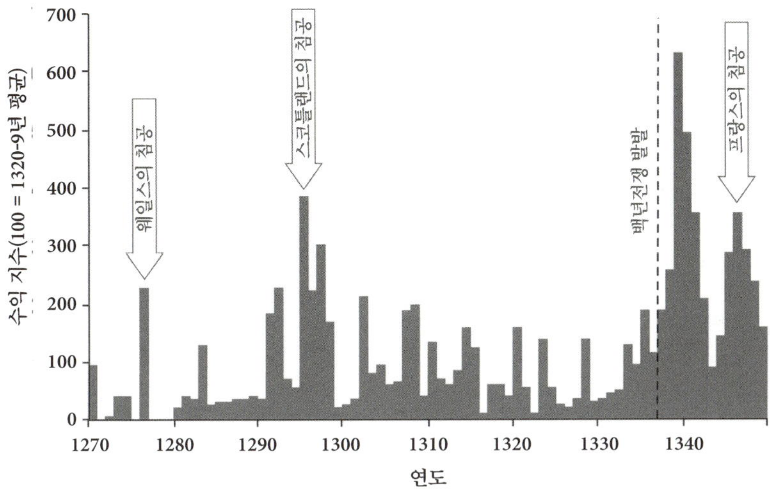

그림 4.1 | 잉글랜드: 직간접 과세로 얻은 실질 총순수입, 1270-1349년
출처: Ormrod(2010).

격이 비싸졌으며, 새롭게 중과세 요구까지 맞닥뜨린 사람들은 더할 나위 없이 고통스러웠다. 에드워드 3세가 1340년 승인한 모든 곡물, 양모, 양에 대한 1/9세(농업생산물에 대한 추가적인 십일조에 상당하는) 조치로 농촌의 많은 사람들이 위태로운 상황에 처했음은 의심할 여지가 없다.[10] 케임브리지셔의 웨스트래팅West Wratting에서는 교구민들이 "많은 세금으로 기진맥진하다"라고 불평했고, 햄프셔의 킴튼에서는 "1/15세로 사람들이 궁핍해졌으며, 일부 토지에서는 씨를 뿌리는 것조차 불가능하다"라고 말했다고 전해진다. 한편 슈롭셔의 클렁언퍼드Clungunford에서는 20버게이트의 토지가 "빈곤과 국왕의 세금 때문에" 허비되었다고 전한다.[11] 매우 불완전하게 남아 있는 1/9세 과세목록은 런던 규모의 도시에 식량을 공급하기에 충분한 토지가 경작되지 않고 포기되었음을 시사한다.[12]

에드워드 3세의 정치적·재정적 운은 1341년 우연히 발발한 브르타뉴 왕위 계승 전쟁 덕분에 정책, 행정 인력, 전략의 변화를 통하여 소생했다. 1343년부터 여러 전선들에 대한 동시 공격을 포함하여 대규모 대륙

공세를 시작하는 것이 그의 의도였으며, 바르디와 페루치 회사가 이미 파산해 버렸으므로, 잉글랜드 상인들의 협의체가 제공한 대부금과 신설된 많은 세금들을 통해 자금을 조달했다.[13] 또다시 1346년의 나쁜 날씨와 흉작은 국왕 세금징수원의 가혹한 착취를 심화시켰으며, 저장된 곡물이 바닥을 드러내고 있던 이듬해 봄과 여름에는 국왕의 승인하에 브리스틀, 보스턴, 린, 테트퍼드 항구와 일부 확인되지 않은 켄트의 항구들에서 보르도로 곡물을 수출하려던 시도들이 식량 폭동을 촉발했다.[14] 그럼에도 불구하고 국왕의 값비싼 군사적 도박은 1346년 7월 노르망디 침공에 성공하는 성과를 거두었고, 8월에는 필리프 6세가 직접 이끄는 프랑스군을 크레시에서 격퇴했으며, 핵심적인 해협의 칼레 항을 점령함으로써 보상을 받았다. 10월에는 데이비드 2세가 이끄는 스코틀랜드 군대가 에드워드의 성공을 끝장내기 위해 잉글랜드 북부를 역습했으나, 네빌스 크로스 전투battle of Neville's Cross에서 참패해 포로로 잡혔다.[15] 북쪽 국경선의 안전이 확보되었고, 데이비드 2세는 잉글랜드에 투옥되었으며, 스코틀랜드인들이 징벌적인 몸값을 부담하게 된 상황에서, 에드워드 3세는 1347년 8월 마침내 칼레를 손에 넣었고 무력을 동원하여 프랑스 왕국을 제물로 삼아서 프랑스에 대한 야망을 추구했다.

프랑스가 피를 흘릴 차례가 되자, 출혈은 프랑스의 동맥에서부터 시작되었다. 노르망디는 프랑스에서 가장 부유하고 인구가 많은 공국 중 하나였는데, 잉글랜드의 첫 번째 공격 대상이 되었다. 이곳에서는 1337년 교전이 시작된 이래, 파산에 직면한 왕국에 의한 세금 부과, 식량과 군사 징발이 증가하고 있었다. 인구의 3/4이 "주로 1-2에이커의 토지에 의존해서 생활하던 비참한 소규모 보유농"이었기에 신민들에게 매우 큰 재정적 부담이 되었다.[16] 기 부아Guy Bois는 잉글랜드 프랑스 전쟁의 발발이 노르망디 공국의 경제적 운명에 전환점이 되었음을 의심치 않았는데, "누적 효과로 인해 이 전쟁이 이미 위태로웠던 농민 경제의 균형 상태를 파괴하고, 쇠락의 시대를 열었기 때문이다."[17] 프랑스가 패배한 뒤 잉글랜드 군대와 용병대에 의해 농촌에 대한 약탈이 자행되었고, 포로로 잡힌 프랑스 귀족들의 영지에 부과된 막대한 몸값은 부족한 자원 기반을 한층 침식시켰다. 부아의 분석에 따르면, 그 결과는 인구 감소, 생존자에 가중된 재정 압박, 생산의 지속적인 감소 등으로 이어지는 악순환이었다.[18] 요컨대 전쟁은 막대한 경제적·인구적 파열의 도구였다.

1348년 초에 노르망디 동부 사회는 "이미 무너지고 있었다." 소득 신고는 감소하고 있었고, 납세자들은 반란을 일으켰으며, 지속적인 화폐 가치의 하락으로 화폐 체제에 대한 상업적 신뢰가 약화되었다.[19] 잉글랜드 임금노동자들이 이 기간 동안 전쟁이 초래한 물가 하락으로 혜택을 보았다면, 프랑스 임금노동자들은 화폐 가치 하락에 의한 인플레이션으로 큰 압박을 받았다.[20] 심지어 잉글랜드 침공 이전에도 위축되었던 상업 활동은 1340-41년에 트루아(생장과 생레미), 프로뱅(생아율 정기시), 라니쉬르마른과 바르쉬르오브로 구성된 샹파뉴 정기시에서 획득한 감액된 세금대장에 함축되어 있다. 기록상으로는 전체적으로 가장 낮은 수치를 보였으며, 이미 많이 감소되었던 20년 전의 수준과 비교해도 거의 1/3이 낮았다(그림 3.1). 플랑드르의 잉글랜드와의 동맹은 정기시 영업에 추가로 큰 피해를 주었다. 게다가 1340년대에 잉글랜드 양모 수출에 대한 정치적 개입으로 플랑드르 직물 생산은 손실을 입었으며 크게 축소되었다. 10년 전과 비교할 때, 1340년대 말에 헨트의 포목 세금 수입은 20% 감소했고, 이퍼르에서 완성한 의복 수량은 34%, 그리고 메헬런의 포목 세금 수입은 60% 감소했다(그림 3.5). 프랑스에서와 마찬가지로, 플랑드르에서도 전쟁은 이미 어려웠던 경제 상황을 더욱 악화시키고 있었다.

잉글랜드-프랑스 전쟁의 반향은 멀리 피렌체에서도 감지되었다. 그곳에서는 연대기 작가 조반니 빌라니가 피렌체의 마지막 대형 은행이었던 바르디와 페루치 회사의 파산과 관련하여 에드워드 3세를 비난했다.[21] 근래 학계에서는 이들 대형 은행의 몰락을 에드워드가 전쟁 부채를 의도적으로 갚지 않았기 때문이라기보다는 빠르게 위축되고 있던 시장에서 지나치게 확장적이었으며, 고위직의 수가 많은 방만한 운영 탓으로 본다. 그들을 곤경에 빠뜨린 것은 예금 인출 쇄도와 전쟁으로 인한 국제 신용 경색이 초래한 유동성의 실패였다.[22] 분명 상업의 조류는 그들을 거스르며 흘러가고 있었다. 특히 식량 폭동에 대한 두려움으로 인해 시 정부는 한때 수익성이 좋았던 남부 이탈리아의 곡물 거래에 개입해야 했고, 결국 부분적으로 이 상인회사들의 자산의 토대를 이루고 있던 수익을 축소시켰다.[23] 한편 피렌체는 루카 문제로 피사와 비싼 값을 치르고 무익한 전쟁을 벌였으며, 나폴리의 앙주 왕국과 시칠리아의 아라곤 왕국 사이의 오랜 갈등이 계속되어 이탈리아 상인의 신용거래와 시칠리아 곡물 수출에 부담을 주었다.[24]

물론 이탈리아의 대규모 무역 도시들, 특히 베네치아와 제노바의 운명은 알프스 이북 못지않게 지중해 동부, 에게해 그리고 흑해의 상업적 기회에도 달려 있었다. 그러나 1340년대에 이집트 맘루크가 레반트에 영토를 계속 확장했고, 점차 이슬람화되던 몽골 킵차크 칸국 및 일 칸국과 기독교인들 사이의 관계가 악화되면서 이 지역들도 마찬가지로 위축되고 있었다. 1291년 아크레가 함락된 후 베네치아인과 다른 이탈리아인들은 키프로스를 그들의 기지로 삼았으며, 교황의 금지조치가 허용하는 한도 내에서 알렉산드리아에서 이집트의 술탄과 그리고 아야스(중세 지명은 Ajazzio 또는 Lajazzo)에서 소아르메니아의 기독교 왕국 킬리키아와 교역을 이어갔다. 마르코 폴로가 1271년 이용했던 아야스는 우회하기는 하지만 중요한 대상로의 서쪽 종착지였다. 이 길은 시바스Sivas, 에르진잔, 에르제룸Erzerum, 타브리즈를 거쳐 페르시아만의 호르무즈까지 이어졌다.[25] 그러나 아야스는 1347년에 맘루크에 의해 완전히 점령되었다. 이로써 맘루크는 값비싼 인도 향신료 무역의 잔존하던 지중해 지류들에 대한 독점적인 통제권을 차지했고, 이제 향신료는 대부분 알렉산드리아를 통해 유통되었다.[26] 그동안 이국적인 상품이 페르시아만과 홍해를 거쳐 지중해에 도달할 수 있던 여러 경쟁적인 노선들이 있었으나, 이제는 실질적으로 단

하나의 노선만 남게 되었다.[27] 이 무렵부터 베네치아는 교황에게 기독교인의 무슬림 이집트와의 직접 교역에 대한 금지조치를 해제해 달라고 점점 더 절박하게 호소했다. 그리고 맘루크는 이 교역에 대해 지나치게 과도한 세금을 부과했다.[28] 맘루크가 향신료 무역에 대한 통제를 강화함에 따라 잉글랜드의 후추 가격은 상승했다. 1343-45년경의 가격은 아크레 함락 직전에 비해 이미 30% 상승했는데, 1346년에는 가격이 추가로 상승했고, 1348년경에는 맘루크의 독점권이 더욱 강화되고, 흑사병이 이러한 전형적인 장거리 무역을 더욱 혼란에 빠뜨리면서 다시 70%가 올랐다.[29] 결국 1345년에서 1351년 사이 후추 가격은 150% 정도 상승했다.

맘루크가 향신료 무역의 독점을 공고히 하던 바로 그 무렵 페르시아와 흑해 북부에서 이탈리아 상인들의 사업에 심각한 차질이 계속되었다. 특히 흑해 북부는 유라시아 내부를 가로지르는 북방 대상로의 종착지이자 이집트로 수출되는 포획된 스키타이 노예의 공급처였다. 1258년 바그다드가 함락된 후, 몽골 일 칸국의 수도 페르시아의 타브리즈는 전략적으로 페르시아만의 호르무즈를 지중해의 아야스와 흑해의 트라브존에 연결시키는 경로에 위치한 덕분에 이탈리아인들, 특히 제노바 상인들의 메카가 되었다.[30] 일 칸국은 1295년 이슬람을 국교로 삼았지만, 훌라구의 후손들은 샤머니즘, 불교, 기독교를 포함하여 이교들에 대한 관용을 유지했다. 그런데 1338년 칸 아비 사이드Abī Sa'īd의 사망과 더불어 불행하게도 상황이 바뀌었다. 타브리즈는 폭군에 의해 장악되었고, 그곳의 이탈리아 상인 공동체는 약탈되거나 살육을 당했다.[31] 그 이후 이탈리아인들은 더 이상 그곳으로 되돌아갈 만한 매력을 느끼지 못했고, 안전한 제국의 흑해 기지 트라브존으로 물러났다.

한편, 흑해 북부의 화물 집산지 카파와 타나 등에서 이탈리아인들과 킵차크 칸국 사이의 관계도 악화되기 시작했다. 1266년 제노바인들이 건설한 카파는 주요 노예 시장이자 농산물 공급처였으며, 그곳의 행정관은 흑해에 있는 제노바의 모든 식민지를 관장했다.[32] 이 도시는 흑해를 가로질러 트라브존, 콘스탄티노폴리스 그리고 그 너머까지 활발한 해상 무역을 펼쳤다. 타나는 킵차크 칸국의 수도 사라이 바투에 이르는 보조적인 출구를 제공했으며, 중앙아시아를 가로질러 이식쿨과 칭하이를 거치고 베이징까지 횡단하던 긴 대상로의 서쪽 종착지였다. 이 노선에 대해서는 1340년경 프란체스코 발두치 페골로티가 "주야를 막론하고 완벽하게 안전하다"라고 언급한 바 있다.[33]

부분적으로는 노예 무역 활동 때문에 이탈리아 상인과 몽골 지배자 사이의 관계가 그다지 원만하지 못했다. 1307/8년에 튀르크 노예 무역을 둘러싼 불만으로 인해 킵차크 칸국의 토크타Toqta 칸(재위 1299-1312)은 수도 사라이 바투에 거주하는 이탈리아인을 체포했고, 제노바인들로 하여금 카파를 포기하도록 강요했다.[34] 그의 후계자 우즈베크Özbeg 칸(재위 1312-40)은 킵차크 칸국을 성공적으로 이슬람화시켰지만, 그럼에도 불구하고 기독교인을 관대하게 대했고, 제노바인이 카파로 복귀하는 것을 환영했다. 그곳의 제노바인은 무슬림과의 무역에 대한 교황의 1295년 금지 조치를 무시했으며, 그로 인해 1316년경 카파는 다시 이탈리아인, 아르메니아인, 그리스인, 유대인, 몽골인, 튀르크인 등 세계의 다양한 주민들이 어우러져 번성하는 상황이 되었다.[35] 그 후 칸은 카파의 화물 창고와 성벽 재건을 승인했고, 돈 강변에 위치한 타나의 토지를 베네치아인에게 할양하여 상업 활동을 확장할 수 있도록 했다.[36]

1343년 타나에서 기독교인과 무슬림 사이에 발생한 대소동이 계기가 되어 새로운 칸 자니베크가 도시에서 이탈리아인들을 추방하면서 상황은 다시 전환되었다. 타나의 피난민들이 카파로 피신하자, 자니베크는 즉시 그곳을 포위하고 공격했다.[37] 이로 인해 1343년에 흑해에서 중국Cathay까지 이어지는 육상 노선은 사실상 기독교인들에게 최종적으로 폐쇄되었으며, 1345년경에 중앙아시아 심장부에 놓여 있는 차가타이 칸국에서 반란이 일어나 이 노선의 왕래는 더욱 방해를 받았다.[38] 킵차크 칸국에서 점증하던 "서방인Westerners에 대한 적대감은 이슬람화의 새로운 조류와 맞물렸으며", 맘루크와의 외교적 관계로 인해 한층 강화되었다.[39] 카파 포위 공격은 1344년 2월 이탈리아 지원 세력에 의해 좌절될 때까지 지속되었다. 1345년에 재차 공격을 시도했으나, 병사들 사이에서 치명적인 역병이 발생하자 자니베크 칸도 어쩔 수 없이 중단시켰다.[40] 마침내 이탈리아인이 몽골인이 이용할 수 있는 항구를 봉쇄하자 자니베크는 협상에 나서지 않을 수 없었고, 이탈리아인은 1347년에 타나에 식민지를 재건하는 것이 허용되었다. 그러나 10년이 채 되기 전에 자니베크는 아제르바이잔 정복과 타브리즈의 함락에 착수했다. 몽골 제국은 빠른 속도로 분열하고 있었고, 1340년대까지 대상들이 중앙아시아를 가로질러 안전하게 통과하도록 허용해 주었던 팍스 몽골리카는 더 이상 존재하지 않았다.[41]

제노바와 베네치아의 해상을 통한 번영을 구축한 토대의 일부였던 서방과 동방 사이의 상업적 연결부들이 하나씩 끊어졌다. 맘루크 세력의 흥기, 몽골 제국의 분열, 그리고 이슬람의 확산은 합쳐져서 한편으로 서쪽에 지중해와 흑해의 해상 무역, 다른 한편으로 동쪽에 아라비아해와 인도양의 해상 무역 사이에 하나의 침투할 수 없는 정치·군사·종교적 장벽을 구축했다. 1340년대 말에 당시까지 유럽에서 가장 진취적이었던 제노바 상인들은 빠르게 의지와 자신감을 상실했으며, 지리적 활동 범위를 축소했다.[42] 아시아 교역은 이제 대부분 이집트의 병목 지역을 거쳐 유럽에 도달하게 되었으므로, 제노바인에 비해 인도의 향신료 무역에 더욱 의존했던 베네치아 상인들은 교황에 대해서는 눈을 감은 채 이슬람 중개상들과 거래하고, 맘루크 술탄으로부터 얻을 수 있는 최상의 조건을 확보해 점차 가치가 하락하던 금은으로 이제 필수적이 된 사치품들에 비싼 값을 지불하는 것 외에는 다른 선택의 여지가 거의 없었다.

그보다 한층 불길한 상황도 전개되고 있었다. 한때 강성했던 비잔티움 제국은 1341-47년의 내전으로 쇠약해져 자투리 국가가 되었으며, 인력 자원의 고갈로 새로 부상하여 주위를 포위하고 있던 오스만 제국의 군사력에 대해 점점 더 취약한 상태가 되었다.[43] 그로부터 채 1년도 안 되어

542년 유스티니아누스 페스트의 재발이었던 흑사병이 쇠락한 대도시의 인구를 더욱 감소시켰다. 이 이중의 재난을 틈타 오스만 제국은 1352년 갈리폴리Gallipoli를 점령했고, 보스포루스 해협 양쪽에 거점을 확보한 후 발칸반도의 정복에 착수했다. 이 시점으로부터 그들이 콘스탄티노폴리스를 점령하고 흑해에 이르는 배타적 통제권을 확보하여 그곳에서 이탈리아를 배제시키는 것은 시간문제였다. 1394년에 한 차례 실패한 바 있었으나, 1453년과 1475년 사이에 일단 이 과업이 성사됨으로써 유럽의 아시아로부터의 상업적으로 고립은 거의 일단락되었다.

12-13세기 상업혁명 동안 확대되던 시장, 서로의 대안이 되어 경쟁하던 교역로들, 그리고 낮아지던 거래 비용 대신에, 1340년대에 이르러서는 유럽의 많은 지역에서 무역이 축소되었고, 저장된 금은이 감소했으며, 도시화가 정체되고 1차 산업에 대한 과도한 의존이 두드러지는 이른바 수축의 시대가 도래했다.[44] 많은 전선에서 여러 가지 이유로 전개되었던 전쟁은 악화된 상황에 상당 부분 직접적인 책임이 있었다.[45] 1346년 잉글랜드가 프랑스를 침공했을 때, 스코틀랜드인도 잉글랜드를 침공했고, 피렌체에서는 바르디 회사가 파산을 선언했다. 한편 크림반도에서는 자니베크 칸의 군대가 카파를 포위 공격하고 있었고, 비잔티움 제국은 여전히 자기파괴적인 내전에서 헤어나오지 못했으며, 소아시아에서는 오스만 세력이 부상하고, 동지중해에서는 맘루크가 소아르메니아의 아야스를 점령할 태세를 갖추고 있었다. 라틴 기독교 세계의 경제적 전망은 암담해 보였다. 통화는 불안정했고, 신용거래는 고갈되었으며, 국제무역의 규모는 크게 축소되었고, 산적과 해적은 광포하게 날뛰었으며, 샹파뉴 정기시는 이전 전성기 모습의 그림자에 불과했고, 한때 번성했던 플랑드르 직물 산업도 결정적으로 쇠퇴했다.[46] 유럽의 선진적인 경제권에서 1인당 국내총생산은 정체되거나 하락했고, 1일 실질임금은 중세 말기의 최저점에 가까웠다.[47]

경제적으로나 상업적으로 당장 벗어날 전망이 없는 막다른 길이었다. 어디에서나 정치 및 군사적 상황은 악화되고 있었고, 이후에도 이 비참한 경제 상황이 계속되거나 어쩌면 더 악화될 것으로 보였다. 1346년 여름에는 어떤 유럽인도 이 곤경으로부터의 탈출이 갑작스럽고 대대적인 구세계의 인구 감소라는 방식으로 급박하게 전개되리라고 예상할 수 없었다. 그러나 바로 그때 아시아에서 유럽으로 확산되던 페스트가, 크림 반도의 항구 카파 주위를 포위 공격하고 있던 몽골군을 전염시키고 있었다. 그 숙주와 매개생물이 도시의 방어선을 돌파했고, 항구에 정박하고 있던 제노바 갤리선의 갑판에 몰래 올라탔으며, 유럽의 광범위하고 긴밀한 상업체제를 관통하며 인구에 파괴적 변환을 초래했다. 좀 더 호전적인 다른 침략자들과 달리 페스트는 인구를 감소시켰지만, 기반 시설, 기관, 자본자산은 대체로 손상시키지 않았다. 이는 자원을 재분배하고, 상대적인 생산 단가를 조정하고, 주화 공급을 다시 팽창시킴으로써 많은 생존자들에게 뜻밖의 횡재를 가져다주었다. 게다가 1349년, 1350년, 1351년에 걸쳐 3년간 연이은 기상이변으로 흉작이 발생한 바로 그 시기에 북유럽인들은 부양해야 할 인구가 줄어든 탓에 유럽 대기근의 반복을 피할 수 있었다.

2. 변화의 정점에 있던 구세계의 기후

1) 1340년대와 1350년대의 이상 기후

일련의 고기후 기록들에 의하면, 1340년대와 1350년대 초반은 장기간에 걸쳐 확립된 대기 순환 패턴이 영속적인 변화의 전환점에 있던 시기로서 거의 유례가 없을 정도로 교란되었고 기후적으로 불안정했던 점이 두드러진다. 로엘과 매컬러의 지구 기온 이상 지수index of global temperature anomalies에 의하면 이 시기는 거의 백 년 동안 지속되던 기온 하강의 끝부분이었으며, 성장 조건에 대한 부정적 효과는 1343년에서 1355년 사이 수목에 기록된 주요 성장률 변동의 골을 나타낼 뿐 아니라, 1348-50년 사이 누적 성장에서 최솟값을 보여 북반구와 남반구 온대지역에서 모두 입증되었다(그림 4.2B).[48] 북반구, 중국 서부, 유럽의 동부·중부·북부, 그리고 그린란드에서 복원한 온도는 이 시기의 추위를 확인시켜 준다(그림 4.2A).

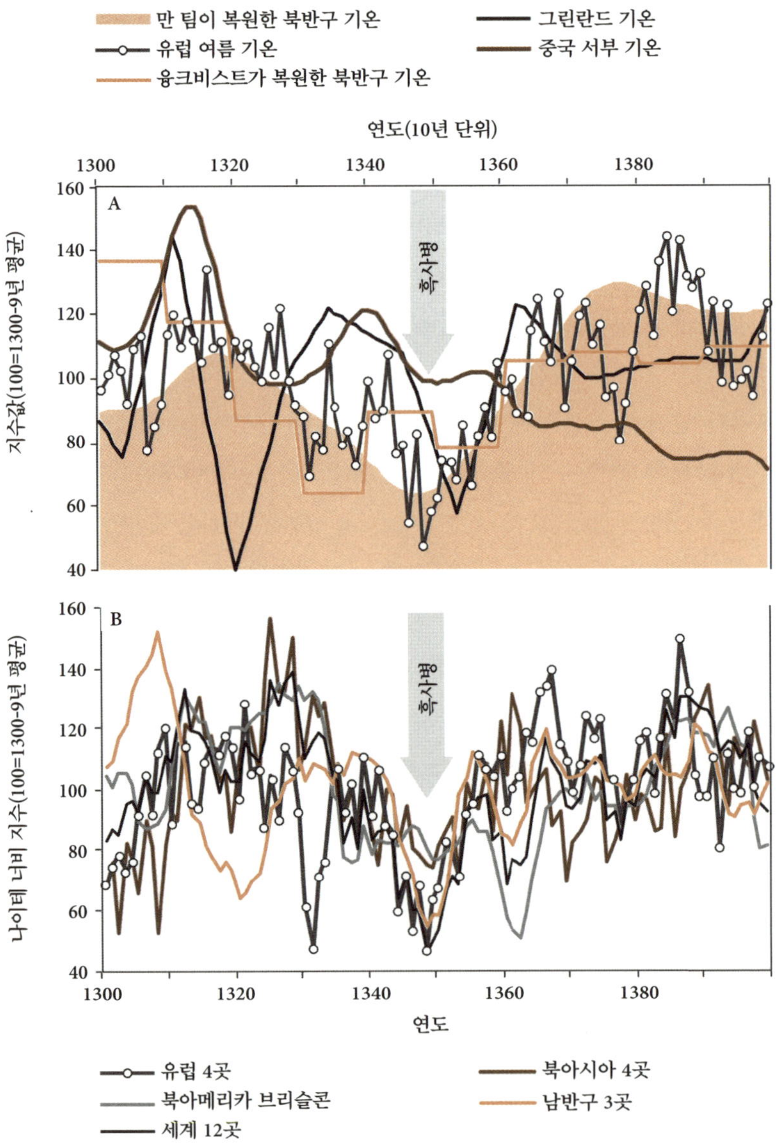

유럽 전역에 걸쳐 1340년대와 1350년대 동안의 혹독한 날씨에 대한 풍부한 증거 자료가 존재한다. 슬로바키아의 나이테에서 얻은 초여름 기온 자료는 1348-54년 사이와 1361-62년 동안 5-6월의 온도가 평년보다 훨씬 낮았으며, 한편 1348-51년 사이 아이슬란드 주변에서는 광범위한 해빙의 관찰이 기록되었다.[49] 1350-52년에는 잉글랜드 소금 가격이 현저하게 인상되었고, 특히 1351년에는 그 가격이 2배로 올랐는데, 이는 1349-51년 사이의 춥고 습한 날씨가 태양열 증발에 의한 소금 생산(국내산과 해외산 모두)을 감소시켰음을 시사한다(그림 4.3).[50] 이 시기 기후의 비정상적인 특성, 특히 이례적인 추위에 대한 보강 증거는 그린란드 빙하 코어의 중수소 함량에서 확보한 한랭 지수가 제공한다. 이 자료는 그린란드 서부가 14세기 동안, 특히 1312-14년, 1323-27년, 1336-38년, 1349-53년, 1378-82년, 1389-90년, 1392-94년에 극심한 추위를 겪었음을 보여 준다. 가장 극단적인 추위는 1349-52년 사이에 있었다.[51] 도슨과 그의 동료들은 1352-53년의 기온이 마운더 극소기에서 가장 추웠던 1690년대의 악명 높은 추위를 포함하여, 역사상 기록된 그 어떤 시기보다도 낮았다고 추정했다.[52] 1355-56년에도 스코틀랜드에서는 매우 추웠던 것으로 기록되어 있다.[53] 분명 이 "꽁꽁 얼어붙은" 해들은 1342/3년부터 시작된 전 지구적인 수목 성장이 현저히 둔화된 원인이었던 이상기후와 일치하는 징후

그림 4.2 | **14세기 중엽의 환경 악화: (A) 기온과 (B) 수목 성장, 1300-1400년**

출처: (A) 북반구 연평균 기온 - Mann and others(2008). 북반구 10년 평균 기온 - Ljungqvist (2009). 그린란드 연평균 기온 - Kobayashi and others(2010). 유럽 여름 기온(=페노스칸디아 북부 평균) - Grudd(2010). 중부 유럽 - Büntgen and others(2011). 동부 유럽 - Büntgen and others(2013). 서부 중국 연평균 기온 - Shi and others(2012). 유라시아 4곳 나이테 너비 연대기(3년 이동평균)는 유럽 참나무, 페노스칸디아 소나무, 에게해 참나무(M. G. L. Baillie 제공 자료)와 몽골 시베리아 낙엽송 연대기(Jacoby and others(연도미상))의 결합이다.

(B) 유럽 4곳 - 유럽 참나무, 페노스칸디아 참나무, 극지 우랄산맥 소나무(M. G. L. Baillie 제공 자료), 알프스 침엽수(Büntgen and others(2011)). 북아시아 4곳 - 톈산산맥 향나무(Jan Esper 제공 자료), 칭하이 향나무 (Yang and others(2014)), 몽골 시베리아 낙엽송(Jacoby and others(연도미상)), 시베리아 시베리아 낙엽송(M. G. L. Baillie 제공 자료). 북아메리카 - 브리슬콘 소나무(M. G. L. Baillie 제공 자료). 남반구 3곳 - 칠레와 아르헨티나 피츠로야 삼나무, 뉴질랜드 삼나무, 태즈메이니아 휴온 소나무(M. G. L. Baillie 제공 자료). 모든 연대기는 1300-99년에 대해 지수화되었으며, 동일한 변동계수를 갖도록 표준화되었다.

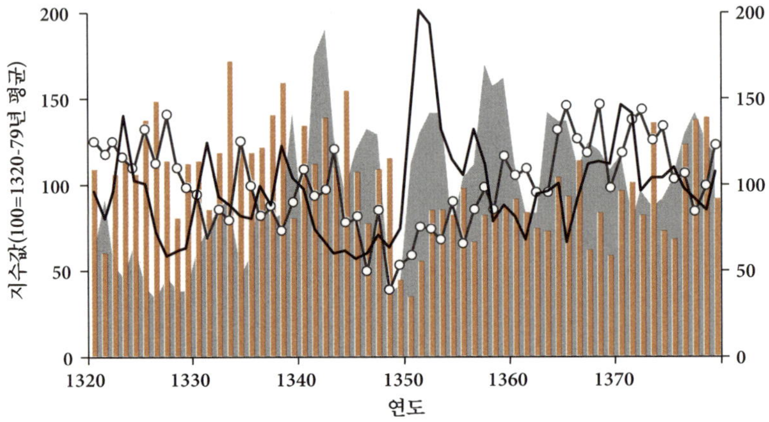

그림 4.3 | **1340년대와 1350년대 북유럽과 잉글랜드 악기상의 증거**

주: 동굴 이차생성물 띠의 폭(값이 낮을수록 습한 날씨), 유럽 여름 기온과 잉글랜드 곡물 수확은 1320-79년의 평균을 지수화. 소금 가격은 이전 25년 평균값에 대한 백분율.

출처: 스코틀랜드 동굴 이차생성물 띠의 폭 - Proctor and others(2002b). 북유럽 여름 기온 - Grudd(2010), Büntgen and others(2011), Büntgen and others(2013) 등에서 도출한 결합지수. 잉글랜드 종자당 곡물수확량의 십일조 총량 및 순종자량 - Campbell(2007). 소금 가격 - Clark(2009)를 근거로 산출.

였다.

기온이 하강하면서 대기 순환 패턴이 바뀌었고, 극단적인 기상이변은 더욱 빈번해졌다. 이것은 복원한 북반구 기온 및 북대서양 해수면 온도의 큰 폭의 연간 변동 증가를 통해 분명히 알 수 있다(그림 4.4). 1,400년에 걸쳐 재구성한 이 두 종류의 기온 변화에서 51년 주기로 계산한 변동성은 4-5배 정도 변했다. 불안정성이 심화되는 현상은 950년대, 1090년대, 1350년대, 1440년대, 1670년대에 나타났으며, 그중에서도 북반구와 남반구 모두의 기온과 해수면 온도에서 1350년대가 가장 두드러졌다.

환경의 불안정성은 13세기 중반 중세 온난기의 마지막 단계에서 상대적으로 낮았고, 14세기 초 중세 온난기가 약해지면서 훨씬 더 높은 수준으로 상승했으며, 마침내 14세기 중반 대기 순환 패턴이 소빙하기로 옮겨

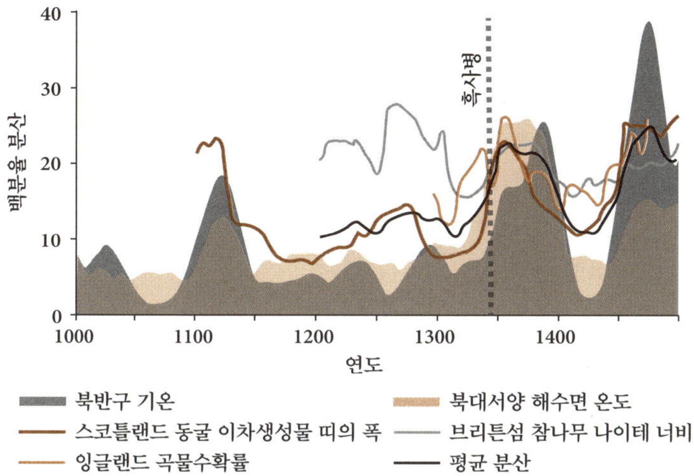

그림 4.4 | 환경불안정 수준의 지표로서 백분율 분산, 1000-1500년

주: 분산은 51년(곡물수확은 25년) 이동평균에 대해 산출하고 마지막 해에 그렸으며, 5년 단위로 평활화했다. 곡물수확량의 분산은 밀, 보리, 귀리 수확량의 십일조 총량과 순종자량의 복합 지수.

출처: 북반구 기온과 북대서양 해수면 온도(SST) – Mann and others (2008). 스코틀랜드 동굴 이차생성물 띠의 폭 – Proctor and others(2002b). 브리튼섬 참나무 나이테 너비(25개 나이테 연대기) – M. G. L. Baillie 제공 자료. 잉글랜드 종자당 곡물수확량 – Campbell(2007).

가자 추진력을 모아 그 정점에 다다랐다(그림 4.4). 서아시아의 킵차크 칸국에서 인수공통전염병이 발생한 것이 바로 이 전략적인 임계점에서였다는 사실에 유의할 필요가 있다. 북반구의 연간 기상 패턴이 점점 더 그 폭이 커지는 양극단 사이를 오르내렸을 때에, 스코틀랜드 동굴 이차생성물 띠의 폭, 영국 제도 참나무의 나이테 너비, 그리고 잉글랜드 곡물의 수확률 등 이 모든 수치의 변동성이 급격히 증가했다. 그로 인해 1350년대에 참나무 나이테 너비의 변동성은 50% 상승했고, 동굴 이차생성물 띠의 폭과 곡물 수확의 변동성은 2배가 되었으며, 가장 큰 폭의 증가는 페스트가 유라시아 서부를 가로지르며 확산되던 바로 그해에 발생했다(그림 4.4).[54] 각 시계열 자료들이 석순, 참나무, 장원 문서와 같이 본질적으로 상이한 출처들에서 독립적으로 생성되었다는 점을 고려할 때 이와 같은 일치는 특히 더 인상적이다.

물론 당대인에게는 진행되고 있던 기후변화를 이해하는 데 필요한 기상에 대한 정보와 지식이 부족했다. 그렇다고 할지라도 그들은 1340년대 후반에 날씨가 별스럽고 평소와 다른 방식으로 변화한다는 것을 확실하게 인식했으며, 일단 페스트가 발생하자, 전염병의 독기설毒氣說, miasma theory에 대한 믿음에 따라 특별한 관심을 기울였다. 그리하여 파리대학 의학부는 1348년 10월에 다음과 같이 보고했다.

> 한동안 계절의 변화가 적절하게 진행되지 않았다. 지난 겨울(1347/8)은 겨울답게 춥지 않았고 많은 비가 내렸다. 봄에는 바람이 많이 불었고, 그 후에는 비가 많이 왔다. 여름은 늦게 시작되었으며, 평소처럼 덥지 않았고, 매우 많은 비가 내렸다. 날씨는 하루하루가 매우 변덕스러웠고, 매시간마다 바뀌었다. 하늘은 자주 요동쳤다가 다시 잠잠해졌고, 비가 올 듯하다가도 오지 않았다. 가을에도 비가 매우 많았고, 안개도 많이 꼈다.[55]

당시 진행되고 있던 엄청난 변화의 가장 정확한 시기와 조짐들을 보여 주는 지표 중 하나는 옛 카이로의 맞은편에 위치한 로다섬의 나일강 수위계에서 확보한 나일강의 연간 최대 및 최소 방출량 기록이다.[56] 이 자료에 대한 정교한 통계적인 분석에서 젠밍 장Jianmin Jiang과 그 동료들(2002)은 1341년까지 '건조한' 시기(935-1095년, 1195-1245년, 1282-1340년)와 '표준' 시기(1096-1194, 1246-81)가 번갈아 나타났으며, 1341년 무렵 갑작스럽게 '습한' 시기가 시작된 이후 1395년과 1427년 사이에 약간의 변화가 나타났으나, 기록이 끝나는 1469년까지 습한 시기가 지속된 것을 확인했다(그림 4.5).[57] 이와 같은 방출량의 계기적인 변화는 보통 한 국면에서 다른 국면으로 급격하게 발생했지만, 어떤 경우에도 1341-42년의 변화만큼 급격하지는 않았다.[58] 이 시기부터 지배적이었던 높은 방출 수준은 에티오피아(동아프리카) 몬순이 크게 강화된 것과 연관하여 적도 아프리카에 큰비가 내렸음을 의미한다. 그 이후 매우 강한 홍수와 매우 약한 홍수 모두 발생

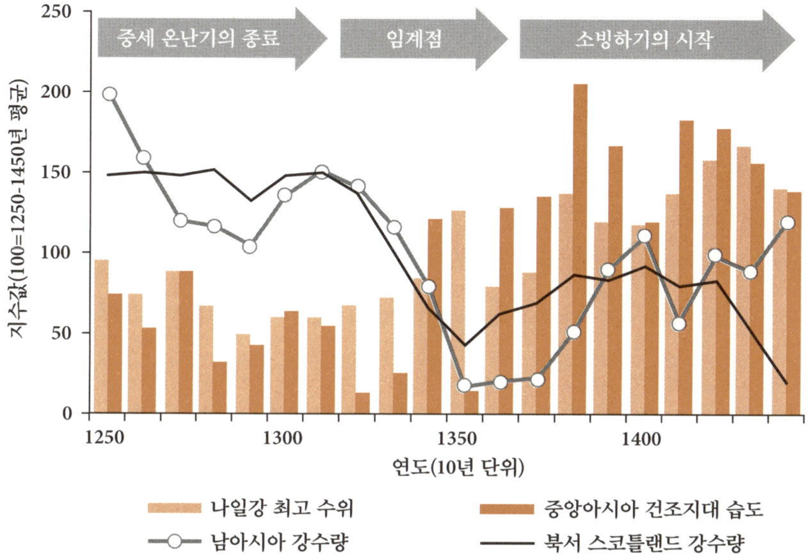

그림 4.5 | 1340년대: 중세 온난기에서 소빙하기로 전환되는 임계점, 1250-1450년
출처: 나일강 최고 수위 – Popper(1951), 221-3. 남아시아 강수량 – Berkelhammer and others (2010b), Zhang and others(2008)로 추정. 중앙아시아 건조 지대(ACA) 수분 지수 – Chen and others (2010). 스코틀랜드 강수량 – Proctor and others(2002b).

빈도가 증가하면서 방출 수준의 변동성이 커졌다.[59]

세계에서 가장 긴 강 중 하나의 연간 방출량이라는 이 진기한 기록은 군사적 충돌이 증가하고, 1345/6년 킵차크 칸국에서 흑사병의 발병이 기록되기 바로 직전이던 시기에 대기 순환 패턴의 중대한 변화를 정확히 나타내고 있다(4장 2절). 이와 같은 규모의 환경적 임계점의 특징으로는 변동성과 불확실성의 현저한 증가를 들 수 있다.[60]

흥미롭게도 1341/2년은 다른 환경 관련 기록에서도 기상이변의 해로 보고된다. 중앙아시아에서는 1310-40년의 소小우기가 갑작스럽게 끝났고, 동아시아에서는 몬순이 나타나지 않았다(그림 4.5).[61] 티머시 브룩Timothy Brook은 중국에서 1342-45년 사이에 반복되는 대규모 가뭄, 메뚜기 떼의 습격과 홍수가 파멸적인 기근과 전염병을 일으킨 사실을 확인했는데, 이

'극심한 환경 재난기'를 당대 몽골 통치자 '지정至正'의 이름을 따서 '지정 시기의 역경Zhizheng Slough'이라고 명명했다.[62] 북유럽에서는 폭풍해일이 북해 남쪽 주변의 저지대 해안에 홍수를 일으켰고,[63] 독일에서는 1342년 드문 제노바 저기압으로 인해 마인강과 다른 중부 유럽의 하천 유역에 전례 없는 규모의 폭우가 쏟아졌다. 1342년 7월 말 성 막달레나 축일의 홍수로 인해 뷔르츠부르크의 마인강 수위는 그 어느 때보다 높게 올라갔다.[64] 같은 해 스코틀랜드 서부는 지난 250년 중에 가장 건조했다(그림 4.3).[65] 그리고 북대서양에서는 1315년과 1342년 사이에 정점에 달했던 수온의 뚜렷한 하강과 상승이 교대로 나타나는 현상(전자는 겨울 폭풍과 관련되고, 후자는 여름 호우와 관련)이 완화되기 시작했다.[66] 이와 같이 동시에 발생한 기상 현상들은 "나일강 홍수를 발생시킨 기후가 전 지구적 원격상관 과정을 통해 멀리 떨어진 지역에서의 기후변동과 서로 연동되었다"라는 장과 그의 동료들의 관측과 일치한다.[67]

에티오피아의 강수량이 증가했을 때 인도와 중국 남부에서는 뚜렷하게 강수량이 감소했다(그림 4.5). 1340년대에 이르러 1082년부터 1268년까지 200년 동안 대체적으로 지배적이었던 정기적인 강한 몬순 강우는 완전히 끝났는데, 이는 논벼에 의존하는 중국 남부와 동남아시아 문명에 파멸적인 결과를 초래했다.[68] 강한 몬순 강우는 태평양을 지배하고 있던 라니냐와 (양의) 강한 엘니뇨 남방 진동의 산물이었는데, 해수면 온도와 습도에 있어서 태평양의 서쪽(아시아)이 동쪽(아메리카)보다 이례적으로 높았다.[69] 1270년대 이래로, 그중에서도 특히 1330년대부터 엘니뇨 남방 진동이 약화됨에 따라 남아시아 몬순도 약해졌고, 그로 인해 1340년대에 현격히 다른 몬순 체제로의 전환이 진행되었다. 엘니뇨 남방 진동은 또한 북대서양 진동과도 밀접하게 관련되어 있어서 엘니뇨 남방 진동이 음의 값을 보이고 남아시아의 강수량이 감소했을 때 북대서양 진동 또한 약화되었고, 겨울 편서풍이 남하하면서 차갑고 건조한 북극의 대기가 북유럽으로 밀려들었다(그림 4.3).[70] 스코틀랜드의 크녹 난 우암 동굴 이차생성물 기록에 따르면, 1340-44년의 겨울은 11세기 오르트 태양극소기 이후 가장 춥고 건조한 해였으며, 1357-59년의 경우는 그보다도 더 심했다(그림 4.4, 4.5).

연륜연대학은 이와 같은 발전에 대해 한층 고해상도의 정보를 제공한다. 1310년 이래 지배적이었던 구세계의 수목 성장과 아시아 및 신세계의 수목 성장 사이의 두드러진 역전 현상이 1340년대 초에 갑자기 멈추었고, 이후 전 세계 수목 성장은 평균에 근접했다.[71] 그리고 1342/3년에 시작하여 거의 모든 곳에서 온대 지방의 수목 성장은 감소했다. 북반구에서는 크림반도에서 페스트가 발병한 1346년에, 남반구에서는 빠르게 퍼져나가던 팬데믹이 유럽의 대서양과 북해 연안에 도달한 1348년에 각각 성장 최솟값이 기록되었다(그림 4.2B).[72] 최솟값은 칭하이(향나무)에서 1344년, 서유럽(참나무), 극지방 우랄(소나무), 북부 스칸디나비아(소나무)에서는 1345-46년, 몽골(시베리아 낙엽송)과 톈산(향나무)은 1348년, 그리고 캘리포니아(브리슬콘 소나무bistlecone pine)는 1349년에 각각 나타난다. 남반구에서 그에 상응하는 해는 태즈메이니아(휴온Huon 소나무)는 1347년, 칠레와 아르헨티나(피츠로야*Fitzroya* 편백나무)는 1348년, 뉴질랜드(삼나무)는 1350년이다. 다양한 위치와 환경에 있던 수많은 나이테에 의해 반복적으로 확인되는 그 정도 규모의 성장 감소는 전 지구적 차원에서 예외적으로 강력했던 부정적인 환경적 강제 요인이 있었음을 의미한다. 놀랄 것도 없지만, 아시아, 구세계, 신세계에서 수목 성장을 둘러싼 상관관계는 이 기간 동안 일관되게 양의 값을 가지며, 1340-68년 기간에는 평균 +0.5 이상이다. 두 번째 천 년 중 가장 크고, 오래 지속된 이 성장 이상異常 현상은 서아시아에서 페스트균이 마침내 야생 설치류에서 공생 설치류로 전이되어 훨씬 광범위하게 확산되며 인간에게 파멸적인 결과를 가져오게 된 시점과 거의 정확하게 일치했다(그림 4.2). 이와 같은 환경적·생물적 발전 사이의 연결은 기후의 영향을 받는 생태적 조건들에 의해 이루어졌다. 그리고 그 생태적 조건들은 병원균-숙주-매개생물 사이의 상호 관계를 형성하였다.

2) 기후와 페스트 사이의 상호 작용

1341/2년의 기후 악화 이후 채 4년이 지나지 않은 시점에 기록상 첫손에 꼽히는 대규모 인간 페스트가 발병했다는 사실은 우연이라고는 믿기 어려운 일이다. 그 희생자들은 카스피해와 흑해 사이 킵차크 칸국의 영토에 거주하던 자들이었다. 이를 촉발한 요인은 아마도 날씨의 급격한 변화로 인한 생태적 스트레스였던 것으로 추정되며, 이로 말미암아 야생 설치류에서 직접 인간으로 또는 공생 설치류를 거쳐 간접적으로 인간에게 전염의 전이가 이루어진 것으로 보인다(그림 3.27). 이와 같이 물이 제한된 초원 지역에서 강수량 감소와 식물 성장의 급격한 둔화는 게르빌루스쥐 군집의 생존력을 약화시켰고, 페스트에 전염된 동물들을 이동하도록 강제함으로써 벼룩 매개생물과 인간 사이의 접촉을 촉진하는 결과를 낳았다.[73] 더욱이 이 야생 숙주 개체군이 붕괴함에 따라 그들에 의존하던 굶주린 벼룩들은 대거 대체 숙주를 찾아 나서야 했다. 새로운 숙주가 인간이었을 수도 있고, 그로 인해 인수공통전염병의 사례를 늘릴 수도 있지만, 그보다 가능성이 좀 더 큰 것은 공생 설치류(즉 쥐)였다. 그 이유는 설치류가 벼룩이 선호했던 대안적인 숙주였기 때문이다. 그렇게 가정하면, 이는 페스트의 급속한 증폭, 그리고 동물유행병 상태로부터 집쥐에 의해 급속히 확산되는 치명적인 동물대역병으로의 발전을 유발했을 것이다. 이 시점부터 일단 공생 설치류의 대규모 떼죽음이 발생했고, 굶주린 벼룩이 다시 대안적인 숙주를 찾으면서 인간은 만개한 인수공통전염병의 위험에 점점 더 많이 노출되었던 것으로 추정된다. 제2차 팬데믹이 발화한 것은 전염병 주기의 바로 이 단계에서였다(그림 3.27).

이 광경은 거의 800년 전 제1차 팬데믹이 시작되었을 때 전개되던 사건의 반복이었다. 당시에도 비교적 급격한 기후 섭동攝動, perturbation•에 따

• 주요한 힘의 작용에 의한 운동이 부차적인 힘의 영향으로 인해 교란되어 일어나는 움직임.

라 페스트균이 유사하게 야생 설치류로부터 공생 설치류, 그리고 인간에게 퍼졌고, 콘스탄티노폴리스로 전파된 뒤에 거기서 로마 제국 전체와 그 너머까지 확산되었다(부록 4.1). 제2차 팬데믹의 경우, 페스트는 1346년에 크림반도의 흑해 항구 카파를 오염시켰고, 이듬해 5월에 콘스탄티노폴리스, 그리고 그해 가을에는 시칠리아의 메시나까지 전염시켰다. 그 이후 구세계 대부분이 감염되는 것은 단지 시간문제였다. 두 팬데믹 모두 기후로 인한 복합적인 생태계 변화가 발현된 거시적 사건들에서 비롯되었다. 각각은 페스트균, 숙주 그리고 매개생물 사이의 상호 관계 내에서 독립적으로 발생하는 생물학적 발전 여하에 달려 있었다. 그 결과 땅을 파고 살아가는 야생 설치류 사이에서 서서히 그 병독성을 키워 가던 한 역병이 갑자기 인간을 해치우는 치명적인 질병이 되었다. 그리고 오랫동안 그와 같은 질병은 존재하지 않았으며, 유라시아 대륙 내부 깊숙한 지역에 있던 병원소 지역과는 기후와 환경이 매우 다른 국가들을 침범했다.

인간이 이 시나리오의 전개에서 가장 눈에 띄는 희생자일 수 있지만, 페스트 전파의 주역은 떼를 지어 야생 설치류에서 공생 설치류로, 그리고 다시 인간으로 연속해서 이동한 벼룩 매개생물이었다. 제2차 팬데믹을 가능케 하는 데 유효했던 것은 아마도 티베트-칭하이 고원 북동부에 있던 페스트균의 핵심 병원소 지역으로부터 인간이 벼룩을 운반한 일이었을 것이다. 벼룩은 습한 여름 날씨에서 번성할 수 있었으며, 이것이 페스트의 사망률이 일반적으로 여름에 그 정점에 달했던 이유였다(그림 4.7). 같은 이유로 파리 의과대학이 계절에 맞지 않게 습하고 비가 많이 오는 날씨에 대해 기술했는데, 그것이 왜 남부 유럽에서 페스트가 1346-47년의 폭우가 수확물을 휩쓸고 간 뒤에 발생했으며, 북유럽에서는 음산한 날씨, 흉작, 페스트가 함께 진행되었는지를 설명해 준다.

벼룩은 습한 여름 날씨에 번성할 수 있었지만, 곡물은 그렇지 않았다. 잉글랜드 장원 기록에 서술된 고충들을 살펴보면, 1348/9년 동안 험악한 날씨로 인한 농사 피해는 의심할 여지가 없다.[74] 1339년과 1346년에도 이미

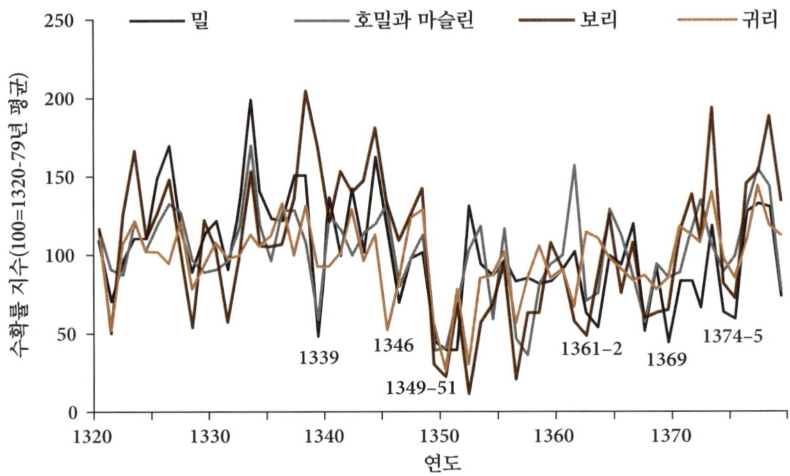

그림 4.6 | 잉글랜드 곡물수확량, 1320-79년
출처와 주: Campbell(2007). 수확률은 십일조는 포함하고 종자량은 제외한 값.

수확이 형편없었지만, 1349년에 시작된 재해에 가까운 흉작에는 비할 바가 못 되었다(그림 4.3과 4.6). 1349-57년 사이 9년 동안 종자당 평균 순수확량은 장기평균보다 27% 낮았으며, 1349-52년 연속 4년 동안은 평균보다 40% 낮았다. 그리고 최악의 두 해인 1349년과 1350년에는 그 수치가 평균보다 52%나 낮았다.[75] 수확량 자료가 지속해서 남아 있는 전 기간(1270-1455년)을 살펴보면, 이 시기는 기록상 가장 저조한 수확을 보였다.[76] 역사가들은 그 원인을 흑사병으로 인한 관리자와 농민의 대량 사망으로 돌리는 경향이 있지만, 혹독한 날씨가 더 중요한 원인이었음을 논증할 수 있다.[77] 사실상 페스트에 의해 촉발된 엄청난 인구의 감소가 없었다면, 잉글랜드와 북유럽의 대부분은 또 한 차례의 대기근에 휘말렸을 것이 분명했다.[78] 노동력 부족과 관리의 중단은 단지 흉작을 더 악화시켰을 뿐이다.[79]

흉작은 또한 빈곤, 영양부족, 부랑아 집단 등을 모두 증가시켜, 설치류 그리고/또는 체외기생충에 의한 매개생물 전파에 이상적인 조건을 만들었다. 잉글랜드와 프랑스, 그리고 스코틀랜드와 잉글랜드 사이에 전개되던 전쟁들이 야기한 병력, 군수품, 식량의 대규모 이동은 병원체의 전이를 한층 촉진시켰을 것이다. 페스트, 혹독한 날씨, 흉작 그리고 전쟁의 유독한 조합은 유행성 발진티푸스까지 번성하면서 더 큰 위력을 발휘했다.[80]

그렇지만 일반적으로 반건조 기후를 특징으로 한 대륙 지역과 관련된 질병이 북서유럽을 엄청난 위세로 황폐화시켰으며 대부분 지역의 날씨가 예외적으로 한랭했던 시기에 북위 63도까지도 침투했다는 점에서 이러한 시나리오 전개에는 역설이 있다. 그와 같은 기상 조건은 발진티푸스 발병에 적합한 특징인 반면, 벼룩에 의한 초기 국면의 전파는 통상 최소 10도의 온도가 필요했고, 폐색된 벼룩에 의한 전파(이 방법은 알렉상드르 예르생Alexandre Yersin에 의해 확인되었고, 베네딕토우에 의해 강조되었다)는 16-22도 사이의 온도에서 가장 효과적이었다.[81] 다른 조건이 동일하다면, 발진티푸스와 페스트의 이중 팬데믹이 아닌 한, 이와 같은 기후 조건은 벼룩에 의한 병원균의 전파를 속박해 시공간 모두에서 팬데믹을 억제해야만 했다. 게다가 이어지는 유럽의 대규모 페스트 발병은 마찬가지로 악천후 및 침체된 재배 환경과 연관되었다.[82] 한랭한 기온은 페스트의 진행을 막는 데 거의 또는 전혀 영향을 미치지 못했음이 분명하다. 그 이유는 정확히 어떤 매개생물이 페스트의 전달에 관여했으며, 그것의 활동이 어떤 생태적 변수에 의해 결정되고 영향을 받는지에 달려 있었다. 그것은 분명 흑사병이 점점 더 한랭한 고위도 지역으로 확산됨에 따라 초기 국면의 전파가 점차 전면에 등장했다는 사실을 의미한다.[83]

3. 유럽의 흑사병 창궐

1) 가면이 벗겨진 살인자: 흑사병 병원균의 정체

1984년 그레이엄 트윅Graham Twigg이 촉발시킨 흑사병의 생물학적 정체성에 관한 논쟁은 2010년이 되어서야 일반적으로 만족할 만한 정도로 해소되었다.[84] 의견은 크게 둘로 나뉘었다. 한편에서는 매개생물에 의한 페스트균의 전염이 팬데믹의 원인이었다고 확신했고, 다른 한편에서는 림프절 페스트의 고전적인 신체 증상에 대한 당대의 많은 설명에도 불구하고, 전통적인 림프절 페스트 진단을 고수하기에는 이 질병이 너무 전염성이 높고, 진행 속도가 빨랐으며, 잠복기가 너무 길고(긴 해상 여행에서 살아남을 수 있는 능력에 의해 입증됨), 전체 인구에 미친 영향이 너무 치명적이었다고 주장했다.[85] 그와 달리 탄저병(Twigg, 1984), 바이러스성 출혈열(Scott and Duncan, 2001), 치명적이지만 지금은 멸종된 바이러스성 질병(Cohn, 2002a) 등 다른 질병이었다는 주장들도 있었고, 심지어는 1348년 1월 25일 외계 행성과의 충돌로 인한 생물학적 낙진의 영향(Baillie, 2006)이었다는 가설도 제시되었다.[86] 많은 사람은 흑사병 확산의 속도와 방식이 매개생물을 통한 인수공통전염병보다는 사람에서 사람으로 전파되는 바이러스 감염의 확산과 매우 유사하다는 사실에 현혹되었다.[87]

존 타일만John Theilmann과 프랜시스 케이트Frances Cate는 2007년의 논평에서 트윅, 스콧, 던컨, 새뮤얼 콘 주니어Samuel Cohn Jr.와 같은 대표적인 회의론자들이 제기한 의구심과 이견이 정당하며, 이 '페스트 비판자들'의 "이 대역병이 드러낸 특징들이 제3차 팬데믹과는 상이하다"라는 주장은 설득력이 있다고 인정했다. 후자는 1855년 중국 윈난성에서 시작되어, 이후 사람들이 거주하는 모든 대륙으로 확산된 바 있다.[88] 타일만과 케이트 스스로도 림프절 페스트라는 진단에는 동의했으나, 제2차와 제3차 팬데믹 사이의 그와 같은 불일치는 아마도 페스트가 발진티푸스나 인플루엔자와 같이 위험하고 전염성이 강한 다른 전염병과 결합했거나, 페스트균 중에서도 특히 유독한 변종이었기 때문이라고 추정했다.[89] 설령 그렇다고 할지라도, 그들은 흑사병 병원균의 임상적 확인을 가능케 해줄 결정적인 실험 증거가 나타날지에 대해서는 회의적이었다. 하지만 그들의 예상은 빗나갔다.

미셸 드랑쿠르와 디디에 라울Didier Raoult의 마르세유 페스트팀은 페스트를 발병시키는 병원균을 확인한 최초의 법의학적 증거를 발표했다. 그들은 2000년에 출판된 핵심 논문에서 페스트 희생자의 치아에서 추출된 치수齒髓로부터 '예르시니아'(염색체) aDNA를 임상적으로 확인할 수 있음을 보여 주었다.[90] 보다 정확히 설명하면, 마르세유 팀은 14세기 것으로 알려져 있던 프랑스 몽펠리에의 묘지에서 발굴된 성인 2명과 어린이 1명의 치아에서 예르시니아 aDNA를 발견했다고 주장했다.[91] 그렇지만 그들의 발견에는 논란의 여지가 있었다. 첫째, 예르시니아 유기체가 참으로 페스트균이었음을 의심할 여지 없이 확증하지는 못했다. 둘째, 프랑스 지중해 연안에 림프절 페스트가 실존했다는 사실이 필연적으로 페스트균이 범유럽 팬데믹의 원인이었음을 의미하지는 않는다. 그 이전 및 이후 여러 차례에 걸친 페스트 발병이 지중해 너머로 퍼져 나가지 못했기 때문이다.[92] 셋째, 실험실에서의 DNA 분석은 오염에 매우 민감하기 때문에 강경한 페스트 비판자들은 이 결과가 과학적 엄격함이 결여되었으며, 독립적으로 확증되기 전에는 신뢰할 수 없다고 주장했다. 실제로 길버트M. T. Gilbert와 그의 동료들이 수행한 상응한 연구(2004)에서 수많은 다른 세균 DNA 서열이 증폭되었음에도 불구하고 "61명이 지니고 있던 108개의 치아에서 추출한 DNA에서 어떠한 페스트균 DNA도 증폭될 수 없었다"라고 결론이 내려졌을 때 그들의 회의주의는 정당화되는 듯이 보였다.[93]

2010년이 되어서야 마르세유 팀의 논쟁적 연구 결과가 12명으로 구성된 강력한 국제적인 학제 간 연구팀에 의해 확증되고 확장되었다. 이들의 획기적인 결과는 방사성 탄소연대로 모두 14-17세기 사이의 페스트 매장지로 추정되는 이탈리아, 프랑스, 독일, 네덜란드, 잉글랜드의 총 다섯 장소에서 발굴된 유골 76구에서 추출한 치수들의 성공적인 DNA 분석에 기반했다.[94] 생로랑드라카브르리스Saint-Laurent-de-la-Cabrerisse(프랑스)에서 1구, 헤리퍼드Hereford(잉글랜드)에서 2구, 베르헌옵좀Bergen-op-Zoom(네덜란드)에서 7구의 유골에서 추출된 치수 등 14세기 매장지에서 이제 확실히 페스트균으로 확인된 감염의 명백한 증거가 산출되었다. 추가로 생로랑드라카브르리스 7구, 헤리퍼드 4구, 베르헌옵좀 3구, 아우크스부르크Augsburg(독일) 4구, 파르마Parma(이탈리아) 6구의 유골에서 별도의 신속진단 테스트를 수행했는데, 페스트균 특유의 F1 항원의 흔적이 발견되었다. 슈테파니 핸쉬Stephanie Haensch와 그녀의 동료들은 이와 같이 면밀한 과학적 방법을 사용하여 얻은 보다 구체적인 발견을 토대로 다음과 같이 결론지었다.

> 두 가지 상호 독립적인 연구 방식은 역사적으로 그리고 맥락적으로 흑사병 및 그 재유행과 관련된 집단 매장지에 묻힌 사람들이 유럽의 남부, 중부 그리고 북부에서 페스트균에 의해 지속적으로 감염되었음을 보여 준다. 그러므로 제2차 팬데믹은 아마도 페스트균이 대체로 원인이었을 것으로 추정된다….[95]

런던의 이스트스미스필드East Smithfield와 베네치아의 페스트 매장지에서도 각각 그와 상응하는 결과가 도출되었다.[96] 결정적으로 이 aDNA 결과들은 독립적인 과학자팀이 가장 엄격한 방법을 사용하여 별도의 실험실에서 획득했다. 생물고고학 연구는 현재 정확하게 어떤 종류의 세균 변종이 관련되어 있으며, 그들 각각의 유전적 계보가 어떠한지 확인하는 데 초점을 두고 있다. 이와 같은 발견을 통해 유전학자들은 하나 또는 그 이상의 페스트균 변종이 단독으로 활동하거나 다른 병원체와 결합하여 흑사병을 발생시켰음을 확신하게 되었다. 유전학자들은 또한 이 흑사병 게놈이 재구성된 페스트균의 계통수에 얼마나 들어맞는지 그리고 제2차 팬데믹의 기원 및 확산의 시간적 선후 관계와 공간적 분포에 대해 무엇을 밝혀낼 수 있는지 신속하게 규명했다.[97] 이와 같은 법의학적 증거 앞에서 상황에 토대를 둔 팬데믹에 대한 대안적 분석들은 포기되었다.[98]

과학자들은 또한 분리되었거나 배양된 현존 페스트균 변종을 분석하여 페스트균 게놈을 해독했다.[99] 세균은 복제에 의해 진화하기 때문에 유전적 다양성이 한정되어 있고, 어느 변이 유전자형이 본질적으로 다른 것보다 더 독성이 강하고 위험한지는 거의 알려져 있지 않다.[100] 돌연변이는 대부분 유전자 부동genetic drift과 같은 중립적 과정 때문에 발생하고, 구별되는 게놈 변종들은 각기 단일염기다형성에 의해 정의되며, 공통의 조상으로부터 생성된다.[101] 이 정보로부터 최초의 돌연변이를 일으킨 조상보다 더 오래된 종은 없도록 페스트균의 계보가 복원되었다.[102] 연도를 추정할 수 있는 흑사병 매장지에서 추출한 게놈은 핵심 변종의 최초의 출현을 결정하는 데 사용된다. 그 결과는 하나의 계통수로 그려졌고, 계속되는 변종들, 즉 나무의 가지들(또는 다분할)은 지난 2만 년 중 어느 시점에 그 조상인 예르시니아 가성결핵균으로부터 유전적으로 분화된 이후 진화한 세균의 상이한 계통을 나타낸다.[103] 이 계통에 속한 대부분은 인간에게 페스트를 유발할 수 있다.[104]

페스트균 게놈의 복원은 페스트 발병에 대한 역사적 기록들과 별개로 이제 이 세균의 시공간에 걸친 확산에 대한 추론을 가능케 한다. 주요한 후속 연구에서 츠이Cui와 그의 동료들(2013)은 13세기 중 어느 땐가 발생한 '대폭발'을 확인했다. 그때에 생로랑드라카브르리스, 헤리퍼드, 베르헌옵좀 등의 흑사병 사망자에 대한 aDNA 연구로 정의된 흑사병 배열을 포함하여 단기간 내에 여러 새로운 계통이 출현했다는 것이다.[105] 이제 유전학자들과 생물학자들 사이에서 이와 같은 계통들의 지리적 분포는 페스트균이 처음 중국에서 진화했고, 그곳으로부터 여러 차례에 걸쳐 유라시아와 아프리카의 다른 지역으로 퍼졌으며, 결국 전 세계에 걸친 제3차 팬데믹으로 발전했음을 의미한다는 데에 확연한 의견 일치가 이루어졌다.[106] 이와 같은 과정의 결과 오늘날 존재하는 국가 단위로 고유한 유전적 다양성이 형성되었으며, 그에 따르면 키르기스스탄과 마다가스카르에서의 페스트 사망은 계보와 연대에 있어서 동일한 병원체의 상이한 변종으로부터 발생했다.[107]

해독된 페스트균의 게놈 배열을 근거로 핸쉬와 그녀의 동료들은 흑사병의 원인이었던 변종이 근대의 세 가지 주요 페스트 계통인 '*orientalis*', '*medievalis*', '*antiqua*'보다 시기적으로 앞섰던 것이라고 지적한다.[108] 다시 말하면, 1347년에서 1353년 사이 서아시아, 유럽, 북아프리카에서 수백만 명의 생명을 앗아갔던 그 역병은 1894-97년 홍콩에서 세균학자 알렉상드르 예르생이 연구하고 진단했던 질병과 생물학적으로 동일하지 않았다. 후자는 1896년과 1907년 사이 인도 전역에 확산되어 피해를 입혔기에 인도 페스트 위원회의 상세한 보고서의 주제가 되었으며, 많은 역사가들은 14세기에서 18세기까지 유럽을 황폐화시켰던 역병의 전형으로 삼았다.[109] 이것은 또한 1950년대에 드비나R. Devignat가 반복해서 제기했던 중세 페스트균 *Y. perstis medievalis*이 소위 제2차 팬데믹인 흑사병의 원인이 되었다는 가설을 잠재웠다(한편 *Y. pestis antiqua*는 고대 팬데믹의 원인이고, *Y. pestis orientalis*는 근대 팬데믹의 원인이라고 주장되었다).[110] 현재 이해되고 있는 바로는, 페스트균 게놈은 좀 더 오래된 내력을 지녔고, 그것은 *antiqua*, *medievalis*, *orientalis* 변종의 발달보다 선행했으며, 지리적으로 동쪽으로부터 서쪽으로 진화했다.[111]

핸쉬와 그녀의 동료들은 프랑스와 잉글랜드에서 공통적으로 흑사병을 유발했던 페스트균 유전자형은 베르헌옵좀의 흑사병을 유발한 페스트균보다 한 단계 덜 진전된 진화의 단계였다는 흥미로운 발견에 의해서 페스트균이 역병이 유행할 동안에 돌연변이를 일으켰을 가능성을 지지하고 있다. 그들은 이로부터 "14세기에 유럽 전역에는 상이한 세균 개체군들이 확산되었다"라고 추론한다.[112] 그들은 베르헌옵좀 변종이 현재 알려져 있는 유라시아의 모든 페스트 변종과 다르기 때문에 멸종된 것으로 생각하지만, 생로랑드라카브르리스/헤리퍼드 유전자형이 여전히 존재할 가능성을 배제하지는 않는다.[113] 더 많은 aDNA 증거가 축적되면서 더 많은 게놈의 유럽 변이들이 빛을 보게 되리라고 기대된다. 슈미트와 그의 동료들이 최근 제안한 것처럼, 아시아의 페스트균 병원소로부터 매번 재도입되는 대신에 특히 유럽 내에서 페스트가 어떤 단계에서 동물풍토병이 된 경우에 그와 같은 가능성이 있었을 것이다.[114] 츠이와 그의 동료들의 연구(2013)에서 얻은 핵심 교훈은 aDNA의 샘플 기반이 지리적으로 넓으면 넓을수록, 과거의 페스트 확산 방식과 출처에 대해 더 많은 사실들이 드러나게 될 것이라는 점이다. 흑사병의 경우 1346-47년에 처음으로 인간을 대상으로 한 역병으로 확대되었다고 알려진 흑해와 에게해 주변 지역에 대해 현재 그와 같은 정보가 부재한 것이 눈에 띄는 공백이다.

2) 역병의 시간적 변화 양상

페스트의 시간적 진행은 일종의 파동과 같은 계절적 패턴을 나타냈다(그림 4.7). 조지 크리스타코스George Christakos와 그의 동료들의 추정치(2007)는 결함이 있을 수도 있지만(페스트가 바이러스성 감염이라고 가정한 리드-프로스트Reed-Frost 역학 모델을 이용하여 산출), 연구의 토대가 되었던 증거들은 신뢰할 만하다. 그들의 외삽外揷 추정에 따르면, 흑사병이 유행하던 1348-49년, 1349-50년, 1350-51년의 연속된 3년 동안 그 활동은 겨울철에 가장 둔화되었으며, 확산 속도가 가장 낮았던 시기는 1-4월 사이였다(그림 4.7). 매해 5월부터는 따뜻한 봄 날씨가 도래하면서 역병이 좀 더 맹렬해졌고, 훨씬 빠른 속도로 퍼지기 시작했던 것으로 보인다. 지역에서의 확산 속도는 기온이 가장 높고, 벼룩이 가장 활동적이었던 7월에 정점에 도달했으며, 그 후에는 점차 누그러졌다. 1348년은 예외였는데, 이해에는 페스트가 이탈리아, 남프랑스, 이베리아를 확고하게 장악하면서 역병이 가을에 되살아났고, 심지어 11월에 그 확산 속도가 더욱 빨라지며 정점에 도달했다(그림 4.7과 4.10). 이처럼 여름과 가을에 정점이 두 차례나 나타나는 경우는 결코 되풀이되지 않았다. 그 후 역병이 기온이 좀 더 낮고 인구밀도가 좀 더 희박한 북쪽 지역으로 확산됨에 따라 겨울의 비활성화와 여름의 활성화 사이의 계절적 대조가 더욱 뚜렷해졌으며, 전염 지역이 확대되는 기세가 약화되다가 1353년에는 완전히 멈추었다.[115]

페스트 확산의 뚜렷한 계절성은 겨울에 비해 여름이 훨씬 더 위험했

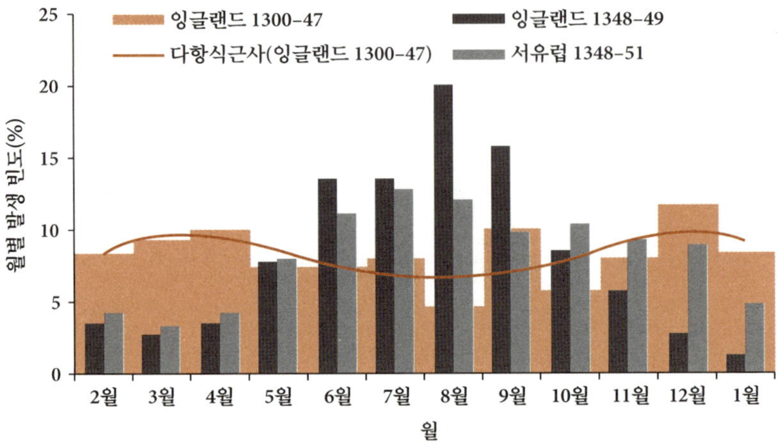

그림 4.7 | **잉글랜드와 서유럽에서 흑사병의 계절적 영향**
주: 잉글랜드는 국왕직속봉신 전체 사망 중 월별 비중, 서유럽은 페스트 평균 월별 확장 영역 추정치.
출처: Christakos and others(2007), 715에 근거해 산출; Campbell and Bartley(2006), 15.

음을 보여 주고, 이는 결과적으로 전염병을 옮기는 벼룩의 활동성과 벼룩이 사람, 의복, 상품에 달라붙어 함께 이동하므로 인간의 이동성에 대한 온도와 습도의 영향을 함축한다.[116] 명백한 이유로 운송량과 교통량은 겨울보다 여름에 더 많았다.[117] 잉글랜드에서 이와 같은 계절적 사망률의 패턴은 12월에 가장 치명적이고 8월에는 가장 안전했던 1300년에서 1347년 사이의 지배적인 패턴과 거의 반대였음을 주목해야 한다(그림 4.10).

개별 지역 사회에서의 페스트 사망은 서로 유사한 시간적 변화 양상을 보인다. 페스트의 인수공통전염병 단계에서는 최초의 공생 설치류 감염과 최초의 인간 페스트 사망자의 출현 사이에 항상 시차가 있었다. 그 이유는 폐색된 벼룩에 의한 전파가 지배적인 곳에서 감염된 벼룩 매개생물이 지금까지 감염되지 않았던 쥐 개체군에 페스트 대역병을 유발하는 데 10-14일이 걸렸고, 벼룩이 인간을 처음 감염시키는 데 추가로 3일이 걸렸으며, 감염된 인간이 이 질병을 배양하는 데 3-5일, 그 후 병이 진행되는 데 1-3일이 소요되었기 때문이다. 따라서 페스트에 의한 쥐의 첫 감염에서 인간의 첫 사망까지 19-27일이 경과할 수 있었다.[118] 그와 대조적으로 초기 국면의 전파에서는 그 절반의 시간에 동일한 결과를 이룰 수 있었다.[119] 베네딕토우는 폐색된 벼룩에 의한 전파에 고유한 시차가 있다고 생각하는데, 기록이 잘 남겨진 16세기 말 웨스트모어랜드의 펜리스Penrith 사례에서 1597년 9월 22일의 첫 번째 페스트 사망과 10월 14일의 두 번째 페스트 사망 사이에 22일이 경과한 이유를 이 때문으로 설명한다.[120] 그 후 펜리스의 겨울이 시작되면서 기온이 낮아지고 벼룩의 활동이 줄어들어 전염병의 진행이 느려졌고, 1598년 1월에는 완전히 진정된 것처럼 보였다(그림 4.8). 그러나 3월에 따뜻한 기온이 벼룩의 활동을 다시 돋우면서 페스트 사망자는 증가하기 시작했고, 일 년 중 가장 따뜻한 달인 6-9월에 정점에 이르렀다.

초기에 산발적인 소수의 사망 후에 사망자가 갑작스레 급증하였다가 이후 마찬가지로 급감하는 패턴은 전형적이었던 것으로 보이며, 이는 서로 대응하는 쥐와 벼룩의 폐사 양상에 반영되어 있다.[121] 다른 곳에서와 마찬가지로 펜리스에서도 페스트균이 도시에 들어오면서 면역성이 없는 쥐들이 감염에 의해 먼저 희생되었으며, 최초의 인간 사망자는 이 동물유행병의 우발적인 결과였을 것이다. 인간 역병의 발병은 실질적으로 쥐 개체군이 붕괴된 후, 대량의 굶주린 벼룩이 인간을 대체 숙주로 채택하면서 시작되었다. 따뜻하고 습한 여름 날씨는 벼룩의 활동을 크게 증폭시켰고, 펜리스에서는 대규모 사망의 위기가 늦여름에 절정에 이르렀다. 그때에 마을의 쥐 개체군은 거의 멸종했을 것이다. 인간은 설치류 벼룩의 영구적인 유지 숙주maintenance host 역할을 할 수 없기 때문에, 일단 이와 같은 사태가 발생하였으면 4-5개월이 못가 벼룩의 개체수가 붕괴하고 만다. 펜리스에 다시 찾아온 추운 날씨가 이와 같은 경향을 강화했고, 12월에 처음에는 쥐, 그리고 다음에는 굶주린 벼룩이 대량으로 죽자 페스트는 대체로 소멸했다. 페스트를 옮길 수 있는 마지막 벼룩은 아마도 1599년 1월 6일 마지

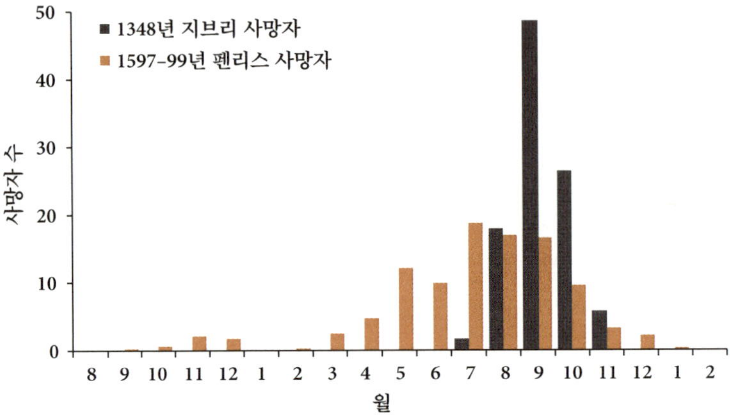

그림 4.8 | 1348년 부르고뉴 지브리와 1597-99년 컴브리아 펜리스의 페스트 사망 대조

주: 전체 사망자는 페스트 이전 지브리 인구의 31%, 펜리스 인구의 45%에 해당.
출처: 지브리 – Christakos and others(2005), 127(Gras(1939)에 근거). 펜리스 – Scott and Duncan (2001), 120.

막 페스트 사망자의 매장이 있기 2주 전에 죽었을 것이다. 후자의 페스트 종식은 첫 번째 페스트 사망자를 매장하고 15와 1/2개월 후였으며, 위기가 정점에 도달한 뒤 거의 6개월 만이었다. 페스트는 도시의 쥐와 벼룩을 제거했지만, 그와 더불어 흑사병 이전 최소 1,350명에 이르렀던 도시 주민 중 485명(36%)의 생명을 앗아 갔다.[122]

모네케와 그의 동료들에 따르면, 인간 페스트의 발병은 일반적으로 서서히 시작되었으나 급격하게 확대되었고, 그 후 진정되다가 소멸했다. 이는 그보다 선행했고 또 병행했던 면역성이 없는 쥐와 벼룩의 사망 때문이었다. 그들은 쥐가 벼룩의 숙주로 훨씬 선호되었기 때문에 페스트균에 내성을 지닌 쥐들이 있었을 때에 발병이 한층 약했다고 주장한다. 인간은 굶주린 설치류 벼룩들이 마지막으로 의존할 숙주였다.[123]

펜리스의 사례에서 명백하게 나타났듯이, 페스트의 사망률이 여름에 정점을 보이는 것은 매개생물에 의해 전파되는 이 질병의 가장 뚜렷한 특징 중 하나이며, 벼룩의 번식과 활동성에 대한 온도 및 습도의 영향과 부합한다.[124] 비슷한 크기인 부르고뉴의 지브리Givry에서도 1348년에 같은 계절적 정점을 나타냈다. 이 도시에 이례적으로 남아 있는 교구 명부에 따르면, 페스트가 펜리스보다 3배나 빠른 속도로 진행되었으며, 아마도 단 4개월 만에 소멸했던 것으로 보인다. 7월 중순에 페스트의 사망자가 급증하기 시작했고(최초의 사망자는 알아채지 못하고 지나갔던 것으로 보인다), 그 후 6주 만에 사망자 수는 정점에 도달했으며, 총 600명 이상의 희생자 중 마지막 사망자는 11월 19일에 발생했다.[125] 이 두 소도시에서 발생한 대규모 사망 사이에 지속 기간의 차이는 현저하다. 이는 지브리의 생태적 조건이 특별히 설치류 및 인간 개체군을 통한 이 역병의 급속한 진전에 적합했으며, 아마도 초기 국면의 전파가 좀 더 두드러진 역할을 했음을 의미한다(그림 4.8). 그것이 아니라면, 마르세유 페스트팀이 추측했듯이, 지브리에서 페스트의 진행이 빠르고 인간 대 인간 전염도 이에 상응한 데에는 인간 체외기생충이 원인이었던 것으로 보이며, 반면 펜리스에서 좀 더 오래 지속되었고 한동안 활동하지 않는 것처럼 보였던 것은 설치류 체외기생충 때문이었을 수 있다.[126]

지브리에서 흑사병이 확산된 빠른 속도는 제2차 팬데믹의 첫 번째이자 가장 치명적이었던 유행의 전형적 양상으로 보인다. 1348년 늦여름 보르도에서 한때 잉글랜드 왕실 상서를 역임한 로베르 부르시에와 곧 신부가 될 조안 드 라 투르 공주는 페스트가 횡행하던 도시에 도착한 지 각각 10-15일과 30일 이내에 사망했다.[127] 이듬해 잉글랜드 코번트리와 리치필드 주교구에서 주교등록부에 기록된 성직자의 사망연표에 따르면, 페스트는 단지 4-6개월 만에 지역 전체를 휩쓸었다.[128] 다른 곳에서도 이 역병이 빠른 속도로 건강한 사람을 병들게 하고 사망에 이르게 한 점에 주목했던 많은 서술이 남아 있다. 조반니 보카치오가 1348년 생생하게 관찰한 피렌체에서는 "[이 역병으로] 고통을 겪는 사람들이 아직 전혀 영향을 받지 않은 사람들과 섞일 때마다, 역병은 불길이 마르고 기름진 물질에 번지는 속도로 그들에게 급히 달려들곤 했다."[129] 비록 폐색된 벼룩에 의한 전파와 양립하기는 어렵지만, 이와 같은 서술은 매개생물의 균혈증 수준이 충분히 높다면, 벼룩이 숙주의 페스트균을 몇 시간, 일반적으로는 4일 이내에 피해자에게 전달했던 초기 국면의 전파와 일치한다.[130] 근대 페스트의 발병에서 사람들은 감염과 고열, 오한, 근육통, 극도의 쇠약, 림프절 종창 및 통증, 설사, 메스꺼움, 구토 등 초기 증상들의 발현 사이에 단지 1-8일의 짧은 잠복기를 가졌다. 이 역병에서 좀 더 드물고 전염도 적었던 폐렴 형태, 즉 폐 페스트의 잠복기는 1-3일 정도로 더 짧았다.[131] 수수께끼인 것은 14세기에 그렇게 신속하게 역병에 걸린 사람들은 병과 죽음의 개입으로 무력화되기 전에 장거리 육로 여행과 인내가 필요한 항해를 완수할 기회가 제한되었으리라는 점이다. 게다가 사람들의 희생이 늘어나기 전에 설치류 개체군이 붕괴되어야 했다면, 쥐들이 감염되고 궤멸되는 속도도 마찬가지로 빨랐어야만 했을 것이다.

이 역병이 구체적으로 어떻게 불과 6년 내에 대륙 전체를 감염시키는 데 성공할 수 있었는지는 흑사병의 가장 이해할 수 없는 특성 중 하나로 남아 있다. 분명 이 역병은 불시에 발생한 습격이었기에 현장에는 그것을 지연시킬 만한 검역이나 다른 예방 조치들이 없었다. 이후 14세기 말부터 이탈리아의 크고 작은 도시들에서 발전시키고 집행한 검역 조치는 개인들이 역병에서 벗어나 타인에게 위험하지 않다고 간주되기까지 몇 주 동안 감시하에서 격리되어야만 한다는 점을 상정했다.[132] 1377년 7월 라구사의 달마티아 공화국에서는 전염병에 감염된 지역으로부터 두브로브니크로 들어오는 방문객, 여행자, 상인, 상품 그리고 선박에 대해 30일간의 격리를 의무화하는 세계 최초의 검역법을 공포했으며, 뒤를 이어 1390년에 상설 보건소Health Office를 설립했다.[133] 베네치아도 라구사의 사례를 따랐으며, 검역 기간을 40일로 늘렸다('검역'을 지칭하는 용어 *quarantena*는 '40일간'이라는 의미다). 여기에서는 검역 규정을 실제로 집행할 때, 해외에서 들어오는 사람들을 베네치아 석호 남쪽에 있는 작은 섬 산타마리아 디 나사렛(현재 라자레토 베키오Lazzaretto Vecchio)에 격리시켰다. (쥐와 인간 모두가 감염되어 죽는 데 필요한 시간을 훨씬 초과한) 이 기간을 살아남은 사람들은 감염되지 않은 것으로 간주되었다. 15세기를 경과하며 다른 많은 이탈리아 도시들에서도 유사한 조치를 채택했고, 상설 보건소를 설립했으며, 위생 및 보건 수준을 높이기 위한 법안을 제정했다. 이는 흑사병의 확산이 느려지고, 발병 지역의 범위가 좀 더 제한되었던 이유가 될 수 있다.[134] 1347-53년의 최초의 파멸적인 발병으로 인한 대규모 사망과 광범위한 지리적 규모는 사실상 결코 재연되지 않을 일이었다.

3) 유럽에서의 흑사병 확산

페스트는 몇몇 연대기 작가들이 이 역병이 흑해의 크림 해안에 도달했다고 보고하던 1346년 하반기나 그 이전에 아시아에서 유럽 주변으로 마침내 전파되었다(그림 4.9).[135] 이 지역에서 페스트는 자니베크 칸의 몽골 군대를 단번에 제압함으로써 즉시 파괴적인 잠재력의 진가를 발휘했으며, 그 후 번성했던 제노바인들의 항구 카파 외곽에 주둔했다.[136] 이전에는 그렇지 않았을지라도, 페스트는 카파에서 모든 제노바 갤리선과 상선에 몰래 승선했던 선박의 쥐를 포함하여 검은쥐 군집과 부득이하게 접촉하게 되었을 것이다. 그리고 벼룩 매개생물은 페스트균을 감염에 매우 취약한 한 무리 쥐의 군집에서 다른 군집으로, 이 선박에서 저 선박으로, 그리고 이 항구에서 저 항구로 운반했다. 일단 유럽 상인 및 그들의 상업 활동과 직접 접촉하게 되자, 흑해와 지중해의 긴밀한 해상 네트워크, 항구들 그리고 해안 정착지들을 통해 페스트의 신속한 보급이 보장되었다. 이제 해상과 육상 모두에서 훨씬 왕래가 많은 경로를 따라 여행함으로써, 페스트의 전파 속도는 하루 최대 6킬로미터, 한 해 2,000킬로미터까지 빨라졌다.[137] 이후 6년 동안 이 역병은 사람들이 생활하고, 교류하고, 상업 활동을 하는 곳이면 어디든지 침투했으며, 그로 인해 극히 소수의 예외를 제외하고는, "서유럽에서 흑사병의 영향을 받지 않은 지역은 사람들이 살지 않던 지역들만" 남겨 두었다(그림 4.10).[138]

가브리엘레 데 무시스는 카파에서 몽골군이 사체를 도시 안으로 투척했을 때 페스트가 포위한 자들로부터 포위당한 자들에게 전파되었다는 자주 반복되는 이야기의 출처다.[139] 추측건대 페스트균을 도시 성벽 안에 있던 사람들과 그들과 동거하던 쥐들에게 전염시킨 것은 죽은 지 얼마 되지 않아 희생자의 몸과 의복에 살아서 여전히 전염성을 지니고 있던 곤충 매개생물이었을 것이다. 1347년 봄에 선박을 이용해 이 도시, 포위 공격 그리고 역병에서 모두 벗어나 탈출하던 제노바 상인들과 선원들은 감염된 체외기생충, 그리고 의심할 바 없이 그것의 숙주 설치류 무리도 함께 거느리고 흑해 건너편으로 왔다. 1347년 5월경 병원균은 페라와 콘스탄티노폴리스에도 들어왔다. 그리고 여름을 거치면서 페스트는 에게해 항구들에 확산되었고, 초가을에는 이집트의 알렉산드리아와 시칠리아의 메시나에도 도달했다. 곧 이탈리아와 크로아티아도 감염되었고, 1347년 11월에는 페스트가 마침내 마르세유에까지 이르렀다(그림 4.9).[140]

이와 같은 과정에는 아마도 소수보다는 다수의 선박과 선원을 필요로 하였으며, 약 반년의 기간에 걸쳐 확산되었다. 그 기간은 페스트가 크림반도에서 남부 유럽까지 도달하는 데 소요된 시간이었다. 그와 비견되는 이식쿨에서 크림반도까지 3,300킬로미터의 육상 이동을 통해 전파되는 데에는 8년에서 12년 정도가 소요된 것으로 추정된다.[141] 항해의 길이, 경로상에 위치한 항구들의 수, 그 지역 해상 활동의 규모 등을 감안할 때, 도피한 단 한 척의 제노바 선박이 페스트를 이탈리아에 전파했다거나 또는 오로지 제노바인들이 전파자였다고 가정하는 것은 과도하고 또 비현실적이다.[142] 그럼에도 불구하고 당대인들은 사실상 이구동성으로 가는 곳마다 치명적인 역병을 전파했던 인간 매개생물로 제노바인을 고발했다.[143]

일단 페스트가 지중해 해상 교차로 시칠리아에 도달하자, 이 역병은 매우 촘촘하고 광범위한 이 섬의 해상 교역망을 통해 지중해의 구석구석까지 빠르게 퍼져 나갔다.[144] 그로 인해 1348년이 경과하면서 지중해 해상

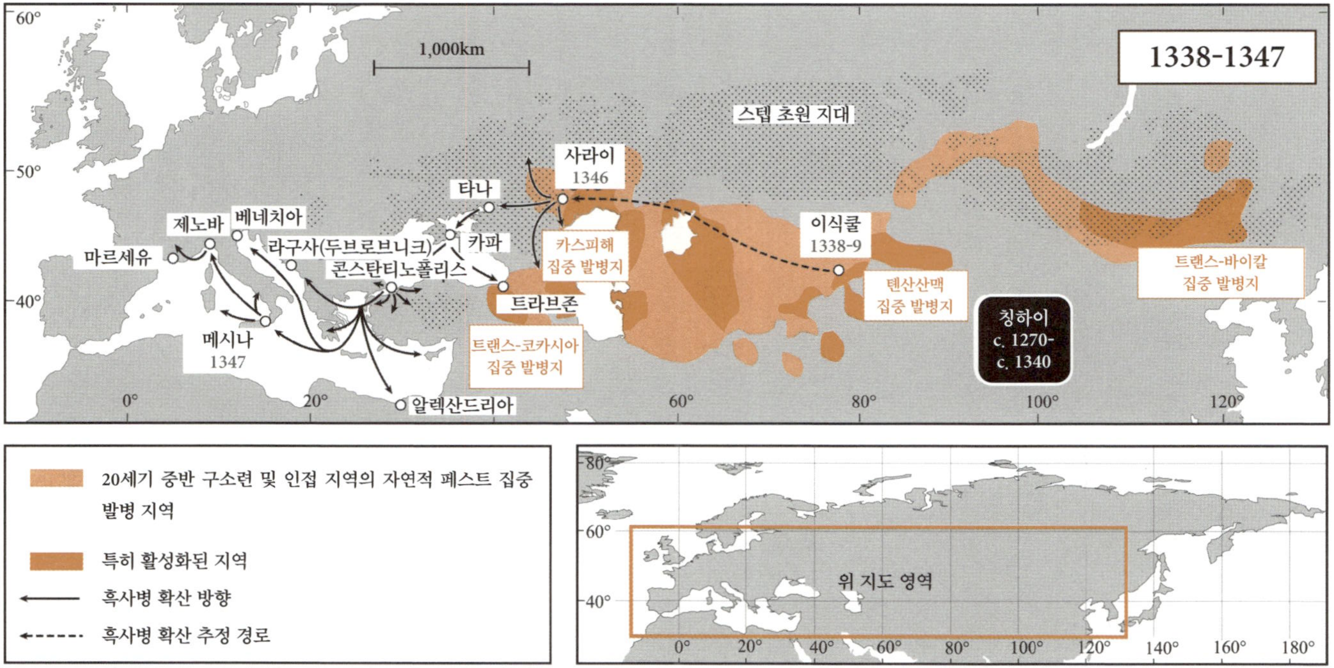

그림 4.9 | 아시아에서 유럽으로 페스트의 확산, 1338-47년

출처: Norris(1977), 12, 20; Benedictow(2004), map 1; Christakos and others(2005), 241-59.

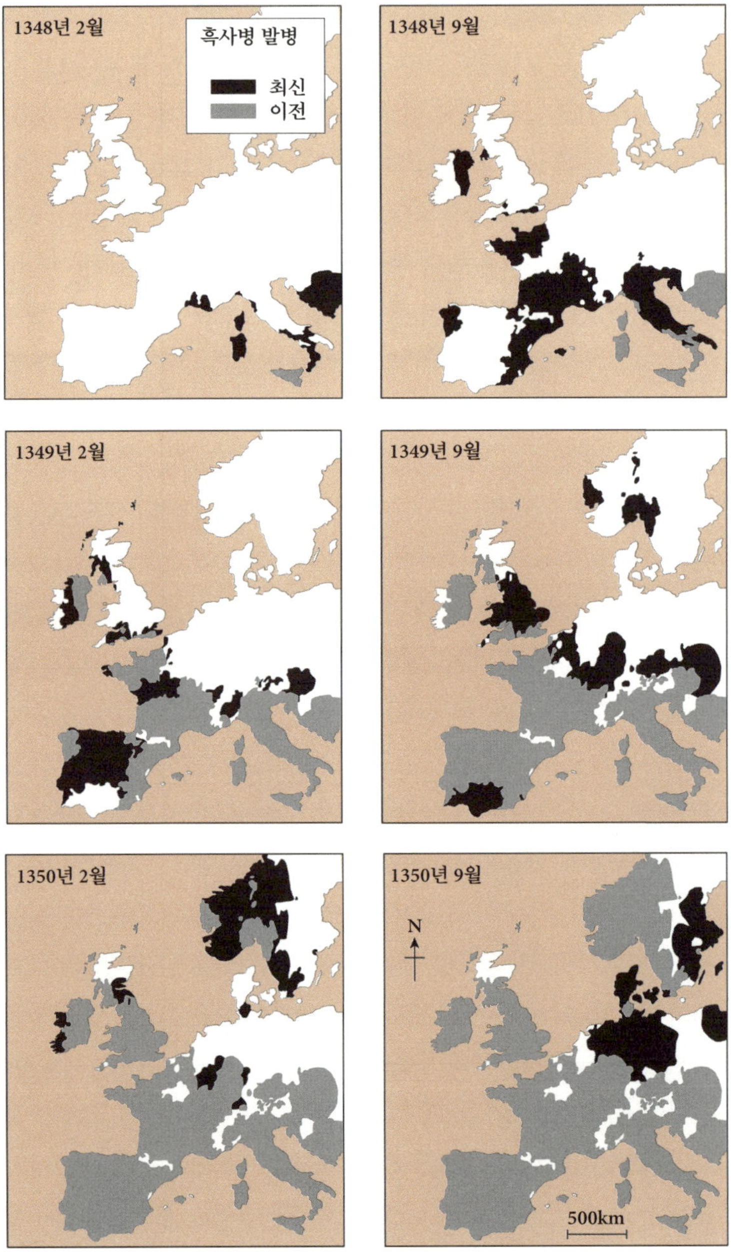

그림 4.10 | **서유럽의 페스트 확산, 1348년 2월부터 1350년 9월까지**
출처: Christakos and others(2007), 709-10을 보완.

무역 지대 거의 전역에 걸쳐 주민들이 감염되었다(그림 4.9). 페스트는 토스카나, 프로방스, 그리고 카탈루냐에서 1346-47년에 발생한 기상이변과 기근의 피해로부터 여전히 회복하고 있지 못하던 지역 사회를 강타했다.[145] 팬데믹은 교역 및 여행의 대동맥을 따라 해안 도시로부터 내륙 지역과 그 배후지를 넘어서까지 확산되었고, 일련의 전선前線을 따라 동쪽에서 서쪽으로, 그리고 남쪽에서 북쪽으로 유럽을 가로지르며 퍼져 나갔다.[146] 결국 이 역병은 1348년 여름에 프랑스의 대서양 연안 보르도와 북프랑스의 루앙과 파리에 이르렀고, 거의 같은 시기에 잉글랜드 남서부의 웨이머스(일명 멜콤 레지스Melcombe Regis)와 브리스틀, 아일랜드 동부의 드로이다Drogheda와 더블린에 이르렀다(그림 4.10).

이듬해 1349년에는 페스트가 스페인 남부와 포르투갈, 사실상 잉글랜드, 웨일스, 아일랜드 전체, 프랑스에서 아직 전파되지 않았던 지역, 남부 저지대 국가들, 라인란트와 도나우 계곡, 노르웨이(북쪽으로는 북극권에서 불과 200마일 떨어진 트론헤임까지 침투했다), 그리고 발트해 남부의 그단스크 항구와 그 곡물 생산 배후지까지 퍼져 나갔다(그림 4.10).[147] 이 북부 지역에서 페스트의 전진은 차갑고 습한 날씨의 시작 및 연속된 심각한 흉작과 동시에 일어났으며, 결과적으로 고통이 크게 배가되었다(그림 4.3과 4.6). 춥고 습한 날씨가 계속되던 1350년에는 페스트가 한층 북쪽과 동쪽으로 이동했으며, 스코틀랜드, 북부 저지대 국가들, 독일, 덴마크, 스웨덴 남부, 폴란드 북부, 보헤미아 그리고 슬로바키아까지 전파되었다.[148] 1351년에는 거기서부터 폴란드 동부, 리투아니아, 라트비아의 발트해 연안 국가들까지 관통했고, 유럽을 한 바퀴 돌아 피해를 끼치지 않은 지역이 극히 일부만 남게 되자 마침내 1352-53년에 러시아 동부와 중부에서 소멸했다.[149]

페스트는 후에 대체로 도시적인 현상으로 간주되었지만, 크리스타코스와 그의 동료들은 이 최초이자 가장 치명적인 창궐에서 거주지의 규모와 사망률 사이에 어떠한 상관관계도, 감염에 대한 취약성에서 촌락 거주자와 도시민들 사이에 어떠한 근본적인 차이도 발견하지 못했다.[150] 그러므로 촌락은 결코 안전한 피난처가 아니었다. 감염을 회피하려는 도피 시도는 헛된 것으로 판명 났으며, 페스트의 가차 없는 확산을 촉진했을 뿐이다. 1348년 7월 혹은 그보다 이른 시기의 지브리에서처럼(그림 4.8) 일단 한 거주 지역이 감염되면, 이 역병은 전형적으로 신속히 절정에 이르렀다가 빠르게 진정되었다.[151] 그처럼 현저히 높은 감염률은 전염병을 더 오래 지속시키기 위해서는 실질적으로 감염시킬 수 있는 설치류 개체군이 충분한 규모가 될 필요가 있다는 것을 의미했고, 따라서 거주지의 물리적 규모가 클수록 역병의 지속 기간도 길어졌다. 6만 명 이상의 주민을 가진 유럽 도시들에서만 페스트 유행이 12개월 이상 지속되었다.[152] 인구가 약 8만 명이었던 런던에서 페스트는 최소 15개월 동안 지속되었고, 대략 런던의 2배 규모였던 파리에서는 16개월, 인구가 11-12만 명이었던 베네치아에서는 18개월 동안 지속되었다.[153] 이와 같이 많은 인구를 가진 대도시는 설치류와 인간이 병원균에 노출되는 과정이 지브리같이 몇천 명의 주민이 있는 소도시나 불과 몇백 명이 생활하던 서퍽의 월섬 같은 촌락에 비해 좀 더 오래 걸렸다.[154] 후자의 경우 최대 노출은 수개월보다도 짧은 몇 주 내에 달성되었다. 그러므로 페스트의 진행 속도는 충격을 한층 증폭시켰다. 그 여파로 이 역병은 주민들에게 정신적으로 큰 외상을 입혔고 인구를 격감시켰다.

남아 있는 기록에 기대 역사적으로 재구성한 페스트의 공간적 확산 방식은 인간이 확산을 촉진하는 매개 역할을 했음을 암시한다. 증거와 그것의 분석에 인위적 조작이 없다면, 흑사병은 확립된 교역로를 따라서 도시에서 도시로, 점차 그보다 작은 거점으로, 그리고 항구와 도시로부터 그 외부의 촌락 배후지로 연쇄 반응을 일으키며 이동했을 것으로 보인다(그림 4.10). 당대인들이 믿은 독기설이 가정하듯이 이 역병이 바람에 의해 이곳저곳 퍼져 나가는 공기에 의해 전파되는 감염병이었다면, 그 전파 방식은 완전히 달랐을 것이다. 바람의 영향이 지배적인 전파는 겉보기에 아무 관련 없이 넓게 흩어져 있는 장소들에서 동시다발적으로 광범위하게 발생하기 마련이다.[155] 사실 그 확산 방식은 설치류 숙주의 동물대역병에 부합하는 매개생물을 통한 인수공통전염병보다는 사람에서 사람으로 직접 전달되는 바이러스 감염의 패턴과 아주 유사하다.[156] 이것이 많은 역사가와 일부 과학자들이 흑사병이 페스트균에 의해 발생했다는 사실에 대해 의구심을 갖는 한 가지 이유다. 하지만 현재 이 부분은 aDNA 분석에 의해 확인되었다.[157] 설치류에서 인간 체외기생충으로의 매개생물 전환은 그와 같은 불일치를 설명하는 데 어느 정도 도움이 된다.[158]

4) 인구 참사의 규모

당대 기록에 의하면 흑사병이 초래한 참화는 의심할 여지가 없다. 가브리엘레 데 무시스의 목격에 따르면, 대규모 사망은 사회의 여러 죄악에 대한 하느님의 징벌을 대변했다. 그는 도처에서 볼 수 있던 죽음과 고통, 적잖은 인구가 사라진 크고 작은 도시들, 그리고 수많은 사망자를 위한 대규모 장례식과 사체를 처리하기 위해 사용된 구덩이들을 묘사했다.[159] 조반니 보카치오는 피렌체에서만 이 '치명적인 재앙'에 의한 사망자가 '10만 명 이상'이었으리라고 추산했다.[160] 아비뇽에서는 한 관찰자가 "한 가족구성원이 죽으면, 나머지 사람들도 대체로 그 뒤를 따랐기 때문에", 적어도 주민 중 절반은 죽었으리라고 추정했다.[161] 플랑드르 지역 투르네의 생질 수도원에서는 수도원장 질 르 뮈지Gilles Li Muisis가 "1347년에는 로마, 로마냐, 시칠리아, 토스카나, 이탈리아, 가스코뉴, 에스파냐 그리고 다른 여러 나라들에서 사망률이 크게 증가했고, 1348년에는 마침내 프랑스에서도 동일한 사태가 발생했다"라고 서술했다.[162] 그의 추산에 따르면, "사망률이 너무 높아 많은 곳에서 인구의 1/3이 죽었고, 다른 곳에서는 지역에 따라 1/4 또는 1/2이 죽었고, 일부 지역에서는 열 명 중 단지 한두 명만 살아남았다."[163]

북유럽의 최대 도시 파리에 대해 『생드니 대연대기』•에서는 1일 사망자를 800명으로 집계했으며, 그에 따르면 18개월 동안 파리와 생드니에서 총 6만 6,000명이 사망했다.[164] 런던에서는 아비스버리Avesbury의 교회 서기 로버트가 "1349년 부활절 이전 10주 동안 스미스필드 옆 새로 조성된 묘지에 거의 매일 200구 이상의 사체들이 매장되었으며, 이것은 도시의 다른 교회 묘지들에 묻힌 시신들 외에 추가된 것이었다"라는 기록을 남겼다. 이는 채 두 달도 안 되는 기간 동안 1만 5,000에서 2만 명의 사망자가 발생했음을 의미하는데, 이 시기는 런던에 페스트가 창궐했던 15개월 중 결코 가장 극심한 기간이 아니었다.[165] 한편, 오스트리아 노이베르크 수도원의 연대기는 빈과 이 도시가 소유하고 있던 모든 지역에서 주민 중 거의 2/3가 희생되었다고 주장했다.[166] 스코틀랜드 성직자 애버딘의 존 포던은 "태초부터 지금까지 그토록 큰 희생을 초래한 역병은 들어본 적도 없고 책에 기록된 적도 없었다. 이 역병은 철저하게 악의를 분출하며, 인류의 1/3을 살해했다"라고 기록하였다.[167]

종합적으로 볼 때 여러 해설자들은 페스트의 치명성, 최초의 증상이 나타난 후 질병 진행의 신속성, 연령, 성별, 계급을 가리지 않는 무차별성, 전염병 확산의 속도 및 용이성, 도피의 무용성, 역병의 전파에서 도망자, 선원, 여행자의 역할 등을 강조했다. 그들은 또한 서쪽으로는 아일랜드, 북쪽으로는 스코틀랜드와 노르웨이에 이르는 유럽 전역의 대도시, 소도시 그리고 촌락에서의 사망자 수의 엄청난 규모에 대해 강한 인상을 전달한다. 콘스탄티노폴리스는 1347년 봄에 페스트가 발병한 유럽 최초의 도시였으며, 러시아의 프스코프는 1352년 봄에 발병한 마지막 도시 중 하나였다.[168] 페스트로 인해 인구의 약 1/3이 사망했다는 연대기 작가의 추산이 그래도 신뢰할 수 있다면, 적어도 2,500만 명의 유럽인이 6년 혹은 그보다 긴 기간 동안 이 역병으로 희생되었을 것이다.[169] 따라서 페스트는 상

• 통상 『프랑스 대연대기』라고 불리며, 생드니 수도원 수사들이 프랑스 왕국의 역사를 트로이 후손들로부터 당대까지 서술하여 국왕에게 헌정한 것인데, 프랑스의 공식 역사서술로 간주된다. 1274년에 시작하여 1461년까지 이어졌다.

대적으로든 절대적으로든 기록이 남겨진 이래로 유럽 역사상 최대의 단일 공중보건 위기라는 지위를 차지한다. 이 역병은 결코 일시적인 충격으로 끝나지 않았다. 비록 첫 번째 유행 때의 사망률이 결코 재현되지 않았고, 이 역병의 역학적 특성이 점차 변화했을지라도, 페스트는 이후 300년 동안 유럽인의 삶에서 반복적으로 되풀이되었기 때문이다.[170]

흑사병으로 인한 사망자 수는 어리둥절할 정도지만, 인구의 절반 이상이 가장 치명적이었던 첫 번째 유행에서 살아남았다는 점을 강조할 필요가 있다. 아마도 이 역병에 걸린 사람 중 1/5은 회복되었을 것이고, 상당수는 운 좋게도 페스트균과 그 매개생물에 노출되는 것을 피할 수 있었을 것이다.[171] 주거지마다 설치류와 벼룩의 침입 정도가 달랐기 때문에 페스트는 가구家口들 '사이'보다는 가구 '내'에서 더 효과적으로 확산되었다. 집에 찾아가 환자를 돌보고, 임종을 앞둔 환자들을 상대하는 최전선에서 일하는 의료진과 성직자들은 특히 감염된 벼룩 매개생물에 노출되었으며, 그로 인해 페스트에 접촉하는 위험을 무릅썼다.[172] 그와는 대조적으로 한 주석가가 말했듯이 "놀랍게도 이 역병이 유행하는 동안 그 어떤 국왕, 왕자 그리고 도시의 통치자도 죽지 않았다."[173] 잉글랜드에서는 에드워드 3세와 그의 직계 가족 중 카스티야의 페드로 왕자와 결혼하기 위해 가던 길에 보르도에서 사망한 공주 조안 드 라 투르를 제외하고는 모두 무사히 역병을 피했다.[174] 역병을 피해 간 사람들 중에는 잉글랜드 최초의 위대한 자국어 산문 작가들인 윌리엄 랭글런드William Langland(1330년경 출생)와 제프리 초서Geoffrey Chaucer(1343년경 출생)도 있었다.

비록 수많은 고위 관료들이 죽었지만(대법관, 3명의 대법관 서기장, 국왕 수행원, 왕실 수행원, 2명의 왕실 변호인, 의회 회계감사관, 의복관리인, 4명의 주 장관), 일부 업무가 일시적으로 중단된 것을 제외하고는 행정 기구들이 계속 운영되었다.[175] 엘리자베스 레빗Elizabeth Levett은 큰 타격을 입은 윈체스터 장원에서 충분한 수의 농촌 인구가 흑사병으로부터 살아남아 비어 버린 소작지들을 다시 채웠고 주교 직영지의 경작을 유지했다는 사실을 훌륭하게 입증했다.[176] 동일한 내용이 대부분의 다른 잉글랜드 장원들에도 적용되었다. 촌락의 주민들이 사라지고, 지주들이 직영지의 직접 관리를 포기하게 된 상황은 역병이 반복해서 발병하고 그와 더불어 다른 요인들까지 악재로 겹쳐진 경우에 발생했다.

페스트는 사람의 지위나 직업을 거의 가리지 않았지만, 닥치는 대로 죽인 것은 아니었다. 오늘날 페스트는 무엇보다도 빈곤한 나라에서 살고 있는 가난한 자들의 질병인데, 이는 14세기에도 동일하게 적용되었다.[177] 잉글랜드에서 확인할 수 있는 좀 더 상세한 역사적 증거는 부유한 자들이 가난한 자들보다 사망률이 낮았음을 보여 주는데, 이는 부자들이 생태적으로 이 역병을 옮기는 매개생물에 직접적이거나 정기적으로 노출될 일이 적었기 때문일 것이다.[178] 즉 가장 과밀하고, 가장 열악한 위생 조건은 물론이고, 해로운 페스트의 숙주들 및 매개생물들과 가장 가까이에서 생활한 것은 가난한 사람들이었다. 그들의 몸, 침구, 의복에는 특히 체외기생충들이 몰려들었을 것으로 추측된다. 흑사병 희생자 매장지에서 출토된 유골들을 분석한 결과에 따르면, 사망자들 중에는 영양실조, 허약한 신체, 고령의 비율이 상대적으로 높았다.[179] 결과적으로 잉글랜드 국왕의 직속봉신 남성이 전체 사회집단 중 가장 낮은 비율에 속하는 27%의 사망률을 보인 것은 놀라운 일이 아니다.[180] 두 명의 캔터베리 대주교 존 드 어퍼드John de Ufford와 아비뇽으로의 위험한 여행에서 돌아온 토머스 브래드워딘Thomas Bradwardine이 연속해서 사망하는 등 고위직 성직자들도 흑사병에 희생되었지만, 주교들은 18%의 더 낮은 사망률을 보이며 역병을 피해 갔다.[181] 그와 대조적으로 수도원장들의 상황은 훨씬 열악했다. 아마도 이들이 밀접하게 결속된 수도원 공동체에서 생활하고 노동했기 때문이었을 것이다. 이들의 사망률 42%는 12개 대표적인 수도원들의 수도사 사망률 44%와 거의 같았다.[182] 대규모 베네딕투스회 수도원 세인트올번스에서는 페스트가 종단수도원장, 수도원 부원장, 수석 수사, 그리고 수많은 수도사들의 생명을 앗아 갔다.[183] 일단 역병의 매개생물이 공동체 숙소, 식당 그리고 사제관에 침투하고 나면, 견고한 석조건축, 양호한 위생시설, 규칙적이고 건강한 식단 등은 아무런 소용이 없었다.[184]

존 클린과 헨리 나이턴 같은 수도원 연대기 작가들은 콘벤투알 프란치스코회들이 입은 막대한 손실을 자연스럽게 강조하여 수도성직자들이 지나칠 정도로 큰 타격을 받았다는 잘못된 인상을 주었다.[185] 러셀은 잉글랜드에서 수도원에서의 사망률이 "이따금 매우 높았다"라고 인정하지만, "전반적으로는 수도사의 사망률이 평균 1/4을 넘지 않았을 것"이라고 추정한다.[186] 그 대신에 재속성직자는 큰 피해를 입었을 것으로 보았다. 이들이 병자성사病者聖事를 거행하기 위해서는 병자와 죽어 가는 자의 집에 들어감으로써 매개생물이 옮기는 역병의 최전선에 노출되었기 때문이다.[187] 전염병이 유행할 동안 사망하여 교체해야 했던 다수의 교구성직자에 대한 증거에 따르면, 잉글랜드 10개 주교구의 성직록을 소유한 성직자의 사망률이 요크의 39%로부터 엑서터, 윈체스터, 노리치의 49%까지 이르렀으며, 전체 평균은 45%로 추산되었다.[188] 이 수치가 그들이 사역했던 공동체의 사망률을 반영한다고 가정할 만한 이유가 충분하다.

하이 이스터, 그레이트 월섬, 마거릿 로딩, 채섬홀 등 4개의 에식스 장원에서 십일조세 명부에 등록된 성인 남성은 역병의 결과로 30-40% 감소했다.[189] 헤일소언의 대규모 우스터셔 장원에서는 성인 남성 소작농의 사망률이 최소 40%였으며, 규모가 작지만 인구밀도가 높던 노퍽 장원 중 콜티셜의 헤이크퍼드홀에서는 아마도 55%를 상회했을 것이다.[190] 글래스턴베리 수도원 영지에서 토지를 소유하지 못했던 남성의 페스트 사망률은 평균 57%였으며, 타이토J. Z. Titow는 윈체스터 주교의 비숍스 월섬에 위치한 햄프셔 장원의 소작인 중에는 사망률이 65%에 이르렀으리라고 추산했다.[191] 이와 같은 수치들은 1/3이라는 전국 사망률이 과소평가되었음을 시사한다. 그보다는 사망률이 최소 40%는 되었으리라 보는 것이 개연성이 있으며, 교구 성직자 사망률 45%는 교구민들의 평균 사망률을 대변하는 것으로 볼 여지도 있다.[192]

잉글랜드는 페스트 이전 인구가 약 480만 명이었으므로, 사망률이 45%라면 1348년 8월부터 1350년 3월까지 20개월이라는 짧은 기간 내에 200만 명이 넘는 사망자가 발생한 것이다.[193] 그중에서 아마도 100만 명은 가장 치명적이었던 1349년 6월, 7월, 8월 석 달 동안에 사망했을 것인데(그림 4.7), 통상의 기독교식 장례식을 거행하고, 수많은 사체들을 처리하려면 엄청난 인력 및 물자의 문제가 야기되었을 것이다.[194] 결국 런던의 로열 민트와 이스트스미스필드에서 근래에 발굴된 페스트 희생자 구덩이와 같은 대형 무덤들이 조성되어야만 했다.[195] 유럽 전체에서도 마찬가지로 40-45%의 사망률이 발생했다고 가정하면, 3,000만 명에서 3,600만 명을 초월하는 어머어마한 사망자가 발생한 셈이다.[196] 이 전례 없는 인구통계적 손실은 모든 곳에서 마찬가지로 불과 몇 개월의 집중된 기간 내에 이루어졌다. 특히 팬데믹의 역학적 측면에서 일단 역병이 개별 공동체를 한 번 휩쓸어 버린 뒤에는 더 이상 오래 머물지도 적어도 상당한 기간 동안은 재발하지도 않았다.[197]

페스트로부터 살아남은 농업 노동자들은 식량과 유기 원자재를 생산하는 일을 계속해야 했지만, 그것을 수행할 노동자가 훨씬 줄어들었기 때문에 자신의 노동이 이제 훨씬 더 큰 가치가 있음을 알게 되었다. 잉글랜드 농장 노동자의 1일 실질임금이 즉시 50%가 인상된 것은 농업용 토지의 규모에 비해 상대적인 노동자 수의 대대적인 감소를 증언하는 냉혹한 지표다. 1349년의 '노동자 조례Ordinance of Labourers'와 1351년의 '노동자법Statute of Labourers'의 입법 의도는 바로 이 임금 상승을 억제하려는 것이었다. 한편 건설 노동자들은 곧바로 수혜를 누리지 못했다. 페스트가 많은 건설 사업을 일시적 또는 영구적으로 중단시켰기 때문이다. 건설 활동의 침체는 유럽 전역에 걸쳐 일어났다. 토스카나 도시 시에나에서 산타 마리아 아순타 성당에 새로운 거대한 신랑nave을 증축하려던 계획이 절반이 완성된 상태에서 중단된 것이 가장 눈에 띄는 재난이었다. 현재 이 미완성 구조물은 흑사병이 인간 사회에 초래한 참화를 보여 주는 유럽에서 가장

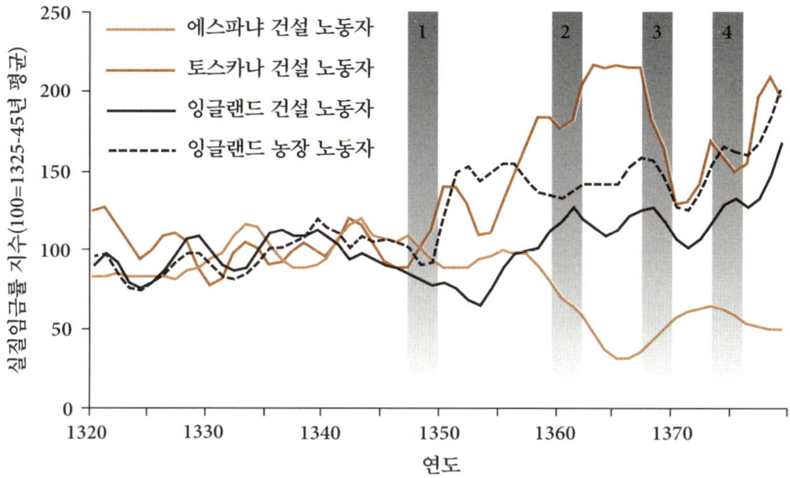

그림 4.11 | **에스파냐, 토스카나, 잉글랜드의 흑사병 전후 남성 노동자의 1일 실질임금**
숫자=대규모 페스트 유행(1=1348–9; 2=1360–2; 3=1369; 4=1374–5)
출처: 에스파냐 – Leandro Prados de la Escosura 제공 자료. 토스카나 – Malanima(2012). 잉글랜드 건설 노동자 – Munro(연도미상). 잉글랜드 농장 노동자 – Clark(2007b).

실제적인 기념물로 우뚝 서 있다.[198] 피렌체에서 조토의 새로운 채색 종탑은 사정이 좀 더 나았다. 본래 계획되었던 5층 중 2층만 지어진 상태에서 공사가 중단되었지만, 10년 후 재개되었기 때문이다.

적어도 6년이 지난 후에야 거의 모든 곳에서 건설 노동에 대한 수요가 회복되었고, 관련 노동자들의 실질임금도 개선되기 시작했다(그림 4.11).[199] 이러한 측면에서 보면 피렌체에서 건설업에 종사하던 흑사병 생존자들은 1일 실질임금이 곧바로 개선되었다는 점에서 잉글랜드인보다 사정이 나았다. 물론 토스카나는 잉글랜드에 비해 좀 더 부유했고, 대규모 건설이 이루어지는 도시화된 경제의 특성을 지녔기에 페스트 이후 건설 노동자에 대한 수요가 잉글랜드보다 더 활기를 띠리라 기대되었다. 에스파냐에서는 사정이 전혀 달랐다. 이곳에서는 흑사병으로 건설업이 크게 침체되기 시작했으며, 그로 인해 1360년대 중반에 건설 노동자들은 흑사병 이전에 비해 50% 정도 어려워졌다. 정밀한 시세와 관계없이 이 세 지역 모두의 경제에서 흑사병은 분명히 노동에 대한 보상에 있어 중대한 분수령을 이루었다(그림 4.11).

건설 활동의 갑작스런 축소는 훨씬 적은 수의 나무가 벌목되었음을 의미한다. 그와 동시에 30-45% 적은 인구를 부양하게 되었기 때문에 경작지의 포기는 광범위한 산림 지대의 재생을 가능케 했다. 이러한 두 종류의 수목 성장 촉진 요인은 유럽의 나이테 기록에서 뚜렷한 불연속성으로 나타난다. 아일랜드에서 자료를 확인할 수 있는 참나무 목재의 식목과 벌채 일시의 비교에서 1340년대까지 산림이 점진적으로 고갈되었으며, 당시 벌채된 나무 중 다수가 수령이 오래된 참나무의 특징인 너비가 좁은 나이테를 나타냈다. 흑사병 발병 이후에는 급격한 인구 압력 감소로 산림이 이 광범위하게 재생됨에 따라 식목 일시 대 벌채 일시 비율이 급격하게 올라갔다. 이 새로운 어린 수목들은 전형적인 초기 성장 단계의 특징인 너비가 넓은 나이테를 나타냈으며, 14세기 중반에 너비가 좁은 나이테로부터 넓은 나이테로의 현저하게 전환되는 모습은 유럽 다른 지역의 나이테에서도 뚜렷이 나타난다. 아일랜드에서 1380년대부터 산림 재생 속도의 가속화는 같은 시기에 잉글랜드의 1일 실질임금의 상승을 반영했고, 이는 연이은 흑사병 발발의 여파로 아일랜드의 토지 이용과 잉글랜드의 노동시장이 현저히 낮아진 인구 수준에 맞춰 재조정되었기 때문이다(그림 4.12).

마찬가지로 독일 참나무의 나이테도 1347년부터 새로운 건설 활동이 확연하게 중단되었음을 보여 준다. 나아가 15세기 말에 건설이 회복되었을 때 벌채된 많은 목재들은 흑사병 발병 직후부터 자라기 시작한 것들이었다.[200] 슬로바키아에서도 벌채율이 13세기 말부터 떨어지다가 흑사병이 발병한 14세기 후반에 급락했다. 그 후 1500년경까지 벌채율은 14세기 초보다 훨씬 더 낮은 수준으로 유지되었고, 15세기 후반과 16세기에 마침내 다시 상승했을 때 벌채된 나무들 대부분은 페스트 시기에 성장하기 시작한 것으로 밝혀졌다.[201] 그리스의 나이테도 매우 비슷한 패턴을 보인다.[202]

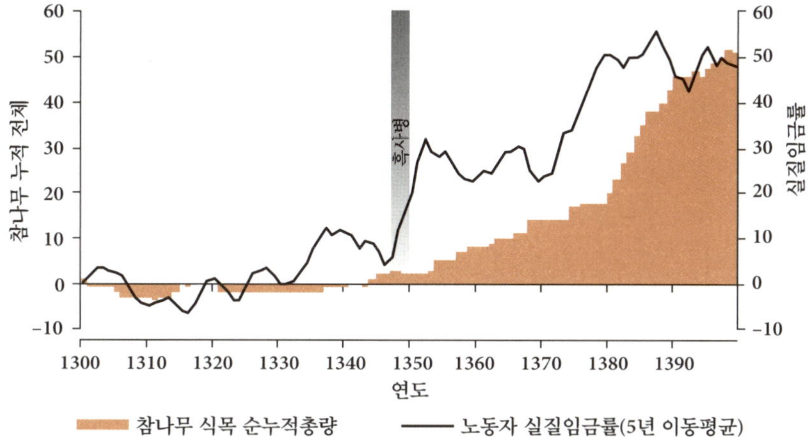

그림 4.12 | 아일랜드 참나무의 재생률과 잉글랜드 남성 노동자의 실질임금률, 1300-1400년

참나무 수: 음수=감소, 양수=재생산.
출처: 아일랜드 참나무의 식목 · 벌목 연도 자료는 M. G. L. Baillie 제공. 잉글랜드 건설 및 농장 노동자의 1일 실질임금률 결합지수는 Munro(연도미상)와 Clark(2007b)로 산출.

사실상 거의 모든 곳에서 흑사병은 지속해서 산림이 고갈되던 단계에서 광범위하게 재생되는 단계로 흐름이 바뀌는 시점을 나타낸다.[203] 지속적으로 영향을 미치는 인구통계적 중대 사건만이 그처럼 근본적인 경관의 변화를 초래할 수 있었다.[204]

4. 흑사병의 지속되는 역학적 유산

1) 1360-63년의 제2차 대유행

비라방의 유럽 연대기들에 대한 조사에 따르면, 두드러진 예외인 이베리아반도를 제외하고 페스트는 거의 10년 동안의 소강 상태 후에 1360년과 1363년 사이 유럽에서 두 번째로 대규모 발병했다(그림 4.13). 이탈리아와 프랑스에서는 1360년과 1361년에 페스트에 대한 언급이 여러 차례 반복

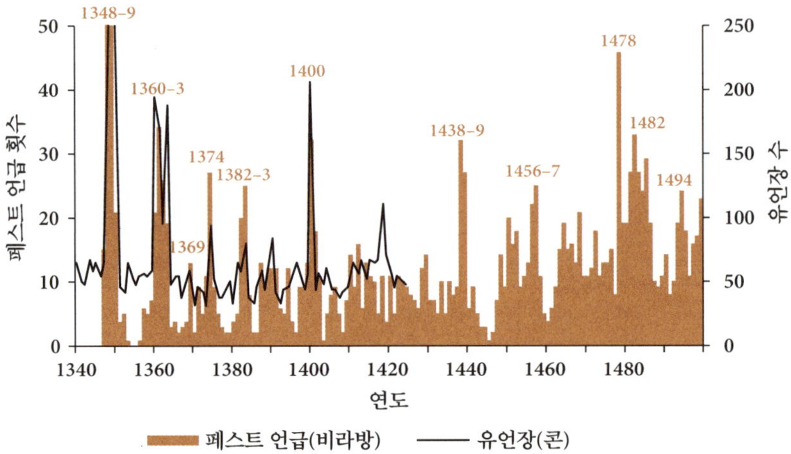

그림 4.13 | 9개 도시의 유언장의 수(1340-1424년)와 이탈리아, 이베리아, 프랑스, 저지대 국가들, 영국 제도에서 당대 페스트에 관한 언급 횟수(1345-1499년)

주: 유언장 수는 토스카나와 움브리아 6개 도시(이탈리아), 브장송(프랑스), 투르네(플랑드르), 런던(잉글랜드)을 대상으로 한다. 1348년과 1349년은 역대 최대로, 페스트 언급은 각각 134회와 60회, 유언장 수는 262개와 538개를 기록했다.

출처: Cohn(2002a), 193, 197, 198, 199; Biraben(1975), 363-74. 자료를 공유해 준 Cormac Ó Gráda에게 사의를 표한다.

되는 반면, 영국 제도에서는 1361년과 1362년에 페스트가 정점에 달했다. 그와 유사하게 콘이 유언에 따른 유증과 유언장을 집계한 바에 따르면, 브장송(프랑스)과 투르네(플랑드르)에서는 1360년, 그리고 런던(잉글랜드)에서는 1361년에 위기가 정점에 이르렀다. 그렇지만 흥미롭게도 토스카나와 움브리아의 6개 도시에서는 1363년까지도 큰 위기가 오지 않았다(그림 4.13). 그러나 흑사병을 피한 것으로 여겨졌던 밀라노에서는 1361년 봄에 이 역병이 유행했다.[205] 라구사에서도 같은 해 발병하여 유언장의 수가 10배나 증가했다.[206] 비록 유럽인의 사망은 흑사병 기간(제1차 대유행)에 비해 현저히 적었지만, 사망자가 1347-53년의 최소 1/3에 이르렀을 정도로 충분히 커다란 규모였다.[207] 게다가 분명히 성인들 중 많은 수가 사망했지만, 당대인들은 이 팬데믹이 특히 아이들에게 치명적이었다고 서술했다. 그러나 이것은 아마도 역병이 발생하지 않은 10년 동안 출생 붐이 일었을 때 태어난 10세 이하의 취약한 어린이들이 특히 수적으로 많은 코호트 cohort를 구성한 연령 분포를 반영하는 것이다.[208] 이 아이들이 다음 세대를 대표했기 때문에 그들의 죽음은 인구의 재생산 능력을 약화시켰다.[209] 모든 연령대의 사망을 전체적으로 고려할 때, 이 시기는 중세 말기에 두 번째로 큰 규모의 사망 위기에 속하며, 심지어 1315-22년의 대기근보다도 상황이 더 나빴다.[210] 그럼에도 불구하고 이에 대해서는 아직 연구가 부족하여 충분히 파악하지 못하고 있다.[211]

1348-49년 영국에서 유행했던 전염병이 림프절 페스트(아마도 발진티푸스와 결합된)였음을 전혀 의심치 않았던 슈루즈베리는 본인이 상당히 관심을 기울였던 1361-62년의 역병이 그와 동일한 질병이라고 확신하지 못했다.[212] 그의 견해에 따르면, "이 역병에 대한 당대의 서술들이 림프절 페스트의 발병이라고 인정할 만한 충분한 근거를 제공하지 않는다."[213] 대신 그는 천연두, 인플루엔자, 디프테리아 등을 포함하여 몇 개의 질병들이 유행했을 수 있다고 제안했다. 그럼에도 불구하고 지배적인 견해는 12년 전 그토록 광포하게 죽음으로 몰아갔던 질병과 동일한 역병이 재등장했다는 것이다.[214] 그러나 페스트균이 이 대규모 사망에 대해 전적으로 또는 부분적으로 원인이 되었는지, 그렇다면 게놈의 변종이 흑사병을 일으킨 것과 동일한 것이었는지 또는 돌연변이였는지 입증할 수 있는, 이 유행과 직접 관련된 매장지의 aDNA 증거로 논란을 매듭짓는 연구는 아직 없다.[215] 대체로 예상하듯이 만약 그것이 페스트였다면, 어디로부터 왔는지가 수수께끼다. 아마도 흑사병이 유행하는 동안 유럽 어딘가에 공생 설치류 혹은 좀 더 가능성이 높은 쪽인 야생 설치류 사이에서 일시적으로 형성된 동물풍토병 저장소로부터 출현했을 수 있다.[216] 그보다 가능성 높은 대안으로는 페스트균이 서아시아 또는 중앙아시아로부터 일시적으로 병균이 자취를 감춘 유럽으로 재유입되었을 수도 있다.[217] 후자는 라구사를 황폐화시켰던 페스트가 인도 향신료 무역의 중심지인 알렉산드리아에서 유래했다는 한 익명의 연대기 작가의 주장과 일치한다.[218] 그렇지만 그 기원

과 전파 경로가 파악되기 전에는 확실한 규명이 불가능하다.

잉글랜드의 경우 가장 광범한 해외 연결망을 지녔으며 국가 상업의 중추부인 런던에서 페스트가 처음으로 발병했으리라고 간주된다. 이곳에서 다시 한번 정부의 여러 고위 관료들이 사망했다.[219] 1361년과 1362년을 거치며 페스트는 국내 다른 지역에도 대부분 퍼졌는데, 희생자들 중에는 고위 성직자, 다수의 주 행정관 및 몰수지 관리관, 귀족 24%, 국왕직속봉신 23% 등이 포함되었다.[220] 윈체스터 주교구에서 교구성직자들의 사망은 1361년 3월 말부터 크게 증가하기 시작했고, 여름에 가파르게 증가해 정점에 다다랐다. 죽음의 행렬은 그해 가을과 겨울 동안에도 조금 줄어든 채 계속되다가 1362년 늦여름에 이르러서야 비로소 멈췄다. 존 멀런John Mullan은 이 기간에 유행한 역병으로 주교구 성직자의 30%가 사망했을 것으로 추정한다.[221] 그와 대조적으로 요크 주교구의 성직록을 보유한 성직자 사망률은 9-19%로 이는 비숍스 월섬(햄프셔)과 헤일소언(우스터셔) 소작인의 사망률 추정치 13-14%, 성인 남성 등록상인Statute Merchant 채권자의 사망률 추정치 10-14%와 비교된다.[222]

케임브리지셔의 오킹턴에서 전염병이 소작인들 사이의 일반적인 대부 행위를 방해하는 동안 윈체스터 주교의 광대한 남부 잉글랜드 영지에서는 '사망으로 인한*post mortem*' 토지 이전이 정점에 달함으로써 1361-62년이 14세기 후반기에 최대 위기였음을 확인시켜 준다.[223] 비록 이스트노일, 체리턴, 트위퍼드, 워필드, 햄블던, 월섬 세인트로렌스 등 몇몇 장원들은 1348-49년만큼 심각하게 타격을 받았지만, 전체 영지 차원에서 볼 때는 제1차 유행에 비해 사망률이 상당히 낮았고, 인구통계적으로도 좀 더 선택적이었다.[224] 전국적으로는 1350년 이후 이루어진 인구 증가분이 모두 사라졌으며, 헤일소언의 우스터셔 장원이 대표적으로 보여 주듯이 연령과 성별 구조가 왜곡되어 추가적인 회복을 더욱 힘들게 했다.[225] 그 여파로 하락 중이던 성인 남성 농업 노동자의 1일 명목임금은 누적해서 12%가 상승했다(그림 4.14).

2) 나중에 발병한 페스트들

페스트는 1369년, 1374-75년, 1382-83년에 유럽 대부분의 지역에서 재발했다(그림 4.13과 4.14). 교황의 개인 주치의 라이문두스 샬멜리Raymundus Chalmelli de Vinario는 이것이 동일한 질병의 연속적인 발병이라고 생각했고, 프랑스 남부 생로랑드라카브르리스에서 채취한 aDNA 증거는 1374-75년의 팬데믹이 아마도 페스트균의 변종이 원인이었을 가능성을 시사한다.[226] 흥미롭게도 콘과 나이팅게일이 수집한 역사적 증거에 따르면, 이환율morbidity•과 사망률은 발병이 거듭되면서 점차 감소했는데, 콘은 이러한 변화를 생존자들이 면역을 획득한 것으로 간주했다(그림 4.13과 4.14).[227] 이 주장은 논란의 여지가 있다. 페스트에 노출된 생존자들이 일시적인 면역 이상을 얻을 수 있었을지 의심되기 때문이다.[228] 이것은 어떤 이유에서든 소수의 사람은 페스트균에 대해 자연적인 면역을 소유하고 있어 병에 걸리지 않았던 사실과 더불어 면밀한 조사를 필요로 하는 팬데믹에 관한 의문 중 하나다.[229]

반복적이고 선택적인 페스트 발병의 효과 중 하나로 면역에 대한 유전적 소인을 가진 인구의 비율이 높아졌을 가능성도 있다. 페스트가 유럽인 면역 체계의 진화에 중요한 영향을 미쳤다는 가설은 결과적으로 이제 생물학자들의 연구 주제가 되었다.[230] 아니면 사람들이 감염을 피하는 데 더 능숙해졌기 때문에 연속되는 페스트 발병의 사망자 수가 감소했을 수도 있다. 개선된 주택의 기준은 집안의 생태적 조건을 바꿔놓아 쥐의 침입이 조금 더 어려워지면서 인간이 벼룩 매개생물에 노출되는 상황을 줄여주었으리라 본다. 모네케와 그의 동료들이 고려한 또 다른 가능성은 "일단 자연적으로 면역력을 지닌 쥐의 하위 개체군이 나타나면서 14세기의 재앙적인 역병이 비교적 작은 규모의 발병들로 대체되었으리라는 것"이다.[231] 그들은 "쥐의 페스트균 항체 보급에 초점을 맞춘 추가 연구"를 권고

• 일정 기간 내에 발생한 신규 환자를 그 질병 발생의 위험에 노출된 인구로 나눈 것.

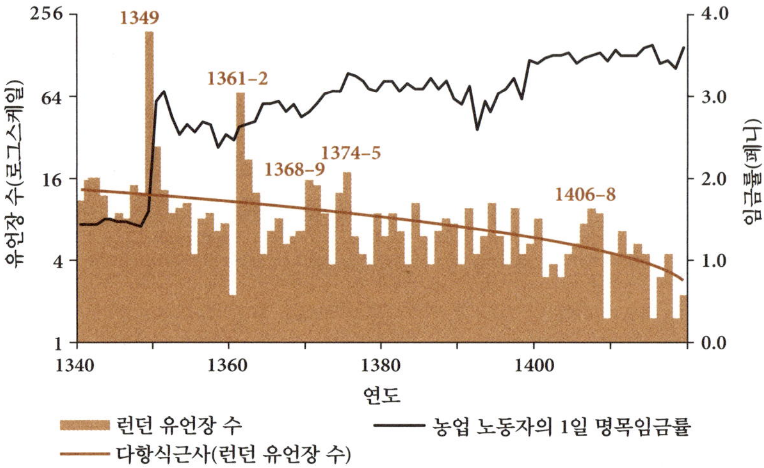

그림 4.14 | 남성 농업 노동자의 1일 명목임금률과 런던 허스팅스 법정에서 검증된 유언장 수, 1340-1419년

주: 유언장 수의 경향선은 1348년과 1349년 값을 제외한 2차 다항식.
출처: Clark(2009); Clark(2007b); Cohn(2002a), 197.

했다.

14세기 말에는 범대륙적 페스트 팬데믹들 사이의 간격이 늘어났던 것으로 보인다. 비라방이 당대 연대기를 조사한 바에 의하면, 페스트 발병이 많이 기록된 것은 분명하지만(그림 4.13), 지리적인 범위는 좀 더 제한되었다. 이제 페스트는 유럽 내 도시와 촌락 사이를 순회하면서 유지되고 있는 것처럼 보였으며, 1408/9년의 사례와 같이 중앙아시아에서 역병이 재유입됨에 따라 이따끔씩 증강되었던 것으로 보인다.[232] 인간 페스트가 발병했을 때, 그것들은 이제 대체로 지역적인 동물유행병과 동물대역병을 동반한 인수공통전염병으로 발생했다.[233] 런던의 경우처럼 16세기 후반 유럽에서 가장 큰 항구 도시들 및 대도시들의 설치류 개체군 사이에서 페스트가 잠복했을 가능성도 배제할 수는 없다.[234] 또는 페스트균의 자연적인 병원소가 거의 한결같이 멀리 떨어진 촌락 지역이었다고 가정하면, 페스트가 아시아의 게르빌루스쥐와 마멋, 북미의 프레리도그에 해당하는 유럽의 대응동물(설치류) 사이에서 동물풍토병이 되었으리라는 가설을 제기하는 것이 합리적이다. 흥미롭게도 앤 카마이클Ann G. Carmichael은 16세기 밀라노의 경우 페스트가 전형적으로 촌락 지역에서 도시로 확산되었고, 그 반대 방향으로는 퍼지지 않았음을 보여 주었다. 게다가 그녀는 유럽에서 페스트의 지속성을 땅을 파고 생활하는 알프스 마멋 사이에 반영구적인 페스트균 병원소가 정착되었을 가능성에 연계시켰다.[235] 이것은 또한 15-16세기 유럽의 페스트가 흔히 묘사되는 것만큼 도시에 국한되지 않았음을 보여 주는 귀중한 깨달음이다. 몹시 추웠던 이 세기들에는 페스트가 점점 더 다른 역병들과 함께 발병했던 것으로 보이기에, 이는 분명 역학적으로 건강에 유해한 시대였다.[236]

5. 흑사병: 수수께끼는 풀렸는가?

흑사병은 생물학적으로 면역력이 없고 의학적으로도 보호받지 못하는 사람들에게 치명적인 질병이 유입되었을 때 초래될 수 있는 소름 끼치는 참혹한 재난의 가시적인 사례로 대중의 기억에 각인되어 있다. 이 역병은 인구 압력, 상대적인 자원 부족, 낮은 생활 수준, 경제적 곤궁, 여러 전선에서 전개된 전쟁들과 동시에 타격을 가했다. 스미스식 성장은 실질적으로 중단되었을 뿐 아니라 어느 정도 역전되어 하락하고 있었지만, 병원균의 빠르고 광범위한 지리적 확산에 필요한 상업 기반 시설은 그다지 손상되지 않은 채 완전히 작동하고 있었다. 그럼에도 불구하고 인구통계적 재앙은 경제적 상황보다는 생태적인 상황에 더 많이 영향을 받았다. 그 결과로 경제적 상황이 완화된 것은 본질적으로 맬서스의 가설에 따른 것일 수 있지만, 흑사병은 그 기원과 성격에 있어서 생계의 위기가 아니라, 건강의 위기였다.

이용 가능한 역사적 증거에 의하면 흑사병은 구세계에서 두 번째 천

년기 동안 최대의 단일 공중보건 위기였다는 데에 의심의 여지가 없으며, 1360-63년의 두 번째 페스트 대유행이 근소한 차이로 두 번째 자리를 차지했다. 사실상 1347-53년 이후 맬서스식 회복을 초기 단계에서 저지했고, 온전한 세대 교체가 불가능하도록 연령 구조를 바꿔 놓은 것은 제2차 대유행과 뒤이은 페스트들이었다. 흑사병 사망자 규모를 낮춘 슈루즈베리의 노력에도 불구하고, 현재 학자들 사이에서는 최소한 유럽 인구의 1/3이 1347년과 1353년 사이의 첫 번째 페스트 대유행 동안 사망했으며, 피해가 더 심했던 도시, 지역, 국가들에서는 사망률이 40%를 상회한 점에 대해서 확실한 의견 일치를 보이고 있다.[237] 14세기 말에 발생한 잇따른 페스트 유행은 유럽 인구를 절반으로 줄여 놓았다. 15세기 4/4분기가 되어서야 인구는 회복되기 시작했으며, 곤혹스럽게도 페스트가 최종적으로 사라지기까지는 두 세기가 더 필요했다.

그처럼 중대하고 참혹한 역사적 사건이었기에 흑사병은 자연스레 커다란 관심, 논쟁 그리고 연구를 촉발했다. 한편, 세계의 일부 최빈국들, 특히 사하라 사막 이남 아프리카에서 페스트균에 의한 사망자 증가에 대한 근래의 우려는 감염병인 페스트가 재등장하고 그것을 퇴치하는 데 써온 항생제가 효력을 상실한다면 억제하기가 점점 더 어려워질 수도 있다는 두려움을 유발했다.[238] 전 지구적 기후변화가 병원균과 그것의 숙주 및 매개생물에 미칠 수 있는 영향은 추가적인 불안의 원천이다.[239] 페스트가 일으킨 세 차례 역사적 팬데믹에 대한 호기심은 이 질병이 조용히 제기했던 위험들에 대한 우려와 더불어 결과적으로 병원균의 생물학, 매개생물의 곤충학, 포유동물 숙주의 동물학, 병원체 저장소의 생태학, 그리고 이들 각각에 기후 조건이 미치는 영향 등에 대한 많은 새로운 과학적 연구들을 자극했다. 결과적으로 과거와 현재의 페스트에 대한 새로운 지식이 빠르게 증가했다. 이제는 제3차 팬데믹에 대한 면밀한 관찰과 분석을 통해 획득한 과거의 의학적·생물학적 지식을 확장시키며 검증해 나가고 있다.[240] 이와 같은 과학적 진전은 제2차 팬데믹을 새롭게 조명했고, 일부 오래된 쟁점을 해명했으며, 특히 아시아의 페스트 역사와 관련하여 새로운 역사적 탐구 방식을 탄생시켰다.

지금까지 연대가 확인된 가장 중요한 과학적 결과는 이탈리아, 프랑스, 잉글랜드, 네덜란드의 14세기 페스트 묘지들에 묻힌 개인들이 페스트균에 감염되었다는 사실을 입증한 점이다. 이를 드러낸 최초의 aDNA 결과가 회의적으로 수용되었던 것과 달리, 매우 엄격한 과학적 절차에 따라서 여러 상이한 실험실과 연구팀이 현재 유용하게 받아들여지는 결과를 획득했다. 이 결과는 흑사병의 원인 인자에 대하여 종종 과열되기도 했던 논쟁을 효과적으로 해소했다. 이는 페스트균이 흑사병 기간 동안 발생한 '모든' 사망에 대해 책임이 있다는 것이 아니라, 지금까지 aDNA 분석이 수행된 모든 장소들에서는 페스트가 발병했으며, 사망의 한 원인이었음이 의심할 여지 없이 확실하다는 것을 의미한다. 이제 주어진 과제는 이와 같은 결과를 확대하는 것이다. 왜냐하면 유럽 전체나 모든 페스트 유행들을 전부 대변하는 결과는 아니기 때문이다. 1346-47년에 페스트가 처음 발생한 지역과 장소, 특히 크림반도, 콘스탄티노폴리스, 에게해 및 시칠리아(물론 소아시아, 이집트, 중동도 마찬가지로) 등에서의 증거는 아직 결여되어 있다. 1360-63년의 두 번째 페스트 대유행에 대한 aDNA 결과의 결핍도 마찬가지로 눈에 띄는 공백이다. 그것들 없이는 이러한 계속된 사망위기가 페스트 때문이었다고 확정할 수 없을 뿐 아니라, 설령 그것이 페스트균이었다고 하더라도 1347-53년에 심지어 더 큰 규모로 사람들을 죽음에 이르게 했던 페스트균과 동일한 변종이었는지 여부도 확정 지을 수 없다. 완전한 유전 정보가 있어야만 유럽 내에서 각각의 페스트 유행이 새로운 침입이었는지, 그렇다면 언제 그런 일이 발생했는지, 그리고 15세기에 페스트가 대체로 항구, 크고 작은 도시, 촌락 사이를 순회하며 지속되었는지 여부에 대한 의혹을 푸는 것이 가능하게 될 것이다.[241]

페스트균 게놈의 해독은 이와 같은 페스트균의 역사적 변종들을 확인하고, 페스트균 계통수에서 그것들의 위치를 정하는 데 필수적이다(그림 3.28). 페스트균의 다양한 계통은 순차적으로 진화했고, 대부분의 변종들은 특정한 지리적 맥락에서 출현했기 때문에 페스트균 게놈은 고유한 진화의 역사와 확산 유형을 구체적으로 나타낸다. 역사적 또는 방사성 탄소연대측정을 포함한 고고학적 증거로부터 연대를 확신할 수 있게 된 매장지들의 aDNA에서 추출된 역사적으로 고유한 페스트균 변종들의 게놈 배열은 특정 변종이 출현하고 주요 다중분기들key polytomies로 발전한 절대 연대를 추정할 수 있게 한다. 새로운 계통이나 다중분기는 불균일하게 나타났으며, 흑사병 발생 직전의 사례처럼 특히 대규모 동물유행병 및 대역병 동안 발생하는 경향이 있다. 서양에서의 흑사병 발병에서도 몇몇 새로운 다중분기들의 발전이 선행했다(그림 3.28). 페스트균 계통수의 확장 및 정교화는 중국에 대한 추가적인 게놈 자료의 수집과 분석의 결과이며, 이와 같은 방향으로 더 많은 작업을 수행하면 부가적인 세부 정보를 확보할 수 있으리라 기대된다. 예를 들면, 유럽의 페스트 묘지들에서 채취한 aDNA의 면밀한 추이를 통해서 14세기 중엽 페스트가 도래한 후 17세기 후반에 사라질 때까지 페스트균의 독특한 유럽 하위 변종이 발달했는지 여부가 규명되어야만 한다(실제로 유럽에 독립적인 페스트 풍토병의 병원소가 확립되었다면 변종이 응당 출현할 수밖에 없다). 아시아의 중앙, 서부 그리고 남부에 대한 보다 상세한 정보도 페스트가 유라시아를 가로질러 서쪽으로 확산되었던 육상 및 해상 노선을 해명하는 데 도움을 줄 것이다. 현재로서는 이것들이 추측으로만 남아 있다.

이제는 페스트균의 계통발생학적 분석으로 이 병원균의 유전적 다양성이 상대적으로 낮고, 대부분의 페스트균 변종들(0PE4C는 예외)이 인간을 감염시키고, 살해할 역량을 갖추었다는 사실이 분명해졌다. 흑사병이 이후 발병한 어떤 페스트와 비교해도 국가 및 대륙의 차원에서 유례없이 많은 사망자를 발생시킨 것은 그 병원균이 예외적으로 치명적인 변종이었기 때문이라고 추측된다. 그러나 흑사병의 페스트균 변종이 다른 것들보다 더 위험했다는 사실은 유전적 증거에 의해 입증되지 않았다.[242] 그것은 또한 바이에른의 아슈하임 묘지의 6세기 무덤 2기에서 확인한 현재 멸종된 변종과도 계통적으로 관련이 없었다. 제1차 팬데믹의 사례에서, "유전자형 분석genotyping 결과는 아슈하임 희생자에게서 얻은 페스트균 변종이 흑사병과 제3차 팬데믹을 일으켰던 페스트균보다 전 지구적 계통 발생에서 훨씬 더 기저적basal 속성을 지녔다는 사실을 확인했다."[243] 따라서 제1차와 제2차 팬데믹은 병원체가 상호 독립적으로 동물에서 인간으로 교차하여 발생했으며, 제1차 팬데믹의 종식과 제2차 팬데믹의 시작 사이를 구분하는 긴 정지 기간은 중세 온난기와 거의 정확하게 일치했다.

제1차 팬데믹의 아프리카 기원설과 제2차 팬데믹의 서아시아 기원설을 주장하는 역사가의 입장과 달리, 계통발생학적 증거는 두 팬데믹 모두 아시아, 특히 아마도 중국 서부에서 기원한 페스트균 변종에 의해 발생했음을 강하게 시사한다. 티베트-칭하이 고원의 북동부 반건조 지역은 흑사병의 원인이 된 페스트균 변종이 출현한 핵심 지역이었던 것으로 알려지고 있다. 중국 기록에서는 흑사병이 중국에 발생했다는 명백한 증거가 지금까지 거의 확인되지 않았지만, 츠이와 그의 동료들(2013)은 유전적 증거가 "역사적으로 문서화되지 않은 중국에서의 전염병"을 가리킨다고 생각한다. 이제 생물학자들이 진전시킨 이와 같은 중요한 추론에 비추어 사료를 재검토할 필요성이 충분하다.[244] 마찬가지로 페스트균이 쿤룬산맥의 경이로운 생태적 장벽을 타고 넘어갔는지 아니면 우회했는지, 그리고 티베트-칭하이 고원에서 카스피해 유역까지 어떻게 서쪽으로 이동했는지 그 경로를 규명하려면 보다 상세한 유전자 지도의 제작genetic mapping이 필요하다.

생물학적 증거는 흑사병이 탄저병, 출혈열, 치명적이지만 현재는 멸종된 바이러스, 또는 혜성으로부터의 생물학적 낙진이 아니었음을 확인해 주고 있다. 이 역병은 작은 포유동물의 세균성 감염이었고, 주로 곤충 매개생물에 의해 옮겨졌으며, 이후 퍼져 나가면서 인수공통전염병으로서 인간을 감염시켰다. 오늘날 페스트는 항생제 처방으로 효과적으로 치료

할 수 있지만, 중세에는 알려진 치료법이 없었으며 치사율이 약 80%에 달했다. 설치류, 벼룩 그리고 인간을 괴롭히던 페스트 사이의 연관성도 명확하게 인식되거나 이해되고 있지 않았다. 검은쥐가 페스트균을 증폭시키는 주요한 숙주이고, 벼룩 제놉실라 체오피스가 주요 매개생물이며, 위가 페스트균으로 폐색된 감염된 벼룩의 흡혈이 전염의 주요 메커니즘이라는 사실이 획기적으로 규명된 것은 제3차 팬데믹이 발발한 뒤인 20세기 초에 이르러서였다. 이와 같은 방식으로 전파된 페스트균은 림프선의 현저한 부종과 변색을 동반하는 림프절 페스트를 일으켰다. 이 림프절 페스트는 거의 언제나 가장 흔한 페스트 형태였으며, 가장 많은 수의 페스트 사망의 원인이었다. 페스트의 다른 전염 경로와 형태가 존재하지만 소수의 사망자를 넘어서는 경우는 거의 없었다. 폐 페스트는 훨씬 치명적이고 더욱 빠르게 진행되지만, 부분적으로는 그와 같은 이유로 인해 대규모 팬데믹을 지속시킬 수 없었다.

알렉상드르 예르생이 규명한 폐색된 벼룩에 의해 전염이 이루어진다는 지식과 더불어 검은쥐가 페스트균의 주요 숙주였으며 현재도 그렇다는 믿음은 유력한 패러다임이 되었다.[245] 그렇지만 사실상 그 어느 것도 완전한 설명을 제공하지는 않는다. 오랫동안 인정되어 왔지만 종종 간과되어 온 사실은 초기 국면의 전파가 마찬가지로 영향력이 큰 확산 방식이라는 점이다.[246] 게다가 페스트균은 적응력이 매우 높고, 다양한 종류의 땅을 파고 생활하는 설치류와 작은 포유동물이 숙주로 활동할 수 있다. 아시아에서 페스트균의 주요 숙주 역할을 한 것은 게르빌루스쥐, 마멋, 타르바간, 서슬릭 등의 야생 개체군이었으며, 페스트는 이들 사이에서 수 세기, 혹은 수천 년 동안 동물풍토병 상태로 존재해 왔다.[247] 이 야생 개체군은 페스트균에 의해 몰살당하지 않고 공존할 수 있었지만, 그것을 가능하게 하는 기제는 아직 명확하게 밝혀지지 않았다.[248] 그들 사이에서 이 질병이 갑자기 확산되어 동물유행병이 될 수도 있었다. 하지만 늘 그 이상으로 악화되고 나서야 다시 잠잠해진 것은 아니다.[249] 이 포유동물이나 그 매개생물과 접촉한 사냥꾼, 덫사냥꾼, 목동 등은 불행히도 감염될 수 있었지만, 대부분 이 질병은 그들 선에서 멈추었다.

그와 대조적으로 생물학적으로 보다 순수한 공생 쥐는 페스트에 대한 내성이 훨씬 더 약했고, 그로 인해 노출되었을 경우 훨씬 높은 사망률을 보였다. 일단 이 쥐들이 감염되면, 동물유행병은 급속히 동물대역병으로 확대되었다.[250] 그러므로 과거에 대규모 팬데믹의 관건은 야생 설치류로부터 감염에 대한 저항력이 낮고, 취약한 인간 개체군에 대한 물리적 접근성이 훨씬 더 좋은 공생 설치류로의 교차 감염이었다. 결국 이러한 팬데믹 폭발에 대한 분석은 이 결정적인 교차 감염이 일어난 시기와 장소에 대한 설명을 필요로 한다. 분명히 일단 쥐가 감염을 증폭시키는 숙주가 되면서, 그에 대한 인간의 노출이 크게 증가했으며, 쥐의 동물대역병이 인간에 대한 인수공통전염병을 동시에 촉발할 수 있는 실질적인 위험이 되었다.[251] 야생 설치류 개체군 사이에서 계속해서 퍼지는 것에 비해서 선박으로 곡물과 다른 상품의 화물에 섞여 감염된 쥐를 운송하는 것도 이 역병을 더 멀리 더 빠르게 확산시키는 것을 가능케 했다. 이것이 페스트가 542년에 알렉산드리아에서 콘스탄티노폴리스로, 그리고 그 후 1347년에 카파에서 콘스탄티노폴리스로 각각 전이성 도약을 이룩한 방식이었다. 그리고 그곳에서 다시 제국 도시의 광범위한 해양 영토 전역으로 퍼졌다. 이 과정에서 쥐와 다른 설치류 종들은 적응하고 멸종되지 않은 채 페스트균과 공존할 수 있어야 했다. 그렇지 않았더라면 설치류 주거지들은 분명히 페스트 동물풍토병의 병원소로서 한동안 그 역할을 수행할 수 없었을 것이다. 전 세계적으로 제3차 팬데믹 동안 페스트는 쥐로부터 야생으로 되돌아갔으며, 미국 남서부의 프레리도그와 땅다람쥐같이 다양한 야생 포유류들 사이에 퍼졌고, 현재에도 그들 사이에서 페스트는 동물풍토병이다. 중세 말 유럽에서도 이와 같은 일이 일어났을 수 있다는 사실을 아직 고려에서 배제할 수는 없다.[252]

수많은 상이한 종의 벼룩이 이와 같은 야생 및 공생 숙주동물에 기생한다. 아시아의 중앙과 서부의 페스트 중심지들에서 최소 16종의 벼룩이 페스트균을 전파할 수 있지만, 그 능력은 동일하지 않으며, 제놉실라 체오피스만큼 효과적으로 전파하는 종은 없다.[253] 감염을 유발할 만큼 충분한 양의 페스트균을 전달하려면 벼룩이 피를 빠는 숙주는 높은 수준의 균혈증을 겪고 있어야 하고, 벼룩은 박테리아가 집중 전염에 필요한 규모까지 증식할 수 있을 만큼 충분히 오래 생존해야 한다.[254] 폐색된 벼룩은 이를 성취할 수 있지만, 폐색되지 않은 벼룩도 초기 국면의 전파가 가능하다.[255] 벼룩의 적재량과 수명 주기의 리듬도 벼룩이 동물풍토병 유지에 핵심적인 역할을 수행하고, 설치류 종들 사이와 설치류와 인간 사이를 잇는 매개생물을 중계하는 데 중요하다. 그러므로 벼룩은 페스트 주기의 역동성뿐만 아니라, 감염된 벼룩이 설치류 군집에 유입된 사이 잠복기의 길이, 해당 군집에서 동물대역병의 폭발, 설치류 개체수의 대대적인 붕괴, 전염병의 인간에게로의 전파, 벼룩 개체군의 붕괴, 페스트의 종료 등에서도 결정적인 역할을 한다. 모든 유형의 벼룩은 온도와 습도에 크게 영향을 받고, 이것이 부분적으로 페스트 팬데믹이 봄에 증가하여 한여름에 정점에 달했다가 가을에 쇠퇴하는 현저한 계절적 특성을 나타내는 이유다. 벼룩은 또한 인간, 인간의 의복과 상품, 그리고 심지어 새에 의한 페스트의 전이성 확산에도 기여하며, 감염력을 상실하지 않고 상당한 기간의 여행에도 생존할 수 있다.

페스트균의 매개생물에 대한 연구는 현재 진행 중이며, 아이젠과 게이지(2012)는 "페스트균 매개생물의 목록이 지금까지 기술된 것보다 상당히 늘어날 가능성이 높으며, 초기 국면의 시점을 고려할 때, 일부 벼룩 종의 전파력은 처음 추정된 것보다 훨씬 높을 수 있다"라고 생각한다.[256] 페스트 매개생물로서 특히 사람벼룩의 효율성에 관심이 쏠리고 있는데, 그 이유는 이것이 제2차 팬데믹의 초기 유행 동안 사람에서 사람으로의 전염 패턴을 설명할 수 있기 때문이다. 사람벼룩을 페스트의 매개생물로 지지하는 증거는 제한적이고 논쟁의 여지도 있지만 여전히 부정되고 있지는 않으며, 사람 이의 세균 전파 가능성이 현재 활발하게 연구되고 있다.[257] 만약 인간 체외기생충이 페스트균의 매개생물이라는 하나의 설득력 있는 사례가 있다면, 여러 역사가와 일부 과학자가 흑사병을 일으킨 것이 페스트균일 수 없다는 오해를 유발하는 흑사병의 일부 특징을 해명하는 데 도움이 될 것이다.[258] 분명 마르세유 페스트팀은 인간에서 인간으로의 매개생물 전파가 페스트 주기의 다섯 번째 단계를 구성했다고 추정했다. 페스트는 이 단계에서 마침내 동물대역병에서 벗어나 본격적인 인간 팬데믹이 되었다.[259] 그렇지만 아직 이 가설은 증명되지 않았고, 역사적으로 증명할 수도 없다.

흑사병의 제지할 수 없는 전염의 기세는 상당한 생태적 스트레스 아래서 숙주와 매개생물의 잇따른 변화의 최종 산물이었다. 츠이와 그의 동료들(2013)의 제안에 따르면, 전체 과정이 중세 온난기가 끝나고 볼프 태양극소기가 시작되던 1270년 무렵 혹은 그 직후 어느 시점에 작동되었다. 추측컨대 1290년대 중반의 짧지만 급격한 기후 하락이 결정적인 계기였다. 쿤룬산맥 동쪽 티베트-칭하이 고원 북동부의 3,000킬로미터 너비의 메마른 페스트 핵심 병원소 지역의 생태적 조건에서, 기후변화는 페스트를 동물풍토병에서 동물유행병으로 발전시키고 갑작스레 지리적으로 광범위하게 분산되도록 활기를 띠게 만든 촉매제였던 것으로 보인다. 표면적으로는 1310년대부터 1340년대까지 전체적으로 강수량이 소량 증가하던 추세에서 이와 같은 과정이 탄력을 받았고, 1340년대 초에 이러한 기후 조건이 일시적으로 종료되어 전 지구적 대기 순환 패턴의 임계점에 도달하자 그 충격으로 벼룩 매개생물이 야생 설치류에서 공생 설치류로 대대적으로 이동했으며, 이는 인간 개체군의 위험을 고조시켰다. 1343년경에는 장차 페스트 역병의 원천이 될 페스트균 변종이 확실하게 출현했다.[260] 1346년경 흑해 크림반도의 카파에 페스트가 다다름으로써 이후 유럽 전역에 침투할 수 있는 발판이 마련되었다. 이곳에서 1347년에 벼룩 매개생물과 설치류 숙주는 제노바 갤리선에 올라탔으며, 상업적 침체에도 불구하고 왕래가 빈번한 해상 항로를 이용하여 중세 상업 세계를 연결시켰고 기독교 세계에서 가장 먼 변경까지도 퍼져 나갔다. 이 시점부터 흑사병의 죽음의 행렬에 있어서 인간의 중개는 그 어느 때보다도 중요해졌다.

페스트는 비정상적으로 습한 날씨와 극심한 흉작에 뒤이어 1347년 말과 1348년 초 남부 유럽을 강타했다. 피렌체 연대기작가 조반니 빌라니는 다음과 같이 한탄했다. "지난 100년 동안 이 나라에서 곡물, 사료, 포도주, 기름 그리고 그 밖의 다른 모든 것에 있어서 이해(1347년)만큼 수확이 형편없던 적은 없었다…. 가장 중요한 원인은 너무 많은 비가 내렸기 때문이다."[261] 이 역병은 계속되는 혹독한 날씨가 연속해서 수확물을 망쳐 놓기 직전이었던 1348년 한여름에 북유럽에 이르렀다. 이와 같이 예외적인 기상 조건은 당시 유라시아 전역과 그 너머를 지배했던 고조된 기후의 불안정성을 나타낸다. 습한 날씨는 의심할 여지 없이 벼룩의 번식과 활동을 자극하여 페스트의 진전을 도왔다. 하지만 그러한 기상 조건은 유럽에서 흑사병을 일으킨 원인은 아니었으며, 다만 생물재해에서 기인한 궁핍과 사회적·경제적 혼란을 크게 악화시켰다. 날씨는 또한 페스트가 홀로 활동한 것이 아니라 유행성 발진티푸스와 결합해서 함께 활동했을 가능성을 제기한다.

일반적으로 약 20°C의 온도에서 번성하는 더운 날씨의 질병이기에 페스트균의 진행은 여름 기온에 의해 방해받지 않았던 것으로 보이지만, 페스트 유행 기간 동안 북유럽 대부분에서는 기온이 이 최적값보다 실질적으로 낮았음이 분명하다. 그 이유가 무엇이었는지는 당시 유행했던 기이한 기상 패턴의 정확한 형태와 더불어 아직 밝혀지지 않았다. 1350년대, 1360년대, 그리고 1370년대 초 내내 계속되던 악천후도 흑사병의 반복적인 재발을 막지 못했다. 오히려 그와는 반대로 페스트를 부추겼던 것 같다. 이는 모든 세대가 악천후, 저조한 수확, 반복되는 높은 사망률로 숨 돌릴 틈이 없었음을 의미하며, 결국 제1차 흑사병 유행 이후 초기의 인구 반등은 지속될 수 없었다. 그 대신에 과도한 영유아의 사망률로 인해 세대 간 성인대체율adult replacement rate이 음수로 유지되어, 유럽 전체의 인구가 영속적으로 하향세에 빠져들었다. 즉 사회-생태학적 한계점을 넘어섰다.

한편, 반복되는 급격한 인구 손실은 생존자들의 유전적 구성을 페스트균에 어느 정도 저항성을 갖도록 바꿔 놓는 것을 가능케 했으며, 그로 인해 페스트는 점차 인구를 황폐화시키기보다는 조금씩 감소시키는 질병에 머물렀으며, 이후 인구는 결국 회복될 수 있었다.[262] 쥐들도 어느 정도 저항력을 얻고 있었다면, 이 역시 페스트가 유행하는 동안 사람들의 사망자 수를 축소시키고, 페스트균의 확산력을 억제하게 만들었을 것이다.[263] 페스트는 또한 점차로 극심한 흉작이 동반하는 영양, 위생, 건강의 악화, 다른 전염병들, 치열한 전쟁 등과 함께 활동하는 역병이 되었다. 17세기 후반 페스트가 유럽 대륙에서 최종적으로 퇴각할 때까지 많은 작은 물결들과 이따금 큰 파도들이 일기는 했어도 감염병의 거대한 쓰나미는 중단되었고, 유럽 페스트의 새로운 패턴이 확립되었다.[264]

흑사병은 거대하고도 지속적인 생물적 타격을 가했으며, 이는 기후적·생태적·생물적·인간적 환경이 독특하게 결합한 산물이었다.[265] 이 요소들은 집단적으로 대체로 건조한 중앙아시아에 국한되었던, 오랫동안 잠복 상태에 있던 야생 설치류의 동물풍토병을 신속히 확산되는 '전 지구적 차원의' 인간 팬데믹으로 변형시켰다. 흑사병 매장지에서 추출한 페스트균 aDNA 분석에 의하면, 전파되었던 박테리아 변종에서 특이하거나 이례적인 점은 거의 없었다. 그 대신에 제2차 팬데믹은 발병했을 당시 지배적이었던 미시적 및 거시적 생태적 조건들과 극심한 환경적·정치적·군사적 불안정성 및 스트레스로 인해 여러 고유한 특징들을 지녔다. 진행 중이던 기후변화와 더불어 이 팬데믹은 이전의 사회-생태적 상태로 되돌아가는 것을 불가능하게 만든, 역동적인 새로운 생물적·인구통계적 시대를 열었다. 유럽에서 기후 악화, 흉작, 대규모 전염병 발생 사이에 밀접한 관련은 계속되었지만, 자원 부족과 인구 압박은 더 이상 문제가 되지 않았다.[266] 흑사병은 역학적으로, 유전적으로, 인구통계적으로, 경제적으로 그리고 그 외 여러 측면에서 매우 긴 그림자를 드리웠다. 고기후학자들이 이 역병이 발생한 환경적 맥락에 대한 연구에서 성과를 냈듯이, 생물학자들의 획기적인 연구는 현재 질병 자체에 대한 이해를 변화시키고 있다. 두 경우 모두 흑사병이 하나의 사건으로서 범유라시아 맥락 내에서, 그리고 어느 정도로는 전 지구적 맥락에서 적절하게 이해될 수 있음을 보여준다.

6. 셋이 하나로: 초대형 복합위기

1340년대 무렵 유라시아 전역의 군사적·정치적 세력 균형에서 돌이킬 수 없는 변화들은 상업혁명의 경제적 전성기로 돌아갈 수 있으리라는 기대가 완전히 무산되었음을 의미했다. 라틴 기독교 세계에서는 고조되는 전쟁, 위험해진 무역, 증가하는 거래 비용, 수익성 있는 해외 시장과 상업적 특권의 상실, 많은 상품의 생산량 감소, 축소된 구매력 등의 특징을 나타내는 수축의 시대가 도래했다. 리카도식 성장Ricardian growth은 실질적으로 중단되었고, 급증하던 빈곤은 새로운 발전이 재개될 가능성을 억누르고 있었다. 그와 동시에 볼프 태양극소기 동안 감소된 태양복사량의 누적 효과에 따른 피해가 나타나고 있었다. 전 지구와 북반구의 온도가 낮아졌고, 대기 순환 패턴의 근본적인 재조정이 진행되었다. 기후가 덜 안정적인 국면에 진입함에 따라 유라시아 전역에서 환경적 불안정성도 고조되었고, 기상이변의 빈도도 늘어났다. 유럽에서 바다와 강의 범람 및 수확물 유실과는 대조적으로, 중국과 남아시아에서는 몬순이 약화되고, 초대형 가뭄이 나타났으며, 연례적인 나일강 홍수도 급격히 고조되었다. 이러한 기상이변의 경험들은 매우 다양했으나, 어떤 형태로든 유라시아 대륙에서 그 영향이 미치지 않은 곳이 없었다.

1340년대 초 페스트가 엄청난 폭발력으로 분출한 것은 이와 같이 급속히 악화되던 정치적·경제적·환경적 상황과 더불어 매우 특이한 생태적 맥락에서였다. 카스피해 유역과 흑해 사이의 킵차크 칸국 영토와 팍스 몽골리카를 가로지르는 동맥인 대상로 주변이 가장 먼저 공격받은 것으로 보이며, 그곳으로부터 1345/6년에 걸쳐 이 역병은 돈강을 건너 유럽으로 유입되었다. 이듬해인 1347년 제노바 상인들의 광범위한 해상 연결망의 도움으로 페스트는 선박을 통해 흑해를 가로질러 확산되었고 유럽 상업로의 동맥을 관통했다. 이 역병은 어디서나 인구를 곤두박이치게 했고, 장기적인 인구 감소와 생산량 수축 시대를 열었다. 페스트는 공중보건을 악화시켰고, 연령 구조를 바꾸어 놓았으며, 인구 재생산율을 저하시켰다. 이 질병의 경험은 인간의 행동, 심성 그리고 신앙을 변화시켰고, 생각건대 생존자에게 유전적 여과기로 작용했을 것이다. 그것이 이끌어 낸 특유의 제도적 대응들은 노동시장을 형성했으며, 향후 수 세기 동안 가구의 형성에 대한 결정들에 영향을 끼쳤다. 부양할 인구가 크게 감소함으로써 경작지가 축소되었고, 목초지는 확대되었으며, 삼림이 재생되었다.

페스트는 본질적으로 생물재해였지만, 전 지구적 대기 순환 패턴의 임계점에 다다라서 특별한 기후적·생태적 맥락으로부터 출현했다. 일반적으로 야생 설치류의 매개생물을 통한 세균성 질병이었으나, 그 지리적 확산의 범위와 사람들에게 미친 영향의 규모가 조밀한 인구밀도, 발달했던 상업과 왕래의 긴밀한 네트워크, 그리고 역병이 없었던 성장과 번영의 시기에 형성된 상호 연계된 국제 교역망 등에 의해 확대되었다. 그러므로 페스트는 고립되어 행동한 것이 아니라, 각각 내부 동력에 의해 스스로 작동하는 요소들이 서로서로 한층 보강해 주며 일련의 환경적·인간적 행위들과 결합하여 활동했다.[267] 14세기 전반을 경과하며 인간 행위의 영향은 아시아 중심부의 외따로 떨어지고, 환경적으로 척박하고 인구가 희박한 지역에서 발생한 생물적 발전을 증폭시켰으며, 그 결과물을 수천 킬로미터 떨어진 유럽에서 많은 취약한 주민들을 부양하고 있던 발달한 지역들로 이동시켜 놓았다. 이것이 야기한 초대형 복합위기는 진정한 변화를 불러올 힘을 지니고 있었다. 이미 허우적거리던 유럽의 사회-생태 체제는 종국에 토대가 침식되었으며, 전쟁, 기후변화 그리고 질병이 계속해서 강력한 영향력을 행사하는 장기간에 걸친 침체를 일으켰다.

부록 4.1 유스티니아누스 페스트의 발병과 날씨

제1차 팬데믹은 541년에 이집트에서 처음으로 기록되었다. 피터 새리스Peter Sarris는 그것의 궁극적인 기원이 아프리카 어딘가일 것이라고 생각했지만, 새로운 게놈 증거는 중앙아시아를 더 가능성이 높은 출처로 제시한다.[268] 542년 봄에 이 역병은 지중해를 가로지르던 곡물 화물에 실려 제국의 수도이자 풍요로운 대도시 콘스탄티노폴리스로 전파되었다. 페스트는 그곳으로부터 이후 2년 이상 동쪽으로는 레반트 지방, 남쪽으로는 북아프리카, 서쪽으로는 이탈리아, 에스파냐, 갈리아, 그리고 북쪽으로는 영국 제도까지 퍼져 나갔다.[269] 이 역병이 거쳐 가는 곳마다 황폐화되었으며, 오랫동안 논란이 되었듯이 이는 지대한 인구통계적·사회적·경제적·정치적 영향을 끼쳤다.[270] 760년대가 되어서야 이 최초의 팬데믹은 마침내 힘을 다 소진했으며, 이 역병을 일으켰던 페스트균 변종들은 완전히 사라져서 “당대의 대표적인 변종이 알려져 있지 않으며” 결과적으로 “사멸했거나 야생 설치류 병원소에서 채취되지 않는다.”[271] 사실상 페스트는 아시아 내륙으로 후퇴했으며, 그곳에서 다음 500년 동안 야생 설치류의 병원소 개체군 사이에 동물풍토병으로 지속되었다.

유스티니아누스 페스트의 게놈을 재구성한 데이비드 와그너David Wagner와 26명으로 구성된 연구팀은 설치류에서 인간으로의 병원균의 치명적인 유출에 의한 역병의 출현이 기후 불안정과 관련 있으며, 그것의 소멸은 보다 양호한 중세 온난기 기후 조건의 시작과 관련 있을 수 있다

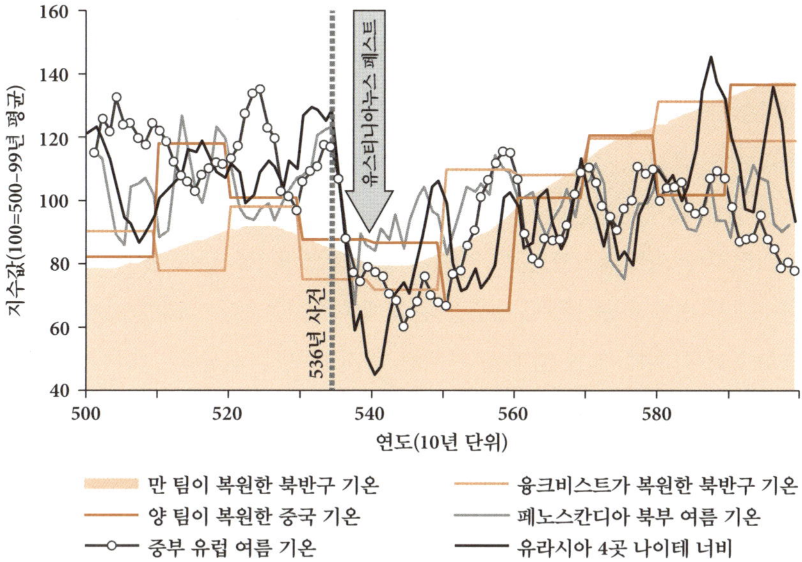

그림 4.15 | 541-42년 유스티니아누스 페스트 발병 전후 환경

출처: 북반구 연평균 기온 – Mann and others(2008). 북반구 10년 평균 기온 – Ljungqvist(2009). 페노스칸디아 북부 여름 기온(3년 이동평균) – Grudd(2010). 중부 유럽 – Büntgen and others(2011). 중부 유럽 여름 기온(3년 이동평균) – Büntgen and others(2013). 중국 10년 평균 기온 – Yang and others(2002). 유라시아 4곳 나이테 너비 연대기(3년 이동평균)와 유럽 참나무, 페노스칸디아 소나무, 에게해 참나무(M. G. L. Baillie 제공 자료)와 몽골 시베리아 낙엽송 연대기(Jacoby and others (연도미상))의 결합.

고 추측했다.[272] 베일리는 제1차 팬데믹의 환경적 맥락을 세심하게 복원했다.[273] 그보다 선행하여 대규모 화산 폭발, 지구 밖 행성의 충돌이나 혜성의 폭발이 원인이었던 것으로 추측되는 먼지층dust veil 사태가 536년에 발생했다. 이 사건으로 인한 낙진은 유라시아 전역에서 수목의 성장을 억제했고, 그로 인해 536년은 대부분의 나이테 너비가 현저히 좁다(그림 4.15). 그러나 그 이듬해 많은 지역에서 수목의 성장은 정상으로 복귀했다. 실질적인 환경 악화가 시작된 것은 539년이 되어서였다. 그때부터 7년 동안 수목 성장이 억제되었고, 페스트가 발병했던 540-42년에는 최저치를 나타냈으며, 일부 지역에서는 평균 나이테의 너비가 536년 때보다도 상당히 좁았다.[274] 이는 분명 하강한 온도가 원인이었으며, 북반구, 중국, 중부 유럽, 북부 스칸디나비아의 복원된 기온은 모두 이 기간 동안 급격한 하락을 기록했다(그림 4.15). 유럽의 참나무 나이테에서 이 기간은 지난 2천 년 중 가장 두드러지고, 오래 지속된 너비가 좁은 시기 중 하나였으며, 같은 기간에 북반구 주변의 다른 나이테 기록도 이와 유사하다. 간략히 요약하면, 유스티니아누스 페스트는 이 역병이 동물풍토병으로 존재했던 지역의 병원소에서 병원균-숙주-매개생물 관계에 미친 극심한 생태적 스트레스의 영향으로 기후와 질병 사이를 연계한 현저한 기후 섭동의 맥락에서 발생했다.

주

1 Abu-Lughod(1989), 137-49.

2 이와 같은 논제는 Munro(1991)에 상세히 설명되어 있으며, Munro(1999b)와 Munro(1999c)에서 좀 더 보완되었다.

3 Ormrod(1990), 7-10.

4 Ormrod(1990), 11-15; Ormrod(1991), 182-3; Allen(2012), 263.

5 Ormrod(2010).

6 Hunt(1990); Bell and others(2009a), 419, 432.

7 Lloyd(1977), 144-92; Nicholas(1987), 3, 48-52, 150-1; Ormrod(1991), 175-81; Maddicott(1987), 329-51; Hewitt (1966), 50-63, 77-8; Saul(1979).

8 Hewitt(1966), 1-5.

9 Britton(1937), 139; Titow(1960), 363, 396-7.

10 Baker(1966); Maddicott(1987), 346-8; Livingstone(2003), 321-30, 344-52.

11 Livingstone(2003), 349; Maddicott(1987), 347에서 재인용.

12 Livingstone(2003), 352-61.

13 Ormrod(1990), 17.

14 그림 4.6; Titow(1960), 363, 399-400; Sharp(2000).

15 Ormrod(1990), 17, 26.

16 Bois(1984), 287.

17 Bois(1984), 277.

18 Bois(1984), 287.

19 Bois(1984), 288.

20 Spufford(1988), 304-5.

21 Russell(1918); Hunt and Murray(1999), 116-17.

22 Hunt(1990); Hunt(1994); Hunt and Murray(1999), 116-19; Bell and others(2009a), 432; Bell and others(2009b).

23 Hunt and Murray(1999), 119.

24 Russell(1918); Epstein(1992), 316, 397.

25 Lopez(1987), 352; Abulafia(1987), 458-60; Abu-Lughod(1989), 185-6.

26 Phillips(1988), 119; Abu-Lughod(1989), 212-47.

27 Lopez(1987), 387; Abu-Lughod(1989), 359-60.

28 Lopez(1987), 387-8; Abu-Lughod (1989), 189, 207, 214-15.

29 Clark(2009)의 자료로 산정.

30 Abulafia(1987), 460; Phillips(1988), 108-9; Abu-Lughod(1989), 165, 185; Di Cosmo(2005), 411.

31 Lopez(1987), 387; Phillips(1988), 119; Di Cosmo(2005), 403, 418.

32 Malowist(1987), 588; Phillips(1988), 108; Abu-Lughod(1989), 124; Di Cosmo(2005), 398-9.

33 Abu-Lughod(1989), 168에서 재인용.

34 Di Cosmo(2005), 412-13.

35 Wheelis(2002).

36 Grousset(1970), 404; Wheelis(2002).

37 Wheelis(2002); Di Cosmo(2005), 413-14.

38 Abu-Lughod(1989), 169.

39 Grousset(1970), 405.

40 Wheelis(2002).

41 Yule and Cordier(1916), 143-71; Abu-Lughod(1989), 169.

42 Kedar(1976), 1.

43 Smyrlis(2012), 145.

44 Lopez(1987), 390: "우리는 유럽 전체의 불황에 직면하고 있다. 그것은 주로 유럽 전체에 적용되는 원인을 통해 설명해야만 한다."

45 Munro(1991).

46 표 2.3, 그림 3.5와 3.11.

47 그림 5.8A, 5.09A 그리고 5.14.

48 그림 2.2. 미국 서부 브리슬콘 소나무 나이테에서 1348-50년은 뚜렷하게 예외적으로 추웠던 해였음이 증명된다: Salzer and Hughes(2007), 62.

49 그림 3.22; Büntgen and others(2013); Dawson and others(2007), 432; Massé and others(2008).

50 기록에서 소금 가격이 가장 크게 상승한 것은 1316년이었다. 당시 유럽 대기근이 절정에 달했고 이어서 1년 동안 비가 끊임없이 내렸다: Campbell(2010c), 20-1. 1315-17년에 비해 1350-52년에 가격 인상이 덜 두드러졌던 이유 중 하나는 잉글랜드가 소금 순수출국에서 순수입국으로 전환되어 상당한 양이 태양열 증발에 의해 해염이 저렴하게 생산되는 프랑스의 부르뇌프만으로부터 공급되었기 때문이다: Bridbury(1955), 29-30, 46-7, 50, 95, 110-11, 151-2. 1350-52년의 높은 물가가 갑작스러운 역병으로 인한 노동자 부족만큼이나 날씨와도 많은 관련이 있다는 사실은 1350-51년 지나친 강우로 인해 켄트의 차트햄, 그레이트 차트, 이컴에서 수확이 망쳤던 사실에서도 입증된다: Campbell(2010c), 47n.

51 그림 3.22.

52 Dawson and others(2007), 430.

53 Baker and others(2002), 1342.

54 참나무는 추운 겨울 이후 온화하고 습한 봄과 여름 날씨가 이어졌을 때 가장 잘 자랐다. 겨울 기온과 여름 강수량의 뚜렷한 연간 변동으로 참나무 성장의 연간 변동성이 커졌다.

55 Horrox(1994), 161.

56 나일강 수위계라는 용어는 이집트인이 나일강의 상승과 하강을 정밀하게 관찰하고 기록하기 위해 만든 계단형 계기를 설명하기 위해 그리스인이 붙인 이름이다. 아랍인이 건설한 구 카이로에 현존하는 로다섬 나일강 수위계는 이와 같은 전통을 이어받았다. 1800년경 루이지 메이어가 그 내부를 묘사한 원본 수채화는 런던의 빅토리아 앨버트 박물관에 소장되어 있으며, 그의 '이집트에서의 전망(Views in Egypt)'(1804)에도 재현되어 있다. 전통적으로 나일강의 최소 및 최대 유출량 판독은 항상 율리우스력 6월 20일(즉, 그레고리력 7월 3일)과 청나일강이 범람하고 나일강 홍수가 최대 수준에 도달하는 9월 말에 이루어진다. 판독된 수위는 각각 백나일강의 근원지인 적도 아프리카의 강수량과 청나일강과 아트바라강의 근원지인 에티오피아 몬순의 강수량으로 파악된다. 이 나일강 수위계의 제작과 관리는 그곳을 넘겨받은 통치 세력이 관장했다. 로다섬 나일강 수위계는 715년에 이와 같은 목적으로 처음 제작되었으며, 641년부터 1469년까지 800년 이상(715년 이전 관측은 이전 나일강 수위계에서 유래) 측정하고 기록되었다. 이와 같은 내용은 1441-69년에 작성된 이븐 타그리 비르디(Ibn Taghrī Birdī)의 연대기에 서술되었다. 이 통계기록은 왕자 오마르 투손에 의해 출판되었다: Prince Omar Toussoun(1922), *Mémoires présentés à l'Institut d'Égypte*, IV, Cairo, 135-45. 그리고 후에 포퍼(Popper, 1951)의 카이로 나일강 수위계에 대한 결정적인 연구의 주제가 되었다.

57 Jiang and others(2002).

58 Fraedrich and others(1997).

59 Hassan(2007); Hassan(2011).

60 3장 3절 2항 c. Scheffer(2009), 286: "중대한 전환이 임박함에 따라 변동성이 증가하는 경우가 많았다."

61 그림 3.30.

62 Brook(2010), 72.

63 Britton(1937), 139-41; Bailey(1991), 189-94.

64 Tetzlaff and others(2002); Bohm and Wetzel(2006). 뷔르츠부르크 역사박물관에 현존하는 한 비문은 그 홍수를 다음과 같이 묘사한다. "1342년 8월이 되기 전 열두 번째 날, 자코비 축일 전 일요일에 마인강은 전례 없이 높은 수위를 보였다. 물은 뷔르츠부르크 주교좌성당 계단들에 이르렀고, 이어 첫 번째 석상 주변으로 쇄도했다. 뷔르츠부르크의 탑이 있는 교량, 성벽, 많은 석조 주택이 붕괴했다. 같은 해 독일 전역과 그 외 다른 지역에서도 유사한 홍수가 발생했다. 그렇지만 이 집은 뷔르츠부르크의 거장 미카엘(Michael)이 건축했다." Hoffmann(2014), 325-6.

65 Proctor and others(2002a); Proctor and others(2002b).

66 그림 3.19B; Dawson and others(2007).

67 Jiang and others(2002), 112.

68 Lieberman(2009), 554-9; Lieberman and Buckley(2012), 1073-5; Tana(2014), 332-5.

69 2장 2절 1항.

70 Trouet and others(2009a); Trouet and others(2009b).

71 그림 3.19C.

72 Baillie(2000), 62-5; Baillie(2006), 33-8.

73 McMichael(2010), 2 of 3.

74 잉글랜드 체스터, 1348: "한여름과 성탄절 사이에 이례적인 폭우가 내렸으며, 낮이든 밤이든 단 하루도 비가 내리지 않고 지나가는 경우가 거의 없었다." Horrox(1994), 62 그리고 54, 66, 74 참조. 1347년 가을은 축축했고, 1348년 가을과 겨울 그리고 1349년 내내 습했다. 그리고 1350년 여름과 겨울에는 농지들이 침수된 사실이 보고되었다: Titow(1960), 401-3; Stern(2000), 100, 164-6.

75 파머에 따르면 1349-50년 두 해의 밀, 보리, 귀리의 평균 수확량은 장기간의 평균치에 비해 각각 33.5%, 28.2%, 46.2% 낮았다. 여름 기온이 1°C 낮아지면 밀 수확량은 5% 감소했다: Farmer(1977), 557.

76 Campbell(2007); Campbell(2009b), 25-9.

77 Stone(2005), 101-4. 1349-53년 하트퍼드셔주 킨스본의 웨스트민스터 직영지에서 거둬들인 빈약한 수확량은 날씨에다가 노동 공급 문제가 결합된 결과였다: Stern(2000), 164-6, 178-9. 그럼에도 불구하고 베네딕토우는 노동 공급 문제를 더 강조한다. "기근은 흑사병(및 이후의 페스트들)의 통상적인 결과였다. 왜냐하면 농업과 도시 산업의 정상적인 작업은 전염병 습격의 영향으로 부득이하게 중단되는 경향이 있고, 그로 인해 생산과 소득에 심각한 결과를 초래하기 때문이다": Benedictow(2004), 351. 이와 같은 해석은 노동력 부족과 수확되지 못한 채 밭에 남은 곡물에 대한 당대의 많은 기록에 의해 뒷받침된다: Horrox(1994), 64, 66, 70, 72-3, 78. 이 기간 동안 특정 지역에서 겪은 대대적인 생산 충격에 대한 사례 분석은 Stone(2011)을 참조하라.

78 Campbell(2009b), 23-6; Campbell (2010a), 144-7; Campbell and Ó Gráda(2011), 871-3.

79 1349년 캔터베리 대성당 수도원의 켄트 영지에서 아그니와 러킨지(Ruckinge)의 관리는 노동자 부족으로 완두콩, 살갈퀴, 겨울 보리가 수확되지 않은 채 버려졌다고 불평했다. 추측건대 동일한 이유로 인해 차트햄에서는 가축에게 수확되지 않은 보리를, 머샴에서는 가축에게 타작하지 않은 밀을 먹였다. 이듬해에도 머샴에서 모든 살갈퀴를 수확하기에는 일손이 여전히 부족했다: Campbell(2010b), 47n.

80 Bechah and others(2008), 417, 418: "발진티푸스균은 두꺼운 옷과 열악한 위생 조건으로 이가 증식하기 쉬운 추운 계절에 발생하는 질병 발진티푸스를 유발한다." 역사적으로 이 질병은 "전쟁, 기근, 이주 이후 대규모 사망의 원인"이었다.

81 Eisen and others(2006); Eisen and others(2015); Benedictow(2010), 396-8.

82 그림 5.5.

83 Eisen and others(2015).

84 이 논쟁에 대한 비판적 반응은 Benedictow(2010)를 참조하고, Shrewsbury(1970)의 문제 제기에 대한 Morris(1971)의 답변도 참조하라.

85 Nutton(2008a); Scott and Duncan(2001), 356-62; Cohn(2008), 77-88.

86 1348년 1월 25일의 사건은 일반적으로 이탈리아 북부를 중심으로 발생했던 지진으로 간주된다: Hoffmann(2014), 306-7. 당대인들은 흑사병이 지구의 내장에서 방출된 유해 공기에 원인이 있다고 생각했다: Horrox(1994), 158-63.

87 관련하여 다음 문헌들을 참조하라: Wood and others(2003); Christakos and others(2005); Welford and Bossak(2010a).

88 Theilmann and Cate(2007), 390. 트윅, 스콧, 던컨, 콘 등 여러 '페스트 부정론자들'의 견해는 베네딕토우가 체계적으로 반박했다: Benedictow(2010).

89 슈루즈베리도 이와 유사하게 페스트가 인간 체외 기생충에 의해 전파되는 발진티푸스를 동반했다는 점을 제기했다: Shrewsbury(1971), 197, 124-5; Theilmann and Cate(2007), 392-3. 그와 대조적으로 베네딕토우는 제2차 팬데믹과 제3차 팬데믹 사이에 유의미한 차이가 거의 없었다는 점을 강경하게 주장한다: Benedictow(2010).

90 Raoult and others(2000).

91 Raoult and others(2000). 일부 회의주의적 견해에도 불구하고 노이머는 이러한 aDNA 결과의 중요성을 인정했다: Noymer(2007), 620.

92 Stothers(1999); Hays(2005), 134-42; Alfani(2013).

93 Gilbert and others(2004), 341; Duncan and Scott(2005).

94 Haensch and others(2010).

95 Haensch and others(2010), 5 of 14.

96 Bos and others(2011); Schuenemann and others(2011); Tran and others(2011).

97 Achtman and others(2004); Morelli and others(2010); Cui and others(2013).

98 역사가들에게 이와 같은 과학적 발견의 취지를 상세히 설명하는 핵심 논저는 Little(2011)이다.

99 Achtman and others(2004); Morelli and others(2010).

100 Bos and others(2011); Cui and

others(2013).
101 Cui and others(2013).
102 그림 3.28.
103 그림 3.28; Morelli and others(2010). Suntsov(2014)는 초기 가성결핵 미생물 예르시니아 슈도투베르쿨로시스(*Y. pseudotuberculosis*)로부터 페스트균으로의 전환이 '몽골 마르모트(*Marmota sibirica*)-벼룩(*Oropsylla silatiewi*)' 기생 체제를 통해 남부 시베리아와 중앙아시아에서 발생했다는 의견을 제시했다.
104 Cui and others(2013), 579.
105 그림 3.28; Cui and others(2013), 580.
106 Achtman and others(2004), 17842; Morelli and others(2010), 1140; Bos and others(2011), 509.
107 Morelli and others(2010). BBC 월드뉴스는 2013년 8월 27일 화요일(http://www.bbc.co.uk/news/world-asia-23843656)과 2013년 12월 11일(http://www.bbc.co.uk/news/world-africa-25342122) 키르기스스탄과 마다가스카르에서 페스트로 인한 사망 사건을 보도했다. 키르기스스탄에서는 감염된 마르모트로부터 페스트에 전염되었으며, 중국 서부(칭하이 서북쪽) 간쑤성 위먼시에서도 사망 사례가 보고되었다(http://www.bbc.com/news/world-asia-china-28437338).
108 Haensch and others(2010), 1-2 of 14.
109 그 사례로는 Ziegler(1969); Shrewsbury(1971); Hatcher(1977); Bolton(1980); Benedictow(2010) 등이 있다. 달라진 시각에 대해서는 Theilmann and Cate(2007), 390-1 참조. Nutton(2008b), 16: "만약 페스트균이 흑사병의 매개체였다면, 그 당시와 그 후 수 세기 동안의 행태는 지난 한 세기 이상 동안 관찰된 것과는 상당히 달랐다. 페스트의 증상은 동일한 것으로 인정될지라도 그것의 유행병학과 인구 통계는 뚜렷하게 구별된다." Royer(2014)도 참조.
110 Devignat(1951), 260-1: "글리세린을 발효시키고 아질산을 생성하지 않는 변종 3(러시아 남동부 기원)이 … 14세기에 카스피해에서 유럽 전역으로 퍼져 '흑사병'을 일으켰으며, 검은쥐를 통해 4세기 동안 풍토병으로 자리 잡은 것으로 보인다."
111 그림 3.28.
112 Haensch and others(2010), 7 of 14.
113 Haensch and others(2010), 8 of 14.
114 Schmid and others(2015).
115 Benedictow(2010), 398.
116 Gage and Kosoy(2005), 506-9, 515-6; Bossak and Welford(2009); Benedictow(2010), 396-8.
117 Twigg(1984), 51-2; Bossak and Welford(2009).
118 Benedictow(2010), 6.
119 Eisen and others(2015).
120 Scott and Duncan(2001)의 문제 제기에 대한 대답은 Benedictow(2010), 639-53 참조.
121 작센주 프라이베르크에서 발생한 1613-14년 페스트에 대한 상응하는 분석은 Monecke and others(2009) 참조. 이 참고자료를 알려 준 앤 카마이클(Ann Carmichael)에게 감사한다.
122 Scott and others(1996); Scott and Duncan(2001), 115-48.
123 Monecke and others(2009).
124 Benedictow(2010), 396-8.
125 그림 4.8; Benedictow(2010), 108.
126 Drancourt and others(2006).

127 Christakos and others(2005), 226-7, 281.

128 Wood and others(2003).

129 Horrox(1994), 27-8.

130 Eisen and others(2015).

131 Kool(2005).

132 Cliff and others(2009); Henderson(2010), 373-4.

133 Frati(2000); Blažina Tomić and Blažina(2015), 106-12.

134 Cliff and others(2009); Blažina Tomić and Blažina(2015), 134-7.

135 3장 3절 2항 c.

136 Norris(1977), 11; McNeill(1977), 146-7.

137 Christakos and others(2007). 이와 같은 추정치는 매개생물에 의존한 확산 방식이라기보다는 바이러스 확산 메커니즘을 가정하는 리드-프로스트 모델에 의존한 절충안이다.

138 Christakos and others(2007), 706, 711.

139 Wheelis(2002).

140 Benedictow(2004), 61; Christakos and others(2005), 213-18, 243, 244-51, 256-9; Benedictow(2010), 585-7.

141 Schmid and others(2015).

142 Twigg(1984), 49-53; Scott and Duncan(2001), 370-1.

143 Horrox(1994), 18-20, 35-6, 41-2, 45-6.

144 Benedictow(2004), 60-104; Christakos and others(2005), 243-59.

145 그림 3.22.

146 Christakos and others(2005), 208-9; Christakos and others(2007), 714.

147 힌데는 1348-49년에 잉글랜드 전역에 확산된 흑사병 지도를 만들었다: Hinde(2003), 43. 노르웨이에 대해서는 Hufthammer and Walløe(2013) 참조.

148 스웨덴의 증거에 대해서는 미르달이 논평했다: Myrdal(2006). 슬로바키아에 대해서는 Büntgen and others(2013) 참조.

149 Benedictow(2004), 209-15, 218-21; Christakos and others(2005), 260.

150 Christakos and others(2005), 144-51, 223-5.

151 Gras(1939), 305-6; Christakos and others(2005), 126-7; Benedictow(2010), 108.

152 Olea and Christakos(2005); Christakos and others(2005), 224-5.

153 Christakos and others(2005), 249, 259, 278.

154 페스트 이전 월섬의 인구는 약 1,500명이었다. 페스트로 인한 첫 번째 사망은 아마도 1349년 3월 말에 발생했을 것이고 마지막 사망은 1349년 7월 중순이었다. 이 몇 달 동안에 걸친 충격적인 사건은 Hatcher(2008)가 상상을 동원하여 재구성했다. 지글러가 '블레이크워터(Blakwater)'라는 가상의 마을에서 전개된 흑사병의 영향을 재구성한 글도 참조: Ziegler(1969), 202-23.

155 Bossak and Welford(2010). 당대에 흑사병을 독기설로 진단한 사실에 대해서는 Horrox(1994), 158-86 참조. 1845년 9월 이례적인 동풍을 통해 벨기에에서 아일랜드로 유입된 흡혈 곰팡이에 의한 감자 마름병은 공기 감염의 좋은 사례다.

156 Scott and Duncan(2005); Cohn(2008), 79-81; Welford and Bossak(2010a).

157 스콧과 던컨은 흑사병을 페스트균에 의한 질병으로 보는 전통적인 진단의 문제를 열거하고 있다: Scott and Duncan(2001), 356-62; Cohn(2008), 77-88. 과학자 Sharon DeWitte와 James W. Wood는 aDNA 증거가 나올

때까지 이 역병이 페스트균에 의한 것인지를 의심했다: Schuenemann and others(2011), E751.

158 3장 3절 2항 a와 b 그리고 그림 3.27.

159 Horrox(1994), 14-26.

160 Horrox(1994), 33-4.

161 Horrox(1994), 43.

162 Horrox(1994), 46.

163 Horrox(1994), 49.

164 Horrox(1994), 58.

165 Horrox(1994), 65; Christakos and others(2005), 249.

166 Horrox(1994), 61.

167 Horrox(1994), 84. 800년 전 제1차 팬데믹의 영향에 대해서는 Little(2007) 참조.

168 Benedictow(2004), 61, 69-70, 212-13.

169 유럽의 흑사병 이전 인구 추정에 대해서는 표 2.1 참조.

170 Laayouni and others(2014); Crespo(2014).

171 "이 역병에 감염된 사람의 80%는 사망한다": Benedictow(2010), 9.

172 아프리카에서 발생한 페스트에 대한 현대의 사례연구는 개별 가구 수준에서 페스트에 대한 노출을 결정하는 요인을 어느 정도 조명해 준다: MacMillan and others(2011); Vogler and others(2011).

173 Horrox(1994), 35.

174 Horrox(1994), 250.

175 Ormrod(1996), 178.

176 Levett(1916); Robo(1929).

177 오늘날에도 매년 1,000-2,000건의 페스트가 세계보건기구(WHO)에 보고되고 있으며, 그 사례들 중 대부분은 빈곤이 여전히 극심한 사하라 이남 아프리카 지역에서 발생한다. 마다가스카르는 가장 피해가 심한 국가 중 하나다. 상세한 사례연구에 대해서는 Vogler and others(2011) 참조.

178 1613-14년의 페스트 때에 작센 프라이베르크의 부유한 가구에서 사망률이 좀 더 낮았던 것은 더 나은 주거 조건과 관련 생태적 요인 때문으로 간주된다: Monecke and others(2009), 590-1.

179 DeWitte and Wood(2008).

180 Russell(1948), 216; Ziegler(1969), 227-30.

181 Hatcher(1977), 22; Horrox(1994), 71-2, 74, 78.

182 Russell(1948), 223-5; Ziegler(1969), 228.

183 Horrox(1994), 252-3; Russell(1948), 223; Harper-Bill(1996), 97.

184 Harvey(1993), 129-34.

185 이와 같은 편견은 1348년 1-7월에 페스트가 교황 도시 아비뇽과 그 주변을 황폐화시켰던 사건에 대해 1390년대에 헨리 나이턴이 저술한 기록에서 인상적으로 전해진다. 나이턴은 레스터 지역의 아우구스티누스회 수도사였다: Horrox(1994), 75-80.

186 Russell(1948), 225-6.

187 Shrewsbury(1971), 54-119; Harper-Bill(1996), 84-90.

188 Russell(1948), 221-3.

189 Poos(1985). 보유하고 있던 원사료를 이용할 수 있도록 허용해 준 래리 푸스에게 감사한다.

190 Razi(1980), 106-7; Campbell(1984), 96.

191 Ecclestone(1999), 26; Titow(1969), 69-70.

192 브로드베리와 그의 동료들의 연구에 따르면 첫 번째 페스트 발생으로 전체 인구 중 최소 45%가 감소했다고 추정된다: Broadberry and others(2015), 14-15.

193 페스트 이전 잉글랜드의 인구 규모에 대해서는 Broadberry and others(2015), 10-22 참조.

194 관련 사례는 Horrox(1994), 266-74 참조.

195 Antoine(2008), 101-3; Grainger and others(2008).

196 페스트 이전 유럽의 인구에 대해서는 80쪽의 표 2.1과 미주 70) 참조.

197 Christakos and others(2005), 113; Christakos and others(2007), 717.

198 http://en.wikipedia.org/wiki/Siena Cathedral. 나중에 발생한 페스트에 대한 기념물로는 베네치아의 일 레덴토레(Il Redentore) 봉헌 교회와 1575/6년과 1630/1년의 페스트로부터의 구원을 기념하기 위해 건축된 산타 마리아 델라 살루테 성당(Basilica di Santa Maria della Salute)이 있다.

199 Munro(2009).

200 Baillie(2006), 21-3.

201 Büntgen and others(2013), 1776.

202 Baillie(2006), 22-3.

203 Kaplan and others(2009), 3023.

204 Lageras는 꽃가루 분석을 토대로 스웨덴 남부에서 흑사병 이후 식생 변화에 대한 분석자료를 제공한다: Lageras(2006), 77-92.

205 Carmichael(2014).

206 Blažina Tomić and Blažina(2015), 51.

207 나이팅게일은 성인 남성 채권자의 사망률을 1349년에 34%, 1362년에 14% 그리고 1363년에는 10.5%로 감소한 것으로 추정했다. 같은 대상의 1369년 사망률은 10%였다: Nightingale(2005), 46-7.

208 러셀은 국왕의 속인 직속봉신의 사망률 23%, 성직록을 가진 성직자의 사망률 9.4-19.3%를 제시했다: Russell(1948), 217, 222, 229. 그는 또 1361년의 '제2차 대유행'을 '아이들의 대규모 죽음(mortalité des enfants)'으로 묘사한 당대인의 말도 인용했다. 콘도 젊은 계층의 흑사병 사망률이 높은 경향을 나타냈음을 보여 주는 증거를 제공한다: Cohn(2002a), 212-19. 잉글랜드의 페스트에 대해서는 Horrox(1994), 85-8 참조. 한편 베네딕토우는 많은 아이들이 사망한 것이 흑사병 생존자들이 면역력을 획득했기 때문이라기보다 인구의 젊은 연령 구조와 더 관련이 있다고 생각한다: Benedictow(2010), 218-35.

209 Razi(1980), 134-5, 150-1: 헤일소언에서는 "14세기 말 교구의 인구에서 중년층과 노년층이 압도적이었으며, 장기간에 걸쳐 침체와 쇠퇴를 겪었다"(p. 151).

210 Cohn(2002a), 191-203; Hatcher(1977), 26-30, 71.

211 특별한 사례연구로는 Glenisson(1971), Mullan(2007/8) 참조.

212 Shrewsbury(1971), 127-33.

213 Shrewsbury(1971), 131.

214 Hatcher(1977), 21-6; Bolton(1980), 59-63; Horrox(1994), 11-14; Aberth(2001), 128-9; Cohn(2002a), 188-209; Nightingale(2005), 47-8; Benedictow(2010), 222-4.

215 Haensch and others(2010)는 특히 1360-63년의 팬데믹과 관련한 결과를 제공하지 않는다. Tran and others(2011)은 14세기 베네치아 유골 2구에서 페스트균의 증거를 확인했지만, 둘 다 더 정확한 연도는 파악할 수 없다.

216 Carmichael(2014).

217 Schmid and others(2015).

218 Blažina Tomić and Blažina(2015), 51,

278.

219 Horrox(1994), 85-7; Mullan(2007/8), 3-4; Ormrod(1996), 178.

220 Russell(1948), 217, 224; McFarlane(1973), 168-71; Ormrod(1996), 180.

221 Mullan(2007/8), 14-16.

222 Russell(1948), 222; Titow(1969) 70; Razi(1980), 126-7; Nightingale(2005), 47.

223 Briggs(2009), 198-9; Mullan(2007/8), 17.

224 Mullan(2007/8), 17-22, 27.

225 Razi(1980), 134-5, 150-1.

226 Cohn(2002a), 85에서 재인용; Haensch and others(2010).

227 Cohn(2008), 85-7; Nightingale(2005), 48.

228 Walløe(2008), 67-8; Benedictow(2010), 212-17.

229 Walløe(2008), 68.

230 Laayouni and others(2014).

231 Monecke and others(2009), 591.

232 Schmid and others(2015).

233 Nightingale(2005), 48: 14세기 말경에 "페스트는 16세기에나 볼 수 있듯이 도시에서 도시로, 지역에서 지역으로 이동경로를 따라서 서서히 확산되는 특성을 이미 지니게 되었으며, 각기 사망률에서 큰 차이를 나타냈다."

234 Cummins and others(2013).

235 Carmichael(2014). 유럽에 페스트의 병원소가 확립되었다는 사실에 회의적인 연구도 있다: Schmid and others(2015).

236 Hatcher(2003), 95-9; Hatcher and others(2006); Nightingale(2005).

237 Shrewsbury(1971).

238 Galimand and others(1997); Gratz(1999); Anker and Schaaf(2000). 2014년 7월 16일 중국 북서부의 페스트 핵심 병원소 지역 중 한 곳에서 발생한 사망에 대한 반응에 대해서는 다음 사이트 참조: http://www.bbc.com/news/world-asia-china-28437338.

239 Patz and others(2005); Semenza and Menne(2009).

240 Eisen and others(2015).

241 Schmid and others(2015).

242 Bos and others(2011), 509: "인간 병원체로서 유기체의 660년 진화 과정에서 확인된 병독성 관련 유전자는 거의 변화가 없었다." Cui and others(2013), 579.

243 Harbeck and others(2013), 2.

244 Hymes(2014).

245 Royer(2014).

246 Eisen and others(2015).

247 그림 3.27, 단계 1.

248 Davis and others(2004); Eisen and Gage(2009).

249 그림 3.27, 단계 2.

250 그림 3.27, 단계 3.

251 그림 3.27, 단계 4.

252 Carmichael(2014).

253 Eisen and Gage(2012), 70-1.

254 Eisen and Gage(2012), 69.

255 Eisen and others(2006); Eisen and others(2015).

256 Eisen and Gage(2012), 72.

257 Houhamdi and others(2006); Walløe(2008); Pierroux and others(2013); Leulmi and others(2014); Ratovonjato and others(2014); Eisen and others(2015).

258 Cohn(2002b).

259 그림 3.27.

260 Bos and others(2011), 509.

261 Jansen(2009), 22-3.

262 Laayouni and others(2014).

263 Monecke and others(2009), 591.
264 Alfani(2013).
265 그림 1.2.
266 그림 5.5.
267 1장 3절과 그림 1.2.
268 Wagner and others(2014).
269 Sarris(2002), 169-70.
270 Little(2007).
271 Wagner and others(2014), 322.
272 Wagner and others(2014), 325.
273 Baillie(1994); Baillie(2008).
274 Baillie(2001).

5장 침체

환경의 억제로 수축하는
중세 말 라틴 기독교 세계의 인구와 경제

1. 임계점에서 전환점으로

1340년대에 전쟁, 기후변화, 페스트의 결합으로 야기된 초대형 복합위기는 사회-생태 체제의 전환을 결정지었고, 그 특징은 15세기 중반에 가장 완전하게 드러났다.[1] 흑사병의 지속되는 유산으로 감염병의 부담이 큰 폭으로 증가해 인구대체율은 이후 100년에서 150년 동안 감소세가 유지되었다(5장 3절 2항). 줄어드는 인구는 상품 및 서비스의 생산과 소비를 억제했고, 상업적 교환의 기반 시설, 토지의 이용 및 정주, 자원 개발의 강도 등에 광범위한 조정을 유발했다(5장 4절). 이와 같은 변화들이 가져온 환경적 영향은 매우 깊고도 컸다. 소빙하기 순환 패턴이 계속 진전됨으로 인해 발생한 영향도 마찬가지였다(5장 2절 1항). 14세기 4/4분기 동안의 한 차례 짧은 막간을 제외하고는, 유럽 전역에서 모든 사회들은 라틴 기독교 세계가 12, 13세기에 크게 번성했던 시기와 비교할 때 훨씬 도전적인 환경적 조건들을 극복해야만 했다.[2] 이러한 환경적 제약들은 상업의 침체, 금은의 부족, 시장 축소 등에 의해 이미 심하게 위축된 인구와 경제의 재생산을 더욱 억제했다.

소빙하기 중 첫 번째로 지속된 한랭기는 15세기 중반 스푀러 태양극소기에 걸쳐 나타났는데, 그 시기에 전 지구와 북반구의 기온이 천 년 만에 최저 수준으로 떨어졌고, 기상이변은 점점 더 빈번하게 발생했다(5장 2절 2항).[3] 유라시아 전역에서 기상으로 인한 생태적 스트레스가 반복적으로 발생하여 곡물, 양모, 포도의 수확을 감소시켰고, 뒤따른 페스트와 다른 질병들의 갑작스런 유행으로 유럽 사회는 주기적으로 사망률이 급증하는 상태에서 벗어나지 못했다(5장 3절 1항과 2항).[4] 1453년과 1476년 사이에는 농업 생산자에게 재배 조건의 악화가 두드러졌다.[5] 이 시기에 공급 측면에서 가장 혹독한 제약이 가해졌고, 그 결과 유럽의 인구와 경제 활동의 총량이 최저 수준에 머물렀다(5장 3절 2항과 4절).

인구와 가용 자원 사이의 균형이 현저히 개선되는 부분적인 상쇄가 없었더라면, 이와 같은 난국은 상황을 더욱 악화시켰을 것이다. 균형의 개선은 환경적·정치적 주변 지역에서의 정주를 포기하도록 만들었고, 더욱 작은 생산 단위까지 황폐화될 뻔한 추세를 반전시켰고, 경작지와 목축지 사이에 더 나은 생태적 균형이 확립될 수 있게 했고, 생산 단가를 노동력에 유리하게 변경시켰다(5장 4절 2항). 기후가 악화되었으나, 부양해야 할 인구가 줄어들면서 식량 공급이 확보되고 영양 수준이 향상되었으며, 한동안 많은 가구의 실질소득이 증가했고 소득 분배도 한결 개선되었다. 인구의 급격한 축소는 1인당 화폐 공급을 다시 확대시켰고, 감소하던 유럽은 생산의 부정적 영향을 15세기까지 미루는 데 도움을 주었다. 결과적으로 14세기 후반은 단기간의 경제적 호황으로 특징지어졌다(5장 5절). 그렇지만 인구가 계속해서 감소하던 동안에 이와 같은 호황이 지속적인 성장으로 결실을 맺게 될 가능성은 거의 없었다. 시장 수요가 크게 증가하지 않는 한, 노동 분업의 확대를 통해 유의미한 생산성 향상을 달성하는 데 한계가 있었기 때문이다. 실질적인 경제적 활력의 결핍은 일부 지역을 제외하고 모든 지역에서 흑사병 이전 수준이거나 그 이하인 도시화율에 반영되었다(5장 4절 3항). 흑사병 이후 인구가 반토막 난 유럽에서는 사실상 도시의 수용 능력이 넉넉한 상황이 되었고, 그 결과 대부분의 도시가 적자생존에 휘말렸다. 많은 도시에서는 인구가 감소하고, 기능이 축소되었으며, 도시의 지위가 추락했다. 따라서 인구와 자원 사이의 균형이 개선된 데서 비롯한 번영은 결정적으로 지속될 수 없었고, 그것이 제공한 혜택도 제한적이었다.

라틴 기독교 세계의 내부 분열은 그 어느 때보다도 뚜렷했다. 국가 권력이 약하고 파편화된 상태로 존속하는 한 더 광범위한 범주에서 시장 협조를 이끌어 내고 거래 비용을 더욱 낮추기는 어려웠다.[6] 라틴 교회는 더 이상 12세기 개혁운동이 절정에 달했을 때와 같은 최고의 권위와 존경을 누리지 못했다.[7] 반면에 교황과 신성 로마 제국 황제 사이의 오랜 분쟁, 1378년과 1417년 사이 서방 교회의 대분열, 개혁가 존 위클리프와 얀 후스가 교회에 가한 영향력 있는 비판 등은 라틴 교회의 위상에 심각한 해를 끼쳤다. 종교적 갈등과 이단 운동은 참으로 고질적인 전쟁의 원천 중 하나였으며, 유럽 전역에서 지속해서 자원을 소모시켰고 무역과 상업을 중단시켰다. 지상의 강도와 해상의 해적 및 노예 사냥꾼은 모두 강력한 공권력의 부재로 인해 번성했으며, 장거리 무역에 종사하는 사람들에게 자기방어와 보호를 위해 부담스러운 비용을 부과시켰다.

이와 같은 내부적 어려움에 설상가상으로, 북아프리카와 중동에서 세력 기반을 공고히 한 맘루크와 1453년 콘스탄티노폴리스, 1461년에는 트라브존을 함락시키며 절정의 기세로 소아시아와 발칸반도를 정복한 오스만 제국이 지중해의 교역권을 상당 부분 장악했다(5장 6절). 제노바인들은 비잔티움의 패배로 흑해에서 실질적으로 쫓겨났고, 베네치아-알렉산드리아 축이 인도의 향신료와 동방의 비단 및 도자기가 유럽 시장에 도달할 수 있는 거의 유일한 통로로 남게 되었다. 이 상품들에 대한 비용은 계속해서 주로 귀금속 수출을 통해 지불되었으며, 주화의 마모로 인한 손실까지 합산할 경우 그 가치는 당대에 채굴되고 있던 유럽의 은광 생산량을 초과했다. 대부분 현금이 부족한 경제에서는 경화硬貨 부족으로 인해 폐화

廢貨, demonetization 과정이 시작되었으며, 기존의 다자간 교환 방식은 유지되기 어려웠다. 결국 1395년경부터 1415년경, 그리고 다시 1457-64년에 전개된 최악의 금은 기근 현상은 유럽을 상업 불황의 상태에 몰아넣었고, 포르투갈이나 북부 저지대 국가들과 같이 가장 모험적이며 상업적으로 공격적이던 경제만이 그 위기 상황에서 빠져나올 수 있었다.

사회-생태적 조건은 15세기 중반에 최악의 곤경에 처했다. 당시에 재배 조건은 더할 수 없이 악화되었으며, 유럽의 많은 지역에서 심각한 흉년이 연이어 되풀이되어 기근, 페스트, 그리고 아직 제대로 규명되지 않은 질병들까지 다시 출현했다. 여러 세대에 걸친 인구 감소 효과가 두드러지게 나타났으며, 모든 곳에서 주화 생산이 중단되었고, 시장은 한산했으며, 원거리 무역에도 장애물이 늘어만 갔다(5장 4절 4항). 그렇지만 그 이후에는 압박 요인 중 많은 것이 차츰 완화되었다. 태양복사량이 증가하면서 기온이 상승했고, 사망자가 줄어들자 인구가 단속적으로 회복되기 시작했다. 포르투갈, 브라반트, 홀란드 경제의 속도는 빨라졌으며, 대서양을 탐험하고, 여러 섬, 어장, 대안 항로 등에서 이익을 얻기 위한 새로운 노력이 경주되었다. 동쪽으로 나아가 인도와 동양에 이르는 경로가 차단되었기에 서방 세계에서 이용할 수 있는 가장 유망한 선택지는 아프리카를 우회하는 항로의 가능성을 탐사하는 것이었다(5장 6절). 선박 설계, 항해술의 발전, 그리고 제노바인들이 1277년 브루게 해상 노선을 개척했을 때부터 험난한 대서양을 항해하면서 축적한 경험을 통해 이는 이제 현실적인 전망이 되었다.

그러므로 15세기의 4/4분기는 전환점이었다. 이 시기에 대전환은 마침내 끝이 났고, 부활한 서유럽은 유럽인의 항해를 통한 탐험으로 확대되고 방향이 재설정되었으며, 상업적으로 재활성화된 세계에서 새로운 지속적 팽창과 성장의 국면에 들어섰다. 하나의 사회-생태적 동력은 힘을 다했으며, 또 다른 동력이 추진력을 얻고 있었다. 12세기 라틴 기독교 세계의 번영 이후 수 세기가 경과하면서 지식이 축적되었고, 기술이 발전했고, 유용한 크고 작은 기관들이 설립되었으며, 수많은 유럽 경제들이 완만하지만 뚜렷하게 부유해졌다.[8] 그러므로 이 새로운 사회-생태 시대의 주역들은 현저히 높은 기반에서 경기를 회복하기 시작했다. 포르투갈, 북부 저지대, 잉글랜드는 모두 오랫동안 경제적 우위를 유지해 온 이탈리아와의 간격을 좁혔으며, 16세기가 시작되면서 브라반트와 홀란드는 추월할 태세를 갖추었다. 유럽에서 동력의 초점은 이탈리아와 지중해로부터 대서양과 북해 연안의 공격적인 경제로 이동하는 과정 중에 있었다. 이는 오스만 제국의 다가오는 위협으로부터 더 멀리 떨어져 있으며, 시대의 새로운 기회를 개발하고 또 더 잘 포착할 수 있는 유리한 위치에 있었다. 북부 저지대 국가들 중 브라반트와 홀란드의 자율적인 경제는 주도권을 잡고 유라시아 상업의 재통합을 선도했으며, 11-12세기의 상황과는 대조적으로 유럽의 국가들과 상인들은 이제 좀 더 주도적인 역할을 했다.

2. 소빙하기의 도래

1) 대기 순환 패턴의 재편

1270년대와 1340년대 사이에 중세 온난기는 막을 내렸다. 그 후 전 지구의 기온이 하강함에 따라 엘니뇨 남방 진동, 아시아 몬순, 그리고 북대서양 진동이 모두 약화되었고 오랜 기간 확립된 대기 순환 패턴이 근본적으로 재편성되었다. 이 새로운 기후 시대는 극지방과 알프스 고산 지역에서 매서운 겨울이 찾아올 때마다 쌓인 폭설로 해빙이 팽창하고, 빙하가 진전되었기 때문에 소빙하기로 알려지게 되었다.[9] 태양복사량의 감소는 처음에는 1282년경에서 1342년경 사이 볼프 태양극소기 동안, 그다음에는 더 긴 기간인 1416년경에서 1534년경 사이의 스푀러 태양극소기 동안 지속되어 이와 같은 새로운 기후 패턴을 작동시켰다(그림 5.1A와 B). 초서의 가상 순례자 무리가 캔터베리로 출발하던 무렵인 1370년대와 1380년대에 가장 뚜렷하게 나타난 단기간의 태양극대기는 이 두 태양극소기들 사이 약 50년의 기간을 차지했고, 이때 일시적으로 태양복사량이 중세 온난기 수준으로 복원되었다. 그러나 이후 60-70년 이내에 태양복사량과 동반한 전 지구 기온의 지배적인 수준이 그보다 앞선 1,500년과 비교할 때 그 어느 시기보다도 낮게 하강했다.[10] 결과적으로 1450년대 소빙하기의 초기 최저점에서 기압, 풍향, 풍속, 강수량, 온도의 양상은 1250년대 동안 중세 온난기의 최종 전성기를 특징짓던 양상과는 근본적으로 달랐다.[11]

중세 온난기는 상대적으로 안정된 대기 순환 패턴을 유지했던 반면, 소빙하기 기후의 가장 두드러진 특징은 불안정성이었으며, 연도별로 기온과 강수량에서 현저한 변동이 동반되었다. 결과적으로 당대 사회들은 페스트와 다른 질병들로 인해 고조된 생물학적 위험과 씨름하고 있던 시기에 그보다 훨씬 더 거대한 환경적 불확실성에도 대처해야만 했다. 기후와 질병 사이에는 분명히 시너지 효과가 존재했는데, 이는 흑사병 이후 기후 역경이 최악으로 치닫기까지 인구의 회복 능력을 약화시킨 높은 이환율과 사망률의 반복을 설명하는 데 도움이 된다. 결국은 1460년대와 1470년대부터 태양복사량은 다시 서서히 증가하기 시작했다(그림 5.1A). 1530년대부터 태양복사량은 더욱 증가했지만, 스푀러 태양극소기 동안 태양 활동의 감쇠가 워낙 컸기에 17세기 초에 이를 때까지 태양복사량이 1370년대와 1380년대의 최고 수준까지 회복하지는 못했다. 흥미로운 사

그림 5.1 | **(A) 총태양복사량, (B) 전 지구 및 북반구 기온, (C) 전 세계 수목 성장, 1300-1500년**

출처: (A) Delaygue and Bard(2010b); Vieira and others(2011). (B) Loehle and McCulloch(2008); Mann and others(2008). (C) 유럽 5곳 - 유럽 참나무, 페노스칸디아 소나무, 극지 우랄산맥 소나무, 에게해 향나무와 참나무(M. G. L. Baillie 제공 자료), 알프스 침엽수(Büntgen and others(2011)). 북아시아 4곳 - 톈산산맥 향나무(Jan Esper 제공 자료), 칭하이 향나무(Yang and others(2014)), 몽골 시베리아 낙엽송(Jacoby and others(연도미상)), 시베리아 시베리아 낙엽송(M. G. L. Baillie 자료 제공). 북아메리카 - 브리슬콘 소나무(M. G. L. Baillie 자료 제공). 남반구 3곳 - 칠레와 아르헨티나 피츠로야 삼나무, 뉴질랜드 삼나무, 태즈메이니아 휴온 소나무(M. G. L. Baillie 제공 자료). 모든 연대기는 1250-59년에 대해 지수화되었으며, 동일한 변동계수를 갖도록 표준화되었다.

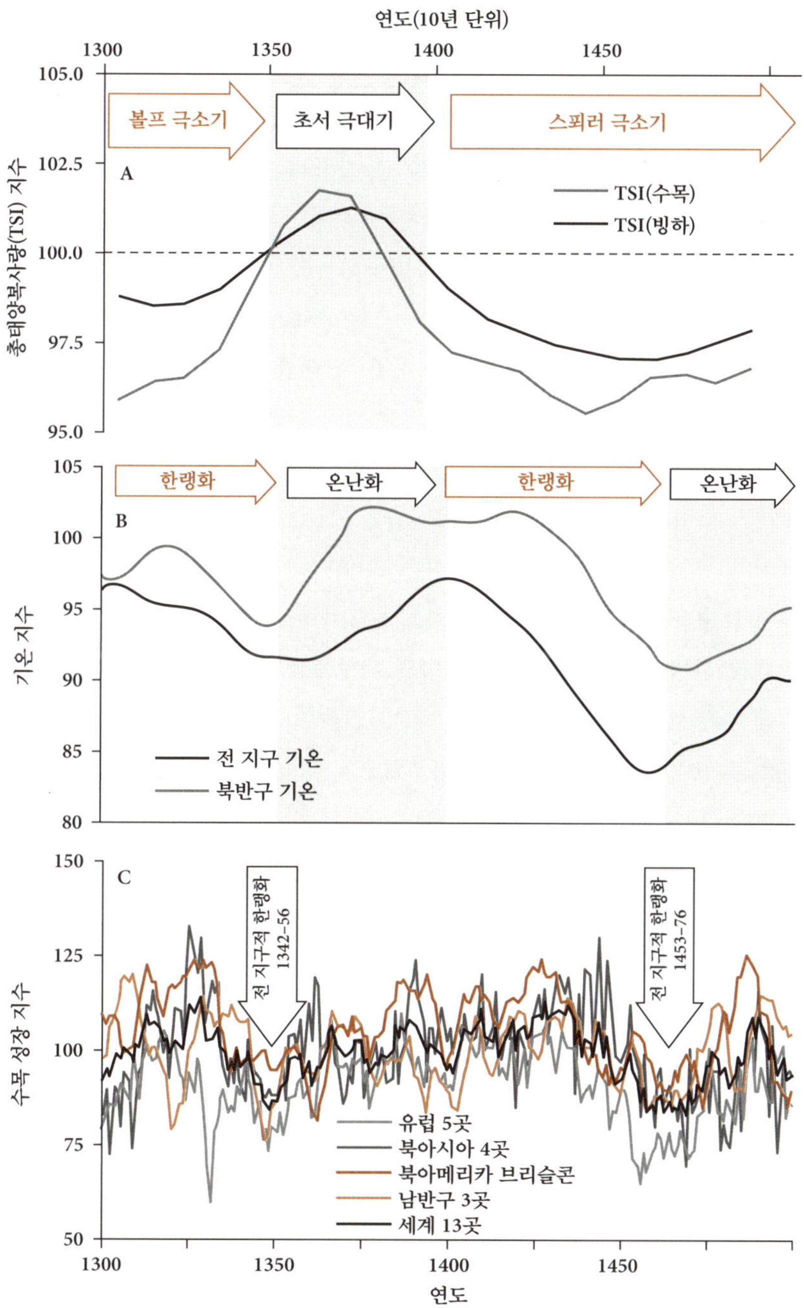

연도(10년 단위)
1300
1350
1400
1450
105.0
102.5
100.0
97.5
95.0
총태양복사량(TSI) 지수
볼프 극소기
초서 극대기
스푀러 극소기
A
TSI(수목)
TSI(빙하)
105
100
95
90
85
80
기온 지수
한랭화
온난화
한랭화
온난화
B
전 지구 기온
북반구 기온
150
125
100
75
50
수목 성장 지수
C
전 지구적 한랭화 1342–56
전 지구적 한랭화 1453–76
유럽 5곳
북아시아 4곳
북아메리카 브리슬콘
남반구 3곳
세계 13곳
1300
1350
1400
1450
연도

실은 인구의 회복이 태양복사량의 상승을 따라갔다는 점이다.

해양이 열을 저장하고 흡수하는 역할을 하므로, 전 지구 및 북반구 기온은 태양복사량의 변화를 따르는 경향이 있지만, 대개 수십 년의 시간차가 발생한다(그림 5.1B). 그로 인해 전 지구적 기온 하강은 1340년대와 1350년대에 가장 강했으며, 이는 태양복사량이 회복하기 시작하고 나서 얼마 지나지 않은 뒤였다. 이때에 북반구의 기온은 천년 만에 최저 수준으로 떨어졌다.[12] 감소한 복사량과 낮아진 온도로 인해 거의 모든 곳에서 수목의 성장이 억제되었다. 북아시아, 유럽, 신대륙의 합성된 나이테 지수는 1342년부터 1356년까지 평균보다 낮은 값을 보였고, 특히 1348년에는 최솟값을 보였다(그림 5.1C). 그와 일치하여 그린란드에서는 극심한 추위의 증거가 남아 있는데, 이로 인해 아이슬란드 주변의 해빙이 다시 확장하는 계기가 되었던 것으로 보인다.[13] 한편 1280년대 이래 약해지기 시작한 아시아 몬순은 계속해서 강도가 약화되었으며, 1350년대에는 몇 년 동안 연속해서 전혀 나타나지 않아 강수량의 대부분을 몬순에 의지하는 모든 지역에 치명적인 결과를 초래했다.[14] 지난 5세기 동안 이렇게 극심하고, 오래 지속된 가뭄은 없었다. 그와 대조적으로 유럽에서는 햇빛과 온기가 부족했다.

유럽 전역에는 1348-53년 사이 나이테 연대측정법으로 재구성한 여름 기온이 역사상 최저치로 떨어졌고, 1349년에는 가장 추운 여름이 전개되었다(그림 5.2B). 잉글랜드에서는 페스트로 인해 농업 노동자와 관리자 중 많은 수가 사망한 상황에서 혹독한 날씨까지 가세해 1349-51년의 곡물 수확이 철저히 실패했는데, 이는 중세 기록에서 유일하게 흉작이 연이어 대규모로 발생한 사례였다.[15] 기상 조건이 지속적으로 양호하지 못했고, 페스트와 노동자 및 관리자들의 대규모 사망이 반복되었기에 이후 25년 동안 곡물 수확은 좀처럼 회복되지 못했다.[16] 1360년대에 태양복사량은 강하게 되살아났고, 전 지구 및 북반구 기온이 모두 상승했지만(그림 5.1A와 B), 유럽에서는 특히 추위가 극심했던 1363-64년을 포함하여, 극한의 겨울이 여전히 찾아왔으며, 스위스 알프스의 빙하는 계속해서 확장했다.[17] 사실 14세기에 아이슬란드 해빙이 최대치에 도달한 것은 1370년대였으며, 거기에 북대서양 해수면 온도에서 일련의 큰 폭의 냉각 현상이 동반되었다.[18] 이와 같이 가혹하고 불안정한 기상 조건은 여전히 페스트로 인한 대규모 사망이 경제에 미친 충격에 적응하려 노력하고 있던 이 광대한 지역 사회의 농업에 심각한 어려움을 주었다.[19]

태양복사량의 증가를 실제로 체감하기까지는 20-30년이 걸렸다. 결국 1366년부터 북대서양 진동은 변동성이 줄어들었고 1250년대보다 낮은 중간 정도의 양의 값에서 안정화되었지만, 그럼에도 불구하고 강도는 1405년까지 점차 높아졌다(그림 5.2A). 1366년에 세계의 수목 성장은 13곳의 평균 나이테 측정 기록에서 모두 일시적으로 양으로 전환되었으며, 1384년과 1387년에 북반구의 10개 나이테 기록에서도 그러했다(그림 5.1C). 1385년 부르고뉴의 포도 수확은 중세 기록 중 가장 이른 시기였기에 눈에 띄는데, 2년 후 유럽의 여름 기온은 14세기의 정점에 도달했다. 기온은 1350년 이래 대체로 지속해서 상승했다(그림 5.2B).[20] 한편 혹독한 겨울은 실질적으로 중단되었고, 북대서양에서 큰 폭의 냉각 현상도 사라졌으며, 아이슬란드의 해빙은 줄어들었고, 알프스의 빙하도 축소되었다.[21]

기후 조건이 개선됨에 따라 그린란드, 북부 스웨덴, 중부 유럽 그리고 북반구에서 전년 대비 기온 변화가 축소되었고, 북대서양 해수면 온도, 영국 제도 떡갈나무 나이테 너비, 잉글랜드 곡물 생산, 그리고 스코틀랜드의 동굴 이차생성물 띠의 폭 등에서 변동성도 감소했다(그림 5.2C).[22] 14세기 중반에 크게 고조되었던 환경의 불안정성도 누그러졌다. 한편 이 짧은 막간에 강한 태양복사량이 지속되었고, 순환 패턴은 북유럽에서 좀 더 안정되었으며, 다시 한번 곡물 성장에 우호적인 조건이 지배했다. 남부 잉글랜드에서는 14세기 4/4분기 동안 거둔 수확이 중세 기록 중 최고 수준이었으며, 그 결과 곡물 부족과 고물가 상황이 곡물 과잉과 저물가 상황으로 바뀌었다. 그로 인해 임금노동자는 이익을 누렸지만, 농업 생산자는 불

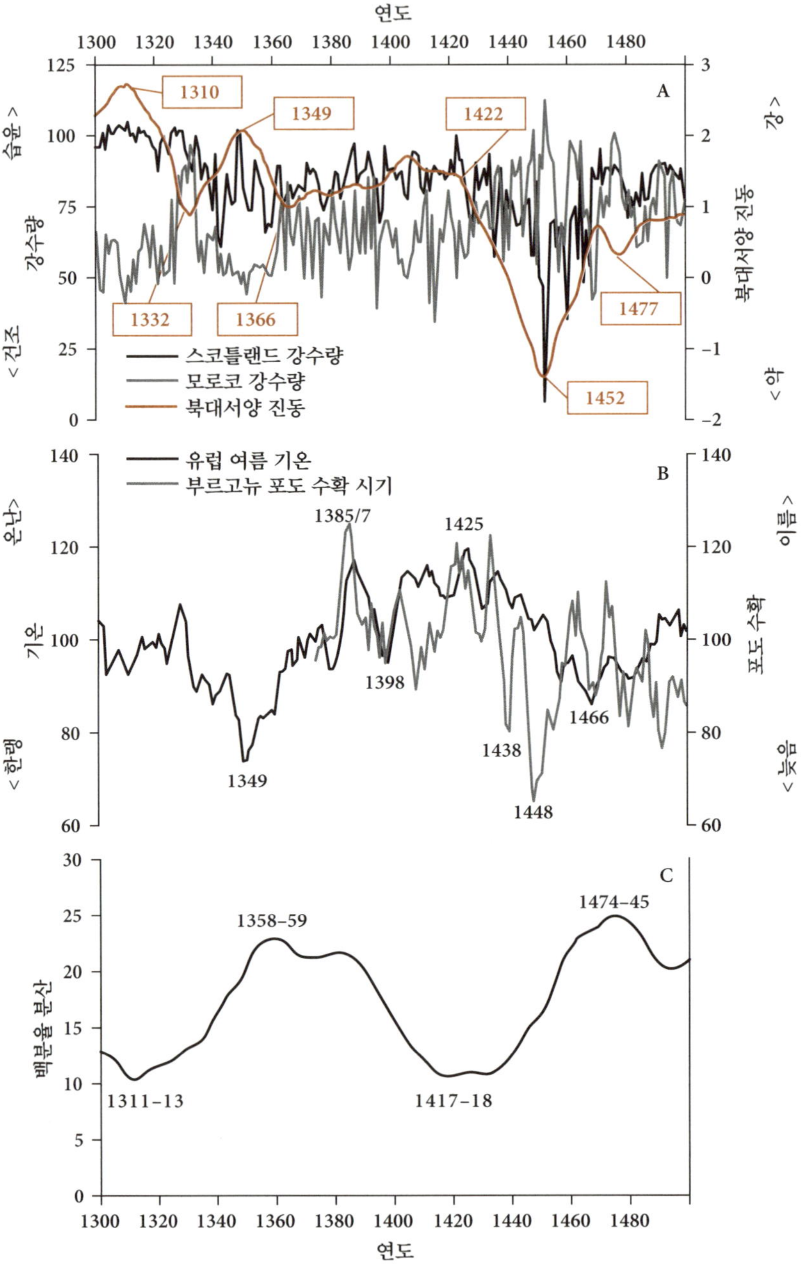

연도
A
1310
1349
1422
1332
1366
1477
1452
스코틀랜드 강수량
모로코 강수량
북대서양 진동
강수량
< 건조
습윤 >
북대서양 진동
< 약
강 >
B
유럽 여름 기온
부르고뉴 포도 수확 시기
1385/7
1425
1398
1349
1438
1448
1466
기온
< 한랭
온난>
포도 수확
< 늦음
이름 >
C
1358-59
1474-45
1311-13
1417-18
백분율 분산
연도

이익을 보았다.[23] 상승한 기온과 증가한 태양복사량이 합세하여 거의 모든 곳에서 식물 성장을 자극했고(그림 5.1A와 B), 1346년 이전 상황과는 확연히 역전되어 약 25년 동안 잉글랜드 곡물 생산과 영국 제도의 떡갈나무 나이테의 너비는 양의 상관관계를 나타냈다. 이는 당시 진행 중이던 기후변화의 강력한 환경적 강제력을 입증하는데, 주로 상승한 태양복사량에 기인했다. 어쩌면 이 시점에서 1010년경부터 1050년경 사이의 오르트 태양극소기 이후의 전개가 되풀이되기 위한, 즉 중세 온난기 대기 순환 패턴이 완전히 복원될 환경적 전제 조건이 마련되었다고 볼 수도 있다. 그러나 그것이 실현되지 않았다는 사실은 변경된 기후 체제로의 전환이 이미 돌이킬 수 없는 단계였음을 시사한다.

볼프 태양극소기 이전 순환 패턴의 불완전한 복원은 특히 중국, 동남아시아, 인도, 그리고 에티오피아에서 뚜렷했다. 중국의 평균 기온은 태양복사량이 증가함에 따라 확연하게 다시 반등했고, 14세기 4/4분기 대부분 동안 1250년대의 온도와 비슷했다(그림 5.3B). 그러나 그에 상응하는 몬순의 회복은 없었다. 강수 수준은 뚜렷하게 증가하여 1370년대부터 가뭄이 완화되었지만, 엘니뇨 남방 진동이 최대 강도에 도달했던 중세 온난기 동안의 강수량에 비하면 아직도 낮은 수준을 유지했다(그림 5.3B).[24] 푸젠삼나무의 나이테 너비 증거에 따르면 강수 수준이 가장 많이 회복된 동남아시아에서도 몬순이 이전의 강도를 회복한 것은 예외적으로 1396-98년뿐이었다(그림 5.3B).[25] 중국에서는 그와 동일한 10년 동안 1320년대 이래

그림 5.2 | (A) 북대서양 진동, (B) 유럽 여름 기온, (C) 브리튼섬의 환경불안정 지수, 1300-1500년

출처와 주: (A) Proctor and others(2002b); Esper and others(2009); Trouet and others(2009b). 스코틀랜드와 모로코 강수량은 1250-59년에 대해 지수화. (B) 유럽 여름 기온(=페노스칸디아 북부 평균) - Grudd(2010); 네덜란드 - Engelen and others(2001). 중부 유럽 - Büntgen and others(2011). 동부 유럽 - Büntgen and others(2013). 모든 시계열은 1300-1499년에 대해 지수화, 동일한 변동계수로 표준화. 부르고뉴 포도 수확 시기 - Chuine and others(2005). (C) 북반구 기온 평균 분산 - Mann and others(2008). 영국 제도 참나무 나이테 너비 - M. G. L. Baillie 제공 자료. 스코틀랜드 동굴 이차생성물 띠의 폭 - Proctor and others(2002b). 잉글랜드 곡물수확률 - Campbell(2007).

가장 많은 몬순 강우가 발생했고, 태평양의 아메리카 대륙 측면에서는 부분적으로 복원되었던 엘니뇨 남방 진동의 강도가 갑자기 꺾였으며, 비록 13세기 초대형 가뭄의 규모는 아니었지만, 아메리카 대륙 서해안 대부분이 가뭄의 상태로 되돌아갔다(그림 5.3A). 그럼에도 불구하고 태양복사량이 다시 한번 감소함에 따라 엘니뇨 남방 진동의 강도도 약해졌고, 더불어 아메리카 대륙 태평양 측 서해안의 가뭄 강도와 아시아의 강수량도 함께 줄어들었다(그림 5.3A, B와 C).

인도 몬순의 역사는 다소 다른 과정을 따랐다. 인도와 파키스탄에서 최저 수준의 몬순은 1360년대와 1370년대 초까지 늦추어졌다(그림 5.3C). 그 후 14세기 나머지 기간에 강수 수준은 13세기 중반보다 훨씬 낮아졌다. 게다가 강수가 불규칙해지기까지 해서 1390년대에 몬순이 약해졌을 때에는 심각한 기근이 다시 발생했다.[26] 몬순의 변화된 특성은 카이로에서 연간 나일강 홍수 규모 측정에서 산출된 북동아프리카의 강수량 수준과 인도 아대륙의 강수량 수준 사이의 관계 변화에서도 분명했다(그림 5.3C). 1340년대까지 약한 에티오피아 몬순은 강한 인도 몬순의 맞상대였다. 그러나 이후 두 지역의 강수량은 1380년대에 함께 상승했고, 1410년대에는 더욱 상승했으며, 1430년대에는 마침내 정점에 도달하여 단기적으로 인도에서는 1250년대의 수준으로 돌아갔다. 동쪽으로 눈을 돌리면, 캄보디아와 중국에서는 새로운 세기의 첫 10년 동안 14세기의 그 어떤 시기에 경험한 것보다도 극심한 몬순 약화가 발생했다(그림 5.3B). 대기 순환 패턴이 다시 또 불안정해졌고, 기후 조건이 양극단 사이를 오가며 발생한

그림 5.3 | (A) 미국 태평양 연안의 강수량, (B) 중국의 기온, 중국과 캄보디아의 강수량, (C) 인도와 파키스탄의 강수량과 나일강의 홍수방출량, 1300-1500년

출처와 주: (A) Cook and others(2004c) 보완; Rein, Lückge and Sirocko(2004). (B) 기온 – Yang and others(2002). 강수량 – Zhang and others(2008) 보완; Wang and others(2006). 모두 1250-59년에 대해 지수화. (C) 강수량 – Rad and others(1999) 보완, Berkelhammer and others(2010b). 나일강 홍수 – Popper(1951), 221-3. 모두 1250-59년에 대해 지수화.

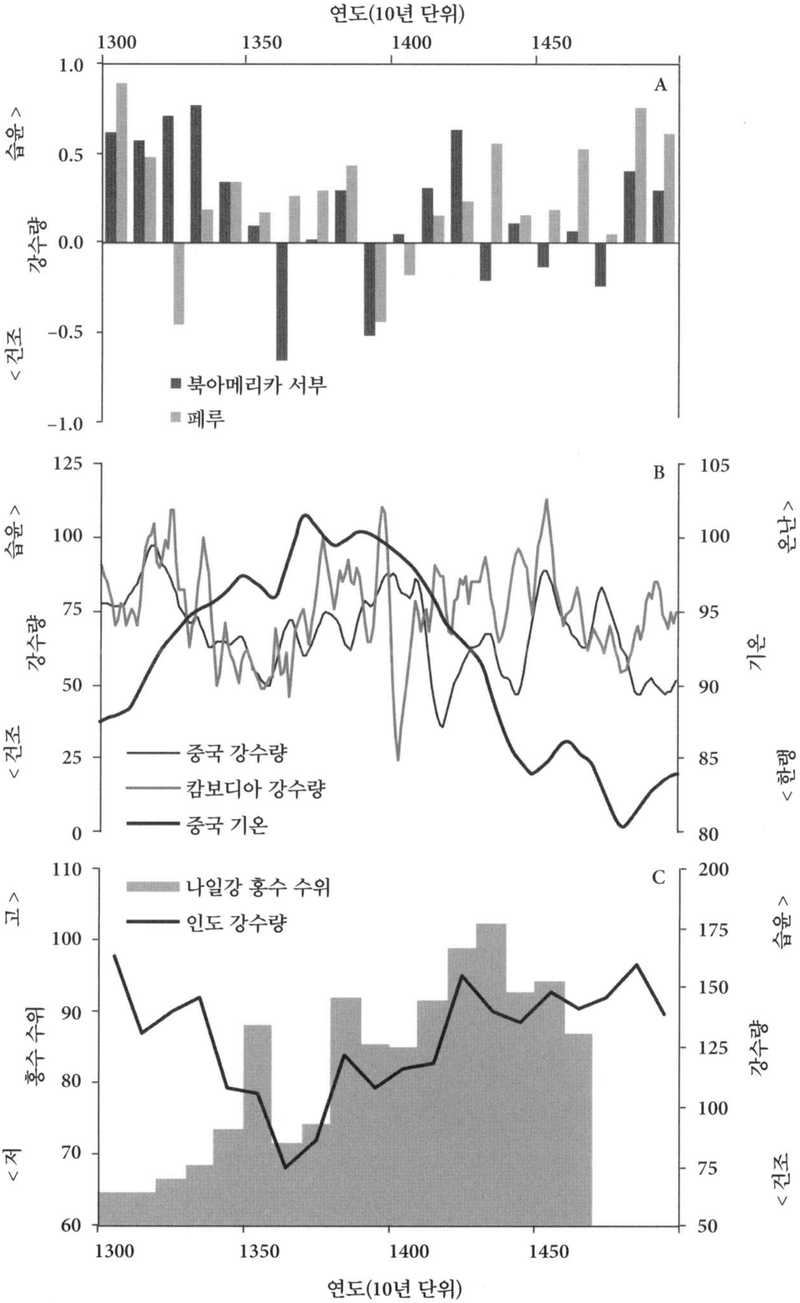

연도(10년 단위)
A
습윤 >
강수량
< 건조
북아메리카 서부
페루
B
습윤 >
강수량
< 건조
온난 >
기온
< 한랭
중국 강수량
캄보디아 강수량
중국 기온
C
나일강 홍수 수위
인도 강수량
고 >
홍수 수위
< 저
습윤 >
강수량
< 건조
연도(10년 단위)

산발적인 초대형 몬순에서 비롯된 홍수는 배수 및 관개 시스템을 파괴함으로써 나빠지던 환경 상황을 더욱 악화시켰다.[27] 인도, 파키스탄, 에티오피아에서는 이 초대형 몬순 현상이 1420년대와 1430년대까지도 나타나지 않았다(그림 5.3C). 이 무렵 북유럽의 대기 순환은 다시 한번 변화하고 있었으며, 그 어느 때보다 급격한 양상을 나타냈다.

몬순 아시아의 많은 지역에서 발생한 극적인 기후 현상들과 비교할 때, 대략 1400년과 1420년 사이 북대서양 폭풍우에 대한 상세한 기록을 제외하고는 북유럽의 15세기 1/4분기는 눈에 띄는 기후 사건이 적었다.[28] 일반적으로 북대서양에서는 온화한 조건이 우세했고, 그린란드의 기온은 실제로 개선되었던 것으로 보인다.[29] 1400년 이후 아이슬란드의 해빙이 완만하게 확장되었지만, 그 면적은 북대서양 기온이 가장 낮았던 1330년대와 1370년대에 비하면 작은 부분에 불과했다.[30] 지하수면의 상승으로 경작지를 목초지로 전환해야 했던 홀란드의 십일조 징수액은 1390년대부터 1420년대까지 75%나 대대적으로 축소된 곡물 생산량을 반영했다. 그러나 잉글랜드에서는 이 기간 동안 실제 수확량의 감소가 15%에 불과했다.[31] 대풍년은 거의 없었고 1380년대만큼 수확량이 많지도 않았지만, 심각한 흉년도 없었다. 수확이 가장 나빴던 해는 1401년, 1408년, 1422년이었고, 그중 1408년이 최악이었다.[32] 1422년에 북대서양 진동은 중간 정도의 양의 상태를 유지했고, 환경 불안정성은 상대적으로 낮았으며, 북유럽 전역에서 1425년 여름은 14-15세기를 통틀어 가장 따뜻했다(그림 5.2B). 전반적으로 볼 때, 스푀러 태양극소기의 시작으로 전 지구, 북반구 그리고 중국의 기온이 모두 크게 하강하면서 환경 임계치를 곧 넘어서게 되리라는 조짐은 거의 찾아볼 수 없었다(그림 5.1A와 B, 5.3B).

2) 스푀러 태양극소기 동안의 기후 조건

아시아에서는 15세기 2/4분기에 몬순 약화가 재현되었다. 가뭄은 1424년 캄보디아, 1430년대 중반 인도, 1439-45년경 중국 중부와 남부, 1440년대 중반 파키스탄에 다시 발생했다(그림 5.3B와 C). 그러던 중 1440년대부터는 인도, 캄보디아, 중국에서 지나친 몬순 강우가 더 큰 문제가 되었다.[33] 특히 캄보디아에서는 1453-54년, 남부 중국에서는 1450-56년에 강수량이 많았다. 한편 아메리카 대륙의 태평양 쪽 서부는 건조한 상태로 회귀했다(그림 5.3A). 이 무렵에는 남태평양 쿠와에에서 1458년경 폭발한 초대형 화산이 유발한 대기 부하가 늦게 잡아도 1420년대 이후 진행되던 전 지구적 한랭화를 강화시켰을 수 있다.[34] 결국 1450년대는 15세기 중 가장 추웠고, 중세 전 기간 중에서도 가장 추웠던 10년이었다. 그 시기는 1350년대보다 추웠으며, 소빙하기 중 가장 추웠던 1590년대 및 1690년대와 거의 비슷했다.[35] 아시아와 아메리카에서 심각한 기후 교란이 있던 1440년대부터 1470년대까지 전 세계의 수목 성장은 지속적으로 감퇴하는 양상을 보였다(그림 5.1C). 성장의 하락은 구대륙과 신대륙 전역에서 동시에 발생했으며, 이중 침체double dip의 형태를 띠었다. 첫 번째 하락은 1446년에 시작되었고, 부르고뉴 포도 수확이 가장 심각하게 지체되었던 1448-50년에 가장 두드러졌다. 1458년경 폭발한 쿠와에 화산과 관련된 두 번째 하락은 1470년대 초까지 지속되었고 특히 1459년에서 1468년까지 뚜렷했다.[36] 유럽의 수목이 가장 큰 낙폭으로 성장 감퇴를 보였지만, 이는 전 지구적인 현상이었으며, 무엇보다도 의심할 여지 없이 스푀러 태양극소기가 남반구와 북반구 모두의 성장 조건에 미친 부정적인 영향의 결과였다(그림 5.1A와 C).

북유럽에서 소빙하기 기후로의 전환이 완료된 것은 15세기 2/4분기였다. 소빙하기의 특징은 미약하거나 음의 값을 띠는 북대서양 진동에 의해 극고기압이 지배하는 춥고 상대적으로 건조한 겨울이 두드러진 점이었다(그림 5.2A). 그린란드 빙하 코어의 분석은 15세기가 시작되면서 기압이 아이슬란드에서는 하강했고, 동부 시베리아에서는 상승하면서 1420년대 무렵까지 더 커진 기압 경사가 북반구의 순환에 중대한 변화를 일으키기 시작했음을 드러내 준다.[37] 이때부터 북서부 유럽의 겨울은 더욱 추워지고 불안정해졌으며, 일부 주목할 만한 예외를 제외하고는 여름이 더욱 서늘해졌다(그림 5.2B). 미커L. D. Meeker와 마예프스키P. A. Mayewski는 이것이 "지난 10,000년이 넘는 동안에 북대서양 지역에서 기록된 기후변화 사건 중 가장 빠른 속도로 변화된 사례"라고 간주한다.[38] 스코틀랜드의 동굴 이차생성물 기록에서도 동 시기에 발생한 변화가 보이는데, 1420년경에서 1470년경까지 기존의 강수량 수준과 패턴을 크게 벗어났으며, 1452년에 최솟값을 기록했다(그림 5.2A). 1450년, 1460년, 1475년 무렵도 예외적으로 추웠던 해로 부각된다.[39] 기록에 따르면 네덜란드에서는 1423-92년에 몹시 추운 겨울이 훨씬 빈번하게 발생했는데, 특히 1432년, 1435년, 1437년 그리고 1443년은 매우 혹독했다.[40]

그린란드에서는 전례 없는 추위로 인해 이누이트족과 사냥터를 둘러싼 경쟁이 심화되었고, 유럽 상인들의 방문 주기마저 더욱 길어지면서 마지막 바이킹 주민들의 철수가 초래되었던 것으로 보인다.[41] 이와 같은 더욱 한랭한 기후 조건의 도래는 경작의 고도 한계를 낮추었고, 재배 기간을 단축시켰으며, 유럽 전역에 걸쳐 가축의 겨울 축사와 사료 곡물의 생산에 더 많은 노력을 기울이도록 했다. 혹독한 겨울, 늦은 봄, 서늘한 여름은 또한 곡물 경작자와 포도주 생산자에게 커다란 도전이었다. 잉글랜드에서는 1428년의 수확량이 1356년 이래 최악이었고, 1432년의 수확량도 형편없었다. 1436년에는 부르고뉴 포도 수확이 심하게 지체되었고, 이듬해에는 나쁜 날씨로 여행과 무역이 중단되면서 잉글랜드의 포도주 수입량이 크게 감소했다.[42] 그 후 1437년과 1438년에는 2년 연속하여 곡물 수확이 실패하여 잉글랜드에서 15세기 최대 생계 위기와 곡물 가격 인상이 촉발되었다.[43] 윈체스터 장원의 양 사육은 혹독한 겨울로 인해 부정적인 영향을 받았는데, 사료에 대한 추가 지출이 증가했고, 사망하는 개체수가 급상승했으며, 재생산율은 감소했고, 양털의 무게는 그 어느 때보다도 가벼웠다.[44] 국가적으로 양모 수출은 1437-39년에 급격하게 줄었다.[45] 그와 병행하여 대부분 프랑스 만에서 태양열 증발에 의해 생산된 것을 수입하던 천

일염 가격의 급격한 상승은 날씨가 추웠을 뿐만 아니라 습했음을 암시한다.[46]

1441년과 1442년에 다시 찾아온 악천후로 재차 수확에 실패했지만, 이번에는 좀 더 선별적이었다. 부르고뉴에서는 1442년부터 1448년까지 피노누아pinot noir 품종의 포도 수확까지지도 늦어졌다. 국제적인 차원에서 이와 같이 현저한 농업생산량의 감소는 1435년에서 1442년 사이 이탈리아, 홀란드, 잉글랜드에서 1인당 국내총생산의 13% 감소에 반영되었다.[47] 의심할 여지 없이 이와 같이 불리한 기후 조건은 당대의 의복 유행을 좀 더 낙낙하고, 어둡고, 두꺼운 모직 옷 및 모피를 댄 옷으로 바꾸었으며, 개인 침실에 화로를 설치하는 배경이 되었다.[48] 혹독한 날씨는 또한 취약한 농작물과 가축을 보호하기 위해 헛간, 마구간, 외양간, 양우리, 돼지우리 등을 새로 만들도록 부추겼다.[49] 얼어붙은 홀란드의 겨울, 열악한 잉글랜드의 곡물 수확, 그리고 지체된 부르고뉴 포도 수확이 15세기 나머지 기간에 드문드문 반복되었다. 1450년대부터 그린란드 기온이 떨어졌으며, 아이슬란드 주변의 해빙도 다시 팽창했는데, 특히 1470년대, 1480년대, 1490년대에 두드러졌다.[50]

그보다 남쪽의 지역들도 이와 같은 변화를 따라갔다. 북대서양 진동이 강했던 14세기가 시작되는 시기에 대서양의 겨울 편서풍이 북쪽으로 치우치게 됨에 따라 남유럽, 북아프리카, 그리고 그 동쪽에 있는 대부분의 지역에서 강수가 약해졌고, 중앙아시아는 건조한 상태에 놓였다. 그러나 북대서양 진동이 일시적으로 1320년대와 1330년대에, 그리고 1360년대부터는 좀 더 영구적으로 약화되었을 때, 이와 같은 강수를 동반한 편서풍은 남쪽으로 방향이 바뀌었고, 지금까지 강수량이 부족했던 이 지역들에 강수량이 증가했다. 모로코와 중앙아시아 건조 지대의 강수 지수는 북대서양 진동이 처음에는 약했다가 그 후 강한 음의 값을 갖게 되면서 이 넓은 지역 전체에서 나타났던 기후의 전환을 두드러지게 보여 주었다(그림 5.4). 초기에 1360년대부터 모로코의 가뭄이 완화되었고, 중앙아시아의 습

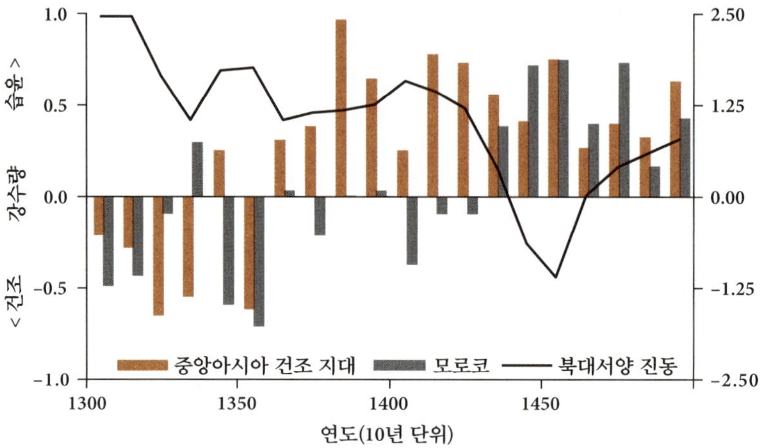

그림 5.4 | **북대서양 진동과 모로코와 중앙아시아 건조 지대의 강수 지수, 1300-1490년대**
출처: Chen and others(2010); Esper and others(2009); Trouet and others(2009b).

도가 상승하면서 톈산산맥과 티베트고원 북동부의 향나무와 몽골과 시베리아의 시베리아 낙엽송의 성장이 촉진되었다(그림 5.1C).[51] 그 후 1430년대부터 편서풍이 더욱 남쪽으로 이동함에 따라 습도가 중앙아시아에서는 다소 감소했지만, 모로코에서는 증가했다. 1440년대와 1450년대에는 아이슬란드 저기압과 아조레스 고기압 사이의 차이가 1050년대 오르트 태양극소기 이후로 경험해 보지 못한 수준으로 작아지게 됨에 따라 강수량이 북서유럽에서는 감소하고 북아프리카에서는 증가했다. 15세기의 나머지 기간 동안에는 이처럼 변화된 기압 배치가 지배했다.

1450년대 무렵 태양복사량의 현저한 감소와 복합적인 대기-해양 되먹임 작용의 중재에 의해 중세 온난기 대기 순환 패턴에서 소빙하기 대기 순환 패턴으로의 전환이 완료되었다. 전 지구와 북반구 모두에서 기온이 현저히 차가워졌다. 북유럽 전역에서 여름의 더위가 약해졌고, 겨울에 극지방 고기압의 침투가 점점 더 빈번해지면서, 대서양 사이클론의 겨울 경로가 지중해와 북아프리카를 가로지르며 남쪽으로 이동했다. 어디에서나 농업 생산자는 크게 달라진 재배 조건에 적응해야 했으며, 수익이 나지 않는 토지에서는 철수해야만 했다. 고지대 지역의 생산자들은 경작의 고도 한계가 현저히 낮아지는 것을 경험했으며, 북해와 접한 하구 습지대에서는 범람과 지하수위 상승이 심각한 문제를 일으켰다. 낮은 식품 가격과 높은 인건비로 인해 경작이 어렵고 배수가 불량한 토지는 경작지에서 목초지로 전환되었고, 축소되거나 버려진 폐촌들이 출현했으며, 가장 척박한 토지는 본래의 숲으로 되돌아갔다.[52]

겨울이 더욱 길고 혹독해짐에 따라 곡물 저장과 가축 사육에 더 큰 비중을 두게 되었으며, 북유럽인에게는 지난 천 년 중 그 어느 때보다도 연료, 음식, 의복의 필요가 커졌다. 또한 바닷물이 차가워짐에 따라 일부 어종이 새로운 서식지로 이동하게 되었다. 대구의 경우 임계 해수면 온도는 최소 2도였다.[53] 바이킹들은 그린란드에서 이미 오래전에 철수했지만, 이 아이슬란드의 식민지는 이제 점증하는 환경적 난관에 직면하고 있었다. 이 변화들은 좀 더 심각했는데, 북반구 전역에서 동시에 발생한 기후변화와 결부되어 있었기 때문이다. 일부 지역에서는 그것이 유리하게 작용했으나 그 외에 다른 지역에서는 불리한 처지에 놓였다. 중국과 남아시아의 많은 지역에서 몬순의 불안정성은 가뭄과 홍수 사이를 오락가락하면서 관개에 기반한 농업체제를 혼란에 빠뜨렸다. 대안적인 작물과 가축이 존재하고, 경작지와 초지 사이 경계가 바뀌는 보다 다양하고 조방적인 북유럽의 혼합농경체제와 비교할 때, 집약적인 습식 벼 재배는 변화된 환경 조건에 적응하기가 훨씬 더 어려웠다.[54]

3. 세균의 전성시대?

1) 기후와 질병

이 변덕스런 장기적 기후변화는 한동안 잠잠하다가 다시 반전을 보이며 급진전하는 상황을 되풀이하면서 14세기 중반부터 페스트와 다른 질병들의 발병 및 확산과 결합하여 유럽 사회의 어려움을 더욱 가중시켰다. 아시아 반건조 내륙의 병원소 지역에서 페스트가 동물풍토병에서 동물유행병 단계로 재활성화되도록 촉발한 것은 볼프 태양극소기(1282-1342)의 시작으로 야기된 생태적 스트레스가 결정적이었다.[55] 페스트가 유라시아 대륙 서쪽으로 확산되던 시기는 기상 조건이 가장 불안정했고, 여름 기온과 수목 성장이 가장 저하되던 이상기후의 절정기였다. 흑사병이 맹위를 떨치는 동안 계속된 서늘하고 습한 날씨는 유럽의 많은 지역에 흉작을 가져왔다.[56] 기후변화는 생태적 스트레스를 유발해 페스트가 재유행하도록 이끌었고, 페스트는 진척되고 있던 기후적 전환이 구세계 전역, 특히 유럽 사회에 미치는 충격을 한층 증폭시키고 변형시켰다. 기후와 질병은 개별적으로 그리고 종종 상호 결합하여 공중보건에 상당한 악영향을 미쳤다. 흑사병 이후 생활 수준의 개선으로 어느 정도 상쇄되기는 했으나, 여전히 크게 미흡했다.[57]

그림 5.5는 유럽의 다섯 개 주요 나이테 연대기 및 잉글랜드 곡물 수확의 질로 측정한 성장 조건의 저하와, 프랑스, 저지대 국가들, 브리튼섬, 아일랜드에서의 최소 10개 연대기에 기록된 대규모 페스트 발병을 비라방이 계수하여 두 요소 사이의 관계를 나타냈다. 관측에 의하면, 흑사병 발병 이후 페스트는 수목 성장이 침체되고 수확량이 저조했던 수년 동안과 그 직후에 더욱 빈번했다. 1346년부터 1475년 사이의 기간에 1348-50년, 1360-62년, 1369년, 1374년, 1399-1401년, 1438-39년, 1450-52년, 1454-57년, 1463-75년의 페스트 유행이 여기에 해당했다. 실제로 위에 언급한 첫 번째와 마지막 페스트는 각각 볼프와 스푀러 태양극소기가 절정에 달해 유럽과 전 세계의 수목 성장을 억제하는 음의 강제력이 이례적으로 강력했던 시기와 일치했다(그림 5.1C).

물론 좋지 않은 날씨와 형편없는 수확이 페스트를 반드시 발생시킨다는 보장은 없다. 하지만, 그와 반대되는 조건에서 페스트가 널리 유행한

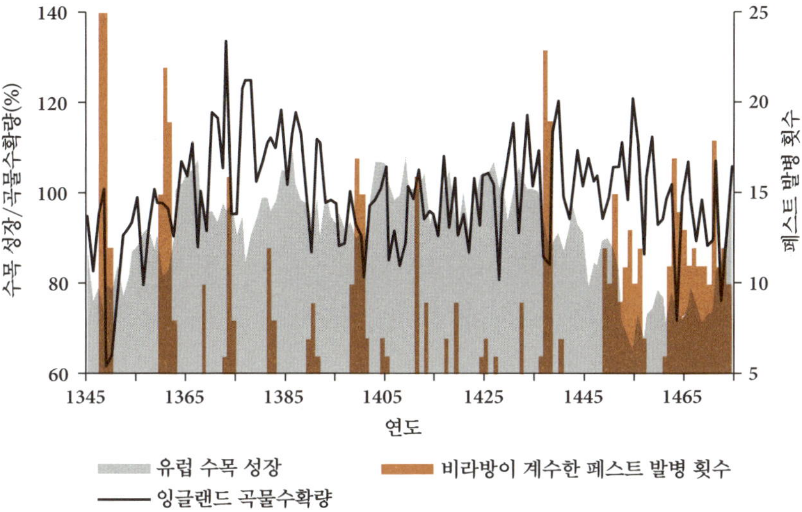

그림 5.5 | 북유럽에서 기후와 역병 사이의 상호 작용, 1345-1475년
출처 및 주: 유럽 5곳의 주요 나이테 연대기 - 그림 5.1C(1250-59년에 대해 지수화). 잉글랜드 종자당 총 곡물수확량(밀, 보리, 귀리) - Campbell(2007)에 근거해 지난 25년 평균 비율로 계산. 프랑스, 저지대 국가들, 영국과 아일랜드에서 페스트 언급 총수(최저 5) - Biraben(1975).

경우는 거의 없었다. (대체로 프랑스와 이탈리아에 국한되었던) 1382-83년의 페스트 유행과 (프랑스 바깥에서는 거의 보고되지 않은) 1412년의 유행이 아주 드문 예외이다(그림 5.5). 그와 대조적으로 1399-1401년, 1438-39년, 1457년, 1464-65년의 페스트는 명백히 날씨와 관련되었다. 이와 같이 반복되는 유럽의 페스트 발병이 어디에서 기원했는가는 결론이 내려지지 않았다. 슈미트와 그의 동료들(2015)은 페스트균이 유럽 내에 천연 야생 병원소 지역을 구축하는 데 실패했다고 주장했으나, 페스트가 "도시와 촌락 사이에서 떠도는" 배후 질병background disease으로 지속될 수 있었고, 추측건대 경제적·생태적 조건들이 성숙했을 경우에는 "이전에 발병하여 회복된 개인들 중 취약한 사람들을 다시 공격할 수 있었다"라고 인정했다. 나아가 그들은 검은쥐 개체군이 상당히 많은 항구 도시들에서 검은쥐들이 페스트의 도시 병원소로서 중요한 역할을 했을 수 있다고 인정했다.[58]

보고된 흑사병 발병 빈도의 증가와 침체된 성장 조건 및 빈약한 수확 사이에 유럽 내에서 관찰 가능한 연관성(그림 5.5)에 대한 설명은 부분적으로 병원균-숙주-매개생물의 상호 작용이 분명히 온도와 습도의 변화에 민감하다는 사실에 기인한다. 특히 벼룩은 습한 환경에서 잘 번식한다. 게다가 페스트는 지금과 마찬가지로 당시에도 빈곤의 질병으로 생태적·경제적 스트레스로 인해 인간이 페스트의 설치류 숙주 및 벼룩 매개생물과 밀접하게 접촉할 때마다 발생하고 퍼져 나갔다. 그런 시기에 페스트는 아마도 흉작으로 인한 영양실조, 과밀화, 열악한 위생에 의해 번성하던 발진티푸스 등과 같은 다른 전염병들과 결합하여 활동했을 것이다. 결과적으로 질병은 악기상과 결핍이 만연했던 시기에 그 경제적 파급력에 비해서 인구에 훨씬 커다란 영향을 미쳤다. 아마도 바로 여기에 기후변화가 당대의 사회에 끼친 가장 중대하면서도 현저히 드러나지 않던 영향이 있다. 기후, 질병, 사회 사이에 전개된 이와 같이 복합적인 상호 작용은 대전환의 핵심적인 특징이었다.

2) 하락하던 인구 추세

흑사병이 일회성 사건이었다면, 그 직접적인 사회-생태적 영향은 한두 세대 이상 지속되지 않았을 것이다. 그 대신에 이 최대의 죽음의 위기에서 살아남은 생존자들에게 극적으로 개선된 경제적 기회가 주어졌을 것이므로 인구는 맬서스가 예견했던 방식대로 대체로 회복되었을 것이다. 징벌적인 새로운 노동 관련 입법에도 불구하고 노동은 이제 상대적으로 더욱 희소하고 비싸져서 더 나은 보상을 받았고(그림 4.11과 4.14), 그와 대조적으로 자본과 토지는 이제 더욱 구하기 쉽고 저렴해졌다.[59] 첫 번째 페스트가 발병해 수많은 사람들을 죽음으로 휩쓸고 지나간 후 잠시 자취를 감추자 즉각적인 인구 회복이 장려되었다.[60] 비라방이 유럽의 연대기들에서 흑사병에 대한 언급을 모두 수집해 조사한 결과, 1353-56년 동안에는 발병한 사례가 전혀 기록되지 않아 사실상 공백이었다(그림 4.13). 외관상 위험이 지나간 듯이 보이자, 최초이자 최대로 치명적이었던 페스트에서 정신적 외상을 입은 생존자들은 그들의 가족을 재건하기 시작했다.

놀라울 것도 없지만, 너무나 많은 남자들의 갑작스런 사망을 대체하려다 보니 혼인이 성황을 이루는 결과가 벌어졌다.[61] 부르고뉴의 지브리에서는 1336-41년 사이 매년 11-29건의 혼인이 성사되었는데, 흑사병이 발생한 1348년에는 혼인 기록이 없었지만, 그 이듬해인 1349년에는 86건, 1350년에는 33건의 결혼식이 거행되었다.[62] 남부 잉글랜드의 윈체스터 주교구와 미들랜드 서부의 헤일소언 수도원 영지에서는 흑사병으로 기본 인구가 현저히 감소했음에도 불구하고, 흑사병이 지나간 직후 결혼을 승인받기 위해 지불한 비용이 두 배로 증가했다.[63] 링컨셔의 스폴딩 수도원에 속한 5개 장원에 딸린 소택지에서는 1350년에 흑사병 발생하기 전 한 해 평균의 3배나 많은 혼인세merchet가 납부되었다.[64] 인구는 40-50% 감소했지만, 적어도 단기적으로는 혼인율이 2-3배 치솟았으며, 기록으로 확인할 수는 없지만 출생의 급증이 이내 뒤따랐을 것으로 예상된다.

그렇지만 이와 같이 행복한 인구통계적 상황은 지속되지 않았다. 그 이유는 첫 페스트가 발병하고 나서 12년 이내에 다시 페스트 유행이 유럽 전역을 휩쓸었으며, 흑사병 직후 태어난 많은 새로운 아이들 중에서 희생자가 두드러지게 발생했기 때문이다. 역병이 발병할 때마다 사망자는 급증하여 인구 규모를 축소시켰으며, 영유아 사망의 증가로 인해 인구의 재생산 능력이 약화되었다. 결과적으로 남성 대체율은 완전한 세대교체를 보장하는 데 필요한 수준 이하로 떨어졌다.[65] 이와 같은 인구의 감소 추세는 거의 모든 곳에서 최소 4세대 동안 연속되었으며 15세기 후반 단속적인 회복이 시작되기 전까지 멈추지 않았다. 뒷받침할 실증적인 증거는 거의 없지만, 여성들이 임금 소득을 올릴 수 있는 새로운 기회에 반응할 수 있었으며, 그로 인해 결혼이 늦어져서 출산율도 낮아졌으리라는 유력한 추론이 있다.[66] 더불어 촌락에서 도시로의 이주는 사망자가 적었던 지역에서 사망자가 많았던 지역으로 인구를 재분배했고, 인구 유입 지역과 유출 지역에서 성별 및 연령 구조를 바꾸어 놓았을 것이다. 에식스의 하이 이스터, 그레이트 월섬, 마거릿 로딩, 채섬홀 등의 잉글랜드 장원에서 성인 남성 수가 한 세기에 걸쳐 감소에 접어들면서 인구 회복 전망이 마침내 사라진 것은 1370년대였다.[67] 소작인 수가 거의 모든 곳에서 감소했고, 노동 공급의 축소로 1일 명목임금률은 다시 상승하여 1375년경에 흑사병 직전 수준의 두 배 이상이 되었다.[68]

흑사병 이후 주민들의 의식주 모두가 점차 향상되었지만, 그것으로는 좀 더 길고 좀 더 혹독한 겨울, 더욱 서늘한 여름, 그리고 가중된 전염병에 대한 부담 등이 건강에 미친 부정적인 영향을 극복하기에 충분하지 않았다.[69] 질병이 지배하는 새로운 인구통계적 환경에서 잉글랜드 국왕직속봉신의 기록은 가장 유리한 사회경제적 집단조차도 세대 간 교체를 유지할 수 있는 능력을 상실했음을 보여 준다(그림 5.6). 이들 사회적 엘리트의 남성 대체율은 흑사병 이후 4세대 동안 연속해서 음수를 유지했으며, 그다음 세대에 이르러서는 양수와 음수를 오갔다. 15세기 4/4분기가 되어서야 비로소 아들의 수가 아버지의 수보다 많아지게 되었다. 대략 그 무렵에 이르러 등록상인 채권자의 사망률도 감소했다(그림 5.6).[70] 이처럼 한 세기 이상에 걸쳐 음의 대체율을 보였기 때문에 독립적으로 재구성된 잉글랜드, 토스카나 그리고 유럽의 인구 추세는 대체로 유사한 하향세를 나타낸다(그림 5.7).

잉글랜드에서 인구 증가가 뒤늦게 재개되었을 때, 이 과정의 시동을 걸고 주도한 것은 경제적으로 팽창하고 있던 북서부, 미들랜드 서부 그리고 남서부 농촌 인구의 우월한 건강과 역동성이었다.[71] 인구 회복은 느리고 단속적으로 시작되었으나 16세기 2/4분기에 이르러 가속되었으며, 인구는 다시 한번 왕성하게 증가했다. 페스트는 여전히 재유행했으나, 이와 같은 추세를 멎게 할 수 있는 힘을 상실했다. 17세기 말에서 18세기 초 페스트는 마침내 소멸했다. 이 역병은 대체로 스스로 사라지면서 아일랜드, 브리튼섬, 유럽의 북서부 및 남부에서는 연이어 물러났지만, 러시아와 오

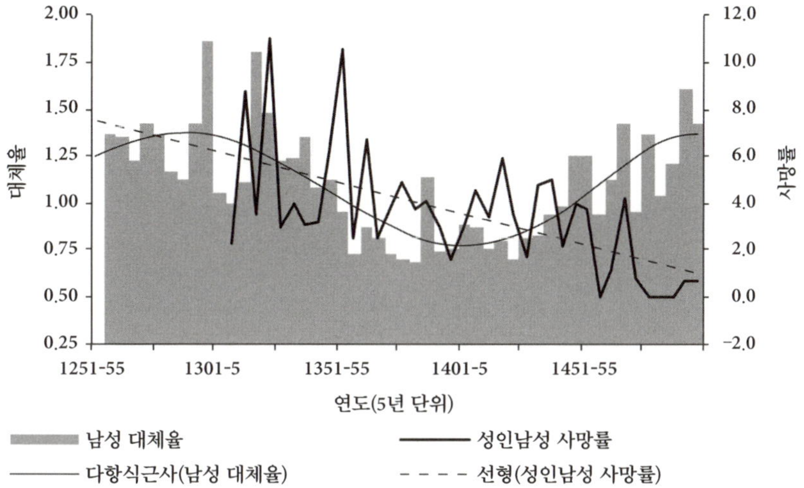

그림 5.6 | 잉글랜드 국왕직속봉신과 채권자의 5년 단위 성인 남성 대체율과 사망률, 1256-1500년

출처: Hollingsworth(1969), 378-9; Nightingale(2005), 53.

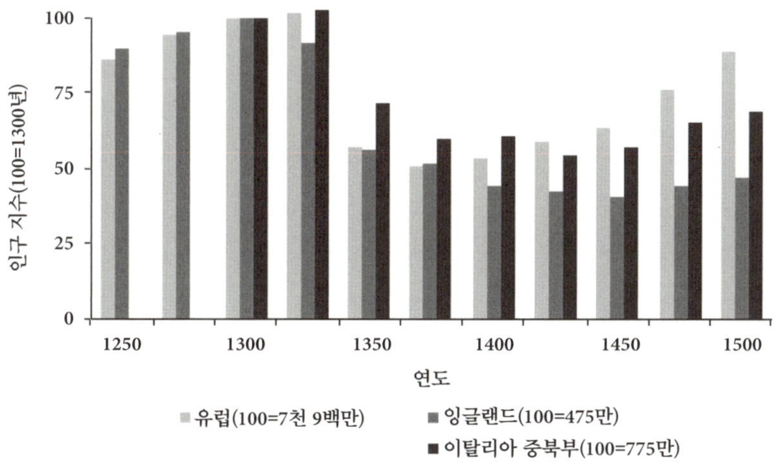

그림 5.7 | 유럽, 잉글랜드, 이탈리아(중북부)의 인구 추세, 1250-1500년

출처: 유럽 - McEvedy and Jones(1978), 19. 잉글랜드 - Broadberry and others(2015), 20, 227-33. 이탈리아(중북부) - Malanima(연도미상).

스만 제국에서는 좀 더 오래 머물렀다.[72] 결국 페스트균은 다시 아시아 서부 및 중앙 내륙의 고대 동물풍토병 병원소 지역으로 거의 제한되었다. 페스트는 이곳에서 출현하여 1300년 전후 수십 년에 걸쳐 치명적인 결과를 낳았고, 이후 수 세기 동안 생태적 조건이 동물유행병에서 동물대역병으로 새로이 확대될 때마다 간헐적으로 다시 나타나곤 했다.[73]

4. 경제와 상업의 수축

1) 국민소득 축소와 상대적 단가 및 상품 가격의 변화

흑사병 이전에 경제적 산출이 증가했는지(에스파냐), 변동을 겪었는지(잉글랜드), 아니면 감소하고 있었는지(이탈리아) 여부와 무관하게, 페스트가 노동의 공급과 상품 및 서비스에 대한 수요에 가한 동시적 충격으로 경제 활동은 즉각적일 뿐 아니라 지속적으로 수축했다. 1340년대와 1370년대 사이에 시가를 기준으로 실질 국내총생산은 에스파냐에서 26%, 잉글랜드에서 35%, 이탈리아에서 35-40% 감소했으며, 1500년에 이르기까지 이 세 국가 모두에서 흑사병 직전과 비교하여 15-35% 감소했다(그림 5.8A). 흑사병 자체가 이탈리아에서는 1/5, 잉글랜드에서는 1/3의 국내총생산을 사라지게 만들었다. 후속 페스트들의 연이은 유행에 의한 사망으로 국내총생산이 추가로 축소되어 페스트가 돌던 1374/5년에는 최저 수준에 도달했다. 이탈리아에서는 국내총생산이 더 이상 하락하지 않았지만, 잉글랜드에서는 극심한 단기 침체의 절정이었던 1441년에 최저점에 도달했다(그림 5.8A). 이것은 악기상이 곡물, 양모, 포도주의 생산을 침체에 빠뜨리면서 이탈리아와 홀란드 모두에 영향을 미쳤기 때문이었다.[74] 국내총생산의 연간 성장률은 14세기의 3/4분기를 지배했던 경제적 급락과 그 후 기후가 온화했으며 한동안 페스트의 위세도 누그러졌던 4/4분기의 완만한 회복을 확연하게 나타낸다(그림 5.2, 5.5, 5.8B). 이 시기에는 위기 이후 맬

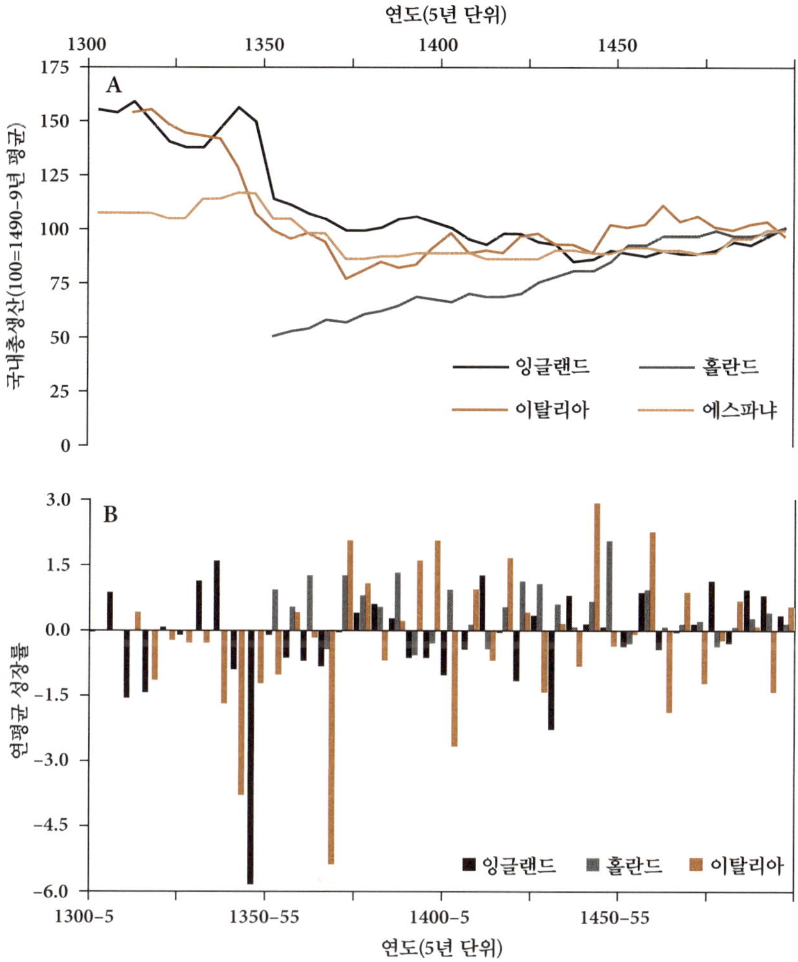

그림 5.8 | (A) **이탈리아, 에스파냐, 잉글랜드, 홀란드의 당시 가격에 따른 실질 국내총생산, 1300-1500년.** (B) **이탈리아, 잉글랜드, 홀란드의 5년 단위 국내총생산 성장률, 1300-1500년**

출처 및 주: 이탈리아 - Malanima(2011), 205-9. 에스파냐 - Leandro Prados de la Escosura 제공 자료. 잉글랜드 - Broadberry and others(2015), 227-33. 홀란드 - Bas van Leeuwen 제공 자료. 이탈리아, 잉글랜드, 홀란드 국내총생산 추세는 3년 단위로 이중 평활화. 에스파냐의 국내총생산 추세는 10년 평균.

서스식 경제 회복의 씨앗들이 있었지만 발아시키는 데는 실패했고, 15세기 초에 흉작, 페스트의 재발(그림 5.5), 금은 공급의 극단적인 결핍(그림 5.11) 등으로 인해 성장률이 또다시 음의 값으로 전환되었다.[75] 이후 15세기 4/4분기까지 국내총생산 성장률은 국민소득의 상승과 하락에 따라 양과 음 사이를 오르내렸지만, 지속적인 성장의 추세는 보이지 않았다. 흑사병 이후 새로운 경제적 균형이 확립되었으며, 작은 나라인 홀란드의 경제만이 그로부터 벗어날 조짐을 보였다(그림 5.8A와 B).[76]

노동력이 희소해지고, 1인당 토지와 자본이 더욱 풍부해짐에 따라서 토지·노동·자본의 상대적 가치에 대한 대대적인 조정은 경제 활동의 규모 축소를 동반했다. 잉글랜드에서 흑사병 이후 노동자의 정당한 요구를 억제하려고 최선의 노력을 기울였음에도 불구하고 남성 노동자들이 강화된 교섭력을 활용하여 고용주들 사이에서 어부지리로 명목임금을 급등시킨 점은 이미 주목을 받았다.[77] 1370년대 후반부터 식품 가격 하락으로 1일 실질임금률은 계속 상승했고, 그로 인해 1440년대에 건설 노동자와 농업 노동자에게 지급된 1일 임금은 1340년대에 비해 2.5배의 구매력을 갖게 되었다(그림 5.10A). 그 후 임금률은 15세기가 거의 끝날 무렵까지 이와 같이 역사적으로 높은 수준에서 변동을 보이다가 다시 서서히 하락하기 시작했다(그림 5.9A).[78] 이 오랜 기간 내내 노동자들은 고용주에 대해 임금 교섭력을 지니고 있었으며, 특히 농업 노동의 수요가 절정에 달했던 늦여름 수확기에 일손이 절실하여 큰 이익을 얻었다. 제인 험프리스Jane Humphries와 야콥 바이스도르프Jacob Weisdorf가 근래에 고정직 여성 노동자와 임시직 여성 노동자에게 지급된 임금 사이의 현저한 차이를 확인했듯이, 당시 임시직 노동자에게 지급된 1일 임금은 법령에 따라 연간 계약에 의해 고용된 장원 노동자보다 훨씬 높았다.[79]

비숙련 노동력은 숙련 노동력에 비해 그 수가 훨씬 많이 줄었기 때문에, 건설 노동자의 경우 이제 수공업자 장인의 절반 수준이 아니라 2/3에 해당하는 임금을 받았다.[80] 피렌체의 건설 노동자도 유사한 정도로 임금이 상승되었고, 1420년대 무렵에는 실질적으로 런던과 옥스퍼드의 동일 직종 노동자에 비해 1일 실질임금이 근소하지만 조금 더 인상되었다.[81] 실제로 15세기 중반은 유럽 전역에서 도시의 건설 노동자들에게 좋은 시절이었으며, 대부분의 노동자들이 다시 그와 같이 후한 임금을 받기까지는 적어도 4세기가 더 경과되어야 했다(그림 5.9A).[82] 이처럼 높은 임금률은 상대적으로 인구가 부족한 시대에 노동이 생산요소로서 증가한 수익을 차지했기에 유지되었고, 노동자들이 자신과 가족의 생계 유지를 충족시키기 위해 일해야 하는 노동 일수가 축소되면서 강화되었다.[83] 그러므로 노동 공급의 축소는 일할 수 있는 노동자 수의 축소보다 더욱 컸다.[84]

한편 상대적으로 공급이 증가한 토지의 가치는 하락했다. 하락을 추적하는 일은 거의 시도되지 않았으며, 이용된 사료의 속성을 감안할 때 이는 도무지 단순한 일이 아니다.[85] 그럼에도 불구하고 클라크는 잉글랜드, 플랑드르, 독일, 이탈리아에서 농지 수익률을 얻기 위한 자료들을 수집했다. 이를 종합하면, 그는 14세기 전반 수익률이 7.3-12.9%에서 15세기 후반에는 5.4-7.6%로 약 1/3 감소했다고 지적한다(그림 5.9B).[86] 독일 그리고 특히 이탈리아에서는 흑사병 이후 농지에서 얻는 수익이 현저히 감소했던 것으로 보인다. 잉글랜드에서는 농지 수익의 변화가 뚜렷하지 않지만, 마크 베일리Mark Bailey는 1340년대와 1360년대 사이에 미들랜드 동부와 이스트앵글리아에 있던 6개 장원의 관습 보유지 가치가 35% 하락한 것을 확인했다.[87] 자유 보유지와 관습 보유지 시장에 대한 연구에서도 마찬가지로 토지 공급이 크게 증가한 것으로 나타났다.[88] 흑사병 발생 전에는 개별 구획의 토지거래가 시장에서 지배적이었지만, 한 세기 후에는 점차 여러 구획들, 그리고 종종 보유지 전체를 거래했다.[89] 토지시장은 신용시장과 밀접하게 연관되어 있기 때문에 토지시장에서의 이와 같은 성격 변화는 자본의 가치가 하락한 것을 반영했다.

이자율에 대한 선구적인 연구는 클라크에 의해 시도되었다. 그는 잉글랜드에서 14세기 동안 이자율이 대략 절반까지 하락함에 따른 자본수

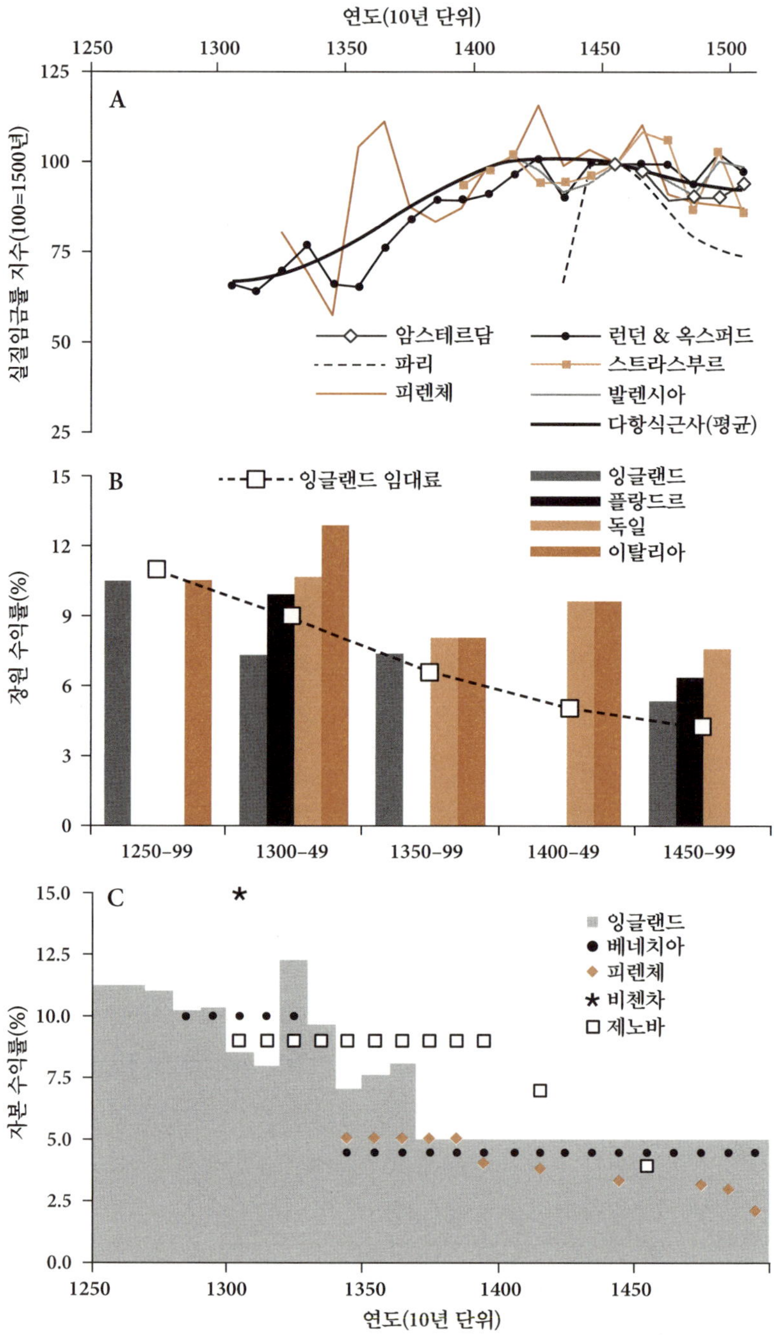
연도(10년 단위)
A
실질임금률 지수(100=1500년)
암스테르담
런던 & 옥스퍼드
파리
스트라스부르
피렌체
발렌시아
다항식근사(평균)
B
장원 수익률(%)
잉글랜드 임대료
잉글랜드
플랑드르
독일
이탈리아
1250–99
1300–49
1350–99
1400–49
1450–99
C
자본 수익률(%)
잉글랜드
베네치아
피렌체
비첸차
제노바
연도(10년 단위)

익률의 현저한 감소를 도표로 나타냈다(그림 5.9C).[90] 이자율은 1370년대에 낮아진 상태에서 고정되었고, 이는 중세의 나머지 기간 동안 지배적이었다. 엡스타인이 자신의 저서에서 서술했듯이 이러한 추세는 피렌체, 제노바, 베네치아, 비첸차 등 이탈리아 도시 공화국들이 장기 공공부채에 지불하는 명목이자율의 하락과 병행했다(그림 5.9C).[91] 14세기가 시작할 무렵 가장 큰 두 공화국 제노바와 베네치아는 각각 6-12%와 8-12%의 이자율을 지불하고 있었지만, 15세기 중반에 이 이자율은 4-5%로 떨어졌다.[92] 피렌체의 이자율은 다시 1/3이 낮아졌지만, 정교한 은행 부문의 지원 덕분에 15세기의 마지막 시기에 이자율의 하락을 3% 미만으로 유지할 수 있었다.[93] 자본 비용의 이와 같은 감소는 흑사병 이전에 시작되었고, 그 이후에도 15세기 초 새로이 낮추어진 균형 상태가 확립될 때까지 계속되었다. 이러한 이자율 하락의 원인이 무엇인지는 여전히 모호하지만, 이는 자본 투자를 훨씬 저렴하게 만드는 뚜렷한 효과가 있었다.[94] 물레, 수평 직기, 축융기, 기모기起毛機, gig mill, 기계화된 대장간, 용광로, 인쇄기, 돛대 세 개의 범선three-masted ship 등과 같이 노동력을 절약하는 기술에 대한 투자는 노동력이 비싸지고 있던 시기에 실질적인 이득이 되었다.[95] 혹독한 겨울 날씨는 또한 저장 시설과 인간 및 가축을 위한 개선된 거주 시설에 대한 투자 확대를 필요하게 했다.

한편 상대적 생산요소 단가에서의 이와 같은 변화는 노동집약적 상품이 상대적으로 더욱 비싸지고, 토지집약적·자본집약적 상품이 더욱 저렴해지면서 상대적인 상품 가격의 변화를 촉진했다. 대체적으로 인간이 손으로 도구를 작동시키던 기계화 이전 시대에 이는 공산물 가격이 농산

그림 5.9 | **(A) 유럽 일부 도시 건설 노동자의 1일 실질임금, 1300년대-1490년대. (B) 잉글랜드의 임대료 및 잉글랜드, 플랑드르, 독일, 이탈리아의 장원 수익률, 1250-99년에서 1450-99년. (C) 잉글랜드의 자본 수익과 이탈리아 도시 공화국이 지불한 공채에 대한 명목 이자율, 1250년대-1490년대**

출처 및 주: (A) Allen(2001). (B) Clark(2005), 34-5. (C) Clark(2010); Epstein(2000a), 20.

물 가격에 비해 상승하는 경향을 갖게 되었음을 의미했다. 그림 5.10A에서 볼 수 있듯이, 잉글랜드의 상대 가격은 흑사병 이전에 이미 양모 직물 산업이 회복하기 시작하면서 제조업 제품을 선호했고, 1350년대부터 인구가 줄어 일일 실질임금이 상승하면서 공산물을 선호하는 경향은 더욱 강해졌다. 이상할 것도 없지만, 공산물과 농산물 가격 사이의 격차는 인구 수준이 가장 낮고 1일 실질임금률이 가장 높았던 1440년대에 가장 컸다(그림 5.10A). 이러한 변화는 이 두 부문 간의 교역 조건에서 두 가지 상쇄 효과를 일으켰다. 한편으로 그것은 식량, 특히 양조용 곡물과 온갖 축산물 등 가장 토지집약적인 생산품의 소비 증가를 조장했다.[96] 다른 한편으로 높은 상품 가격은 제조업 생산의 확대와 농업에서 제조업으로의 노동력 이동을 촉진했다. 이미 1381년경에 잉글랜드에서 남성 15%, 여성 28%, 전체적으로 노동력의 19%가 제조업에 고용되어 있었다.[97]

고임금 시대에 상대적으로 노동력이 저렴한 산업 구역은 실질적인 비교 우위를 누렸다. 그로 인해 제조업은 값비싸고 잘 조직된 도시의 노동시장을 포기하고, 시간제로 일하거나 길드의 통제를 받지 않는 훨씬 값싼 농촌 노동력에 의존하는 경향이 있었다. 제조업의 시간제 고용이 목축 및 삼림 경제와 결합하기 용이했기 때문에 축산업과 혼합농경이 이뤄지는 지역이나 삼림 지역은 특히 이와 같은 발전을 잘 수용했다.[98] 이 지역들은 또한 유용한 원자재, 특히 수지, 가죽, 나무껍질, 숯, 그리고 드물지 않게 광물도 공급했다. 축융기, 기모기, 대장간, 용광로의 가동에 수력을 이용하는 것은 이 지역들 중 언덕이 많고 경작이 어려운 지역에 추가적인 지리적 이점을 제공했으며, 특히 수력을 이용할 수 있는 부지에서 곡식 제분이 우선적으로 이루어지던 관행이 크게 완화되었다.[99] 이는 왜 15세기에 오랜 전통을 지닌 도시 제조업이 활기를 잃거나 쇠퇴했고, 많은 촌락에서 의류 제작과 금속 가공이 뿌리를 내리게 되었는지를 설명해 준다.[100] 직물 생산이 웨스트라이딩에서 증가하고 요크에서 소멸한 것은 이와 같은 추세를 잘 보여 주는 대표적인 사례 중 하나이다.[101] 흑사병 이후 잉글랜드 농

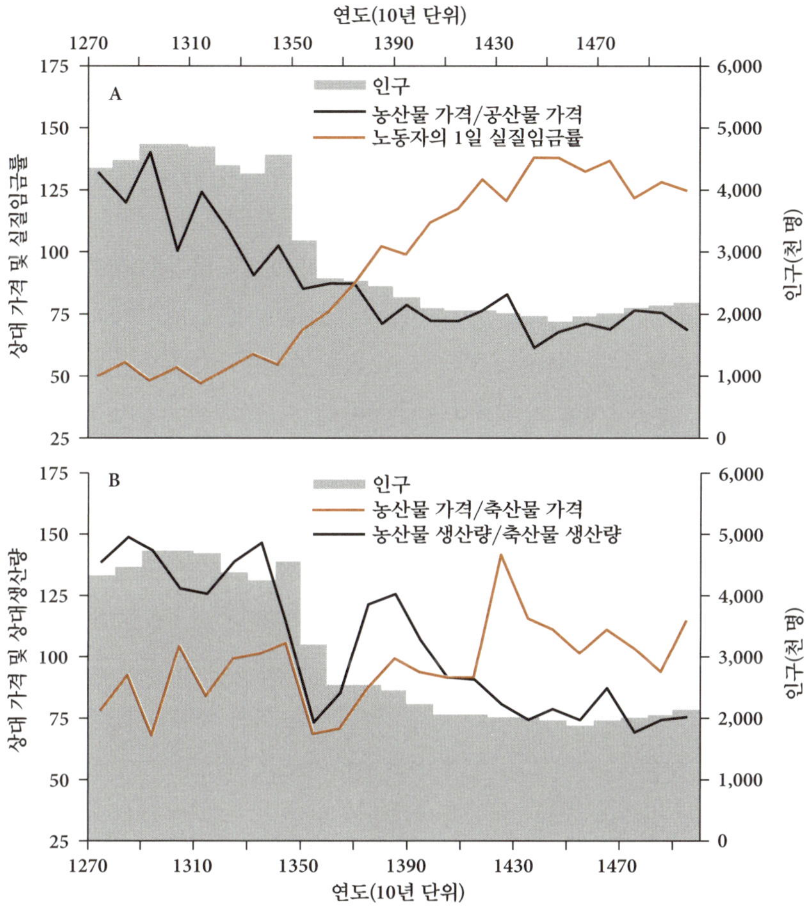

그림 5.10 | **(A) 잉글랜드: 농산물과 공산물의 상대 가격, 남성 노동자의 1일 실질임금 지수와 총인구, 1270-1490년. (B) 잉글랜드: 축산물에 대한 농산물 가격 비율과 축산물 생산량에 대한 농산물 생산량 비율 및 총인구, 1270-1490년**

출처 및 주: 상대 가격과 생산량 및 총인구 – Broadberry and others(2015), 189–94, 227–33; Bas van Leeuwen 제공 자료. 임금률(건설 및 농장 노동자 결합) – Clark(2007b); Munro(연도미상)의 소비재 품목 이용한 Munro(연도미상). 상대 가격, 생산량, 임금률은 1300년대–1490년대 각각의 평균에 대해 지수화.

촌에서 양모 직물업의 부상은 1350년대에 연평균 31,500부대에서 1390년대에 17,700부대, 1450년에 7,400부대로 원모 수출이 점진적으로 줄어드는 데 영향을 미쳤으며(그림 5.12B), 양 관리 방식의 변화와 악화된 기상 조건으로 양털 무게가 감소하여 양모 생산과 수출이 압박을 받고 있던 상황도 또 다른 요인으로 작용했다.[102]

주요 농업 부문 내에서 농산물과 축산물 가격의 변화가 동시에 일어났고, 결과적으로 농산물과 축산물 생산량 사이에 균형이 맞춰졌다(그림 5.10B). 흑사병 이후 더욱 저렴해진 토지와 더욱 비싸진 노동력으로 인해 농업 생산에 비해 노동력이 훨씬 덜 필요한 목축업과 축산업에 유리하도록 가격이 점차 변동을 겪었다. 1350년대와 1360년대의 흉작은 이와 같은 추세에 역행했지만, 1380년대와 1390년대의 풍작은 이를 강화했다.[103] 상대 가격은 1420년대에 결정적으로 축산물에 유리하도록 기울었으며, 이후 15세기 후반까지 일관되게 그 상태를 유지했다(그림 5.10B). 이 긴 기간 내내 이어진 수요 부진, 낮은 가격, 높은 임금 비용은 농업 생산을 위축시켰다. 14세기가 시작될 무렵에는 상황이 그와 달랐다. 인구가 최대치였고 농작물 수요가 사상 최고치를 기록하면서 농산물 생산량이 축산물 생산량을 큰 폭으로 초과했다(그림 5.10B).[104] 1340년대에 흑사병과 동반된 연이은 흉작으로 인해 상황은 급변했다.[105] 뒤이은 초서 태양극대기(그림 5.1) 동안의 풍작은 단기적으로 경작이 유리해지도록 바꾸어 놓았으나(그림 5.5), 14세기 말부터 상대 가격과 생산비가 마침내 곡물 생산보다 축산업에 유리하도록 균형이 다시 기울었다(그림 5.10B). 토지 이용, 농업 노동생산성 그리고 식단 구성에 미친 영향과 더불어 이와 같은 생산의 변화 역시 대전환의 일면이었다.

2) 토지 이용 대체와 농촌 인구의 재편

15세기에 지배적이었던 경제적·환경적 조건에서는 한계 토지를 더 이상 농업 용지로 이용하지 않고, 가장 경작하기 어렵고 다루기도 힘든 토양을 영구 목초지로 전환하는 것이 합리적이었다. 스푀러 태양극소기가 진전됨에 따라 여름은 좀 더 서늘해지고 겨울은 좀 더 추워지면서 많은 농부에게 곡물보다 목초가 더 나은 선택이었으며, 고지대에서는 경작의 고도한

계가 낮아졌다.[106] 토지가 경작지로 사용되지 않는 곳은 일반적으로 삼림으로 바뀌었으며, 페스트 이후 시기에는 이미 삼림의 확장에 대해 관심이 집중되었다.[107] 경작이 계속되는 곳에서는 대체로 농업 거주지의 규모가 축소되었고, 그다지 성과를 내지 못한 경우에는 농장 하나로 대폭 쪼그라들기도 했다. 이런 일은 특히 지주들이 남아 있는 소작인들을 쫓아내고 그들을 양으로 대체함으로써 훨씬 큰 이익을 얻을 수 있다는 사실을 알게 되었을 때 발생했다.[108] 대규모 목축 경영체제의 개시는 당시 진행되고 있던 농경 방식의 전반적인 재편의 일부였는데, 이는 토지집약적 농경체제가 성장하고 노동집약적 농경체제가 쇠퇴한 결과였다.[109] 도시 인구가 줄어들고, 식량 공급의 배후지가 축소됨에 따라 전문화, 투자, 혁신에 대한 유인은 약화되었으며, 대부분의 경작 지역은 낮아진 지대로 인해 저수익, 토지집약적 생산체제가 고착되었다.[110]

한편, 인구 감소 추세가 지배적이던 상황에서 '사후에' 그리고 '생존자 사이에' 토지거래의 누적 효과로 인해 이제 파편화된 토지들이 합병되었고, 보유지가 집중되는 방향으로 장원과 경작지에서 광범위한 구조적 변화가 진행되었다.[111] 이 변화는 이전 개방 경작지 중 상당 부분이 차례차례 울타리로 둘러쳐지는 결과, 즉 인클로저로 이어졌다.[112] 영주들이 토지에 대한 엄격한 보유권 통제를 완화함에 따라 일부 소작인 가족은 조금씩 토지를 추가로 취득하여 성공적으로 요먼yeoman• 규모의 보유지를 형성했다.[113] 한편, 농노제는 점차 사라졌다. 농노의 토지보유권은 예속성의 오명으로부터 자유로운 등본보유권으로 변형되었고, 이전 영주직영지는 정기fixed-term 차지권으로 전환되었으며, 임대 수익을 위한 전대차는 더 이상 가능하지 않았다.[114] 그와 동시에 사람들이 생계를 위해 시장 교환에 참여해야 할 필요성이 줄어들었고, 점차 많은 공급자들은 실용적으로 가계들이 소비하려는 상품을 선택해 생산했다. 한편 화폐 재고의 감소는 또한 농촌

• 영국에서 14-15세기에 출현한 독립 자영농.

생산자로 하여금 비화폐적 형태의 교환에 의존하게 만들었고, 농업의 완전한 상업화를 제약하는 요인으로 작용했다.[115]

잉글랜드에서는 이와 같은 발전으로 인해 전반적으로 척박한 환경의 변경 지역이 버려졌으며, 목축업의 확대로 소작인이 쫓겨나거나 보유지를 박탈당했고, 일부 소작인의 토지 독점으로 토지 보유의 가능성이 줄어들었다. 소작인들은 관대한 조건으로 보유권을 제공하는 장원으로 몰려들었고, 종종 목축의 특성이 두드러지고 영주권이 약한 지역들에서 산업 구역들이 성장하고 번성하는 과정을 통해 농촌 인구의 근본적인 재분배가 이루어졌다.[116] 잉글랜드의 재편된 인구 지리는 농촌 사회에서 경제 활동 규모가 크게 축소되고, 생산요소 및 상품의 가격이 변화되는 새로운 경제적·환경적 상황에 적응하면서 누적된 조정을 반영했다. 유럽 전역에 걸쳐 농촌 사회들은 유사한 도전에 직면했지만, 그에 대한 각각의 대응의 정확한 성격은 지배적인 재산권의 성격과 보유권을 둘러싼 영주와 소작인 사이의 힘의 균형에 의해 결정되었다.[117]

3) 도시의 침체와 상업 불황

흑사병으로 인한 경제 생산의 25-40% 축소(그림 5.8A)는 도시 및 상업 부문에 과도한 생산력을 방치하는 결과를 초래했다. 12, 13세기의 상업혁명 동안 낙관적인 전망하에서 설립된 많은 시장, 정기시, 자치도시들은 치명적인 손실과 기능의 저하를 겪었다.[118] 경기 위축이 고착화되고 제조업이 대도시를 떠나 소도시와 촌락의 저렴한 지역으로 이전함에 따라 많은 소도시에서 경제 기반이 빠듯해졌고, 문제들은 배가되었다.[119] 도시민들은 또한 촌락 주민들보다 잠재적으로 치명적인 감염병에 더 많이 노출되었던 것으로 보인다. 결과적으로 많은 도시는 인구 유입에 의해서만 인구를 대체하는 데 성공했다.[120] 드문 사례를 제외하면, 도시들 대부분은 1450년에 1300년에 비해 훨씬 작아졌으며, 유럽 도시 인구를 모두 합하면 300만 명이나 감소했다.[121] 1인당 소비량이 훨씬 많아졌더라도 거의 모든 것이 가까운 배후지에서 공급될 수 있었다.

그러므로 도시가 유럽 인구의 약 10-11%의 몫을 유지할 수 있던 것은 상당한 성과였다.[122] 북부 저지대 국가들과 포르투갈의 성공적인 해양경제 그리고 비철금속 채굴 및 재편된 알프스 횡단 무역로가 번영의 원천이었던 남부 독일을 제외하면, 유럽의 도시화 과정은 사실상 중단되었다.[123] 12세기와 13세기 초 상업혁명의 전성기 동안 도시화에 박차를 가하던 강력한 스미스식 역동성이 사라진 이후 대대적인 도시 성장을 추진할 동력은 거의 없었다. 그 대신에 수요가 감퇴하고, 시장이 축소되면서 도시들은 적자생존을 위해서 서로 경쟁했다. 밀라노, 안트베르펜, 제네바, 뉘른베르크, 리스본 등과 같이 새로운 상업적 틈새를 확보할 수 있던 도시는 잘 버티면서 성장했지만, 대체로 '성공'이란 쇠퇴를 면하는 것을 의미했다. 런던은 대부분의 다른 선도적인 잉글랜드 도시들에 비해 역량이 월등해서 거의 제자리를 지켰지만, 그것은 요크와 같이 한때 번영했던 지방 중심지의 희생을 바탕으로 왕국의 무역과 상업에서 더 커다란 몫을 차지함으로써 가능했다(그림 5.12B).[124] 그럼에도 불구하고 수도의 중심 상업지구인 칩사이드 구역 부동산의 실질적인 임대 가치는 15세기 말에 세기 초에 비하여 약간 낮았다.[125] 중세 후기 가장 성공적인 잉글랜드 도시들은 항상 규모가 작았으며, 도시의 활력은 도시 내부와 배후지역에서의 제조업 확장에 기반했다.[126] 그러나 유럽 상업의 성장이 다시 점화될 수 있을 때까지 다른 유럽 국가와 마찬가지로 잉글랜드의 도시 부문은 전체적으로 제자리걸음을 하고 있었다.[127]

15세기 대부분 동안 유럽 상업은 서로가 서로를 보강해 주는 네 가지 문제로 인해 억제되었다. 첫째, 국내 수요가 실질적으로는 정체 상태였다. 1인당 소득은 더 나아졌을지 모르겠으나 인구는 적어도 15세기 3/4분기까지 계속 줄어들었으므로, 총수요가 확대되지 않았다(그림 5.7). 거의 15세기 말까지 이탈리아, 에스파냐, 잉글랜드의 국내총생산은 특정한 추세를 보이지 않는 상태를 유지했다(그림 5.8A). 높아진 1일 실질임금률은 확실히 노동자들이 자신들이 좋아하는 것을 즐기고, 더 많은 사치스런 소비재 품목을 구입할 수 있게 해주었지만, 일단 이와 같은 요구가 충족되면 노동자들은 더욱 근면하게 일해 재화를 획득하기보다는 더 적게 일하며 많은 여가를 선택했던 것으로 보인다.[128] 그들의 증가한 1인당 수요는 집중되기보다는 분산되었으며, 식품, 음료, 연료, 건축자재, 직물과 가죽, 금속 제품과 도자기를 생산하는 농촌 생산자가 서비스와 제조업 상품의 도시 공급업자보다 훨씬 더 큰 혜택을 받았다. 이것이 그들의 생활 수준이 개선되었어도 성장을 촉진하는 소비 혁명이 일어나지 않았던 이유다. 둘째, 전쟁, 해적질 그리고 지중해 내에서의 노예 약탈이 모두 고질화되어 국제무역은 높은 거래 비용에 의해 발목이 잡혔다.[129] 이와 같은 여러 위협에 대응하기 위하여 베네치아와 제노바의 해상 무역은 중무장한 갤리선의 호위에 의존했으며, 북해 지역에서는 한자동맹이 소속 구성원들을 보호했다. 셋째, 아라비아해를 가로지르던 동서 노선이 이집트 맘루크가 독점적으로 통제하는 단일 항로로 좁혀졌다. 기독교인 베네치아와 무슬림 이집트 사이의 신성하지 않은 동맹이 이 항로를 계속 개방해 놓았기에 유럽 엘리트들은 그들이 갈망하던 인도 향신료와 동양의 비단 및 도자기를 공급받았다. 하지만 그들은 통행료, 무슬림 중개인에게 유리한 무역의 편향성, 유럽의 반복되는 무역 적자 규모 등으로 인해 거의 파산에 이를 정도의 대가를 치렀다.[130] 넷째, 14세기 말부터 모든 유럽의 교역은 만성적인 금은의 부족으로 어려움을 겪었다.[131]

레반트와의 무역은 시작할 때부터 유럽에 많은 적자를 안겨 주었으며, 대부분 막대한 금과 은을 지불하여 상쇄했다.[132] 12, 13세기 유럽에서 은광 붐이 일었을 동안에는 은 재고량이 늘어나 심각한 재정 문제를 일으키지 않았지만, 14세기 2/4분기부터 광산이 고갈되어 유럽의 은 산출이 줄어들었으며 결국 채굴이 사실상 중단되기에 이르면서 상황이 바뀌었다.[133] 그 후 주화의 마모, 수많은 성지순례자의 지출 등의 영향으로 이러한 무역 적자는 더욱 악화되었고, 재주조에 이용할 수 있는 은의 재고가 점차 고갈되어 점점 더 많은 유럽 주조소들이 문을 닫았다. 은의 기근은 피할 수가 없었다. 유럽의 고도로 상업화되고 화폐 유통에 기반한 경제에서 은 결핍으로 인해 시장거래에서 여전히 큰 비중을 차지하고 있던 경화가 절대적으로 부족해졌다(그림 5.11A와 B). 문제는 1390년경에서 1410년경, 그리고 다시 1435년경에서 1470년경 사이에 특히 심각했으며, "은 기근으로 인한 위기는 1457-64년 7년 동안 최악에 이르렀다."[134] 1455년에서 1460년 사이에는 튀르크가 쇠락해 가던 크로아티아 광산을 점령함으로써 상황을 더욱 악화시켰다.[135] 상업은 심한 압박을 받았다.[136] 필요가 발명의 어머니라는 사실을 증명하듯이, 그와 같은 상황을 완화시키고, 상업의 수레바퀴가 계속 돌아가도록 다양한 재정적·재무적·회계적 방편들이 채택되었다. 하지만 어쩔 도리 없이 상업은 점점 더 큰 마찰을 일으키며 더 느리게 돌아갔다.[137] 주화가 곤궁한 대부분의 경제단위에서는 노동 및 현물 지불에 의존했고 무역은 물물교환에 의존했지만, 이는 다자간의 거래에 손해를 끼쳤다.[138]

적극적인 시굴에도 불구하고 새로운 풍부한 광석 자원은 발견되지 않았고, 절망적인 상황에서 옛 폐광들이 다시 열렸다. 그러나 15세기 말에는 소량으로 채굴되던 은이 증가하는 인구에 의해 단기간 내에 소진되어 1인당 주화 생산량은 실질적으로 정체 상태였다(그림 5.11).[139] 그토록 주화가 부족한 상황이었기에 주화로 지불되는 소규모 거래부터 대도시의 번영이 달려 있던 고가의 해외무역까지 거의 모든 수준에서 무역과 상업이 쇠퇴한 것은 놀랄 만한 일이 아니었다. 이와 같은 상황이 지속되는 동안에도 항상 적정량의 금은 재고는 필요했고 유럽 상업의 침체는 무제한적으로 계속될 수밖에 없었다. 북부 저지대 국가들과 같이 그나마 잘 적응한 경제는 유럽 내 무역에서 더 커다란 지분을 확보할 수 있었고, 무역 수지에서 흑자를 유지했다. 포르투갈의 경우도 1440년대부터 아프리카의 금을 활용해 이와 같은 추세를 거스를 수 있었다.

1347년부터 1375년까지 페스트가 극성을 부리던 시대에는 사망자가

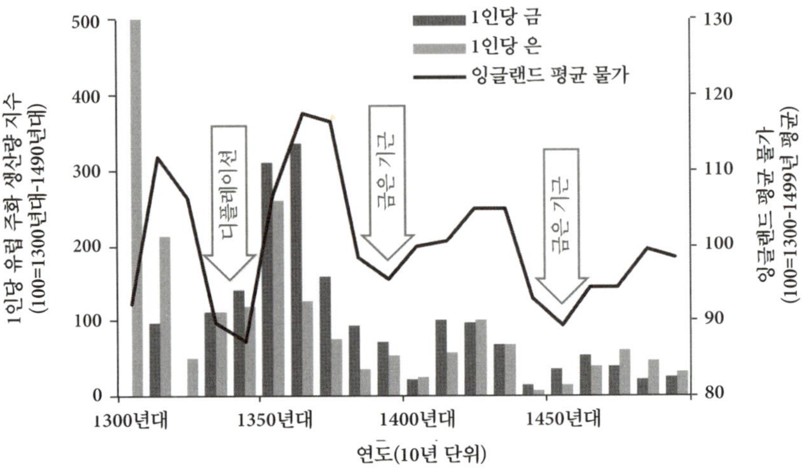

그림 5.11 | 유럽의 1인당 주화 생산량 추정치(1300년대-1490년대) 및 잉글랜드 평균 물가 (11년 이동평균, 1300-1499년)

출처와 주: (A) 주조량 추정 - Spufford(1988), 419. 인구 추정(10년 평균에 삽입) - McEvedy and Jones(1978), 19. (B) 종합 물가 지수 - Broadberry and others(2015), 189-94; Bas van Leeuwen 제공 자료.

나올 때마다 생존자들 사이에 1인당 화폐 공급량이 실질적으로 증가했기 때문에 이와 같은 문제가 거의 부각되지 않았다. 사실상 페스트가 은 채굴 호황을 대신했다. 1인당 은화 생산량은 흑사병 이후인 1350년대에 정점을 찍었으며, 1인당 금화 생산량은 1360년대에 정점을 나타냈다. 하지만 그 이후 금과 은은 모두 신속하게 감소했다(그림 5.11). 흑사병은 또한 급격한 물가 인상을 유발했으며, 잉글랜드에서는 흉작까지 겹쳐 1370년경에 물가가 최고점까지 상승했다(그림 5.11). 그에 고무되어 무역이 다시 반등했다. 잉글랜드 양모 수출은 1350년대 말에 정점을 찍었고, 마침내 직물 수출이 크게 증가하던 1370년대까지 높은 수준을 유지했다(그림 5.12B). 이 시기는 잉글랜드 북부 도시 베벌리, 헐, 요크 등이 번영을 누리던 때였다.[140] 마찬가지로 지중해 서부의 경우, 1360년경 마르세유 항구의 선박 왕래는 흑사병 이전 수준을 유지했고, 제노바의 경우는 1370년대 초에 정점을 나타냈다(그림 5.12A). 한편 콘스탄티노폴리스에서 볼 때 금각만 건너

편에 위치한 페라는 유독 페스트 이후 호황 없이 침체에서 벗어나지 못했는데, 이는 흑사병이 제공한 풍부한 금은이 소비된 이후 발생할 상황의 전조였다. 1380년대 말 잉글랜드와 마르세유에서는 경기 하락이 뚜렷하게 나타났으며(그림 5.12A), 제노바가 카탈루냐, 프랑스, 플랑드르, 잉글랜드와 수행하던 무역은 신속하게 감소하고 있었다. 상업의 불황은 전염성이 있어서 무역 규모가 줄어들고, 유럽 해외무역의 지리적 궤도가 협소해짐에 따라 마르세유 같은 이전의 주요 중계항이 수수한 지역 시장의 지위로 전락했다.[141] 유럽 무역의 모든 부문은 1410년경 15세기의 첫 번째 금은 기근 동안 최저점에 있었고, 두 번째 금은 기근이 시작될 무렵인 1440년경까지도 거의 나아지지 않았다(그림 5.11과 5.12A).

이와 같은 문제의 기원은 가까이에 있지 않았다. 동방 무역에 대한 접근성이 협소해지는 문제는 1260년대에 시작되었으며, 국제무역의 거래비용은 늦게 잡아도 1290년대부터는 크게 상승했다. 흑사병 이후에 하나의 제약 요인으로 부상한 주화의 부족조차도 그 뿌리는 아시아와 유럽의 오랜 무역 불균형과 흑사병 이전부터 고갈되고 있던 은 생산량의 감소에 있었다. 그렇지만 1347년에서 1352년 사이에 원거리 무역이 더욱 비싸졌을 뿐 아니라 어려워졌고, 금은 재고도 감소했으며, 무역 적자 폭은 더욱 커지는 등 여러 부정적 효과들이 발생했다. 그리고 이러한 요인들은 격감한 유럽 인구의 회복이 오랫동안 지체됨으로 인한 생산량과 시장 수요의 축소에 의해 더욱 심화되었다. 전체적으로 이와 같은 제약들은 페스트 이후 경제 회복의 시작을 저해했으며, 제도와 재산권은 여전히 호의적이었음에도 불구하고 국내총생산의 지속적이며 광범위한 성장에 제동을 걸었다. 그것들은 14세기 중반에 전개된 중대한 발전 이후 나타난 새로운 사회-생태적 동력에서 경제적인 요소를 구성했다. 게다가 14세기 중반 임계점에 이르렀을 때와 마찬가지로 15세기 중반에도 인상적인 결합이 이루어졌는데, 후자의 경우 그 요소들의 지배력이 가장 굳건하던 시기에는 스푀러 태양극소기가 가장 두드러졌고(그림 5.1A), 1458년경 쿠와에 초대

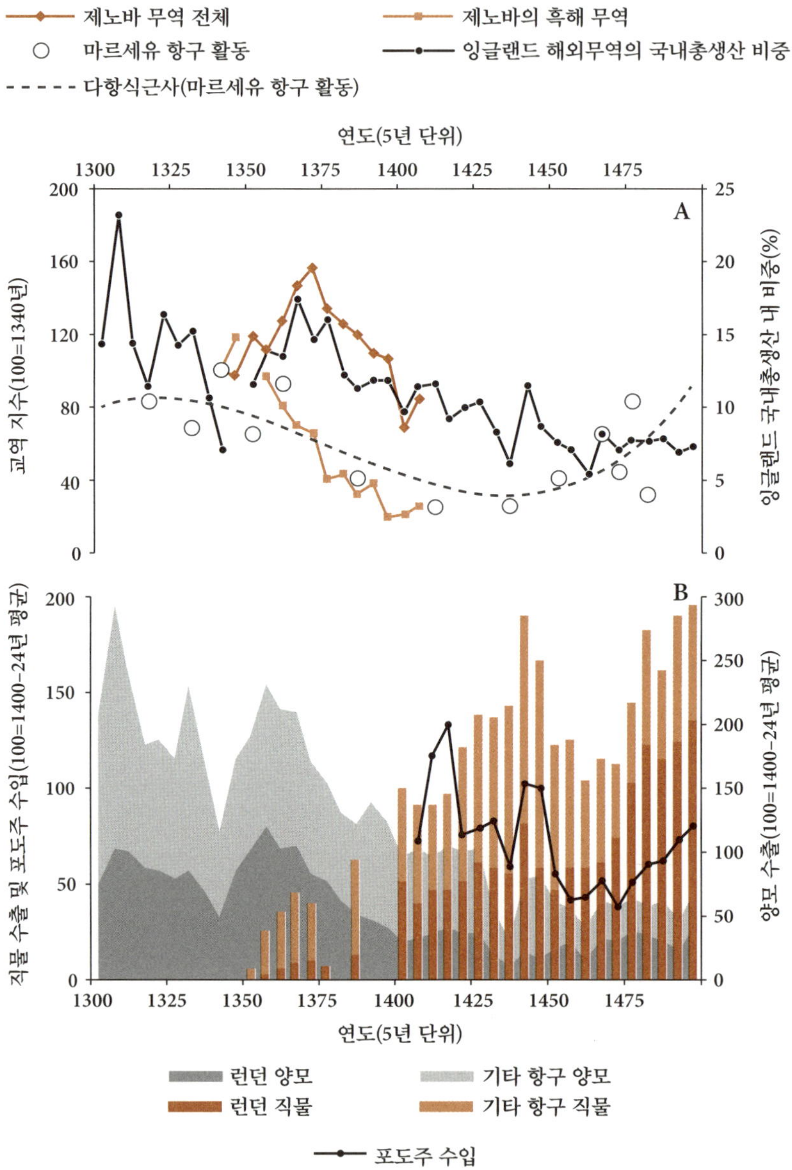

그림 5.12 | **(A) 제노바와 마르세유의 항구 교역량과 잉글랜드의 해외 무역량, 1300-1499년. (B) 런던 및 다른 항구를 통한 잉글랜드의 양모와 직물 수출, 1300-1499년**

출처와 주: (A) Day(1987), 204와 207(누락된 연도 보충). 잉글랜드 추정은 대략적인 근삿값(Bas van Leeuwan 제공 자료). (B) Mitchell(1988), 358-9; James(1971), 57-8.

형 화산 폭발로 인한 대기 중 낙진의 영향으로 환경적 불안정성이 크게 고조되었으며(그림 5.2C), 페스트 및 다른 질병들의 발병도 광범위하게 보고되었다(그림 5.5).[142]

4) 15세기 중반 환경과 경제의 부정적 결합

그림 5.13A와 B가 두드러지게 나타내듯이 경제적 곤경은 금은 부족, 가격 하락, 해외무역의 급격한 위축에 의해 발생했다. 그리고 이 요인들은 그와 거의 동시에 진행되었던 북대서양 진동의 급격한 약화로 인한 재배 조건 및 여름 기온의 악화와 일반적인 기상 패턴에서의 이탈과 결합했다. 생태적 스트레스의 증가는 질병의 지속적인 발병으로 이어져 유럽의 인구에 막대한 피해를 입혔다. 전쟁 또한 위험한 새로운 양상을 나타냈다. 1453년에 콘스탄티노폴리스는 결국 오스만 제국에게 함락되었다. 이 제국은 이제 보스포루스 해협과 흑해의 상권을 장악했으며, 발칸반도와 에게해에서 베네치아에 맞서 진격할 기회를 확보했다. 15세기 4/4분기에 지중해의 동쪽 절반은 사실상 무슬림의 통제 아래 놓였고, 기독교인 상인들은 인도양 상업과의 모든 직접적인 접촉에서 실질적으로 배제되었다. 한편 프랑스는 같은 해에 마침내 잉글랜드와의 오랜 백년전쟁을 승리로 마무리 지었다. 잉글랜드 고위 귀족들은 프랑스에서 목적한 바가 좌절된 시기를 이용해 장미전쟁이라고 알려진 무자비한 왕조 내 싸움을 전개했으며, 쌀쌀한 겨울이던 1461년 종려주일에 요크셔의 타우턴Towton에서 피비린내 나는 전투를 벌였다.

1430년대에서 1470년대까지 유럽 사회는 경제, 정치, 기후, 전염병 등 모든 면에서 강하게 제동이 걸려 극단적인 시련을 겪었으며, 여러 영역에서 후퇴했다. 세 명의 폴로 일가가 중국을 향해 모험을 시작한 1271년에 지배적이던 상황과 얼마나 다른지 상상하기도 어렵다. 이와 같은 교착 상태를 극복하기 위해서는 환경적·생물적 제약들이 완화되고, 인구는 정체 혹은 감소 상태에서 벗어나 증가하고, 유럽의 동방과의 무역을 저지하

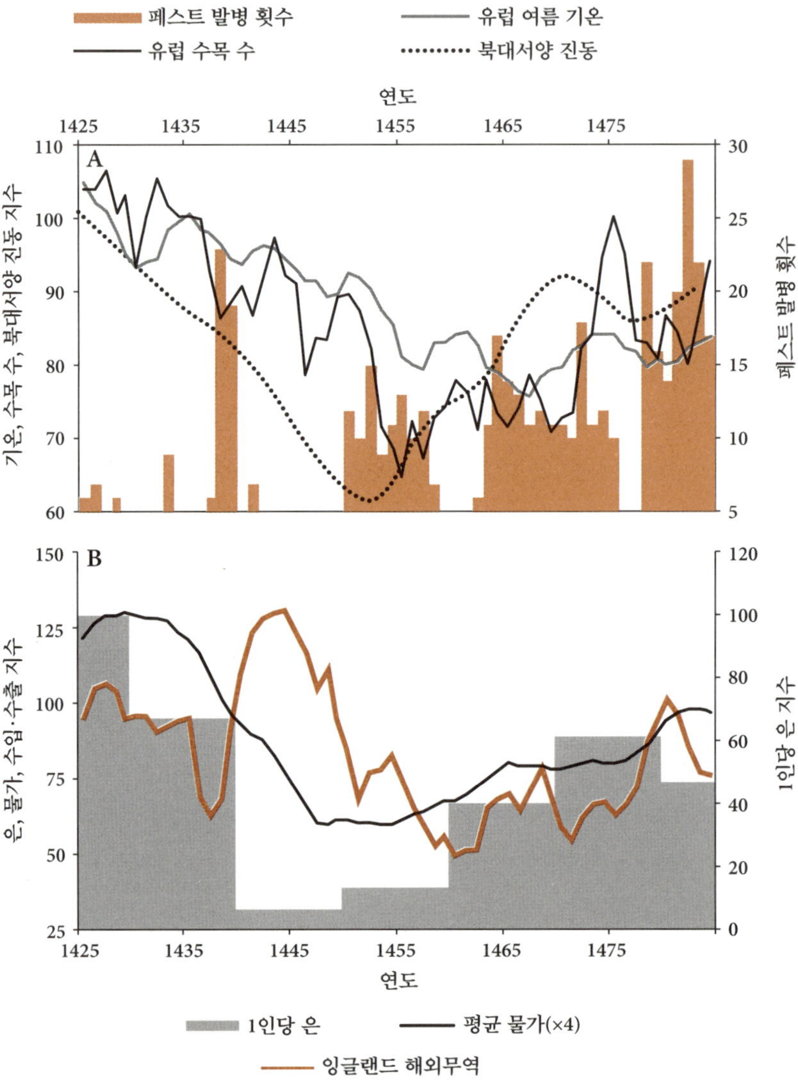

그림 5.13 | **(A) 환경적 결합과 (B) 경제적 결합, 1430년대-1470년대**

출처 및 주: (A) 그림 5.1A와 C, 5.2A와 B, 5장 5절. 북대서양 진동, 여름 기온, 수목 성장은 1420년대에 대해 재지수화. (B) 1인당 은과 농산품 · 공산품 물가(5년 이동평균, 1420년대에 대해 지수화, 4배 확대) - 그림 5.11; Broadberry and others(2015), 189-94와 Bas van Leeuwen 제공 자료. 잉글랜드 해외무역(3년 이동평균, 1420년대에 대해 지수화) - 그림 5.12B의 양모 및 직물 수출과 James (1971), 58의 단맛 없는 포도주 수입과 결합.

는 무슬림의 통제를 우회하거나 무너뜨리고, 금은의 재고 특히 일상적인 통화로 사용되는 은을 다시 채워야만 했다. 16세기에는 모든 면에서 진전이 이루어졌고, 제도적·기술적 혁신의 새로운 물결이 시작되었다. 하지만 이는 15세기 말에 태양복사량의 점진적인 상승과 추가적인 화산 활동의 부재, 그에 따른 기후 조건의 완화, 페스트 발병에 대한 인구 회복력 상승, 그리고 포르투갈인과 다른 항해자들의 성공적인 대서양 항해 경험의 축적 등 전조가 있었다. 이와 같은 동요들은 대전환으로 인해 대대적으로 변화된 사회-생태적 조건에서 새로운 팽창의 시대가 막 서막을 올렸음을 시사한다.

5. 역경 속의 번영?

인구와 경제의 재팽창 및 성장을 가로막는 온갖 부정적 요인들이 있었으며, 새로운 질병 환경에서 이환율이 증가하고, 기대 수명이 단축되었다는 명백한 증거가 있다. 그렇지만 이런 상황에도 불구하고 흑사병 이후 많은 유럽인이 적어도 물질적으로 이전과 비교해 더 나은 삶을 살았다고 추정할 만한 충분한 이유들이 있다. 의식주를 제공해야 할 대상이 훨씬 줄어들었기 때문에 1인당 토지 자원은 훨씬 늘어났으며, 그로 인해 더 풍부하고 다양한 식단과 의복 및 주택 수준의 개선이 실질적으로 가능해졌다. 비자발적인 무토지 상태와 불완전 고용 내지 실업 상태가 거의 일거에 해소되었고, 빈집이 넘쳐 나고 임대료가 하락하면서 결과적으로 도시와 농촌 모두에서 빈곤을 유발하던 과밀화에 종지부를 찍었다. 빈곤과 유랑이 사라진 것은 아니었으나, 가구 비율에서 차지하는 몫이 현저히 감소했기 때문에 결과적으로 이들을 구호하기 위한 기독교의 자선 활동도 그 이상으로 줄었다. 예컨대 잉글랜드에서 빈곤선 이하로 생활하며 여유 생계 품목의 소비재를 감당할 수 없는 가구는 1290년에 전체의 40% 이상이었으나,

1381년에는 20% 미만으로 줄어들어, 7명 중 1명 정도에 불과했다.[143]

빈곤의 규모가 축소됨에 따라 빈곤 문제는 좀 더 관리하기 용이해졌고, 그로 인해 사회는 빈곤을 완화시킬 제도들을 만들고, 각종 조치들도 취할 수 있게 되었다.[144] 저소득층은 이제 일자리보다 노동 공급이 부족해진 덕분에 노동이 더 나은 가치를 인정받게 되어 혜택을 입었다. 그들은 지배 계층의 임금 제한 노력에도 불구하고 더 나은 보수를 받았으며, 적어도 잉글랜드에서는 제조업에 종사함으로써 가구 소득을 증대시킬 수 있는 잠재력이 존재했다. 유럽 전역의 도시들에서 건설 노동자들이 19세기 말에 이르기까지 15세기 중반에 비해서 더 높은 일당을 받지 못했다는 점을 감안하면, 흑사병에 뒤이은 세기를 '임금노동자의 황금시대'라고 간주하는 것은 과장이 아니다. 이 시기에 일반 노동자들은 앞선 시대뿐 아니라, 이후 수 세기에 비해서도 더 유복했으며, 꾸준한 임금 상승을 기대할 수 있었다. 앨런이 주장했듯이 값비싼 노동력은 노동절약형 기술과 인적 자본 형성을 위한 투자에 동기를 부여했을 수 있었으며, 이는 수 세기 후 북해 남부 지역의 고임금 경제에서 산업혁명으로 결실을 맺었다.[145]

연간 수입에 대해서는 아닐지라도, 현존하는 1일 실질임금 자료는 분명히 1일 보수가 흑사병 이후 극적으로 개선되었다는 부정할 수 없는 증거를 제공한다. 이와 같이 잉글랜드에서 중세 말에 임금률이 정점을 기록한 것은 펠프스 브라운과 홉킨스의 선구적인 연구를 통해 오래전에 알려졌지만, 이탈리아, 에스파냐, 홀란드 그리고 유럽 전역의 여러 도시들에서 유사한 추세가 확인된 것은 비교적 최근의 일이다(그림 5.14A).[146] 그들은 소득 수준이 아니라 지불 비율을 측정했고, 노동자가 실제 유급으로 고용된 일수를 고려하지 않았음에도 불구하고, 불가피하게 1일 실질임금률을 생활 수준과 동일시하는 경향이 있었다. 사실, 많은 건설 작업처럼 노동 강도가 높은 고된 일을 하는 경우 높은 임금률은 노동자에게 더 적은 일수를 일하고, 더 많은 여가를 누리고자 하는 확실한 유인책을 제공했다.[147] 마찬가지로 기술 변화의 영향을 가장 덜 받는 작업에 고용된 단일 직군의 남성 노동자에게 지급되는 1일 임금률은 1인당 국내총생산과 경제 성장에 대한 불완전한 대리 추정 자료로 이용될 수 있다. 그 자료는 다른 곳의 경제에서 일어나는 변화까지 포괄하는 것은 아니지만, 1인당 생산량의 변화만큼이나 다른 필수 요소 투입에 대한 총 노동 일수와 노동 가격의 변동을 반영할 가능성이 있기 때문이다.[148] 1일 실질임금률이 명확하게 드러내 주는 한 가지 요소는 노동자가 점점 더 많은 임금을 받고 있었는지 여부다.

그림 5.14A는 14세기 초부터 잉글랜드, 에스파냐, 이탈리아의 1일 실질임금률 추세와 1420년대부터 암스테르담 건설 노동자에 대한 홀란드의 현존하는 가장 이른 임금 기록을 도표로 보여 준다. 흑사병 발병 이후 이탈리아와 잉글랜드 모두에서 거의 즉각적으로 1일 실질임금이 상승했으며, 건설 노동자에 대한 수요가 촌락이 많은 잉글랜드보다 도시화된 이탈리아에서 훨씬 두드러지게 회복된 점에 주목할 필요가 있다. 이탈리아에서는 이에 대한 수요가 1370년대 중반의 페스트 발병 이후 감소한 뒤 다시 회복했으나, 반면 잉글랜드에서는 계속해서 강세를 보였다. 1430년대에 1일 실질임금률이 두 나라 모두에서 흑사병 이후 정점에 근접했을 때 건설 노동자는 14세기 초반과 비교하면 동일한 작업에 대해서 두 배 이상의 임금을 받았다. 잉글랜드 노동자가 더 커다란 수익을 얻었던 것으로 보이며, 15세기 중반에는 암스테르담 건설 노동자도 잉글랜드 노동자에 근접한 임금을 받았다. 잉글랜드 장원 노동자의 임금도 그와 동등한 수준이었다.[149] 숙련공 장인들도 더 많은 임금을 받았지만, 숙련공에 대한 보상이 감소하여 결과적으로 동일 직종 비숙련공과의 임금 격차는 줄었다.[150] 노동자들이 충분한 일수 동안 일했다면, 이와 같이 개선된 임금 수준에서 두 유형의 노동자는 모두 크게 향상된 생활 수준을 영위할 수 있었을 것이다. 그럼에도 불구하고 에스파냐 건설 노동자의 사례에서 확인할 수 있듯이 중요한 예외가 있었다.

에스파냐에서의 건설 노동자에 대한 수요는 첫 번째 페스트 유행 이

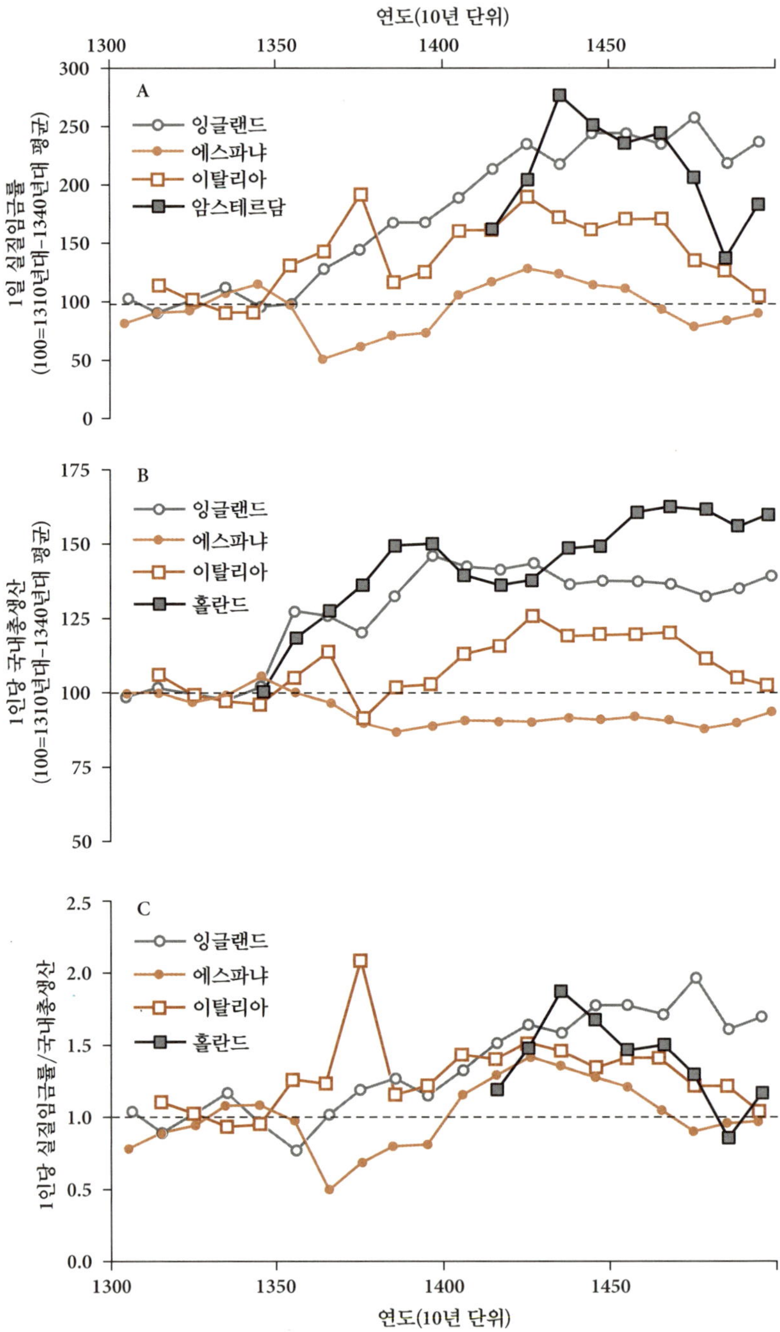
연도(10년 단위)
1300
1350
1400
1450
A
잉글랜드
에스파냐
이탈리아
암스테르담
1일 실질임금률
(100=1310년대-1340년대 평균)
B
잉글랜드
에스파냐
이탈리아
홀란드
1인당 국내총생산
(100=1310년대-1340년대 평균)
C
잉글랜드
에스파냐
이탈리아
홀란드
1인당 실질임금률/국내총생산
연도(10년 단위)

후 확연히 붕괴되었고, 건설 노동자에게 지불되는 1일 임금은 14세기 후반 내내 낮아진 상태를 유지했다(그림 5.14A). 에스파냐의 1일 실질임금률이 흑사병 이전 수준으로 회복되는 것은 15세기 초가 돼서야 겨우 가능했으며, 그 후 완만하게 상승하여 1420년대에 정점에 이르렀다. 이때에도 1340년대 초의 임금과 비교해서 겨우 12.5% 증가했을 뿐이다. 당시 에스파냐의 인구 과소의 선두 경제frontier economy는 경제적으로 격차를 만회하고 있던 상태였다.[151] 이와 같은 사례는 흑사병 이후에 유럽 대도시들, 도시화된 이탈리아, 그리고 여전히 인구는 많지만 촌락이 대부분인 잉글랜드 등에서 남성 노동자가 획득한 1일 실질임금의 증가가 모든 지역의 노동자들에게 필연적으로 적용되었으리라는 추정을 거스른다.[152] 또한 1420년대에는 어느 곳에서나 대체로 임금 상승이 확보되었음을 확인시켜준다(그림 5.14A). 그 이후 에스파냐와 이탈리아의 1일 실질임금률은 다시 완만하게 하락한 반면 잉글랜드와 암스테르담의 임금률은 1440년대에 정점에 이르기까지 수십 년간 상승세를 유지했다. 그러고 나서 잉글랜드의 임금률은 그 세기 말까지 높은 수준을 유지하며 오르내린 반면, 에스파냐, 이탈리아, 암스테르담의 임금률은 그와 대조적으로 1470년대부터 모두 하락세를 보였다. 이 네 지역 모두의 경제에서 상대적으로 고용 상황이 탄력적이었던 1420년경 이전과 그보다 훨씬 부진했던 15세기의 나머지 기간, 특히 금은이 부족했고 무역이 침체되었으며 시장 수요가 크게 감소했던 3/4분기 사이는 뚜렷하게 대조된다(그림 5.13과 5.14A).

1인당 국내총생산의 복원(그림 5.14B와 표 5.1)은 이와 같은 특성을 적

그림 5.14 | **(A) 잉글랜드, 에스파냐, 이탈리아, 암스테르담 남성 건설 노동자의 1일 실질임금률, 1300년대-1490년대. (B) 잉글랜드, 에스파냐, 이탈리아, 홀란드의 1인당 국내총생산, 1300년대-1490년대. (C) 잉글랜드, 에스파냐, 이탈리아, 홀란드의 1인당 국내총생산으로 나눈 1일 실질임금률, 1300년대-1490년대**(모든 시계열은 1310년대-1340년대에 대해 지수화)

출처 및 주: 잉글랜드 – Munro(연도미상); Broadberry and others(2015), 227-33. 에스파냐 – Leandro Prados de la Escosura 제공 자료. 이탈리아 – Malanima(2008), 31-5; Malanima(2011), 205-9. 홀란드 – Bas van Leeuwen 제공 자료.

절하게 구체화시켜 보여 준다. 첫째, 이탈리아, 잉글랜드 그리고 아마도 홀란드에서도 흑사병 이후 1인당 국내총생산의 실질 증가율은 같은 시기 1일 실질임금률 상승의 절반에 불과했다. 둘째, 흑사병의 결과로 나타난 강력한 경제 성장의 파도는 잉글랜드과 홀란드에서 겨우 한 세대 동안 지속된 반면, 이탈리아에서는 1350년대와 1360년대에 시작 단계에서 실패를 경험한 이후 1420년대 무렵에 이르러 그 힘을 대부분 소진했다. 그로 인해 경제 성장은 1일 실질임금률이 상승을 멈추기 전 어느 시점에 중단되었다(그림 5.14A와 B). 셋째, 에스파냐에서는 1인당 국내총생산이 페스트 이후 실질적으로 감소했고, 중세 말까지 흑사병 이전 수준에 미치지 못한 채 유지되었다. 알바레스-노갈과 프라도스 데 라 에스코수라는 그 이유를 인구 규모가 기존 상업 활동과 연관된 생산성 수준을 유지하는 데 필요한 한계치 이하로 떨어져 결과적으로 생활 수준이 저하되었기 때문이라고 여긴다.[153] 넷째, 네 나라 모두에 공통된 점은 정체 상태였는데, 이는 일단 흑사병 이후 변화된 경제 상황에 대한 초기 조정이 이루어졌고, 위축된 수요, 감소한 상업과 무역, 부족한 금은의 영향이 지배했기 때문이다. 의심할 바 없이 유럽은 성장을 위한 제도적·기술적 전제 조건을 갖추고 있었지만, 필수적인 성장 동력이 부족했다. 실제로 흑사병은 촌락과 도시에서 과밀이라는 제어하기 어려운 문제 하나를 해결했지만, 수요의 부족이라는 새로운 문제를 만들어 냈으며, 그로 인해 계속되는 동방으로의 금은 유출, 해외 시장의 점진적인 상실, 거래 비용의 끝없는 상승 등으로 상황이 더욱 악화되었다.

이와 같은 1인당 국내총생산 추정치는 흑사병 이후 세 가지 상이한 발전의 궤적을 보여 준다. 에스파냐의 경우에는 인구밀도가 높지 않았던 데다가 재정복운동 전개 이후라 하락했고, 지중해를 끼고 있던 이탈리아의 경우에는 이전의 번영 수준을 회복했으며, 잉글랜드와 홀란드의 북해 남부 경제의 경우에는 이전보다도 높은 수준으로 생산성이 성장했다. 에스파냐의 1인당 국내총생산은 흑사병 직전 1,000달러 이상(1990년 미국 달

표 5.1 | **특정 유럽(및 동아시아) 국가의 기준연도별 1인당 국내총생산과 도시화율, 1300-1500년**

	1300	1340	1400	1450	1500
(A) 1인당 국내총생산(1990년 미국 달러 구매력 기준)					
남부 저지대 국가들					약 1,600
홀란드		876	1,245	1,432	1,483
이탈리아	1,482	1,376	1,601	1,668	1,403
독일					1,385
프랑스			1,300		1244
포르투갈				약 1,125	
잉글랜드	755	777	1,090	1,055	1,114
에스파냐	957	1,030	885	889	889
중국			960	983	1,127
일본				554	
(B) 도시화율(%)					
벨기에	22.4			33.5	
네덜란드	13.8		21.7	25.6	29.5
이탈리아	21.4	*17.7	17.6	17.0	21.0
포르투갈	9.5			14.7	
독일	7.9		11.1		8.2
프랑스	8.0		10.8		8.8
영국	4.4		5.7		4.6
에스파냐	8.8		7.8		약 8.0

주: 도시화율 (B)는 근대 국가/영토에 맞추어 계산하였다.

출처: (A) 남부 저지대 국가들 - Buyst(2011). 포르투갈 - Palma and Reis(2014). 기타 모든 국가 - Broadberry and others(2015), 375. 제시된 연도부터 10년 평균. (B) 이탈리아(*=1350) - Malanima (2005), 108. 에스파냐 - Álvarez-Nogal and Prados de la Escosura(2013), 14. 벨기에, 네덜란드, 포르투갈, 독일, 프랑스, 영국 - Bairoch and others(1988), 259.

러 구매력 기준)에서 15세기 내내 900달러 미만으로 하락했다(표 5.1). 잉글랜드와 홀란드는 모두 에스파냐를 추월했고, 50년 동안의 왕성한 성장 후 각각 1,090달러와 1,245달러의 크게 향상된 1인당 국내총생산을 자랑하게 되었다. 그러나 두 나라 모두 흑사병 이전 심각한 경제적 어려움을 겪었던 이탈리아(중북부)에 비해서는 여전히 크게 뒤처져 있었다. 이탈리아는 결국 이전 시대의 번영을 되찾았고, 거의 15세기 말까지는 유럽에서 가장 부유한 국가였다고 내세울 수 있었다. 이 나라는 15세기에 1인당 평균 국내총생산이 1,600달러를 넘었고, 1420년대, 1440년대 말, 1460년대 초에는 심지어 2,000달러까지도 상승했다.[154] 그러나 1500년경 이탈리아의 경제적 운세는 다시 한번 기울었고, 1인당 국내총생산과 도시화율 모두 장기간에 걸친 하락세에 접어들었다. 그 무렵 이미 북부 저지대 국가들은 역동성에서 비교 우위를 보였으며, 특히 홀란드는 16세기 말 세계에서 가장 부유한 국가로 나아가는 길에 확고하게 들어섰다.[155]

상업혁명 직전이었던 11세기 유럽에는 중국의 송나라만큼 발전한 국가가 없었고, 모든 나라가 그보다 빈곤했다. 심지어 몽골의 침략과 정복으로 중국이 황폐화된 이후에도 원나라에서 가장 발전한 지역은 여전히 유럽의 국가들보다 우위를 차지할 수 있었다. 그러나 대전환기가 끝나 갈 무렵 잉글랜드, 저지대 국가들, 프랑스, 독일, 이탈리아는 전체적으로 명나라와 동등한 수준이었고, 유럽에서 가장 부유했고 도시화가 진전되었던 북부와 남부 저지대 국가들, 그리고 이탈리아 중부와 북부의 1인당 국내총생산은 극동에서 가장 부유한 지역이었던 중국의 양쯔강 지역에 필적했다.[156] 게다가 유럽에서 가장 부유한 지역은 당대 일본에 비해 3배나 더 부유했다.[157] 유럽을 선도하던 경제권은 정체되었던 반면, 극동의 경제권은 퇴보하여 한때 존재했을 수도 있던 중국 동부와 서유럽 경제권 사이의 '대분기'는 15세기 말에 실질적으로 사라졌다(표 5.1).[158]

1일 실질임금률 자료는 흑사병 이후 생활 수준이 같은 시기 1인당 국내총생산보다 더 큰 폭으로, 더 오래 향상되었음을 시사한다(그림 5.14A

와 B). 그림 5.14C는 1일 실질임금률을 1인당 국내총생산으로 나눈 지수의 추세를 보여 준다. 1보다 높은 값은 1인당 국내총생산에 비해 1일 실질임금률이 높고, 1보다 낮은 값은 1일 실질임금률이 낮았음을 의미한다. 이 비율은 흑사병 발생 후 한 세대 내에 4개국 모두에서 1일 실질임금률이 꾸준히 상승하자 1420년대와 1430년대에 1.4(에스파냐)에서 1.9(홀란드)까지 올라 정점을 찍었다. 그 후 1500년경에 이르면 두드러지게 예외적인 잉글랜드를 제외한 다른 나라들에서는 1을 향하여 서서히 하락했다. 이와 같은 분기는 생산요소로서 노동에 대한 수익률, 노동자 1인당 시장에 대한 노동 공급량, 주요 소비재의 상대적 가격 변화 등이 반영된 것이다.[159]

생산요소의 상대적 가치는 흑사병 이후 노동에 유리하게 변했으며, 그 시장 가치의 상승은 이미 확인한 바 있다(그림 5.9). 한편 더 높은 임금이 지불되었다는 것은 육체노동자가 생존의 필요를 충족시키기 위해 더 적은 기간만 일해도 된다는 것을 의미했다. 노동자가 시장에서 노동량을 줄일수록 임금 상승 압력은 더욱 높아져서 1일 실질임금과 1인당 국내총생산의 추세가 점점 더 벌어졌다. 실제로 노동자들은 일단 만족할 만한 생활 수준을 확보하면, 더 많은 재화보다는 더 많은 여가를 선택했다. 물론 상당수는 노동에 대한 빈약한 수요로 인해 다른 선택의 여지가 거의 없었을 수도 있다. 아무튼 이러한 상황이 100년이 넘도록 총 시장 수요가 확장되는 것을 완강하게 막고 있던 추가적인 이유였다.

이와 같이 잉글랜드인, 이탈리아인, 홀란드인, 심지어는 에스파냐인 노동자의 연간 노동 일수가 축소되었으리라는 추론은 앨런과 바이스도르프가 잉글랜드 도시 및 농촌의 노동자가 그들의 가구에 여유 생계 품목을 공급하는 데 필요한 연간 노동 일수에 대한 분석과 일치한다(그림 5.15A).[160] 앨런과 바이스도르프는 1일 실질임금률이 정점에 달했던 15세기 중엽에는 일주일에 단 3일만 일해도 만족스러운 생활 수준을 유지하기에 충분했다고 평가한다.[161] 그들이 지적했듯이 이는 육체노동자들에게 더 많은 여가를 즐길지 아니면 더 많은 소비재를 얻기 위해 더 열심히 일

할지 선택할 기회를 주었다.[162] 나아가 이 연구자들은 농업 노동자들이 여가를 선택하려 했던 반면, 도시 및 산업 노동자들은 오히려 더 열심히 일하는 것을 선택하려 했다고 추론한다. 이러한 추론에 따르면 농업이 지배적이었던 잉글랜드에서는 도시화율에서 그에 상응하는 증가가 없었던 것으로 보이는 것은 놀라운 일이 아니다.[163] 일반적으로 실질소득이 높아질수록 도시화율이 상승한다는 리글리의 주장과 달리, 이 기간 동안 1일 실질임금률의 상승이 반드시 도시 거주자 비율의 증가로 이어진 것은 아니었으며, 표 5.1B에 요약된 국가별 도시화율 추정치로 판단하면, 이러한 현상은 유럽 전역에 걸쳐서 다양한 차이를 보이며 반복되었던 것 같다.[164] 그럼에도 불구하고 1일 실질임금률과 1인당 국내총생산 사이에 커다란 격차가 존재했는데, 이는 잉글랜드에서 가장 컸고, 에스파냐보다는 이탈리아에서 더 컸다(그림 5.14C). 아마도 그 이유는 이전에 노동력이 과다했던 잉글랜드의 임금 상승 잠재력이 원래부터 노동력이 부족하던 에스파냐에 비해 컸기 때문일 것이다.

앨런과 바이스도르프의 노동 일수 지수(그림 5.15A)와 1일 실질임금률에 대한 1인당 국내총생산 비율(그림 5.14C)의 비교는 뚜렷한 역비례 관계를 보여 준다(그림 5.15B). 노동자가 선호하는 소비의 필요를 충족시키기 위해 노동해야 하는 일수가 적어질수록 1인당 국내총생산 대비 1일 실질임금률은 높아졌다. 1370년대에는 두 그래프 사이에 중대한 교차가 발생했다. 그 시기에 네 차례에 걸친 대규모 페스트 발병의 여파로 노동자의 협상력이 강화되었고, 물가 하락이 생계 비용을 낮추기 시작했으며, 1일 실질임금률이 고된 노동의 수준 이상으로 상승했다. 1400년경부터는 페스트가 재유행했고, 금은 부족으로 가격은 더욱 하락하면서 이 두 종류의 지수 사이의 격차가 결정적으로 확대되었다. 15세기 중반 확연하게 상업이 침체되고 금은도 부족했을 때에 노동자들은 3일만 노동하면 여유 생계 품목을 구매할 수 있을 만큼 충분히 벌 수 있었다. 1일 실질임금률이 1인당 국내총생산에 비해 가장 높았던 시기였기 때문이다. 이는 노동력 부족

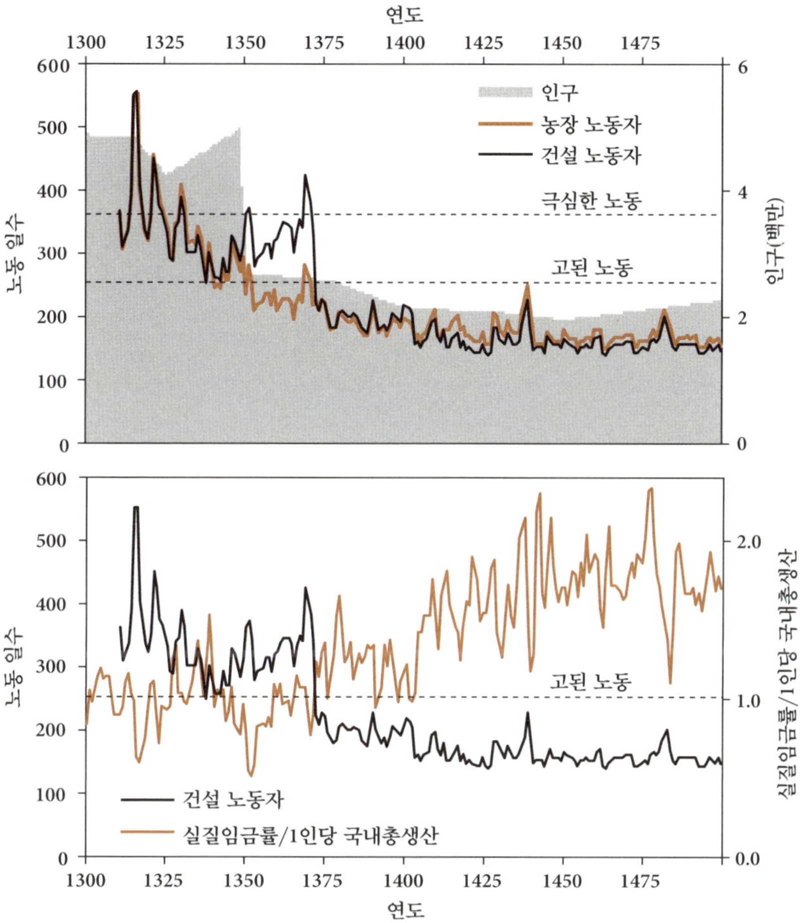

그림 5.15 | **(A) 잉글랜드 노동자가 생계의 필요를 충족시키기 위해 노동해야 하는 일수, 1300-1499년. (B) 남성 건설 노동자의 1일 실질임금에 대한 1인당 국내총생산의 비율, 1300-1499년**

출처: 노동 일수 – Jacob Weisdorf(Allen and Weisdorf(2011)); 건설 노동자 실질임금률 – Munro (연도미상). 1인당 국내총생산 – Broadberry and others(2015), 227-33.

과 물가 하락이 결합하여 이루어진 결과로 근대적 경제 성장과는 정반대의 조건 하에서 이룬 번영이었다.

잉글랜드에서 식량, 의복, 주택, 종교와 관련된 기본 생활용품의 1인

표 5.2 | 잉글랜드 농업의 1인당 농산물 및 축산물 생산량과 동일한 연도의 추정 1일 칼로리 소비량, 1300-1450년

연도	1인당 생산량 추정(100=1300년)						
	밀 (부셸)	호밀 등 (부셸)	보리 (부셸)	귀리 (부셸)	콩류 (부셸)	우유 (갤런)	고기 (파운드)
1300	100	100	100	96	100	100	100
1350	105	83	134	82	121	173	175
1400	113	78	192	83	157	190	170
1450	92	118	162	107	143	206	206

연도	1인당 1일 킬로칼로리 추정				
	농작물	추출률(%)	축산물	기타	총
1300	1,625	54	131	300	2,056
1400	1,896	49	211	200	2,307
1450	1,712	48	264	200	2,176

출처: Broadberry and others(2015), 98, 112, 227-33, 289.

당 소비가 증가하여 가장 큰 혜택을 입은 자들은 도시의 수공업자와 상인이 아니라, 촌락의 생산자와 장인들이었다. 이는 생산자들이 수프용 곡물(귀리)보다 빵 곡물(밀과 호밀), 식용 곡물보다 양조 곡물(보리), 그리고 식용 곡물보다 유제품과 육류에 대한 수요에 반응한 농산품 혼합 비율의 변화에서 엿볼 수 있다(표 5.2). 소비자들은 점차 거칠고 값싼 호밀 빵과 잡곡빵이 아닌 부드럽고 정제된 밀 빵, 귀리 맥아가 아닌 최상품 보리 맥아로 양조한 맥주, 그리고 베이컨이 아닌 소고기를 선호했다. 그들의 칼로리 소비는 증가했고, 훨씬 낮아진 식품 추출률에서 볼 수 있듯이 고도로 가공하여 칼로리를 섭취하는 방식을 채택했다.

15세기 동안 촌락의 사람들은 그 어느 때보다 실컷 먹고, 마시고, 흥겨워하면서 제분업자, 제빵업자, 맥아업자 및 양조업자를 위한 일거리를 만들어 냈다. 갑작스런 죽음이 흔했던 시대에 사람들은 대부분 종교에 진지했으며 교회 건축과 개인적 경건 생활에 큰 비중을 부여했다. 당대인들은 기후가 서늘해짐에 따라 좀 더 따뜻하게 입었으며, 주택과 농장 건물을 다시 지었다. 소수는 부지런히 일하여 토지, 재산, 물질적 소유를 축적했고, 가정과 농장에서 일할 하인을 고용했다. 그럼에도 불구하고 당대인의 수요가 집중되기보다는 분산되었기 때문에 토지 이용과 임대에 대해 아주 차별적으로 영향을 미쳤을 뿐 아니라, 팽창하는 대규모 도심에서 발전하던 전문화에 의해 얻을 수 있는 스미스식 이점을 거의 얻지 못했다.[165] 그 대신에 미래 경제 성장의 씨앗을 잉태했으며, 이 기간 동안에 잉글랜드 경제를 1차 생산에 덜 의존하도록 만든 것은 단가가 낮은 촌락 지역으로 직물 생산과 금속가공을 이전한 덕택이었다.[166]

도시화가 더 진전되었던 이탈리아는 잉글랜드보다 훨씬 부유했으며, 이탈리아가 1일 실질임금률과 1인당 국내총생산에서 모두 정점을 찍었던 15세기 전반은 외양적으로 예술뿐 아니라 경제에 있어서도 황금기였다(그림 5.14A와 B).[167] 그러나 이탈리아는 성장 때문이 아니라, 국민소득이 감소하던 시기에 인구의 감소 폭이 그보다 훨씬 컸기 때문에 이와 같은 번영을 누릴 수 있었다. 결과적으로 이 나라의 도시화는 진전되었던 것이 아니라 후퇴하고 있었다(표 5.1B). 자연적인 인구 증가가 없는 상태였지만, 그렇게 확보된 1인당 소득의 증가는 해외무역과 상업의 위축으로 인한 이탈리아의 손실을 상쇄하기에 충분했다. 제노바가 흑해, 카탈루냐, 북유럽과 수행했던 무역은 이미 쇠퇴했으며, 베네치아가 사실상 독점한 인도 향신료 무역은 수익이 컸지만 거래 비용도 많이 들었다. 한편 상인들은 이전에 비해 위험을 더욱 기피하여 지역 교역권이 이제 상업 활동의 주축이 되었고, 인구도 더 축소되었기 때문에 시장은 훨씬 덜 통합되었다.[168] 이를 보강할 정도로 다시 활기를 띠게 하는 상업적 팽창 없이, 15세기 말에 재개된 이탈리아의 인구 증가는 결국 1일 실질임금률과 1인당 국내총생산에 부정적인 압력을 가한 반면, 국가 전체의 도시화율에서 가차 없는 하락이 계속되었다.[169] 이탈리아의 경우 페스트 이후 예기치 않았던 경제적 횡재는 지속성이 결여되어 한때 예외적인 인구통계적 상황이 지나간 후에는 시들어 버렸다.

북부 저지대 국가들은 상황이 더 순조로웠다. 이들은 1500년경에 아마도 이탈리아를 따라잡았으며, 유럽에서 가장 부유하고 도시화가 진전된 지역이 되었다(표 5.1). 그 무렵 금융과 상업의 주도권은 침적토가 항구를 막고 있던 브루게로부터 활기 넘치는 경제로 오랫동안 유럽의 추세를 거스르던 브라반트 공국의 안트베르펜으로 넘어갔다.[170] 이웃한 홀란드에서도 경제적 발전이 두드러졌다.[171] 흑사병 이후 초기에는 홀란드의 1인당 국내총생산 추세가 잉글랜드와 비슷했지만, 홀란드가 부유한 정도에서 근소하게 우위를 보였다. 1377년 잉글랜드 인구 250만 명에 비하면, 수축기에는 인구가 약 20만 명에 불과했던 이 지역의 작은 규모가 장점이었으며, 국민소득도 잉글랜드의 대략 1/10 수준이었다. 홀란드는 항해 가능한 수로와 운하들의 연결망이 발달했고, 연료용 토탄과 벽돌 및 타일 제조용 점토가 풍부했으며, 북해와 발트해의 안정적인 해상 교역과 북대서양에 개시된 어업 및 무역의 새로운 기회를 통해 이익을 얻기에 전략적으로 유리한 위치에 있었다. 그에 반하여 14세기 말과 15세기 초에는 토탄이 줄고 지하수면이 높아지는 크나큰 환경적 좌절을 겪었다. 주민들은 토지를 잃었고, 농부들은 어쩔 수 없이 곡물 재배에서 목축업으로 전환했으며, 어업과 해운업에 투자했다. 더불어 수입 곡물에 대한 의존도도 높아졌다.[172] 이와 같은 환경적 문제들로 인해 홀란드의 1인당 국내총생산은 1390년에서 1430년 사이에 감소하여 잉글랜드와 대략 비슷해졌다(그림 5.14B).

그 후 1430년대에 이르러 거의 모든 곳에서 성장이 멈추었을 때, 홀란드 경제는 새로운 성장 국면에 진입했고, 주변 국가들에 비해 앞서 나가기 시작했다(그림 5.14B). 이 무렵부터 해운, 어업, 낙농, 양조, 직물 제작, 벽돌과 타일 생산, 토탄 채굴 등이 모두 경제적으로 중요성을 띠게 되었다. 홀란드 상인은 한자동맹에 맞서 공세적으로 경쟁하고, 활동 영역을 발트해로 확장함으로써 북유럽 해상 교역에서 더 커다란 몫을 차지했다. 홀란드 도시들은 호의적인 시장 제도, 명확한 재산권, 촌락으로부터의 이주 및 다른 북해 주변 지역에서의 이민을 통해 번성하여 1500년경에 도시화율이 거의 30%에 이르렀다(표 5.1B). 그와 동시에 1인당 국내총생산이 회복되어 1,480달러까지 상승했다. 꾸준한 인구 증가, 도시화율의 상승, 상업의 확대, 경제 구조의 변화, 기술의 발전 등이 함께 이루어진 점을 감안하면, 이것은 진정한 확장에 기반한 성장이었으며, 마찬가지로 역동적이었던 이웃 브라반트와 더불어 당시 유럽에서는 드문 사례였다. 이것은 다음 세기에 홀란드 경제의 급속한 도약을 위한 토대가 되었다.[173]

도시화가 활발히 진행되고 있던 다른 나라로는 포르투갈이 유일했다(표 5.1). 이 나라는 1415년에 카스티야로부터 독립했으나, 카스티야보다 부유했다. 포르투갈은 경험이 많은 제노바인들의 지원에 힘입어 남쪽으로 아프리카 해안을 따라 내려갔고 남서쪽으로는 대서양으로 나아가며 당대 해양 탐사의 선두에 나섰다.[174] 이들은 1440년대에 사하라 사막의 대상로를 우회하여 서아프리카에서 직접 금과 상아를 수입했으며, 1450년대부터는 새로 개척한 마데이라 집단 농장이 안트베르펜을 필두로 유럽 전역에 설탕을 활발하게 공급했다.[175] 국가의 지원을 받았던 포르투갈 선원들은 이와 같은 성공을 토대로 1480년대에 아프리카를 돌아 직접 인도양으로 항해하는 항로를 발견함으로써 인도 향신료 무역에 대한 베네치아와 이집트의 독점 체제를 붕괴시켰다. 지중해에 초점을 두었던 기존 이탈리아와 에스파냐의 경제와는 대조적으로 포르투갈은 홀란드와 마찬가지로 교역망을 확장하고 있었고, 그 결과 15세기 말에는 15세기 초에 비해 훨씬 번성했으며, 당연히 더 부유했다.[176]

6. 대전환의 종결: 동쪽에서 서쪽으로의 방향 전환

대전환 이전의 오랜 번영기 동안 순례와 십자군 원정에 고무되어 있던 기독교는 서방으로 하여금 동쪽을 바라보도록 했으며, 동방의 향신료, 비단, 도자기 등을 얻으려는 상업적 욕망 또한 이와 같은 경향을 강화시켰다. 이탈리아 상인들은 사치품을 얻기 위한 원거리 무역의 발전을 이끌었으며, 레반트 지역에 싸고 가벼운 염색된 북유럽 직물을 공급했고, 그 밖에 맘루크가 필요로 하던 군수 물자를 포함하여 이익을 남길 수 있다면 무엇이든 운송·판매하여 부분적일지라도 균형을 맞추었다. 그들은 주괴鑄塊,• 주화, 판금 형태의 귀금속을 수출하여 적자를 메웠다.[177] 유럽의 은광 호황이 지속되던 동안에는 사치품의 원거리 무역이 성장의 원천이었다. 복합적인 다자간 무역 방식이 진전되어 직물 제조업자와 마감업자에게 원자재를 공급하고, 은의 채굴·제련·주조를 지속하며, 수입 사치품을 가장 갈구하던 봉건영주와 상인 엘리트에게 분배하는 유럽의 상업 교역망이 확대되고 심화되었다. 서유럽의 대규모 국내 및 국제 정기시는 이와 같은 상업 거래를 통해 성장했으며, 이는 대규모 항구 도시와 제조업 중심지의 발전을 조장했고, 생산량을 새로운 차원으로 끌어올렸다.[178]

그와 유사한 발전은 비단, 도자기, 향신료를 생산하는 아시아 지역에서도 전개되었다.[179] 그들도 유럽처럼 높은 태양복사량의 영향으로 나타난 상대적으로 안정적인 기후의 혜택을 누렸고, 마찬가지로 전염병과 관련해서도 호의적인 환경의 도움을 받았다.[180] 아부-루고드가 제시했듯이 13세기 중반에 상호 연결된 유라시아 교역체제는 진화하여 극동의 생산자를 서방의 라틴 세계 소비자와 연결시켜 주었다.[181] 한 방향으로는 사치품이 유통되었고, 다른 방향으로는 은 그리고 그보다 적은 양의 금이 흘러들어갔으며, 모든 일은 다수의 중개상·판매상·화주·대상·운송업자 등이 취급했다. 이와 같은 대륙횡단 무역이 방해받지 않고 유지되고, 유럽의 은 생산량이 주화의 마모, 순례자의 지출, 금은 수출 등으로 인한 유출을 합한 양을 초과하는 동안에는, 무역에 참여한 자들의 번영은 보장되었다.[182]

• 금속이나 합금을 녹인 후 거푸집에 부어 주조한 것.

그렇지만 불행하게도 1260년대부터 이 체제가 점차 제대로 작동하지 않았다.

그때까지 지배적이던 대기 순환 패턴이 불안정해지고 우역이 아마도 서아시아로부터 유럽으로 확산되기 시작하던 대전환의 초기 국면에, 이와 같은 기존 무역망은 끊어졌다. 유럽이 한때 많은 수익을 가져다주었던 동방과의 교역을 유지하려고 시도할수록 점점 더 새로운 문제들이 발생했고, 조건들이 추가되었으며, 비용도 높아졌다.[183] 1250년대와 1340년대 사이 중동의 군사적·정치적·종교적 지도는 새로이 그려졌다. 그 과정에서 페르시아만을 지중해 및 흑해와 연결하는 대상로와 유라시아 대륙 내부를 횡단하는 대상로가 실질적으로 하나씩 폐쇄되었다.[184] 이는 결국 유라시아 횡단 교역의 참여자에게 페르시아의 타브리즈를 경유해 흑해의 트라브존에 도달하는 제한된 육로 교역이나, 카이로, 홍해, 인도양을 거쳐 지중해의 알렉산드리아에 이르는 훨씬 먼 거리의 해상 무역에 의존하도록 만들었다.[185] 한때는 여러 대체 경로들이 있어 그들 사이에서 경쟁이 벌어졌으나, 이제는 사실상 이집트가 독점했다. 그러므로 이집트의 술탄은 이탈리아 해상 공화국에게 자신과 거래하는 특권에 값비싼 비용을 지불해야 한다고 요구할 수 있었다. 인도의 향신료는 여전히 유럽 시장에 도달했지만, 거래 비용이 크게 증가했을 뿐 아니라, 교황의 반대에 직면하고 있었다.

설상가상으로 1291년 아크레의 함락이라는 십자군 제후국의 최종적인 패배로 유럽 직물업자들이 수익성 높은 레반트 시장을 상실하게 됨으로써 향신료 무역에서의 일방성은 더욱 악화되었다.[186] 이제 대부분을 베네치아가 취급하게 된 그 교역에 대한 지불은 빠르게 줄고 있던 유럽의 귀금속 재고에 전례 없이 큰 부담을 주었다. 1320년대까지만 해도 유럽의 은 생산량은 유럽 안팎의 필요에 부응했다. 그 후 기존 광석의 재고는 모두 소진되었고, 기대를 가질 만한 새로운 풍부한 광산은 발견되지 않아서 공급이 말라붙었다. 되풀이되는 동방 무역의 적자가, 유통 수단으로 확립되어 상업화된 경제를 떠받치고 있던 유럽의 금은을 고갈시키는 것은 시간문제였다.[187] 이렇듯 14세기 중반에 인도의 향신료 무역은 거의 유럽이 감당할 수 없는 일종의 사치가 되었다.

흑사병이 발병하여 이미 악화되고 있던 사회-생태적 현상이 더욱 위태로워진 것이 바로 이 시점이었다. 흑사병의 갑작스런 도래는 대전환의 짧고 극적인 두 번째 국면을 특징짓는다. 대대적인 인구 손실은 경제적으로 1인당 주화의 공급을 한동안 다시 증대시킴으로써(그림 5.11) 절박한 재정과 상업의 위기를 한 세대 동안 연기했고, 유럽 내에서 인구가 많고 상업화된 지역 및 국가에 일시적으로 번영을 제공했다. 그럼에도 불구하고 해외 시장의 상실, 은 산출량의 감소, 아시아에 대한 지속되는 무역 적자 등의 문제가 다시 부각되는 것은 단지 시간문제였다. 인구적 재앙 이후 새로운 성장 동력이나 금은의 원천이 나타나지 않아, 유럽 경제를 어려운 상황에서 구출하고 나아가 이와 같은 근본적인 곤경에서 벗어나게 할 수 없었다. 그 결과 페스트 이후 단기간의 경제 성장의 파도는 14세기 말에 대체로 용두사미로 끝났다(그림 5.14B). 유럽의 많은 임금노동자들의 형편이 나아진 것은 사실이었지만(그림 5.14A), 시장이 확장되고 수요가 늘어날 때까지 스미스식 성장이 다시 점화되고 1인당 생산이 더욱 증가할 수 있으리라는 전망은 거의 없었다.

경제 회복의 걸림돌은 크게 네 가지였다. 첫째, 일련의 군사적·정치적·종교적 반전反轉이 12, 13세기 상업혁명의 버팀목이었던 대대적인 동방 진출을 소멸시켰다.[188] 둘째, 1390년대 이래, 특히 1420년대부터 기후 조건의 악화와 페스트의 재유행으로 가까운 시일에 인구 회복이 가능하리라는 전망이 무산되었다(그림 5.1, 5.2 및 5.5).[189] 셋째, 끊임없는 통화의 순손실이 유럽을 반복해서 금은 기근 상태에 빠뜨렸으며, 주조소들을 폐쇄시켰고, 정화正貨를 이용한 일상적인 상업 거래를 어렵게 만들었다.[190] 넷째, 기후변화, 생태적 불균형, 왕조의 멸망, 인구 감소 등 제반 이유들로 인해 중국과 동남아시아에서 경제적인 생산과 오랜 상업 교역망이 쇠퇴하

고 있었다.[191]

유럽의 개별 국가 및 지역의 경제가 이와 같이 궁핍한 환경에서 성공하는 것은 무역 흑자의 유지, 국내 시장의 최대 활용, 조정 실패를 최소화하고 거래 비용을 낮추는 제도 개발, 토지 이용의 합리화, 생산 비용이 더 낮은 지역으로의 제조 공장 이전, 노동 절약적 기술의 채택, 아시아의 원자재와 사치품에 대한 유럽의 대체품 모색, 경화 부족에 대처할 효과적인 재정 방안 고안, 축소된 상업 규모에서 더 큰 점유율 확보로 타자의 희생을 통한 이윤 추구 등의 실현에 달려 있었다.[192] 탐험은 이와 같은 경제적 곤경에서 벗어날 잠재적인 탈출구를 제공했다. 감수해야 하는 위험과 비용이 컸지만, 새로운 금은광이 발견되고, 유럽의 수출을 위한 새로운 시장이 확보되고, 무슬림 중계상의 횡포를 피해 동방에 도달하는 길을 발견할 수만 있다면, 몇 배로 보상받을 수 있었다. 이 모든 방안은 어려운 선택들이었으므로, 지속된 경제 발전이 통례라기보다 예외라는 사실이 놀랍지 않다.

대전환의 세 번째와 마지막 국면 동안에 스푀러 태양극소기와 더불어 나타났던 혹독한 기후 및 그와 연관된 전염병 유행의 상황에서 여력이 고갈되었기에, 동방 진출의 옛 기획을 갱신하지 못하게 만드는 장애물들은 극복할 수 없었다. 인구를 상실하고, 내부 분열과 갈등에 빠져 쇠약해진 유럽은 소아시아에서 오스만 제국이 권력을 강화하고 보스포루스 해협을 건너 발칸반도까지 확장하는 것을 견제할 수 없었다. 그 과정에서 절정은 1453년 비잔티움 제국의 잔존 세력에 대한 최후의 정벌과 콘스탄티노폴리스의 함락이었다. 일단 이 사건이 발생한 이후 오스만 제국과 맘루크의 연합 세력은 유럽인들이 상업혁명 전성기에 동방의 상업에 직접 접근하는 것을 가능케 하던 그들 사이의 모든 육상 및 해상 노선을 효과적으로 통제하게 되었다.[193] 무슬림이 통제하는 에게해와 지중해 동부의 항구에서 무역을 하고자 하는 기독교인 상인은 최상의 협상 조건을 내걸고 튀르크 및 이집트의 술탄으로부터 양보를 바라는 것 외에는 거의 선택의 여지가 없었다. 보스포루스 해협에 대한 오스만 제국의 통제는 이탈리아의 교역망에서 흑해를 실질적으로 배제해 버렸고, 미틸레네, 키오스, 크레타, 키프로스 같은 제노바와 베네치아의 식민지를 위협하여 이탈리아 상업의 침체를 결정지었다. 설상가상으로 세르비아와 보스니아의 주요 은광들은 1455년과 1460년 사이에 오스만 제국의 손에 들어갔고, 이렇게 베네치아는 잔여 은광들 중 가장 중요한 두 곳을 상실했다.[194] 이와 같이 튀르크가 곳곳에서 승리를 거둔 영향으로 초래된 금은의 기근은 유럽의 상업·무역·경제 활동을 모든 방면에서 또다시 곤경에 빠뜨렸다(그림 5.13).[195] 인구가 아직 회복되지 않아 주화 공급의 축소로 인한 압력을 완화해 준 것이 그나마 다행이었다.

베네치아는 이 어려운 시기 내내 인도 향신료 교역에서 이집트와 체결한 독점적 지분을 유지함으로써 번영을 지속해 나갔다. 따라서 이 교역은 금은이 유럽 경제에서 흘러 나가는 주요 통로가 되었다.[196] 적극적인 탐사에도 새로운 광산을 발견할 수 없었으며, 유럽은 향신료 무역의 막대한 적자를 경감해 줄 다른 수출 상품이나 해외 시장이 부족했다. 이와 같은 어려움에 더해서 낮은 기온, 악천후, 가축에 발병한 인수공통전염병 등은 포도 수확의 지연, 곡물과 양모 산출량의 감소, 양과 소 무리의 재난을 초래해 전체적으로 농업생산량을 축소시켰다.[197] 이러한 요소들은 또한 무역의 흐름을 혼란에 빠뜨렸고, 여행의 위험을 가중시켰다. 곤경에 직면한 잉글랜드의 해외무역은 최저 수준까지 떨어졌다(그림 5.12A). 북대서양 진동이 급격하게 약해지면서 혹독한 겨울 추위가 북유럽을 관통했고, 대서양 편서풍의 진로가 남쪽으로 이동했으며, 그 결과 남유럽과 북아프리카에 더 많은 강우를 전달했다(그림 5.2와 5.4). 이와 같은 이례적인 기후 조건에서 제노바의 도움을 얻어 항해하던 포르투갈 선원들은 전설로만 전해지던 말리 제국의 풍부한 금을 발견하기 위해 서아프리카 해안을 따라서 더욱 남쪽으로 탐험을 시작했다. 그들은 1440년대에 현재의 모리타니아, 세네갈, 감비아, 기니에 도착했고, 이탈리아와 경쟁하는 중에 1443년에는 최초로 아프리카 금과 상아를 리스본에 해상 화물로 보냈다.[198]

유럽 해양 국가들은 동방으로의 진출 기획이 차단되자 다른 방면에 있을 수 있는 가능성에 매달렸다. 아프리카를 돌아 인도에 도달하려던 최초의 시도가 기록상으로 아크레가 함락되던 1291년에 제노바의 비발디 형제에 의해 이루어졌다는 사실도 의미심장하다.[199] 그들은 잘 준비된 두 척의 갤리선을 타고 지중해를 벗어나 대서양 남쪽으로 항해했으나, 결국 귀환하지 못했다. 제노바인들은 1277년부터 정기적으로 브루게로의 장거리 항해를 수행해 왔고, 그로 인해 대서양의 어려운 항해 조건에 대해서도 직접적인 경험을 갖고 있었다. 그들은 돛대 3개를 완전히 장착하고 측면을 높인 무장 상선을 개발했는데, 이는 많은 선원이 필요했던 갤리선에 비해서 승무원이 적어도 되어서 경제적이었으며, 방어는 물론이고 더 큰 화물을 더 먼 거리까지 운반하기에 용이했다. 상단 돛topsail•과 앞 돛대foremast의 추가로 항속 범위가 확대되었고, 대형삼각돛lateen sail의 장착으로 바람의 힘을 최대한 이용해 항해할 수 있게 되었다. 이것들은 바르톨로메우 디아스, 바스쿠 다 가마, 크리스토퍼 콜럼버스Cristoforo Colombo, 아메리고 베스푸치가 대장정의 항해에 사용했던 선박이었다.[200] 배의 구조가 개선되고, 항해 경험이 축적됨에 따라 유럽 대서양 연안의 선원과 어부들은 바다에서 다루기 어려운 바람, 조류, 해류 등을 상대하는 데 좀 더 자신감을 갖게 되었고, 더 먼 바다까지 모험을 떠났다.

아이슬란드 그리고 종종 그린란드도 수 세기 동안 북해 주변에서 활동하던 상인과 어부들의 항해 목적지였다. 그런데 14세기 말부터 대서양 어업이 북해에 비해 중요성이 더 커지면서 바스크, 브르타뉴, 잉글랜드 서부의 어부와 홀란드의 고래잡이 선원을 유인했다.[201] 15세기 중반에 이르면 대서양의 수산 자원에 대한 정보가 축적됨으로써 그랜드 뱅크스Grand Banks••의 풍부한 어장을 발견하는 것은 시간문제가 되었다. 한편 이미 알

• 중간 돛대 위에 장착한 돛.

•• 뉴펀들랜드섬 동남쪽의 대륙붕 지역.

려져 있었거나 소문만 무성했던 대서양에 산재한 섬들에 대한 관심도 높아졌고, 이 무한해 보이는 대양이 어디로 인도할지에 대한 궁금증이 커졌다. 그렇지만 14세기 말부터 대부분의 탐사 시도는 이베리아인들의 관심 대상이었던 '행운의 섬Fortunate Island'이 위치했다고 하는 남쪽으로 향했다.[202] 당대인에게 당시에 비로소 알려지게 된 카나리아 제도는 1415년경 에스파냐가 탐사하여 합병했고, 포르투갈은 1420년 버려져 있던 마데이라섬의 영유권을 주장했으며, 얼마 지나지 않아 다시 아조레스 제도를 재발견하여 합병했다.[203]

이 무렵에 정보를 많이 얻게 된 유럽인들은, 동방과 다시 연결되고 베네치아-이집트 독점 체제를 거치지 않고 인도 향신료와 다른 이국적인 고가의 상품들을 보다 저렴하게 확보할 경로를 발견하려면 200년 전 마르코 폴로가 선택했던 것과는 정반대 방향으로 이동해야 한다는 점을 자각했다. 가장 유망한 선택지로는 남쪽으로 항해해 아프리카를 돌아 이동하거나, 서쪽으로 나아가 지구를 한 바퀴 도는 것이 있었다. 이 모험의 핵심 주역은 포르투갈인들과 제휴한 제노바인들이었지만, 결국 제노바인 크리스토퍼 콜럼버스는 에스파냐의 깃발을 매달고 항해했고, 베네치아인 조반니 카보토Giovanni Caboto(영국식 이름은 존 캐벗)를 후원한 것은 잉글랜드인들이었다. 마침내 찬사를 받을 만한 획기적인 발견들이 매우 빠른 속도로 성취되었다. 1488-99년 사이에 바르톨로메우 디아스는 희망봉을 돌았고, 바스쿠 다 가마는 바닷길로 인도에 도착했으며, 크리스토퍼 콜럼버스, 존 캐벗, 아메리고 베스푸치는 각각 서인도 제도, 북아메리카 그리고 브라질에 상륙했다. 그들의 대장정은 14, 15세기 대전환기 동안 상업 및 경제의 좌절과 반전에서 유래한 복합적인 충동에서 비롯되었다. 이와 같은 역사적 전개에서 제노바인 모험가들이 감행한 동부 지중해로부터 서부 지중해 및 그 너머로의 방향 전환은 결정적인 중요성을 지니게 되었다.[204]

유럽인들은 1340년대에 상실한 동방과의 직접 교역로를 1490년대에 마침내 되찾았다. 그들은 또한 당시까지 알려지지 않았던 아메리카 대륙에서 생각지도 못한 광물 자원을 얻을 수 있었다. 그로부터 반세기 내에 유럽의 상업적 고립은 종식되었고, 금은 부족 상태에도 반전이 이루어졌다. 이유는 아직 분명하게 설명할 수 없지만, 그와 거의 동시에 페스트와 다른 질병들의 발병이 지속적으로 이어졌음에도 불구하고 인구 회복을 억제하던 역학적인 압박이 마침내 완화되어 1500년경부터는 거의 전역에서 인구가 다시 증가했다. 스푀러 태양극소기의 가장 추운 국면이 끝나고 태양복사량이 다시 증가하고 있던 것도 도움이 되었다.[205] 대전환은 마침내 끝이 났고 새로운 성장을 일으키는 사회-생태 체제가 확립되었다. 추진력이 생기면서 문화적·상업적·경제적 번영의 새로운 국면이 열렸다.

그런데 유럽 내에서 팽창 이후의 국면에 접어들며 놀랄 만한 운명의 역전이 일어났다. 이를 주도한 국가는 오래전에 상업화되었으나 초기의 상대적인 경쟁력 우위를 상실해 버린 이탈리아도, 새로운 식민지를 획득한 포르투갈도, 근래에 재통일을 이루어 통합한 제국 에스파냐도 아니었다. 그것은 다름 아닌 사업가와 상인들이 이끄는 북부 저지대 국가들이었다. 포르투갈과 에스파냐가 획기적인 발견을 성취했을 때, 이미 상승세를 타고 있었을 뿐 아니라 해운과 금융 부문이 고도로 발달해 있던 브라반트와 홀란드는 신속하게 상업적 주도권을 장악하여 새로운 기회를 활용했다.[206] 안트베르펜은 당대에 견줄 대상이 없을 정도로 성공한 도시로 부상했으며, 이내 홀란드의 도시들이 그 뒤를 따랐다. 홀란드는 16세기 동안 가장 빠르게 성장하는 경제권이었으며, 세기말에 이르면 이탈리아 북부 및 중부, 그리고 아마도 중국의 양쯔강 유역까지도 제치고 거의 확실하게 세계에서 가장 부유한 지역이었다(표 5.1).[207] 홀란드는 또한 이후 두 세기 동안 큰 성장의 기회를 얻지 못한 이웃 국가 잉글랜드도 앞질렀다.[208]

그렇지만 잉글랜드는 14, 15세기가 경과하는 동안 미래의 번영을 위한 제도적·농업적·산업적 기반을 마련했다. 흑사병은 이 나라를 억누르던 빈곤의 부담을 경감해 주었고, 경제 구조 변화의 길을 열어 줌으로써 경제에 유리하게 작용했다. 잉글랜드는 선별적 관세 제도를 통한 보호 조치로 서서히 혼합농경, 직물 제조업, 광업과 금속가공 분야에서 잠재된 비교 우위의 혜택을 보기 시작했으며, 잉글랜드 상인들은 국가 경제에서 더 커다란 역할을 수행하기 시작했다.[209] 16세기에 활발한 인구 성장이 재개되었을 때 대부분의 가구들이 더욱 열심히 노동해야 하는 희생이 있기는 했으나, 잉글랜드는 흑사병 이후 생산성에서 예기치 않았던 행운을 지속시켜 나갔다. 대부분의 다른 유럽 경제권들과 차이를 보였을 뿐 아니라, 13세기의 상황과도 대조를 나타내며, 잉글랜드는 결정적으로 산업과 서비스 부문에서의 고용 증대가 증가한 인구의 대부분을 흡수했고, 그 결과 1인당 국내총생산을 꾸준히 유지했으며 농업에서의 노동생산성도 상승했다. 잉글랜드 역시 인구와 경제를 더 역동적인 궤도에 올려놓으며 성공적으로 대전환을 이루었다.

대전환은 서유럽 전체에 상업 활동의 근본적인 재편, 비교 우위 요소들의 재정립, 인구적·경제적 활력의 선택적 갱신이라는 효과를 낳았다. 그러나 마르코 폴로의 중국 여행과 2세기 후 바스쿠 다 가마의 인도 항해 사이에 일어난 광범위한 변화와 운명의 반전은 전 지구적 기후의 재편으로 인한 물리적·생태적·생물적 스트레스를 논하지 않고는 설명할 수 없다. 중세 말 유럽 인구의 운명은 사실상 동쪽으로 6,000킬로미터 이상 떨어져 있는 중앙아시아 내륙의 인구밀도가 낮은 반건조 지역의 환경 변화와 밀접하게 관련되어 있었다. 의심할 여지 없이 생태적 요인에 의해 촉발된 흑사병의 발병이 없었더라면 사회-생태적 추세는 상이한 궤적을 그렸을 것이다. 미생물 차원에서의 전개와 발전이 거시적인 차원의 결과를 초래했던 것이다.

대전환은 1260년대와 1270년대에 중세 온난기가 끝나고 볼프 태양 극소기가 개시되면서 가동된 기후·생태·생물·정치·상업·경제 영역에서의 준자율적 변화와 함께 시작되었다. 그 후 기존 체제를 바꿔 놓은 임계점은 1340년대에 도달했다. 이 시기에 환경적·사회적 요인들로 인한 초대형 복합 위기가 기존의 인구 및 경제 활동의 붕괴를 촉발했다. 위기 이후 초기의 맬서스식 회복은 1360-63년을 기점으로 반복되었던 페스트 유행으로 저지되었다. 1390년대에 인구와 경제 생산이 하향세에 빠져들었고, 흑사병 이후 뜻밖의 경제 성장이라는 행운도 점차 사그라들면서 돌아올 수 없는 지점을 지났다. 스푀러 태양극소기의 시작은 이와 같은 부정적인 추세를 강화시켰으며, 이 추세는 15세기 3/4분기에 마침내 최저점에 도달했다. 그 무렵 기온이 크게 떨어졌고, 소빙하기의 대기 순환 패턴이 확고히 정착했으며, 페스트와 일련의 정체불명의 질병들이 다시 출현했고, 인구는 최저점에 이르렀고, 금은 공급은 고갈되고 있었고, 경제 성장은 사실상 멈추었고, 서유럽은 점점 더 상업적 고립을 겪고 있었다. 이는 15세기 말에 유럽에서 가장 진취적이었던 해양 국가들과 지역들이 먼저 재정립되고 그 후 세계를 지배하게 된, 팽창과 번영의 다음 국면이 시작되는 기저선이었다. 바로 이 시기에 유럽은 13세기에는 현저히 결여되었던 상업적 패권을 달성했다.[210] 이와 같은 관점에서 보면 대전환은 대분기의 효시였다.

주

1 체제 전환(regime shift)은 '한 역동적인 체제에서 다른 체제로의 급격한 도약'이라고 정의될 수 있다: Scheffer(2009), 104.
2 2장 2절 참조.
3 그림 5.1과 5.2.
4 그림 5.5.
5 그림 5.13.
6 Epstein(2000a), 38-72.
7 2장 4절 1항.
8 그림 5.14B.
9 Grove(1988); Grove(2004).
10 그림 2.2와 2.9.
11 2장 2절.
12 그림 2.2.
13 그림 3.22; Dawson and others(2007).
14 그림 2.8C. Brook(2010), 59, 68; Lieberman and Buckley(2012), 1052, 1057-8, 1073-4, 1078; Tana(2014), 333-5. "14세기 중반에서 15세기 사이 인도 중부, 중국 중북부, 베트남 남부의 강수량을 대리 기후 자료를 이용해 복원한 결과, 각각 몇 년에서 수십 년에 이르기까지 지속된 몬순 가뭄이 확인되었다. 이와 같은 몬순 초대형 가뭄은 기상 관측이 시작된 이래 나타난 적이 없었다": Sinha and others(2011), 47.
15 Campbell(2011a), 144-7; Campbell and Ó Gráda(2011), 869.
16 Campbell(2011a), 147-9; Hatcher (1977), 21-6; Baillie(2006), 36-7.
17 Pfister and others(1996); Grove(2004), 153-9.
18 그림 3.19A와 3.22.
19 Campbell(2011a).
20 Chuine and others(2005).
21 그림 3.19B와 3.22; Grove(2004), 153-9.
22 그림 3.20.
23 Campbell(2011a), 149-51.
24 Sinha and others(2011).
25 Buckley and others(2010).
26 Sinha and others(2007).
27 캄보디아에서는 "전반적으로 몬순 강도가 약했던 이 기간 동안 가뭄에서 매우 강렬한 몬순으로의 갑작스런 역전이 여러 차례 발생했으며, 가장 습했던 20년 중 6년이 14세기 말과 15세기 초반에 있었다": Buckley and others(2010).
28 Dawson and others(2007).
29 그림 3.19A, B와 3.22.
30 그림 3.22.
31 Campbell(2011a), 152-3.
32 Campbell(2007). 1401년도는 페스트가 대규모로 발생했던 해다(그림 5.5).
33 Sinha and others(2007); Berkelhammer and others(2010a); Buckley and others(2010); Zhang and others(2008).
34 그림 2.9; Buckley and others(2010); Gao and others(2009a). 쿠와에 분화는 지금까지 1452/3년으로 추정되었지만, Bauch(2016)는 그보다 늦은 시기가 기록된 대기 현상과 좀 더 일치한다고 주장한다. 그린란드 빙하 코어의 황산염 퇴적물은 쿠와에 화산이 1458년경에 폭발했고, 그에 선행하여 1453년경에 그보다 약한 열대성 분화가 있었으며, 후에 1462년경에 고위도 북반구에서 분화가 뒤따랐음을 나타낸다. 프랭크 러들로우와의 사적 의견교환.
35 그림 1.1A.
36 Bauch(2016); 프랭크 러들로우와의

사적 의견교환.

37 Meeker and Mayewski(2001).

38 Meeker and Mayewski(2001), 263.

39 Baker and others(2002), 1342.

40 Engelen and others(2001).

41 Dugmore and others(2007), 19-22.

42 Chuine and others(2005); James(1971), 58.

43 Campbell(2011a).

44 Stephenson(1988), 383-4.

45 Carus-Wilson and Coleman(1963), 59-61.

46 Campbell(2011a), 153-4.

47 Malanima(2011), 207; Zanden and Leeuwen(2012); Broadberry and others(2015), 232 등의 자료에 기반해 산정.

48 Piponnier and Mane(1997); Munro(2007); Pedersen and Nosch(2009); Veale(1966); Dresbeck(1971).

49 Dyer(1995); Brady(1997); Gerrard and Petley(2013).

50 그림 3.22; Trouet and others(2009a and b); Kobashi and others(2010); Massé and others(2008).

51 Sun and Liu(2012), 6 and 9 of 11.

52 Broadberry and others(2015), 57-64.

53 Grove(2004), 607.

54 Buckley and others(2010); Brook(2010), 72, 77, 97; Lieberman and Buckley(2012), 1073-5.

55 3장 3절 2항.

56 그림 4.3과 4.6.

57 4장 4절.

58 Schmid and others(2015), 3-4 of 6; Cummins and others(2013).

59 Clark(1988), 271-5; Clark(2010).

60 Christakos and others(2007), 713-14, 716-17.

61 Benedictow(2010), 268-71.

62 Benedictow(2010), 271.

63 윈체스터의 혼인 인가는 Page(2001)에서 Cormac Ó Gráda가 도출했고, 헤일소언의 혼인 인가는 Razi(1980), 48, 133에 근거함.

64 Jones(1996), 466.

65 Russell(1948), 216-18; Cohn(2002a), 192-203; Thrupp(1962), 191-206; Thrupp(1965); Hollingsworth(1969), 378-9.

66 Goldberg(1992); Bailey(1996); Hatcher(2003), 92-5; Humphries and Weisdorf(2015). 17세기 콜리턴(Colyton)의 페스트 이후 혼인율과 출산율의 유사한 하락에 대해서는 Wrigley(1966) 참조.

67 Poos(1985).

68 그림 4.14.

69 Grove(1988); Campbell(2011a), 122-3, 152-6.

70 15세기 중반부터 사망률이 완화되었다는 추가 증거는 Thrupp(1965), 114; Gottfried(1978), 204-13 등이 제공.

71 Broadberry and others(2015), 22-7.

72 Alfani(2013).

73 그림 3.27; Schmid and others(2015).

74 Hatcher(1996); Nightingale(1997).

75 금은의 결핍에 대해서는 Day(1987), 1-54; Spufford(1988), 339-62; Bolton(2012), 232-6 참조.

76 Bavel and Zanden(2004). 브라반트 공국과 포르투갈도 예외였을 수 있다.

77 그림 4.14; 4장 4절; Farmer(1988), 483-90; Cohn(2007). 여성 노동자들은 덜 성공적이었다: Humphries and Weisdorf(2015).

78 Clark(2007b); Munro(연도미상).

79 Hatcher(2011); Humphries and

Weisdorf(2015).

80 Allen(2001); Munro(연도미상).

81 Federico and Malanima(2004), 459-60.

82 Allen(2001).

83 Broadberry and others(2015), 260-5, 414-15.

84 1인당 노동 공급의 변화가 일일 실질임금에 미치는 영향에 대해서는 Angeles(2008) 참조.

85 성취할 수 있는 것의 예시는 Bailey(2014), 303 참조.

86 Clark(2005); Clark(1988)와 Clark(2010).

87 Bailey(2014), 303: 하락 범위는 옥스포드셔의 컥스햄에서 차지권이 15% 인하된 것에서 서펵의 더닝워스에서 관습 경작지에 부과되는 등록세가 53% 감소한 것까지 다양했다.

88 Howell(1983), 47-8; Campbell(1984); Yates(2013), 586-92.

89 Campbell(1980), 188-91; Campbell(1981), 26-9; Yates(2003).

90 Clark(1988); Clarke(2005).

91 Epstein(2000a), 20. 중세 자료의 이자율 계산은 Bell and others(2009a) 참조.

92 Epstein(2000a), 20.

93 Epstein(2000a), 19-20.

94 Clark(2005), 1: "이러한 [이자율] 하락의 정도는 거의 인식되지 않았고, 그 원인은 불가사의하며, 지속적으로 효율성이 향상되는 경제체제로의 전환과의 연관성은 알려져 있지 않다."

95 Mokyr(1992), 34-5, 51-4.

96 Campbell(1997b); Broadberry and others(2015), 288-91.

97 Broadberry and others(2013), 17.

98 Thirsk(1961); Thirsk(1973); Birrell(1969).

99 Baker(1973), 222, 225, 229-30.

100 Baker(1973), 222-5, 228-9.

101 Kermode(1998), 274-5, 316-18.

102 Stephenson(1988), 377-80.

103 Campbell(2011a), 142-51.

104 Power and Campbell(1992); Campbell(2000), 94-101, 411-30.

105 Campbell(2011a), 142-9; 그림 4.6과 5.5.

106 5장 3절; Parry(1978); Malanima(2012), 98-9.

107 그림 4.12; 4장 3절 4항; Baillie(2006), 21-3; Büntgen and others(2013), 1776.

108 Baker(1973), 207-17; Broadberry and others(2015), 57-61.

109 Campbell(2000), 430-6; Campbell and others(1996), 173-9.

110 Campbell and others(1996), 177-9.

111 Campbell(1980) 188-91; Campbell(1981), 5-15, 26-9; Whittle(2000), 108-10.

112 Baker(1973), 211-15.

113 Whittle(2000), 167-77.

114 Bailey(2014). 이와 같은 발전은 Campbell(2002a)에서 상세하게 검토되었다.

115 Britnell(1993a), 179-85.

116 Darby and others(1979); Broadberry and others(2015), 22-7.

117 이와 같은 권력 관계와 그 결과들은 Aston and Philpin(1985)에서 광범위하게 논의되었다.

118 Britnell(1993a), 156-61, 169-71; Masschaele(1994); Bailey(2007), 265-8.

119 Hatcher(1996), 266-70; Kermode (1998), 261-75; Nightingale(2010); Phythian-Adams(2002).

120 Kermode(1998), 73-4; Kermode (2000), 458-9; Kowaleski(2014), 583-97.

121 Bairoch and others(1988), 259의 도시화율을 McEvedy and Jones(1978), 19의 유럽 인구 추정에 적용한 것이다.

122 Bairoch and others(1988), 259.

123 그때까지 역동적인 이탈리아의 상황에 대해서는 Epstein(2000a), 91-6; Malanima(2005) 참조. 남부 독일에 대해서는 Scott(2002), 58-65, 113-37 참조.

124 Nightingale(1996), 100-6; Nightingale(2010); Keene(2000a), 60-9, 79; Kermode(1998), 263-5, 274-5, 318-19.

125 Keene(1985), 20.

126 Britnell(1993a), 170-1; Yates(2007), 67-124.

127 Rigby(2010).

128 Broadberry and others(2015), 257-65.

129 Munro(1991), 120-30; Davis(2003), 23-48, 139-74를 Brooke(2014), 422에서 재인용. 엡스타인은 흑사병 이후 한 세기 동안 수요, 거래 비용, 무역에 대한 보다 낙관적인 평가를 제시한다: Epstein(2000a), 38-72.

130 Day(1987), 3-10.

131 Spufford(1988), 339-62. 중세 말 잉글랜드 경제의 통화론적 해석에 대해서는 Nightingale(1990); Bolton (2012), 263-7 참조.

132 Day(1987), 3-10.

133 2장 5절 2항 c; Spufford(1988), 348, 352, 380; Day(1987), 33-5.

134 Spufford(1988), 361.

135 Spufford(1988), 359-60.

136 Hatcher(1996); Nightingale(1997).

137 Day(1987), 24, 27-8, 44-5; Spufford (1988), 358; Nightingale(2004a); Bolton(2012), 280-95.

138 Spufford(1988), 348; Day(1987), 82-9. 예를 들면, 아일랜드 촌락은 화폐 없는 사회로 회귀했다: Cosgrove(1993), 425-6, 822-5.

139 Spufford(1988), 358-9, 363-4; Bolton(2012), 244.

140 Kermode(1998), 261-3, 268-9, 274.

141 Day(1987), 208.

142 그림 2.9; Gao and others(2009a); Bauch(2016); 프랭크 리들로우와의 사적 의견교환.

143 Broadberry and others(2015), 314-21, 421.

144 McIntosh(2012), 37-112.

145 Allen(2001); Allen(2009).

146 Phelps Brown and Hopkins(1956)의 연구는 Rogers(1866-1902)와 Beveridge(1939)의 이전 시기 저작에 토대를 두고 있다.

147 Blanchard(1994), 19-22; Allen and Weisdorf(2011).

148 Broadberry and others(2015), 247-78.

149 Campbell(2013c), 172-4.

150 Allen(2001).

151 Álvarez-Nogal and Prados de la Escosura(2013), 2-3. 흑사병 이전 포르투갈에서 지급된 넉넉한 1일 실질임금은 Henriques(2015), 160-1 참조.

152 흑사병 이후 잉글랜드 여성 노동자들이 얻은 현저히 적은 소득에 대해서는 Humphries and Weisdorf(2015) 참조.

153 데이는 카탈루냐에서 '1380년부터 1490년까지 전 기간'의 특징을 '경제가 쇠퇴한 시기'로 단정한다: Day(1987), 207-8.

154 Malanima(2011), 205-9.

155 Malanima(2011); Zanden and Leeuwen(2012); Campbell(2013c), 191.

156 양쯔성의 1인당 국내총생산은 중국 평균 $1,127보다 기껏해야 50% 많은 약

$1,700로 가정하는 것이 합리적이다: Broadberry and others(2015), 386.

157 Broadberry and others(2015), 375, 384-7.

158 Pomeranz(2000).

159 Angeles(2008); Broadberry and others(2015), 260-5.

160 유복한 생계 품목은 부록 3.1, 표 3.4에 정의되었다.

161 블랜차드는 소작농 가족이 1년에 125-135일을 장원에서 노동하며 지내고, "130-140일을 농사일에서 벗어난 '대기시간'을 가진다"라고 산정했다: Blanchard(1994), 17.

162 Allen and Weisdorf(2011). 여가 시간은 교회가 지정한 약 100일의 축일을 포함하며 최대 140일까지 대중적인 유희에 이용할 수 있다: Blanchard(1994), 19-23. 일반인들이 값싸고 자유롭게 즐길 수 있던 다양한 여가 활동에 대해서는 Reeves(1995) 참조.

163 Rigby(2010), 411: "1524년에 잉글랜드 지방 도시에 거주하던 주민의 비율은 기껏해야 1377년보다 높지 않았으며, 조금 더 낮았을 수도 있다." 릭비(Rigby)는 개인적으로 런던 납세자에 대한 추정치를 포함하여, 잉글랜드의 도시화율에 있어서 1524년과 1377년이 동일했다는 의견을 제시한다.

164 Wrigley(1985), 683; Bairoch and others(1988), 259. 독일, 벨기에, 에스파냐, 프랑스, 이탈리아, 스위스, 오스트리아, 헝가리, 체코, 발칸 국가들, 유럽 쪽 러시아 등은 모두 1500년에 도시화율이 1400년보다 낮았다. 별 변화가 없었던 루마니아만이 예외였다.

165 런던과 케임브리지의 대조적인 영향에 대해서는 Campbell and others(1993); Lee(2003) 참조.

166 Broadberry and others(2013).

167 브루넬레스키, 도나텔로, 마사초는 모두 1420년대에 활동했고, 피에로 델라 프란체스카는 초기 도제 시절이었다.

168 Day(1987), 204-6; Kedar(1976); Bateman(2011), 464.

169 Malanima(2011); Campbell(2013c), 186.

170 Day(1987), 211-12; Bolton and Bruscoli(2008); Limberger(2008), 1-3, 215-19.

171 Bavel and Zanden(2004).

172 Bavel and Zanden(2004).

173 Zanden and Leeuwen(2012).

174 Phillips(1988), 239-41; Fernández-Armesto(1987), 198-200, 217.

175 Spufford(1988), 369; Butel(1999), 36-9.

176 Fernández-Armesto(1987), 217.

177 Day(1987), 58-63; Munro(1991), 110-21.

178 2장 4절 3항과 5절 3항.

179 Lieberman(2009), 548-58; Lieberman and Buckley(2012), 1056-68; Tana(2014), 328-30.

180 Lieberman(2009), 552-6; 2장 2절과 4장 3절.

181 Abu-Lughod(1989), 352-6; 그림 2.1.

182 Day(1987), 4-10, 60-2, 213.

183 3장 1절 1항과 3절 1항.

184 3장 1절.

185 Abu-Lughod(1989), 360.

186 Munro(1991), 121-4.

187 2장 5절 2항 c; Day(1987), 58-60.

188 3장 1절과 4장 1절.

189 4장 4절.

190 Day(1987), 11-48, 58-60; Spufford(1988), 339-62; Bolton(2012), 270-2.

191 Abu-Lughod(1989), 361: "결정적으로 중요한 사실은 '동양의 몰락'이 '서양의 부상'에 앞서서 발생했다는 점이다." Lieberman(2009), 556-8, 724-33, 793-7; Brook(2010), 50-73; Lieberman and Buckley(2012), 1068-78.

192 Epstein(2000a), 52-72.

193 그림 2.1.

194 Spufford(1988), 342, 349-52, 359-60.

195 Spufford(1988), 357-62.

196 Day(1987), 8-9; Spufford(1988), 350-3.

197 Stephenson(1988); Chuine and others(2005); Campbell(2011a), 152-6.

198 Fernández-Armesto(1987), 140-8, 192-4; Spufford(1988), 369.

199 Fernández-Armesto(1987), 152; Phillips(1988), 102, 252; Abu-Lughod (1989), 121-2, 188-9.

200 Unger(1980), 201-50; Phillips(1988), 230.

201 Childs(1995); Butel(1999), 57-8; Kowaleski(2000), 27-8.

202 Fernández-Armesto(1987), 171-92.

203 Phillips(1988), 229-30.

204 Fernández-Armesto(1987), 96-120, 206-7, 219-20; Abu-Lughod(1989), 362-3; Butel(1999), 34-6.

205 그림 2.9.

206 Bavel and Zanden(2004); Zanden and Leeuwen(2012).

207 Campbell(2013c), 179-80, 189-92; Broadberry and others(2015), 374-87.

208 Broadberry and others(2015), 208-12, 395-7.

209 Broadberry and others(2013).

210 Abu-Lughod(1989).

맺는말

이론, 우발성, 결합 그리고 대전환

신고전주의 경제학, 마르크스주의, 그리고 신제도학파 등은 모두 대전환에 대한 귀중한 통찰을 제공했다.[1] 각각의 접근 방식에는 강력한 옹호자들이 있었고, 서로 경쟁하던 진영들의 이견은 때때로 격렬하게 대립했다.[2] 그러나 그 어느 이론도 장기간에 걸쳐 지속되었을 뿐 아니라 공간적으로 광범위하게 이루어진 이 사회-생태적 전환 전체에 대해서 역사적으로 설득력 있는 설명을 제공하는 데 성공하지 못했다. 특히 기근, 가축전염병, 페스트 등의 중대한 범대륙적 환경 재해는 맬서스식 양성제어처럼 명백하고 단순한 분류를 허용하지 않으며, 대체로 지역에 특화된 인간의 행위와 관계에 인과적 우선순위를 부여하는 설명에 편안하게 편승하기를 완강하게 거부한다.[3] 대전환의 규모는 일국적 역사학의 범위를 넘어서는 분석을 필요로 한다. 그 대척점의 극단에서 기후와 질병의 환경적 요인을 가장 중요한 것으로 취급하는 태도도 마찬가지로 만족스럽지 못하다. 데이비드 장David Zhang과 그의 동료들이 "기후변화가 산업화 이전 유럽과 북반구에서 발생한 광범위한 인류 위기의 궁극적인 원인이며, 기후로 인해 비롯된 경기 침체가 그 직접적인 원인"이라고 주장한 것은 명백히 생물적 요인의 독자성은 물론이고 인간 활동의 작용과 반작용의 복잡성을 정당하게 평가하지 못하는 것이다.[4] 1340년대 인류에게 닥친 광범위한 위기의 경우, 기후가 사회에 미친 영향은 생태, 질병, 미생물 그리고 다양한 인간 활동의 개입을 통해 매개되었다(그림 6.1). 이 책의 3장과 4장에서 분명히 드러났듯이, 과학적·역사적 증거를 적절하게 존중하면서 이와 같은 상호 작용을 해명하는 것은 결코 간단치 않다. 하나의 요소나 일련의 관계가 여타 다른 모든 것들보다 우위에 있다고 단언하며 다른 요인을 일축하는 주장은 문제가 항상 세부 사항들 속에 숨어 있다는 사실을 예리하게 인지하고 있는 역사가들에게는 결코 통용되지 않을 것이다.

물론, 인간과 환경을 이분법적으로 구분하고, 전자는 역사가들의 관심사로 그리고 후자는 "인간사에 대한 배경일 뿐 실질적으로 영향이 전혀 없다고 보고 하찮게" 취급하는 것은 잘못이다.[5] 여기에는 인간의 활동을 '내인성內因性'으로 분류해 이해와 설명이 필요한 영역으로 간주하고, 환경적 변수는 '외인성外因性'으로 분류해 고찰할 가치가 적거나 '섭리가 작동하는 영역'의 지위로 밀쳐 내는 것까지도 포함된다.[6] 복합적인 과거와 사람들이 그 안에서 생활하고, 일하고, 번식하는 자연계의 역동성을 정당하게 평가하기 위해서는 기후와 사회, 생태계와 생물, 미생물과 인간이 어떻게 개별적으로 그리고 서로 결합하여 역사의 흐름을 형성했는지 이해하는 것이 필요하다(그림 6.1).[7] 그와 같은 총체적인 접근은 필연적으로 전통적인 역사학의 시공간적 경계를 무너뜨리는 다층적인 서사를 만들어 낸다.[8] 대전환은 구세계의 어느 곳에도 예외 없이 영향을 미쳤으며, 신세계에서 병행된 변화들에도 토대가 되었다. 대전환이 전개되면서, 역동적인 균형 상태로 존재하고 있던 기존의 사회-생태 체제를 관통하며 복잡한 방식으로 변화가 확산되었고, 단기적·장기적 그리고 미시적·거시적으로 중첩된 시공간의 차원에서 환경과 인간 모두의 상호 작용과 되먹임 작용이 발생했다. 그와 같이 우발적이고 무질서한 연쇄적 변화 과정은 '원인과 결과'라는 단순한 법칙을 허용하지 않으며, 전환 과정에서 각 구성 요소의 매 단계가 고유했고, 결과가 미리 결정된 경우는 거의 없었을 뿐 아니라, 항

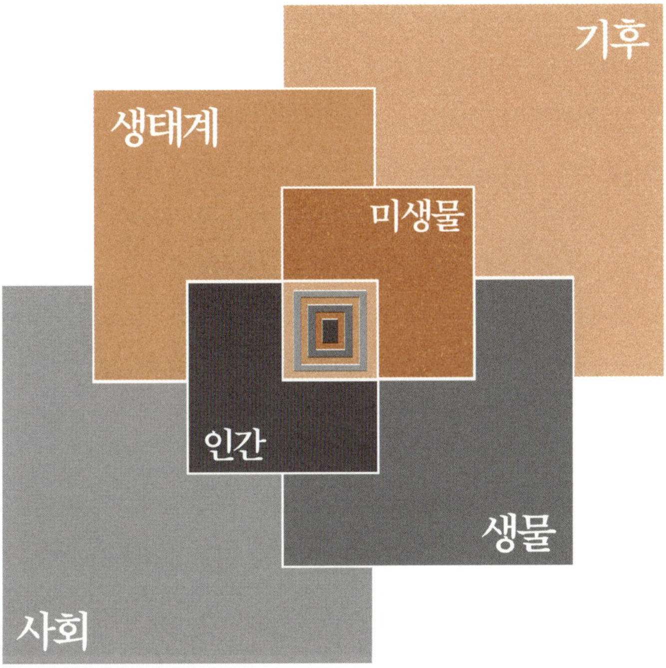

그림 6.1 | 역동적인 사회-생태 체제의 여섯 가지 핵심 요소
출처: National Academy of Sciences(2008), figure SA-4, 14에 근거.

상 예측할 수 없었음을 상기시켜 준다.[9]

홀로세 중 가장 강력한 화산으로 여겨지는 1257/8년 사말라스의 화산 폭발 지수 7등급 분출과 같은 초대형 사건일지라도 반드시 그 규모에 비례해 환경과 인간에 실질적이고 지속적으로 영향을 미치는 것은 아니었다.[10] 역으로 중앙아시아의 반건조 내륙 지역의 병원소 보유지에 국한된 페스트가 잠복된 동물풍토병 상태에서 구세계의 대부분에 확산된 파괴적인 인간 팬데믹으로 연속해서 변형되고 교차한 것은, 표면적으로는 페스트 숙주가 야생 설치류에서 공생 설치류로 또는 매개생물이 쥐벼룩 제놉실라 체오피스에서 사람벼룩 풀렉스 이리탄스로 변화된 것과 같은 작은 발전이 엄청난 역사적 결과를 초래할 수 있는 가능성을 전형적으로 보여 준다.[11] 그와 마찬가지로, 1205년에서 1209년 사이 몽골로 하여금 서하를 습격하고 침입하도록 만든 대가뭄이 없었더라면 몽골 제국의 출현은 결코 일어나지 않았을 것이다. 그리고 1210년부터 갑작스런 강수량의 증가가 예기치 않게 몽골 기병대에게 새로운 군마와 사료를 충분히 공급했고, 특히 칭기즈 칸이라는 정치·군사 분야에서 탁월한 지도자가 등장하여 반목하던 몽골 부족들을 무적의 군대로 결합시킬 수 있었다.[12] 한편, 몽골 제국은 유라시아 내륙을 개방하여 횡축 이동을 증대시켜 마르코 폴로와 같은 서양인의 동방으로의 여행을 가능케 했고, 우역과 페스트같은 역병의 서쪽으로의 확산을 가능케 했다. 흑사병이 중국 동부에서 기원했다는 맥닐의 생각은 오류였을지 모르지만, 몽골 제국 시기에 절정에 달했던 "아시아를 관통하는 육상 대상로 이동의 증가는 거시기생과 미시기생 방식 모두에 광범위한 방식으로 영향을 미쳤다"라는 그의 통찰은 분명히 옳았다.[13] 중동에서 최초의 도미노를 넘어뜨린 것은 물론 몽골 제국이 아바스 칼리파를 붕괴시킨 사건이었다. 그리고 뒤이은 몽골-맘루크 갈등은 십자군 제후국의 멸망을 재촉했고, 페르시아만과 지중해 사이에 오랜 기간에 걸쳐 확립된 교역이 활발하던 시리아 대상로의 우회 내지 폐쇄를 촉발했다. 이는 이 중요한 교역로를 통해 비교적 자유롭고 경쟁적으로 이동하던 시대를 종식시켰고, 결국 최종적으로 승리한 이집트 술탄이 잔존하는 동서 교역에 대한 독점적 통제권을 갖게 만들었다.

정치적으로 분열된 유럽에서 평화는 허약했으며 깨지기 일쑤였다. 1286년 알렉산더 3세, 그리고 1328년 샤를 4세가 사망한 후 스코틀랜드와 프랑스 왕가에 각각 남계로 왕권을 계승할 후손이 끊어지지 않고 남아 있었더라면 파괴적인 스코틀랜드 독립전쟁이나 파멸적인 백년전쟁이 일어나지는 않았을 것이다. 게다가 그 두 차례의 커다란 분쟁의 시기는 더할 나위 없이 불운했다. 1314년의 배넉번 전투 이후 1322년까지 스코틀랜드의 잉글랜드 북부 공습과 1315년 에드워드 브루스의 전면적인 아일랜드 공격은 그 군사적 약탈과 파괴가 유럽 최악의 대기근과 시기적으로 맞물려 발생했기 때문에 유독 장기간에 걸쳐 부정적인 영향을 미쳤다. 그와 더불어 병력 이동과 가축 약탈은 우역의 독자적인 확산을 부채질하여 목축업 생산에 기반한 사회에 치명적인 결과를 초래했다.[14] 훨씬 규모가 크고 비용도 많이 들었던 잉글랜드와 프랑스 사이의 충돌은 상업·경제·정치에 미친 영향이 더욱 광범위했고, 전쟁 당사자들을 넘어서 이탈리아 상인 은행가, 플랑드르 직물제조업자, 그리고 다시 스코틀랜드인에게까지 확대되었다. 이 부분에서 중요한 점은 단지 이와 같은 특정 사건의 우발적인 원인뿐만 아니라, 정치·군사·재정·경제·인구·환경·전염병 등 다양한 요인들이 하나로 결합했으며 동시에 복합적으로 작용했다는 사실이다. 1316-22년의 유럽 대기근 동안에 이러한 요인들이 전체적으로 만들어 낸 초대형 복합위기에 근접한 상황은 당시 지배적이던 사회-생태 체제의 불안정한 균형을 거의 압도했으며, 생태학자들이 분기점 또는 임계점이라고 부르는 시점에 확실히 더 가까이 다가갔다.[15]

유럽의 경우 대전환에 선행했던 긴 번영기는 중세 태양극대기의 시작, 매우 안정적이고 호의적인 기후 조건의 우세, 상대적으로 낮은 감염병 발병, 증가하는 농업생산량, 소유권을 정의定義하고 거래 비용을 낮추고 상업적 교환을 촉진하는 일련의 거시적·미시적 제도 혁신, 십자군 원정의 성공, 장기간 이어진 은 채굴 호황 등이 광범위하게 이로운 방향으로 결합된 것이 특징이었다. 그로 인해 두 세기 대부분에 걸쳐 긍정적인 시너지 효과가 인구와 경제의 확대를 지속해 주었다.[16] 그 후 14세기에는 볼프 태양극소기, 기후변화와 잇따른 기상 악화, 불안정해진 생태계, 동물대역병 발병, 전쟁 확대, 거래 비용 증가, 교역 침체의 심화, 은 생산량 축소 등이 운 나쁘게 겹치면서 처음에는 경제 성장을 중단시키더니 점차 인구와 경제 활동의 붕괴를 촉진했다.[17] 이와 같이 발전을 거스르는 상황들의 조합은 1340년대에 최악이었으며, 이런 환경에서 흑사병이 발병하고 폭발적으로 확산되었다.

이것은 불가역적인 체제 변환을 촉발한 초대형 복합위기였다. 흑사병의 영향이 그토록 엄청나게 확대된 것은 사회-생태적 조건이 이미 임계점의 절정에 이르렀던 상황에서 이 역병이 덮쳤기 때문이다.[18] 흑사병 발병 이후에는 1390년대부터 연장된 스푀러 태양극소기의 시작, 지속되는 전 지구적 기후 재편, 맘루크와 오스만 세력의 정치력·군사력 증대, 경기 침체의 심화, 인도 향신료 무역에서 베네치아와 이집트의 공동 독점권, 유럽의 은 산출량 고갈과 그에 따른 금은 기근 등이 결합되었다.[19] 이와 같은 압박들은 1450년대와 1460년대에 극심했다. 당시에 태양복사량은 최소로 떨어졌고, 전 지구와 북반구의 온도는 지난 천 년 중 가장 낮았고, 북대서양 진동은 가장 약했으며, 유럽 전역에서 페스트가 광범위하게 발병했다. 나아가 1453년에서 1461년 사이에 콘스탄티노폴리스, 세르비아와 보스니아의 은광, 그리고 트라브존까지 모두가 오스만 제국에 의해 함락되었다. 1457년에서 1464년 사이에는 심각한 금은 기근 현상이 시작되었고, 1458년경에는 남태평양 쿠와에에서 초대형 화산이 폭발했으며, 국제무역이 급격히 침체되었다.[20] 15세기 4/4분기 동안에는 인구 대체에 대한 질병의 통제력이 어느 정도 느슨해지고 대서양이 제공하는 상업적 기회에 대한 본격적인 탐사가 이루어지면서 이와 같은 압박들 중 전부는 아니지만 일부가 완화되었으며 새로운 확장 국면이 시작되었고, 그 결과 대전환은 막을 내렸다.

경제학이나 생태학의 철칙을 반영하지 않는다는 사실이 대전환이 계속해서 주목받게 만드는 요소의 일부다. 그렇지만 대전환은 구세계 전역에 걸쳐 사회경제적 발전의 궤적에 심대하며 동시적인 변화를 초래했으며, 이는 일부 사회에는 유리하게 작용했고 다른 사회에는 불리하게 작용했다. 대전환이 끝날 무렵 유럽 지중해 경제의 역동성은 기울었고, 반면 대서양 연안 경제의 역동성은 증대되고 있었다.[21] 이탈리아는 오랜 쇠퇴 국면에 처하기 직전이었고, 포르투갈과 에스파냐는 돌파구를 삼을 수 있는 해외 영토의 발견으로 식민지를 가진 제국으로 도약하는 기회를 맞고 있었으며, 잉글랜드는 산업과 제조업에서 꾸준히 비교 우위의 역량을 향상시키고 있었고, 홀란드는 해상을 통한 황금시대에 진입할 준비를 하고 있었다.[22] 이와 같은 유럽 경제의 선도 국가들은 이제 극동의 상대 국가들과 어느 정도 어깨를 나란히 하게 되었다.[23] 이는 부분적으로는 유럽의 혼합농경 방식이 기후 변화에 더 잘 적응했고 몬순 아시아의 쌀 재배 경제에 비해 본질적으로 더 높은 수준의 노동생산성을 보였기 때문이다. 중앙아시아에서 기원한 후 서쪽으로 퍼졌으며 유럽에 가장 치명적인 영향을 미쳤던 페스트도 유럽의 상업 핵심 지역에서 인구와 자원 사이의 건전한 균형을 회복하는 데 기여했다. 이미 축력畜力과 기계적 에너지의 광범위한 사용에서 두각을 나타냈던 서유럽은 상대적으로 노동력이 부족하여 값비싼 지역이 되었기에 노동력을 절약하는 기술을 개발하는 일에 더욱 힘을 기울여야 했다.[24]

유럽의 상업혁명이 시작되던 중세 태양극대기 초기에 중국 송나라는 기술적으로나 경제적으로나 라틴 기독교 세계를 훨씬 앞서 있었다. 스푀러 태양극소기가 정점을 지나 대전환이 끝났을 때, 기독교 세계의 선진화된 지역은 중국을 따라잡았으며, 기술과 무역 측면에서 서양은 들여오던 지위에서 제공하는 지위로, 후발주자에서 선발주자로 전환하려던 참이었다. 점점 더 자본집약적이며 역동적으로 변해 가던 북해 남부 지역의 경제와 노동집약적이며 역동성을 상실해 가던 동남아시아 그리고 특히 중국 동부의 경제 사이에 대분기가 발생하게 된 것은 사실상 이 대전환으로부터 비롯되었다.

주

1 포괄적인 검토는 Hatcher and Bailey(2001) 참조.

2 예를 들면, Aston and Philpin(1985)이 있다.

3 Hoffmann(2014), 342-51.

4 Zhang and others(2011), 17296.

5 Hoffmann(2014), 6.

6 하비는 그럼에도 불구하고 "다른 것들과 관련된 외생적 요인의 중요성을 결정하는 것은 역사가가 직면한 가장 중요한 과제"라고 주장했다: Harvey(1991), 2-3.

7 Hoffmann(2014), 7-11.

8 관련 사례로 Abu-Lughod(1989), Lieberman(2009)이 포함된다.

9 Hatcher and Bailey(2001), 213-16. 나는 '우발적이고 무질서한 연쇄적 발전과정(contingent chaotic development)'이라는 용어에 대해 테리 핑커드(Terry Pinkard)에게 감사한다.

10 Oppenheimer(2003); Lavigne and others(2013); Campbell(2013a).

11 4장.

12 Hessl and others(2013).

13 McNeill(1977), 162. 이 시각에 Hymes(2014)도 동의했다.

14 Campbell(2010a), 7-13; Slavin(2012); Slavin(2014).

15 3장 1절 3항과 4장 1절; Scheffer(2009), 18-22.

16 2장.

17 3장과 4장.

18 Scheffer(2009), 282-95.

19 4장.

20 그림 2.1.

21 Broadberry and others(2015), 374-83.

22 Campbell(2013c); 5장 3절 1항.

23 표 5.1.

24 Allen(2009).

참고문헌

AHR	*Agricultural History Review*
BHM	*Bulletin of the History of Medicine*
C&C	*Continuity and Change*
EcHR	*Economic History Review*
EEH	*Explorations in Economic History*
EID	*Emerging Infectious Diseases*
EREH	*European Review of Economic History*
GRL	*Geophysical Research Letters*
IGBP	*IGBP PAGES/World Data Center for Paleoclimatology Data Contribution Series, NOAA/NCDC Paleoclimatology Program, Boulder CO, USA*
JEH	*Journal of Economic History*
JHG	*Journal of Historical Geography*
JIH	*Journal of Interdisciplinary History*
P&P	*Past and Present*
PNAS	*Proceedings of the National Academy of Sciences of the United States of America*
QSR	*Quaternary Science Reviews*

Abel, Wilhelm (1935 and 1980), *Agrarkrisen und agrarkonjunktur in Mitteleuropa vom 13. bis zum 19. jahrhundert* (*Agricultural fluctuations in Europe from the thirteenth to the twentieth centuries*, trans. O. Ordish, London), Berlin.

Aberth, John (2001), *From the brink of the apocalypse: confronting famine, war, plague, and death in the later Middle Ages*, New York and London.

Aberth, John (2005), *The Black Death: the great mortality of 1348-1350. A brief history with documents*, Boston and New York.

Abu-Lughod, Janet L. (1989), *Before European hegemony: the world system A.D. 1250-1350*, Oxford.

Abulafia, David (1981), 'Southern Italy and the Florentine economy, 1265-1370', *EcHR* 34(3), 377-88.

Abulafia, David (1987), 'Asia, Africa and the trade of medieval Europe', 402-73 in M. M. Postan and Edward Miller, eds., *The Cambridge economic history of Europe, II, Trade and industry in the Middle Ages*, 2nd edn, Cambridge.

Abulafia, David (2005), *The two Italies: economic relations between the Norman kingdom of Sicily and the northern communities*, Cambridge.

Achtman, Mark (2012), 'Insights from genomic comparisons of genetically monomorphic bacterial pathogens', *Philosophical Trans. Royal Soc. B: Biological Sciences* 367 (1590), 860-7.

Achtman, Mark; Morelli, Giovanna; Zhu, Peixuan; Wirth, Thierry; Diehl, Ines; Kusecek, Barica; Vogler, Amy J.; Wagner, David M.; Allender, Christopher J.; Easterday, W. Ryan; Chenal-Francisque, Viviane; Worsham, Patricia; Thomson, Nicholas R.; Parkhill, Julian; Lindler, Luther E.; Carniel, Elisabeth; Keim, Paul (2004), 'Microevolution and history of the plague bacillus, *Yersinia pestis*', *PNAS* 101 (51), 17837-42.

Alfani, Guido (2013), 'Plague in seventeenth century Europe and the decline of Italy: an epidemiological hypothesis', *EREH* 17(4), 408-30.

Alfani, Guido; Mocarelli, Luca; Strangio, Donatella (2015), 'Italian famines: an overview (ca. 1250-1810)', Dondena Working Paper, Milan.

Allen, Martin (2012), *Mints and money in medieval England*, Cambridge.

Allen, Robert C. (2001), 'The great divergence in European wages and prices from the Middle Ages to the First World War', *EEH* 38, 411-47 (wages of labourers and craftsmen together with consumer price indices are available on the Global Prices and Incomes Database website at University of California, Davis: http://gpih.ucdavis.edu/Datafilelist.htm).

Allen, Robert C. (2009), *The British industrial revolution in global perspective*, Cambridge.

Allen, Robert C.; Weisdorf, Jacob L. (2011), 'Was there an "industrious revolution" before the industrial revolution? An empirical exercise for England, *c.*1300-1830', *EcHR* 64(3), 715-29.

Allmand, Christopher (1988), *The Hundred YearsWar: England and France at war c.1300-c.1450*, Cambridge.

Álvarez-Nogal, C.; Prados de la Escosura, L. (2013), 'The rise and fall of Spain (1270-1850)', *EcHR* 66(1), 1-37.

Angeles, Luis (2008), 'GDP per capita or real wages? Making sense of conflicting views on pre-industrial Europe', *EEH* 45(2), 147-63.

Anker, M; Schaaf, D. (2000), 'Plague', 25-37 in Department of Communicable Disease Surveillance and Response, World Health Organization, *Report on global surveillance of epidemic-prone infectious diseases*, Geneva. www.who.int/csr/resources/publications/surveillance/en/plague.pdf

Antoine, Daniel (2008), 'The archaeology of "plague"', *Medical History*, Supplement 27, 101-14.

Ari, Tamara Ben; Neerinckx, Simon; Gage, Kenneth L.; Kreppel, Katharina; Laudisoit, Anne; Leirs, Herwig; Stenseth, Nils Chr. (2011), 'Plague and climate: scales matter', *PLoS Pathogens* 7(9), e1002160.

Ashtor, Eliyahu (1976), *A social and economic history of the Near East in the Middle Ages*, London.

Ashtor, Eliyahu (1983), *Levant trade in the later Middle Ages*, Princeton.

Astill, Grenville (1988), 'Fields', 62-85 in Grenville Astill and Annie Grant, eds., *The countryside of medieval England*, Oxford.

Astill, Grenville; Grant, Annie (1988), 'The medieval countryside: efficiency, progress and change', 213-34 in Grenville Astill and Annie Grant, eds., *The countryside of medieval England*, Oxford.

Aston, T. H.; Philpin, C. H. E., eds. (1985), *The Brenner debate: agrarian class structure and economic development in pre-industrial Europe*, Cambridge.

Atkin, M. A. (1994), 'Land use and management in the upland demesne of the de Lacy estate of Blackburnshire c 1300', *AHR* 42 (1), 1-19.

Ayyadurai, Saravanan; Houhamdi, Linda; Lepidi, Hubert; Nappez, Claude; Raoult, Didier; Drancourt, Michel (2008), 'Long-term persistence of virulent *Yersinia pestis* in soil', *Microbiology* 154, 2865-71.

Ayyadurai, Saravanan; Sebbane, Florent; Raoult, Didier; Drancourt, Michel (2010), 'Body lice, *Yersinia pestis orientalis*, and Black Death', *EID* 16 (8), 92-3.

Bailey, Mark (1991), '*Per impetum maris*: natural disaster and economic decline in eastern England, 1275-1350', 184-208 in Bruce M. S. Campbell, ed., *Before the Black Death: studies in the 'crisis' of the early fourteenth century*, Manchester.

Bailey, Mark (1996), 'Demographic decline in late medieval England: some thoughts on recent research', *EcHR* 49 (1), 1-19.

Bailey, Mark (2007), *Medieval Suffolk: an economic and social history 1200-1500*, Woodbridge.

Bailey, Mark (2014), *The decline of serfdom in late medieval England: from bondage to freedom*, Woodbridge.

Baillie, M. G. L. (1994), 'Dendrochronology raises questions about the nature of the AD 536 dust-veil event', *The Holocene* 4 (2), 212-21.

Baillie, M. G. L. (2000), 'Putting abrupt environmental change back into human history', 46-75 in K. Flint and H. Morphy, eds., *Culture, landscape, and the environment: the Linacre lectures 1997-8*, Oxford.

Baillie, M. G. L. (2001), 'The AD 540 event', *Current Archaeology* 15 (6), No. 174, 266-9.

Baillie, M. G. L. (2006), *New light on the Black Death: the cosmic connection*, Stroud.

Baillie, M. G. L. (2008), 'Proposed re-dating of the European ice core chronology by seven years prior to the 7th century AD', *GRL* 35, L15813.

Bairoch, Paul; Batou, Jean; Chèvre, Pierre (1988), *The population of European cities from 800 to 1850: data bank and short summary of results*, Geneva.

Baker, Alan R. H. (1964), 'Open fields and partible inheritance on a Kent manor', *EcHR* 17 (1), 1-23.

Baker, Alan R. H. (1966), 'Evidence in the *Nonarum inquisitiones* of contracting arable lands in England during the early fourteenth century', *EcHR* 19 (3), 518-32.

Baker, Alan R. H. (1973), 'Changes in the later Middle Ages', 186-247 in H. C. Darby, ed., *A new historical geography of England*, Cambridge.

Baker, Andy; Proctor, Christopher J.; Barnes, William L. (2002), 'Stalagmite lamina doublets: a 1000 year proxy record of severe winters in northwest Scotland', *International Journal of Climatology* 22, 1339-45.

Bard, Edouard; Frank, Martin (2006), 'Climate change and solar variability: what's new under the sun?', *Earth & Planetary Science Letters* 248, 1-14.

Bard, Edouard; Raisbeck, Grant; Yiou, Françoise; Jouzel, Jean (2000), 'Solar irradiance during the last 1200 years based on cosmogenic nuclides', *Tellus* 52B, 985-92.

Barg, M. A. (1991), 'The social structure of manorial freeholders: an analysis of the Hundred Rolls of 1279', *AHR* 39, 108-15.

Barnes, Guy D. (1984), *Kirkstall Abbey, 1147-1539: an historical study*, Publications of Thoresby Society 57 (128), Leeds.

Bartlett, Kenneth R. (1992), *The civilization of the Italian Renaissance*, Toronto.

Bateman, Victoria N. (2011), 'The evolution of markets in early modern Europe, 1350-1800: a study of wheat prices', *EcHR* 64 (2), 447-71.

Bauch, Martin (2016), 'The day the sun turned blue. A volcanic eruption in the early 1460s and its possible climatic impact - a natural disaster perceived globally in the late Middle Ages?', in Gerrit J. Schenk, ed., *Historical disaster experiences: a comparative and transcultural survey between Asia and Europe*, Heidelberg.

Bavel, Bas van (2010), *Manors and markets: economy and society in the Low Countries, 500-1600*, Oxford.

Bavel, Bas van; De Moor, Tine; Zanden, Jan Luiten van (2009), 'Introduction: factor markets in global economic history', *C&C* 24, 9-21.

Bavel, Bas van; Zanden, Jan Luiten van (2004), 'The jump-start of the Holland economy during the late-medieval crisis, *c*.1350-*c*.1500', *EcHR* 57 (3), 503-32.

Beasley, P. (1965), 'Human fleas (*Pulex irritans*) incriminated as vectors of plague in Bolivia', *United States Navy Medical News Letter* 46, 5-6.

Bechah, Yassina; Capo, Christian; Mege, Jean-Louis; Raoult, Didier (2008), 'Epidemic typhus', *Lancet Infectious Diseases* 8 (7), 417-26.

Bekar, Cliff T.; Reed, Clyde G. (2009), 'Risk, asset markets and inequality: evidence from medieval England', *University of Oxford, Discussion Papers in Economic and Social History* 79, Oxford.

Bekar, Cliff T.; Reed, Clyde G. (2013), 'Land markets and inequality: evidence from medieval England', *EREH* 17 (3), 294-317.

Bell, Adrian R; Brooks, Christopher; Dryburgh, Paul (2007), *The English wool market, c.1230-1327*, Cambridge.

Bell, Adrian R; Brooks, Christopher; Moore, Tony K. (2009a), 'Interest in medieval

accounts: examples from England, 1272-1340', *History* 94 (316), 411-33.
Bell, Adrian R; Brooks Christopher; Moore, Tony K. (2009b), *Accounts of the English Crown with Italian merchant societies, 1272-1345*, List & Index Society 331, Kew.
Bell, Adrian R; Brooks Christopher; Moore, Tony K. (2011), 'Credit finance in the Middle Ages: Edward I and the Ricciardi of Lucca', 101-16 in Janet Burton, Frédérique Lachaud and Phillipp Schofield, eds., *Thirteenth-century England XIII*, Woodbridge.
Benedictow, Ole J. (2004), *The Black Death 1346-1353: a complete history*, Woodbridge.
Benedictow, Ole J. (2010), *What disease was plague? On the controversy over the microbiological identity of plague epidemics of the past*, Leiden.
Berkelhammer, Max; Sinha, Ashish; Mudelsee, Manfred; Cheng, Hai; Edwards, R. Lawrence; Cannariato, Kevin (2010a), 'Persistent multidecadal power of the Indian summer monsoon', *Earth & Planetary Science Letters* 290 (1-2), 166-72. *Data*: Berkelhammer, Max; Sinha, Ashish; Mudelsee, Manfred; Cheng, Hai; Edwards, R. Lawrence; Cannariato, Kevin (2010b), 'Dandak Cave, India Speleothem Oxygen Isotope Data', IGBP # 2010-011.
Berman, Harold J. (1983), *Law and revolution: the formation of the Western Legal Tradition*, Cambridge, Mass.
Beveridge, William Henry (1939), *Prices and wages in England from the twelfth to the nineteenth century*, London.
Biddick, Kathleen (1989), *The other economy: pastoral husbandry on a medieval estate*, Berkeley and Los Angeles.
Biraben, Jean-Noël (1975), *Les hommes et la peste en France et dans les pays européens et méditerranéens, 1, La peste dans l'histoire*, Paris and The Hague.
Biraben, Jean-Noël (1979), 'Essai sur l'évolution du nombre des hommes', *Population* 34 (1), 13-25.
Birrell, Jean (1969), 'Peasant craftsmen in the medieval forest', *AHR* 17 (2), 91-107.
Blair, John, ed. (1988), *Minsters and parish churches: the local church in transition 950-1200*, Oxford University Committee for Archaeology, Monograph 17.
Blanc, G.; Baltazard, M. (1942), 'Rôle des ectoparasites humains dans la transmission de la peste', *Bulletin de l'Académie de Médecine* 126, 446-8.
Blanchard, Ian (1994), 'Introduction', 9-38 in Ian Blanchard, ed., *Labour and leisure in historical perspective, thirteenth to twentieth centuries: papers presented at Session B-3a of the eleventh International Economic History Congress, Milan 12th-17th September 1994*, Stuttgart.
Blanchard, Ian (1996), 'Lothian and beyond: the economy of the "English Empire" of David I', 23-45 in Richard H. Britnell and John Hatcher, eds., *Progress and problems in medieval England: essays in honour of Edward Miller*, Cambridge.
Blažina Tomić, Zlata; Blažina, Vesna (2015), *Expelling the plague: the health office and the*

implementation of quarantine in Dubrovnik, 1377-1533, Montreal and Kingston.

Böhm, O.; Wetzel, K.-F. (2006), 'Flood history of the Danube tributaries Lech and Isar in the Alpine foreland of Germany', *Hydrological Sciences (Journal des sciences hydrologiques)* 51 (5), Special issue: *Historical hydrology*, 784-98.

Bois, Guy (1984), *The crisis of feudalism: economy and society in eastern Normandy c.1300-1550*, Cambridge.

Bolton, J. L. (1980), *The medieval English economy 1150-1500*, London.

Bolton, J. L. (2012), *Money in the medieval English economy: 973-1489*, Manchester.

Bolton, J. L.; Bruscoli, Francesco Guidi (2008), 'When did Antwerp replace Bruges as the commercial and financial centre of north-western Europe? The evidence of the Borromei ledger for 1438', *EcHR* 61 (2), 360-79.

Bos, Kirsten I.; Schuenemann, Verena J.; Golding, G. Brian; Burbano, Hernán A.; Waglechner, Nicholas; Coombes, Brian K.; McPhee, Joseph B.; DeWitte, Sharon B.; Meyer, Matthias; Schmedes, Sarah; Wood, James; Earn, David J. D.; Herring, D. Ann; Bauer, Peter; Poinar, Hendrik N.; Krause, Johannes (2011), 'A draft genome of *Yersinia pestis* from victims of the Black Death', *Nature* 478 (7370), 506-10.

Boserup, Ester (1965), *The conditions of agricultural growth: the economics of agrarian change under population pressure*, London.

Bossak, Brian H.; Welford, Mark R. (2009), 'Did medieval trade activity and a viral etiology control the spatial extent and seasonal distribution of Black Death mortality?', *Medical Hypotheses* 72, 749-52.

Bossak, Brian H.; Welford, Mark R. (2010), 'Spatio-temporal attributes of pandemic and epidemic diseases', *Geography Compass* 4 (8), 1084-96.

Boussemaere, P. (2000), 'De Ieperse lakenproductie in de veertiende eeuw opnieuw berekend aan de hand van de lakenloodjes', *Jaarboek voor Middeleeuwse Geschiedenis* 2, 131-61.

Bradley, Raymond S.; Hughes, Malcolm K.; Diaz, Henry F. (2003), 'Climate in medieval time', *Science* 302, 404-5.

Brady, Niall (1997), 'The gothic barn of England: icon of prestige and authority', 76-105 in E. Smith and M. Wolfe, eds., *Technology and resource use in medieval Europe: cathedrals, mills and mines*, Aldershot.

Brenner, Robert (1976), 'Agrarian class structure and economic development in pre-industrial Europe', *P&P* 70, 30-75. Reprinted as 10-63 in T. H. Aston and C. H. E. Philpin, eds. (1985), *The Brenner debate: agrarian class structure and economic development in pre-industrial Europe*, Cambridge.

Brenner, Robert (1982), 'The agrarian roots of European capitalism', *P&P* 97, 16-113. Reprinted as 213-327 in T. H. Aston and C. H. E. Philpin, eds. (1985), *The Brenner debate: agrarian class structure and economic development in pre-industrial*

Europe, Cambridge
Bridbury, A. R. (1955), *England and the salt trade in the later Middle Ages*, Oxford. Briggs, Chris (2003), 'Credit and the peasant household economy in England before the Black Death: evidence from a Cambridgeshire manor', 231-48 in Cordelia Beattie, Anna Maslakovic and Sarah Rees Jones, eds., *The medieval household in Christian Europe, c.850-c.1550: managing power, wealth, and the body*, Turnhout.
Briggs, Chris (2004), 'Empowered or marginalized? Rural women and credit in later thirteenth- and fourteenth-century England', *C&C* 19 (1), 13-43.
Briggs, Chris (2009), *Credit and village society in fourteenth century England*, Oxford.
Britnell, Richard H. (1981), 'The proliferation of markets in England, 1200-1349', *EcHR* 34 (2), 209-21.
Britnell, Richard H. (1993a), *The commercialisation of English society, 1000-1500*, Cambridge.
Britnell, Richard H. (1993b), 'Commerce and capitalism in late medieval England: problems of description and theory', *Journal of Historical Sociology* 6 (4), 359-76.
Britnell, Richard H. (1995), 'Commercialisation and economic development in England, 1000-1300', 7-26 in Richard H. Britnell and Bruce M. S. Campbell, eds., *A commercialising economy: England 1086 to c.1300*, Manchester.
Britnell, Richard H. (1996), 'Boroughs, markets and trade in northern England, 1000-1216', 46-67 in Richard H. Britnell and John Hatcher, eds., *Progress and problems in medieval England: essays in honour of Edward Miller*, Cambridge.
Britnell, Richard H. (2000), 'The economy of British towns 600-1300', 105-26 in D. M. Palliser, ed., *The Cambridge urban history of Britain, I, 600-1540*, Cambridge.
Britnell, Richard H. (2001), 'Specialization of work in England, 1100-1300', *EcHR* 54 (1), 1-16.
Britnell, Richard H. ed. (2003), *The Winchester Pipe Rolls: studies in medieval English economy and society*, Woodbridge.
Britnell, Richard H.; Campbell, Bruce M. S. (1995), 'Introduction', 1-6 in Richard H. Britnell and Bruce M. S. Campbell, eds., *A commercialising economy: England 1086 to c.1300*, Manchester.
Britton, C. E. (1937), *A meteorological chronology to A.D. 1450*, London, Meteorological Office Geophysical Memoirs 70.
Britton, Edward (1977), *The community of the vill: a study in the history of the family and village life in fourteenth-century England*, Toronto.
Broad, John (1983), 'Cattle plague in eighteenth-century England', *AHR* 31 (2), 104-15.
Broadberry, Stephen N.; Campbell, Bruce M. S. (2009), 'GDP per capita in Europe, 1300-1850', unpublished paper presented at Session E4, *Reconstructing the national income of Europe before 1850: estimates and implications for long run*

growth and development, XVth International Economic History Congress, Utrecht.

Broadberry, Stephen N.; Campbell, Bruce. M. S.; Leeuwen, Bas van (2013), 'When did Britain industrialise? The sectoral distribution of the labour force and labour productivity in Britain, 1381-1851', *EEH* 50 (1), 16-27.

Broadberry, Stephen N.; Campbell, Bruce M. S.; Klein, Alex; Leeuwen, Bas van; Overton, Mark (2015), *British economic growth 1270-1870*, Cambridge.

Brook, Timothy (2010), *The troubled empire: China in the Yuan and Ming Dynasties*, Cambridge, Mass.

Brooke, John L. (2014), *Climate change and the course of global history: a rough journey*, Cambridge.

Brovkin, Victor; Lorenz, Stephan J.; Jungclaus, Johann; Raddatz, Thomas; Timmreck, Claudia; Reick, Christian H.; Segschneider, Joachim; Six, Katharina (2010), 'Sensitivity of a coupled climate-carbon cycle model to large volcanic eruptions during the last millennium', *Tellus* 62B, 674-81.

Brown, Neville (2001), *History and climate change: a Eurocentric perspective*, London and New York.

Bryer, R. A. (1993), 'Double-entry bookkeeping and the birth of capitalism: accounting for the commercial revolution in medieval northern Italy', *Critical Perspectives on Accounting* 4 (2), 113-40.

Buckley, Brendan M.; Anchukaitis, Kevin J.; Penny, Daniel; Fletcher, Roland; Cook, Edward R.; Sanod, Masaki; Nam, Le Canh; Wichienkeeo, Aroonrut; Minh, Ton That; Hongg, Truong Mai (2010), 'Climate as a contributing factor in the demise of Angkor, Cambodia', *PNAS early edn*, 5pp.

Buell, Paul D. (2012), 'Qubilai and the rats', *Sudhoffs Archiv* 96 (2), 127-44.

Bü ntgen, Ulf; Tegel, W.; Nicolussi, K.; McCormick, M.; Frank, D.; Trouet, V.; Kaplan, J. O.; Herzig, F.; Heussner, K.-U.; Wanner, H.; Luterbacher, J.; Esper, J. (2011), 'Central Europe 2500 year tree ring summer climate reconstructions', IGBP # 2011-026.

Bü ntgen, Ulf; Kyncl, Tomás; Ginzler, Christian; Jacks, David S.; Esper, Jan; Tegel, Willy; Heussner, Karl-Uwe; Kyncl, Josef (2013), 'Filling the Eastern European gap in millennium-long temperature reconstructions', *PNAS* 110 (5), 1773-8.

Burton, Janet (1994), *Monastic and religious Orders in Britain, 1000-1300* (Cambridge.

Butel, Paul (1999), *The Atlantic*, trans. Iain Hamilton Grant, London and New York.

Buyst, Erik (2011), 'Towards estimates of long term growth in the southern Low Countries, c.1500-1846', unpublished paper presented at Hi-Pod Workshop *Quantifying long run economic development*, University of Warwick in Venice, Palazzo Pesaro Papafava, March 2011.

Campbell, Bruce M. S. (1975), 'Field systems in eastern Norfolk during the Middle

Ages: a study with particular reference to the demographic and agrarian changes of the fourteenth century', unpublished PhD thesis, University of Cambridge.

Campbell, Bruce M. S. (1980), 'Population change and the genesis of commonfields on a Norfolk manor', *EcHR* 33 (2), 174–92.

Campbell, Bruce M. S. (1981), 'The extent and layout of commonfields in eastern Norfolk', *Norfolk Archaeology* 38, 5–32.

Campbell, Bruce M. S. (1983), 'Agricultural progress in medieval England: some evidence from eastern Norfolk', *EcHR* 36 (1), 26–46. Reprinted in Bruce M. S. Campbell (2007), *The medieval antecedents of English agricultural progress*, Aldershot.

Campbell, Bruce M. S. (1984), 'Population pressure, inheritance, and the land market in a fourteenth-century peasant community', 87–134 in Richard M. Smith, ed., *Land, kinship and lifecycle*, Cambridge. Reprinted in Bruce M. S. Campbell (2009), *Land and people in late medieval England*, Aldershot.

Campbell, Bruce M. S. (1986), 'The complexity of manorial structure in medieval Norfolk: a case study', *Norfolk Archaeology* 39, 225–61. Reprinted in Bruce M. S. Campbell (2009), *Land and people in late medieval England*, Aldershot.

Campbell, Bruce M. S. (1991), 'Land, labour, livestock, and productivity trends in English seignorial agriculture, 1208–1450', 144–82 in Bruce M. S. Campbell and Mark Overton, eds., *Land, labour and livestock: historical studies in European agricultural productivity*, Manchester. Reprinted in Bruce M. S. Campbell (2007), *The medieval antecedents of English agricultural progress*, Aldershot.

Campbell, Bruce M. S. (1992), 'Commercial dairy production on medieval English demesnes: the case of Norfolk', *Anthropozoologica* 16, 107–18. Reprinted in Bruce M. S. Campbell (2007), *The medieval antecedents of English agricultural progress*, Aldershot.

Campbell, Bruce M. S. (1995a), 'Measuring the commercialisation of seigneurial agriculture circa 1300', 132–93 in Richard H. Britnell and Bruce M. S. Campbell, eds., *A commercialising economy: England 1086-1300*, Manchester. Reprinted in Bruce M. S. Campbell (2007), *The medieval antecedents of English agricultural progress*, Aldershot.

Campbell, Bruce M. S. (1995b), 'Ecology versus economics in late thirteenth- and early fourteenth-century English agriculture', 76–108 in Del Sweeney, ed., *Agriculture in the Middle Ages: technology, practice, and representation*, Philadelphia.

Campbell, Bruce M. S. (1996), 'The livestock of Chaucer's reeve: fact or fiction?', 271–305 in Edwin B. Dewindt, ed., *The salt of common life: individuality and choice in the medieval town, countryside and church. Essays presented to J. Ambrose Raftis on the occasion of his 70th birthday*, Kalamazoo. Reprinted in Bruce M. S. Campbell (2008), *Field systems and farming systems in late medieval England,* Aldershot.

Campbell, Bruce M. S. (1997a), 'Economic rent and the intensification of English agriculture, 1086-1350', 225-50 in Grenville Astill and John Langdon, eds., *Medieval farming and technology: the impact of agricultural change in Northwest Europe*, Leiden. Reprinted in Bruce M. S. Campbell (2008), *Field systems and farming systems in late medieval England,* Aldershot.

Campbell, Bruce M. S. (1997b), 'Matching supply to demand: crop production and disposal by English demesnes in the century of the Black Death', *JEH* 57 (4), 827-58. Reprinted in Bruce M. S. Campbell (2007), *The medieval antecedents of English agricultural progress,* Aldershot.

Campbell, Bruce M. S. (2000), *English seigniorial agriculture 1250-1450,* Cambridge.

Campbell, Bruce M. S. (2002a), 'England: land and people', 2-25 in Stephen H. Rigby, ed., *A companion to Britain in the later Middle Ages*, Oxford. Reprinted in Bruce M. S. Campbell (2009), *Land and people in late medieval England,* Aldershot.

Campbell, Bruce M. S. (2002b), 'The sources of tradable surpluses: English agricultural exports 1250-1349', 1-30 in Lars Berggren, Nils Hybel and Annette Landen, eds., *Cogs, cargoes and commerce: maritime bulk trade in northern Europe, 1150-1400,* Toronto.

Campbell, Bruce M. S. (2003a), 'A unique estate and a unique source: the Winchester Pipe Rolls in perspective', 21-43 in Richard H. Britnell, ed., *The Winchester Pipe Rolls and medieval English society,* Woodbridge. Reprinted in Bruce M. S. Campbell (2009), *Land and people in late medieval England,* Aldershot.

Campbell, Bruce M. S. (2003b), 'The uses and exploitation of human power from the 13th to the 18th century', 183-211 in Simonetta Cavaciocchi, ed., *Economia e energia secc. XIII-XVIII, Istituto Internazionale di Storia Economica 'F. Datini'*, Prato.

Campbell, Bruce M. S. (2005), 'The agrarian problem in the early fourteenth century', *P&P* 188, 3-70. Reprinted in Bruce M. S. Campbell (2009), *Land and people in late medieval England,* Aldershot.

Campbell, Bruce M. S. (2007), *Three centuries of English crop yields, 1211-1491,* www.cropyields.ac.uk.

Campbell, Bruce M. S. (2008), 'Benchmarking medieval economic development: England, Wales, Scotland, and Ireland *circa* 1290', *EcHR* 61 (4), 896-945.

Campbell, Bruce M. S. (2009a), 'Factor markets in England before the Black Death', *C&C* 24 (1), 79-106.

Campbell, Bruce M. S. (2009b), 'Four famines and a pestilence: harvest, price, and wage variations in England, 13th to 19th centuries', 23-56 in Britt Liljewall, Iréne A. Flygare, Ulrich Lange, Lars Ljunggren and Johan Söderberg, eds., *Agrarhistoria på många sätt; 28 studier om manniskan och jorden. Festskrift till Janken Myrdal på hans 60-årsdag (Agrarian history many ways: 28 studies on humans and the land, Festschrift to Janken Myrdal 2009)*, Stockholm.

Campbell, Bruce M. S. (2010a), 'Nature as historical protagonist: environment and society in pre-industrial England' (the 2008 Tawney Memorial Lecture), *EcHR* 63 (2), 281-314.

Campbell, Bruce M. S. (2010b), 'Agriculture in Kent in the high Middle Ages', 25-53 in Sheila Sweetinburgh, ed., *Later medieval Kent 1220-1540*, Woodbridge.

Campbell, Bruce M. S. (2010c), 'Physical shocks, biological hazards, and human impacts: the crisis of the fourteenth century revisited', 13-32 in Simonetta Cavaciocchi, ed., *Le interazioni fra economia e ambiente biologico nell'Europe preindustriale secc. XIII-XVIII, Istituto Internazionale di Storia Economica 'F. Datini'*, Prato.

Campbell, Bruce M. S. (2011a), 'Grain yields on English demesnes after the Black Death', 121-74 in Mark Bailey and Stephen H. Rigby, eds., *England in the age of the Black Death: essays in honour of John Hatcher*, Turnhout.

Campbell, Bruce M. S. (2011b), 'Panzootics, pandemics and climatic anomalies in the fourteenth century', 177-215 in Bernd Herrmann, ed., *Beiträ ge zum Göttinger Umwelthistorischen Kolloquium 2010-2011*, Göttingen.

Campbell, Bruce M. S. (2013a), 'Matthew Paris and the volcano: the English "famine" of 1258 revisited', unpublished paper presented at the workshop, *Mortality crises between the plagues, c.800-c.1300 CE*, University of Stirling, November.

Campbell, Bruce M. S. (2013b), 'Land markets and the morcellation of holdings in pre-plague England and pre-famine Ireland', 197-218 in Gerard Beaur, Phillipp R. Schofield, Jean-Michel Chevet and Maria-Teresa Pérez-Picazo, eds., *Property rights, land markets and economic growth in the European countryside (13th-20th centuries)*, Turnhout.

Campbell, Bruce M. S. (2013c), 'National incomes and economic growth in pre-industrial Europe: insights from recent research', *Quaestiones Medii Aevi Novae* 18, 167-96.

Campbell, Bruce M. S.; Barry, Lorraine (2014), 'The population geography of Great Britain c.1290: a reconstruction', 43-78 in Christopher Briggs, Peter Kitson and Stephen Thompson, eds., *Population, economy and welfare, c.1200-2000: papers in honour of Richard M. Smith*, Woodbridge.

Campbell, Bruce M. S.; Bartley, Ken (2006), *England on the eve of the Black Death: an atlas of lay lordship, land, and wealth, 1300-49*, Manchester.

Campbell, Bruce M. S.; Bartley, Ken C.; Power, John P. (1996), 'The demesne-farming systems of post Black Death England: a classification', *AHR* 44 (2), 131-79. Reprinted in Bruce M. S. Campbell (2008), *Field systems and farming systems in late medieval England*, Aldershot.

Campbell, Bruce M. S.; Galloway, James A.; Keene, Derek J.; Murphy, Margaret (1993), *A medieval capital and its grain supply: agrarian production and its distribution in the London region c.1300*, Historical Geography Research Series, 30.

Campbell, Bruce M. S.; Ó Gráda, Cormac (2011), 'Harvest shortfalls, grain prices, and famines in pre-industrial England', *JEH* 71 (4), 859-86.

Campbell, Bruce M. S.; Overton, Mark (1993), 'A new perspective on medieval and early modern agriculture: six centuries of Norfolk farming c.1250-c.1850', *P&P* 141, 38-105. Reprinted in Bruce M. S. Campbell (2007), *The medieval antecedents of English agricultural progress*, Aldershot.

Carmichael, Ann G. (2014), 'Plague persistence in western Europe: a hypothesis', 157-92 in Monica Green, ed., *Pandemic disease in the medieval world: rethinking the Black Death*, *The Medieval Globe* 1, special issue, www.arc-humanities.org/the-medieval-globe.html.

Carus-Wilson, E. M.; Coleman, Olive (1963), *England's export trade: 1275-1547*, Oxford.

Centre for Metropolitan History (2000), 'Metropolitan market networks c.1300-1600', 5-9 in Centre for Metropolitan History, *Annual Report 1999-2000*, London.

Chen, Fa-Hu; Chen, Jian-Hui; Holmes, Jonathan; Boomer, Ian; Austin, Patrick; Gates, John B.; Wang, Ning-Lian; Brooks, Stephen J.; Zhang, Jia-Wu (2010), 'Moisture changes over the last millennium in Arid Central Asia: a review, synthesis and comparison with monsoon region', *QSR* 29 (7), 1055-68.
Data: Chen, Fa-Hu; Chen, Jian-Hui; Holmes, Jonathan; Boomer, Ian; Austin, Patrick; Gates, John B.; Wang, Ning-Lian; Brooks, Stephen J.; Zhang, Jia-Wu (2012), 'Arid Central Asia 1000 year synthesized moisture reconstruction', IGBP # 2012-023.

Chen, Fa-Hu; Yu, Zicheng; Yang, Meilin; Ito, Emi; Wang, Sumin; Madsen, David B.; Huang, Xiaozhong; Zhao, Yan; Sato, Tomonori; Birks, H. John B.; Boomer, Ian; Chen, Jianhui; An, Chengbang; Wünnemann, Bernd (2008), 'Holocene moisture evolution in arid central Asia and its out-of-phase relationship with Asian monsoon history', *QSR* 27 (3), 351-64.

Cheney, C. R. (1981), 'Levies on the English clergy for the poor and for the king, 1203', *English Historical Review* 96 (380), 577-82.

Chibnall, Marjorie (1986), *Anglo-Norman England 1066-1166*, Oxford.

Childs, Wendy R. (1981), 'England's iron trade in the fifteenth century', *EcHR* 34 (1), 25-47.

Childs, Wendy R. (1995), 'England's Icelandic trade in the fifteenth century: the role of the port of Hull', *Northern Seas: Yearbook 1995*, 11-31.

Childs, Wendy R. (1996), 'The English export trade in cloth in the fourteenth century', 121-47 in Richard Britnell and John Hatcher, eds., *Progress and problems in medieval England: essays in honour of Edward Miller*, Cambridge.

Chorley, Patrick (1988), 'English cloth exports during the thirteenth and early fourteenth centuries: the continental evidence', *Historical Research* 61 (144), 1-10.

Christakos, George; Olea, Ricardo A.; Serre, Marc L.; Yu, Hwa-Lung; Wang, Lin-Lin (2005), *Interdisciplinary public health reasoning and epidemic modelling: the case of the Black Death*, Berlin, Heidelberg, New York.

Christakos, George; Olea, Ricardo A.; Yu, Hwa-Lung (2007), 'Recent results on the spatiotemporal modelling and comparative analysis of Black Death and bubonic plague epidemics', *Public Health* 121, 700-20.

Chuine, I.; Yiou, P.; Viovy, N.; Seguin, B.; Daux, V.; Le Roy Ladurie, E. (2005), 'Burgundy grape harvest dates and spring-summer temperature reconstruction', IGBP # 2005-007.

Clanchy, Michael T. (1979), *From memory to written record: England 1066-1307*, London.

Clark, Elaine (1981), 'Debt litigation in a late medieval English vill', 247-79 in J. Ambrose Raftis, ed., *Pathways to medieval peasants*, Toronto.

Clark, Elaine (1994), 'Social welfare and mutual aid in the medieval countryside', *Journal of British Studies* 33 (4), 381-406.

Clark, Gregory (1988), 'The cost of capital and medieval agricultural technique', *EEH* 25 (3), 265-94.

Clark, Gregory (2005), 'The interest rate in the very long run: institutions, preferences and modern growth', http://dev3.cepr.org/meets/wkcn/1/1626/ papers/clark.pdf.

Clark, Gregory (2007a), *A farewell to alms: a brief economic history of the world*, Princeton.

Clark, Gregory (2007b), 'The long march of history: farm wages, population, and economic growth, England 1209-1869', *EcHR* 60 (1), 97-135.

Clark, Gregory (2009), 'English prices and wages 1209-1914', Global Price and Income History Group, www.iisg.nl/hpw/data.php#united.

Clark, Gregory (2010), 'The macroeconomic aggregates for England, 1209-2008', *Research in Economic History* 27, 51-140.

Claughton, Peter (2003), 'Production and economic impact: Northern Pennine (English) silver in the 12th century', 146-9 in *Proceedings of the 6th International Mining History Congress*, Akabira City, Hokkaido, Japan.

Cliff, Andrew D.; Smallman-Raynor, Matthew R.; Stevens, Peta M. (2009), 'Controlling the geographical spread of infectious disease: plague in Italy, 1347-1851', *Acta Medico-Historica Adriatica* 7 (1), 197-236.

Cobb, Kim M.; Charles, Christopher D.; Cheng, Hai; Edwards, Lawrence R. (2003), 'El Niño/Southern Oscillation and tropical Pacific climate during the last millennium', *Nature* 424, 271-6.

Cohn Jr, Samuel K. (2002a), *The Black Death transformed: disease and culture in early Renaissance Europe*, London.

Cohn Jr, Samuel K. (2002b), 'The Black Death and the end of a paradigm', *American Historical Review* 107, 703-38.

Cohn Jr, Samuel K. (2007), 'After the Black Death: labour legislation and attitudes towards labour in late-medieval Western Europe', *EcHR* 60 (3), 457-85.

Cohn Jr, Samuel K. (2008), 'Epidemiology of the Black Death and successive waves of plague', *Medical History*, Supplement 27, 74-100.

Connell, Brian; Jones, Amy Gray; Redfern, Rebecca; Walker, Don (2012), *A bioarchaeological study of medieval burials on the site of St Mary Spital: excavations at Spitalfields Market, London E1, 1991-2007* (London).

Cook, Edward R.; Anchukaitis, Kevin J.; Buckley, Brendan M.; D'Arrigo, Rosanne D.; Jacoby, Gordon C.; Wright, William E. (2010), 'Asian monsoon failure and megadrought during the last millennium', *Science* 328, 486-9.

Cook, Edward R.; Esper, Jan; D'Arrigo, Rosanne (2004a), 'Extra-tropical northern hemisphere land temperature variability over the past 1000 years', *QSR* 23, 2063-74.

Cook, Edward R.; Woodhouse, Connie A.; Eakin, Mark; Meko, David M.; Stahle, David W. (2004b), 'Long-term aridity changes in the western United States', *Science* 306, 1015-18.

Data: Cook, Edward R.; Woodhouse, Connie A.; Eakin, Mark; Meko, David M.; Stahle, David W. (2004c), 'North American summer PDSI reconstructions', IGBP # 2004-045.

Cosgrove, Art, ed. (1993), *A new history of Ireland, II, Medieval Ireland, 1169-1534*, Oxford.

Coss, Peter R. (1991), *Lordship, knighthood and locality: a study in English society c.1180-c.1280*, Cambridge.

Crespo, Fabian (2014), 'Heterogeneous immunological landscapes and medieval plague: an invitation to a new dialogue between historians and immunologists', in Monica Green, ed., *Pandemic disease in the medieval world: rethinking the Black Death*, *The Medieval Globe* 1, special issue, www.arc-humanities.org/the-medieval-globe.html.

Crowley, Thomas J. (2000), 'Causes of climate change over the past 1000 years', *Science* 289 (5477), 270-7.

Cui, Yujun; Yu, Chang; Yan, Yanfeng; Li, Dongfang; Li, Yanjun; Jombart, Thibaut; Weinert, Lucy A.; Wang, Zuyun; Guo, Zhaobiao; Xu, Lizhi; Zhang, Yujiang; Zheng, Hancheng; Xiao Xiao, Nan Qin; Wu, Mingshou; Wang, Xiaoyi; Zhou, Dongsheng; Qi, Zhizhen; Du, Zongmin; Wu, Honglong; Yang, Xianwei; Cao, Hongzhi; Wang, Hu; Wang, Jing; Yao, Shusen; Rakin, Alexander; Li, Yingrui; Falush, Daniel; Balloux, François; Achtman, Mark; Songa, Yajun; Wang, Jun;

Yanga, Ruifu (2013), 'Historical variations in mutation rate in an epidemic pathogen, *Yersinia pestis*', *PNAS* 110 (2), 577-82.

Cummins, Neil; Kelly, Morgan; Ó Gráda, Cormac (2013), 'Living standards and plague in London', *Social Science Research Network*, working paper, http://papers.ssrn.com/sol3/papers.cfm?abstract_id=2289094.

Darby, Henry Clifford (1940), *The medieval Fenland*, Cambridge.

Darby, Henry Clifford (1977), *Domesday England*, Cambridge.

Darby, Henry Clifford; Glasscock, Robin E.; Sheail, John; Versey, G. Roy (1979), 'The changing geographical distribution of wealth in England: 1086-1334-1525', *JHG* 5 (3), 247-62.

Davies, M.; Kissock, J. (2004), 'The Feet of Fines, the land market and the English agricultural crisis of 1315 to 1322', *JHG* 30, 215-30.

Davies, R. R. (1990), *Domination and conquest: the experience of Ireland, Scotland and Wales 1100-1300*, Cambridge.

Davis, David E. (1986), 'The scarcity of rats and the Black Death: an ecological history', *JIH* 16 (3), 455-70.

Davis, James (2011), *Medieval market morality: life, law and ethics in the English marketplace, 1200-1500*, Cambridge.

Davis, Robert C. (2003), *Christian slaves, Muslim masters: white slavery in the Mediterranean, the Barbary Coast, and Italy, 1500-1800*, New York.

Davis, Stephen; Begon, Mike; De Bruyn, Luc; Ageyev, Vladimir S.; Klassovskiy, Nikolay L.; Pole, Sergey B.; Viljugrein, Hildegunn; Stenseth, Nils Chr.; Leirs, Herwig (2004), 'Predictive thresholds for plague in Kazakhstan', *Science* 304 (5671), 736-8.

Dawson, A. G.; Hickey, K.; Mayewski, P. A.; Nesje, A. (2007), 'Greenland (GISP2) ice core and historical indicators of complex North Atlantic climate changes during the fourteenth century', *The Holocene* 17 (4), 427-34.

Day, John (1987), *The medieval market economy*, Oxford.

De Moor, Tine (2008), 'The silent revolution: a new perspective on the emergence of commons, guilds, and other forms of corporate collective action in Western Europe', *International Review Social History* 53, Supplement S16, 179-212.

Dean, James M., ed. (1996), 'The Simonie [Symonye and covetise, or On the evil times of Edward II]', in *Medieval English political writings*, Kalamazoo.

Delaygue, G.; Bard, E. (2010a), 'An Antarctic view of Beryllium-10 and solar activity for the past millennium', *Climate Dynamics early edn*, 18pp.
Data: Delaygue, G.; Bard, E. (2010b), 'Antarctic last millennium 10Be stack and solar irradiance reconstruction', IGBP # 2010-035.

Devignat, R. (1951), 'Variétés de l'espèce Pasteurella pestis: nouvelle hypothèse', *Bulletin World Health Organisation* 4 (2), 247-63.

DeWindt, Edwin B. (1972), *Land and people in Holywell-cum-Needingworth: structures of tenure and patterns of social organization in an east midlands village 1252-1457*, Toronto.

DeWitte, Sharon N. (2010), 'Sex differentials in frailty in medieval England', *American Journal of Physical Anthropology* 143, 285-97.

DeWitte, Sharon N.; Slavin, Philip (2013), 'Between famine and death: England on the eve of the Black Death - evidence from paleoepidemiology and manorial accounts', *JIH* 44 (1), 37-60.

DeWitte, Sharon N.; Wood, James W. (2008), 'Selectivity of Black Death mortality with respect to preexisting health', *PNAS* 105 (5), 1436-41.

Di Cosmo, Nicola (2005), 'Mongols and merchants on the Black Sea frontier in the thirteenth and fourteenth centuries: convergences and conflicts', 391-424 in Reuven Amitai and Michal Biran, eds., *Mongols, Turks, and others: Eurasian nomads and the sedentary world*, Leiden and Boston.

Diamond, Jared (1999), *Guns, germs and steel: the fates of human societies*, New York and London.

Dodds, Ben (2007), *Peasants and production in the medieval north-east: evidence from tithes, 1270-1536*, Woodbridge.

Dodgshon, R. A. (1987), *The European past: social evolution and spatial order*, Basingstoke.

Dols, Michael W. (1977), *The Black Death in the Middle East*, Princeton.

Dols, Michael W. (1978), 'Geographical origin of the Black Death: comment', *BHM* 52 (1), 112-23.

Domar, Evsey D. (1970), 'The causes of slavery or serfdom: a hypothesis', *JEH* 30 (1), 18-32.

Donkin, R. A. (1973), 'Changes in the early Middle Ages', 75-135 in H. C. Darby, ed., *A new historical geography of England*, Cambridge.

Donkin, R. A. (1978), *The Cistercians: studies in the geography of medieval England and Wales*, Toronto.

Dotterweich, Markus (2008), The history of soil erosion and fluvial deposits in small catchments of central Europe: deciphering the long-term interaction between humans and the environment - a review', *Geomorphology* 101, 192-208.

Dotterweich, Markus; Schmitt, Anne; Schmidtchen, Gabriele; Bork, Hans-Rudolf (2003), 'Quantifying historical gully erosion in northern Bavaria', *Catena* 50 (2-4), 135-50.

Drancourt, Michel; Houhamdi, Linda; Raoult, Didier (2006), '*Yersinia pestis* as a telluric ectoparasite-borne organism', *Lancet Infectious Diseases* 6 (4), 234-41.

Dresbeck, LeRoy (1971), 'The chimney and social change in medieval England', *Albion: A Quarterly Journal Concerned with British Studies* 3 (1), 21-32.

Duby, Georges (1974), *The early growth of the European economy: warriors and peasants from the seventh to the twelfth century*, trans. Howard B. Clarke, London.

Duby, Georges (1976), *Le temps des cathédrales: l'art et la société (980-1420)*, Paris.

Dugmore, Andrew J.; Keller, Christian; McGovern, Thomas H. (2007), 'Norse Greenland settlement: reflections on climate change, trade, and the contrasting fates of human settlements in the North Atlantic islands', *Arctic Anthropology* 44 (1), 12-36.

Duncan, Christopher J.; Scott, Susan (2005), 'What caused the Black Death?', *Postgraduate Medical Journal* 81, 315-20.

Dunsford, H. M.; Harris, S. J. (2003), 'Colonization of the wasteland in County Durham, 1100-1400', *EcHR* 56 (1), 34-56.

Dyer, Christopher (1989), *Standards of living in the later Middle Ages: social change in England c.1200-1520*, Cambridge.

Dyer, Christopher (1992), 'The hidden trade of the Middle Ages: evidence from the west midlands of England', *JHG* 18 (2), 141-57.

Dyer, Christopher (1995), 'Sheepcotes: evidence for medieval sheepfarming', *Medieval Archaeology* 39, 136-64.

Dyer, Christopher (2011), 'Luxury goods in medieval England', 217-38 in Ben Dodds and Christian D. Liddy, eds., *Commercial activity, markets and entrepreneurs in the Middle Ages: essays in honour of Richard Britnell*, Woodbridge.

Ecclestone, Martin (1999), 'Mortality of rural landless men before the Black Death: the Glastonbury head-tax lists', *Local Population Studies* 63, 6-29.

Edwards, Jeremy; Ogilvie, Sheilagh (2012), 'What lessons for economic development can we draw from the Champagne fairs?', *EEH* 49 (2), 131-48.

Eisen, Rebecca J.; Dennis, David T.; Gage, Kenneth L. (2015), 'The role of early-phase transmission in the spread of *Yersinia pestis*', *Journal of Medical Entomology advance access*, 10pp.

Eisen, Rebecca J.; Gage, Kenneth L. (2009), 'Adaptive strategies of *Yersinia pestis* to persist during inter-epizootic and epizootic periods', *Veterinary Research* 40 (1), 14pp.

Eisen, Rebecca J.; Gage, Kenneth L. (2012), 'Transmission of flea-borne zoonotic agents', *Annual Review Entomology* 57, 61-82.

Eisen, Rebecca J.; Bearden, Scott W.; Wilder, Aryn P.; Montenieri, John A.; Antolin, Michael F.; Gage, Kenneth L. (2006), 'Early-phase transmission of *Yersinia pestis* by unblocked fleas as a mechanism explaining rapidly spreading plague epizootics', *PNAS* 103 (42), 15380-5.

Eisen, Rebecca J.; Petersen, Jeannine M.; Higgins, Charles L.; Wong, David; Levy, Craig E.; Mead, Paul S.; Schriefer, Martin E.; Griffith, Kevin S.; Gage, Kenneth L.; Beard, C. Ben (2008), 'Persistence of *Yersinia pestis* in soil under natural conditions', *EID* 14 (6), 941-3.

Ell, Stephen R. (1980), 'Interhuman transmission of medieval plague', *Bulletin History Medicine* 54 (4), 497-510.

Emile-Geay, Julien; Seager, Richard; Cane, Mark A.; Cook, Edward R.; Haug, Gerald H. (2008), 'Volcanoes and ENSO over the past millennium', *Journal of Climate* 21 (13), 3134-48.

Engelen, A. F. V. van; Buisman, J.; IJnsen, F. (2001), 'A millennium of weather, winds and water in the Low Countries', 101-24 in P. D. Jones, A. E. J. Ogilvie, T. D. Davies and K. R. Briffa, eds., *History and climate: memo- ries of the future?*, New York. Data: www.knmi.nl/klimatologie/daggegevens/antieke_wrn/nederland_wi_zo.zip.

Enscore, Russell E.; Biggerstaff, Brad J.; Brown, Ted L.; Fulgham, Ralph E.; Reynolds, Pamela J.; Engelthaler, David M.; Levy, Craig E.; Parmenter, Robert R.; Montenieri, John A.; Cheek, James E.; Grinnell, Richie K.; Ettestad, Paul J.; Gage, Kenneth L. (2002), 'Modeling relationships between climate and the frequency of human plague cases in the southwestern United States, 1960-1997', *American Journal of Tropical Medicine & Hygiene* 66 (2), 186-96.

Epstein, Stephan R. (1992), *An island for itself: economic development and social change in late medieval Sicily*, Cambridge.

Epstein, Stephan R. (2000a), *Freedom and growth: the rise of states and markets in Europe, 1300-1750*, London and New York.

Epstein, Stephan R. (2000b), 'The rise and fall of Italian city-states', London, LSE Research online: http://eprints.lse.ac.uk/archive/00000663. Reprinted from 277-94 in M. H. Hansen, ed. (2000), *A comparative study of thirty city-state cultures: an investigation*, Copenhagen.

Esper, J.; Frank, D. C.; Büntgen, U.; Verstege, A.; Luterbacher, J.; Xoplaki, E. (2007), 'Long-term drought severity variations in Morocco', *GRL* 34, L17702, 5pp. *Data*: Esper, J.; Frank, D. C.; Büntgen, U.; Verstege, A.; Luterbacher, J.; Xoplaki, E. (2009), 'Morocco millennial Palmer Drought Severity Index reconstruction', IGBP # 2009-032.

Evans, Nesta (1985), *The East Anglian linen industry: rural industry and local economy, 1500-1850*, Aldershot.

Evans, Ralph (1996), 'Merton College's control of its tenants at Thorncroft 1270-1349', 199-259 in Zvi Razi and Richard M. Smith, eds., *Medieval society and the manor court*, Oxford.

Fang, Keyan; Chen, Fahu; Sen, Asok K.; Davi, Nicole; Huang, Wei; Li, Jinbao; Seppa, Heikki (2014), 'Hydroclimate variations in central and monsoonal Asia over the past 700 years', *PLoS One* 9 (8), e102751.

Farmer, David L. (1956), 'Some price fluctuations in Angevin England', *EcHR* 9 (1), 34-43.

Farmer, David L. (1977), 'Grain yields on the Winchester manors in the later Middle Ages', *EcHR* 30 (4), 555-66.

Farmer, David L. (1988), 'Prices and wages', 715-817 in H. E. Hallam, ed., *The agrarian history of England and Wales, II, 1042-1350*, Cambridge.

Farmer, David L. (1991a), 'Marketing the produce of the countryside, 1200-1500', 324-430 in Edward Miller, ed., *The agrarian history of England and Wales, III, 1348-1500*, Cambridge.

Farmer, David L. (1991b), 'Prices and wages, 1350-1500', 431-525 in Edward Miller, ed., *The agrarian history of England and Wales, III, 1348-1500*, Cambridge.

Farmer, David L. (1992), 'Millstones for medieval manors', *AHR* 40 (2), 97-111.

Farmer, David L. (1996), 'The *famuli* in the later Middle Ages', 207-36 in Richard H. Britnell and John Hatcher, eds., *Progress and problems in medieval England: essays in honour of Edward Miller*, Cambridge.

Federico, Giovanni; Malanima, Paolo (2004), 'Progress, decline, growth: product and productivity in Italian agriculture, 1000-2000', *EcHR* 57 (3), 437-64.

Fernández-Armesto, Felipe (1987), *Before Columbus: exploration and colonisation from the Mediterranean to the Atlantic, 1229-1492*, Basingstoke.

Findlay, Ronald; O'Rourke, Kevin H. (2007), *Power and plenty: trade, war, and the world economy in the second millennium*, Princeton.

Fox, Harold S. A. (1986), 'The alleged transformation from two-field to three-field systems in medieval England', *EcHR* 39 (4), 526-48.

Fox, Harold S. A. (1996), 'Exploitation of the landless by lords and tenants in early medieval England', 518-68 in Zvi Razi and Richard M. Smith, eds., *Medieval society and the manor court*, Oxford.

Fraedrich, K.; Jiang, J.; Gerstengarbe, F.-W.; Werner, P. (1997), 'Multi-scale detection of abrupt climate changes: application to River Nile flood levels', *International Journal of Climatology* 17, 1301-15.

Frati, P. (2000), 'Quarantine, trade and health policies in Ragusa-Dubrovnik until the age of George Armmenius-Baglivi', *Medicina nei secoli* 12 (1), 103-27.

Fryde, E. B. (1988), *William de la Pole, merchant and king's banker*, London.

Furió, Antoni (2011), 'Disettes et famines en temps de croissance. Une révision de la "crise de 1300": le royaume de Valence dans la première moitié du XIVe siècle', 343-416 in Monique Bourin, John Drendel and François Menant, eds., *Les disettes dans la conjoncture de 1300 en Méditerranée occidentale*, Rome.

Furió, Antoni (2013), 'La primera gran depresión Europea (siglos XIV-XV)', 17-58 in Enrique Llopis and Jordi Maluquer de Motes, eds., *España en crisis: las grandes depresiones económicas, 1348-2012*, Barcelona.

Gage, Kenneth L.; Kosoy, Michael Y. (2005), 'Natural history of plague: perspectives from more than a century of research', *Annual Review Entomology* 50, 505-28.

Galimand, Marc; Guiyoule, Annie; Gerbaud, Guy; Rasoamanana, Bruno; Chanteau, Suzanne; Carniel, Elisabeth; Courvalin, Patrice (1997), 'Multidrug resistance in *Yersinia pestis* mediated by a transferable plasmid', *New England Journal of Medicine* 337 (10), 677-81.

Galloway, James A.; Keene, Derek J.; Murphy, Margaret (1996), 'Fuelling the city: production and distribution of firewood and fuel in London's region, 1290-1400', *EcHR* 49 (3), 447-72.

Gao, Chaochao; Robock, Alan; Ammann, Caspar (2008), 'Volcanic forcing of climate over the past 1500 years: an improved ice core-based index for climate models', *Journal of Geophysical Research* 113, D09103, 15pp.

Gao, Chaochao; Robock, Alan; Ammann, Caspar (2009a), 'Correction to "Volcanic forcing of climate over the past 1500 years: an improved ice core-based index for climate models"', *Journal of Geophysical Research* 114, D09103, 1p.
Data: Gao, Chaochao; Robock, Alan; Ammann, Caspar (2009b), '1500 Year ice core-based stratospheric volcanic sulfate data', IGBP # 2009-098.

Ge, Quansheng; Zheng, Jingyun; Fang, Xiuqi; Man, Zhimin; Zhang, Xueqin; Zhang, Piyuan; Wang, Wei-Chyung (2003), 'Winter half-year temperature reconstruction for the middle and lower reaches of the Yellow River and Yangtze River, China, during the past 2000 years', *The Holocene* 13 (6), 933-40.

Gerrard, Christopher M.; Petley, David N. (2013), 'A risk society? Environmental hazards, risk and resilience in the later Middle Ages in Europe', *Natural Hazards* 69 (1), 1051-79.

Gilbert, M.; Thomas, P.; Cuccui, Jon; White, William; Lynnerup, Niels; Titball, Richard W.; Cooper, Alan; Prentice, Michael B. (2004), 'Absence of *Yersinia pestis*-specific DNA in human teeth from five European excavations of putative plague victims', *Microbiology* 150 (2), 341-54.

Glaser, R.; Riemann, D. (2009), 'A thousand-year record of temperature variations for Germany and Central Europe based on documentary data', *Journal of Quaternary Science* 24, 437-49.
Data: Glaser, R.; Riemann, D. (2010), 'Central Europe 1000 year documentary temperature reconstruction', IGBP # 2010-040.

Glasscock, Robin E., ed. (1975), *The lay subsidy of 1334*, London.

Glénisson, Jean (1971), 'La seconde peste; l'épidémie de 1360-1362 en France et en Europe', *Annuaire-Bulletin de la Société de l'histoire de France 1968*, 27-38.

Goldberg, P. J. P. (1992), '"For better, for worse": marriage and economic opportunity for women in town and country', 108-25 in P. J. P. Goldberg, ed., *Woman is a worthy wight: women in English society c.1200-1500*, Stroud.

Golding, Brian (2001), 'The Church and Christian life', 135-66 in Barbara Harvey, ed., *The twelfth and thirteenth centuries*, Oxford.

Golding, William (1964), *The spire*, London. Goldstone, Jack A. (2002), 'Efflorescences and economic growth in world history: rethinking the "rise of the West" and the industrial revolution', *Journal of World History* 13 (2), 323-89.

Goody, Jack (1983), *The development of the family and marriage in Europe*, Cambridge.

Gottfried, Robert S. (1978), *Epidemic disease in fifteenth century England: the medical response and the demographic consequences*, Leicester.

Graham, Brian J. (1979), 'The evolution of urbanization in medieval Ireland', *JHG* 5, 111-25.

Graham, N. E.; Ammann, C. M.; Fleitmann, D.; Cobb, K. M.; Luterbacher, J. (2010), 'Support for global climate reorganization during the "Medieval Climate Anomaly"', *Climate Dynamics, online first*, 29pp.

Grainger, Ian; Hawkins, Duncan; Cowal, Lynne; Mikulski, Richard (2008), *The Black Death cemetery, East Smithfield, London*, London.

Grantham, George (1999), 'Contra Ricardo: on the macroeconomics of pre-industrial economies', *EREH* 3 (2), 199-232.

Gras, P. (1939), 'Le registre paroissial de Givry (1334-1357) et la Peste Noire en Bourgogne', *Bibliothèque de l'École des chartes* 100, 295-308.

Gratz, Norman G. (1999), 'Emerging and resurging vector-borne diseases', *Annual Review Entomology* 44, 51-75.

Green, Monica, ed. (2014), *Pandemic disease in the medieval world: rethinking the Black Death, The Medieval Globe* 1, special issue, www.arc-humanities.org/the-medieval-globe.html.

Greif, Avner (2006), *Institutions and the path to the modern economy: lessons from medieval trade*, New York.

Grousset, René (1970), *The empire of the steppes: a history of Central Asia*, trans. Naomi Walford, New Brunswick.

Grove, Jean M. (1988), *The Little Ice Age*, London.

Grove, Jean M. (2004), *Little Ice Ages: ancient and modern*, 2 vols., 2nd edn, London.

Grove, Richard H. (1998), 'Global impact of the 1789-93 El Niño', *Nature* 393, 318-19.

Grove, Richard H.; Chappell, John, eds. (2000), *El Niño - history and crisis: studies from the Asia-Pacific region*, Cambridge.

Grudd, H. (2008), 'Torneträsk tree-ring width and density AD 500-2004: a test of climatic sensitivity and a new 1500-year reconstruction of north Fennoscandian summers', *Climate Dynamics* 31, 843-57.
Data: Grudd, H. (2010), 'Torneträsk tree ring MXD temperature reconstruction AD 500-2004', IGBP # 2010-027.

Gunten, L. von; Grosjean, M.; Rein, B.; Urrutia, R.; Appleby, P. (2009a), 'A quantitative high-resolution summer temperature reconstruction based on sedimentary pigments from Laguna Aculeo, central Chile, back to AD 850', *The Holocene* 19

(6), 873-81.
Data: Gunten, L. von; Grosjean, M.; Rein, B.; Urrutia, R.; Appleby, P. (2009b), 'Laguna Aculeo, Chile austral summer temperature reconstruction', IGBP # 2009-088.

Haensch, Stephanie; Bianucci, Raffaella; Signoli, Michel; Rajerison, Minoarisoa; Schultz, Michael; Kacki, Sacha; Vermunt, Marco; Weston, Darlene A.; Hurst, Derek; Achtman, Mark; Carniel, Elisabeth; Bramanti, Barbara (2010), 'Distinct clones of *Yersinia pestis* caused the Black Death', *PLoS Pathogens* 6 (10), e1001134.

Hall, David (1982), *Medieval fields*, Aylesbury.

Hallam, H. E. (1965), *Settlement and society: a study of the early agrarian history of south Lincolnshire*, Cambridge.

Hallam, H. E. (1988), 'Population movements in England, 1086-1350', 508-93 in H. E. Hallam, ed., *The agrarian history of England and Wales, II, 1042- 1350*, Cambridge.

Hanawalt, Barbara A. (1976), *Crime in East Anglia in the fourteenth century: Norfolk gaol delivery rolls, 1307-1316*, Norfolk Record Society 44, Norwich.

Hanawalt, Barbara A. (1979), *Crime and conflict in English communities, 1300-1348*, Cambridge, Mass.

Harbeck, Michaela; Seifert, Lisa; Hänsch, Stephanie; Wagner, David M.; Birdsell, Dawn; Parise, Katy L.; Wiechmann, Ingrid; Grupe, Gisela; Thomas, Astrid; Keim, P.; Zöller, Lothar; Bramanti, Barbara; Riehm, Julia M.; Scholz, Holger C. (2013), '*Yersinia pestis* DNA from skeletal remains from the 6th century AD reveals insights into Justinianic Plague', *PLoS Pathogens* 9 (5), e1003349.

Harding, A. (1973), *The law courts of medieval England*, London.

Harper-Bill, Christopher (1996), 'The English Church and English religion after the Black Death', 79-124 in W. Mark Ormrod and Phillip G. Lindley, eds., *The Black Death in England*, Stamford.

Harrison, David (2004), *The bridges of medieval England: transport and society 400-1800*, Oxford.

Harvey, Barbara (1991), 'Introduction: the "crisis" of the early fourteenth century', 1-24 in Bruce M. S. Campbell, ed., *Before the Black Death: studies in the 'crisis' of the early fourteenth century*, Manchester.

Harvey, Barbara (1993), *Living and dying in England 1100-1540: the monastic experience*, Oxford.

Harvey, Barbara (2001), 'Conclusion', 243-64 in Barbara Harvey, ed., *The twelfth and thirteenth centuries*, Oxford.

Harvey, P. D. A. (1965), *A medieval Oxfordshire village: Cuxham 1240-1400*, London.

Harvey, P. D. A. (1973), 'The English inflation of 1180-1220', *P&P* 61, 3-30.

Harvey, P. D. A. (1984a), 'Introduction', 1-28 in P. D. A. Harvey, ed., *The peasant land market in medieval England*, Oxford.

Harvey, P. D. A., ed. (1984b), *The peasant land market in medieval England*, Oxford.

Harvey, P. D. A. (1996), 'The peasant land market in medieval England - and beyond', 392-407 in Zvi Razi and Richard M. Smith, eds., *Medieval society and the manor court*, Oxford.

Hassan, Fekri A. (2007), 'Extreme Nile floods and famines in medieval Egypt (AD 930-1500) and their climatic implications', *Quaternary International* 173, 101-12.

Hassan, Fekri A. (2011), 'Nile flood discharge during the Medieval Climate Anomaly', *PAGES news* 19, 30-1.

Hatcher, John (1973), *English tin production and trade before 1550*, Oxford.

Hatcher, John (1977), *Plague, population and the English economy 1348-1530*, London and Basingstoke.

Hatcher, John (1981), 'English serfdom and villeinage: towards a reassessment', *P&P* 90, 3-39. Reprinted as 247-84 in T. H. Aston, ed. (1987), *Landlords, peasants and politics in medieval England*, Cambridge.

Hatcher, John (1996), 'The great slump of the mid-fifteenth century', 237-72 in R. H. Britnell and J. Hatcher, eds., *Progress and problems in medieval England: essays in honour of Edward Miller*, Cambridge.

Hatcher, John (2003), 'Understanding the population history of England 1450-1750', *P&P* 180, 83-130.

Hatcher, John (2008), *The Black Death: an intimate history*, London.

Hatcher, John (2011), 'Unreal wages: long run living standards and the "golden age" of the fifteenth century?', 1-24 in Ben Dodds and Christian Drummond Liddy, eds., *Commercial activity, markets and entrepreneurs in the Middle Ages: essays in honour of Richard Britnell*, Woodbridge.

Hatcher, John; Bailey, Mark (2001), *Modelling the Middle Ages: the history and theory of England's economic development*, Oxford.

Hatcher, John; Piper, A. J.; Stone, David (2006), 'Monastic mortality: Durham Priory, 1395-1529', *EcHR* 59 (4), 667-87.

Hays, J. N. (2005), *Epidemics and pandemics: their impacts on human history*, Santa Barbara.

Hecker, Justus Friedrich Carl (1832), *Der schwarze Tod im vierzehnten Jahrhundert: Nach den Quellen für Ärzte und gebildete Nichtärzte bearbeitet* (The Black Death in the fourteenth century: from the sources by physicians and non-physicians), Berlin.

Heier, Lise; Storvik, Geir O.; Davis, Stephen A.; Viljugrein, Hildegunn; Ageyev, Vladimir S.; Klassovskaya, Evgeniya; Stenseth, Nils Chr. (2011), 'Emergence, spread, persistence and fade-out of sylvatic plague in Kazakhstan', *Proceedings*

of the Royal Soc. B: Biological Sciences 278 (1720), 2915-23.
Henderson, John (2010), 'Public health, pollution and the problem of waste disposal in early modern Tuscany', 373-82 in Simonetta Cavaciocchi, ed., *Le interazioni fra economia e ambiente biologico nell'Europe preindustriale secc. XIII-XVIII, Istituto Internazionale di Storia Economica 'F. Datini'*, Prato.
Henriques, António (2015), 'Plenty of land, land of plenty: the agrarian output of Portugal (1311-20)', *EREH* 19 (2), 149-70.
Herlihy, David (1967), *Medieval and Renaissance Pistoia: the social history of an Italian town, 1200-1430*, New Haven.
Herlihy, David (1997), *The Black Death and the transformation of the West*, ed. and intro. Samuel K. Cohn, Jr, Cambridge, Mass., and London.
Herweijer, Celine; Seager, Richard; Cook, Edward R.; Emile-Geay, Julien (2007), 'North American droughts of the last millennium from a gridded network of tree-ring data', *Journal of Climate* 20 (7), 1353-76.
Hessl, A. E.; Pederson, N.; Baatarbileg, N.; Anchukaitis, K. J. (2013), 'Pluvials, droughts, the Mongol Empire, and modern Mongolia', *American Geophysical Union's Fall Meeting Abstracts* 1, 6.
Hewitt, H. J. (1966), *The organization of war under Edward III, 1338-62*, Manchester.
Hilton, R. H. (1985), 'Medieval market towns and simple commodity production', *P&P* 109, 3-23.
Hinde, Andrew (2003), *England's population: a history since the Domesday Survey*, London.
Hoffmann, Richard C. (2014), *An environmental history of medieval Europe*, Cambridge.
Hollingsworth, T. H. (1969), *Historical demography*, London.
Holt, Richard (1988), *The mills of medieval England*, Oxford.
Horrox, Rosemary, trans. & ed. (1994), *The Black Death*, Manchester.
Hoskins, W. G. (1964), 'Harvest fluctuations and English economic history, 1480-1619', *AHR* 12 (1), 28-46.
Houhamdi, Linda; Lepidi, Hubert; Drancourt, Michel; Raoult, Didier (2006), 'Experimental model to evaluate the human body louse as a vector of plague', *Journal of Infectious Diseases* 194 (11), 1589-96.
Howell, Cicely (1983), *Land, family and inheritance in transition: Kibworth Harcourt 1280-1700*, Cambridge.
Hoyt, Robert S. (1950), *The royal demesne in English constitutional history: 1066-1272*, New York.
Hudson, R. W. (1921), 'The prior of Norwich's manor of Hindolveston: its early organisation and rights of the customary tenants to alienate their strips of land', *Norfolk Archaeology* 20, 179-214.
Hufthammer, Anne Karin; Walløe, Lars (2013), 'Rats cannot have been intermediate hosts for *Yersinia pestis* during medieval plague epidemics in Northern Europe',

Journal of Archaeological Science 40, 1752-9.

Humphries, Jane; Weisdorf, Jacob (2015), 'The wages of women in England, 1260-1850', *JEH* 75 (2), 405-47.

Hunt, Edwin S. (1990), 'A new look at the dealings of the Bardi and Peruzzi with Edward III', *JEH* 50 (1), 149-62.

Hunt, Edwin S. (1994), *The medieval super-companies: a study of the Peruzzi Company of Florence*, Cambridge.

Hunt, Edwin S.; Murray, James M. (1999), *A history of business in medieval Europe, 1200-1550*, Cambridge.

Hurst, J. G. (1988), 'Rural building in England and Wales: England', 888-98 in H. E. Hallam, ed., *The agrarian history of England and Wales, II, 1042-1350*, Cambridge.

Hyams, Paul R. (1970), 'The origins of a peasant land market in England', *EcHR* 23 (1), 18-31.

Hyams, Paul R. (1980), *Kings, lords and peasants in medieval England: the Common Law of Villeinage in the twelfth and thirteenth centuries*, Oxford.

Hybel, Nils (1989), *Crisis or change: the concept of crisis in the light of agrarian structural reorganization in late medieval England*, Aarhus.

Hybel, Nils (2002), 'Klima og hungersnød I middelalderen', *Historisk tidsskrift (Kopenhagen)* 102, 265-81.

Hymes, Robert (2014), 'Epilogue: a hypothesis on the East Asian beginnings of the *Yersinia pestis* polytomy', 285-307 in Monica Green, ed., *Pandemic disease in the medieval world: rethinking the Black Death, The Medieval Globe* 1, special issue, www.arc-humanities.org/the-medieval-globe.html.

Inglesby, Thomas V.; Dennis, David T; Henderson, Donald A.; Bartlett, John G.; Ascher, Michael S.; Eitzen, Edward; Fine, Anne D.; Friedlander, Arthur M.; Hauer, Jerome; Koerner, John F.; Layton, Marcelle; McDade, Joseph; Osterholm, Michael T.; O'Toole, Tara; Parker, Gerald; Perl, Trish M.; Russell, Philip K.; Schoch-Spana, Monica; Tonat, Kevin (2000), 'Plague as a biological weapon: medical and public health management', *Journal of the American Medical Association* 283 (17), 20pp.

Jacoby, G. C.; D'Arrigo, R. D.; Buckley, B.; Pederson, N. (no date), 'Mongolia (*Larix Sibirica*): Solongotyn Davaa (Tarvagatay Pass)', NOAA Paleoclimatology Tree Ring Data Sets, http://hurricane.ncdc.noaa.gov/pls/paleo/ftpsearch.treering.

James, Margery Kirkbride (1971), *Studies in the medieval wine trade*, Oxford.

Jamroziak, E. M. (2005), 'Networks of markets and networks of patronage in thirteenth-century England', 41-9 in Michael Prestwich, Richard H. Britnell and Robin Frame, eds., *Thirteenth-century England X*, Woodbridge.

Jansen, Katherine L. (2009), 'Giovanni Villani on food shortages and famine in central Italy (1329-30, 1347-48)', 20-3 in Katherine L. Jansen, Joanna Drell and

Frances Andrews, eds., *Medieval Italy: texts in translation*, Philadelphia.

Jenks, S. (1998), 'The lay subsidies and the state of the English economy (1275-1334)', *Vierteljahrschrift für Sozial- und Wirtschaftsgeschichte*, 85, 1-39.

Jiang, Hui; Eiríksson, Jón; Schulz, Michael; Knudsen, Karen-Luise; Seidenkrantz, Marit-Solveig (2005), 'Evidence for solar forcing of sea-surface temperature on the North Icelandic Shelf during the late Holocene', *Geology* 33 (1), 73-6.

Jiang, J.; Mendelssohn, R.; Schwing, F.; Fraedrich, K. (2002), 'Coherency detection of multiscale abrupt changes in historic Nile flood levels, *GRL* 29 (8), 112 (1-4).

Jones, E. D. (1996), 'Medieval merchets as demographic data: some evidence from the Spalding Priory estates, Lincolnshire', *C&C* 11 (3), 459-70.

Jordan, William Chester (1996), *The Great Famine: Northern Europe in the early fourteenth century*, Princeton.

Kadens, Emily (2011), 'Myth of the customary law merchant', *Texas Law Review* 90, 1153.

Kander, Astrid; Malanima, Paolo; Warde, Paul (2014), *Power to the people: energy in Europe over the last five centuries*, Princeton.

Kanzaka, Junichi (2002), 'Villein rents in thirteenth-century England: an analysis of the Hundred Rolls of 1279-80', *EcHR* 55 (4), 593-618.

Kaplan, Jed O.; Krumhardt, Kristen M.; Zimmermann, Niklaus (2009), 'The prehistoric and preindustrial deforestation of Europe', *QSR* 28 (27), 3016-34.

Karpov, Sergej P. (2007), *History of the Empire of Trebizond* (in Russian), St Petersburg.

Kausrud, Kyrre Linné; Begon, Mike; Ari, Tamara Ben; Viljugrein, Hildegunn; Esper, Jan; Büntgen, Ulf; Leirs, Herwig; Junge, Claudia; Yang, Bao; Yang, Meixue; Xu, Lei; Stenseth, Nils Chr. (2010), 'Modeling the epidemiological history of plague in Central Asia: palaeoclimatic forcing on a disease system over the past millennium', *BMC Biology* 8 (112), 14pp.

Kedar, B. Z. (1976), *Merchants in crisis: Genoese and Venetian men of affairs and the fourteenth-century depression*, New Haven and London.

Keene, Derek (1984a), 'A new study of London before the Great Fire', *Urban History* 11 (1), 11-21.

Keene, Derek (1984b), 'Social and economic study of medieval London: summary report 1979-84', unpublished report to the Economic and Social Research Council, London.

Keene, Derek J. (1985), *Cheapside before the Great Fire*, London.

Keene, Derek J. (2000a), 'Changes in London's economic hinterland as indicated by debt cases in the Court of Common Pleas', 59-81 in J. A. Galloway, ed., *Trade, urban hinterlands and market integration, c.1300-1600: a collection of working papers given at a conference organised by the Centre for Metropolitan History and supported by the Economic and Social Research Council, 7 July 1999*, Centre for Metropolitan History, Working Papers 3, London.

Keene, Derek J. (2000b), 'London from the post-Roman period to 1300', 187-216 in D. M. Palliser, ed., *The Cambridge urban history of Britain, I, 600-1540*, Cambridge.

Keene, Derek J. (2011), 'Crisis management in London's food supply, 1250-1500', 45-62 in Ben Dodds and Christian D. Liddy, eds., *Commercial activity, markets and entrepreneurs in the Middle Ages: essays in honour of Richard Britnell*, Woodbridge.

Keil, Ian (1964), 'The estates of Glastonbury Abbey in the later Middle Ages: a study in administration and economic change', unpublished PhD thesis, University of Bristol.

Kelly, Morgan; Ó Gráda, Cormac (2014), 'The waning of the Little Ice Age: climate change in early modern Europe', *JIH* 44 (3), 301-25.

Kermode, Jenny (1998), *Medieval merchants: York, Beverley and Hull in the later Middle Ages*, Cambridge.

Kermode, Jenny (2000), 'The greater towns 1300-1540', 441-65 in D. M. Palliser, ed., *The Cambridge urban history of Britain*, Cambridge.

Kershaw, Ian (1973a), 'The great famine and agrarian crisis in England 1315-1322', *P&P* 59, 3-50.

Kershaw, Ian (1973b), *Bolton Priory: the economy of a northern monastery 1286-1325*, Oxford.

Kershaw, Ian (1976), 'The Great Famine and agrarian crisis in England 1315-22', 85-132 in R. H. Hilton, ed., *Peasants, knights and heretics*, Cambridge (reprinted from *P&P* 59 (1973a), 3-50).

Kershaw, Ian; Smith, David M., eds. (2001), *The Bolton Priory compotus, 1286-1325: together with a priory account roll for 1377-1378*, Yorkshire Archaeological Society Record Series, Woodbridge.

Kitsikopoulos, Harry (2000), 'Standards of living and capital formation in pre-plague England: a peasant budget model', *EcHR* 53 (2), 237-61.

Kitsikopoulos, Harry, ed. (2012), *Agrarian change and crisis in Europe, 1200-1500*, London.

Knowles, David; Hadcock, R. N. (1971), *Medieval religious houses: England and Wales*, 2nd edn, London.

Kobashi, T.; Severinghaus, J. P.; Barnola, J.-M.; Kawamura, K.; Carter, T.; Nakaegawa, T. (2010a), 'Persistent multi-decadal Greenland temperature fluctuation through the last millennium', *Climatic Change* 100, 733-56.

Data: Kobashi, T.; Severinghaus, J. P.; Barnola, J.-M.; Kawamura, K.; Carter, T.; Nakaegawa, T. (2010b), 'GISP2 ice core 1000 year A^r-N^2 isotope temperature reconstruction', IGBP # 2010-057.

Kool, Jacob L. (2005), 'Risk of person-to-person transmission of pneumonic plague', *Healthcare Epidemiology* 40, 1166-72.

Kowaleski, Maryanne (2000), 'The western fisheries', 23-8 in David J. Starkey, Chris Reid and Neil Ashcroft, eds., *England's sea fisheries: the commercial sea fisheries of*

England and Wales since 1300*, London.
Kowaleski, Maryanne (2014), 'Medieval people in town and country: new perspectives from demography and bioarchaeology', *Speculum* 89 (3), 573-600.
Kundzewicz, Zbigniew W. (2005), 'Intense precipitation and high river flows in Europe - observations and projections', *Acta Geophysica Polonica* 53 (4), 385-400.
Kuznets, Simon (1966), *Modern economic growth, rate, structure, and spread*, New Haven.
Laayouni, H.; Oosting, M.; Luisi, P.; Ioana, M.; Alonso, S.; Ricaño-Ponce, I.; Trynka, G.; Zhernakova, A.; Plantinga, T. S.; Cheng, S. C.; Meer, J. W. van der; Popp, R.; Sood, A.; Thelma, B. K.; Wijmenga, C.; Joosten, L. A.; Bertranpetit, J.; Netea, M. G. (2014), 'Convergent evolution in European and Roma populations reveals pressure exerted by plague on toll-like receptors', *PNAS* 111 (7), 2668-73.
Lagerås, Per (2007), *The ecology of expansion and abandonment: medieval and post-medieval land-use and settlement dynamics in a landscape perspective*, Stockholm.
Lamb, Hubert Horace (1965), 'The early medieval warm epoch and its sequel', *Palaeogeography, Palaeoclimatology, Palaeoecology* 1, 13-37.
Landers, John (2003), *The field and the forge: population, production, and power in the pre-industrial West*, Oxford.
Langdon, John L. (1983), 'Horses, oxen, and technological innovation: the use of draught animals in English farming from 1066 to 1500', unpublished PhD thesis, University of Birmingham.
Langdon, John L. (1986), *Horses, oxen and technological innovation: the use of draught animals in English farming from 1066-1500*, Cambridge.
Langdon, John L. (1991), 'Water-mills and windmills in the west midlands, 1086-1500', *EcHR* 44 (3), 424-44.
Langdon, John L. (2004), *Mills in the medieval economy: England 1300-1540*, Oxford.
Langdon, John L.; Claridge, Jordan (2014), 'Women and children in the medieval English labour force before the Black Death: the examples of building and agriculture', unpublished paper.
Langdon, John L.; Masschaele, James (2006), 'Commercial activity and population growth in medieval England', *P&P* 190, 35-81.
Latimer, Paul (1997), 'Wages in late twelfth- and early thirteenth-century England', *Haskins Soc. Journal* 9, 185-205.
Latimer, Paul (1999), 'Early thirteenth-century prices', 41-73 in S. D. Church, ed., *King John: new interpretations*, Woodbridge.
Latimer, Paul (2011), 'Money and the English economy in the twelfth and thirteenth centuries', *History Compass* 9 (4), 246-56.
Laudisoit, Anne; Leirs, Herwig; Makundi, Rhodes H.; Van Dongen, Stefan; Davis,

Stephen; Neerinckx, Simon; Deckers, Jozef; Libois, Roland (2007), 'Plague and the human flea, Tanzania', *EID* 13 (5), 687-93.

Lavigne, Franck; Degeai, Jean-Philippe; Komorowski, Jean-Christophe; Guillet, Sébastien; Robert, Vincent; Lahitte, Pierre; Oppenheimer, Clive; Stoffel, Markus; Vidal, Céline M.; Surono; Pratomo, Indyo; Wassmer, Patrick; Hajdas, Irka; Hadmoko, Danang Sri; Belizal, Edouard de (2013), 'Source of the great AD 1257 mystery eruption unveiled, Samalas volcano, Rinjani Volcanic Complex, Indonesia', *PNAS* 110 (42), 16742-7.

Lee, John S. (2003), 'Feeding the colleges: Cambridge's food and fuel supplies, 1450-1560', *EcHR* 56 (2), 243-64.

Le Roy Ladurie, Emmanuel (1971), *Times of feast and times of famine: a history of climate since the year 1000*, trans. Barbara Bray, New York.

Lepine, David (2003), 'England: Church and clergy', 359-80 in S. H. Rigby, ed., *A companion to Britain in the later Middle Ages*, Oxford.

Letters, Samantha (2010), *Online gazetteer of markets and fairs in England and Wales to 1516,* www.history.ac.uk/cmh/gaz/gazweb2.html (updated 15 July 2010).

Letters, Samantha; Fernandes, Mario; Keene, Derek; Myhill, Olwen (2003), *Gazetteer of markets and fairs in England and Wales to 1516*, List & Index Society, Special series 32 and 33.

Leulmi, Hamza; Socolovschi, Cristina; Laudisoit, Anne; Houemenou, Gualbert; Davoust, Bernard; Bitam, Idir; Raoult, Didier; Parola, Philipe (2014), 'Detection of *Rickettsia felis*, *Rickettsia typhi*, *Bartonella* species and *Yersinia pestis* in fleas (Siphonaptera) from Africa', *PLoS Neglected Tropical Diseases* 8 (10), e3152.

Levett, Ada Elizabeth (1916), *The Black Death on the estates of the see of Winchester; with a chapter on the manors of Witney, Brightwell, and Downton by A. Ballard*, Oxford Studies in Social and Legal History 5, Oxford.

Lieberman, Victor (2009), *Strange parallels: Southeast Asia in global context, c.800-1830, 2, Mainland Mirrors: Europe, Japan, China, South Asia, and the Islands*, Cambridge.

Lieberman, Victor; Buckley, Brendan (2012), 'The impact of climate on Southeast Asia, circa 950-1820: new findings', *Modern Asian Studies* 46, 1049-96.

Limberger, Michael (2008), *Sixteenth-century Antwerp and its rural surroundings: social and economic changes in the hinterland of a commercial metropolis (ca. 1450-ca. 1570)*, Turnhout.

Lindert, Peter H.; Williamson, Jeffrey Gale (1982), 'Revising England's social tables, 1688-1812', *EEH* 19, 385-408.

Little, Lester K., ed. (2007), *Plague and the end of Antiquity: the pandemic of 541-750*, Cambridge.

Little, Lester K. (2011), 'Plague historians in lab coats', *P&P* 213, 267-90.

Livi-Bacci, Massimo (1991), *Population and nutrition: an essay on European demographic history*, trans. T. Croft-Murray and Carl Ipsen, Cambridge.

Livi-Bacci, Massimo (2000), *The population of Europe*, trans. Cynthia De Nardi Ipsen and Carl Ipsen, Oxford.

Livi-Bacci, Massimo (2001), *A concise history of world population*, 3rd edn, Oxford.

Livingstone, Marilyn Ruth (2003), 'The *Nonae*: the records of the taxation of the ninth in England 1340-41', 2 vols., unpublished PhD thesis, The Queen's University of Belfast.

Ljungqvist, F. C. (2009), 'Temperature proxy records covering the last two millennia: a tabular and visual overview', IGBP # 2009-017.

Lloyd, T. H. (1977), *The English wool trade in the Middle Ages*, Cambridge.

Lloyd, T. H. (1982), *Alien merchants in England in the high Middle Ages*, Brighton.

Lo Cascio, Elio; Malanima, Paolo (2009), 'GDP in pre-modern agrarian economies (1-1820 AD), a revision of the estimates', *Rivista di Storia Economica* 25, 391-419.

Loehle, Craig; McCulloch, J. Huston (2008), 'Correction to: "A 2000-year global temperature reconstruction based on non-tree ring proxies"', *Energy & Environment* 19 (1), 93-100, www.econ.ohio-state.edu/jhm/AGW/Loehle/.

Longden, J. (1959), 'Statistical notes on Winchester heriots', *EcHR* 11 (3), 412-17.

Lopez, Robert S. (1971), *The commercial revolution of the Middle Ages, 950-1350*, Englewood Cliffs.

Lopez, Robert S. (1987), 'The trade of medieval Europe: the South', 306-401 in M. M. Postan and Edward Miller, eds., *The Cambridge economic history of Europe, II, Trade and industry in the Middle Ages*, 2nd edn, Cambridge.

Lorange, Ellen A.; Race, Brent L.; Sebbane, Florent; Hinnebusch, B. Joseph (2005), 'Poor vector competence of fleas and the evolution of hypervirulence in *Yersinia pestis*', *Journal of Infectious Diseases* 191 (11), 1907-12.

Ludlow, Francis; Stine, Alexander R.; Leahy, Paul; Murphy, Enda; Mayewski, Paul A.; Taylor, David; Killen, James; Baillie, Michael G. L.; Hennessy, Mark; Kiely, Gerard (2013) 'Medieval Irish chronicles reveal persistent volcanic forcing of severe winter cold events, 431-1649 CE', *Environmental Research Letters* 8 (2), L024035.

Lyons, Mary (1989), 'Weather, famine, pestilence and plague in Ireland, 900-1500', 321-74 in E. Margaret Crawford, ed., *Famine: the Irish experience, 900-1900: subsistence crises and famine in Ireland*, Edinburgh.

MacMillan, Katherine; Enscore, Russell E.; Ogen-Odoi, Asaph; Borchert, Jeff N.; Babi, Nackson; Amatre, Gerald; Atiku, Linda A.; Mead, Paul S.; Gage, Kenneth L.; Eisen, Rebecca J. (2011), 'Landscape and residential variables associated with plague-endemic villages in the West Nile region of Uganda', *American Journal of Tropical Medicine & Hygiene* 84 (3), 435-42.

Maddicott, John Robert (1987), 'The English peasantry and the demands of the Crown,

1294-1341', 285-359 in T. H. Aston, ed., *Landlords, peasants and politics in medieval England*, Cambridge. Reprinted from (1975), *P&P*, Supplement 1.

Maddison, Angus (2007), *Contours of the world economy, 1-2030 AD: essays in macro-economic history*, Oxford.

Magilligan, Francis J.; Goldstein, Paul S. (2001), 'El Niño floods and culture change: a late Holocene flood history for the Rio Moquegua, southern Peru', *Geology* 29 (5), 431-4.

Maitland, F. W., ed. (1889), *Select pleas in manorial and other seigniorial courts: reigns of Henry III and Edward I*, Selden Society 2, London.

Malanima, Paolo (1998), 'Italian cities 1300-1800: a quantitative approach', *Rivista di storia economica* 14 (2), 91-126.

Malanima, Paolo (2002), *L'economia italiana: dalla crescita medievale alla crescita contemporanea*, Bologna.

Malanima, Paolo (2003), 'Measuring the Italian economy, 1300-1861', *Rivista di storia economica* 19 (3), 265-96.

Malanima, Paolo (2005), 'Urbanisation and the Italian economy during the last millennium', *EREH* 9 (1), 97-122.

Malanima, Paolo (2008), 'The Italian Renaissance economy (1250-1600)', unpublished paper available at: www.paolomalanima.it/default file/.../RENAISSANCE_ITALY.doc.pdf.

Malanima, Paolo (2011), 'The long decline of a leading economy: GDP in central and northern Italy, 1300-1913', *EREH* 15 (2), 169-219.

Malanima, Paolo (2012), 'Italy', 93-127 in Harry Kitsikopoulos, ed., *Agrarian change and crisis in Europe, 1200-1500*, London ['Statistical appendix: consumer price indices and wages in Central-Northern Italy and Southern England 1300-1850', www.paolomalanima.it/default file/Italian%20Economy/StatisticalAppendix.pdf].

Malanima, Paolo (no date a), 'Italian GDP 1300-1913', Institute of Studies on Mediterranean Societies (ISSM), Italian National Research Council (CNR), www.cepr.org/meets/wkcn/1/1714/papers/Malanima.pdf.

Malanima, Paolo (no date b), 'Wheat prices in Tuscany', Institute of Studies on Mediterranean Societies, Italian National Research Council.

Malowist, Marian (1987), 'The trade of Eastern Europe in the later Middle Ages', 525-612 in M. M. Postan and Edward Miller, eds., *The Cambridge economic history of Europe, II, Trade and industry in the Middle Ages*, 2nd edn, Cambridge.

Maltas, Joan Montoro (2013), 'Mortality crises in Catalonia between 1285 and 1350: famines, shortages, disease and pestilence', unpublished paper presented at the workshop, *Mortality crises between the plagues, c.800-c.1300 CE*, University of Stirling, November 2013.

Mann, Michael (1986), *The sources of social power, I, A history of power from the beginning to A.D. 1760*, Cambridge.

Mann, Michael E.; Cane, Mark A.; Zebiak, Stephen E.; Clement, Amy (2005), 'Volcanic and solar forcing of the tropical Pacific over the past 1000 years', *Journal of Climate* 18, 447-56.

Mann, Michael E., Fuentes, Jose D.; Rutherford; Scott (2012), 'Underestimation of volcanic cooling in tree-ring based reconstructions of hemispheric temperatures', *Nature Geoscience*, 5 February.

Mann, Michael E.; Zhang, Zhihua; Hughes, Malcolm K.; Bradley, Raymond S.; Miller, Sonya K.; Rutherford, Scott; Ni, Fenbiao (2008), 'Proxy-based reconstructions of hemispheric and global surface temperature variations over the past two millennia', *PNAS* 105 (36), 13252-7. *Data*: www.ncdc.noaa.gov/paleo/metadata/noaa-recon-6252.html.

Mann, Michael E.; Zhang, Zhihua; Rutherford, Scott; Bradley, Raymond S.; Hughes, Malcolm K.; Shindell, Drew; Ammann, Caspar; Faluvegi, Greg; Ni, Fenbiao (2009), 'Global signatures and dynamical origins of the Little Ice Age and Medieval Climate Anomaly', *Science* 326 (5957), 1256-60.

Marcus, G. J. (1980), *The conquest of the North Atlantic*, Woodbridge.

Martin, Janet (2012), 'Russia', 292-329 in Harry Kitsikopoulos, ed., *Agrarian change and crisis in Europe, 1200-1500*, London.

Masschaele, James (1994), 'The multiplicity of medieval markets reconsidered', *JHG* 20 (3), 255-71.

Masschaele, James (1997), *Peasants, merchants and markets: inland trade in medieval England, 1150-1350*, New York.

Massé, Guillaume; Rowland, Steven J.; Sicre, Marie-Alexandrine; Jacob, Jeremy; Jansen, Eystein; Belt, Simon T. (2008), 'Abrupt climatic changes for Iceland during the last millennium: evidence from high resolution sea ice reconstructions', *Earth & Planetary Science Letters* 269, 565-9.

Mayhew, Nicholas (1999), *Sterling: the history of a currency*, London.

McCormick, Michael (2001), *Origins of the European economy: communications and commerce AD 300-900*, Cambridge.

McEvedy, Colin (1992), *The new Penguin atlas of medieval history*, Harmondsworth.

McEvedy, Colin; Jones, Richard (1978), *Atlas of world population history*, Harmondsworth.

McFarlane, Kenneth Bruce (1973), *The nobility of later medieval England: the Ford Lectures for 1953 and related studies*, Oxford.

McIntosh, Marjorie Keniston (2012), *Poor relief in England, 1350-1600*, Cambridge.

McMichael, Anthony J. (2010), 'Paleoclimate and bubonic plague: a forewarning of future risk?', *BMC Biology* 8 (108), 3pp.

McNamee, Colm (1997), *The wars of the Bruces: Scotland, England and Ireland, 1306-1328*,

East Linton.

McNeill, T. E. (1980), *Anglo-Norman Ulster: the history and archaeology of an Irish barony, 1177-1400*, Edinburgh.

McNeill, William H. (1977), *Plagues and peoples*, New York.

Meeker, Loren D.; Mayewski Paul A. (2001), 'A 1400-year high-resolution record of atmospheric circulation over the North Atlantic and Asia', *The Holocene* 12 (3), 257-66.

Milgrom, Paul R.; North, Douglass C.; Weingast, Barry R. (1990), 'The role of institutions in the revival of trade: the law merchant, private judges, and the Champagne fairs', *Economics & Politics* 2 (1), 1-23.

Miller, Edward; Hatcher, John (1995), *Medieval England: towns, commerce and crafts, 1086-1348*, Harlow.

Miller, Gifford H.; Geirsdóttir, Áslaug; Zhong, Yafang; Larsen, Darren J.; Otto-Bliesner, Bette L.; Holland, Marika M.; Bailey, David A.; Refsnider, Kurt A.; Lehman, Scott J.; Southon, John R.; Anderson, Chance; Björnsson, Helgi; Thordarson, Thorvaldur (2012), 'Abrupt onset of the Little Ice Age triggered by volcanism and sustained by sea-ice/ocean feedbacks', *GRL* 39 (2), 5pp.

Mills, James N.; Gage, Kenneth L.; Khan, Ali S. (2010), 'Potential influence of climate change on vector-borne and zoonotic diseases: a review and proposed research plan', *Environmental Health Perspectives* 118 (1), 1507-14.

Mitchell, B. R. (1988), *British historical statistics*, Cambridge.

Moberg, Anders; Sonechkin, Dmitry M.; Holmgren, Karin; Datsenko, Nina M.; Karlén, Wibjörn (2005), 'Highly variable northern hemisphere temperatures reconstructed from low- and high-resolution proxy data', *Nature* 3265, 5pp.

Mohtadi, Mahyar; Romero, Oscar E.; Kaiser, Jérôme: Hebbeln, Dierk (2007), 'Cooling of the southern high latitudes during the medieval period and its effect on ENSO', *QSR* 26, 1055-66.

Mokyr, Joel (1992), *The lever of riches: technological creativity and economic progress*, Oxford.

Monecke, Stefan; Monecke, Hannelore; Monecke, Jochen (2009), 'Modelling the Black Death: a historical case study and implications for the epidemiology of bubonic plague', *International Journal of Medical Microbiology* 299, 582-93.

Moore, Ellen Wedemeyer (1985), *The fairs of medieval England: an introductory study*, Toronto.

Moore, Robert Ian (1987), *The formation of a persecuting society: power and deviance in Western Europe 950-1250*, Oxford.

Moreda, Vicente Pérez (1988), 'La población española', 345-431 in Miguel Artola, ed., *Enciclopedia de Historia de España, 1, Economía y sociedad*, Madrid.

Morelli, Giovanna; Song, Yajun; Mazzoni, Camila J.; Eppinger, Mark; Roumagnac,

Philippe; Wagner, David M.; Feldkamp, Mirjam; Kusecek, Barica; Vogler, Amy J.; Li, Yanjun; Cui, Yujun; Thomson, Nicholas R.; Jombart, Thibaut; Leblois, Raphael; Lichter, Peter; Rahalison, Lila; Petersen, Jeannine M.; Balloux, François; Keim, Paul; Wirth, Thierry; Ravel, Jacques; Yang, Ruifu; Carniel, Elisabeth; Achtman, Mark (2010), '*Yersinia pestis* genome sequencing identifies patterns of global phylogenetic diversity', *Nature Genetics* 42 (12), 1140-3.

Moreno, Ana; Pérez, Ana; Frigola, Jaime; Nieto-Moreno, Vanesa; Rodrigo-Gámiz, Marta; Martrat, Belén; González-Sampériz, Penélope; Morellón, Mario; Martín-Puertas, Celia; Corella, Juan Pablo; Belmonte, Ánchel; Sancho, Carlos; Cacho, Isabel; Herrera, Gemma; Canals, Miquel; Grimalt, Joan O.; Jiménez-Espejo, Francisco; Martínez-Ruiz, Francisca; Vegas-Vilarrúbia, Teresa; Valero-Garcés, Blas L. (2012), 'The Medieval Climate Anomaly in the Iberian Peninsula reconstructed from marine and lake records', *Quater- nary Science Reviews* 43, 16-32.

Morris, Christopher (1971), '1. The plague in Britain', *Historical Journal* 14 (1), 205-15.

Morris, Marc (2005), *The Bigod earls of Norfolk in the thirteenth century*, Woodbridge.

Morris, Richard (1979), *Cathedrals and abbeys of England and Wales: the building Church, 600-1540*, London.

Mullan, John (2007/8), 'Mortality, gender, and the plague of 1361-2 on the estate of the bishop of Winchester', Cardiff Historical Papers, Cardiff, www.cardiff.ac.uk/hisar/research/projectreports/historicalpapers/index.html.

Mundill, Robin R. (2002), 'Christian and Jewish lending patterns and financial dealings during the twelfth and thirteenth centuries', 42-67 in Phillipp Schofield and N. J. Mayhew, eds., *Credit and debt in medieval England, c.1180-c.1350*, Oxford.

Mundill, Robin R. (2010), *The king's Jews: money, massacre and exodus in medieval England*, London.

Munro, John H. (1991), 'Industrial transformations in the north-west European textile trades, c.1290-c.1340: economic progress or economic crisis?', 110-48 in Bruce M. S. Campbell, ed., *Before the Black Death: studies in the 'crisis' of the early fourteenth century*, Manchester.

Munro, John H. (1998), 'The "industrial crisis" of the English textile towns, c.1290-c.1330', University of Toronto, Department of Economics Working Paper 68 (MUNRO 98-02: [1998-06-18]). Published as Munro (1999c).

Munro, John H. (1999a), 'The symbiosis of towns and textiles: urban institutions and the changing fortunes of cloth manufacturing in the Low Countries and England, 1270-1570', *Journal of Early Modern History* 3 (3), 1-74.

Munro, John H. (1999b), 'The Low Countries' export trade in textiles with the Mediterranean basin, 1200-1600: a cost-benefit analysis of comparative advantages in overland and maritime trade routes', *International Journal of*

Maritime History 11 (2), 1-30.

Munro, John H. (1999c), 'The "industrial crisis" of the English textile towns, 1290-1330', 103-41 in Michael Prestwich, Richard Britnell and Robin Frame, eds., *Thirteenth-Century England VII*, Woodbridge.

Munro, John H. (2001), 'The "new institutional economics" and the changing fortunes of fairs in medieval and early modern Europe: the textile trades, warfare, and transaction costs', 405-51 in Simonetta Cavaciocchi, ed., *Fiere e mercati nella integrazione delle economie Europee secc. XIII-XVIII, Istituto internazionale di storia economica 'F. Datini'*, Prato.

Munro, John H. (2003a), 'Medieval woollens: the western European woollen industries and their struggles for international markets, c.1000-1500', 228-324 in D. Jenkins, ed., *The Cambridge history of western textiles, 1*, Cambridge.

Munro, John H. (2003b), 'Wage-stickiness, monetary changes, and real incomes in late-medieval England and the Low Countries 1300-1500: did money matter?', *Research in Economic History* 21, 185-297.

Munro, John H. (2007), 'The anti-red shift - to the "dark side": colour changes in Flemish luxury woollens, 1300-1550', 55-96 in Robin Netherton and Gale R. Owen-Crocker, eds., *Medieval clothing and textiles*, 3, Woodbridge.

Munro, John H. (2009), 'Before and after the Black Death: money, prices, and wages in fourteenth-century England', 335-64 in Troels Dahlerup and Per Ingesman, eds., *New approaches to the history of late medieval and early modern Europe: selected proceedings of two international conferences at the Royal Danish Academy of Sciences and Letters in Copenhagen in 1997 and 1999*, Copenhagen.

Munro, John H. (no date), 'The Phelps Brown and Hopkins "basket of consumables" commodity price series and craftsmen's wage series, 1264-1700: revised by John H. Munro', www.economics.utoronto.ca/munro5/ResearchData.html.

Myrdal, Janken (2006), 'The forgotten plague: the Black Death in Sweden', 141-86 in Pekka Hämäläinen, ed., *When disease makes history: epidemics and great historical turning points*, Helsinki.

Myrdal, Janken (2012), 'Scandinavia', 204-49 in Harry Kitsikopoulos, ed., *Agrarian change and crisis in Europe, 1200-1500*, London.

Myśliwski, Grzegorz (2012), 'Central Europe', 250-91 in Harry Kitsikopoulos, ed., *Agrarian change and crisis in Europe, 1200-1500*, London.

National Academy of Sciences (2008), *Global climate change and extreme weather events: understanding the contributions to infectious disease emergence: workshop summary*, Washington D.C.

Newfield, Timothy P. (2009), 'A cattle panzootic in early fourteenth-century Europe', *AHR* 57 (2), 155-90.

Newfield, Timothy P. (2012), 'A great Carolingian panzootic: the probable extent, diagnosis and impact of an early ninth-century cattle pestilence', *Argos* 46, 200-10.

Nicholas, David M. (1968), 'Town and countryside: social and economic tensions in fourteenth-century Flanders', *Comparative Studies in Society and History* 10 (4), 458-85.

Nicholas, David M. (1976), 'Economic reorientation and social change in fourteenth-century Flanders', *P&P* 70, 3-29.

Nicholas, David M. (1987), *The metamorphosis of a medieval city: Ghent in the age of the Arteveldes, 1302-1390*, Lincoln (Nebraska) and London.

Nicholas, David M. (1992), *Medieval Flanders*, London and New York.

Nightingale, Pamela (1990), 'Monetary contraction and mercantile credit in later medieval England', *EcHR* 43 (4), 560-75.

Nightingale, Pamela (1995), *A medieval mercantile community: the Grocers' Company and the politics and trade of London, 1000-1485*, New Haven.

Nightingale, Pamela (1996), 'The growth of London in the medieval English economy', 89-106 in Richard H. Britnell and John Hatcher, eds., *Progress and problems in medieval England: essays in honour of Edward Miller*, Cambridge.

Nightingale, Pamela (1997), 'England and the European depression of the mid-fifteenth century', *Journal of European Economic History* 26 (3), 631-56.

Nightingale, Pamela (2004a), 'Money and credit in the economy of late medieval England', 51-71 in Diana Wood, ed., *Medieval money matters*, Oxford.

Nightingale, Pamela (2004b), 'The lay subsidies and the distribution of wealth in medieval England, 1275-1334', *EcHR* 57 (1), 1-32.

Nightingale, Pamela (2005), 'Some new evidence of crises and trends of mortality in late medieval England', *P&P* 187, 33-68.

Nightingale, Pamela (2010), 'The rise and decline of medieval York: a reassessment', *P&P* 206, 3-42.

Norris, John (1977), 'East or west? The geographic origin of the Black Death', *BHM* 51 (1), 1-24.

Norris, John (1978), 'Geographical origin of the Black Death: response', *BHM* 52 (1), 114-20.

Noymer, Andrew (2007), 'Contesting the cause and severity of the Black Death: a review essay', *Population & Development Review* 33 (3), 616-27.

Nutton, Vivian, ed. (2008a), 'Pestilential complexities: understanding medieval plague', *Medical History*, Supplement 27, London.

Nutton, Vivian (2008b), 'Introduction', *Medical History*, Supplement 27, 1-16.

Ó Cróinín, Dáibhí (1995), *Early medieval Ireland 400-1200*, London and New York.

O'Rourke, K. H.; Williamson, J. G. (2002), 'After Columbus: explaining Europe's overseas trade boom, 1500-1800', *JEH* 62 (2), 417-56.

O'Sullivan, M. D. (1962), *Italian merchant bankers in Ireland in the thirteenth century: a study in the social and economic history of medieval Ireland*, Dublin.

Olea, Ricardo A.; Christakos, George (2005), 'Duration of urban mortality for the fourteenth-century Black Death epidemic', *Human Biology* 77 (3), 291-303.

Oosthuizen, Susan (2010), 'Medieval field systems and settlement nucleation: common or separate origins?', 107-32 in Nicholas J. Higham and Martin J. Ryan, eds., *Landcape archaeology of Anglo-Saxon England*, Woodbridge.

Oppenheimer, Clive (2003), 'Ice core and palaeoclimatic evidence for the timing and nature of the great mid-thirteenth century volcanic eruption', *International Journal of Climatology* 23, 417-26.

Oram, Richard D.; Adderley, W. Paul (2008a), 'Lordship and environmental change in central highland Scotland, c.1300-c.1400', *Journal of the North Atlantic* 1, 74-84.

Oram, Richard D.; Adderley, W. Paul (2008b),'Lordship, land and environmental change in west Highland and Hebridean Scotland, c.1300 to c.1450', 257-67 in Simonetta Cavaciocchi, ed., *Le interazioni fra economia e ambiente biologico nell'Europe preindustriale, secc. XIII-XVIII, Istituto Internazionale di Storia Economica 'F. Datini'*, Prato.

Ormrod, W. Mark (1990), *The reign of Edward III: Crown and political society in England, 1327-1377*, New Haven.

Ormrod, W. Mark (1991), 'The Crown and the English economy, 1290-1348', 149-83 in Bruce M. S. Campbell, ed., *Before the Black Death: studies in the 'crisis' of the early fourteenth century*, Manchester.

Ormrod, W. Mark (1996), 'The politics of pestilence: government in England after the Black Death', 147-81 in W. Mark Ormrod and Phillip G. Lindley, eds., *The Black Death in England*, Stamford.

Ormrod, W. Mark (2010), 'The relative income from direct and indirect taxation in England, 1295-1454', in *European State Finances Database*: www.esfdb.org/table.aspx?resourceid=11762.

Overton, Mark; Campbell, Bruce M. S. (1991), 'Productivity change in European agricultural development', 1-50 in Bruce M. S. Campbell and Mark Overton, eds., *Land, labour and livestock: historical studies in European agricultural productivity*, Manchester.

Overton, Mark; Campbell, Bruce M. S. (1992), 'Norfolk livestock farming 1250-1740: a comparative study of manorial accounts and probate inventories', *JHG* 18 (4), 377-96.

Page, Mark (2001), 'Peasant land market in southern England, 1260-1350' [computer file]. Raw Access database deposited at ESRC data archive Colchester, Essex, ref. no. SN: 4086.

Page, Mark (2003), 'The peasant land market on the estate of the bishopric of

Winchester before the Black Death', 61-80 in Richard H. Britnell, ed., *The Winchester Pipe Rolls and medieval English society*, Woodbridge.

Page, Mark (2012), 'The smallholders of Southampton Water: the peasant land market on a Hampshire manor before the Black Death', 181-97 in Sam Turner and Bob Silvester, eds., *Life in medieval landscapes: people and places in the Middle Ages*, Oxford.

Palma, Nuno; Reis, Jaime (2014), 'Portuguese demography and economic growth, 1500-1850', unpublished working paper presented at the Hi-Pod Workshop *Accounting for the Great Divergence*, University of Warwick in Venice, Palazzo Pesaro Papafava, May 2014: www2.warwick.ac.uk/fac/soc/economics/research/centres/cage/events/conferences/greatdivergence14/portuguese_demography_and_economic_growth_1500--1850_-_may_19th_2014.pdf.

Palmer, Robert C. (1985a), 'The origins of property in England', *Law & History Review* 3, 1-50.

Palmer, Robert C. (1985b), 'The economic and cultural impact of the origins of property: 1180-1220', *Law & History Review* 3 (2), 375-96.

Palmer, Robert C. (2003), 'England: law, society and the state', 242-60 in S. H. Rigby, ed., *A companion to Britain in the later Middle Ages*, Oxford.

Parker, Geoffrey (2013), *Global crisis: war, climate change and catastrophe in the seventeenth century*, New Haven and London.

Parry, Martin L. (1978), *Climatic change, agriculture and settlement*, Folkestone.

Patterson, William P.; Dietrich, Kristin A.; Holmden, Chris; Andrews, John T. (2010), 'Two millennia of North Atlantic seasonality and implications for Norse colonies', *PNAS* 107 (12), 5306-10.

Patz, Jonathan A.; Campbell-Lendrum, Diarmid; Holloway, Tracey; Foley, Jonathan A. (2005), 'Impact of regional climate change on human health', *Nature* 438, 310-17.

Pedersen, Kathrine Vestergard; Nosch, Marie-Louise, eds. (2009), *The medieval broadcloth: changing trends in fashions, manufacturing and consumption*, Oxford.

Pederson, Neil; Hessl, Amy E.; Baatarbileg, Nachin; Anchukaitis, Kevin J.; Cosmo, Nicola Di (2014), 'Pluvials, droughts, the Mongol Empire, and modern Mongolia', *PNAS* 111 (12), 4375-9.

Pegolotti, Francesco Balducci (*c.*1340 and 1936), *La pratica della mercatura*, ed. Allan Evans, Cambridge, Mass.

Persson, Karl Gunnar (1988), *Pre-industrial economic growth: social organization and technological progress in Europe*, Oxford and New York.

Pfister, C.; Schwarz-Zanetti, G.; Wegmann, M. (1996), 'Winter severity in Europe: the fourteenth century', *Climatic Change* 34, 91-108.

Phelps Brown, E. Henry; Hopkins, Sheila V. (1956), 'Seven centuries of the prices of consumables, compared with builders' wage rates', *Economica* new series 23 (92), 296-314. Reprinted in E. Henry Phelps Brown and Sheila V. Hopkins (1981), *A perspective of prices and wages*, London.

Phillips, J. R. S. (1988), *The medieval expansion of Europe*, Oxford and New York.

Phythian-Adams, Charles (2002), *Desolation of a city: Coventry and the urban crisis of the late Middle Ages*, Cambridge.

Piarroux, Renaud; Abedi, Aaron Aruna; Shako, Jean-Christophe; Kebela, Benoit; Karhemere, Stomy; Diatta, Georges; Davoust, Bernard; Raoult, Didier; Drancourt, Michel (2013), 'Plague epidemics and lice, Democratic Republic of the Congo', [letter] *EID* 19 (3), 505-6.

Piponnier, Françoise; Mane, Perrine (1997), *Dress in the Middle Ages*, New Haven, Conn.

Pomeranz, Ken (2000), *The Great Divergence: China, Europe, and the making of the modern world economy*, Princeton.

Poos, Lawrence R. (1985), 'The rural population of Essex in the later Middle Ages', *EcHR* 38 (4), 515-30.

Popper, William (1951), *The Cairo Nilometer: studies in Ibn Taghrī Birdī's chronicles of Egypt I*, Berkeley and Los Angeles.

Postan, Michael Moïssey (1954), *The* famulus*: the estate labourer in the XIIth and XIIIth centuries*, *EcHR* Supplement 2, Cambridge.

Postan, Michael Möıssey (1966), 'Medieval agrarian society in its prime: England', 549-632 in M. M. Postan, ed., *The Cambridge economic history of Europe, I, The agrarian life of the Middle Ages*, 2nd edn, Cambridge.

Postan, Michael Moïssey; Titow, Jan Z. (1959), 'Heriots and prices on Winchester manors', *EcHR* 11 (3), 392-411. Reprinted as 150-85 in M. M. Postan (1973), *Essays on medieval agriculture and general problems of the medieval economy*, Cambridge.

Postles, David (1986), 'The perception of profit before the leasing of demesnes', *AHR* 34 (1), 12-28.

Pounds, Norman J. G. (1973), *An historical geography of Europe 450 B.C.-A.D. 1330*, Cambridge.

Pounds, Norman J. G. (1974), *An economic history of medieval Europe*, London.

Power, Eileen (1941), *The wool trade in English medieval history*, Oxford.

Power, John P.; Campbell, Bruce M. S. (1992), 'Cluster analysis and the classification of medieval demesne-farming systems', *Trans. Institute British Geographers* 17, 227-45. Reprinted in Bruce M. S. Campbell (2008), *Field systems and farming systems in late medieval England*, Aldershot.

Prentice, Michael B.; Rahalison, Lila (2007), 'Plague', *The Lancet* 369, 1196-207.

Prestwich, Michael (1980), *The three Edwards: war and the state in England 1272-1377*, London.

Prestwich, Michael (1988), *Edward I*, London.

Pretty, Jules (1990), 'Sustainable agriculture in the Middle Ages: the English manor', *AHR* 38 (1), 1-19.

Proctor, C. J.; Baker, A.; Barnes, W. L. (2002a), 'A three thousand year record of North Atlantic climate', *Climate Dynamics* 19 (5-6), 449-54.
Data: Proctor, C. J.; Baker, A.; Barnes, W. L. (2002b), 'Northwest Scotland stalagmite data to 3600 BP', IGBP # 2002-028.

Rackham, Oliver (1986), *The history of the countryside*, London.

Rad, Ulrich von; Schaaf, M.; Michels, Klaus; Schulz, Hartmut; Berger, Wolfgang H.; Sirocko, Frank (1999), 'A 5000-year record of climate change in varved sediments from the oxygen minimum zone off Pakistan, northeastern Arabian Sea', *Quaternary Research* 51 (1), 39-53.

Raftis, J. Ambrose (1974), *Warboys: two hundred years in the life of an English mediaeval village*, Toronto.

Raftis, J. Ambrose (1996), *Peasant economic development within the English manorial system*, Stroud.

Raoult, Didier; Aboudharam, Gérard; Crubézy, Eric; Larrouy, Georges; Ludes, Bertrand; Drancourt, Michel (2000), 'Molecular identification by "suicide PCR" of *Yersinia pestis* as the agent of medieval Black Death', *PNAS* 97 (23), 12800-3.

Raoult, Didier; Woodward, Theodore; Dumler, J. Stephen (2004), 'The history of epidemic typhus', *Infectious Disease Clinics of North America* 18 (1), 127-40.

Ratovonjato, Jocelyn; Rajerison, Minoarisoa; Rahelinirina, Soanandrasana; Boyer, Sébastien (2014), '*Yersinia pestis* in *Pulex irritans* fleas during plague outbreak, Madagascar', *EID* 20 (8), 1414.

Razi, Zvi (1980), *Life, marriage and death in a medieval parish: economy, society and demography in Halesowen, 1270-1400*, Cambridge.

Razi, Zvi; Smith, Richard M. (1996a), 'The origin of the English manorial court rolls as a written record: a puzzle', 36-68 in Zvi Razi and Richard M. Smith, eds., *Medieval society and the manor court*, Oxford.

Razi, Zvi; Smith, Richard M., eds. (1996b), *Medieval society and the manor court*, Oxford.

Reeves, Albert Compton (1995), *Pleasures and pastimes in medieval England*, Stroud.

Rein, Bert; Lückge, Andreas; Sirocko, Frank (2004), 'A major Holocene ENSO anomaly during the medieval period', *GRL* 31, L17211, 4pp. *Data*: www.klimaundsedimente.geowiss.uni-mainz.de/128.php.

Richard, J. M. (1892), 'Thierry d'Hireçon, agriculteur artésien', *Bibliothèque de l'École des chartes* 53, 383-416, 571-604.

Rigby, S. H. (2010), 'Urban population in late medieval England: the evidence of the lay subsidies', *EcHR* 63 (2), 393-417.

Robo, Etienne (1929), 'The Black Death in the Hundred of Farnham', *English Historical*

Review, 44 (176), 560-72.

Rodŕıguez, Ana (2012), 'Spain', 167-203 in Harry Kitsikopoulos, ed., *Agrarian change and crisis in Europe, 1200-1500*, London.

Rogers, J. E. Thorold (1866-1902), *A history of agriculture and prices in England from the year after the Oxford parliament (1259) to the commencement of the continental war (1793)*, Oxford.

Rogers, K. H. (1969), 'Salisbury', 1-9 in Mary D. Lobel, ed., *Historic towns: maps and plans of towns and cities in the British Isles, I*, London and Oxford. www.historictownsatlas.org.uk/atlas/volume-i/historic-towns/salisbury.

Rogozo, N. R.; Echer, E.; Vieira, L. E. A.; Nordemann, D. J. R. (2001), 'Reconstruction of Wolf sunspot numbers on the basis of spectral characteristics and estimates of associated radio flux and solar wind parameters for the last millennium', *Solar Physics* 203, 179-91.

Rohr, Christian (2007), 'Writing a catastrophe: describing and constructing disaster perception in narrative sources from the late Middle Ages', *Historical Social Research* 32 (3), 88-102.

Royer, Katherine (2014), 'The blind men and the elephant: imperial medicine, medieval historians and the role of rats in the historiography of plague', 99-110 in Poonam Bala, ed., *Medicine and colonialism: historical perspectives in India and South Africa*, London.

Russell, Ephraim (1918), 'The societies of the Bardi and the Peruzzi and their dealings with Edward III', 93-135 in George Unwin, ed., *Finance and trade under Edward III*, London.

Russell, Josiah Cox (1948), *British medieval population*, Albuquerque.

Russell, Josiah Cox (1958), 'Late ancient and medieval population', *Trans. American Philosophical Soc.* 48 (3), 1-152.

Russill, Chris (2015), 'Climate change tipping points: origins, precursors, and debates', *WIREs Climate Change*.

Rutledge, Elizabeth (1988), 'Immigration and population growth in early fourteenth-century Norwich: evidence from the tithing roll', *Urban History* 15 (1), 15-30.

Rutledge, Elizabeth (1995), 'Landlord and tenants: housing and the rented property market in early fourteenth-century Norwich', *Urban History* 22 (1), 7-24.

Rutledge, Elizabeth (2004), 'Norwich before the Black Death/Economic life', 157-88 in Carole Rawcliffe and Richard Wilson, eds., *Medieval Norwich*, London.

Sachs, Stephen E. (2002), 'The "law merchant" and the fair court of St. Ives, 1270-1324', PhD dissertation, Harvard University, Cambridge, Mass.

Sachs, Stephen E. (2006), 'From St. Ives to cyberspace: the modern distortion of the medieval "law merchant"', *American University International Law Review* 21 (5), 685-812.

Salzer, Matthew W.; Hughes, Malcolm K. (2007), 'Bristlecone pine tree rings and volcanic eruptions over the last 5000 yr', *Quaternary Research* 67 (1), 57-68.

Sapoznik, Alexandra (2013), 'The productivity of peasant agriculture: Oakington, Cambridgeshire, 1360-91', *EcHR* 66 (2), 518-44.

Sarris, Peter (2002), 'The Justinianic Plague: origins and effects', *C&C* 17 (2), 169-82.

Saul, A. (1979), 'Great Yarmouth and the Hundred Years War in the fourteenth century', *Historical Research* 52 (126), 105-15.

Schamiloglu, Uli (1993), 'Preliminary remarks on the role of disease in the history of the Golden Horde', *Central Asian Survey* 12 (4), 447-57.

Scheffer, Marten (2009), *Critical transitions in nature and society*, Princeton.

Schmid, Boris V.; Büntgen, Ulf; Easterday, W. Ryan; Ginzler, Christian; Walløe, Lars; Bramanti, Barbara; Stenseth, Nils Chr. (2015), 'Climate-driven introduction of the Black Death and successive plague reintroductions into Europe', *PNAS*, 23 February.

Schofield, John; Allen, Patrick; Taylor, Colin (1990), 'Medieval buildings and property development in the area of Cheapside', *Trans. London & Middlesex Archaeological Soc.* 41, 39-238.

Schofield, Phillipp R. (1997), 'Dearth, debt and the local land market in a late thirteenth-century village community', *AHR* 45 (1), 1-17.

Schofield, Phillipp R. (2008), 'The social economy of the medieval village in the early fourteenth century', *EcHR* 61, special issue 1, 38-63.

Schofield, Phillipp; Mayhew, N. J., eds. (2002), *Credit and debt in medieval England, c.1180-c.1350*, Oxford.

Schön, Lennart; Krantz, Olle (2012), 'The Swedish economy in the early modern period: constructing historical national accounts', *EREH* 16 (4), 529-49.

Schuenemann, Verena J.; Bos, Kirsten; DeWitte, Sharon; Schmedes, Sarah; Jamieson, Joslyn; Mittnik, Alissa; Forrest, Stephen; Coombes, Brian K.; Wood, James W.; Earn, David J. D.; White, William; Krause, Johannes; Poinar, Hendrik N. (2011), 'Targeted enrichment of ancient pathogens yielding the pPCP1 plasmid of *Yersinia pestis* from victims of the Black Death', *PNAS* 108 (38), e746-e752.

Scott, Susan; Duncan, Christopher J. (2001), *Biology of plagues: evidence from historical populations*, Cambridge.

Scott, Susan; Duncan, Christopher J.; Duncan, S. R. (1996), 'The plague in Penrith, Cumbria, 1597/8: its causes, biology and consequences', *Annals of Human Biology* 23 (1), 1-21.

Scott, Tom (2002), *Society and economy in Germany 1300-1600*, Basingstoke and New York.

Seager, Richard; Graham, Nicholas; Herweifer, Celine; Gordon, Arnold L.; Kushnir, Yochanan; Cook, Edward (2007), 'Blueprints for medieval hydroclimate', *QSR*

26, 2322-36.

Seebohm, Frederic (1890), *The English village community: examined in its relations to the manorial and tribal systems and to the common or open field system of husbandry*, London.

Semenza, Jan C.; Menne, Bettina (2009), 'Climate change and infectious diseases in Europe', *Lancet Infectious Diseases* 9 (6), 365-75.

Sen, Amartya Kumar (1981), *Poverty and famines: an essay on entitlement and deprivation*, Oxford.

Sharp, Buchanan (2000), 'The food riots of 1347 and the medieval moral economy', 35-54 in A. Randall and A. Charlesworth, eds., *Moral economy and popular protest: crowds, conflict and authority*, London.

Sharp, Buchanan (2013), 'Royal paternalism and the moral economy in the reign of Edward II: the response to the Great Famine', *EcHR* 66 (2), 628-47.

Shi, Feng; Yang, Bao; Gunten, Lucien von (2012), 'Preliminary multiproxy surface air temperature field reconstruction for China over the past millennium', *Science China Earth Sciences* 55 (12), 2058-67.

Shrewsbury, J. F. D. (1971), *A history of bubonic plague in the British Isles*, Cambridge.

Simmons, I. G. (1974), *The ecology of natural resources*, London.

Sinha, A.; Cannariato, K. G.; Stott, L. D.; Cheng, H.; Edwards, R. L.; Yadava, M. G.; Ramesh, R.; Singh, I. B. (2007), 'A 900-year (600 to 1500 A.D.) record of the Indian summer monsoon precipitation from the core monsoon zone of India', *GRL* 34, L16707.

Sinha, Ashish; Stott, Lowell; Berkelhammer, Max; Cheng, Hai; Edwards, R. Lawrence; Buckley, Brendan; Aldenderfer, Mark; Mudelsee, Manfred (2011), 'A global context for megadrought in Monsoon Asia during the past millennium', *QSR* 30, 47-62.

Slack, Paul (1989), 'The Black Death past and present. 2. Some historical problems', *Trans. Royal Soc. Tropical Medicine & Hygiene* 83, 461-3.

Slavin, Philip (2009), 'Chicken husbandry in late-medieval eastern England: c.1250-1400', *Anthropozoologica* 44 (2), 35-56.

Slavin, Philip (2010), 'The fifth rider of the apocalypse: the great cattle plague in England and Wales and its economic consequences, 1319-1350', 165-79 in Simonetta Cavaciocchi, ed., *Le interazioni fra economia e ambiente biologico nell'Europe preindustriale secc. XIII-XVIII, Istituto Internazionale di Storia Economica 'F. Datini'*, Prato.

Slavin, Philip (2012), 'The great bovine pestilence and its economic and environmental consequences in England and Wales, 1318-50', *EcHR* 65 (4), 1239-66.

Slavin, Philip (2014), 'Warfare and ecological destruction in early fourteenth-century British Isles', *Environmental History* 19 (3), 528-50.

Smith, R. A. L. (1943), *Canterbury Cathedral Priory: a study in monastic administration*, Cambridge.

Smith, Richard M. (1984a), 'Families and their land in an area of partible inheritance: Redgrave, Suffolk 1260-1320', 135-95 in Richard M. Smith, ed., *Land, kinship and life-cycle*, Cambridge.

Smith, Richard M., ed. (1984b), *Land, kinship and life-cycle*, Cambridge.

Smith, Richard M. (1996), 'A periodic market and its impact upon a manorial community: Botesdale, Suffolk, and the manor of Redgrave, 1280-1300', 450-81 in Zvi Razi and Richard M. Smith, eds., *Medieval society and the manor court*, Oxford.

Smith, Richard M.; Razi, Zvi (1996), 'Origins of the English manorial court rolls as a written record: a puzzle', 36-68 in Zvi Razi and Richard M. Smith, eds., *Medieval society and the manor court*, Oxford.

Smyrlis, Kostis (2012), 'Byzantium', 128-66 in Harry Kitsikopoulos, ed., *Agrarian change and crisis in Europe, 1200-1500*, London.

Soens, Tim (2011), 'Floods and money. Funding drainage and flood control in coastal Flanders (13th-16th centuries)', *C&C* 26 (3), 333-65.

Soens, Tim (2013), 'The social distribution of land and flood risk along the North Sea Coast: Flanders, Holland and Romney Marsh compared (c.1200-1750)', 147-79 in Bas van Bavel and Erik Thoen, eds., *Rural societies and environments at risk. Ecology, property rights and social organisation in fragile areas (Middle Ages-twentieth century)*, Turnhout.

Soens, Tim; Thoen, Erik (2008), 'The origins of leasehold in the former county of Flanders', 31-56 in Bas van Bavel and Phillipp Schofield, eds., *The development of leasehold in northwestern Europe, c.1200-1600*, Turnhout.

Solanki, S. K.; Usoskin, I. G.; Kromer, B.; Schüssler, M.; Beer, J. (2004), 'An unusually active Sun during recent decades compared to the previous 11,000 years', *Nature* 431 (7012), 1084-7.
Data: Solanki, S. K.; Usoskin, I. G.; Kromer, B.; Schüssler, M.; Beer, J. (2005), '11,000 year sunspot number reconstruction', IGBP # 2005-015.

Spinage, C. A. (2003), *Cattle plague: a history*, New York, Boston, Dordrecht, London and Moscow.

Spufford, Peter (1988), *Money and its use in medieval Europe*, Cambridge.

Stacey, R. C. (1995), 'Jewish lending and the medieval English economy', 78-101 in Richard H. Britnell and Bruce M. S. Campbell, eds., *A commercialising economy: England 1086 to c.1300*, Manchester.

Stapp, Paul; Antolin, Michael F.; Ball, Mark (2004), 'Patterns of extinction in prairie dog metapopulations: plague outbreaks follow El Niño events', *Frontiers in Ecology & the Environment* 2 (5), 235-40.

Stenseth, Nils Chr.; Atshabar, Bakyt B.; Begon, Mike; Belmain, Steven R.; Bertherat, Eric; Carniel, Elisabeth; Gage, Kenneth L.; Leirs, Herwig; Rahalison, Lila (2008), 'Plague: past, present, and future', *PLoS Medicine* 5 (1), 009-13.

Stenseth, Nils Chr.; Samia, Noelle I.; Viljugrein, Hildegunn; Kausrud, Kyrre Linné; Begon, Mike; Davis, Stephen; Leirs, Herwig; Dubyanskiy, V. M.; Esper, Jan; Ageyev, Vladimir S.; Klassovskiy, Nikolay L.; Pole, Sergey B.; Chan, Kung-Sik (2006), 'Plague dynamics are driven by climate variation', *PNAS* 103 (35), 13110-15.

Stephenson, Martin J. (1988), 'Wool yields in the medieval economy', *EcHR* 41 (3), 368-91.

Stern, Derek Vincent (2000), *A Hertfordshire demesne of Westminster Abbey: profits, productivity and weather*, ed. and intro. Christopher Thornton, Hatfield.

Stocks, Katharine (2003), 'Payments to manorial courts in the early Winchester accounts', 45-59 in Richard H. Britnell, ed., *The Winchester Pipe Rolls and medieval English society*, Woodbridge.

Stoffel, Markus; Khodri, Myriam; Corona, Christophe; Guillet, Sébastien; Poulain, Virginie; Bekki, Slimane; Guiot, Joël; Luckman, Brian H.; Oppenheimer, Clive; Lebas, Nicolas; Beniston, Martin; Masson-Delmotte, Valérie (2015), 'Estimates of volcanic-induced cooling in the northern hemisphere over the past 1,500 years', *Nature Geoscience advance online*.

Stone, David (1997), 'The productivity of hired and customary labour: evidence from Wisbech Barton in the fourteenth century', *EcHR* 50 (4), 640-56.

Stone, David (2005), *Decision-making in medieval agriculture*, Oxford.

Stone, David (2011), 'The Black Death and its immediate aftermath: crisis and change in the Fenland economy, 1346-1353', 213-44 in Mark Bailey and Stephen Henry Rigby, eds., *Town and countryside in the age of the Black Death: essays in honour of John Hatcher*, Turnhout.

Stone, David (2014), 'The impact of drought in early fourteenth-century England', *EcHR* 67 (2), 435-62.

Stone, Eric (1962), 'Profit and loss accountancy at Norwich Cathedral Priory', *Trans. Royal Historical Soc.*, 5th series, 12, 25-48.

Stothers, Richard B. (1999), 'Volcanic dry fogs, climate cooling, and plague pandemics in Europe and the Middle East', *Climatic Change* 42, 713-23.

Stothers, Richard B. (2000), 'Climatic and demographic consequences of the massive volcanic eruption of 1258', *Climatic Change* 45, 361-74.

Stuiver, Minze; Quay, Paul D. (1980), 'Changes in atmospheric Carbon-14 attributed to a variable Sun', *Science* 207 (4426), 11-19.

Sun, Junyan; Liu, Yu (2012), 'Tree ring based precipitation reconstruction in the south slope of the middle Qilian Mountains, northeastern Tibetan Plateau, over the last millennium', *Journal of Geophysical Research* 117, D08108.

Sun, Yi-Cheng; Jarrett, Clayton O.; Bosio, Christopher F.; Hinnebusch, B. Joseph (2014), 'Retracing the evolutionary path that led to flea-borne transmission of *Yersinia pestis*', *Cell Host & Microbe* 15 (5), 578-86.

Suntsov, V. V. (2014), 'Ecological aspects of the origin of *Yersinia pestis*, causative agent of the plague: concept of intermediate environment', *Contemporary Problems of Ecology* 7 (1), 1-11.

Sussman, George D. (2011), 'Was the Black Death in India and China?', *BHM* 85 (3), 319-55.

Tana, Li (2014), 'Towards an environmental history of the eastern Red River Delta, Vietnam, c.900-1400', *Journal of Southeast Asian Studies* 45, 315-37.

Tetzlaff, Gerd; Börngen, Michael; Mudelsee, Manfred: Raabe, Armin (2002), 'Das Jahrtausendhochwasser von 1342 am Main aus meteorologisch-hydrologischer Sicht', *Wasser und Boden* 54, 41-9.

Theilmann, John; Cate, Frances (2007), 'A plague of plagues: the problem of plague diagnosis in medieval England', *JIH* 37 (3), 371-93.

Thirsk, Joan (1961), 'Industries in the countryside', 70-88 in F. J. Fisher, ed., *Essays in the economic and social history of Tudor and Stuart England in honour of R. H. Tawney*, London.

Thirsk, Joan (1973), 'Roots of industrial England', 93-108 in Alan R. H. Baker and J. B. Harley, eds., *Man made the land: essays in English historical geography*, Newton Abbot.

Thoen, Erik (1997), 'The birth of "the Flemish husbandry": agricultural technology in medieval Flanders', 69-88 in Grenville Astill and John Langdon, eds., *Medieval farming and technology: the impact of agricultural change in northwest Europe*, Leiden and New York.

Thompson, L. G.; Mosley-Thompson, E.; Davis, M. E.; Zagorodnov, V. S.; Howat, I. M.; Mikhalenko, V. N.; Lin, P.-N. (2013), 'Annually resolved ice core records of tropical climate variability over the past ~1800 years', *Science* 340 (6135), 945-50.

Thornton, Christopher (1991), 'The determinants of land productivity on the bishop of Winchester's demesne of Rimpton, 1208 to 1403', 183-210 in Bruce M. S. Campbell and Mark Overton, eds., *Land, labour and livestock: historical studies in European agricultural productivity*, Manchester.

Thrupp, Sylvia L. (1962), *The merchant class of medieval London*, Ann Arbor.

Thrupp, Sylvia L. (1965), 'The problem of replacement rates in late medieval English population', EcHR 18 (1), 101-19.

Thünen, Johann Heinrich von (1826 and 1966), *Der isolierte staat (Von Thünen's isolated state)* (ed. Peter Hall, trans. C. M. Wartenberg, Oxford), Hamburg. Timmreck,

Claudia; Lorenz, Stephan J.; Crowley, Thomas J.; Kinne, Stefan; Raddatz, Thomas J.; Thomas, Manu A.; Jungclaus, Johann H. (2009), 'Limited temperature response to the very large AD 1258 volcanic eruption', *GRL* 36, L21708, 5pp.

Titow, Jan Z. (1960), 'Evidence of weather in the account rolls of the bishopric of Winchester 1209-1350', *EcHR* 12 (3), 360-407.

Titow, Jan Z. (1962a), 'Land and population on the bishop of Winchester's estates 1209-1350', unpublished PhD thesis, University of Cambridge.

Titow, Jan Z. (1962b), 'Some differences between manors and their effects on the condition of the peasant in the thirteenth century', *AHR* 10 (1), 1-13.

Titow, Jan Z. (1969), *English rural society, 1200-1350*, London.

Titow, Jan Z. (1987), 'The decline of the Fair of St Giles, Winchester, in the thirteenth and fourteenth centuries', *Nottingham Medieval Studies* 31 (1), 58-75.

Tran, Thi-Nguyen-Ny; Signoli, Michel; Fozzati, Luigi; Aboudharam, Gérard; Raoult, Didier; Drancourt, Didier (2011), 'High throughput, multiplexed pathogen detection authenticates plague waves in medieval Venice, Italy', *PLoS One* 6 (3), e16735.

Trenholme, Norman Maclaren (1901), 'The risings in the English monastic towns in 1327', *American Historical Review* 6 (4), 650-70.

Trouet, V.; Esper, J.; Graham, N. E.; Baker, A.; Scourse, J. D.; Frank, D. C. (2009a), 'Persistent positive North Atlantic Oscillation mode dominated the Medieval Climate Anomaly', *Science* 324, 78-80.

Data: Trouet, V.; Esper, J.; Graham, N. E.; Baker, A.; Scourse, J. D.; Frank, D. C. (2009b), 'Multi-decadal winter North Atlantic Oscillation reconstruction', IGBP # 2009-033.

Tuchman, Barbara Wertheim (1978), *A distant mirror: the calamitous fourteenth century*, New York.

Tupling, G. H. (1933), 'The origins of markets and fairs in medieval Lancashire', *Trans. Lancashire & Cheshire Antiquarian Soc.* 49, 75-94.

Twigg, Graham (1984), *The Black Death: a biological reappraisal*, London.

Unger, Richard W. (1980), *The ship in the medieval economy 600-1600*, London. Unwin, Tim (1981), 'Rural marketing in medieval Nottinghamshire', *JHG* 7 (3), 231-51.

Vanhaute, Erik (2001), 'Rich agriculture and poor farmers: land, landlords and farmers in Flanders, 18th-19th centuries', *Rural History: Economy, Society, Culture* 12, 19-40.

Veale, Elspeth M. (1966), *The English fur trade in the later Middle Ages*, London.

Velisevich, S. N.; Kozlov, D. S. (2006), 'Effects of temperature and precipitation on radial growth of Siberian larch in ecotopes with optimal, insufficient, and excessive soil moistening', *Russian Journal of Ecology* 37 (4), 241-6.

Victoria County History (1973), *A history of the County of Hampshire, 2*, ed. H. Arthur Doubleday and William Page, London.

Vieira, L. E. A.; Solanki, S. K.; Krivova, N. A.; Usoskin, I. (2011), 'Evolution of the solar irradiance during the Holocene', *Astronomy & Astrophysics* 531, 20pp.

Vogler, Amy J.; Chan, Fabien; Wagner, David M.; Roumagnac, Philippe; Lee, Judy; Nera, Roxanne; Eppinger, Mark; Ravel, Jacques; Rahalison, Lila; Rasoamanana, Bruno W.; Beckstrom-Sternberg, Stephen M.; Achtman, Mark; Chanteau, Suzanne; Keim, Paul (2011), 'Phylogeography and molecular epidemiology of *Yersinia pestis* in Madagascar', *PLoS Neglected Tropical Diseases* 5 (9), e1319.

Wagner, David M.; Klunk, Jennifer; Harbeck, Michaela; Devault, Alison; Waglechner, Nicholas; Sahl, Jason W.; Enk, Jacob; Birdsell, Dawn N.; Kuch, Melanie; Lumibao, Candice; Poinar, Debi; Pearson, Talima; Fourment, Mathieu; Golding, Brian; Riehm, Julia M.; Earn, David J. D.; DeWitte, Sharon; Rouillard, Jean-Marie; Grupe, Gisela; Wiechmann, Ingrid; Bliska, James B.; Keim, Paul S.; Scholz, Holger C.; Holmes, Edward C.; Poinar, Hendrik (2014), '*Yersinia pestis* and the Plague of Justinian 541-543 AD: a genomic analysis', *Lancet Infectious Diseases* 14 (4), 319-26.

Walker, James T. (2009), 'National income in Domesday England', unpublished paper presented at the Hi-Pod conference *Reconstructing the national income of Europe before 1850: estimates and implications for long run growth and development*, University of Warwick in Venice, Palazzo Pesaro Papafava, April 2009.

Wallerstein, Immanuel (1980), *The modern world system, II, Mercantilism and the consolidation of the European world economy, 1600-1750*, New York.

Walløe, Lars (2008), 'Medieval and modern bubonic plague: some clinical continuities', *Medical History*, Supplement 27, 59-73.

Wang, Yongjin; Cheng, Hai; Edwards, R. Lawrence; He, Yaoqi; Kong, Xinggong; An, Zhisheng; Wu, Jiangying; Kelly, Megan J.; Dykoski, Carolyn A.; Li, Xiangdong (2005), 'The Holocene Asian monsoon: links to solar changes and North Atlantic climate', *Science* 308 (5723), 854-7.
Data: Wang, Yongjin; Cheng, Hai; Edwards, R. Lawrence; He, Yaoqi; Kong, Xinggong; An, Zhisheng; Wu, Jiangying; Kelly, Megan J.; Dykoski, Carolyn A.; Li, Xiangdong (2006), 'Dongge Cave stalagmite high-resolution Holocene d18O data', IGBP # 2006-096.

Warren, W. L. (1973), *Henry II*, London.

Webb, Colleen T.; Brooks, Christopher P.; Gage, Kenneth L.; Antolin, Michael F. (2006), 'Classic flea-borne transmission does not drive plague epizootics in prairie dogs', *PNAS* 103 (16), 6236-41.

Welford, Mark R.; Bossak, Brian H. (2010a), 'Revisiting the medieval Black Death of

1347–1351: spatiotemporal dynamics suggestive of an alternate causation', *Geography Compass* 4 (6), 561–75.

Welford, Mark R.; Bossak, Brian H. (2010b), 'Body lice, *Yersinia pestis orientalis*, and Black Death', *EID* 16 (10), 1649.

Wheelis, Mark (2002), 'Biological warfare at the 1346 siege of Caffa', *EID* 8 (9), 971–5.

White Jr, Lynn T. (1962), *Medieval technology and social change*, Oxford.

White Jr, Lynn T. (1967), 'The historical roots of our ecologic crisis', *Science* 155 (3767), 1,203–7.

Whittle, Jane (2000), *The development of agrarian capitalism: land and labour in Norfolk 1440-1580*, Oxford.

Wicksteed, Philip H. (1906), *Villani's chronicle: being selections from the first nine books of the* Croniche Fiorentine *of Giovanni Villani*, trans. Rose E. Selfe, London.

Wiechmann, Ingrid; Grupe, Gisela (2005), 'Detection of *Yersinia pestis* DNA in two early medieval skeletal finds from Aschheim (Upper Bavaria, 6th century AD)', *American Journal of Physical Anthropology* 126 (1), 48–55.

Wiles, Gregory C.; D'Arrigo, Rosanne D.; Villalba, Ricardo; Calkin, Parker E.; Barclay, David J. (2004), 'Century–scale solar variability and Alaskan temperature change over the past millennium', *GRL* 31, L15203.

Williams, Michael (2000), 'Dark ages and dark areas: global deforestation in the deep past', *JHG* 26 (1), 28–46.

Williams, Shanna K.; Schotthoefer, Anna M.; Montenieri, John A.; Holmes, Jennifer L.; Vetter, Sara M.; Gage, Kenneth L.; Bearden, Scott W. (2013), 'Effects of low–temperature flea maintenance on the transmission of *Yersinia pestis* by *Oropsylla montana*', *Vector-Borne & Zoonotic Diseases* 13 (7), 468–78.

Williamson, Janet (1984), 'Norfolk: thirteenth century', 31–105 in P. D. A. Harvey, ed., *The peasant land market in medieval England*, Oxford.

Williamson, Oliver E. (1989), 'Transaction cost economics', *Handbook of Industrial Organization* 1, 135–82.

Witney, Kenneth P. (1990), 'The woodland economy of Kent, 1066–1348', *AHR* 38 (1), 20–39.

Witney, Kenneth P., trans. & ed. (2000), *The survey of Archbishop Pecham's Kentish manors 1283-85*, Kent Records 28, Maidstone.

Witze, Alexandra (2012), '13th century volcano mystery may be solved', *Science News* 182 (1), 14 July, p. 12.

Wolffe, Bertram Percy (1971), *The royal demesne in English history: the Crown estate in the governance of the realm from the Conquest to 1509*, London.

Wood, James W.; Ferrell, Rebecca J.; Dewitte–Avina, Sharon N. (2003), 'The temporal dynamics of the fourteenth–century Black Death: new evidence from English ecclesiastical records', *Human Biology* 75 (4), 427–49.

Woodruff, Rosalie; Guest, Charles (2000), 'Teleconnections of the El Niño phenomenon: public health and epidemiological prospects', 89-108 in Richard H. Grove and John Chappell, eds., *El Niño - history and crisis: studies from the Asia-Pacific region*, Cambridge.

Woolgar, Christopher Michael (1999), *The great household in late medieval England*, London.

Woolgar, Christopher Michael (2010), 'Food and the Middle Ages', *Journal of Medieval History* 36 (1), 1-19.

Wrigley, E. Anthony (1962), 'The supply of raw materials in the industrial revolution', *EcHR* 15 (1), 1-16.

Wrigley, E. Anthony (1966), 'Family limitation in pre-industrial England', *EcHR* 19 (1), 82-109.

Wrigley, E. Anthony (1985), 'Urban growth and agricultural change: England and the Continent in the early modern period', *JIH* 15 (4), 683-728.

Yang, B., Braeuning, A.; Johnson, K. R.; Yafeng, S. (2002), 'Temperature variation in China during the last two millennia', IGBP # 2002-061.

Yang, Bao; Qin, Chun; Wang, Jianglin; He, Minhui; Melvin, Thomas M.; Osborn, Timothy J.; Briffa, Keith R. (2014), 'A 3,500-year tree-ring record of annual precipitation on the north-eastern Tibetan Plateau', *PNAS* 111 (8), 2903-8.

Yates, Margaret (2007), *Town and countryside in western Berkshire, c.1327-c.1600: social and economic change*, Woodbridge.

Yates, Margaret (2013), 'The market in freehold land, 1300-1509: the evidence of feet of fines', *EcHR* 66 (2), 579-600.

Yoshinobu, S. (1988), *Sodai Konan keizaishi no kenkyu [A study of the economic history of Song-dynasty Jiangnan*], Tokyo.

Yule, Sir Henry, trans. & ed. (1875), *The book of Marco Polo, the Venetian, concerning the kingdoms and marvels of the East*, 2 vols., revised 2nd edn, London.

Yule, Sir Henry; Cordier, Henri, trans. & ed. (1916), *Cathay and the way thither, being a collection of medieval notices of China, III*, London.

Zanden, Jan Luiten van (2009), *The long road to the industrial revolution: the European economy in a global perspective, 1000-1800*, Leiden and Boston.

Zanden, Jan Luiten van; Leeuwen, Bas van (2012), 'Persistent but not consistent: the growth of national income in Holland 1347-1807', *EEH* 49 (2), 119-30.

Zhang, David D.; Lee, Harry F.; Wang, Cong; Li, Baosheng; Pei, Qing; Zhang, Jane; An, Yulun (2011), 'The causality analysis of climate change and large-scale human crisis', *PNAS* 108 (42), 17296-301.

Zhang, Pingzhong; Cheng, Hai; Edwards, R. Lawrence; Chen, Fahu; Wang, Yongjin; Yang, Xunlin; Liu, Jian; Tan, Ming; Wang, Xianfeng; Liu, Jingua; An, Chunlei; Dai, Zhibo; Zhou, Jing; Zhang, Dezhong; Jia, Jihong; Jin, Liya;

Johnson, Kathleen R. (2008), 'A test of climate, sun, and culture relationships from an 1810-year Chinese cave record', *Science* 322 (5903), 940-2.

Zhang, Zhibin; Li, Zhenqing; Tao, Yi; Chen, Min; Wen, Xinyu; Xu, Lei; Tian, Huidong; Stenseth, Nils Chr. (2007), 'Relationship between increase rate of human plague in China and global climate index as revealed by cross-spectral and cross-wavelet analyses', *Integrative Zoology* 2 (3), 144-53.

Zhao, Cheng; Liu, Zhonghui; Rohling, Eelco J.; Yu, Zicheng; Liu, Weiguo; He, Yuxin; Zhao, Yan; Chen, Fahu (2013), 'Holocene temperature fluctuations in the northern Tibetan Plateau', *Quaternary Research* 80 (1), 55-65.

Ziegler, Philip (1969), *The Black Death*, London.

Zielinski, G. A. (1995), 'Stratospheric loading and optical depth estimates of explosive volcanism over the last 2100 years derived from the Greenland Ice Sheet Project 2 ice core', *Journal of Geophysical Research* 100, 20,937-55.

찾아보기

일러두기 | • 지명은 현재 소속 국가를 밝힘.
• 참고문헌에만 언급된 인명은 제외함.
• 대전환, 지중해 등 빈도가 높은 키워드는 제외함.

ㄴ

ㄷ

ㄹ

ㅅ

ㅊ

ㅋ

ㅌ

ㅍ

ㅎ